高等师范院校用书

语文教育学新论

YUWEN JIAOYUXUE XINLUN

杨道麟 ◎ 著

河南大学出版社
HENAN UNIVERSITY PRESS
·郑州·

图书在版编目(CIP)数据

语文教育学新论 / 杨道麟著. -- 郑州 : 河南大学出版社, 2023.7

ISBN 978-7-5649-5550-2

Ⅰ. ①语… Ⅱ. ①杨… Ⅲ. ①汉语-教育学-高等师范院校-教材 Ⅳ. ①H19

中国国家版本馆 CIP 数据核字(2023)第 124543 号

书　　名　语文教育学新论
本书著者　杨道麟

策划编辑　朱春华
责任编辑　柳　涛
责任校对　时二凤
封面设计　马　龙

出版发行　河南大学出版社
地　　址　郑州市郑东新区商务外环中华大厦 2401 号
邮　　编　450046
电　　话　0371-86059701(营销部)
网　　址　hupress.henu.edu.cn
排　　版　河南圭川文化传播有限公司
印　　刷　广东虎彩云印刷有限公司
经　　销　全国新华书店
版　　次　2023 年 7 月第 1 版
印　　次　2023 年 7 月第 1 次印刷
开　　本　787 mm×1092 mm　1/16
印　　张　24
印　　数　1-10000 册
字　　数　558 千字
书　　号　ISBN 978-7-5649-5550-2
定　　价　49.80 元

语文教育理论界又一锐意创新的论著
——杨道麟博士的《语文教育学新论》序言

曾祥芹

记得1998年8月，我曾给华中师范大学的语文教育学专家杨道麟的第一本个人专著《语文教育学导论》写过一篇题为《甘当出色的语文教育学学科的“法师”》的序言，该书由湖北人民出版社1999年1月出版后，又于2001年8月出版了修订本，前后印刷两万多册，被全国三十多所高等师范院校中文系或用作本科生与研究生的专业教材，或用作本科生与研究生的选修教材，也被不少语文教育工作者和语文教育研究者选用，反响较好，因而被语文教育理论界的方家董菊初先生赞誉为一部很有“厚重感”和“新颖感”及“畅快感”的大著。二十多年过去了，这位已闻名于海内外的语文教育理论界的博士、教授、博导又推出五十多万字的独著《语文教育学新论》（由河南大学出版社出版），书名虽只换了一个字，但这是一部熔语文教育哲学、语文教育伦理学、语文教育美学于一炉的层楼更上的适应全球化语文教育改革趋势的锐意创新的论著。全书的上、中、下三篇共十四章，按语文教育“原理→技术→应用”的三级体系进行布局，并以“语文教育学的神圣使命”为绪论和“语文教师的继续教育”为余论。学界周知，“语文教育学”本来是“语文学”和“教育学”相结合的产物。作者通过调研发现，“语文教育学”背后与“教育学”相交叉的“语文学”仍未成为一门显科学，对“语文”这个核心概念的解说含混不清、游移不定，或释为“语言文字”，或释为“语言文学”，或释为“语言文章”，或释为“语言文化”，均存在“一语一文论”的偏颇，进而痛感“没有科学的‘语文学’作牢固基石，就支撑不起‘语文教育学’的理论大厦”。因此，他义无反顾地扬弃四种“一语一文论”的旧语文教育观，旗帜鲜明地用“一语双文论”的新语文教育观来统率全书，不厌其烦地以“语文（语言、文章、文学）”提醒固守“一语一文论”的语文教育研究者和语文教育工作者，指出“语言教育、文章教育、文学教育”与“智慧教育、道德教育、审美教育”彼此交错，两个“三育”相离三害、相融三利。这个科学的“语文学”对于持“语文即语言文学”世纪偏见来主宰语文教育的历史和现实，是一种辩证性否定，一种建设性批评，一种创新性发展。笔者拜读之后，喜不自禁，认为该书既“学而兼术”又“知行统一”，这在当代崛起的语文教育学学科建筑群中，又矗立了一座风格独特的理论大厦。兹概述如下，与同行推介、商兑。

绪论**“语文教育学的神圣使命”**，实为全书的开端。语文教育学学科属于人文社会科学的一门重要学科，是20世纪80年代发展起来的学科教育学的一种，是植根于语文教育实践，从我国现实社会和未来发展的需要出发，运用语文科学、教育科学等建立起来的语文教育理论体系。作者以推进受教育者在语文（语言、文章、文学）中的生命的终极成长，并“树立热爱语文教育的事业心、建构适应语文教育的知识网、练就从事语文教育的基本功、蓄积革新语文教育的创造力”，且逐渐成为未来的语文教育家而塑造“求真”、“向善”、“崇美”的创造性的人才和“健全的人格”为使命，分别就“语文教育学”是什么、“语文教育学”为什么、“语文教育学”怎么样等三个方面作了阐发。

上篇**“语文教育的基本原理”**，展开了“语文教育的本质”、“语文教育的目标”、“语文教育的原则”、“语文教育的过程”等四章，属于语文教育的“学理”，是全书的灵魂，也是语文教育学学科关注的问题，更是笔者评述的亮点。

——语文教育的本质是基础性因素的“求真”、人文性因素的“向善”和审美性因素的“崇美”等三者的和谐统一。

对于“语文教育的本质”的阐释，历来众说纷纭，如“工具性、基础性、思想性、文化性、实践性、情感性、审美性、人文性”等，语文学科属性够多了，然而不明白“本质只有一个”，其诠释失误在于用“一般属性”充当“本质属性”。目下影响较大的观点有：第一认为它是语言，语言具有工具性，所以语文学科是工具性的学科。第二认为它是文化，文化具有人文性，所以语文学科是人文性的学科。第三认为它既是最重要的交际工具，又是人类文化的重要组成部分，所以语文学科是工具性与人文性统一的学科。这只是语文学科的“一般属性”，工具性和人文性并不是一个层面的对立统一关系，而是人文共性寓于语文学科个性的包容与被包容的关系，说“工具性和人文性的统一，是语文学科的基本特点”，也是“特点”不“特”，其他人文社会学科也一样具有工具性和人文性。以共性代替个性，依然揭示不了语文教育的特殊本质。作者认为“语文学科作为一门拥享着坚实的智能品质的学科，这是语文教育的无可争辩的事实。它主要承担着塑造‘求真’、‘向善’、‘崇美’的创造性的人才和‘健全的人格’的‘真’（智育）即知识传授、能力训练和智力开发等任务，是‘提高智能水平’的不二法门，因而具有基础性”。同时，作者认为“语文学科作为一门洋溢着浓郁的人文气息的学科，这是语文教育的不容置疑的实情。它主要承担着塑造‘求真’、‘向善’、‘崇美’的创造性的人才和‘健全的人格’的‘善’（德育）即思想净化、情操陶冶和德性涵养等任务，是‘弘扬人文精神’的重要途径，因而具有人文性”。另外，作者认为“语文学科作为一门充满着独特的审美魅力的学科，这是语文教育的不由分说的本相。它主要承担着塑造‘求真’、‘向善’、‘崇美’的创造性的人才和‘健全的人格’的‘美’（美育）即审美意识增强、审美因素领略和审美能力提升等任务，是‘追求审美境界’的主要方式，因而具有审美性”。如此排除语文教育的非本质属性，凸显语文教育的坚实基础性、浓郁人文性、独特审美性，这就超越“一般属性”深入到语文教育的“特殊属性”。作者站在“真善美融合”的高度，认定“语文教育的本质就是语文教育认知学、语文教育伦理学、语文教育美育学的合金”。我以为，这是当下最接近语文教育的本质的崭新阐释。

——推进语文教育的目标的序列化、具体化、实效化，构建“真善美融合”的语文教育的目标创新体系。

语文教育的目标对制定语文教育计划、明确语文教育方向、组织语文教育内容、选择语文教育方法、安排语文教育过程等都起着决定性作用。作者如数家珍般地历述语文学科独立百余年来确立语文教育的目标的演进史，认为这一过程集中地表现为语文教育的目标的理论贫乏，即主观意识的渗透、阶段特质的含糊和现实困惑的凸显。一面总结语文教育的目标的主观意识的渗透最易导致语文教育的规律的违背，一面归纳语文教育的目标的阶段特质的含糊最易导致语文教育的实践的尴尬，一面概括语文教育的目标的现实困惑的凸显最易导致语文教育的本位的湮没。于是明确提出语文教育的智育目标（传授知识、训练能力、开发智力）和语文教育的德育目标（净化思想、陶冶情操、涵养德性）及语文教育的美育目标（增强审美意识、领略审美因素、提升审美能力）的基本要项，并将着力点放在语文教育的目标的阶段预期性、具体指向性、实施可行性、效果可检测性等的有效落实上。其中的攻坚克难是依靠各学段、各年级、各学期、各单元、各课文、各课时的具体教学目标来展示从小学（初小、高小）到中学（初中、高中）层层递进的“分目标”的科学序列，借以步步落实“语言的智育、德育、美育和文章的智育、德育、美育及文学的智育、德育、美育”的“总目标”。

——语文教育的原则必须以“真善美融合”的新理念来探求，一定要防止认识上的混乱和提法上的烦琐。

语文教育的原则是根据人们对语文教育的认识而制定并确立的调控语文教育各要素关系的准绳，在一定程度上反映了施教者引导受教者在语文（语言、文章、文学）中务必恪守的客观法则。作者以为它既不同于一般教育原则，也不同于语文教育规律，更不同于语文教育原理；应该用“真善美融合”的新理念进行探求，而不主张将处理语文教育某个部分的东西统统上升为语文教育原则，从而形成大原则套小原则的在提法上极度烦琐的状况，以致出现相关专家所批评的“不成体系”的现象。因此，语文教育原则一方面要接受一般教育原则的指导，体现出“共性”；另一方面要反映语文教育自身的特点，体现出“个性”，并力求使“共性”与“个性”达到统一。这个“统一”而成的语文教育原则从系统整体予以思考，就是语文教育的“相关性的课内外结合原则”和“多类型的思维训练原则”及“最优化的自能学习原则”。这些原则的辩证运用必须遵循语文教育的规律性和突出语文教育的时代性及适应语文教育的发展性，其目的是将受教者塑造成为“求真”、“向善”、“崇美”的创造性的人才和“健全的人格”，并进入“人的发展和完整性建构”的全新境域。

——语文教育的过程在“导入→展开→终结”的环节中必须贯穿特色鲜明的“真善美融合”的新理念。

语文教育的过程是施教者与受教者双方有目的、有计划、有组织地以语文（语言、文章、文学）为中介，并通过“教”和“学”而共同完成预定任务的统一活动过程，是一个内容丰富的完整的体系。作者认为，语文教育过程作为一种存在，它是通过“导入→展开→终结”的环节而呈现的，是许多因素相互关联、相互作用的有机整体。而语文教育的过程又由目标序列和多样手段及实施结果等三种元素有机组成；其过程无不显示出智育“求真”和德育“向善”及美育“崇美”的现代特征；施教者在语文教育的过程中只有努力做到教育思想的“准确把握”和教育理念的“范式转换”及教育“传统”的“现代”转型，才能真正实现受教者的发展目标的优化。以上所述的从系统整体上予以思考的语文教育的原则在语文教育的过程中的贯彻，都是经由环节才能参与过程并在过程之中予以体现的，因而施教者引导受教者既要“求真”而进行智力教育又要“向善”而实施道德教育还要“崇美”而渗透审美教育。诚能如此，不仅将促使语文教育不断地由一个水平提高到另一个水平，而且将推动语文教育不断地产生从量变到质变的飞跃。

中篇**“语文教育的主导技术”**，展开了“语文教育的‘语文’能力”、“语文教育的‘备课’能力”、“语文教育的‘施教’能力”、“语文教育的‘评价’能力”、“语文教育的‘科研’能力”等五章，属于语文教育的“技能”，是全书的骨肉，也是语文教育学学科关注的问题，更是笔者评述的要点。

——语文教育的四种“语文”能力，是施教者的吸收储存、内化处理和表达输出的真相折射。

语文教育的“语文”能力中的阅读能力、写作能力、聆听能力和讲话能力，是施教者从事语文教育活动时拥有的基本“本钱”，并引导受教者进行读写听说训练时具备的基础能力。就“语文”能力中的阅读能力而言，主要表现在阅读语文教材的能力、掌握阅读方式的能力、指导受教者阅读的能力等三个方面，这种能力既是施教者所需要的对语文课程纲要、语文教科书、语文教学资料等的阅读做到理解性、探究性、创造性的一种实践能力，又是施教者所需要的对泛读与跳读、通读与朗读、精读与默读等的掌握做到信息性、积累性、评价性的一种实践能力，还是施教者所需要的对训练受教者的普通话阅读、个性化阅读、多角度阅读等的指导做到规范性、体验性、创意性的一种实践能力。

就“语文”能力中的写作能力而言，主要表现在适应教学书写的能力、教学应用写作的能力、指导受教者写作的能力等三个方面，这种能力既是施教者所需要的对粉笔字、钢笔字、毛笔字等的书写做到字体美观、行款整齐、布局合理的一种实践能力，又是施教者所需要的对批语评语、教学反思、学期小结等的写作做到概括简约、抓住要领、点面结合的一种实践能力，还是施教者所需要的对训练受教者的展示“下水文”、激发“勤练笔”、鼓励“善修改”等的指导做到开拓思路、释放活力、修正偏颇的一种实践能力。就“语文”能力中的聆听能力而言，主要表现在养成“善于倾听”的能力、具有“学会倾听”的能力、指导受教者倾听的能力等三个方面，这种能力既是施教者所需要的对受教者的情感细语、思想抽穗（发展）、心灵律动等的倾听做到清晰性、接纳性、期许性的一种实践能力，又是施教者所需要的对受教者的争论之音、意外之音、心底之音等的倾听做到差异性、同一性、多样性的一种实践能力，还是施教者所需要的对训练受教者的专心倾听话语、耐心倾听话语、悉心倾听话语等的指导做到智慧启迪、精神畅快、美感愉悦的一种实践能力。就“语文”能力中的讲话能力而言，主要表现在擅长讲普通话的能力、具备教学演讲的能力、指导受教者讲话的能力等三个方面，这种能力既是施教者所需要的对语音标准、词汇标准、语法标准等的把握做到目的性、示范性、流畅性的一种实践能力，又是施教者所需要的对把握语旨、注意语境、用好语流等的策略做到意图性、场合性、灵活性的一种实践能力，还是施教者所需要的对训练受教者讲话的强化复述、强化自述、强化语感等的指导做到忠实性、通达性、雅致性的一种实践能力。以上所论及的语文教育的四种“语文”能力，指要明核，层递井然，既吸取了现代阅读学、写作学、听知学、演讲学等四门“术科”的精华，又综括了特级教师导读、导写、导听、导说等四种“教法”的经典。

——语文教育的四种“备课”能力，是施教者的教育理念、思维智慧和行为追求的具体反映。

语文教育的“备课”能力中的驾驭教材能力、了解对象能力、设计教学能力和编写教案能力，是施教者确实保证课堂教学顺利地推进而取得最佳效果的必不可少的一种能力。就“备课”能力中的驾驭教材能力而言，主要表现在施教者把握语文课程纲要的能力、钻研语文教科书的能力、利用语文教学资料的能力等三个方面，这种能力既是施教者领会语文课程纲要的基本特征、揣摩语文课程纲要的精神实质、解剖语文课程纲要的编排方法的一种实践能力，又是施教者整体疏通语文教科书、透彻分析语文教科书、辩证处理语文教科书的一种实践能力，还是施教者巧用语文教学辅导资料、活用语文教学教具资料、慎用语文教学音像资料的一种实践能力。就“备课”能力中的了解对象能力而言，主要表现在施教者知晓对象学习基础的能力、明了对象知识水平的能力、弄清对象成长环境的能力等三个方面，这种能力既是施教者了解对象的兴趣爱好、性格差异、智力品质的一种实践能力，又是施教者了解对象的陈述性知识、程序性知识、策略性知识的一种实践能力，还是施教者了解对象的生活背景、文化状况、人际关系的一种实践能力。就“备课”能力中的设计教学能力而言，主要表现在施教者确定语文教学目标的能力、抓住语文教学要点的能力、讲究语文教学策略的能力等三个方面，这种能力既是施教者追寻智育目标、德育目标、美育目标的一种实践能力，又是施教者善于攻克教学重点、勇于突破教学难点、巧于消除教学疑点的一种实践能力，还是施教者选择合理教学形式、采用具体教学方法、拟定可行教学程序的一种实践能力。就“备课”能力中的编写教案能力而言，主要表现在施教者明确编写教案内容的能力、熟悉编写教案形式的能力、规限编写教案要求的能力等三个方面，这种能力既是施教者对所涉及的课题计划、课时计划、教学后记等予以考虑的一种实践能力，又是施教者对所涉及的文字表述式、表格一览式、活页卡片式等予以思索的一种实践能力，还是施教者对所涉及的讲究科学性、强调独特性、突出实用性等予以斟酌的一种实践能力。

——语文教育的三种“施教”能力，是施教者创设充满激情而意味深长的教学意境的重要标志。

语文教育的“施教”能力中的善于组织能力、乐于表达能力和巧于调控能力，是施教者指引受教者遵循既定的教学计划而组织、表达、调控语文教学活动的一种实践能力。就“施教”能力中的善于组织能力而言，主要表现施教者在语文课堂教学的组织能力与语文课外活动的组织能力两个方面，这种能力既是施教者引导受教者对所涉及的控制语文课堂教学的目标、把握语文课堂教学的节奏、营造语文课堂教学的氛围的一种实践能力，又是施教者引导受教者对所涉及的确立语文课外活动的地位、抓住语文课外活动的特点、注重语文课外活动的形式的一种实践能力。就“施教”能力中的乐于表达能力而言，主要表现施教者在有声语言的表达能力与无声语言的表达能力两个方面，这种能力既是施教者对所涉及的诉诸受教者听觉的有声语言应做到示范性、灵活性、启发性、感染性的一种实践能力，又是施教者对所涉及的诉诸受教者视觉的无声语言需做到举止从容、仪表优雅、态度和蔼、表情自然的一种实践能力。就“施教”能力中的巧于调控能力而言，主要表现施教者在随机应变的调控能力与诙谐幽默的调控能力两个方面，这种能力既是施教者引导受教者对所涉及的变通教学思路、稳定教学情绪、扫清教学障碍的一种实践能力，又是施教者引导受教者对所涉及的着意发掘幽默源、注意培养幽默感、准确把握幽默术的一种实践能力。

——语文教育的三种“评价”能力，是施教者的理论修养、学业水平和劳动态度的客观呈现。

语文教育的“评价”能力中的明确重心能力、把握要领能力和提出对策能力，是施教者根据一定的尺度对受教者开展学习活动的诸多情形做出合理的价值判断的一种能力。就“评价”能力中的明确重心能力而言，主要表现施教者在明确语文教育评价的目标重心的能力、过程重心的能力、结果重心的能力等三个方面，这种能力既是施教者在语文教育评价时对所涉及的智育目标予以着力、德育目标予以给力、美育目标予以用力的一种实践能力，又是施教者在语文教育评价时对所涉及的导入过程予以着力、展开过程予以给力、终结过程予以用力的一种实践能力，还是施教者在语文教育评价时对所涉及的效率结果予以着力、效能结果予以给力、效益结果予以用力的一种实践能力。就“评价”能力中的把握要领能力而言，主要表现施教者在把握语文教育评价的理念要领的能力、资源要领的能力、标准要领的能力等三个方面，这种能力既是施教者在语文教育评价时对所涉及的创新理念予以着力、协调理念予以给力、诗意理念予以用力的一种实践能力，又是施教者在语文教育评价时对所涉及的教科书资源予以着力、执教人资源予以给力、受教人资源予以用力的一种实践能力，还是施教者在语文教育评价时对所涉及的信度标准予以着力、效度标准予以给力、活度标准予以用力的一种实践能力。就“评价”能力中的提出对策能力而言，主要表现施教者在提出语文教育评价的方式对策的能力、措施对策的能力、方法对策的能力等三个方面，这种能力既是施教者在语文教育评价时对所涉及的档案袋方式予以着力、情景性方式予以给力、表现性方式予以用力的一种实践能力，又是施教者在语文教育评价时对所涉及的多元性措施予以着力、开放性措施予以给力、全面性措施予以用力的一种实践能力，还是施教者在语文教育评价时对所涉及的甄别性方法予以着力、反思性方法予以给力、剖析性方法予以用力的一种实践能力。

以上所论及的语文教育的“备课→施教→评价”等能力，是语文教育纵向过程必经的三个阶段。作者从驾驭教材、了解对象、设计教学、编写教案等四个方面详细阐释了语文教育“备课”的能力；又从善于组织、乐于表达、巧于调控等三个方面具体解说了语文教育“施教”的能力；再从明确重心、把握要领、提出对策等三个方面扼要讲述了语文教育“评价”的能力。其中，如“备课”能力中的教材驾驭能力要用课程纲要高照、凭教科书统观、靠参考资料广鉴；“施教”能力中的课堂组织能力要兼顾课内和课外两个课堂；“评价”能力中的明确重心能力要关注目标重心、过程重心、结果重心。如此等等的一切均熔铸了语文教育的课改先进经验。

——语文教育的四种“科研”能力，是施教者的理论功底、聪明才智和创新意识的集中体现。

语文教育的“科研”能力中的发现问题能力、选择课题能力、集纳文献能力、撰写论著能力，是施教者的“语文”能力、“备课”能力、“施教”能力和“评价”能力等的结晶。就“科研”能力中的发现问题能力而言，主要表现施教者在发现他人成果中问题的能力、发现教学场景中问题的能力、发现专家交流中问题的能力等三个方面，这种能力既是施教者在语文教育中开展“科研”时对所涉及的他人成果的语文教育著作予以审读、语文教育项目予以深挖、语文教育资讯予以捕捉的一种实践能力，又是施教者在语文教育中开展“科研”时对所涉及的教学场景的语文教育事实予以感受、语文教育倾向予以批评、语文教育偏差予以拨正的一种实践能力，还是施教者在语文教育中开展“科研”时对所涉及的专家交流的语文教育热点予以瞄准、语文教育难点予以剖析、语文教育焦点予以追踪的一种实践能力。就“科研”能力中的选择课题能力而言，主要表现施教者在选择阐释性研究课题的能力、选择综述性研究课题的能力、选择建构性研究课题的能力等三个方面，这种能力既是施教者在语文教育中开展“科研”时对所涉及的阐释性研究课题的语文教育目标予以察省、语文教育规律予以揭示、语文教育原则予以弄清的一种实践能力，又是施教者在语文教育中开展“科研”时对所涉及的综述性研究课题的语文教育历史予以爬梳、语文教育现状予以审视、语文教育趋势予以预测的一种实践能力，还是施教者在语文教育中开展“科研”时对所涉及的建构性研究课题的语文教育战略予以调整、语文教育素养予以明确、语文教育举措予以推进的一种实践能力。就“科研”能力中的集纳文献能力而言，主要表现施教者在集纳原始性研究文献的能力、集纳检索性研究文献的能力、集纳参考性研究文献的能力等三个方面，这种能力既是施教者在语文教育中开展“科研”时对所涉及的原始性研究文献的语文教育手稿予以搜寻、语文教育笔记予以查找、语文教育卡片予以整理的一种实践能力，又是施教者在语文教育中开展“科研”时对所涉及的检索性研究文献的语文教育书目予以搜寻、语文教育题录予以查找、语文教育索引予以整理的一种实践能力，还是施教者在语文教育中开展“科研”时对所涉及的参考性研究文献的语文教育期刊予以搜寻、语文教育图书予以查找、语文教育报纸予以整理的一种实践能力。就“科研”能力中的撰写论著能力而言，主要表现施教者在撰写争鸣型研究论著的能力、撰写发展型研究论著的能力、撰写开拓型研究论著的能力等三个方面，这种能力既是施教者在语文教育中开展“科研”时对所涉及的问题或矫正“袭用通说”或更正“苟因旧说”或纠正“异见邪说”而得出鲜活性观点的一种实践能力，又是施教者在语文教育中开展“科研”时对所涉及的问题或缀合“交界之区”或弥合“交接之处”或黏合“交汇之面”而得出真理性认识的一种实践能力，还是施教者在语文教育中开展“科研”时对所涉及的问题或细掘“空白之点”或耕耘“处女之地”或垦殖“洪荒之域”而得出前沿性结论的一种实践能力。这里对于语文教育的“科研”能力的阐发，作者提出“发现问题、选择课题、集纳文献、撰写论著”等四项，要在他人成果中、教学场景中、专家交流中发现问题；对阐释性、综述性、建构性课题要恰当选择；对原始性、检索性、参考性文献要充分集纳；特别是对争鸣型、发展型、开拓型论著要竭力撰写。如此在教育实践中开展科研，在科研探索中改革教育，已成为当代语文名师成长的必由之路。

下篇**“语文教育的具体应用”**，展开了“语文教育的战略‘调整’”、“语文教育的智育‘求真’”、“语文教育的德育‘向善’”、“语文教育的美育‘崇美’”、“语文教育的课外拓展”等五章，属于语文教育的“运用”，是全书的血液，也是语文教育学学科关注的问题，更是笔者评述的重点。

——语文教育的战略的三大层级必须逐步地完成课程的教材化、教材的教学化、教学的智能化的“三化”任务。

语文教育的“课程”是指编制者为了更好地实现语文教育理念的需要而限定的内容、范围、分量、进程等的总和，即明确语文教育“应该教学什么”的问题。既然语文教育中的“课程”包含“语言、文章、文学”三大板块，那么健康的语文课程结构应该是语言课程、文章课程、文学课程的协同组合。作者认为，语言课程是语文课程的“老大”，文章课程是语文课程的“主干”，文学课程是语文课程的“龙头”，表面看似乎彼此矛盾，实质看意谓三种课程各有优势，像三拉马车要“并驾齐驱”。其中，难能可贵的创见是，文章课程在实践上的主流地位和在理论上的缺席空位，要求我们切实从“双文教育”（文章教育、文学教育）知行统一的高度，保持文章课程与文学课程的平衡席位和协调发展。

语文教育的“教材”是指编写者为了有效地显现语文课程所规定的诸要素并让施教者传授、受教者掌握而组织的材料，即解决语文教育“用什么去教学”的问题。既然语文教育中的“教材”包含“语言、文章、文学”三大部分，那么全面的语文教材结构应该是话语教材、文章教材、文学教材的科学配伍。作者指出：“话语作品”是语文教材的“荒原”，这个最陌生的言语“新大陆”，必须引起语文教育界的高度重视；“文章作品”是语文教材的“主体”，这顶天立地、非仰视不可的“砥柱”，必将成为语文教育的一大亮色；“文学作品”是语文教材的“主流”，这秀美靓丽、令人艳羡的“碧玉”，从总体上宜保持与语言教材、文章教材的平衡发展乃至和谐发展。三类“言语作品”应该相配、相爱、相融，而不能相离、相斥、相害。应该说，这一套语文教材的探赜索隐是革故鼎新、超凡脱俗的。

语文教育的“教学”是指施教者为了极佳地完成语文教材所约定的任务而向受教者传递的各种既真又善更美的信息，即弄清语文教育“实际教学什么”的问题。既然语文教育中的“教学”包含“语言、文章、文学”三大支柱，那么完整的语文教学结构应该是语言教学、文章教学、文学教学的并行不悖。对于语言教学，作者除了通过课文（文章作品、文学作品）学习语音、文字、词汇、语法、修辞、语体等语言知识外，又另辟蹊径，专讲日常语言的教学要讲究“直接”，注重“灵活”，推崇“简洁”；科学语言的教学要遵循“定法”，看重“理性”，崇尚“单义”；艺术语言的教学要追求“活法”，着重“感性”，寻找“多义”。这种着眼于语用学的三种语言教学，应是前所未有的创新。对于文章教学，作者竭力维护其传统“正轨”、现代“正宗”、当代“正课”地位，分类阐释了普通文章（记叙文、说明文、议论文）和专业文章（新闻文、应用文、学术文）及变体文章（纪传文、科普文、杂感文）的教学实施，具体指明了如何把握九种文章的基本类型、大体结构、表达技巧、出色语言。这样针对“弱化文章教学”的偏颇，彰显实用文章教学的主体作用，又是同类语文教育学论著有所欠缺而不自知的。对于文学教学，作者基于其显学的丰富积淀，浓缩了四类文学体裁的教学策略：诗歌教学要明确诗情，运用诵读，进入意境等；散文教学要探寻文脉，识别文眼，品味文句等；小说教学要领略情节，体味人物，感悟环境等；戏剧教学要把握结构，分析冲突，琢磨语言等。这一整套“语言、文章、文学”的教学经验总结，达到了空前的高度。

——语文教育中智育的“求真”，它必须注重语文教育的基础性，主要指知识传授、能力训练和智力开发。

语文教育中的智育即指语文教育客体和语文教育活动本身对语文教育主体所产生的知识传授、能力训练和智力开发等。这是语文教育的前提，其要义在于“求真”，施教者旨在引导受教者“提高智能水平”。对语文知识，作者批评非科学的字、词、句、篇、语、修、逻、文的“八字宪法”，补充缺漏的“文章知识”，确立了它在语文知识体系中的合法身份；对语文能力，作者分别扩展为“阅读的认读能力、理解能力、欣赏能力、评价能力”与“写作的明旨能力、定体能力、用料能力、选技能力”和“聆听的听辨能力、听记能力、听解能力、听评能力”及“说话的组码能力、编码能力、发码能力、用码能力”等十六种；对语文智力，作者除观察力、记忆力的透析之外，又生发出再造想象、创造想象、审美想象、科学想象等四种想象力和扩散思维、集中思维、直觉思维、灵感思维等四种思维力。这些知识、能力、智力的补充和细化都是超越前人的进步，极大地提高了施教者在语文教育的智育中怎样“求真”而促使受教者“探索品质的养成”的程度。

——语文教育中德育的“向善”，它必须注重语文教育的人文性，主要指思想净化、情操陶冶和德性涵养。

语文教育中的德育即指语文教育客体和语文教育活动本身对语文教育主体所产生的思想净化、情操陶冶和德性涵养等。这是语文教育的灵魂，其要义在于“向善”，施教者旨在引导受教者“弘扬人文精神”。就思想净化而言，主要指爱国主义教育，包括“增进亲国之情、激励效国之志、练就建国之才、鞭策兴国之行”；就情操陶冶而言，主要指理想信念教育，包括“疏通其经络、融化其血液、深入其骨髓、渗透其灵魂”；就德性涵养而言，主要指道德品质教育，包括“提高道德认识、增强道德情感、锻炼道德意志、确立道德信仰、培养道德行为”。这就顺应了以新中国的革命、建设、改革为进程的四种爱国主义情愫，以人体的骨、血、灵、肉为比喻的四种理想信念机体，以主体的知、情、意、信、行为序列的五种道德品质要求，具体地坐实了施教者在语文教育的德育中如何“向善”而推动受教者“道德良知的觉醒”的内涵。

——语文教育中美育的“崇美”，它必须注重语文教育的审美性，主要指审美意识增强、审美因素领略和审美能力提升。

语文教育中的美育即指语文教育客体和语文教育活动本身对语文教育主体所产生的审美意识增强、审美因素领略和审美能力提升等。这是语文教育的归宿，其要义在于“崇美”，施教者旨在引导受教者“追求审美境界”。关于审美意识增强，包括“树立审美观念即审美观点、审美情趣、审美标准、审美理想和健全审美心理即审美感知、审美想象、审美理解、审美情感及端正审美态度即审美欲望、审美需求、审美动机、审美意图”；关于审美因素领略，包括“分辨审美形态即自然美、社会美、艺术美、科学美和区别审美范畴即优柔美、崇高美、悲剧美、喜剧美及解析审美形式即整齐一律美、对称均衡美、对比调和美、多样统一美”；关于审美能力提升，包括“产生审美感受即审美观照、审美注意、审美通感和深化审美鉴赏即审美辨别、审美颖悟、审美评判及激发审美创造即审美质疑、审美替换、审美逆思”。这逐层发掘、条分缕析的美质和美感，大大地丰富了施教者在语文教育的美育中怎么“崇美”而催发受教者“自由心灵的建构”的底蕴。

——语文教育的课外拓展，它必须在“一语双文论”中显露智育的“求真”、德育的“向善”、美育的“崇美”等义项。

语文教育的课外拓展，与课内语文教育共同承担着语文学科所赋予的时代使命，它已成为整个语文教育不可或缺的组成部分，对受教者语文（语言、文章、文学）素养的全面提高，将发挥着不可替代的作用，占据着举足轻重的地位。最值得赞许与称道的是，作者在这一章所阐发的语文教育的课外拓展，既有其诸多内容的综览，又有其各种形式的概观，基本上体现了课外语文教育拓展的精髓，不但做到了理论和实际相结合，而且做到了课内和课外相融通，这就有力地彰显了语文教育“应用”的高标定位。施教者用以指引受教者开展相应的活动，能够真正地做到把课内语文教育的智育、德育、美育延伸到课外语文教育的智育、德育、美育中去，将有助于他们更好地贴近生活，自觉地走进社会，有效地面向自然，让受教者感受到语文课拥有巨大的“智育地”和高远的“德育天”及宽阔的“美育场”，以期达到塑造“求真”、“向善”、崇美”的创造性人才和“健全的人格”的基本要求，并进入“人的发展和完整性建构”的全新境域。

余论“**语文教师的继续教育**”，实为全书的结论。语文教师作为语文（语言、文章、文学）施教的主体，应做受教者知识的传导者、能力的训练者、智力的开发者、人格的塑造者，这本是思想品德、学业知识、教学技能、科研智力的总和。语文教师担负着“教书育人”的双重职责，为了适应语文教育本体和客体发展的需要，必须最后探究“语文教师教育学”。作者从语文教师的“德”、“学”、“才”、“识”即“道德修为需敬业、知识水平需博学、才能素养需卓异、见识涵养需超群”等四个方面简明扼要地阐释了应具有的素质，向我们昭示：语文教育的成败关键在于语文教师修养水平的高低。

…………

总览全书的参考文献，广罗论文、论著，宏观国内、国外，足见其博采百家、熔铸己学的功力。一名语文教育学专家要想在语文（语言、文章、文学）这个门类里有所作为，不仅需要全新的理念、敏锐的识见、丰厚的学养和充沛的才情，还必须具备统领这一切的良心与真诚，必须拥有作为其生命底色的大爱与大憎。对于不少学者来说，这显然是并非轻而易举之事。本书作者既在基础教育的语文学科中摸爬滚打而得到了实践磨炼，又在高等师范院校的语文教育学学科中拼搏奋斗而获得了理论积淀，是语文教育理论界不可多得的“复合型”学者。他不但以语文教育理论界的甘于“坐冷板凳”的有志之士为榜样而激励自己持之以恒地去探寻，而且以语文教育理论界的乐于“吃清贫饭”的有识之士为表率而驱策自己坚持不懈地去探求，更加以语文教育理论界的勇于“啃冷猪肉”的有为之士为典范而催促自己始终不渝地去探究。笔者与作者在语文教育学、实用文章学、汉文阅读学等多学科有三十余年的学术交往，攻守在同一个战壕，彼此形成了“学术思想共同体”。例如，他接受、声援、践行、落实我的“一语双文论”，在同仁中是最坚决、最得力、最全面、最忠诚的，这是何等的学者风范！细读《语文教育学新论》的清样，结合我的突出印象，感到该书具有历史的深度、现实的广度、理论的高度、实践的力度、论述的精度，充分彰显了一名学者的独特的学术建树、鲜明的学术立场、深厚的学术积淀。可以毫不夸饰地说，作者不愧为当代中国语文教育理论界的第一流学者，赢得了主流学术界的前辈而盛赞之，同辈而膺服之，晚辈而景仰之。正是怀着这种钦敬的心情，读罢书稿后，如沐春风，如啜甘霖，既觉得亲切，又感触良多。稍稍厘清了思绪，并记载下来，权且当作“序言”吧！

2021 年 3 月上旬于河南师范大学拓荒斋

目录

绪 论 语文教育学的神圣使命

高等师范院校中文系的语文教育学学科，属于人文社会科学的一门重要学科。其神圣使命，义不容辞地担负着推进受教育者在语文（语言、文章、文学）[1]中的生命的终极成长，继而“树立热爱语文教育的事业心、建构适应语文教育的知识网、练就从事语文教育的基本功、蓄积革新语文教育的创造力”[2]，实现“自我边界”的稳固与无限，并逐渐成为未来的语文教育家。它是20世纪80年代发展起来的学科教育学的一种，是植根于语文教育实践，从我国现实社会和未来发展的需要出发，运用语文科学、教育科学等建立起来的语文教育理论体系。语文教育学学科不是语文科学、教育科学等简单相加的产物，而是语文科学、教育科学等交叉与融合、渗透与贯通、拣选与蜕变后，所形成的比较完善的语文教育理论体系。它所研究的应是整个语文教育，包括国外的语文教育和国内的语文教育，以国内的语文教育为主；包括历史的语文教育和现实的语文教育，以现实的语文教育为主；包括普通学校的语文教育和职业学校的语文教育，以普通学校的语文教育为主；包括学校的语文教育和社会的语文教育，以学校的语文教育为主；包括课堂以内的语文教育和课堂以外的语文教育，以课堂以内的语文教育为主。语文教育学学科为受教育者在语文教育活动中贯彻语文教育方针、推动语文教育改革、提高语文教育效率等，均提供了理论依据和实践指导。以下仅从“语文教育学”是什么、“语文教育学”为什么、“语文教育学”怎么样等三个方面分别予以阐述：

一、“语文教育学”是什么

高等师范院校中文系的语文教育学学科，是一门正在建设中的“新兴”学科。在我国，语文教育学学科从诞生到现在大体经历了“蒙学教授法”、“国文教授法”、“国文教学法”、“国语教学法”、“语文教材教法”、“语言教学法”、“文学教学法”、“语文教学法”、“语文教学论”、“语文教育学”等几个时期。回顾20世纪以来语文教育学学科发展的轨迹，其基本趋势就是：语文教学法→语文教学论→语文教育学。80年代以前是“语文教学法”的孕育、诞生、充实的时期，80年代以后迅猛地朝着“语文教学论”和“语文教育学”的方向完善、发展、提升，呈明显的加速度状态。三者的研究对象、研究内容、研究任务等，是基本相同的；但又是不断拓展的，呈递进关系，后者包容前者。“语文教学法”

的基本特点是实践性和操作性，侧重于研究语文教育的实践技能；“语文教学论”的基本特点是理论性和指导性，侧重于研究基本理论指导下的语文教育实践；“语文教育学”的基本特点是教育性和方向性，是施教者运用学科教育理论来完成语文教育促进受教者全面发展的任务，进而使之成为“求真”、“向善”、“崇美”[3]的创造性的人才和“健全的人格”[4]。但是，目前这门学科尚处在发展阶段，这是摆在每一个立志于从事语文教育事业的学人面前的一项十分紧迫的任务。学界周知，“语文教育学”本来是“语文学”和“教育学”相结合的产物。但其背后与“教育学”相交叉的“语文学”仍未成熟为一门显科学，对“语文”这个核心概念的解说含混不清，游移不定，或释为“语言文字”，或释为“语言文学”，或释为“语言文章”，或释为“语言文化”，均存在“一语一文论”的偏颇，这是未能落实“语文教育的科学发展观”[5]的表现。如果“没有科学的‘语文学’作牢固基石，就支撑不起‘语文教育学’的理论大厦”，因此，应扬弃四种“一语一文论”，旗帜鲜明地用“一语双文论”[6]即“语言”、“文章”、“文学”来统帅。倘若只知“语文姓‘语’”，而不知“语文名‘文章’、号‘文学’”，是不能透彻认清“语文”这个核心概念的内涵的。理想的语文教育学学科所研究的语文教育即“健康的语文课程”应是语言课程、文章课程、文学课程的协同组合和“全面的语文教材”应是话语教材、文章教材、文学教材的科学配伍及“完整的语文教学”应是语言教学、文章教学、文学教学的并行不悖。语文教育学学科正在我国大地上成长、壮大！

二、“语文教育学”为什么

高等师范院校中文系的语文教育学学科，是一门凸显师范性的“主干”学科。它是普通教育学的分支理论学科，是现代语文学的应用理论学科，理所当然地以将受教育者倾情地打造成未来的语文教育家为宗旨。它包括“原理→技术→应用”的三级体系建构，具有“学而兼术”、“知行统一”的鲜明特性。因此，语文教育学学科应力求在承接传统精华和吸纳前沿成果的基础上，用现代教育理论和全新思维方式，通过“语文教育的基本原理”（语文教育的本质、语文教育的目标、语文教育的原则、语文教育的过程）和“语文教育的主导技术”（语文教育的“语文”能力、语文教育的“备课”能力、语文教育的“施教”能力、语文教育的“评价”能力、语文教育的“科研”能力）及“语文教育的具体应用”（语文教育的战略“调整”、语文教育的智育“求真”、语文教育的德育“向善”、语文教育的美育“崇美”、语文教育的课外拓展）等的系统阐述，以期使受教育者能获得从事语文教育的基础知识，在未来的语文教育活动中不说那些“糊涂话”；能掌握从事语文教育的基本技能，在未来的语文教育活动中不干那些“荒唐事”；能磨炼从事语文教育的特殊技巧，在未来的语文教育活动中不做那些“教书匠”，从而深刻地认识到当一名语文教师的光荣和责任的重大，为语文教育真正达到塑造“求真”、“向善”、“崇美”的创造性的人才和“健全的人格”的基本要求，并进入“人的发展和完整性建构”[7]的全新境域。一句话，语文教育学学科所研究的语文教育是“健康的语文课程”和“全面的语文教材”及“完整的语文教学”的高度凝聚，必须在语文教育的战略的三大层级即语言维度、文章维度、文学维度中逐步地完成语文课程的教材化、语文教材的教学化、语文教学的智能化的“三化”任务，从而使受教育者在“知其然”的同时也“知其所以然”，切实地确定并摆正“语文教育的科学发展观”的应有位置。因此，语文教育学学科不该培养受教育者成为理论脱离实际的极端“理论家”、眼高手低的绝顶“狂妄者”，而要培养他们具有雄厚的语文教育理论基础，并能灵活运用这些语文教育理论于语文教育实践的优秀语文教师，甚至是成为语文教育界的“高手”、“圣手”、“旗手”乃至“舵手”，为建设特色鲜明的“真善美融合”[8]的语文教育大厦而添砖加瓦。

三、“语文教育学”怎么样

高等师范院校中文系的语文教育学学科，是一门急需迅猛发展的“龙头”学科。20世纪80年代以来，随着国内外教育思想交流所导致的我国教育科学的发展和语文教育研究的深入，语文教育学学科向着它的成熟形式而迅猛开拓。世界教育科学发展的趋势之一就是学科化。苏联自20世纪70年代以来，各高等师范院校相继将“教学法”或“教学论”改为学科教育学，并开设了各科教育学的课程。美国1986年制定的关于师范教育改革规划的文件《明天的教师》中说：“第一项重要工作的重点应放在专门的学科教育学，要用对专门的学科教育学的研究来代替本科的一般‘教学法’课程。”我国教育学界也明确提出：“我们不但要有自己的普通教育学，还要有自己的学科教育学。”[9]并于1989年在北京召开了第一次学科教育学研讨会，1990年在大连召开了第二次学科教育学研讨会，1991年在厦门召开了第三次学科教育学研讨会。以后几乎是年年召开，其规模和内容也在不断地扩展和深入。这个时期以“语文教育学”名称出现的著作或教材也陆续出版，据不完全统计，现已达到了480多部。这些著作或教材在现代教育思想的指导下，在充分消化各相关学科理论的基础上，继承了传统语文教育的理论与经验，吸收了国外语文教育的成果与精华，揭示了语文教育的本质及规律，扩充了语文教育研究的领域和范围，重视了从语文教育实践中吸取营养，建构了语文教育学学科体系的崭新框架，从而使之符合“语文教育的科学发展观”。它们的出现，标志着语文教育学学科已经进入了大变革时期。与“语文教学法”和“语文教学论”时期相比较，研究的对象由侧重知识和能力的“教学”，转变为促进受教者全面发展的“教育”；研究的内容由侧重具体的理论、方法的“法”和“论”，转变为具有系统理论和完整结构的“学”。这种转变对语文教育的理论和实践具有深刻的革新意义，是学科教育学研究的深入和发展，也是普通教育学的丰富和繁衍。一句话，语文教育学学科所研究的语文教育怎样让施教者在语文（语言、文章、文学）中提高受教者的思想品德素质、文化科学素质、审美塑美素质、个性心理素质、体质体能素质等方面发挥积极作用，如何让施教者在语文（语言、文章、文学）中塑造受教者达到“求真”、“向善”、“崇美”的创造性的人才和“健全的人格”的基本要求，并又好又快地进入“人的发展和完整性建构”的全新境域。

上篇

语文教育的基本原理

基本原理通常是指某一领域、部门或科学中具有普遍意义的基本规律。这一篇“语文教育的基本原理”分别展开了“语文教育的本质”、“语文教育的目标”、“语文教育的原则”、“语文教育的过程”等四章，属于语文教育的“学理”，应是全书的灵魂，也是语文教育学学科中必须解决的问题，更是着力阐发的亮点所在。以下试图依次从几个方面予以论述：

第一章　语文教育的本质

语文教育的本质是语文教育理论的逻辑起点和根本动力，在整个语文教育理论系统中处于异常重要的位置。语文教育的本质决定着语文教育的观念，统摄着语文教育的全局，影响着语文教育的发展，调控着语文教育的方向，制约着语文教育的行为，对语文教育起着决定性的因素。语文教育理论界长期争论语文教育的本质是什么，无非是要弄清语文教育所达成的要求是什么。学界熟知，语文教育要达成的基本要求就是施教者在语文（语言、文章、文学）中如何将受教者塑造成为“求真”、“向善”、“崇美”的创造性的人才和“健全的人格”。以下仅从语文教育本质的失误诠释、语文教育本质的科学理解、语文教育本质的正确把握等三个方面分别予以阐述：

第一节　语文教育本质的失误诠释

关于语文教育本质的诠释，语文教育理论界历来是聚讼纷纭，争论不休，其中影响较大的观点有：第一认为它是语言，语言具有工具性，所以语文学科是工具性的学科。第二认为它是文化，文化具有人文性，所以语文学科是人文性的学科。第三认为它既是最重要的交际工具，又是人类文化的重要组成部分，所以语文学科是工具性与人文性统一的学科[10]。这三种观点虽不乏价值和魅力，但在诠释时都因种种限制，故存在着许多失误。以下仅从语文教育本质的诠释不够准确、语文教育本质的诠释不太慎重、语文教育本质的诠释不甚严谨等三个方面依次予以展开：

一、语文教育本质的诠释不够准确

现行的语文教育理论把三个特性不同的“语文”混为一谈，从而机械地由“语文”有“工具性”、“人文性”、“工具性与人文性统一”等非本质属性得出语文学科是“工具性的学科”、“人文性的学科”、“工具性与人文性统一的学科”的结论。这就违背了最一般、最基本的逻辑思维规律，因而显得不够准确。在语文教育界，关于“工具性”与“人文性”

的论争可以追溯到20世纪二三十年代。事实上，把“工具性与人文性的统一”作为语文课程基本特点的说法也是站不住脚的，哪一门课程不是“工具性”，哪一门课程又没有“人文性”呢？如果因为“语文”是交际工具或者说有工具性，语文学科就成了工具性的学科，那么，历史学科岂不是要定性为“镜子性的学科”（因为历史是现实的镜子）？计算机学科岂不就成了“办公助手性的学科”？如果因为“语文”是人文精神或者说有人文性，就必须把语文学科说成是人文性的学科，那么，历史、政治、美术、音乐等许多学科的特性同语文学科的特性不就完全相同了吗？如果因为“语文”既是最重要的交际工具，又是人类文化的重要组成部分，就必须把它说成是工具性与人文性统一的学科，那么就把人们约略明白的东西说得一点也不明白了。这种不能完全表明语文教育本质的含混晦涩、自相矛盾的诠释，就难免使其严肃性和权威性受到极大的怀疑。众所周知，概念的清晰明确是任何理论思考的必要条件，是进行正确思维的前提，概念的含糊混乱或者没有意义则是什么也说不清道不明的。要使语文教育的理论大厦具有坚实的基石，就必须在理论思维的逻辑起点上辨明“语文”所表示的不同概念。弄清了“语文”的不同概念之后，再去审视现行的语文教育理论，我们就会发现，充当理论枢纽的“语文”一词所表示的概念在现行的语文教育理论那里常常是含混不清或游移不定的：它一会儿指语言学科的“语文”，一会儿指文艺学科的“语文”，一会儿指教育学科的“语文”……进而试图把它们合成一个自认为只有一个答案的问题——语文教育本质是什么，然后又幻想用一个定义来求得对它的圆满诠释。这当然是上帝也不可能办得到的事情。试问：谁能够用一个定义圆满地诠释三个不同的概念呢？以这样的违背逻辑思维规律而界定的语文教育本质将会产生一个怎样的混乱状态呢？

二、语文教育本质的诠释不太慎重

现行的语文教育理论把三个特性不同的“语文”混为一谈，从而简单地把“语文教育的本质是什么”偷换成“语文是什么属性的学科”。这就违反了反映客观事物的关键属性的逻辑思维形式，因而显得不太慎重。倪文锦指出，这种划定不能准确地揭示语文教育的本质属性，不能解释语文教育中的许多现象，“与其把它看成对学科特性的一锤定音，还不如把它视为对上（20）世纪末语文教育大讨论的总结”[11]。何况人类社会充满着不可知的发展变化，我们对“语文”这个事物的认识总不能老是随着时代的变迁、社会政治的变化而变化。这样，语文教育便会失去稳定性，使语文教育成为不可认知和捉摸的千变女郎。世界上所有的事物都是形式和内容的统一体，概念和思想当然也不例外。人们常说语词是概念的表达形式，概念是语词的意义内容，但没有说语词的形式和概念的内容各是什么。好像语词和概念是两个不同的东西，其中语词只有形式而没有内容，而概念则只有内容而没有形式。实际上，语词的读音和书写形体就是概念的读音和书写形体，或者说语词就是概念，语词的形式就是概念的形式；语词的意义内容就是概念的意义内容，就是对事物的指称或者说反映。说同一个语词在不同的情况下，可以表达不同的概念，就是指相同的概念形式在不同的情况下，可以表达不同的概念内容，或者说一个语词会有几个不同的含义。说同一个概念可以用不同的语词来表达，就是指一个概念可以用另一个或另几个概念来诠释，或者说一个语词可以用另一个或另几个语词来诠释。说“语文”是语言，进而说语言是工具或交际工具，这不是科学的定义，而是一种非常蹩脚的比喻，它丝毫不能说明“语文”之所以为“语文”的关键属性，就像说“电脑是助手或工作助手”，丝毫也不能说明电脑究竟是什么东西一样。说“语文”是文化或人类文化的重要组成部分，同样也不能叫人们明白“语文”究竟是什么，因为天下任何一种学问、任何一门学科的内容都是文化或人类文化的重要组成部分，“语文”究竟是哪一种文化或人类文化的哪一部分呢？这岂不是如同仅仅说“基因是生命的重要组成部分”，并不能叫人们明白基因究竟是什么一样没有意义吗？说“语文既是最重要的交际工具，又是人类文化的重要组成部分”，也同样是不能叫人们明白“语文”究竟是什么。这岂不是好比“把发光体的光环误认为发光体本身”吗？以这样的违反逻辑思维形式而昭示的语文教育本质究竟是渊博和高明呢，还是浅薄和愚昧呢？

三、语文教育本质的诠释不甚严谨

现行的语文教育理论把三个特性不同的“语文”混为一谈，从而浮光掠影地根据“语文”中唾手可得的种种非关键属性，来轻率地推断出语文学科是“工具性的学科”、“人文性的学科”、“工具性与人文性统一的学科”。这就违逆了科学的逻辑思维方法，因而显得不甚严谨。它迷失了系统而缜密地论证和回答语文学科是教育受教者熟练掌握语文（语言、文章、文学）的科学的思维和理想的表达之路。当我们把“语文”的特性视为工具性时，就自然会使语文（语言、文章、文学）蜕化为语言空壳，语文教育则可能会逼仄为语言的机械训练；当我们把“语文”的特性视为人文性时，就自然会使语文（语言、文章、文学）异化为政治形态，语文教育则可能会转变为政治的传声话筒；当我们把“语文”的特性视为工具性与人文性的“统一”时，就自然会把语文（语言、文章、文学）幻化为语言和文化的“融合”，语文教育则可能会异变为语言的乏味操作和思想的生硬灌输。凡是进行理论研究都是需要逻辑思维的。可是现行的语文教育理论在诠释语文教育本质时却概念不清、标准不一，很不善于逻辑思维，想不到“语文”各自都能表示几个不同的概念，更不知道在同一个思维过程中必须始终保持概念的明确和同一。这样的逻辑思维方法，岂不是太离谱了吗？这种明显地违背同一律（同一律是人类几千年前总结出来并屡试不爽的四大形式逻辑思维规律之一）的理论必然要自造麻烦，自找没趣，最终一定会成为自我否定的混乱不堪的理论垃圾。现行的语文教育理论常常以思维大师的口吻教人们要如何重视培养思维能力和思维品质，不厌其烦地说明思维能力是如何重要，思维品质是多么宝贵。可是，它在自己的专业问题的思维之路上迈出的第一步，就走上了一条投机取巧的思维和偷换概念的表达之路，这种把一个本质并不复杂的事物用同类事物的共性来界定的严重违背逻辑思维方法的诠释，实在是过于粗疏或马虎，无不使人们感到有某种莫名其妙的缺憾。

这样的逻辑思维方法就像把“生物学科的本质是什么”演绎成“生物是什么属性的学科”一样，然后便从动物的求偶性、群居性、繁殖性等等来推断生物学科具有求偶性、群居性、繁殖性等等一样牛头不对马嘴。这大概也可以算是一大“特色”吧！这岂不是“你不说我倒是还明白些，你越说我反而越是糊涂了”吗？以这样的违逆逻辑思维方法而显示的语文教育本质不知是语言学的悲哀呢，还是逻辑学的无能呢？

第二节　语文教育本质的科学理解

关于语文教育本质的科学理解，必须依据两个评判标准：一个是这事物区别于他事物的关键属性，反映了事物的独特之处；另外就是“本质”只有一个，它可以兼容并带动其他有关的一般属性。据此，语文教育本质应是基础性因素的“求真”、人文性因素的“向善”和审美性因素的“崇美”等的和谐统一。一句话，“真善美融合”应该是语文教育本质的题中要义。以下仅从语文教育本质的基础性因素、语文教育本质的人文性因素、语文教育本质的审美性因素等三个方面依次予以展开：

一、语文教育本质的基础性因素

语文学科作为一门拥享着坚实的智能品质的学科，这是语文教育的无可争辩的事实。它主要承担着塑造“求真”、“向善”、“崇美”的创造性的人才和“健全的人格”的“真”（智育）即知识的传授、能力的训练和智力的开发等任务，是“提高智能水平”的不二法门，因而具有基础性。我们说语文教育具有基础性的因素，其含义有：首先，语文教育在整个社会生活中处于基础地位。语文教育与社会生活有着天然的联系，一个人从咿呀学语到上学到就业直到老年等人生历程，都要学语文（语言、文章、文学）、用语文（语言、文章、文学）。无数事实在不断地证明着：受教者获得知识、形成能力、拓展智力、净化思想、陶冶情操、涵养德性、增强审美意识、领略审美因素、提升审美能力等，并不都是仅仅从课堂上得到的，而有些是从校内其他学科或社会生活中学到的。即使在校内课堂上学习语文（语言、文章、文学），也离不开社会生活这个大环境。因而施教者要为受教者创造多渠道学习的条件，把学校、家庭、社会联成一体，从而使其学习的外延与生活的外延相近。其次，语文教育在整个课程体系中处于基础地位。在基础教育阶段的众多课程中的语文学科，它的设置与实施的主要目的是出于基础性而考虑的。受教者在校期间的语文（语言、文章、文学）学习属于打基础的性质，学好这门学科将有助于其他学科目标的实现。可以说，语文学科是百科之母，是基础的基础。因为其他各科的学习，都要以语文（语言、文章、文学）作为媒介，都要以其阅读、写作、聆听、说话等的特殊实践作为开展教学活动的手段。因此，学好语文学科是学习其他学科的基础，甚至是进行有效学习的基础。语文学科学好了，可以促进其他学科的学习；语文学科学不好，则势必影响到其他学科的学习。再次，语文教育在整个人才培养中处于基础地位。基础教育阶段设置的众多学科都是施教者从各个侧面来培养和提高受教者的整体素质的，而语文学科则为受教者学好其他学科提供了必要的条件，那就必然成为整个素质教育的基础。更何况，语文学科本身又将以丰富多彩的包罗万象的自然、社会、思维等领域的内容去扩展受教者的视野，以各种各样美的事、美的物、美的人、美的景去陶冶受教者的心灵，让受教者通过语文教材中的课文即文字作品（文章作品、文学作品）去进行读、写、听、说的言语活动，并在此过程中无论是形象思维还是理论思维都得到发展，这就自然为他们今后长远乃至终身的生活与工作奠定了厚实的基础。

二、语文教育本质的人文性因素

语文学科作为一门洋溢着浓郁的人文气息的学科，这是语文教育的不容置疑的实情。它主要承担着塑造“求真”、“向善”、“崇美”的创造性的人才和“健全的人格”的“善”（德育）即思想的净化、情操的陶冶和德性的涵养等任务，是“弘扬人文精神”的重要途径，因而具有人文性。我们说语文教育具有人文性的因素，可以从下述几个方面考察：首先，语文教育的媒介——教材中蕴含着人文特质。一套语文教材包括语言、文章、文学，它们积淀着人类文明的精华，都是文化的重要组成部分。其中既有大禹治水的伟业，愚公移山的精神，活字印刷术的价值，生于忧患、死于安乐的思辨，富贵不能淫、贫贱不能移、威武不能屈的骨气；又有对山川的赞美，对自然的敬畏，对生态的尊重，对祖国的忠贞，对理想的追求，对民族的热爱；还有对他人的善意，对社会的报答，对集体的责任，对父母的感恩，对友情的真诚，对全人类的博爱……这些是施教者让受教者既能内化文化遗产又能创造新的文化的取之不尽、用之不竭的源泉！它强调的是人的尊严与价值，是否具有至高无上的品位；它突出的是人的个性的彻底解放，能否具备其自由发展的条件；它关注的是人的全面和谐的发展，是否具有独立意识的人格；它要求的是所培养的人，不仅是一个劳动者和一个经济动物，而且更是一个既能够创造又懂得享受的人。其次，语文教育的实施——运作中贯穿着人文因素。语文教育并非只让施教者引导受教者孤立地、静态地去“研究语文”，而是要灵活地、动态地去“学习语文”，诚如曹明海所说的“语文学习的过程也是言语实践中的生命存在及其活动”[12]那样。实践表明，任何个体运用语文（语言、文章、文学）的过程都是“言语—语言—言语”的复杂运动过程，即通过聆听或者阅读语文教材中的课文即文字作品（文章作品、文学作品），并逐步悟出其中的特征和规律，然后又根据其中的特征与规律去进行述说或者写作的活动以创造出新的“作品”。因而，“言语—语言—言语”这种基于个体运用语文（语言、文章、文学）的过程，始于对语文教材中的课文即文字作品（文章作品、文学作品）的感悟，终于对新的“作品”的创造，自始至终都有着深沉而强烈的人文精神灌注于其中。如果语文教育只是一味地强调给受教者传授所谓的“实际生活有用”的知识和技能，仅仅单纯地夸大给受教者提供所谓的“以角逐为导向”的就业准备，那就只能造就出一批缺乏思想，缺乏意志，缺乏进取，没有人生趣味的“现代机器人”。

三、语文教育本质的审美性因素

语文学科作为一门充满着独特的审美魅力的学科，这是语文教育的不由分说的本相。它主要承担着塑造“求真”、“向善”、“崇美”的创造性的人才和“健全的人格”的“美”（美育）即审美意识的增强、审美因素的领略和审美能力的提升等任务，是“追求审美境界”的主要方式，因而具有审美性。我们说语文教育具有审美性的因素，其含义是：首先，语文教育具有无法忽视的美感性。语文（语言、文章、文学）是美的对象，集结了文质兼美的语文教材中的课文即文字作品（文章作品、文学作品），其中既有令人赏心悦目的自然美、催人奋发向上的社会美、引人欣羡神往的艺术美、启人聪明才智的科学美，又有小巧娇弱而惹人愉悦的优柔美、强大健壮而叫人惊讶的崇高美、将有价值而毁灭给人看的悲剧美、将无价值而撕破给人看的喜剧美，还有层序分明而排列的整齐一律美、相互配合而胪列的对称均衡美、彼此共融而分列的对比调和美、有机联系而布列的多样统一美，简直是一个绚丽多彩的美的世界，加上受教者是有战略意义的美育对象，因而语文教育也成为综合的美育课堂。对语文教材中的课文即文字作品（文章作品、文学作品）的理解——聆听和阅读，实际是对美的感受和欣赏；对语文教材中的课文即文字作品（文章作品、文学作品）的运用——说话和写作，实际是对美的表现和创造。语文教育应利用这把打开美的大门的钥匙，通过语感、文感的磨炼，实现“美感”的积淀，从而彰显其“以美化人”的功能。其次，语文教育具有不可或缺的情意性。语文（语言、文章、文学）中不单指语言的音乐美、文字的绘画美、词句的含蓄美、段落的匀称美、层次的节奏美、篇章的完整美、文面的行款美等，而且含有独特的情感、意向。语文教材中的课文即文字作品（文章作品、文学作品）是情感传播的载体，凝聚着人类情感的方方面面，诸如喜、怒、哀、乐、爱、恶、惧，爱美情、爱国情、骨肉情、友谊情，正义感、事业感、理智感，等等。它包容着众多的情感触角，提供了不少的情感教育的素材。这些情感灌注在语流中，消融在思想里，使施教者与受教者通其情，达其理，为基础教育的其他学科所不及。另外，语文教材中的课文即文字作品（文章作品、文学作品）的意向是指其所表现出来的兴趣、动机、意志、性格、气质等个性心理品质，它们与情感拥有相类似的特质，共属于读者、写者、听者、说者等的非智力因素，因而在传授知识、训练技能、开发智力、渗透人文、实施美育时，应该使“情”注其中，“意”蕴其内，从而发挥其“移情炼意”的效用。

第三节 语文教育本质的正确把握

语文教育本质的“真善美融合”既是语文教育的理智追求，也是语文教育的至高境界，更是语文教育认知学、语文教育伦理学、语文教育美育学的合金。语文教育理论界只有切实协调“语文智育”、“语文德育”、“语文美育”之间的谐和关系，并努力实行语文教育的“基础性”、“人文性”、“审美性”三者的有机结合，才能确切地把握语文教育本质的应有要旨。以下仅从语文教育本质要明确“一个观念”、语文教育本质要处理“三个关系”、语文教育本质要实现“有机结合”等三个方面依次予以展开：

一、语文教育本质要明确“一个观念”

“一个观念”的明确，指的是语文教育本质观对课程观、教材观、教学观的制约处于首位的观念。语文教育本质从宏观到中观，到微观，对语文教育目标、语文教育内容、语文教育原则、语文教育过程、语文教育方法等都有决定性的限制作用。也就是说，语文教育目标、语文教育内容、语文教育原则、语文教育过程、语文教育方法等都植根于语文教育本质。语文教育观念是对语文教育诸多问题的看法和信念，它固着于施教者的头脑，从而形成心理定势，支配着语文教育的行为，因而整个语文教育都得建立在语文教育本质观的基石之上。语文教育观念呈群体性态，包括目标观、内容观、原则观、方法观、过程观等等，这些观念又派生出各种各样的基本观念和具体观念。在这个观念体系中，各种各样的基本观念和具体观念都从本质观中引发出来，并与本质观一脉相承，成为引领语文教育全局的核心。所以，施教者必须认清语文教育本质在语文教育实践中的先导作用，明确语文教育本质在整个语文教育理论系统中的统帅地位。如果一个施教者对语文教育本质都没有弄清楚，那么他就很有可能为“教参”与“考试”所左右，而陷入被动的、浮于表面的教学，即使他的“教学成绩”再好，也不是有意识的、理想化的教学。学界悉知，语文教育本质在所有学科中应该说是最不好确定的，如果随便问一下施教者“语文学科是做什么的?”恐怕很多人也难以回答上来。作为一门真正的学科，不仅有其内在的质的规定性，而且有其自身的科学的学科体系。如数学、物理学、化学、生物学，甚至历史学、地理学等，其本身就是内在脉络清晰、逻辑严密的科学体系，当这些学科与教育学交叉后便产生相应的学科教育学，这种学科教育学的内在逻辑仍然是既严密而又有规律可循的。而对于语文学科而言，就目前的情况来看，在其背后并没有一门与之相应的“语文学”，这就让人们对于语文（语言、文章、文学）是不是一门学科，是怎么样的一门学科仍然存在着很大的争议，因而也就造成了语文学科的尴尬地位。甚至可以说语文教育从内容到手段至今也没有一套是真正科学而行之有效的方法，绝大多数的语文教育都只是凭着施教者对于语文（语言、文章、文学）的理解而进行的。也正因为这样，语文学科自始至终都不能确立其在教育界的真正地位，语文教育的质量也备受社会各界的质疑。

二、语文教育本质要处理“三个关系”

“三个关系”的处理，指的是语文教育的智育、德育和美育之间相互联系、相辅相成的关系。过去的失误，除去其他客观因素之外，往往在于三个关系处理不当：要么过分地强调语文教育的智育因素，而把语文课教成“纯语言课”；要么过分地强调语文教育的德育因素，而把语文课教成“纯政治课”；要么过分地强调语文教育的美育因素，而把语文课教成“纯欣赏课”……正确的做法是妥善地处理好三个关系，即突出语文智育，重视语文德育，注重语文美育。突出语文智育，这是由语文教育具有坚实的基础性因素的本质属性所决定的。学习语文（语言、文章、文学）首先要落实语文智育，即知识的传授和能力的训练以及智力的开发。也就是说，字词句要落实，篇章结构要弄清，手法技巧要学习，阅读、写作、聆听、说话等能力要提高，观察、记忆、想象、思维等智力要开发，这是第一位的。任何语文教材中的课文即文字作品（文章作品、文学作品）的教学施教者都应保证做到这一点。忽视或者削弱语文智育，语文教育就可能舍本逐末，误入歧途。重视语文德育，这是由语文教育具有浓郁的人文性因素的本质属性所决定的。凡是语文教材中的课文即文字作品（文章作品、文学作品）本身所包含的人文因素，施教者应当因势利导地发掘出来，以收到潜移默化的功效。因此，在教学的过程中既不要外加枝蔓、生硬灌输和架空分析，又不要故意回避、有意淡化和蓄意抹煞。比如教《中国石拱桥》讲讲劳动人民的创造，教《岳阳楼记》讲讲“先忧后乐”，教《土地的誓言》讲讲帝国主义的侵略，教《扁鹊见蔡桓公》讲讲“防微杜渐”；至于教那些人文因素很强的议论文，就更不必说了。注重语文美育，这是由语文教育具有独特的审美性因素的本质属性所决定的。凡是“美感”之文，施教者在讲解分析时总不免要涉及语言文字的锤炼、人物性格的刻画、情节结构的安排、手法技巧的运用等，这些都是顺理成章的。比如教《包身工》要讲解“芦柴棒”形象的描写和纵横交错结构的安排，教《祝福》要分析人物的悲欢离合和情节的跌宕起伏等。当然，这种教育，除了提高智能水平、进行情感熏陶以外，主要是为了帮助受教者深入理解语文教材中的课文即文字作品（文章作品、文学作品），应当因“文”制宜，适可而止，切忌过分追求审美效应，从而导致“喧宾夺主”的弊端。

三、语文教育本质要实现“有机结合”

“有机结合”的实现，指的是语文教育的基础性因素、人文性因素、审美性因素之间的辩证统一。这三者的谐和一致，实际上表明的是语文教育中的智育、德育、美育所组成的多层次的有机结构。长期以来，语文教育或过分地从认知学上“求真”并加以片面化，或过分地从伦理学上“向善”并加以绝对化，或过分地从美育学上“崇美”并加以极端化，这些都不符合“语文教育的科学发展观”，显然是很不恰当的，并且是极其错误的。信息论认为，人类社会的信息不外乎“真”的信息、“善”的信息和“美”的信息。“真”、“善”、“美”这三个既相对独立又互相渗透更彼此融和的信息领域在语文教育中，与智育、德育、美育都有着某种对应属性，并具备一定的映射关系。可以说，智育的目的主要在于“求真”（“真”从文来），德育的目的主要在于“向善”（“善”因文得），美育的目的主要在于“崇美”（“美”以文显），这是一个不可否认的客观存在。因此，施教者在实现语文教育的基础性因素、人文性因素、审美性因素三者的结合时，既要有机统一，即做到和睦相处并水乳交融，而不是油水分离甚至水火不容；又要有所侧重，即突出基础性因素，重视人文性因素，注重审美性因素，使之在同一个语文教育过程中实现和谐的融合，起到不可分割的全面整体的作用。比如教《桃花源记》，不但要突出语文教育的基础性因素，即引导受教者学习作者按照人物的行踪顺序记叙见闻和详略得当的写法，让他们的探索品质得以养成；而且要重视语文教育的人文性因素，即引导受教者了解作者不满东晋末期的社会现实而虚拟的一个世外仙界，让他们的道德良知得以觉醒；更加要注重语文教育的审美性因素，即引导受教者肯定作者对和平安宁的理想社会的大胆向往与执着追求，让他们的自由心灵得以建构。上述三者是相离则弊的，还是相融则利的，所以施教者必须努力实现它们的有机结合。三者的有机结合，则应该是从语文学科的特点出发，并借助于语文教育的各个环节，前后穿插，错落有致地进行的。关于如何努力实现三者的有机结合，《语文课程标准（实验稿）》对此曾有过比较透辟的表述：“正确地理解和运用祖国语文……在语文学习的过程中，培养爱国主义感情、社会主义道德品质，逐步形成积极的人生态度和正确的价值观，提高文化品位和审美情趣。”[4]

…………

综上所述的语文教育本质的失误诠释、语文教育本质的科学理解、语文教育本质的正确把握等三个方面，表明其是语文教育规律的重要体现，统领着语文教育的整体指向，在整个理论系统中具有不可变易的研究价值。毛泽东说：“在复杂的事物发展过程中，有许多的矛盾存在，其中必有一种是主要矛盾，由于它的存在和发展，规定和影响着其他矛盾的存在和发展。”[13]语文教育理论界要研究它的本质，只有全力抓住其中的主要矛盾，才能真正地认识、明确和驾驭其“真善美融合”的特殊本质，以期让施教者引导受教者有效地进入“人的发展和完整性建构”的全新境域。[14]

第二章　语文教育的目标

语文教育的目标是施教者对受教者进行语文（语言、文章、文学）活动的总的质量标准，对制定语文教育计划、明确语文教育方向、组织语文教育内容、选择语文教育方法、安排语文教育过程等都起着十分重要的作用，在整个语文教育理论系统中居于特殊的地位。但是，对于这个问题，各种语文课程纲要以及有关论著的表述和提法是不一样的，或称教学设想，或称教学目的，或称教学任务，或称教学要求，或称毕业最低限度等，从而导致语文教育未能达到施教者塑造受教者成为“求真”、“向善”、“崇美”的创造性的人才和“健全的人格”的基本要求。以下仅从语文教育目标的理论贫乏、语文教育目标的基本要项、语文教育目标的有效实现等三个方面分别予以阐述：

第一节　语文教育目标的理论贫乏

语文教育目标既是语文教育的方向问题，也是语文教育的阶段预期性、具体指向性、实施可行性、效果可检测性的问题。综观 20 世纪初我国语文教育独立设科以来百余年的历史，从语文教育目标的事实存在到语文教育目标的概念形成，从语文教育目标的内容扩充到语文教育目标的含义发展，从语文教育目标的实践成功到语文教育目标的理论突破，等等，都经历了一个漫长而曲折的演变过程。这一过程集中地表现为语文教育目标的理论贫乏，即主观意识的渗透、阶段特质的含糊和现实困惑的凸显。下面依次予以展开：

一、语文教育目标的主观意识的渗透

语文教育目标的主观意识的渗透，它最易导致语文教育规律的违背。1903 年，张之洞、张百熙、荣庆等人根据清政府制定的《奏定学堂章程》（“癸卯学制”）而编订的“学务纲要”对语文教育所提出的目标是：“必能为中国各体文辞，然后能通解经史古书，传述圣贤精理”，“并宜随时试课论说文字，及教以浅显书信、记事、文法，以资宦科实用”[15]。

1913年，蔡元培等人根据中华民国政府制定的《中学校令施行细则》（“壬子学制”）而编订的“中学校课程标准”对语文教育所提出的目标是：“通解普通语言文字，能自由发表思想，并使略解高深文字，涵养文学之兴趣，兼以启发智德。”[16]1923年，叶绍钧、胡适等人根据北洋政府制定的《学校系统改革案》（“壬戌学制”）编订的“中学国语课程标准纲要”所提出的语文教育目标是：初中阶段——“①使学生有自由发表思想的能力；②使学生能看平易的古书；③引起学生研究中国文学的兴趣。”[17]高中阶段——“①培养欣赏中国文学名著的能力；②增加使用古书的能力；③继续发展语体文的技术；④继续练习用文言写作。”[17]1929年，孟宪承、刘大白、胡适等人根据南京国民政府制定的“戊辰学制”编订的“中学国文暂行课程标准”所提出的语文教育目标是：初中阶段——“①养成运用语体文及语言充畅地叙说事理及表达情意的能力；②养成了解平易的文言文书报的能力；③养成阅读书报的习惯和欣赏文艺的兴趣。”[18]高中阶段——“①继续养成学生运用语体文正确、周密、隽妙地叙说事理及表达情意的能力，并依学生的资性及兴趣，酌量使学生练习用文言写作的能力；②继续培养学生读解古书的能力；③继续培养学生欣赏中国文学名著的能力。”[19]1932年，国民政府教育部组织有关专家根据“戊辰学制”编订的“中学国文正式课程标准”所提出的语文教育目标是：初中阶段——“①使学生从本国语言文字上了解固有的文化，以培养其民族精神；②养成用语体文及语言叙说事理、表情达意之能力；③养成了解平易的文言之能力；④养成阅读书籍之习惯与欣赏文艺之兴趣。”[20]高中阶段——“①使学生能应用本国语言文字，深切了解固有的文化，以期达到民族振兴之目的；②除继续使学生能自由运用语体文外，并养成其用文言文叙事说理、表情达意之能力；③培养学生读解古书，欣赏中国文学名著之能力；④培养学生创造新语新文学之能力。”[21]1936至1948年，国民政府教育部又组织有关专家根据“戊辰学制”编订了“中学国文修正课程标准”和“中学国文修订课程标准”，虽然名称不同，内容也稍有差异，但变化仍不大。在其间的1941年，国民政府教育部还制定了“六年制中学国文课程标准草案”，对语文教育提出的目标是：①养成用语体文及文言文叙事说理表情达意之能力；②养成阅读书籍之习惯，及读解古书之能力；③培养欣赏文艺之兴趣，及陶冶文学创作之能力；④使学生能应用本国语言文字，深切了解固有文化，并从代表民族人物之传记及其作品中，唤起民族意识与发扬民族精神。[22]以上这些关于语文教育目标的学说，即由某些教育家、思想家、政治家明确提出并加以倡导的，甚至由国家机关明令规定并加以推行的期望和主张，对于当时乃至后世的语文教育活动以及社会生活，都产生过非常重大的实际影响。但是它们都有赖以产生的现实的社会根源，其基本内容无不受到社会历史条件的制约和人们认识水平的局限，因而客观上反映出语文教育目标已渗透比较浓厚的主观意识。

二、语文教育目标的阶段特质的含糊

语文教育目标的阶段特质的含糊，它最易导致语文教育实践的尴尬。1949年4月，华北人民政府教育部成立教科书编审委员会，由叶圣陶草拟的“中学语文科课程标准”对语文教育提出的目标是:①通过语言文字的学习，从感性的认识出发，在学生的情操和意志方面，培养他们对劳动人民的热爱、对祖国的忠诚、对公共纪律的服从、对集体财产的爱护等品质;②顺应学生身心的发育和生活经验的扩展，逐步地培养他们凭我国语言文字吸收经验表达情意的知能。[23]新中国成立之初，国家尚无统一的语文课程纲要，只有教材中的“编辑大意”提出了语文教育的目标：“语文教学应该包括听话、说话、阅读、写作四项。无论哪一门功课，都有完成思想政治教育的任务。这个任务，在语文科更显得重要。”[24]1956 年的汉语、文学分科时期，语文课程纲要对语文教育提出的目标实质上包含知识教学、能力训练、智力发展、情感品德培养、思想政治教育等“多种因素”。1963 年制定的语文课程纲要所提出的语文教育目标是：“教学生能够正确地理解和运用祖国的语言文字，使他们具有现代语文的阅读能力和写作能力，具有初步阅读文言文的能力。”[25]“文化大革命”结束后，中华人民共和国教育部于 1978 年制定、1980 年修订的语文课程纲要所提出的语文教育目标是：“必须用马克思主义的观点指导学生学习课文和必要的语文知识，进行严格的读写训练，使学生能够正确地理解和运用祖国的语言文字，具有现代语文的阅读能力和写作能力，具有阅读浅易文言文的能力；在读写训练的过程中，要注意提高学生的社会主义觉悟，培养无产阶级的情操和共产主义的道德品质。”[26]1986 年制定的语文课程纲要所提出的语文教育目标是：“必须以马克思主义为指导，教学生学好课文和必要的语文基础知识，进行严格的语文基本训练，使学生热爱祖国语言，能够正确理解和运用祖国的语言文字，具有现代语文的阅读能力、写作能力和听说能力，具有阅读浅易文言文的能力。在语文教学的过程中，要开拓学生的视野，发展学生的智力，培养学生的社会主义道德情操、健康高尚的审美观和爱国主义精神。”[27]1990 年制定的语文课程纲要修订本增加了关于语文训练和思想政治教育二者关系的一段论述，所提出的语文教育目标是：“必须教学生学好课文和必要的语文基础知识，进行严格的语文基本训练，使学生热爱祖国语言，能够正确理解和运用祖国的语言文字，具有现代语文的阅读能力、写作能力和听说能力，具有阅读浅易文言文的能力。在教学过程中，要开拓学生的视野，发展学生的智力，培养学生的社会主义道德情操、健康高尚的审美观和爱国主义精神，提高社会主义觉悟。语文训练和思想政治教育二者是统一的，相辅相成的。语文训练必须重视思想政治教育；思想政治教育必须根据语文学科的特点，渗透在教学的过程中，起到潜移默化的作用。”[28]以上这些关于语文教育目标的学说的表述，既持续地体现了新中国成立前的语文教育目标的主要精神，又更多地注意到语文教育目标中不可忽视的关于人的发展的核心内容的阐述，充分地显示了时代的鲜明特色。但是，语文教育目标仍没有达到社会价值和个人价值的有机、高度、完美的统一，总是难以满足现代教学活动对于语文教育目标的实践要求，因而其阶段特质也是比较含糊的。

三、语文教育目标的现实困惑的凸显

语文教育目标的现实困惑的凸显，它最易导致语文教育本位的湮没。1992 年制定的语文课程纲要经 1995 年修订后推出，所提出的语文教育目标是："指导学生正确理解和运用祖国的语言文字，使他们具有基本的阅读、写作、听话、说话的能力，养成学习语文的良好习惯。在教学过程中，开拓学生的视野，发展学生的智力，激发学生热爱祖国语文的感情，培养健康高尚的审美情趣，培养社会主义思想品质和爱国主义精神。"[29]1996 年制定的供实验用的语文课程纲要编订了新的内容，对语文教育提出的目标是："进一步提高学生正确理解和运用祖国语言文字的水平。要对学生进行有效的语文训练，指导学生学好课文和必要的语文知识，使他们具有适应实际需要的现代文阅读能力、写作能力和听说能力，具有初步的文学鉴赏能力和阅读浅易文言文的能力；掌握基本的学习方法，养成自学和运用语文的良好习惯，具有分析问题、解决问题的能力。在教学过程中，指导学生进一步开阔视野，增长知识，陶冶情操，发展智力，发展个性和特长，培养学生热爱祖国语言文字、热爱中华民族优秀传统文化的感情，培养健康高尚的审美情趣和一定的审美能力，培养社会主义思想道德和爱国主义精神。"[30]2000 年，中华人民共和国教育部组织有关专家对 1996 年供实验用的语文课程纲要进行了较大修订，所提出的语文教育目标是："进一步提高学生正确理解和运用祖国语言文字的水平，使他们具有适应实际需要的现代文阅读能力、写作能力和口语交际能力，具有初步的文学鉴赏能力和阅读浅易文言文的能力；掌握语文学习的基本方法，养成自学语文的习惯，培养发现、探究、解决问题的能力，为继续学习和终身发展打好基础。在教学过程中，要进一步培养学生热爱祖国语言文字、热爱中华民族优秀传统文化的感情，培养社会主义思想道德和爱国主义精神，培养高尚的审美情趣和一定的审美能力，发展健康个性，形成健全人格。"[31]2001 年制定的语文课程纲要关于语文教育目标的表述分列于"课程的基本理念"和"课程目标"（"总目标"和"阶段目标"）之中，其"课程的基本理念"中的"全面提高学生的语文素养"，可以看作语文教育目标："九年义务教育阶段的语文课程，必须面向全体学生，使学生获得基本的语文素养。语文课程应培育学生热爱祖国语文的思想感情，指导学生正确地理解和运用祖国语文，丰富语言的积累，培养语感，发展思维，使他们具有适应实际需要的识字写字能力、阅读能力、写作能力、口语交际能力。语文课程还应重视提高学生的品德修养和审美情趣，使他们逐步形成良好的个性和健全的人格，促进德、智、体、美的和谐发展。"[4]2003 年制定的语文课程纲要关于语文教育目标的有关表述散见于第一部分的"课程性质"、"课程的基本理念"和第二部分"课程目标"，其中"课程性质"的第二段文字可视为语文教育目标："高中语文课程应进一步提高学生的语文素养，使学生具有较强的语文应用能力和一定的审美能力、探究能力，形成良好的思想道德素质和科学文化素质，为终身学习和有个性的发展奠定基础。"[10]以上这些关于语文教育目标的学说的陈述，虽然在内容上包含了语文知识、语文能力、语文素质等基本要素，在精神实质上与教育、学习两方面的目标保持着潜在的联系，但总是难以体现现代教育科学对于语文教育目标的一些理论意向，诸如行为主义目标论、学习结果分析论、认知意义同化论等，因此语文教育目标的现实困惑也深刻地凸显出来了。

第二节　语文教育目标的基本要项

语文教育目标既是教学活动的生长点，又是教学导向的调控器，还是一种能统摄人的整体和谐发展的综合维度，它应该是一个多元结构的创新体系。而其中的要项作为构成语文教育的存在并维持其运动的最小单位，就是这一系统产生、变化、发展的动因。语文教育目标的基本要项不但包括语文教育的“真”即智育目标要项，而且包括语文教育的“善”即德育目标要项，更加包括语文教育的“美”即美育目标要项。以下仅从语文教育目标的智育要项、语文教育目标的德育要项、语文教育目标的美育要项等三个方面依次予以展开：

一、语文教育目标的智育要项

语文教育目标的智育要项，即指语文教育客体和语文教育活动本身对语文教育主体所产生的知识的获得、能力的形成和智力的拓展等要项。这是语文教育的前提，主要在于“求真”，旨在“提高智能水平”，所注重的是语文教育的基础性。这就要求施教者在制定语文教育的智育目标要项时，应对知识、能力、智力这三个方面予以充分考虑。语文知识是指从事语文（语言、文章、文学）活动的主体在实践中所获得的认识和经验的概括，它是语言知识、文章知识、文学知识等知识的总和。语文教育要塑造“求真”、“向善”、“崇美”的创造性的人才和“健全的人格”，必须注重受教者的语文知识的学习。注重受教者的语文知识的学习，既有助于促进受教者的语音与文字、词汇与语法、修辞与语体等语言知识的获得，又有助于普通文章、专业文章、变体文章等文章知识的获得，也有助于促进受教者的诗歌文体、散文文体、小说文体、戏剧文体等文学知识的获得，更有助于促进受教者的语文（语言、文章、文学）整体水平的提高。因此，作为施教者务必要努力创设良好的条件和特殊的环境，并将对受教者的知识的传授放在语文课程语境中加以重视。受教者通过语文教育，能够自觉地将语文知识的学习贯穿于那内里的各个阶段之中，从而达到获得语文知识的目标。语文能力是指从事语文（语言、文章、文学）活动的主体在实践中所表现出来的特殊本领，它是文章读写能力、文学读写能力、口语交际能力等能力的总和。语文教育要塑造“求真”、“向善”、“崇美”的创造性的人才和“健全的人格”，必须注重受教者的语文能力的训练。注重受教者的语文能力的训练，既有助于促进受教者的普通文章、专业文章、变体文章等文章读写能力的形成，又有助于促进受教者的诗歌文体、散文文体、小说文体、戏剧文体等文学读写能力的形成，也有助于促进受教者的言语倾听能力、言语表达能力、言语应对能力等口语交际能力的形成，更有助于促进受教者的语文（语言、文章、文学）整体水平的提高。因此，作为施教者必须要设法创造独特的环境和良好的条件，并将对受教者的能力的训练摆在语文课程语境中加以重视。受教者通过语文教育，能够自觉地将语文能力的训练贯穿于那内里的各个阶段之中，从而达到形成语文能力的目标。语文智力是指从事语文（语言、文章、文学）活动的主体运用大脑在认识过程方面所表现出来的独到才智，它是观察力、记忆力、想象力、思维力等智力的总和。语文教育要塑造“求真”、“向善”、“崇美”的创造性的人才和“健全的人格”，必须注重受教者的语文智力的开发。注重受教者的语文智力的开发，既有助于促进受教者的自然观察、实验观察、艺术观察等观察力的拓展，又有助于促进受教者的遗传记忆、免疫记忆、神经记忆等记忆力的拓展，也有助于促进受教者的再造想象、创造想象、审美想象、科学想象等想象力的拓展，还有助于受教者的扩散思维、集中思维、直觉思维、灵感思维等思维力的拓展，更有助于受教者的语文（语言、文章、文学）整体水平的提高。因此，作为施教者一定要想法创立有利的环境和优越的条件，并将对受教者的智力的开发列于语文课程语境中加以重视。受教者通过语文教育，能够自觉地将语文智力的开发贯穿于那内里的各个阶段之中，从而达到拓展语文智力的目标。

二、语文教育目标的德育要项

语文教育目标的德育要项，即指语文教育客体和语文教育活动本身对语文教育主体所产生的思想的净化、情操的陶冶和德性的涵养等要项。这是语文教育的灵魂，主要在于“向善”，旨在“弘扬人文精神”，所注重的是语文教育的人文性。这就要求施教者在制定语文教育的德育目标要项时，应对思想、情操、德性这三个方面予以充分考虑。思想是指人类在社会生活中对客观事物的认识而产生的观点、主张和看法的必然结果。就人类所具有的思想而言，不但包括观点见解而且包括主张立场更加包括看法意见，等等。语文教育要塑造“求真”、“向善”、“崇美”的创造性的人才和“健全的人格”，必须注重受教者的思想的净化。注重受教者的思想的净化，既有助于受教者的憧憬新生活、热爱新时代、奉献新作为等观点见解的确立，又有助于受教者的历史使命感、民族自豪感、社会责任感等主张立场的确立，也有助于受教者的科学世界观、积极人生观、正确价值观等看法意见的确立，更有助于促进受教者的语文（语言、文章、文学）整体水平的提高。因此，作为施教者务必要努力创设良好的条件和特殊的环境，并将受教者的思想的净化置于语文课程语境中加以重视。受教者通过语文教育，能够吮吸到先圣时贤的魂灵乳汁，从而得到理智上的指引，达到净化思想的目标。情操是指人类在社会生活中综合起来的、不易改变的情感、趣味和操守的执着倾向。就人类所具有的情操而言，不但包括情感意向而且包括趣味爱好更加包括操守气节，等等。语文教育要塑造“求真”、“向善”、“崇美”的创造性的人才和“健全的人格”，必须注重受教者的情操的陶冶。注重受教者的情操的陶冶，既有助于受教者的真实感、正义感、荣誉感等情感意向的熏染，又有助于受教者的友谊感、自豪感、良心感等趣味爱好的熏染，也有助于受教者的志行纯洁、志向诚笃、志力坚定等操守气节的熏染，更有助于促进受教者的语文（语言、文章、文学）整体水平的提高。因此，作为施教者必须要设法创造独特的环境和良好的条件，并将受教者的情操的陶冶放在语文课程语境中加以重视。受教者通过语文教育，能够徜徉在人类精神的“伊甸园”内，从而得到心灵上的共鸣，达到陶冶情操的目标。德性是指人类在社会生活中所体现出来的抑制非道德元素的性格、意志和行为的坚韧力量。就人类所具有的德性而言，不但包括性格倾向而且包括意志品质更加包括行为坚守，等等。语文教育要塑造“求真”、“向善”、“崇美”的创造性的人才和“健全的人格”，必须注重受教者的德性的涵养。注重受教者的德性的涵养，既有助于受教者的积极进取、勇于探索、自尊自强等性格倾向的磨炼，又有助于受教者的谦虚谨慎、戒骄戒躁、知难而进等意志品质的磨炼，也有助于受教者的吃苦耐劳、顽强刚毅、奋发果断等行为坚守的磨炼，更有助于促进受教者的语文（语言、文章、文学）整体水平的提高。因此，作为施教者一定要想法创立有利的环境和优越的条件，并将受教者的德性的涵养列于语文课程语境中加以重视。受教者通过语文教育，能够浸润于五彩缤纷的情感世界，从而得到精神上的洗礼，达到涵养德性的目标。

三、语文教育目标的美育要项

语文教育目标的美育要项，即指语文教育客体和语文教育活动本身对语文教育主体所产生的审美意识的增强、审美因素的领略和审美能力的提升等要项。这是语文教育的归宿，主要在于“崇美”，旨在“追求审美境界”，所注重的是语文教育的审美性。这就要求施教者在制定语文教育的美育目标要项时，应对审美意识、审美因素、审美能力这三个方面予以充分考虑。审美意识是指客观存在的对象在主体头脑中的能动而积极的反映。就人类所具有的审美意识而言，不但包括审美观念而且包括审美心理更加包括审美态度，等等。语文教育要塑造“求真”、“向善”、“崇美”的创造性的人才和“健全的人格”，必须注重受教者的审美意识的增强。注重受教者的审美意识的增强，既有助于受教者的审美观点、审美情趣、审美标准、审美理想等审美观念的树立，又有助于受教者的审美感知、审美想象、审美理解、审美情感等审美心理的健全，也有助于审美欲望、审美需求、审美动机、审美意图等审美态度的端正，更有助于促进受教者的语文（语言、文章、文学）整体水平的提高。因此，作为施教者务必要努力创设良好的条件和特殊的环境，并将受教者的审美意识的增强放在语文课程语境中加以重视。受教者通过语文教育，能够获得更多的审美享受，从而达到增强审美意识的目标。审美因素是指客观存在的对象的诸多类型中所蕴含的各种美的成分。就人类所具有的审美因素而言，不但包括审美形态而且包括审美范畴更加包括审美形式，等等。语文教育要塑造“求真”、“向善”、“崇美”的创造性的人才和“健全的人格”，必须注重受教者的审美因素的领略。注重受教者的审美因素的领略，既有助于受教者对自然美、社会美、艺术美、科学美等审美形态的分辨，又有助于受教者对优柔美、崇高美、悲剧美、喜剧美等审美范畴的区别，也有助于受教者对整齐一律美、对称均衡美、对比调和美、多样统一美等审美形式的解析，更有助于促进受教者的语文（语言、文章、文学）整体水平的提高。因此，作为施教者必须要设法创造独特的环境和良好的条件，并将受教者的审美因素的领略摆在语文课程语境中加以重视。受教者通过语文教育，能够激起强烈的审美热情，从而达到领略审美因素的目标。审美能力是指主体对客观存在的对象在进行审美时所具备的必需的独异才华。就人类所具有的审美能力而言，不但包括审美感受而且包括审美鉴赏更加包括审美创造等等。语文教育要塑造“求真”、“向善”、“崇美”的创造性的人才和“健全的人格”，必须注重受教者的审美能力的提升。注重受教者的审美能力的提升，既有助于受教者的审美观照、审美注意、审美通感等审美感受的产生，又有助于受教者的审美辨别、审美颖悟、审美评判等审美鉴赏的深化，也有助于受教者的审美质疑、审美替换、审美逆思等审美创造的激发，更有助于促进受教者的语文（语言、文章、文学）整体水平的提高。因此，作为施教者一定要想法创立有利的环境和优越的条件，并将受教者的审美能力的提升列于语文课程语境中加以重视。受教者通过语文教育，能够进入极致的审美迷狂，从而达到提升审美能力的目标。

第三节　语文教育目标的有效实现

语文教育目标的学说认为，衡量语文教育成败的关键所在就在于语文教育目标的设立是否正确以及语文教育目标的实现是否奏效。如果设立的语文教育目标都是完全正确的，并且都能够切实地得到实现，那就说明对语文课程纲要所规定的语文教育目标的认识是既全面而又深刻的。为了保障语文教育促使受教者既养成探索品质又觉醒道德意识更建构自由心灵，施教者应引导受教者将着力点放在语文教育目标的阶段预期性、具体指向性、实施可行性、效果可检测性等的有效落实上。下面依次予以展开：

一、语文教育目标的阶段预期性

语文教育目标的实现，它必须具有阶段预期性。语文教育目标是由一系列“预期”的阶段性的教育要求所构成，好比语文教育发展道路上的一块块可望而又可即的里程碑。语文教育目标的阶段预期性，既反映出社会对语文教育本身发展的价值期望，也反映出社会对语文教育对象——受教者发展的素质期望。语文教育目标的预期要求，应能充分体现出社会对语文教育发展的价值期望和对受教者发展的素质期望，充分体现出语文教育发展的现实水平和语文教育对象——受教者发展的内在需要，以便恰到好处地形成高目标和高发展之间的良性循环。基于此，施教者要将每堂语文课的教育目标按照一定的序列组成一个系统，使每一堂语文课的教育目标成为引导受教者逐步达到整个基础教育阶段的语文教育目标的一个阶梯，也就是要注意语文教育目标的序列化。语文教育目标的序列化既是构成语文教育目标系统的重要条件，也是有效地实现语文教育目标的基础。语文教育目标序列化的实现，既要根据语文知识深度、广度的逻辑顺序，又要根据语文能力能级提高的顺序以及受教者身心发展的自然顺序，形成阶梯，递进上升。初小和高小的语文教育目标是整个小学语文教育目标的序列化；初中和高中的语文教育目标是整个中学语文教育目标的序列化；年级和学期的语文教育目标是小学和中学语文教育目标的序列化；课文和课时的语文教育目标是年级和学期的语文教育目标的序列化。语文教育目标的阶段预期性，即序列化，是实现语文教育科学化的关键。这是一个目标。就目前语文教育的状况而言，似乎实现这个目标还有一定的差距。但是，施教者只要看准了这个方向，就有可能引导受教者有效地实现语文教育的目标。

二、语文教育目标的具体指向性

语文教育目标的实现，它必须具有具体指向性。语文教育目标是由具体“指向”的而非模糊、笼统的教育要求所构成，因而深度具体、广度明确应是其标准和方向。语文教育的基础性，决定语文教育目标的实现必须要把知识的传授、能力的训练和智力的开发等一起列入语文教育目标；语文教育的人文性，决定语文教育目标的实现必须把思想的净化、情操的陶冶和德性的涵养等一同列入语文教育目标；语文教育的审美性，决定语文教育目标的实现必须把审美意识的增强、审美因素的领略和审美能力的提升等一块列入语文教育目标。只有这样，才有可能构成充满生机与活力的语文教育目标的完整体系。“具体—抽象—具体”是思想认识发展的一个公式，具体化是认识的深化，是思维通过综合，使抽象的认识转化为具体的认识的过程和方法。语文教育目标笼统抽象是语文教育的大忌，笼统抽象的语文教育目标不好操作，无法检测，也难以落实。基础教育的语文教育目标是一个高度概括的整体，是总目标。小学（初小、高小）、中学（初中、高中）、年级、学期、单元、课文、课时的教育目标是整个基础教育的语文教育目标的具体化。整个基础教育的语文教育目标要靠小学（初小、高小）、中学（初中、高中）、年级、学期、单元、课文、课时的教育目标来落实；确立小学（初小、高小）、中学（初中、高中）、年级、学期、单元、课文、课时的教育目标要根据整个基础教育阶段的教育目标。例如，“培养现代文的阅读能力”是整个中学的语文教育目标之一；“培养记叙文的阅读能力”则是初中一年级的语文教育目标之一；要求受教者“掌握按时间顺序记叙的方法”则是初中一年级中某一篇课文或某一课时的语文教育目标之一。走好具体指向性这条道路是有效地实现语文教育目标的基础。

三、语文教育目标的实施可行性

语文教育目标的实现，它必须具有实施可行性。语文教育目标的“可行”实施就是既可以付诸行动，又可以具体操作。语文教育目标的实施需要根据教学进程的情况，有针对性地提升、矫正、弥补受教者在学习过程中所形成的目标偏差。这就要求施教者在语文教育目标的内容即质量规格的设定上，能够造成可激励、可量化、可评估、可变通的实施效果，在目标设定之前进行必要的和充分的可行性分析。可激励的语文教育目标，指语文教育必须对受教者的发展具有一定的超前意义和激励作用，努力设定语文教育的“邻近发展区”。可量化的语文教育目标，指语文教育应当逐步扩大量化范围，逐步加深量化程度，努力达到相对而充分的量化水平。可评估的语文教育目标，指语文教育要为阶段性预期要求的评估做出考虑，以便于评估时测定受教者的语文（语言、文章、文学）成绩，鉴定施教者的语文教学效果，检验学校的语文学科管理水平，衡量家庭和社会语文教育因素的综合影响。可变通的语文教育目标，指语文教育在设定目标之前还要考虑到不同的学校、家庭、社区、地域等的实际情况，在规定具体目标和要求时允许一定幅度的变通处理。一般来说，抽象笼统的语文教育目标缺乏实施可行性；具体化的语文教育目标才具有实施可行性。例如，“理解小说的写作特点”的语文教育目标比较笼统，不好操作，因为无法观察，也不能见诸行动。如果确定为“口头说明小说的结构线索”或“用表格的形式填写小说刻画人物形象的方法”就具有实施可行性了。语文教育工作，简单地说就是消灭目标差，即消灭受教者现有的实际水平和语文教育目标的差距。施教者通过语文教育，目标差基本消除了，才可以说语文教育目标有效地实现了。

四、语文教育目标的效果可检测性

语文教育目标的实现，它必须具有效果可检测性。语文教育目标的“检测”包含指出方向、提出标准、求得结果的意义，因而它不仅需要文字性的描述，更需要与这些文字配套的操作、检测方案，如配套的体现文字要求的目标样题，如配套的检测、评价是否达到目标的评估方案。语文教育目标是否有效地实现应当是可以检测的。如果不能检测，怎么好说语文教育目标是否有效地实现呢？检测的标准是实践，在实践中看教学前后，受教者的知识、能力、智力等语文智育的状况有什么改变，受教者的思想、情操、德性等语文德育的状况有什么变化，受教者的审美意识、审美因素、审美能力等语文美育的状况有什么变动等。检测的方法一般是测评，包括作业、练习、考试、考查、辨难析疑、解决实际问题、做成具体事情等。当然，具体问题要具体分析，不必强求一律。需要特别说明的是，语文教育中的很多德育目标以及某些美育目标，它们是一种理想的期望目标，体现了一种倾向性，具有内化的特点，在文字表述上，常常是“树立……观念”、“学习……精神”、“坚定……意志”、“陶冶……情操”等。这些语文教育目标虽然不好操作，也难以检测，但却是不可缺少的。语文教育目标的可检测性和可操作性是联系在一起的，具有可操作性一般也就具有可检测性。比如，语文教材中选的巴金的散文《灯》，其教育目标确定为：①依次排列文中所描写的灯，具体说明这些灯的象征意义；②从课文中找出以下材料：现实生活中的见闻，难以忘却的生活经历，储存在记忆深处的古老传说，说明这些材料是怎样组合成为有机整体的；③反复朗读，体会文中浓郁的感情，了解抗战期间国统区人民对党的深情，增强对党的热爱以及进步知识分子向往光明、追求真理的急切心情；④归纳主题思想；等等。上述的语文教育目标的可操作性是很明显的，是否能够有效地实现，其结果是完全可以通过受教者的特殊实践——考试、作业、练习、讨论等检测出来的。

…………

综上所述的语文教育目标的理论贫乏、语文教育目标的基本要项、语文教育目标的有效实现等三个方面，表明其在不同时期、不同阶段由于社会生活的复杂性和语文教育功能的多样性，由于关注这一问题的学者所处的社会地位、政治倾向、审美信仰、文化背景等的各不一致，从而形成了不尽相同的价值取向。为了构建特色鲜明的“真善美融合”的语文教育目标的创新体系，施教者只有努力地避免和克服一些认识上的误区，才能统一到合理设定的轨道上来，以期有效地引导受教者进入“人的发展和完整性建构”的全新境域[32]。

第三章　语文教育的原则

语文教育的原则是根据人们对语文教育的认识而制定并确立的调控语文教育各要素关系的准绳，在一定程度上反映了施教者引导受教者在语文（语言、文章、文学）中务必要恪守的客观法则，在整个语文教育理论系统中处于不可忽视的地位。这是因为语文教育原则为制定语文教育的方案提供了理论依据，为处理语文教育的矛盾提供了行为准则，为提高语文教育的理论度提供了重要标志。因此，施教者要在语文教育中达到塑造受教者成为“求真”、“向善”、“崇美”的创造性的人才和“健全的人格”的基本要求，就必须而且应当注重这一问题的研究。以下仅从语文教育原则的零乱破碎、语文教育原则的理想构成和语文教育原则的辩证运用等三个方面分别予以阐述：

第一节　语文教育原则的零乱破碎

语文教育原则的探求，在高等师范院校中文系的各类语文教育学专著中无不将其作为重要的理论和实践问题而加以研究。然而，有不少学者或者袭用教育学、心理学等学科的基本观点而处处填塞，或者按照凯洛夫的一般性教育原则而照搬照抄，或者凭着自己的有限经验、偶尔心得而随编随讲，因而带有明显的幼稚性和极大的不成熟性，以至于在相当长的一个时期内，使语文教育原则这一重大问题的研究造成了认识上的相当混乱和提法上的极度烦琐，以致出现了苏联教育家斯卡特金所批评的“不成体系”[33]的现象。下面依次予以展开：

一、语文教育原则认识上的混乱

语文教育原则的探求，必须克服认识上的混乱。语文教育原则是语文教育系统中十分敏感的问题，所以有必要廓清一些概念：第一，语文教育原则不同于一般教育原则。一般教育原则是就一般教育而言的，它揭示的是教育的普遍规律，对所有学科都具有指导意义。如思想性和科学性统一的原则、理论与实际联系的原则、主导性与主动性相谐的原则、巩固性与发展性结合的原则、循序渐进的原则、因材施教的原则，等等。但是，语文教育又有其特殊本质，这一特殊本质把它和其他学科区别开来。这样，语文教育又有区别于其他学科的特殊规律，因而必须制定出特有的教育原则，才能有效地指导语文教育。一般教育原则与语文教育原则的关系，用一对哲学范畴来说，是共性和个性的关系。第二，语文教育原则不同于语文教育规律。语文教育规律是语文教育中诸种关系的本质联系，是客观存在的，反映语文教育发展变化的必然趋势。而语文教育原则是对语文教育规律的认识而总结并概括出来的行为准则，它取决于原则制定者的主观认识，因而对其表述存在着正确的、比较正确的甚至是错误的提法。就拿语文教育原则来说，迄今学者们已提出过几十条，虽相当混乱，但也反映出大家对其不同的理解。正像一般教育原则已经过多少代学者的辛勤探索尚不能被普遍接受一样，所以至少在一段时间内也不会对语文教育原则形成完全一致的看法。第三，语文教育原则不同于语文教育原理。语文教育原理是阐明语文教育规律的，解答“为什么”的问题；而语文教育原则是对语文教育规律的认识而制定出来的，解答“怎么办”的问题。例如，从长期的语文教育实践中却惊奇地发现，它基本上止于“求真”的层次，只是停留在一般的知识学习与有限的能力训练上，对“向善”的层次也仅仅逗留在牵强架空的“离文说道”之中，更没有形成一个高一级的“崇美”的层次。要想进一步地提高语文教育的效率，施教者就不能一味地引导受教者跟随考试的指挥棒转，必须以“真善美融合”的新理念为依据予以探求。

二、语文教育原则提法上的烦琐

语文教育原则的探求，必须避免提法上的烦琐。语文教育原则是从语文教育实践中总结出来的，一定要符合语文教育的基本规律，并对语文教育的全过程起指导作用。但是自语文教育独立设科以来，由于多种因素的制约，不少学者凭着自己的带有偶然性的实践经验与个性色彩的认识水平，在语文教育原则的解说上常常带有盲目性、随意性，缺乏科学性。如在语文教育过程中应如何处理好语文教育与思想教育之间的关系，就提出了语文教育与思想教育相结合的原则；在语文教育过程中应如何处理好读写听说能力训练之间的关系，就提出了读写听说能力全面训练的原则；在语文教育过程中应如何处理好知识传授与智力开发之间的关系，就提出了知识传授与智力开发相结合的原则；在语文教育过程中应如何处理好言语训练和思维训练之间的关系，就提出了言语训练和思维训练相促进的原则；在语文教育过程中应如何处理好课内学习和课外学习之间的关系，就提出了课内学习和课外学习相配合的原则；在语文教育过程中应如何处理好语言教育、文章教育和文学教育之间的关系，就提出了语言教育、文章教育和文学教育并重的原则；等等。人们在研究语文教育中客观存在着的许多关系的时候，或称“结合”，或曰“促进”，或叫“并重”，或谓“配合”，以表示两者或三者的连接关系，但只限于指出了此一事物与彼一事物之间有关系，而没能全面地表示出这两者或三者有什么关系、具有什么性质、有哪些特征、该怎样实现这两者或三者之间的“结合”、“促进”、并重”、“配合”，因而显得浮泛肤浅。另外，有学者根据对阅读能力训练、写作能力训练规律的认识，还制定出阅读能力的多种思维训练原则、写作能力的课内外结合训练原则等，它们分别只限于阅读能力训练和写作能力训练范围内起作用，而不能影响语文教育的全范围。所以，应该用“真善美融合”的新理念进行探求，而不主张将处理语文教育某个部分的东西统统上升为语文教育原则，避免形成大原则套小原则的在提法上极度烦琐的状况。

三、语文教育原则体系上的破碎

语文教育原则的探求，必须防止体系上的破碎。体系泛指一定范围之内或同类的事物依照一定的秩序与内部联系组合而成的整体，是不同部门构成的系统。语文教育原则体系的探求，既不同于一般教育原则体系的探求，也有别于语文教育规律体系的探求，还相异于语文教育原理体系的探求。它不但为语文教育理论提供了坚实的实践基础，而且为语文教育实践提供了可行的指导方针。然而，不少学者基于不同的学术立场所提出的那些语文教育原则，大都或多或少地存在着窄化、矮化、泛化甚至固化的现象，这是学界在研究语文教育原则时亟待突破并进一步解决的问题。构建富有鲜明特色的语文教育原则体系，理当从研究方法上和研究过程中真正实现对前人研究的超越，这不仅是顺应语文教育的发展规律的，还是符合语文教育的“中国化的方向”的。因此，必须用“真善美融合”的新理念进行探求，也就是既要注重语文教育的“真”（智育），又要注重语文教育的“善”（德育），还要注重语文教育的“美”（美育），并使之在语文（语言、文章、文学）中得以水乳交融。这是一条语文教育的规律，阐明这条规律的是语文教育原理，根据这条原理概括出的行为规范就是语文教育原则。毋庸讳言，对于以上论及的那些大同小异的语文教育原则，从积极的方面而言，其出发点无论是来自“形而上”的哲学、伦理学、美学、教育学、心理学，或者是来自“形而下”的单纯的实践经验和真实的教育情境，应该说在某种程度上反映了语文教育的倾向与特征。施教者如果能够学习和运用这些语文教育原则，即正确厘清语文教育中的诸多复杂的关系，慎重处理语文教育中的诸种纷乱的矛盾，将有助于塑造受教者达到“求真”、“向善”、“崇美”的创造性的人才和“健全的人格”的基本要求。但是，这些所谓的语文教育原则形形色色、种类繁多，彼此孤立、互不相干，没有层次、极不统一，支离破碎、体系全无……它们与语文教育“真善美融合”的新理念显然是有很大差别的。

第二节　语文教育原则的理想构成

语文教育原则的理想构成，从“语文教育的科学发展观”的高度着眼，必须在语文（语言、文章、文学）中既要注意吸收智育（“求真”）的成分，又要注意吸收德育（“向善”）的成分，还要注意吸收美育（“崇美”）的成分，一定要符合“真善美融合”的新理念。语文教育原则一方面要接受一般教育原则的指导，体现出“共性”；另一方面要反映语文教育自身的特点，体现出“个性”，并力求使“共性”与“个性”达到统一。这个“统一”而成的语文教育原则从系统整体予以思考，就是语文教育的相关性的课内外结合原则、多类型的思维训练原则和最优化的自能学习原则。下面依次予以展开：

一、相关性的课内外结合原则

语文教育的相关性的课内外结合原则指的是其系统整体不能局限于课堂之内，而应该延伸于课堂之外，扩展到一切可以学习语文（语言、文章、文学）的大环境中，并进而建立一个语文教育的新体系，“这将是一个开放的而不是闭锁的，是动态的而不是静态的，是一个重视第二课堂而不是单纯有第一课堂的完整的教育系统”[34]。这一新体系正是在系统方法指导下对其内部结构和外部联系的重新审视和认识。因此，作为施教者在语文教育中贯彻相关性的课内外结合原则时，务必要将语文（语言、文章、文学）中的智育（“真”）、德育（“善”）、美育（“美”）置于语文课程语境之中并力争做到：第一，加强两个课堂的整体性。系统论的整体性原理认为，整体功能大于各个部分的功能之和。这就要求施教者一定要把课内语文教育和课外语文教育作为一个整体来考虑，深刻理解“第二课堂”、“大语文教育”观点提出的时代背景和深刻含义。从系统的相关性原则来看，今天的“第二课堂”、“大语文教育”之所以与传统的课外活动提法有别，就在于它不再被认为是“非法”、“不务正业”、“多此一举”、“可有可无的点缀”，而是语文教育系统中一个不可缺少的子系统。它与第一课堂成为两种并行不悖的教育空间，各有其作用，只有密切配合，才能产生整体效应，使语文教育取得更好的效果。其实，课内和课外两个课堂的语文教育在学习方向、学习目标上是一致的，而且就其重要性来说，二者都是不可或缺的，决不能舍此存彼或厚此薄彼，犹如短跑运动员的双腿，如果其中一条腿长，另一条腿短，或一条腿粗，另一条腿细，在奥运会上他是决不能以优异成绩跑到终点，并夺得奖牌的。这主要表现在，第一课堂是第二课堂的基础，第二课堂能促进第一课堂的教学。两者相辅相成，相得益彰。第一课堂是第二课堂的基础，它能使受教者获得必要的语文知识，并得到基本的语文能力训练，受教者就有可能在第二课堂发挥他们的聪明才智。同时施教者只有想尽办法地减轻受教者的负担，改革第一课堂的教学，并努力提高语文教育质量，才有可能使受教者有充分的时间和精力参加第二课堂的学习，这样第二课堂又成了第一课堂的活化剂和驱动力。所以，人们形象地将两个课堂比作一只飞鸟的两只翅膀，只有相互依存，协同动作，才能比翼齐飞，这是颇有道理的。第二，寻找两个课堂的结合点。系统论的联系性原理表明，“世界上万事万物都存在着这样或那样的千丝万缕的联系，联系的客观性导致系统的客观性”[35]。这就要求施教者一定要努力寻找课内语文教育和课外语文教育的结合点。一是课内延伸课外。施教者在课内语文教育中要注意激发受教者学习语文（语言、文章、文学）的浓厚兴趣，指导受教者学习语文（语言、文章、文学）的基本方法，提供受教者学习语文（语言、文章、文学）的标准范例，并以此设置两个课堂的结合点，有计划地组织有效的课外语文教育。即课内提出的要求，课外要创造条件使其达到，不能随心所欲、放任自流。如课内要求“读”，课外就要帮助受教者订阅报刊，办读报组、图书角，举办读书报告会；课内要求“写”，课外就要组织受教者办墙报、印小报、张贴优秀习作，成立各种文体的写作小组，向报刊投稿等；课内要求“听”或“说”，课外就要引导受教者参加演讲会、辩论会、诗歌朗诵会、智力竞赛、观看电影电视等活动。二是课内渗透课外。施教者在语文教育中要有目的地寻找两个课堂的结合点，把课内语文教育内容渗透到课外语文教育中去，使两个课堂联系更密切，配合更得当，以期达到丰富课外语文教育的目的。如课内学习鲁迅的《祝福》，课外组织受教者看王润滋的《内当家》，让受教者比较祥林嫂与李秋兰这两个劳动妇女的异同，这就使受教者的阅读能力得到了训练。又如课内所需写作的素材而要求受教者从课外观察中获得，课内所写习作的材料而要求受教者从课外读物中搜集，课内所要论述的观点而要求受教者在课外查阅文献资料，等等，这就使受教者的写作能力得到了提高。又如课内学习《鞠躬尽瘁》，课外要求受教者看电影《焦裕禄》，并组织讨论，既让受教者开阔了眼界，又让受教者活跃了思维，这就使受教者的听说能力得到了培养。由此可见，在语文教育中贯彻相关性的课内外结合原则能摆脱语文教育的狭小圈子，使两个课堂协同作用，以形成相关的语文教育大整体。这就要求施教者在实施这一原则时既要注意加强两个课堂的整体性，又要注意寻找两个课堂的结合点，既要抓好第一课堂的教学，又要重视第二课堂的指导，从而充分发挥语文教育系统的整体功能。

二、多类型的思维训练原则

语文教育的多类型的思维训练原则指的是其系统整体不仅要重视训练受教者的抽象思维，而且要重视训练受教者的形象思维，更加要重视训练受教者的灵感思维，并进而为训练受教者的多类型的思维探究一条较为可行、较为科学的途径。钱学森认为：“抽象思维是线型的，形象思维是面型的，灵感思维是体型的。”[36]这就说明人的思维是具有多类型的。有关研究的结果表明，由于受教者的生理、心理、年龄等诸多差异，其思维的多类型尤其显豁，这就表明施教者对受教者进行多类型的思维训练是非常必要的。因此，作为施教者在语文教育中贯彻多类型的思维训练原则时，必须将语文（语言、文章、文学）中的智育（“真”）、德育（“善”）、美育（“美”）置于语文课程语境之中并力争做到：第一，赏析作者的思维成果。在语文教育中施教者引导受教者赏析作者的思维成果——语文教材中的课文即文字作品（文章作品、文学作品），既是为受教者的思维训练提供必不可少的“前期准备”，也是为受教者进行积极有效的思维活动作切实的指导。如有位施教者在教《谁是最可爱的人》时，既引导受教者体会课文的作者运用形象思维描述松骨峰战斗、马玉祥火海救人、战士和雪吃炒面等三个激动人心的故事的艺术，又引导受教者赏析课文的作者运用抽象思维分别从人民志愿军对敌人的恨、对朝鲜的爱、对祖国的恋等三个方面圆满地表达课文主题的妙处。这就使受教者不仅受到了课文作者的形象思维的感染，而且也受到了课文作者的抽象思维的启迪。又如有位施教者在教《包身工》、《景泰蓝的制作》、《崇高的理想》时，十分注意引导受教者赏析这些课文的作者根据所要表现的事物是具有发生、发展过程的实际，运用了纵向思维或记叙、或说明、或议论的特点；而在教《我们打了一个大胜仗》、《芙蕖》、《民族的科学的大众的文化》时，又十分注意引导受教者赏析这些课文的作者根据所要表现的事物是具有内在而横向联系的实际，运用了横向思维或记叙、或说明、或议论的特点。这就使受教者既受到了课文作者的思维框架、思维轨迹的启发，又受到了课文作者的思维方法、思维品质的熏陶。第二，输入时代的思维活水。在语文教育中输入时代的思维活水是指施教者将语文教材中所没有的、新近发表的、包含着思维因素的“活水”引进课堂。这样，往往能使受教者得到学习课文时所远不及的启发，甚至还会催开受教者的多类型的思维的绚丽花朵。譬如，有的施教者曾在课堂上组织受教者学习过发表于《中国青年报》的长篇通讯《陈天生效应》、《刘道玉晶核》等材料。不少受教者的笔记本上、脑海里摄入了诸如“多维思考”、“全方位思考”、“立体化办事”（见《陈天生效应》）、“必须在最前沿的信息环境中勤奋”（见《刘道玉晶核》）等新的信息，这就有力地促进了受教者的多类型的思维的增强。就在摄取这些信息后不久，一批受教者便赢得了一定价值的思维成果。如《论据的多维运用》、《要对学生进行全方位评价》等就是例证。又譬如，有的施教者经常从报刊上选取一些观点新颖、信息丰富、组合精巧的材料，引导受教者阅读并思考，这必将使受教者的思维“活水”获得取之不尽、用之不竭的“源头”，甚至还会诱发他们的多类型的思维火花。第三，引导课外的思维实践。课外语文（语言、文章、文学）的思维实践有着无限广阔的天地，显示出无限的生机与活力，它是一种训练受教者的多类型的思维的行之有效的方法。如果说赏析作者的思维成果主要是“打基础”，输入时代的思维活水主要是“供能源”，那么，引导受教者的课外思维实践就是“开花朵”乃至“结果实”了。基于此，在语文教育中有不少施教者十分注意引导受教者进行课外的思维实践：或者精心组织受教者参加课外语文（语言、文章、文学）学习活动如写作比赛、朗读比赛、编报办刊等，参加课外模拟活动如新闻发布会、记者招待会、学术研讨会、法庭辩论会等，参加社会实践活动如进行新闻采写、撰写调查报告、拟就小论文等，使受教者既练活了笔头，又练活了口头，让他们的多类型的思维产生真切而良好的效应；或者热情鼓励受教者自觉地开展课外思维实践活动如坚持写日记、勤写墙报稿与广播稿等，主动地参与社会和有关报刊的竞赛活动如征文、演讲等，积极地投入大型综合性活动如“语文鉴赏周”、“民俗表演月”、“文艺大奖赛”等，使受教者既锻炼了竞争力，又提升了创造力，让他们的多类型的思维得到了开发。由此可见，在语文教育中贯彻多类型的思维训练原则能有效地提高受教者学习语文（语言、文章、文学）的积极性，并为他们提供无数成功的机遇。这就要求施教者在实施这一原则时既要赏析作者的思维成果，又要输入时代的思维活水，还要引导课外的思维实践，从而让受教者的多类型的思维获得很好的锻炼与培养。

三、最优化的自能学习原则

语文教育的最优化的自能学习原则指的是其系统整体的结构功能要求只有激发受教者的内驱力，才有可能养成受教者的自学习惯，并进而达到培养受教者的自学能力的目标。培养受教者的自学能力，是语文教育最优化的原则，因为它不仅着力于现在，甚至还影响到受教者的终身。在语文教育中把最优化的自能学习作为一个原则提出来，这是语文教育系统最优化的要求。因此，作为施教者在语文教育中贯彻最优化的自能学习原则时，一定要将语文（语言、文章、文学）中的智育（“真”）、德育（“善”）、美育（“美”）置于语文课程语境之中并力争做到：第一，介绍时代特点，宣传“三个面向”的思想。心理学的研究表明：受教者由于年龄和知识经验的不断增长，间接的远景性的学习动机逐渐成为他们学习的主导性动机，而与学习活动本身相联系的直接的近景性的学习动机退到了辅助性动机地位。这是施教者在指导受教者自学时，理当特别引起注意的。不但要向受教者经常介绍我们这个飞速发展的时代，宣传“教育要面向现代化，面向世界，面向未来”的思想，以激发他们间接的远景性的学习动机；而且要使受教者认识到，他们一生的主要时期将在21世纪度过，迅猛发展的时代、以“爆炸”方式增长的知识、令人眼花缭乱的信息，这一切对他们提出了更高的要求和期望；更加要让受教者知道学校教育只是阶段性教育，任何人都不可能依靠在学校中所学的那点知识而受用终身，他们都应该依靠自学手段来获取更多的知识信息。在这个意义上说，掌握获取知识信息的手段比获取知识信息更重要。基于此，施教者要教育他们树立自学理想，使他们自觉地养成自学习惯继而提高自学能力。第二，传授方法经验，坚定自学成才的信心。凡是古今中外在事业上有所成就的，大都留有一些传世的读书轶话和故事，其中既有刻苦自学的精神追求的体现，也有行之有效的自学方法和经验。施教者应乐于做这方面的有心人，注意将一些好的事例（轶话和故事）摘抄或剪裁下来，经常向受教者推荐介绍，以激发他们的自学热情。这些或散见于报刊、或集中于专著的大量的自学轶话和故事，可供受教者在自学时作攻玉之石，施教者要选择他们需要的最佳时机予以传授，以期收到事半功倍的效果。例如，在一般情况下，可以向受教者传授“勤抄细读”、“广涉书海”、“背诵千卷”等读书方法；当有的受教者掌握了一定的书本知识，而在实践中发生障碍时，可以向他们传授“经外求经”、“诗外学诗”、“能入能出”等读书方法。学习语文（语言、文章、文学）在某种意义上说，要求博闻强记，而有的受教者记忆力差，可向他们传授“由专而博”的读书方法；有的受教者兴趣在数理化，课余较少涉猎其他书籍，可向他们传授鲁迅的“随便翻翻”的读书方法。一句话，只要施教者根据实际情况选择恰当的事例（轶话和故事）向受教者进行教育，就能使他们从中获得有益的启迪，并进而坚定自学成才的信心。第三，改变课堂模式，使受教者成为学习主人。应该指出，这里所提倡的自学，是在施教者指导下的自学，与社会上一般意义的自学是有严格区别的。既然如此，施教者就仍有“教”的必要。不过，“教师之为教，不在全盘授予，而在相机诱导”[37]罢了。学界尽知，我国的语文课堂原是个别教学，到20世纪初，班级授课制才普遍推行。这种课堂教学形式自有其优点，在现代教育史上是一个巨大的进步。它可以同时容纳几十个受教者，有相同的教学用书，有统一的教学进度，有系统的知识传授，有严格的能力训练等，为使他们打好语文（语言、文章、文学）基础创造了条件。这种课堂教学形式不仅在当前而且在若干年后，仍将是一种主要的组织形式。但是，由于教育内容的陈旧、教育目标的单一、教育时间的限制、教育空间的束缚等原因，这种课堂教学为受教者提供的语文（语言、文章、文学）学习环境毕竟是有限的。加上语文课堂教学长期以来存在着重视知识的传授，轻视能力的训练，忽视智力的开发；习惯于施教者满堂灌注，不习惯于受教者探索创造等弊病，因而难以充分发挥他们学习语文（语言、文章、文学）的积极性和主动性，这就严重地影响了语文教育的质量。由此可见，在语文教育中贯彻最优化的自能学习原则能使施教者从唱主角的课堂模式中“挣扎”出来，从枯燥乏味的串讲中“跳脱”出来，在45分钟内给受教者以必要的和足够的时间运用心力。这就要求施教者在实施这一原则时要让受教者真正成为学习的主人，从而进入“自为研索，自求解决”[37]的最佳境地。

第三节　语文教育原则的辩证运用

语文教育原则是语文教育中诸种关系的特有的本质联系，是从语文教育实践中概括出来的又反过来指导语文教育实践的理论。它是根据语文教育目标和语文教育过程的客观规律而制定出来的，反映了语文教育中必须遵循的基本要求和指导原理。这是语文教育理论与实践中非常重要的问题，好像指导语文教育的神经系统。因此，施教者一定要做出深层次的思考，在运用语文教育原则时应该站在哲学的高度，要讲究辩证唯物主义的认识论和方法论，以期正确地贯彻语文教育原则。具体地说，一是要遵循语文教育的规律性，二是要突出语文教育的时代性，三是要适应语文教育的发展性。下面依次予以展开：

一、语文教育原则要遵循语文教育的规律性

语文教育原则的运用，它一定要遵循语文教育的规律性。语文教育具有规律性是“客观存在”的现象，因而语文教育原则只能遵循它，反映它，这样才会提高语文教育质量，从而保证语文教育目标最大限度的达成；如果背离它，改变它，就会使语文教育效果大打折扣，虽然耗费大量的心力与时日，也难以求得语文教育效率的最快速度的提高。以系统论指导下的语文教育所体现的语文教育规律，诸如语文教育与思想教育辩证统一的规律、言语训练与思维训练有机结合的规律、读写听说能力综合训练的规律、受教者充分实践与施教者有效指导区分主从的规律、受教者的课内学习与课外学习互相促进的规律等。这五个规律，试着突破以往的“结合”、“促进”、“并重”、“配合”等的提法，分别阐述为“辩证统一”、“有机结合”、“综合训练”、“区分主从”、“互相促进”等，其目的是凸显规律的特点和它们的指导作用，使之能更有效地促进语文教育的改革，为提高语文教育的效率服务。另外，语文教育规律还有动态转化平衡律、普遍联系连动律、师生互动反馈律、局部影响整体律、能量信息代换律、能动要素协同律等，这些应该成为施教者运用语文教育的相关性的课内外结合原则、多类型的思维训练原则和最优化的自能学习原则的基础和前提。目前施教者的任务只能是尽可能地加深对语文教育规律的认识，并在此基础上提出简明中肯而又精当协调且比较科学的语文教育原则；同时，通过实践的检验和进一步的理论研究，不断充实、完善公认的语文教育原则，修改某些不妥当的提法。除此，施教者还应明确，语文教育原则的提出一般需要遵循“实践—理论—实践”的规律，但在有些时候，也可以根据相关理论预先提出推论或假设，然后通过实践加以检验和证明。

二、语文教育原则要突出语文教育的时代性

语文教育原则的运用，它一定要突出语文教育的时代性。语文教育具有时代性是“与时俱进”的体现，因而语文教育原则应根据时代对语文教育的要求做些校正、缩小或扩展，以适应新的时代的需要。学界深知，认识语文教育原则得有长期探讨的思想准备，不仅是因为人们的认识有待深化，更因为新的时代对语文教育不断提出新的要求，也为语文教育原则的运用不断提供新的条件。这就要求施教者从中概括出新的语文教育原则，以适应语文教育的实际需求。例如，随着广播、电视等技术设备的不断完善，传播语文（语言、文章、文学）信息的载体不断扩大，第二课堂语文（语言、文章、文学）学习活动概率的不断提高，施教者于是对语文教育课内和课外关系的认识，就得有所改变，原来是属于“课外”的，以后就有可能要作为“课内”看待了，最普遍的就是听录音和看录像。同时，对听、说能力训练的要求，也将随之而不断提高，甚至要凌驾于读、写能力训练要求之上。随着系统论、信息论、控制论等“老三论”和耗散论、突变论、协同论等“新三论”理论在语文教育领域里的运用，语文学科的教育内容、教育方法都将发生相应变化。

而随着电化教育的开展、教学机器的采用、程序化教学的引进，班级授课制将面临越来越严重的挑战。怎样认识班级授课制、小组授课制与个别教学在新的条件下的利害得失等等，都是施教者不得不研究的课题。另外，在现代社会中，语文教育原则的运用必须树立以时间长、空间大、联系广为特点的大语文教育观念，必须适应以大生态、大生产、大生活为特点的大语文教育环境。语文教育原则的运用只有与现代社会不断发展的大语文教育观念和大语文教育环境相联系，才有可能形成充满生机与活力的语文教育局面。

三、语文教育原则要适应语文教育的发展性

语文教育原则的运用，它一定要适应语文教育的发展性。语文教育具有发展性是“继往开来”的表现，因而语文教育原则应当适应语文教育的发展需要，满足社会对各类人才培养的语文（语言、文章、文学）素质要求。随着语文教育改革的深入，人们对语文教育原则的认识也在进一步深化。施教者对语文教育原则的探索、研究尽管一直没有停止过，但从目前的情况来看，还是不深不透的，而且进展也不是很大。语文教育原则的确立，显然提高了语文教育理论的层次，这是无须怀疑的事实。施教者的任务就是拓宽和加深研究领域，从而使语文教育原则更加丰富、更加合理、更加科学。只有这样，语文教育原则对语文教育实践才更加具有指导意义。语文教育原则作为语文教育理论的一个分支，必然受到社会的经济、政治、文化等各方面发展的制约，受到社会的各阶层对人才质量规格需求的制约，受到社会的保障水平所规限的教育总体目标的制约。这就要求施教者在运用语文教育原则时，必须顺应社会发展的潮流，符合教育总体目标的基本精神。如果语文教育原则的运用不考虑社会的发展、环境的差异，那么，对语文教育的指导将是盲目的，丝毫没有针对性。也就是说，社会不同，环境不同，语文教育原则也要有相应的变化。语文教育原则的运用只有立足于语文教育的特定现状、语文教育的最新动态、语文教育的先进思想和语文教育的改革实践，才能被广大的施教者所认同和接受。唯有如此，语文教育原则的理论才会具有强大的生命力。语文教育原则作为一种思维方式，同世界上任何事物一样，也是不断发展的，不会永远停留在一个水平线上。在语文教育中，施教者如果确定语文教育原则已经抛在语文教育实践的后面，就应该根据语文教育实践的新发展去反复检验和不断修改并使之臻于完善，而不是拘于固有的语文教育原则。

…………

综上所述的语文教育原则的零乱破碎、语文教育原则的理想构成、语文教育原则的辩证运用等三个方面，表明其研究既是语文教育中的重大理论问题，也是语文教育中的重大实践难题。因其理论难度大，导致各色各样的理论认识不免形成模糊与误解，影响理论要义的真理性；因其实践指导功能强，引起理论把握的曲解不免造成实践的误用，影响实践旨趣的科学性。所以，学界只有对这两个重要问题的研究现状以及主要成果进行检讨与清理，才能取长补短、除旧布新，以期推进研究的进程，从而让施教者引导受教者有效地进入“人的发展和完整性建构”的全新境域[38]。

第四章 语文教育的过程

语文教育的过程是施教者与受教者双方有目的、有计划、有组织地以语文（语言、文章、文学）为中介，并通过“教”和“学”而共同完成预定任务的统一活动过程。它在整个语文教育理论系统中处于不可替代的位置。这是因为语文教育过程在“导入→展开→终结”的环节中既能促使语文教育不断地由一个水平提高到另一个水平，又能推动语文教育不断地产生从量变到质变的飞跃。因此，施教者只有正确地认识并很好地践行语文教育的过程，才能够如愿以偿地达到塑造受教者成为“求真”、“向善”、“崇美”的创造性的人才和“健全的人格”的基本要求。以下仅从语文教育过程的组成元素、语文教育过程的现代特征、语文教育过程的优化途径等三个方面分别予以阐述：

第一节 语文教育过程的组成元素

语文教育过程不是一个单纯的对象，而是多种元素复合并存、多种成分辩证统一的有机整体。根据马克思关于任何活动都有目标、手段、结果等三个成分的原理，权且把语文教育目标、语文教育手段、语文教育结果等作为语文教育过程中最基本的元素。至于语文教育内容的挑拣、语文教育形式的选择、语文教育方法的运用等都可以包括在语文教育手段里面，这在语文教育理论界和语文教育实践界已达成了一致的共识。以下仅从语文教育过程的目标元素、语文教育过程的手段元素、语文教育过程的结果元素等三个方面依次予以展开：

一、语文教育过程的目标元素

语文教育过程的元素组成，它首先体现在语文教育的目标上。语文教育过程中的目标元素结构繁杂、领域宽广、层次幽深，促使人们努力追寻其序列之谜的最终解答。语文教育过程中的目标元素序列的确解，意味着语文教育过程中的目标元素体系的真正建构，意味着语文教育过程的科学化、规范化、程序化、现代化的实际开端，意味着语文教育独立设科的历史使命的圆满完成。因此，要使语文教育过程中的目标元素优化，施教者就要多多考虑语文（语言、文章、文学）中的智育（真）、德育（善）、美育（美）在“导入→展开→终结”的环节中的具体实施的科学化、规范化、程序化、现代化等问题。语文教育目标元素在语文教育过程中虽是一种给定信息，但目标愈明确，则过程的组织就愈紧凑，收到的效果也就会愈明显。也就是说，语文教育过程应该有个明晰的由一个个“点”构成的“梯度”，即“语文教育过程中的目标元素序列”。这个“序列”究竟是怎样的？这些“点”究竟是什么？至今仍有不少学者在那里苦苦探究。学界周知，语文教育过程中的目标元素，从古至今就没有一个完整的而又科学的序列。这多么需要语文教育工作者来探究啊！这个序列，阎立钦在其主编的《语文教育学引论》中称之为“语文学科教育目标的主体序列”，并列出了六个序级：第一，字级语文学科教育目标；第二，词级语文学科教育目标；第三，句级语文学科教育目标；第四，段级语文学科教育目标；第五，篇级语文学科教育目标；第六，册级语文学科教育目标。这六个序级，后一个序级开始了，前一个序级似乎不一定结束（一个人应先学口语的词，后来才学书面语的字。字和词的关系，在一个人的语言发展中，情况比较复杂一点。）。而且在同一个学习阶段里，受教者的阅读、写作、聆听、说话等方面的发展并不是齐头并进的，而是呈现交错状的。每一个序级都排出一个序列，多线并行，或者各个序级互相照应着排出多层的序列，就像是音乐中的交响曲。

二、语文教育过程的手段元素

语文教育过程的元素组成，它特别体现在语文教育的手段上。语文教育过程中的手段元素应该包括语文教育内容的挑拣、语文教育形式的选择、语文教育方法的运用等问题，但是在“导入→展开→终结”的“环节”中通常多指常规手段（教科书、教学卡片、挂图、图表、模型、标本和实物等）和电教手段（幻灯、投影、广播、录音、电影、录像、语言实验室、电子计算机等）两个方面。语文教育过程中的手段元素的目的是通过种种教育手段的优化选择，使语文（语言、文章、文学）的智育的“真”、德育的“善”、美育的“美”在整个教育过程中所显示出来的效果最佳。比如施教者在教《故宫》、《苏州园林》、《中国石拱桥》、《人民英雄永垂不朽》、《荷塘月色》、《长江三峡》、《记一辆纺车》时，可出示彩绘挂图；教《食物从何来》时，可采用“植物→兔→狼→虎→细菌→植物”循环关系的异养示意图；教《核舟记》时，可看一下核舟放大模型；教《景泰蓝的制作》时，可摆上一件景泰蓝工艺品；教《周总理，你在哪里》时，可播放配乐诗朗诵录音；教《制台见洋人》、《孔乙己》、《渔夫的故事》、《威尼斯商人》、《项链》时，可演播漫画幻灯片；教《葫芦僧判断葫芦案》时，可放映电视剧《红楼梦》片段；教《威尼斯》、《登泰山记》、《桃花源记》时，可引导欣赏风光片；教《一次大型的泥石流》时，可放映有关泥石流成因的科学影片；教《阿Q正传》、《祝福》、《白毛女》、《纪念白求恩》、《雷雨》、《春蚕》、《龙须沟》时，可组织观看同名的影片；等等。但是，无论采用何种教育手段，都要讲究教学的实际效果。不能讲时髦，赶排场，追求花哨，特别是像电视、电影、电脑等现代化程度较高的电教手段，施教者更要在教育过程中引导受教者有目的、有计划、有步骤地使用，从而充分取得预期的教学效果。

三、语文教育过程的结果元素

语文教育过程的元素组成，它最终体现在语文教育的结果上。语文教育过程中的结果元素问题，从宏观上看，是在语文教育中施教者如何塑造创造性的人才和“健全的人格”，即促使受教者“探索品质的养成”和“道德良知的觉醒”及“自由心灵的建构”的问题；从微观上看，说到底就是如何使语文（语言、文章、文学）中的智育的“真”、德育的“善”、美育的“美”的具体实施的结果与语文教育过程的目标元素接近与同一的问题。语文教育过程中的结果元素虽是一种输出信息，其主要矛盾应该是如何处理语文教育目标与语文教育对象——受教者现实发展水平之间的矛盾。因为语文教育对象——受教者的现实发展水平与语文教育目标如果本来就接近与同一，那就断无进行语文教育的必要。换一个角度说，语文教育对象——受教者的现实发展水平假若达到了语文教育目标的要求，这一过程也就终结了。正是这一矛盾，贯穿于语文教育过程的始终，支配和决定着每一个细小的语文教育活动，规定和影响着语文教育过程中其他矛盾的存在和发展。因此，在语文教育目标与语文教育对象——受教者现实发展水平的矛盾运动中，语文教育目标是矛盾的主要方面，它处于支配的地位，决定着语文教育活动的方向，而语文教育对象——受教者则处于被支配的地位，语文教育目标规定和制约着他们的学习活动。但语文教育对象——受教者又是学习活动的主体，他们的发展水平与语文教育目标的接近和同一，归根到底是他们自身不断努力的结果，他们是矛盾得以转化的内因和根本动力。语文教育过程的实质就在于施教者千方百计地通过各种途径，采取各种方法，在“导入→展开→终结”的环节中充分地发挥语文教育对象——受教者的主观能动性，从而又好又快地实现语文教育目标与语文教育结果的接近与同一。

第二节　语文教育过程的现代特征

语文教育过程是施教者凭借语文（语言、文章、文学）引导受教者从中选择、感受、解释并完成意义的建构过程。在这一过程中，施教者引导受教者既要“求真”而进行智力教育又要“向善”而实施道德教育还要“崇美”而渗透审美教育。一句话，它是施教者引导受教者的智慧、精神、美感等促进与“发酵”的过程，因而不能简单地用“认识过程”[39]来概括其特征。以下仅从语文教育中智育的“求真”过程、语文教育中德育的“向善”过程和语文教育中美育的“崇美”过程等三个方面依次予以展开：

一、语文教育中智育的“求真”过程

从语文学科的基础性的特点看，语文教育过程应该是一种以“提高智能水平”为目的的过程。这就要求施教者在“提高智能水平”时，应引导受教者在“导入→展开→终结”的环节中挖掘语文教材中的课文即文字作品（文章作品、文学作品）所蕴含的丰富信息，并从中着重探求“真”（智育），且对知识、能力、智力这三个方面予以充分考虑，从而促进受教者形成张力、寻求发展。在这一过程中，就其知识的传授而言，施教者应该引导受教者既要获得隐性知识，即语音知识、文字知识、词汇知识、语法知识、修辞知识、语体知识等语文知识，又要获得显性知识，即文章知识、文学知识等语文知识，这是语文智育的基础；就其能力的训练而言，施教者应该引导受教者既要形成吸收能力，即阅读能力、聆听能力等语文能力，又要形成表达能力，即写作能力、说话能力等语文能力，这是语文智育的前提；就其智力的开发而言，施教者应该引导受教者既要发展一般智力，即观察力、记忆力等语文智力，又要发展特殊智力，即想象力、思维力等语文智力，这是语文智育的关键。一句话，这一过程施教者应该把求知练能、开启智慧等贯穿于语文教育的始终，从而使受教者既能得到独特的认识，又能养成探索的品质。因此，在整个语文教育过程中，施教者要抓住语文（语言、文章、文学）中的智育因素，并与语文（语言、文章、文学）中的德育因素和语文（语言、文章、文学）中的美育因素相融相偕，引导受教者认真学习语文教材中的课文即文字作品（文章作品、文学作品），从而使语文智育的功能得到又好又快的发挥。

二、语文教育中德育的“向善”过程

从语文学科的人文性的特点看，语文教育过程实际上是一种以“弘扬人文精神”为目的的过程。这就要求施教者在“弘扬人文精神”时，应引导受教者在“导入→展开→终结”的环节中挖掘语文教材中的课文即文字作品（文章作品、文学作品）所蕴含的丰富信息，并从中着重探求“善”（德育），且对思想、情操、德性这三个方面予以充分考虑，从而促进受教者形成张力、寻求发展。在这一过程中，就其思想的净化而言，施教者应该引导受教者既要确立憧憬新生活、热爱新时代、奉献新作为等观点见解，又要确立历史使命感、民族自豪感、社会责任感等主张立场，还要确立科学世界观、积极人生观、正确价值观等看法意见；就其情操的陶冶而言，施教者应该引导受教者既要熏染真实感、正义感、荣誉感等情感意向，又要熏染友谊感、自豪感、良心感等趣味爱好，还要熏染志行纯洁、志向诚笃、志力坚定等操守气节；就其德性的涵养而言，施教者应该引导受教者既要磨炼积极进取、勇于探索、自尊自强等性格倾向，又要磨炼谦虚谨慎、戒骄戒躁、知难而进等意志品质，还要磨炼吃苦耐劳、顽强刚毅、奋发果断等行为坚守；等等。一句话，这一过程施教者应把加强爱国主义精神的培养、树立远大而崇高的理想、讲究健康而高尚的道德等贯穿于语文教育的始终，从而使受教者不但能获得心灵的洗礼，而且能汲取奋进的力量。因此，在整个语文教育过程中，施教者要抓住语文（语言、文章、文学）中的德育因素，并与语文（语言、文章、文学）中的智育因素和语文（语言、文章、文学）中的美育因素相融相偕，引导受教者认真学习语文教材中的课文即文字作品（文章作品、文学作品），从而使语文德育的功能得到又好又快的发挥。

三、语文教育中美育的“崇美”过程

从语文学科的审美性的特点看，语文教育过程还是一种以“追求审美境界”为目的的过程。这就要求施教者在“追求审美境界”时，应引导受教者在“导入→展开→终结”的环节中挖掘语文教材中的课文即文字作品（文章作品、文学作品）所蕴含的丰富信息，并从中着重探求“美”（美育），且对审美意识、审美因素、审美能力这三个方面予以充分考虑，从而促进受教者形成张力、寻求发展。在这一过程中，就其审美意识的增强而言，施教者应该引导受教者既要树立审美观念，即审美观点、审美情趣、审美标准、审美理想，又要健全审美心理，即审美感知、审美想象、审美理解、审美情感，还要端正审美态度，即审美欲望、审美需求、审美动机、审美意图；就其审美因素的领略而言，施教者应该引导受教者既要分辨审美形态，即自然美、社会美、艺术美、科学美，又要区别审美范畴，即优柔美、崇高美、悲剧美、喜剧美，还要解析审美形式，即整齐一律美、对称均衡美、对比调和美、多样统一美；就其审美能力的提升而言，施教者应该引导受教者既要产生审美感受，即审美观照、审美注意、审美通感，又要深化审美鉴赏，即审美辨别、审美颖悟、审美评判，还要激发审美创造，即审美质疑、审美替换、审美逆思；等等。一句话，这一过程施教者应该把美的享受、美的体验等贯穿于语文教育的始终，从而使受教者既能形成审美的素养，又能建构自由的心灵。因此，在整个语文教育过程中，施教者要抓住语文（语言、文章、文学）中的美育因素，并与语文（语言、文章、文学）中的智育因素和语文（语言、文章、文学）中的德育因素相融相偕，引导受教者认真学习语文教材中的课文即文字作品（文章作品、文学作品），从而使语文美育的功能得到又好又快的发挥。

第三节　语文教育过程的优化途径

语文教育过程的优化途径就是施教者以受教者的发展为目标，并为这一目标的实现而提供的必要条件。杜威指出：“一切政治制度和工业安排的最高检验标准，应该是它们对社会每个成员的全面发展所作出的贡献。”[40]因此，施教者在语文教育过程中只有努力做到

优化课堂导入而关注受教者的注意状态、优化教学情境而关注受教者的参与状态、优化反馈评价而关注受教者的生成状态，才能真正实现受教者在语文教育过程中的发展目标的优化。以下仅从语文教育思想的“准确把握”、语文教育理念的“范式转换”和语文教育“传统”的“现代”转型等三个方面依次予以展开：

一、语文教育思想的“准确把握”

语文教育过程的优化，它主要表现在语文教育思想的“准确把握”上。中国的语文教育在各种教育思想的交流、碰撞中融合，因而施教者必须树立全面育人的意识和培养能力、发展智力的意识以及所有受教者都得到发展的意识。首先是要树立全面育人的意识。这就要求施教者不仅要教好语文（语言、文章、文学），而且还要育好人（“良好的个性”与“健全的人格”）。如果从育人的高度出发，施教者要千方百计地提高受教者的思想素养和文化素养，从而培养他们的自我教育能力、自我管理能力和自我学习能力。这是调动其积极主动精神、节约教学时间、提高教学效果的最根本的一点。其次是要树立培养能力、发展智力的意识。这就要求施教者不仅要抓住培养语文能力这个“牛鼻子”，而且还要抓住发展语文智力这个“牛鼻子”。也就是说，语文教育过程不只是传授给受教者的语文知识的过程，而且是训练受教者的语文能力的过程，更重要的是开发受教者的独具创造思维的语文智力的过程。传授语文知识、训练语文能力、开发语文智力就是给受教者未来的发展创造条件，这是最节约时间、最有收效的做法。再次是要树立所有受教者都得到发展的意识。这就要求施教者的眼睛不能只盯着几个“高才生”，而把大多数“差等生”丢在一边；不能只重视几只“金凤凰”，而把大面积的“丑小鸭”丢掉了。施教者决不能满足于一时一事的成功，而忽视了教育的宏观效果，忽视了国家和民族的长远利益；要确立培养全体受教者的观念，要对受教者全面负责，要让所有受教者都得到又好又快的发展。为了使语文教育思想更加优化，施教者在“导入→展开→终结”的环节中必须认真选择教育内容，并灵活运用教育方法，从而既激发各类受教者学习语文（语言、文章、文学）的浓厚兴趣，又培养各类受教者学习语文（语言、文章、文学）的良好习惯，更促进各类受教者在语文（语言、文章、文学）中养成探索品质（求真）、觉醒道德良知（向善）和建构自由心灵（崇美）。

二、语文教育理念的“范式转换”

语文教育过程的优化，它也要表现在语文教育理念的“范式转换”上。中国的语文教育面对全球化、信息化的社会，因而多元教育理念并存的世界格局正在或已经形成。这就要求语文教育在固守自己的最宝贵的“传统”的同时，还要有着广纳百川的气度和兼收并蓄的胸襟。但是这种学习不是单向交流，不是照搬照套，不是一种文化对另一种文化的渗透，不是排斥、否定我国的语文教育传统，而是一种语文教育理念的“范式转换”。阅读学的研究表明，同是阅读兴趣的培养，不同的国家就有不同的要求。美国人认为：为了使受教者认识到阅读具有潜在的乐趣，要让他们知晓这既是获取知识的一种有效手段，又是极有意义的一种娱乐活动。英国人提出：为了使受教者在阅读中满足兴趣、享受愉悦，或者扩充经验、增长见闻，而应使他们努力成为一个十分自觉的读者。加拿大人强调：作为一种娱乐消遣性的阅读，应使受教者认识到这是一种精神畅快、信息丰盈的源泉，因而是很有价值的。日本人要求：指导受教者阅读必要的报纸杂志和当代文学作品，使他们从中获得乐趣、找到快感，进而养成阅读习惯。[41]阅读是一种文化享受，受教者应该从中品味到欢快与娱乐。在这方面，法国、德国、中国都没有提出相应的要求。为此，我们可以借鉴美、英、加、日等国的经验，但是应做到“洋为中用”，以期让我们的视野更加开阔。域外的语文教育理念虽有助于中国的语文教育“优化”，但是施教者必须在“导入→展开→终结”的环节中对域外的语文教育理念进行改造，并力求实现其语文教育理念的“范式转换”，以便又好又快地发展特色鲜明的“真善美融合”的语文教育。

三、语文教育“传统”的“现代”转型

语文教育过程的优化，它还要表现在语文教育“传统”的“现代”转型上。中国的语文教育不但有着悠久的历史，而且有着优秀的“传统”。这些“传统”积淀了丰富的文化内涵，是中华民族的瑰宝。但是有少数“学者”还在用简单的二分法来漠视“传统”的当代价值。“传统”之于“现代”是一组相对的概念，“现代”是建立在“传统”之上的，“现代”是对“传统”的继承和发展。没有“传统”就不可能有“现代”，今日的“现代”就是明日的“传统”。如新世纪语文课程标准提出的“综合性学习”，乍一看来，似乎很新颖，其实，1941年胡适等人在《六年制中学国文课程标准草案》中就有“研究”一项内容，且规定研究文字学、文体学、文章学、文学流变等内容。由此可见，“研究”与“综合性学习”是明显存在一定联系的。又如21世纪语文课程标准所提出的“口语交际”，似乎也很时髦，其实不然，1923年叶圣陶、胡适在《新学制初中国语科学程纲要》中就明确地指出：国语课要包括“演讲学”与“辩论术”。显而易见，“演讲学”与“辩论术”同“口语交际”也有着内在的联系[42]。认识“传统”，也正是为了发展“现代”。语文教育在发展“现代”的过程中曾经排斥、否定过“传统”，是今非古，我们为此付出了一大笔高昂的学费，消耗了几代人宝贵的青春。更有趣的是，在诺贝尔奖获得者的迎接新千年大会上，学者们提出要解决21世纪人类面临的问题，人们需要把目光投向中国的两千五百年前的古代，要向孔夫子学习。这对漠视传统的某些人，无疑是一个绝妙的讽刺。基于此，施教者在“导入→展开→终结”的环节中不仅需要批判地继承“传统”，而且更需要在吸收“传统”的精华中力主“创新”，并努力促进“传统”向“现代”的转型，为特色鲜明的“真善美融合”的语文教育而尽其所能。

…………

综上所述的语文教育过程是一个内容丰富而完整的体系，是若干年来语文教育理论界

研究的重大课题。它包括语文教育目标、语文教育手段、语文教育结果等三个基本要素和语文教育中智育的“求真”过程、语文教育中德育的“向善”过程、语文教育中美育的“崇美”过程等三个现代特征以及语文教育思想的“准确把握”、语文教育理念的“范式转换”、语文教育“传统”的“现代”转型等三个优化途径。语文教育过程作为一种存在，是通过环节而展开的，是许多因素相互关联、相互作用的有机整体，能让施教者引导受教者有效地进入“人的发展和完整性建构”的全新境域[43]。

中篇

语文教育的主导技术

主导技术通常是指在很特别的阶段推动整个复杂系统进展的核心技术。这一篇“语文教育的主导技术”分别展开了“语文教育的‘语文’能力”、“语文教育的‘备课’能力”、“语文教育的‘施教’能力”、“语文教育的‘评价’能力”、“语文教育的‘科研’能力”等五章，属于语文教育的“技能”，应是全书的骨肉，也是语文教育学学科中必须解决的问题，更是着力阐发的要点所在。以下试图依次从几个方面予以论述：

第五章 语文教育的“语文”能力

语文教育的“语文”能力是彰显“师范性”特色的重要内容，是施教者从事语文教育活动时拥有的基本“本钱”，并引导受教者进行读、写、听、说训练时具备的基础能力。这种能力的高低，常常是施教者的吸收储存、内化处理和表达输出的真相折射。然而这个问题由于诸多因素的“作用”，一直未能得到应有的重视，这就影响了施教者在语文（语言、文章、文学）中塑造受教者达到“求真”、“向善”、“崇美”的创造性的人才和“健全的人格”的基本要求。以下仅从语文教育的阅读能力、语文教育的写作能力、语文教育的聆听能力和语文教育的讲话能力等四个方面分别予以阐述：

第一节 语文教育的阅读能力

语文教育的“语文”能力中的阅读能力，是指施教者从读物中搜集信息、提取信息、遴选信息、增值信息，从而适应语文（语言、文章、文学）塑造“求真”、“向善”、“崇美”的创造性的人才和“健全的人格”的一种实践能力。它既是施教者的学识修养与专业素质的具体表现，也是施教者胜任教学工作所需要的条件之一。因此，施教者务必要重视语文教育的阅读能力的磨炼。施教者的语文教育的“语文”能力之一的阅读能力，主要表现在阅读语文教材的能力、掌握阅读方式的能力、指导受教者阅读的能力等三个方面。以下依次予以展开：

一、阅读语文教材的能力

阅读语文教材的能力，是指施教者在语文教育中所需要的对语文课程纲要、语文教科书、语文教学资料等语文教材的阅读既要做到理解性又要做到探究性还要做到创造性的一种实践能力。这种能力具体表现为：第一要拥有对语文教材理解性阅读的能力。施教者对语文教材的理解性阅读是一个不断发现问题、分析问题和解决问题的过程，因而应注重对语文课程纲要、语文教科书、语文教学资料等语文教材进行理解性阅读。对语文课程纲要在认真阅读的基础上，做到详尽分析与整体透视相结合，从而进一步提升充实；对语文教科书要在仔细阅读的基础上，做到理清思路与领会文脉相结合，从而深刻地把握其要旨；对语文教学资料要在广泛阅读的基础上，做到纵向比较与横向联系相结合，从而迅捷地捕捉所需要的有用性信息。第二要拥有对语文教材探究性阅读的能力。施教者对语文教材的探究性阅读是一个不断筛选信息、汇总信息和生发信息的过程，因而应注重对语文课程纲要、语文教科书、语文教学资料等语文教材进行探究性阅读。对语文课程纲要在认真阅读的基础上，做到积极评价与有效选择相结合，从而进一步健全完善；对语文教科书要在仔细阅读的基础上，做到感悟情思与品味美质相结合，从而透彻地理解其内涵；对语文教学资料要在广泛阅读的基础上，做到多方提纯与科学抽象相结合，从而便捷地涉猎所需要的有效性信息。第三要拥有对语文教材创造性阅读的能力。施教者对语文教材的创造性阅读是一个不断提出某些新见解去发现未曾有过答案的过程，因而应注重对语文课程纲要、语文教科书、语文教学资料等语文教材进行创造性阅读。对语文课程纲要在认真阅读的基础上，做到理性审视与正确批判相结合，从而进一步深化认识；对语文教科书要在仔细阅读的基础上，做到异中求同与同中求异相结合，从而准确地弄清其精髓；对语文教学资料要在广泛阅读的基础上，做到大胆质疑与深层反思相结合，从而快捷地获取所需要的价值性信息。

二、掌握阅读方式的能力

掌握阅读方式的能力，是指施教者在语文教育中所需要的对泛读与跳读、通读与朗读、精读与默读等的掌握既要做到信息性又要做到积累性还要做到评价性的一种实践能力。这种能力具体表现为：第一要拥有对信息性阅读方式掌握的能力。施教者对信息性阅读方式的掌握是一个对读物所传递的信息予以确认与提取、解释与推断、分析与整合的过程，因而应着力运用泛读与跳读这两种方法，不但对各种不同风格的读物要广泛地阅读，以扩大知识面而开阔眼界，从而得到意想不到的信息；而且对各种不同类型的读物要面式阅读、组块阅读、垂直阅读，从而获取最有价值的信息。泛读与跳读是一种最典型的信息性阅读，它涉及阅读的速度问题，包括无声视读法、一目十行法等，要求每分钟的阅读量达到 500 字以上，理解率达到 60%。第二要拥有对积累性阅读方式掌握的能力。施教者对积累性阅读方式的掌握是一个对读物以接受新知识为目的并旨在从中汲取人类文化营养的过程，因而应着力运用通读与朗读这两种方法，不但对读物要弄懂、弄通、弄透，以产生前所未有的视觉震撼，从而取得“鸟瞰全景”的效果；而且对读物要通过有声语言，还原与再造作者的思想情感，从而达到同欢娱共悲切的境界。通读与朗读是一种最典型的积累性阅读，它关涉阅读的广度问题，包括浏览扫读法、提纲挈领法等，要求每分钟的阅读量在 200—400 字之间，理解率在 80%左右。第三要拥有对评价性阅读方式掌握的能力。施教者对评价性阅读方式的掌握是一个对读物的性质与价值、精确与真实等加以判断、甄别和考量的过程，因而应着力运用精读与默读这两种方法，不但对读物要字训其义，句贯其意，段寻其脉，篇会其旨，从而明了其意义与表达特征；而且对读物要将圈点与勾画、旁批与总批、质疑与评说、摘抄与提要等有机结合，从而得到见形知义的效果。精读与默读是一种最典型的评价性阅读，它涉及阅读的深度问题，包括比较阅读法、表达阅读法等，要求每分钟的阅读量达到200字以上、理解率在90%以上[44]。

三、指导受教者阅读的能力

指导受教者阅读的能力，是指施教者在语文教育中对训练受教者所需要的普通话阅读、个性化阅读、多角度阅读等的指导既要做到规范性又要做到体验性还要做到创意性的一种实践能力。这种能力具体表现为：第一要拥有对受教者规范性阅读指导的能力。施教者对受教者规范性阅读的指导是一种摒弃“照本宣科”式的“无感情阅读”而不断增强“独特领会”式的“有感情阅读”的过程，因而应十分重视他们的普通话阅读的规范性指导。施教者对受教者普通话阅读指导必须要求他们字正腔圆，也就是声母准确、韵母完整，以期激发他们浓厚的阅读情志，展示他们豪放的阅读意境，激发他们舒展的阅读心态，培养他们积极的阅读行为，真正实现他们的心灵在阅读中轻舞飞扬，从而使他们规范性的普通话阅读的能力很好地得到提升。第二要拥有对受教者体验性阅读指导的能力。施教者对受教者体验性阅读的指导是一种充分调动他们的阅读兴趣、引导他们的阅读爱好而获得智慧、精神和美感的过程，因而应高度重视他们的个性化阅读的体验性指导。施教者对受教者体验性的阅读指导不是消极的说文解字，仅仅完成指定的阅读范围与阅读要求，而是要全力营造阅读的良好氛围，充分发挥他们阅读的自主性，以期在阅读中发现知识，在阅读中增加经验，在阅读中获得期待，在阅读中产生效应，从而令他们体验性的个性化阅读的能力不断地得到培养。第三要拥有对受教者创意性阅读指导的能力。施教者对受教者创意性阅读的指导是一种有效发挥他们在读物中的创造才智，得出前人或他人未曾有过的独特感悟与新异结论的过程，因而应特别重视他们的多角度阅读的创意性指导。施教者对受教者创意性阅读的指导必须诱发他们的阅读创新动机，增强他们的阅读创新意识，鼓励他们的阅读创新精神，挖掘他们的阅读创新潜能，张扬他们的阅读创新灵性，以期提出合乎逻辑思维的且有价值的问题指导他们阅读，从而让他们创意性的多角度阅读的能力真正地得以形成。

第二节　语文教育的写作能力

语文教育的“语文”能力中的写作能力，是施教者运用书面语言遣词造句、选材立意、谋篇布局、传递情思，从而适应语文（语言、文章、文学）塑造“求真”、“向善”、“崇美”的创造性的人才和“健全的人格”的一种实践能力。它既是施教者的一项强度最大的智力活动，也是施教者胜任教学工作所需要的又一条件。因此，施教者务必要重视语文教育的写作能力的磨炼。施教者的语文教育的“语文”能力之一的写作能力，主要表现在适应教学书写的能力、教学应用写作的能力、指导受教者写作的能力等三个方面。以下依次予以展开：

一、适应教学书写的能力

适应教学书写的能力，是指施教者在语文教育中所需要的对粉笔字、钢笔字、毛笔字等“三字”的书写既要做到字体美观又要做到行款整齐还要做到布局合理的一种实践能力。这种能力具体表现为：第一要拥有适应教学的字体美观的“三字”的书写能力。施教者对适应教学的字体美观的粉笔字、钢笔字、毛笔字等“三字”的书写，是充分利用有效面积既注意空间权限又注意主次分明还注意字距适当的综合设计，因而能让受教者获得美的享受。如果施教者的粉笔字、钢笔字、毛笔字等“三字”的书写遒劲洒脱，圆润飘逸，受教者笔记本上字的书写也会类似；如果施教者的粉笔字、钢笔字、毛笔字等“三字”的书写走龙飞凤，或拖沓无力，甚至出现错别字，反映在受教者笔记本上字的书写也会潦潦草草，或东倒西歪，会有损其在受教者心目中的榜样作用。第二要拥有适应教学的行款整齐的“三字”的书写能力。施教者对适应教学的行款整齐的粉笔字、钢笔字、毛笔字等“三字”的书写，是充分利用有效面积既注意结构匀称又注意笔画清晰还注意行距适宜的综合设计，因而能让受教者得到美的熏陶。如果施教者的粉笔字、钢笔字、毛笔字等“三字”的书写清新率真，凝重朴拙，受教者笔记本上字的书写也会相似；如果施教者的粉笔字、钢笔字、毛笔字等“三字”的书写十分丑陋，非常难看，反映在受教者笔记本上字的书写也将凌乱不齐，或纵横参差，会伤害其在受教者心目中的崇高形象。第三要拥有适应教学的布局合理的“三字”的书写能力。施教者对适应教学的布局合理的粉笔字、钢笔字、毛笔字等“三字”的书写，是充分利用有效面积既注意笔法精到又注意点画自如还注意结体规律的综合设计，因而能让受教者拥享美的感染。如果施教者的粉笔字、钢笔字、毛笔字等“三字”的书写秀丽端庄，刚柔相济，受教者笔记本上字的书写也会类似；如果施教者的粉笔字、钢笔字、毛笔字等“三字”的书写像螃蟹爬，或跟鸡爪似的，反映在受教者笔记本上字的书写也会密密麻麻，难以辨认，会影响其在受教者心目中的应有地位[45]。

二、教学应用写作的能力

教学应用写作的能力，是指施教者在语文教育中所需要的对批语评语、教学反思、学期小结等的教学应用写作既要做到概括简约又要做到抓住要领还要做到点面结合的一种实践能力。这种能力具体表现为：第一要拥有教学应用的概括简约的批语评语的写作能力。

施教者的概括简约的批语评语的写作，是对自己的教学“成果”予以理智的审视、察看、鉴别后所作出的中肯意见，因而应重视概括简约的批语评语的写作。施教者的概括简约的批语评语，往往通过受教者的作业或习作的“空隙处”呈现出来，无声地折射出他的德性、见识与学养，所以一定要注意斟词酌句，切忌笼统空泛，千篇一律，不着边际，应适时地运用晓之以理、动之以情的词句，以期获得他们的无比信任，增进他们的满怀敬意，从而让他们在愉悦的学习中焕发生命的光彩。第二要拥有教学应用的抓住要领的教学反思的写作能力。施教者的抓住要领的教学反思的写作，是对自己的教学进行客观的监控、调节、评价后所提出的一系列问题，因而应重视抓住要领的教学反思的写作。施教者的抓住要领的教学反思，常常记录着自己发现问题时努力加以解决的经历、遇到突发事件时所表现出来特有的机智、走出困惑并战胜困难的过程，无不反映自己的教育理念、提供自己的教育经验、体现自己的教育意义，所以一定要写出对那些看似正常的教育行为予以批判并能传递真善美价值的教学反思，以期引起自己或他人心灵触动的力量。第三要拥有教学应用的点面结合的学期小结的写作能力。施教者的点面结合的学期小结的写作，是对自己的教学给予系统的回顾、检查、测评后所采取的相应对策，因而应重视点面结合的学期小结的写作。施教者的点面结合的学期小结，大多是自己勤于学习、不断实践、开拓创新的呈现，必须有明确的目的、正确的观点、科学的方法，需将现实材料与历史材料、正面材料与反面材料、具体材料与概括材料、直接材料与间接材料予以结合，并对这些材料善于分析、整理、归纳，从中发现规律，正视差距，扬长避短，以期不断提高教育质量[46]。

三、指导受教者写作的能力

指导受教者写作的能力，是指施教者在语文教育中对训练受教者所需要的展示“下水文”、激发“勤练笔”、鼓励“善修改”等的指导既要做到开拓思路又要做到释放活力还要做到斧正偏颇的一种实践能力。这种能力具体表现为：第一要拥有展示受教者开拓思路的“下水文”的写作能力。施教者的展示受教者开拓思路的“下水文”是诱发他们较强的写作冲动的具体实在的活动，因而应重视展示他们开拓思路的“下水文”。这是一种亲身体验、换位思考的好方法。施教者的“下水文”或为受教者的习作示范列提纲，引起他们“思风发于胸臆”；或讲自己与受教者同题写作的经历，让他们“言泉流于唇齿”[47]；或宣读自己比较得意的“作品”，给他们提供切近的“例子”；或解剖自己写作过程的得失，使他们明了其中的辛酸甘苦……从而情不可禁地拿起笔来表达自己的情思。第二要拥有激发受教者释放活力的“勤练笔”的写作能力。施教者的激发受教者释放活力的“勤练笔”是启发他们明确执笔行文要求的切实有力的活动，因而应重视激发他们释放活力的“勤练笔”。这是一种具有驾驭文字、外化构想的本领，它包括定体、谋篇的本领，行文、达意的本领，遣词、用技的本领，也就是训练他们要按照“美的规律”来驾“言”驭“意”，使有形之物尽绘其形，含声之物尽现其音，从而揭示出生活的谜底，创造出典型的形象，描绘出多彩的画面，展示出错综的矛盾，以致最后完成他的写作意图。第三要拥有鼓励受教者修正偏颇的“善修改”的写作能力。施教者的鼓励受教者修正偏颇的“善修改”是引发他们形成谨严务实文风的严肃认真的活动，因而应重视鼓励他们修正偏颇的“善修改”。这是一种思想提高与深化的过程，也是一篇习作充实与完善的过程。施教者要鼓励他们将习作写好后，先轻声读上一至两遍，然后从内容与形式上“找毛病”，再做到口、手、脑并用，进而“动手术”即从整体到局部而精益求精地予以修改，以期使他们的习作更富生气更有魅力，从而达到“立意纯美、质料丰美、结构健美、语言精美”的要求[48]。

第三节　语文教育的聆听能力

语文教育的“语文”能力中的聆听能力，是施教者吸收受教者的口头言语信息并在头脑中将其转换成意义，从而适应语文（语言、文章、文学）塑造“求真”、“向善”、“崇美”的创造性的人才和“健全的人格”的一种实践能力。它既是施教者的一项特别复杂的心智活动，也是施教者胜任教学工作所需要的另一条件。因此，施教者务必要重视语文教育的聆听能力的磨炼。施教者的语文教育的“语文”能力之一的聆听能力，主要表现在养成“善于倾听”的能力、具有“学会倾听”的能力、指导受教者倾听的能力等三个方面。以下依次予以展开：

一、养成“善于倾听”的能力

养成“善于倾听”的能力，是指施教者在语文教育中所需要的对受教者的情感细语、思想抽穗（发展）、心灵律动等话语的倾听既要做到清晰性又要做到接纳性还要做到期许性的一种实践能力。这种能力具体表现为：第一要拥有对受教者的情感细语的倾听能力。施教者对受教者的情感细语的倾听是一种揭示他们的存在可能性的形式，因而要重视对他们的情感细语的倾听。施教者能从受教者发出的各种声音中精要而准确地感悟出他们的愤怒、悲哀、快乐和喜悦等各种情绪，并细致入微地把握他们的情感动向与状态，且将自己的探索与追求、热忱与感受等随着教学内容一道带给他们，以期拨动、引发、激起他们情感上的涟漪与共鸣，让他们徜徉于知识的绿洲，沐浴于智慧的温泉，搏击于思维的长空，从而倾听到他们的情感细语。第二要拥有对受教者的思想抽穗的倾听能力。施教者对受教者的思想抽穗的倾听是一种回忆他们的存在可能性的形式，因而要重视对他们的思想抽穗的倾听。施教者需从受教者的认知心理出发迅速而恰切地抓住能激发他们感悟的哲理性诱导物、意象性诱导物、情趣性诱导物，有针对性地把握他们思维脉搏的最佳时机，善于倾听他们所发表的“见解”背后而隐藏的某种思想的萌芽，并充分认可其价值与意义，进而引导他们渐入佳境，以期产生审美追求，获得心灵上的认同感、归宿感与愉悦感，从而很好地解决他们的思想抽穗的问题。第三要拥有对受教者的心灵律动的倾听能力。施教者对受教者的心灵律动的倾听是一种思考他们的存在可能性的形式，因而要重视对他们的心灵律动的倾听。施教者应从受教者的情感需求出发主动而自觉地更新教育观念，勇于克服“自我中心”的倾向，深入他们的内心世界，了解他们的真实想法，努力创设一种互相信任、彼此尊重、共同包容、和谐宽松的良好氛围，让他们乐于在入景动情的环境中遵从自己的本性、彰显自己的本质，以期敞开心扉，畅所欲言，表达自己的真知灼见，从而真正倾听到他们的心灵律动的回响。

二、具有“学会倾听”的能力

具有“学会倾听”的能力，是指施教者在语文教育中所需要的对受教者的争论之音、意外之音、心底之音等话语的倾听既要做到差异性又要做到同一性还要做到多样性的一种实践能力。这种能力具体表现为：第一要拥有对受教者的争论之音的倾听能力。施教者对受教者的争论之音的倾听是一种发挥他们的主动性、积极性的活动，因而要重视对他们的争论之音的倾听。施教者要学会倾听受教者的富有创意的争论之音，从而让自己获取诸多出乎意料的信息。受教者的争论之音，无不闪耀着他们的创造思维的火花。只有倾听，才能得到对迷惑问题的豁然开朗；只有倾听，才能得到对弄错东西的拨乱反正；只有倾听，才能得到对视如平常的重新认识；只有倾听，才能从“百家争鸣”中获得心声；只有倾听，才能发现真情言辞背后的故事；只有倾听，才能从奇思妙想中拥享无穷的乐趣。第二要拥有对受教者的意外之音的倾听能力。施教者对受教者的意外之音的倾听是一种保护他们的主动性、积极性的活动，因而要重视对他们的意外之音的倾听。施教者要学会倾听受教者的“意想不到”的独特见解，从而使自己的教学少走弯路。受教者的意外之音，无不体现着他们的独立思考的意识。只有倾听，才能捕捉到来自他们的信息，以便作出正确的判断；只有倾听，才能发现他们的琐屑中所寄予的剔透灵性；只有倾听，才能发现他们的乖谬中所蕴含的独特才思；只有倾听，才能发现他们的怪诞中所飞扬的灵异现象。第三要拥有对受教者的心底之音的倾听能力。施教者对受教者的心底之音的倾听是一种彰显他们的主动性、积极性的活动，因而要重视对他们的心底之音的倾听。施教者要学会倾听受教者的每一个问题以及每一句话语，从而实现教与学的共同进步。受教者的心底之音，无不表露着他们的全新而真实的自我。只有倾听，才能明了他们的思想、个性、爱好与期盼；只有倾听，才能发现他们的困惑的焦点与理解的偏差；只有倾听，才能发现他们的观点的创意与批评的价值；只有倾听，才能让他们产生信任感，以期心灵与心灵的沟通。

三、指导受教者倾听的能力

指导受教者倾听的能力，是指施教者在语文教育中对训练受教者所需要的专心倾听话语、耐心倾听话语、悉心倾听话语等的指导既要做到智慧启迪又要做到精神畅快还要做到美感愉悦的一种实践能力。这种能力具体表现为：第一要拥有训练受教者专心倾听话语的能力。施教者的训练受教者专心倾听话语是一种重要的方式，有利于形成互动机制，因而要重视训练他们的专心倾听话语。施教者训练受教者的专心倾听话语时一定要让他们放下架子，俯下身子，尤其要让他人能够知晓受教者的意见与情感，觉得受教者是以一种非裁决的、非评判的姿态出现的。除此，受教者在倾听他人的话语时，思维不能“开小差”或者兼做其他的事情；对他人的话语必须做到完整的倾听，不要打断他人的话语或者随意插话；倾听话语时还要学会辨别、选择与判断，并不失时机地给予适当的提示或者补充。第二要拥有训练受教者耐心倾听话语的能力。施教者的训练受教者耐心倾听话语是一种良好的习惯，有利于构建高效课堂，因而要重视训练他们的耐心倾听话语。施教者训练受教者的耐心倾听话语时切忌叫停或者“炮死”（否定）他人，更不能有意取笑他人，抑制他人的积极性，挫伤他人的自尊心，使他人背上沉重的思想包袱，而是要用足够的耐心去容纳他人，让他人在轻松愉悦中树立自信，逐步由想说、敢说一直到会说为止。他人只有真切地感受到没有任何心理负担与外界压力，才能自主而自由地思考，并充分地表达自己的见解，进而迸发出创新的欲望。第三要拥有训练受教者悉心倾听话语的能力。施教者的训练受教者悉心倾听话语是一种很好的态度，有利于协调人际关系，因而要重视对他们的悉心倾听话语。施教者训练受教者的悉心倾听话语时务必要专注于他人的非语言表达行为，以求增强对他人所表达内容的了解；要记住他人的话语要点，力求领会他人的话语所要表达的信息；遇到问题时自己先要独立地想一想，然后判别他人话语的正误；要尽力克制自己，避免倾听话语时注意力分散或精神懈怠的现象；如果碰到难办的事情或心里不愉快的情形，也要认真地倾听他人的话语。如此等等，受教者都不应成为自己悉心倾听话语的障碍。

第四节 语文教育的讲话能力

语文教育的“语文”能力中的讲话能力，是指施教者运用有声语言与无声语言完成表情达意的特定任务，从而适应语文（语言、文章、文学）塑造“求真”、“向善”、“崇美”的创造性的人才和“健全的人格”的一种实践能力。它是施教者的职业规范与必备素养的直接呈现，也是施教者胜任教学工作所应拥有的必要条件。因此，施教者务必要重视语文教育的讲话能力的磨炼。施教者的语文教育的“语文”能力之一的讲话能力，主要表现为擅长讲普通话的能力、具备教学演讲的能力、指导受教者讲话的能力等三个方面。以下依次予以展开：

一、擅长讲普通话的能力

擅长讲普通话的能力，是指施教者在语文教育中所需要的对语音标准、词汇标准、语法标准等的把握既要做到目的性又要做到示范性还要做到流畅性的一种实践能力。这种能力具体表现为：第一要拥有擅长讲普通话的把握语音标准的能力。施教者的擅长讲普通话所需要的把握语音标准是一种历史选择的必然要求，因而要具备这方面的实力。从施教者的把握语音标准而言，就是“以北京语音为标准音”，它指的是以北京话的语音系统为标准，但并不是把北京话的一切读法都照搬，普通话并不等于北京话。因此，从 1956 年开始，国家语言文字工作委员会对北京土话的字音进行了多次审订，制定了普通话的标准读音。即是说，普通话的语音标准，当前应该以 1985 年公布的《普通话异读词审音表》与 2005 年出版的《现代汉语词典》作为规范。第二要拥有擅长讲普通话的把握词汇标准的能力。施教者的擅长讲普通话所需要的把握词汇标准是一种减少用词上的分歧与混乱的重要举措，因而要具备这方面的实力。从施教者的把握词汇标准来看，就是“以北方话为基础方言”，它指的是以广大北方话地区普遍通行的说法为准，同时也要从其他方言中吸取所需要的词语，不能把所有北方话的词汇都作为普通话的词汇，要有一个选择。普通话所选择的词汇，一般都是流行较广而且早就用于书面上的词语。近年来国家语言文字工作委员会组织人力编写的《现代汉语规范词典》，即是对普通话词汇作出的规范。第三要拥有擅长讲普通话的把握语法标准的能力。施教者的擅长讲普通话所需要的把握语法标准是一种使语法朝着健康方向发展的可行方略，因而要具备这方面的实力。从施教者的把握语法标准来讲，就是“以典范的现代白话文著作为语法规范”，它所说的“典范”是可供学习仿效的标准，是指具有广泛代表性、影响较大的现代白话文著作；“白话文”是指排除文言文；“现代白话文”是指排除五四以前的早期白话文；“著作”是指普通话的书面形式，它建立在口语基础之上，但又不等于一般的口头碎语，而是经过加工、提炼的书面篇章语言。

二、具备教学演讲的能力

具备教学演讲的能力，是指施教者在语文教育中所需要的对把握语旨、注意语境、用好语流等的策略既要做到意图性又要做到场合性还要做到灵活性的一种实践能力。这种能力具体表现为：第一要拥有教学演讲所需的把握语旨的能力。施教者的教学演讲中所需的把握语旨是一种基本态度与想要实施的意图，因而要具备这方面的实力。施教者在教学演讲中的语旨可以是陈述某个事实，确认某个事件，发出某个指令，提出某个请求，给予某个警告，作出某种承诺等。教学演讲中把握语旨要有目的性、针对性，应当围绕一定的主旨，紧扣表达的要点进行。如果说施教者教学演讲时东拉西扯、漫无边际、语无重心，即使发音准、用词精、没语病，也会使受教者听得不知所云，甚至产生厌烦心理，所以施教者应明确语旨行为是整个言语行为的核心。第二要拥有教学演讲所需的注意语境的能力。

施教者的教学演讲中所需的注意语境是一种前言后语所形成的动态过程，因而要具备这方面的实力。施教者在教学演讲中的语境一般包括内隐性与外显性两大类。内隐性语境涵盖交际目的、语用预设、背景知识以及交际所处的社会氛围、时代环境、文化背景等因素，外显性语境包括交际的时间、地点、场景、话题以及话语的上下文等因素。由于特定的时间、地点、场合、话题等限制作用，施教者在教学演讲时只有明确自己与对方的社会角色，才能恰当地运用话语完成交际任务，从而在不同的交际场合做好不同的角色。第三要拥有教学演讲所需的用好语流的能力。施教者的教学演讲中所需的用好语流是一种有声语言的线状结构，因而要具备这方面的实力。施教者在教学演讲中的语流应当追求丰富变化，自然圆润，衔接紧凑，跌宕起伏，流利畅通，不必着意设计音量的大小、音节的轻重、节奏的快慢、语气的舒缓，句式的长短，等等，“怎么想就怎么说”，要波浪滚滚、奔腾向前，不能磕磕碰碰、跌跌撞撞，或“浊浪排空”，或“波澜不惊”，或“慷慨陈词”，或“慢条斯理”，语音形式只要紧紧依伴着表达内容的运动轨迹，就能够相应地显示出本色而真实的“曲线美”。

三、指导受教者讲话的能力

指导受教者讲话的能力，是指施教者在语文教育中对训练受教者讲话所需要的强化复述、强化自述、强化语感等的指导既要做到忠实性又要做到通达性还要做到雅致性的一种实践能力。这种能力具体表现为：第一要拥有训练受教者强化复述的讲话能力。施教者的训练受教者强化复述的讲话是一种以言语重复识记的材料并巩固记忆的心理操作手段，因而要具备这方面的实力。施教者训练受教者讲话的强化复述既能促进他们的记忆力与理解力，又可锻炼他们的想象力与思维力。这就要求施教者应选择生动故事、成语典故、生活常识等为其主要内容，引导受教者采取再现性复述、提要性复述、详细性复述、创造性复述等方法，让他们的讲话确凿无疑，可靠无误，具有准确性；片言居要，干净利落，具有简洁性；上下连贯，层层推进，具有严密性；讲究对象，注意场合，具有得体性。第二要拥有训练受教者强化自述的讲话能力。施教者的训练受教者强化自述的讲话是一种表达自己的一件事或者某个时间段的某种特定的状态，因而要具备这方面的实力。施教者训练受教者讲话的强化自述既能培养他们思维的敏捷性与条理性，又能打造他们思维的逻辑性与深刻性。这就要求施教者应经常选择一些贴近受教者身边的话题，如信息开放的社会生活、温馨和谐的家庭生活、多姿多彩的学校生活等，让他们彼此对话、自由插话、简要评话，从而有意识地养成他们的不但有诙谐幽默的调侃而且有娓娓动情的谈吐的语言表现力。第三要拥有训练受教者强化语感的讲话能力。施教者的训练受教者强化语感的讲话是一种对语义与用法敏锐把握的心理过程，因而要具备这方面的实力。施教者训练受教者讲话的强化语感既能培养他们的感知力与领悟力，又能锻造他们的感应力与揣摩力。这就要求施教者在训练受教者强化语感的讲话时，应让他们把话讲得正确清晰，恰切无误，具有正误感；别讲过头的话，要讲得体的话，具有分寸感；能讲一脉相承的话，并注意语气的通变，具有畅达感；学会讲意味深长的话语，来表述请求与意见，具有情味感；懂得用快慢适中的语速、高低有别的语调，具有节奏感[49]。

…………

综上所述的语文教育的“语文”能力，从施教者的业务修养来说，是应该具备的一种基本能力；从教学工作来说，是施教者提高教学水平的一种必要手段；从教学方略来说，是语文学科通向“以读写训练带动听说训练”的必由之路。施教者在语文教育中不仅要具有读写听说的能力，而且也要具有对受教者“导读导写导听导说”的教学能力。前者是后者形成的基础，后者又是在前者的基础上发展起来的一种工作能力。二者有机统一，关系密切，相互促进，相辅相成，相得益彰，协调发展，都不可忽视。施教者在语文教育中只有具备了阅读、写作、聆听、讲话等“语文”能力，才能引导受教者有效地进入“人的发展和完整性建构”的全新境域[50]。

第六章　语文教育的“备课”能力

语文教育的“备课”能力是彰显“师范性”特色的重要内容，它是施教者确实保证课堂教学顺利地推进而取得最佳效果的必不可少的一种能力。这种能力的强弱，往往是施教者的教育理念、思维智慧和行为追求的具体反映。然而这个问题由于许多因素的“干扰”，长期未能得到该有的重视，这就影响了施教者在语文（语言、文章、文学）中塑造受教者达到“求真”、“向善”、“崇美”的创造性的人才和“健全的人格”的基本要求。以下仅从语文教育的驾驭教材能力、语文教育的了解对象能力、语文教育的设计教学能力和语文教育的编写教案能力等四个方面分别予以阐述：

第一节　语文教育的驾驭教材能力

语文教育的“备课”能力中的驾驭教材能力，是指施教者对语文课程纲要、语文教科书、语文教学资料等予以关注，从而使之适应语文（语言、文章、文学）塑造“求真”、“向善”、“崇美”的创造性的人才和“健全的人格”的一种实践能力。这是语文教育中“备课”能力的首要能力，因此施教者必须重视语文教育的驾驭教材能力的磨炼。施教者的语文教育的“备课”能力之一的驾驭教材能力，主要表现在把握语文课程纲要的能力、钻研语文教科书的能力、利用语文教学资料的能力等三个方面。以下依次予以展开：

一、把握语文课程纲要的能力

把握语文课程纲要的能力，是指施教者在语文教育中“备课”时领会语文课程纲要的基本特征、揣摩语文课程纲要的精神实质、解剖语文课程纲要的编排方法的一种实践能力。为此，施教者在“备课”中领会语文课程纲要的基本特征、揣摩语文课程纲要的精神实质、解剖语文课程纲要的编排方法时，不但要注重语文课程纲要的原则性，而且要注重语文课程纲要的灵活性。这种能力具体表现为：第一要拥有对语文课程纲要基本特征领会的能力。施教者在语文教育中“备课”时对语文课程纲要的基本特征的领会就是将其本质特征、一般特征等不断认识的过程，因而对语文课程纲要的基本特征务必要了如指掌。语文课程纲要的本质特征是基础性、人文性、审美性的统一，一般特征是综合性、社会性、实践性的交织。只有领会了语文课程纲要的这些基本特征，施教者才能更好地钻研语文教科书、利用语文教学资料、了解教学对象实际、设计教学进展路向、编写教学预定方案，从而真正提高自己必具的“备课”能力。第二要拥有对语文课程纲要精神实质揣摩的能力。施教者在语文教育中“备课”时对语文课程纲要的精神实质的揣摩就是将其“指导思想”、“教学目的”、“教学内容”等深入认识的过程，因而对语文课程纲要的精神实质务必要融化于心。语文课程纲要具有较强的兼容性，它既具有智育属性，又具有德育属性，还具有美育属性，而且三者又是和谐地统一的。只有揣摩了语文课程纲要的这些精神实质，施教者才能坚决克服有“课纲”不学、有“课纲”不循的随意性，从而彻底杜绝教学“离纲”、考试“超纲”等不良现象的发生。第三要拥有对语文课程纲要编排方法解剖的能力。施教者在语文教育中“备课”时对课程纲要的编排方法的解剖就是将其循环往复的知识体系与螺旋上升的能力结构等逐渐认识的过程，因而对语文课程纲要的编排方法务必要烂熟于胸。语文课程纲要所采用的是在各个教学阶段次第加深的编排方法，它善于将某种知识、某些能力做到由易到难的交替进行和互相穿插。施教者只有解剖了语文课程纲要的这种编排方法，才能在“备课”中很好地掌握“必修课程”、“选修课程”等的内在联系与深浅程度，从而循序渐进地有效实施教学。

二、钻研语文教科书的能力

钻研语文教科书的能力，是指施教者在语文教育中“备课”时整体疏通语文教科书、透彻分析语文教科书、辩证处理语文教科书的一种实践能力。为此，施教者在“备课”中整体疏通语文教科书、透彻分析语文教科书、辩证处理语文教科书时，不但要注重语文教科书的基本特性，而且要注重语文教科书的特有功用。这种能力具体表现为：第一要拥有对语文教科书整体疏通的能力。施教者在语文教育中“备课”时对语文教科书的整体疏通就是扫除障碍并使之通畅的过程，因而对语文教科书的相关内容务必要“全懂”。既要对语文教科书的类型、结构、特点等有一个较全面而系统的了解，以便高瞻远瞩、纵横自如地驾驭语文教科书；又要站在受教者的角度设身处地阅读课文（文章作品、文学作品），对其中每一个字、词、句、段以及插图、练习等，都要一丝不苟地细心阅读；还要科学地使用与语文教科书有关的教学辅导资料，对那些似是而非、似懂非懂之处，都要核实吃准。第二要拥有对语文教科书透彻分析的能力。施教者在语文教育中“备课”时对语文教科书的透彻分析就是在整体疏通语文教科书的基础上，运用有效的方式对语文教科书予以理解的过程，因而对语文教科书的相关内容务必要“烂熟”。既要透彻分析语文教科书的知识结构，即知识之间不但存在相互区别的关系，而且还存在相互联系的关系；又要透彻分析语文教科书的科学方法，比如分类比较的方法、综合分析的方法、演绎归纳的方法，等等；还要透彻分析语文教科书的特殊意义，也就是要精心优化其中的真善美信息，从而正确认识与恰当敲定可读性与可教性的关系。第三要拥有对语文教科书辩证处理的能力。施教者在语文教育中“备课”时对语文教科书的辨证处理就是一种不仅能钻进去也能跳出来的艺术创造过程，因而对语文教科书的相关内容务必要“消化”。既要权衡语文教科书的轻重，也就是对于语文教科书的重点内容，则要增补材料，详尽分析，或变换方法，烘托渲染，而对于语文教科书的非重点内容，则可以略讲或不讲，由受教者自学求得解决；又要琢磨语文教科书的难易，也就是把语文教科书的知识结构改造成为适应某一年龄阶段的受教者所能接受与理解的形式，力求使知识结构的逻辑顺序与受教者认知结构的发展顺序有机统一。

三、利用语文教学资料的能力

利用语文教学资料的能力，是指施教者在语文教育中“备课”时巧用语文教学辅导资料、活用语文教学教具资料、慎用语文教学音像资料的一种实践能力。为此，施教者在“备课”中巧用语文教学辅导资料、活用语文教学教具资料、慎用语文教学音像资料时，不但要注重语文教学资料的广泛阅览，而且要注重语文教学资料的抉择吸取。这种能力具体表现为：第一要拥有对语文教学辅导资料巧用的能力。施教者在教育中“备课”时对语文教学辅导资料的巧用就是将语文教学指导资料、语文教学参考资料、语文教学工具资料等不断认识的过程，因而对语文教学辅导资料要很好地利用。巧用语文教学辅导资料既要对根据语文课程纲要编写的用以钻研语文教科书时解决实际困难的语文教学指导资料予以利用，又要对用以配合语文教学内容而拓展知识领域的语文教学参考资料的利用，还要对适应语文教学需要而必备的字典、词典、年鉴、书目、索引、类书等语文教学工具资料的利用。第二要拥有对语文教学教具资料活用的能力。施教者在语文教育中“备课”时对语文教学教具资料的活用就是将平面型的教具资料与立体型的教具资料不断认识的过程，因而对语文教学教具资料要很好地利用。活用语文教学教具资料既要注意对帮助受教者深化所学知识的卡片、图表、图画、地图、照片等显示语文教学内容的平面型的教具资料予以利用，又要注意对帮助受教者强化所学知识的模型、标本、模像、实物、挂图等配合语文教学内容的立体型的教具资料予以利用。第三要拥有对语文教学音像资料慎用的能力。施教者在语文教育中“备课”时对语文教学音像资料的慎用就是将视觉型的音像资料、听觉型的音像资料、视听型的音像资料不断认识的过程，因而对语文教学音像资料要很好地利用。慎用语文教学音像资料既要对帮助受教者内化所学知识的幻灯演示、投影放映等视觉型的音像资料予以利用，又要对帮助受教者实化所学知识的录音讲读、广播播放等听觉型的音像资料予以利用，还要对帮助受教者优化所学知识的录像磁带、电教影片等视听型的音像资料予以利用。

第二节 语文教育的了解对象能力

语文教育的“备课”能力中的了解对象能力，是指施教者对受教者的学习基础、知识水平、成长环境等予以关注，从而使之适应语文（语言、文章、文学）塑造“求真”、“向善”、“崇美”的创造性的人才和“健全的人格”的一种实践能力。这是语文教育中“备课”能力的主要能力，因此施教者必须重视语文教育的了解对象能力的磨炼。施教者的语文教育的“备课”能力之一的了解对象能力，主要表现在知晓对象学习基础的能力、明了对象知识水平的能力、弄清对象成长环境的能力等三个方面。以下依次予以展开：

一、知晓对象学习基础的能力

知晓对象学习基础的能力，是指施教者在语文教育中“备课”时了解对象的兴趣爱好、性格差异、智力品质的一种实践能力。为此，施教者在“备课”中了解对象的兴趣爱好、性格差异、智力品质时，不但要注重对象学习基础的起点状态，而且要注重对象学习基础的潜在状态。这种能力具体表现为：第一要拥有对受教者的兴趣爱好知晓的能力。施教者在语文教育中“备课”时对受教者的兴趣爱好的知晓就是将其能力、特长等予以有意识地引导的过程，以利于对其进行具体性的培养。施教者既要对受教者的喜欢朗读、擅长写作、乐于聆听、惯于演讲的情形予以了解，又要对受教者的陶醉于日常语言、科学语言、艺术语言的情形予以了解，还要对受教者的钟情于普通文章作品、专业文章作品、变体文章作品的情形予以了解，更要对受教者的热衷于诗歌作品、散文作品、小说作品、戏剧作品的情形予以了解。第二要拥有对受教者的性格差异知晓的能力。施教者在语文教育中“备课”时对受教者的性格差异的知晓就是将其缺陷、不足等予以敏锐地发现的过程，以利于对其进行相对性的培养。施教者既要对受教者的浮光掠影、只博不专、贪多求快、不求甚解的情形予以了解，又要对受教者的知识面窄、只专不博、贪小求慢、浅尝辄止的情形予以了解，还要对受教者的漫不经心、态度轻率、敷衍了事、得过且过的情形予以了解，更要对受教者的困惑悲观、不能自拔、畏葸不前、半途而废的情形予以了解。第三要拥有对受教者的智力品质知晓的能力。施教者在语文教育中“备课”时对受教者的智力品质的知晓就是将其迟缓、低下等予以有效地认识的过程，以利于对其进行条件性的培养。施教者既要对受教者的自然观察、实验观察、艺术观察等观察力予以了解，又要对受教者的遗传记忆、免疫记忆、神经记忆等记忆力予以了解，还要对受教者的再造想象、创造想象、审美想象、科学想象等想象力予以了解，更要对受教者的直觉思维、灵感思维、聚合思维、发散思维等思维力予以了解。

二、明了对象知识水平的能力

明了对象知识水平的能力，是指施教者在语文教育中“备课”时了解对象的陈述性知识、程序性知识、策略性知识的一种实践能力。为此，施教者在“备课”中了解对象的陈述性知识、程序性知识、策略性知识时，不但要注重对象知识水平的含量多寡，而且要注重对象知识水平的高低深浅。这种能力具体表现为：第一要拥有对受教者的陈述性知识明了的能力。施教者在语文教育中“备课”时对受教者的陈述性知识的了解就是将其具备有意识的提取线索予以认识的过程，它是能够直接加以回忆和表述的知识。陈述性知识也叫描述性知识，或者说是关于事物及其关系的知识。这类知识主要用来回答事物“是什么”的问题，它以命题及其命题网络来呈现，用以说明事物的性质、特征和状态等，用于区分或辨别事实、规则、事件、态度等。陈述性知识是一种静态的知识，它的激活速度比较慢，是输入或输出信息的“再现”，是施教者引导受教者对有关信息而进行的再度体认。第二要拥有对受教者的程序性知识明了的能力。施教者在语文教育中“备课”时对受教者的程序性知识的了解就是将其缺乏有意识的提取线索予以认识的过程，它是只能借助于某种作业形式间接推论其存在的知识。程序性知识也叫操作性知识，或者说是完成任务的有关行为的知识。这类知识主要用来回答“怎么做”的问题，它以条件与动作的联结来呈现，是为了某项活动而采取的具体运作方式，由知识表征和知识提取而共同促成。程序性知识是一种动态的知识，它的激活速度比较快，是输入或输出信息的“处理”，是施教者引导受教者的关于信息变形的活动。第三要拥有对受教者的策略性知识明了的能力。施教者在语文教育中“备课”时对受教者的策略性知识的了解就是将其学习方法、学习调控和反省认知等予以认识的过程，它是关于如何学习、如何记忆、如何思索的知识。策略性知识也叫控制性知识，或者说是用以支配心智加工的知识。这类知识主要用来回答“如何思维”的问题，它以陈述性知识与程序性知识来呈现，是对学习目标的确定、学习阶段的调节、学习障碍的克服等的监控。策略性知识是一种静态与动态结合的知识，它的激活速度快慢适宜，是输入或输出信息的“集结”，是施教者引导受教者对相关信息的灵活运用。

三、弄清对象成长环境的能力

弄清对象成长环境的能力，是指施教者在语文教育中“备课”时了解对象的生活背景、文化状况、人际关系的一种实践能力。为此，施教者在“备课”中了解对象的生活背景、文化状况、人际关系时，不但要注重对象成长环境的外部因素，而且要注重对象成长环境的内部因素。这种能力具体表现为：第一要拥有对受教者的生活背景弄清的能力。施教者在语文教育中“备课”时对受教者的生活背景的弄清是一个特别需要的过程，因而要采用集体了解与个体了解相结合的方法，全力收集和获取他们的相关信息，并对这些信息进行加工，进而从实际出发对他们加以因材施教。施教者既要对受教者的住所方位有所了解，又要对受教者的户籍来源有所了解，还要对受教者的社会地位有所了解，更要对受教者的经济收入有所了解，从而对受教者做出准确的“学情”估计，以便于对他们有的放矢地进行教育。第二要拥有对受教者的文化状况弄清的能力。施教者在语文教育中“备课”时对受教者的文化状况的弄清也是一个特别需要的过程，因而要采用一般了解与特殊了解相结合的方法，用力收集和获取他们的相关信息，并对这些信息进行综合，进而从实际出发对他们给予因材施教。施教者既要对受教者的家庭藏书有所了解，又要对受教者的祖辈学养有所了解，还要对受教者的宗教信仰有所了解，更要对受教者的父母学历有所了解，从而确定受教者的“最近发展区”，以便于对他们有针对性地进行教育。第三要拥有对受教者的人际关系弄清的能力。施教者在语文教育中“备课”时对受教者的人际关系的弄清更是一个特别需要的过程，因而要采用全面了解与重点了解相结合的方法，着力收集和获取他们的相关信息，并对这些信息进行处理，进而从实际出发对他们予以因材施教。施教者既要对受教者的遗传因素有所了解，又要对受教者的隔代教养有所了解，还要对受教者的左邻右舍有所了解，更要对受教者的同窗好友有所了解，从而把握受教者的“现有发展水平”，以便于对他们有目的性地进行教育。

第三节　语文教育的设计教学能力

语文教育的“备课”能力中的设计教学能力，是指施教者对语文教学目标、语文教学要点、语文教学策略等予以关注，从而使之适应语文（语言、文章、文学）塑造“求真”、“向善”、“崇美”的创造性的人才和“健全的人格”的一种实践能力。这是语文教育中“备课”能力的紧要能力，因此施教者必须重视语文教育的设计教学能力的磨炼。施教者的语文教育的“备课”能力之一的设计教学能力，主要表现在确定语文教学目标的能力、抓住语文教学要点的能力、讲究语文教学策略的能力等三个方面。以下依次予以展开：

一、确定语文教学目标的能力

确定语文教学目标的能力，是指施教者在语文教育中“备课”时追寻智育目标、德育目标、美育目标的一种实践能力。为此，施教者在“备课”中追寻智育目标、德育目标、美育目标时，不但要注重语文教学目标的实施方向，而且要注重语文教学目标的达到结果。这种能力具体表现为：第一要拥有对智育目标追寻的能力。施教者在语文教育中“备课”时的追寻智育目标是一个将知识传授目标、能力训练目标、智力开发目标等要素予以综合考虑的过程，因而务必要特别关注这一智育目标的确定。追寻智育目标既要对语言知识、文章知识、文学知识等知识传授目标予以确定，又要对文章读写能力、文学读写能力、口语交际能力等能力训练目标予以确定，还要对观察力、记忆力、想象力、思维力等智力开发目标予以确定，其意义在具有知识化、数字化、信息化、网络化、系统集成化和时空一体化的社会中显得异常重要。第二要拥有对德育目标追寻的能力。施教者在语文教育中“备课”时的追寻德育目标是一个将思想净化目标、情操陶冶目标、德性涵养目标等要素予以综合考虑的过程，因而务必要特别关注这一德育目标的确定。追寻德育目标既要对观点见解、主张立场、看法意见等思想净化目标予以确定，又要对情感意向、趣味爱好、操守气节等情操陶冶目标予以确定，还要对性格倾向、意志品质、行为坚守等德性涵养目标予以确定，其意义在践行“富强、民主、文明、和谐、自由、平等、公正、法治、爱国、敬业、诚信、友善”的社会主义核心价值观中显得十分重要。第三要拥有对美育目标追寻的能力。施教者在语文教育中“备课”时的追寻美育目标是一个将审美意识增强目标、审美因素领略目标、审美能力提升目标等要素予以综合考虑的过程，因而务必要特别关注这一美育目标予以确定。追寻美育目标既要对审美观念、审美心理、审美态度等审美意识增强目标予以确定，又要对审美形态、审美范畴、审美形式等审美因素领略目标予以确定，还要对审美感受、审美鉴赏、审美创造等审美能力提升目标予以确定，其意义在构建自然美、社会美、艺术美、科学美的“美丽中国”中显得特别重要。

二、抓住语文教学要点的能力

抓住语文教学要点的能力，是指施教者在语文教育中“备课”时善于攻克教学重点、勇于突破教学难点、巧于消除教学疑点的一种实践能力。为此，施教者在“备课”中善于攻克教学重点、勇于突破教学难点、巧于消除教学疑点时，不但要注重教学要点的合理预设，而且要注重教学要点的有效生成。这种能力具体表现为：第一要拥有对教学重点善于攻克的能力。施教者在语文教育中“备课”时的善于攻克教学重点就是一个将静态教学重点、动态教学重点等要素予以综合考虑的过程，因而要不惜重炮猛轰，加以解决。善于攻克教学重点既要对语文课程纲要所规定的知识体系予以考虑，又要对语文教科书所关涉的相关能力予以考虑，还要对需要传授的知识与受教者的实际（生活阅历、经验、知识面等）相脱节的内容予以考虑，从而将教学前进中遇上的“堡垒”进行有效攻克。第二要拥有对教学难点勇于突破的能力。施教者在语文教育中“备课”时的勇于突破教学难点就是一个将静态教学难点、动态教学难点等要素予以综合考虑的过程，因而要不惜浓墨重彩，加以渲染。勇于突破教学难点既要对受教者在接受过程中不容易理解的知识予以考虑，又要对受教者在学习过程中不容易掌握的技能技巧予以考虑，还要对受教者在应用过程中的实际水平予以考虑，从而将教学航程中碰到的“暗礁”进行有效突破。第三要拥有对教学疑点巧于消除的能力。施教者在语文教育中“备课”时的巧于消除教学疑点就是一个将静态教学疑点、动态教学疑点等要素予以综合考虑的过程，因而要打破砂锅问到底，不断探索。巧于消除教学疑点既要对教科书本身尚未理解或尚未完全消化所引起疑问予以考虑，又要对教科书本身已经理解的基础上所产生或生成的新疑问予以考虑，还要对受教者在接受教科书本身的过程中所生发的创建性疑问予以考虑，从而将教学行进中遭遇的“险滩”进行有效消除。

三、讲究语文教学策略的能力

讲究语文教学策略的能力，是指施教者在语文教育中“备课”时选择合理教学形式、采用具体教学方法、拟定可行教学程序的一种实践能力。为此，施教者在“备课”中选择合理教学形式、采用具体教学方法、拟定可行教学程序时，不但要注重语文教学策略的科学规划，而且要注重语文教学策略的贯彻落实。这种能力具体表现为：第一要拥有对合理教学形式选择的能力。施教者在语文教育中“备课”时的选择合理教学形式就是一个根据课程目标、教材内容、教学要求、受教者水平等而将“课前预习—课内互动—课后训练”等要素予以综合考虑的过程，因而应需要特别讲究这一合理教学形式的选择。选择这一合理教学形式既要施教者对预习时间、预习内容、预习方式等“课前预习”予以选择，又要施教者对自主学习、合作探究、问题点拨等“课内互动”予以选择，还要施教者对数量限度、时间跨度、难易程度等“课后训练”予以选择。第二要拥有对具体教学方法采用的能力。施教者在语文教育中“备课”时的采用具体教学方法就是一个将施教者的施教方法和受教者的接受方法等要素予以综合考虑的过程，因而应需要特别讲究这一具体教学方法的采用。采用这一具体教学方法既要施教者根据教学目标选择教学方法，看哪些方法最适宜于引导受教者完成教学任务；又要施教者根据受教者的学习实际选择教学方法，看哪些方法最能唤起他们的主动思维和探求新知；还要施教者根据教学内容的特点、自己本身的条件和教学环境的设施等，看哪些方法最能培养受教者的思考能力和创造能力。第三要拥有对可行教学程序拟定的能力。施教者在语文教育中“备课”时的拟定可行教学程序就是一个将引发探究欲望、营造探究氛围、开展探究活动等要素予以综合考虑的过程，因而应需要特别讲究这一可行教学程序的拟定。拟定这一可行教学程序务必要有创新的意识和智慧，并切实从理清教学思路上花大力气；它由一个个节奏鲜明的环节组成，环节之间衔接紧密、步骤清楚、前后连贯、波澜起伏、读写听说相间、一张一弛有度、步步紧扣教学思路，使“教”的思路与“学”的思路做到和谐统一，从而真正为实现教学的应然目标服务。

第四节 语文教育的编写教案能力

语文教育的“备课”能力中的编写教案能力，是指施教者对编写教案内容、编写教案形式、编写教案要求等予以关注，从而使之适应语文（语言、文章、文学）塑造“求真”、

“向善”、“崇美”的创造性的人才和“健全的人格”的一种实践能力。这是语文教育中“备课”能力的重要能力，因此施教者必须重视语文教育的编写教案能力的磨炼。施教者的语文教育的“备课”能力之一的编写教案能力，主要表现在明确编写教案内容的能力、熟悉编写教案形式的能力、规限编写教案要求的能力等三个方面。以下依次予以展开：

一、明确编写教案内容的能力

明确编写教案内容的能力，是指施教者在语文教育中“备课”时对所涉及的课题计划、课时计划、教学后记等予以重点考虑的一种实践能力。为此，施教者在“备课”中对所涉及的课题计划、课时计划、教学后记等予以重点考虑时，不但要注重编写教案内容的考察，而且要注重编写教案内容的组织。这种能力具体表现为：第一要拥有编写教案所需的课题计划的能力。施教者在语文教育中“备课”时所需的课题计划是指一篇课文或一个单元的总计划，由教学目标和教学设想构成。教学目标包括语文智育要项、语文德育要项、语文美育要项等三个方面。教学设想包括教学的重点和难点、教学的基本类型（讲读课、导读课、吟诵课、讨论课、练习课等）、教学的大致结构（递进式、波浪式、螺旋式、辐射式、聚合式等）、主要的教学方法、课时的安排、采用的媒体等方面。除此，课题计划要标明课题名称、教学日期、授课班次等字样。上述各项内容，随人而变，因文而异。第二要拥有编写教案所需的课时计划的能力。施教者在语文教育中“备课”时所需的课时计划是指分课时教学的计划，包括第×课时、教学要项、教学内容和步骤等。第×课时是指整个课题教学计划中的第几课时。教学要项是课文教学目标的具体化，概括指明本课时的教学重点和主要做法。教学内容和步骤是教案的主体部分，如怎样指导预习、怎样导入新课、怎样巧妙入境、怎样提出问题、怎样掀起高潮、怎样艺术结尾，如何启发思维、如何安排讨论、如何运用媒体、如何规划板书、如何复习巩固、如何布置练习，以及各环节所需时间，等等。第三要拥有编写教案所需的教学后记的能力。施教者在语文教育中“备课”时所需的教学后记是指教学感受或教学回顾，是教案实施中的经验、教训和自我体会等情况的小结，即教学的精彩片段、教学的失误之处、教学的反馈信息、教学的疑难问题等等。这既是教学设计的延续发展，也是教学心得的概括记录，有助于加深对语文课程的领会、语文教材的理解和语文教学的改革，是促进自己的教学水平、教学能力提高的有效途径，可资以后教学的查考借鉴，可以在每课时都写，也可以在全课教完之后写，还可以在整个单元教完之后写。

二、熟悉编写教案形式的能力

熟悉编写教案形式的能力，是指施教者在语文教育中“备课”时对所涉及的文字表述式、表格一览式、活页卡片式等予以重点考虑的一种实践能力。为此，施教者在“备课”中对所涉及的文字表述式、表格一览式、活页卡片式等予以重点考虑时，不但要注重编写教案形式的价值，而且要注重编写教案形式的意义。这种能力具体表现为：第一要拥有编写教案所需的文字表述式的能力。施教者在语文教育中“备课”时所需的文字表述式包括讲稿式的详案和纲要式的简案的编写。讲稿式的详案，虽然比较费时费事，但有助于施教者熟练掌握教学进程、巧妙组织教学内容，有助于施教者准确讲解、适时提问、规范板书、巧妙点拨、简约小结，以不断提高教学效率。纲要式的简案，有利于施教者节省书写时间以熟悉教材、研究对象、安排教程、考虑教法、选用媒体，也有利于施教者在课堂教学中的临场发挥、随机应变，从而有效提高教学水平。第二要拥有编写教案所需的表格一览式的能力。施教者在语文教育中“备课”时所需的表格一览式是指按一个或几个课时的教学内容，编写一张“教案一览表”。“教案一览表”言简意赅，可以节省出大量的书写时间用于钻研教材，也便于施教者熟记于心，以免产生不应有的教学失误。同时，它也有助于施教者在教学过程中将主要精力集中于观察、研究受教者，并依据教学反馈信息来调控自己的教学。“表格一览式”教案的形式多种多样，其编写的总要求是：简明扼要，力戒拖泥带水；纵横联系，力戒顾此失彼；富有特色，力戒千篇一律。第三要拥有编写教案所需的活页卡片式的能力。施教者在语文教育中“备课”时所需的活页卡片式是指将教学容易忘记的内容等分别写在活页卡片上，并按教学程序编号排列，成为一种活动式教案。“活页卡片式”既可以像文字表述式教案那样详细，又可以如表格一览式教案那样简洁。在教学时，施教者将写有“教学要项”或“教学程序”的活页卡片放在一边，作为教学的行动纲领；对于编写有其他内容的活页卡片，在必要时自然地浏览一下即可。“活页卡片式”教案，形式灵活，方便教学，有利于施教者经常修改、补充，从而不断改进教学。

三、规限编写教案要求的能力

规限编写教案要求的能力，是指施教者在语文教育中“备课”时对所涉及的讲究科学性、强调独特性、突出实用性等予以重点考虑的一种实践能力。为此，施教者在“备课”中对所涉及的讲究科学性、强调独特性、突出实用性等予以重点考虑时，不但要注重编写教案要求的约束，而且要注重编写教案要求的节制。这种能力具体表现为：第一要拥有编写教案所需的讲究科学性的能力。施教者在语文教育中“备课”时所需的讲究科学性就是要认真贯彻语文课程纲要的核心精神，按照语文教科书的内在逻辑，结合受教者的身心实际来确定教学目标、把握重点难点、安排教学过程等，有利于准确地传授知识、培养能力、开发智力、立德审美、打造个性。那种远离语文课程纲要的基本规范，脱离语文教科书的完整性、专业性、系统性，随心所欲地另搞一套的编写教案的做法是不可取的。一个优质教案的编写一定要正确地反映语文教育与诸多因素相互联系的规律，务必要讲究科学性。第二要拥有编写教案所需的强调独特性的能力。施教者在语文教育中“备课”时所需的强调独特性就是从自身的特长、生活的阅历和知识的结构出发，根据自己对语文课程纲要的理解、对语文教科书的感悟、对受教者的了解来巧妙构思，精心安排，从而编写出独具特色的教案，以期使教案编写真正体现出自己的个性和风格，有利于培养时代急切需要的有用人才。那些基本上从教学参考书或备课手册上抄写下来的既平淡无奇又极不鲜活的教案纯属无用功，既劳民又伤财。一个优质教案的编写一定要鲜明地凸显语文课程纲要的全新理念，务必要强调独特性。第三要拥有编写教案所需的突出实用性的能力。施教者在语文教育中“备课”时所需的突出实用性就是要充分考虑受教者的个性差异与学习需求以及自身的教学特点而科学地制订好教学内容，尤其是语文教科书中的那些比较复杂的内容。因而在编写教案时既要安排充实的内容，又要恰如其分地进行取舍；特别是要做到重点攻破，难点分散，疑点排除。那些不考虑所编写教案的可行性与可操作性的主观随意而粗制滥造、笼统抽象而大而化之的行为实属一种“耍花枪”。一个优质教案的编写一定要真实地反映语文教育对象——受教者的实际，务必要突出实用性。

…………

综上所述的语文教育的“备课”能力，就是施教者运用系统的方法对“人”的因素和“物”的因素进行具体计划，因而必须长期坚持，全力以赴，在打磨“备课”能力上下苦功夫。施教者在语文教育的“备课”中只有很好地拥有了把握语文课程纲要和钻研语文教科书及利用语文教学资料等驾驭教材能力、知晓对象学习基础和明了对象知识水平及弄清对象成长环境等了解对象能力、确定语文教学目标和抓住语文教学要点及讲究语文教学策略等设计教学能力、明确编写教案内容和熟悉编写教案形式及规限编写教案要求等编写教案能力，才能引导受教者有效地进入“人的发展和完整性建构”的全新境域[51]。

第七章 语文教育的“施教”能力

语文教育的“施教”能力是彰显“师范性”特色的重要内容，它是施教者引导受教者遵循既定的教学计划而组织、表达、调控语文教学活动的一种实践能力。这种能力是施教者教学水平的主要标志，往往决定教学方案的执行，教学目标的达成，教学效果的优劣。然而这个问题由于诸多因素的“制约”，一直未能得到该有的重视，这就影响了施教者在语文（语言、文章、文学）中塑造受教者达到“求真”、“向善”、“崇美”的创造性的人才和“健全的人格”的基本要求。以下仅从语文教育的善于组织能力、语文教育的乐于表达能力和语文教育的巧于调控能力等三个方面分别予以阐述：

第一节 语文教育的善于组织能力

语文教育的“施教”能力中的善于组织能力，是指施教者在课内与课外的教学活动中引导受教者将语文（语言、文章、文学）的智育、德育、美育等关系达到和谐一致的一种教学实践能力。它事关教学任务的落实、教学质量的评估，在培养高素质的人才中具有举足轻重的地位。施教者具备了这种能力，就能较好地保证教学过程的顺利进行，并真正使语文教育的效率得到明显提高。施教者的语文教育的“施教”能力中的善于组织能力大致可分为语文课堂教学的组织能力与语文课外活动的组织能力等两个方面。以下依次予以展开：

一、语文课堂教学的组织能力

语文课堂教学的组织能力，是指施教者在语文（语言、文章、文学）中引导受教者将教学任务、教学环节、教学进度等有机地联系起来，并灵活、恰当地运用各种教学技巧，从而使课堂形成和谐的“教学共振”的能力。为此，施教者要仔细观察受教者在课堂教学中的各种反应，并运用无意注意与有意注意相互转换或交替的规律，切实处理好各种矛盾。这种能力具体表现为：第一要拥有控制语文课堂教学目标的能力。施教者在语文教育中的围绕目标组织课堂教学，是提高教学质量的有效途径。一个单元、一篇课文或一个课时的教学目标，对课堂教学的内容进程起着定向、定量、定度和定序的作用。因而施教者要把教学目标展示给受教者，使他们的注意力始终集中到教学目标上来，以避免漫无目的或节外生枝等偏离教学方向的现象。对语文（语言、文章、文学）中智育与德育及美育的量次、速度、难度、强度等均应以达到目标的程度为准进行合理控制，防止过于集中。考虑教学目标的操作性、层次性和可检测性，要求施教者在组织课堂教学时，必须把教学目标作为教学过程的起点和终点，坚持以智育的“真”、德育的“善”、美育的“美”为主线，按达标的序列进行，最后用目标来检测并及时补救。这样以教学目标为突破口，使施教者步步为达标而教，受教者步步为达标而学，既发挥目标的“导教”作用，又发挥目标的“导学”作用。第二要拥有把握语文课堂教学节奏的能力。施教者在语文教育中的把握课堂教学节奏，是影响教学效益的关键性因素，具有合规律性、合目的性、合感受性的功效。它主要体现在教学速度的行进要快慢得宜、教学信息的传递要疏密相间、教学环节的组织要跌宕有致、教学语言的运用要抑扬挫顿上。施教者必须从教学的内容与目的出发，根据受教者的生理特征、心理特点、兴奋状态，进行灵活而恰当的把握，使教学凸显出十分强烈且异常和谐的律动美，从而让他们在张弛有度的教学节奏中能够入心入脑。因而施教者必须把握好课堂教学的节奏，从根本上调动受教者学习的积极性，发挥受教者学习的能动性，激励受教者学习的创造性，以期实现课堂教学的高效率。这就要求施教者在教学实践中一定要加强总结和反思，不断提高业务水平，并力求使课堂教学的节奏由始至终地启发受教者的多向思维，牵动受教者的有意注意，维系受教者的高涨热情，从而愉快而轻松地完成课堂教学任务。第三要拥有营造语文课堂教学氛围的能力。施教者在语文教育中的营造教学氛围，是由弥漫于课堂这一特定环境的情调、气氛等因素所构成的系统，它们之间互为因果，相互关联，因而要协同配合，和谐发展。施教者要使课堂教学变得高效，就应全力营造良好的课堂氛围，也就是既要给受教者营造持有生存尊严的氛围，又要给受教者营造洋溢生命活力的氛围，还要给受教者营造乐于自我管理的氛围，更要给受教者营造享有归属感的氛围。在这种和谐的课堂氛围中，施教者还要创设美好而快乐的学习情境，激发受教者高昂的学习情绪，始终让他们的思维处于主动积极的状态，这样必定会提高课堂教学的实效。这就要求施教者应根据自身的修养爱好和具体的教学条件，精心设计教学程序，不断改进教学方法，善于发挥教育机智，创造出富有个性特色的教学氛围或学习情境，让受教者在语文（语言、文章、文学）中不但“求真”而且“向善”还能“崇美”，从而达到最优化的教学效果。

二、语文课外活动的组织能力

语文课外活动的组织能力，是指施教者在语文（语言、文章、文学）中有目的、有计划地引导受教者所进行的开智、立德、审美等活动的综合能力。它是语文课堂教学的补充和延伸，既包括组织校内的课外语文（语言、文章、文学）活动的能力，又包括组织家庭的语文（语言、文章、文学）活动的能力，还包括组织社会的语文（语言、文章、文学）活动的能力。这种能力要求施教者切实做到：第一要拥有确立语文课外活动地位的能力。施教者在语文教育中的确立课外活动地位，是全面发展教育的重要组成部分。随着人类文明的不断进步与科学技术的快速发展，导致物质生活和精神生活越来越丰富多样，继而使整个社会也发生了日新月异的变化。在这样的特殊背景下，施教者必须把握时代的活性脉搏，紧跟时代的前进步伐，在语文教育中大力开展课外活动，以期使受教者的语文（语言、文章、文学）学习从课内的有限时空向课外的深广时空延伸，形成课内外结合的、开放的、富有弹性的体系，为语文教育早日走出“少”、“慢”、“差”、“费”的低谷，从而将他们培养成为社会迫切需要的既能“求真”又能“向善”还能“崇美”的新一代开辟出一片蔚蓝的天空。因此，施教者务必要把受教者的课外活动列入语文教育的整体中加以通盘安排，并使它与课堂教学有机联系，有机结合，相互渗透，相互促进，辩证统一。除此，施教者在组织课外活动时还要培养受教者的良好的兴趣、爱好和特长，塑造他们的健康的个性、品质和心灵，最大限度地发掘他们的各种潜力，真正确立他们在课外活动中的主体地位。第二要拥有抓住语文课外活动特点的能力。施教者在语文教育中的抓住课外活动特点，其重心为：一是自主性强。课外活动的自主性强要求受教者积极地参与投入，因而施教者应将有关的课外活动计划与内容有机地整合到语文教育之中，切实打破“两个课堂”之间的严格界限，逐渐增强课堂教学对课外活动的指导与辐射功能，从而使课外活动成为课堂教学的进一步深化和拓展的一个有机组成部分。二是渗透性强。课外活动的渗透性强要求受教者不断地去探求知识，因而施教者既要引导受教者将语文学科相关的社会科学知识予以涉猎，又要引导受教者将语文学科相关的自然科学知识予以涉猎，还要引导受教者将语文学科相关的思维科学知识予以涉猎，从而让课外活动更好地对学科知识进行综合运用。三是活动性强。课外活动的活动性强要求受教者不断地刻苦钻研，因而施教者应有意识地充分培养受教者的手脑并用的特殊本领，让他们的知识、智能、立德、审美等素质在课外活动中得到提高，从而真正实现他们在语文（语言、文章、文学）中既获得“真”的启迪又获得“善”的感悟还获得“美”的陶冶的发展水平的目的。第三要拥有注重语文课外活动形式的能力。施教者在语文教育中的注重课外活动形式，其重点为：一是组织好阅读活动课，实现课内向课外的合理辐射。施教者应有计划地组织阅读活动课，抓住有利时机，向受教者推荐中外名著、童话寓言、科普文章、报纸杂志中合适的读物，引导他们“择真而读”、“择善而读”、“择美而读”，指导他们把课堂内学到的阅读方法运用到课外阅读中去，从而训练他们的“举一反三”、“学而致用”的能力。二是组织好听说活动课，提高口头语言的运用能力。施教者在组织听说活动课时要做好充分准备，精心选好贴近受教者的生活并让他们有话可说的主题，且采用读书交流课、分组讨论课、朋友谈心课、专题辩论课等多种方式，力求把听、说与思、评等有机地结合起来，从而训练他们的运用语言表情达意的能力。三是组织好习作活动课，提高书面语言的运用能力。施教者在组织习作活动课时，可以通过引导受教者观察自然、体验生活、认识社会等来激励他们学会广积素材；可以通过创设各种情境、刺激受教者的好奇心等来诱发他们的习作兴趣；可以通过习作方法的指导，焕发受教者的习作活力，从而提高他们的书面语言的运用能力。

以上阐述的施教者在语文教育的“施教”能力中的控制语文课堂教学的目标、把握语文课堂教学的节奏、营造语文课堂教学的氛围等语文课堂教学的组织能力和确立语文课外活动的地位、抓住语文课外活动的特点、注重语文课外活动的形式等语文课外活动的组织能力是其观察的敏锐性、全面性和思维的灵活性、创造性以及意志的坚决性、果断性的独特结合和特殊呈现，它既是施教者在教学时应具备的技巧，又是施教者的学识与经验融合的升华，更是施教者的良好师德和涵养的结晶。一句话，它是体现一个施教者的教学能力高低优劣的重要标志，因而施教者一定要努力加强这方面的修养。

第二节　语文教育的乐于表达能力

语文教育的“施教”能力中的乐于表达能力，是指施教者在语文（语言、文章、文学）中借助有声语言、无声语言向受教者传授知识、指导训练、启迪智慧、陶冶性情的一种教学实践能力。它是施教者最主要的基本功，因而显得特别重要。苏霍姆林斯基认为：“教师的言语素养在极大的程度上决定着学生在课堂上的脑力劳动的利用效率。”[52]所以，每一位施教者应坚持不懈地进行语言的艰苦磨炼。施教者的语文教育的“施教”能力中的乐于表达能力一般涵盖有声语言的表达能力与无声语言的表达能力等两个方面。以下依次予以展开：

一、有声语言的表达能力

有声语言的表达能力，是指施教者在语文教育中的诉诸听觉的范读（包括吟读、朗读、朗诵和背诵）、演讲（包括课内与课外的背诵演讲、脱稿演讲、即席演讲和学术演讲）、复述（包括详细复述、简要复述和创造复述）、问答（包括提问、反问、追问、曲问和答辩）、评论（包括评是论非、说长道短和比高较低）、谈话（包括对话、会话和独白）等与受教者用思想、精神交流的教学能力。这种能力是教学语言的主体和核心，要符合示范性、灵活性、启发性和感染性等要求。其具体表现为：第一要拥有有声语言的符合示范性要求的能力。施教者在语文教育中作为受教者运用语言的表率者，加之对推广普通话又有义不容辞的职责，所以，必须在一切教学场合说普通话，不仅会用普通话范读，而且会用普通话讲课，还会用普通话与受教者交谈、讨论，处处给他们做出示范。施教者的教学语言应该是规范化的语言：一要准确，能正确表情达意，做到发音标准、遣词规范、用语精当，避免语法、修辞、逻辑的错误；二要明白，长于把复杂的东西讲得简单，把抽象的东西讲得具体，把难懂的东西讲得通俗；三要纯洁，不允许羼入方言土语，不能结巴，不能拖泥带水，不能夹口头禅，不能带语言杂质和污秽，更不能使用“哇噻”、“OK”之类的词语。一句话，施教者在语文教育中的有声语言要体现出相当重要的示范性。第二要拥有有声语言的符合灵活性要求的能力。施教者在语文教育中作为受教者知识的传授者，其教学语言的对象感是很强的，因此要受到他们的不同年龄特征和个别差异以及教学内容的制约，这就需要施教者的教学语言恰当地选用不同的得体形式：时而用细致入微的叙述式语言，给受教者以栩栩如生之感；时而用简洁朴实的说明式语言，给受教者以条理清晰之感；时而用条分缕析的论证式语言，给受教者以鞭辟入里之感；时而用摹态传神的描述式语言，给受教者以绘声绘色之感；时而用浓烈意味的抒情式语言，给受教者以情真意切之感。正如抚琴瑟琵琶的肆中商女弹奏技巧一样，变化万端而各臻其至妙，从而使整体语言有起承转合、声情并茂、波澜起伏的效果。一句话，施教者在语文教育中的有声语言要体现出极其充分的灵活性。第三要拥有有声语言的符合启发性要求的能力。施教者在语文教育中作为受教者智力的开发者，其教学语言应是促进他们开启智慧闸门的钥匙。这种语言能调动他们的积极思维，激发他们的学习活力，造就他们的进取精神，等等。这种语言不在全盘授予，而在相机诱导。如激发兴趣的导语、指点思路的提示、诱导深思的提问、点破机关的答问、揭示底蕴的总结、切中肯綮的评语，等等。这种语言不在滔滔讲说，而在言简意赅。如讲解分析，要精辟透彻，直击心底，有大彻大悟之功；概括要义，应凝练准确，寥寥数语，能收举一反三之效。这种语言不只是输送信息，而且要授人以法。如解疑释难，不直接给现成答案，而能教给思考方法；引路搭桥，让他们“自为研索，自求解决。”一句话，施教者在语文教育中的有声语言要体现出含而不露的启发性。第四要拥有有声语言的符合感染性要求的能力。施教者在语文教育中作为受教者灵魂的雕塑者，其教学语言应建立在对他们尊重、理解、信任和宽容的基础上，因而施教者要充分发挥这种语言的感染有力的功能。他时而用画龙点睛的语言，让受教者领略那人类文化的胜地奇境而留恋不舍；时而用娓娓动听的语言，让受教者在心田中播下真理的种子而结出智慧的果实；时而用发人深省的语言，让受教者顿开茅塞而犹如哥伦布之发现新大陆；时而用含蓄隽永的语言，让受教者如食橄榄久久回味而唇舌生津甚或终生受益。他能发挥语言的直感、激兴和生情的作用，而诱发受教者的情感产生共鸣，或引起其深思，或刺激其泪下，或撩拨其欢笑，或触动其勃怒，或催促其奋进。一句话，施教者在语文教育中的有声语言要体现出生动有趣的感染性[53]。

二、无声语言的表达能力

无声语言的表达能力，是指施教者在语文教育中的诉诸视觉的面部语（包括平常的和蔼、亲切、热情、开朗的面部表情和随教学内容、教学情境而变化的面部表情）、手势语（包括情意手势、指示手势、象形手势、说明手势和象征手势）、眉目语（包括眼神所传达的喜怒哀乐、褒贬扬抑和爱憎亲疏的感情）、体态语（包括动作、姿势、状貌和式样）、服饰语（包括衣着、衣饰、穿戴和仪表）等与受教者用形象、情感交流的教学能力。这种能力在课堂教学中的作用不可忽视，要求举止从容、仪表优雅、态度和蔼、表情自然。其具体表现为：第一要拥有无声语言的符合举止从容要求的能力。施教者在语文教育中的举止是稳重成熟、遇事镇定、落落大方，坐、站、行等都要成为受教者效法的榜样。一般来说，施教者左摇右晃，会给受教者一种心神不宁的印象；施教者总站在一处，会给受教者一种呆板的视觉；施教者长时间手撑讲桌或靠在讲桌上讲课，会使受教者以为你疲惫不堪；施教者在讲台上左右频繁地走动或在教室里大步流星地行走，会使受教者分散学习的注意力……这些都是体态语言的大忌。俗话说，身教重于言教。面对模仿性强、可塑性大的受教者，施教者在举止上必须严于律己，严加自我规范，要特别注意举动不可轻浮，说笑不可放肆，作风不可散漫，行为不可粗俗。一句话，施教者在语文教育中的举止要体现出“秀外慧中”的聪颖美。第二要拥有无声语言的符合仪表优雅要求的能力。施教者在语文教育中的仪表即容貌、服饰、姿态等外表，在其生命之中维持着一种边缘性的意义，这不仅是爱个人的问题，而且是爱他人、爱生活的一种表现，更加是爱职业的特殊需要。在以智育的“真”、德育的“善”、美育的“美”为中心的领域，施教者要像对待教案那样，精心设计自己的容貌、服饰、姿态等，以期给受教者一个适度、精致、美好的印象。其基本的准则是整洁得体、朴素大方、庄重协调。施教者的容貌、服饰、姿态等，要使受教者于整洁得体之中见丰富的涵养，于朴素大方之中见高雅的情趣，于庄重协调之中见高尚的品格，从而使其成为达成语文教育目标的有用工具之一。一句话，施教者在语文教育中的仪表要体现出“像真理一样”的朴质美。第三要拥有无声语言的符合态度和蔼要求的能力。施教者在语文教育中的态度在很大程度上决定着教学质量和教学效果。施教者以什么样的态度面对受教者，决定着他们的成长；以什么样的态度对待工作，决定着自己工作的成败。语文教育的特殊性要求施教者必须倾注满腔热情，和蔼可亲、笑口常开、宽容赏识、幽默善导，对受教者切忌神情严肃、心胸狭窄、薄情寡义、苛刻责备。要从爱护他们出发，既严格要求他们，又友善对待他们，以期更好地走进他们的心灵世界。即使他们犯了错误，也要真诚指教，善意帮助，切不可过于冷淡、讽刺挖苦、鄙视讥笑。否则，不仅会造成教学秩序的失控，而且会伤害他们的心灵，更加会破坏彼此的良好关系。一句话，施教者在语文教育中的态度要体现出“恰到好处”的得体美。第四要拥有无声语言的符合表情自然要求的能力。施教者在语文教育中的表情处于受教者“众目睽睽”的境地，其面部表情应力求不粉饰、少做作、勿卖弄，因而是否自然就具有特别重要的意义。如果施教者在引导受教者赏析一篇文情并茂的文章作品或文学作品时，其有声语言——口头语言是铿锵有力、掷地有声，而其无声语言——面部表情却无动于衷、漠然置之，那么受教者就会在“听其言，观其行”中怀疑其口中所说的话是否发自内心，是否具有真理性和可信度。因此，施教者的表情要有真情实感，自然大方，或欣喜欢悦，如行云流水；或慷慨悲愤，似剑拔出鞘。这样做，不仅是为了保证教学信息传输过程的畅通，而且更是为了很好地达到育人的目的。一句话，施教者在语文教育中的表情要体现出“清水出芙蓉”的自然美。

以上阐述的施教者在语文教育的“施教”能力中的诉诸听觉的示范性、灵活性、启发性、感染性等有声语言的表达能力和诉诸视觉的举止从容、仪表优雅、态度和蔼、表情自然等无声语言的表达能力是其必须具备的基本功之一，因而施教者既要以语言发展过程中产生的新词汇、新语义、新词义等来丰富自己，又要以社会上出现的新观念、新事物、新现象等来充实自己，从而使自己的教学语言如语言学家的用语准确、艺术家的情感丰富、数学家的逻辑严谨、演说家的论证雄辩、曲艺家的生动幽默等熔为一炉，以求得表达的“立体效果”和整体效应。

第三节 语文教育的巧于调控能力

语文教育的“施教”能力中的巧于调控能力，是指施教者在语文（语言、文章、文学）中引导受教者实现智育目标、德育目标、美育目标而解决特殊问题的一种教学实践能力。它在施教者的诸多能力中显得非常重要，对提高语文教育质量有着不可忽视的作用。学界尽知，语文教育活动是一个多变量的动态系统，其复杂性和多变性，要求施教者予以调节和控制，从而保证教育过程的正常进行。施教者的语文教育的“施教”能力中的巧于调控能力通常包括随机应变的调控能力与诙谐幽默的调控能力等两个方面。以下依次予以展开：

一、随机应变的调控能力

随机应变的调控能力，是指施教者在语文教育中面对意外发生的情况，能敏感地洞悉受教者思维活动的势态，迅速做出反应，及时采取恰当措施排除“险情”的教学能力。它对于活跃课堂的气氛，和谐施教者与受教者的关系，激发受教者的求知欲，开启受教者的心智，优化受教者的个性等起到一定的作用。那么，施教者在语文教育中应怎样实施随机应变的调控能力呢？其具体表现为：第一要拥有变通教学思路的能力。施教者在语文教育中的教学思路是指其对如何展开教学内容的“想法”，也就是在设计教学时所规划的并着力引导受教者实施的流程。这就要求施教者在教学中对受教者的心理活动应保持高度的敏感性，随时捕捉新的反馈信息，当发现他们有独创性见解和模糊性认识时，察觉他们的思维有封闭与走神的情形时，以及他们心态出现厌倦和逆反时，一定要相机行事，以灵活的教学方式处理课堂中发生的种种问题。施教者可以根据受教者的具体情况，如以他们的学习心情、学习态度、学习效果为依据，随时控制和调节教学进度，不死扣教学计划，对某些教学内容和教学环节做适当的伸缩和取舍，对某些教学过程和教学方法做必要的调整和改换，既要给他们以学习的主动权而激发他们的积极思维，又要把握教学的主动权而使他们的思维不游离教学目标，以期让教学的实施有序地向前推进，从而使他们学习起来事半功倍，更有兴趣，也更有效率。第二要拥有稳定教学情绪的能力。施教者在语文教育中的教学情绪是指其与受教者开展教学时的一种内在动力准备，也叫“心向”，对课堂教学具有驱动作用、制约作用和感染作用，是课堂教学气氛的重要组成部分。当施教者的教学情绪同具体教学内容及要求高度融合时，课堂教学就有了强烈的征服人心的气势和艺术感染力，教学全过程就会令受教者进入身心愉悦的境地。所以施教者必须因时制宜，实行定势控制：一方面要启发受教者带着高昂、激越、蓬勃向上的情绪向着教学目标去学习和思考，如果遇到被动局面，不惊慌失措，更不能为掩饰自己的不足而不负责任地欺骗他们；另一方面要控制自己的教学情绪，在受教者面前既不能垂头丧气，也不能任性豪放，要具有自制力和应变力，尽力引导他们寻求最佳途径而解决问题。在处理课堂骚动的时候，施教者尤其需要善于将自己的教育要求隐藏在友好的气氛之中，从而使课堂教学化险为夷，出现柳暗花明的佳境。第三要拥有扫清教学障碍的能力。施教者在语文教育中的教学障碍是指其课堂教学缺乏“问题”意识、破解教材不力、应对方法偏少、观念陈旧落后、模式单一老化等诸多因素。对教学过程中出现的这些障碍，施教者是不能够有意回避的，最好的办法是沿着受教者的思维路径予以引导，并加快把他们带入应有的轨道。因此，施教者要正确地把握受教者想的是什么，是怎么想的，为什么这样想，继而帮助他们把相关问题想清楚、想明白、想通透。所以，施教者遇到课堂教学中的各种意想不到的障碍时，一定要机敏引导，迅捷疏导，急速开导，以期提高受教者的学习自信心，培养受教者的学习自主性，引爆受教者的学习内生力，增添受教者的学习需求感，涵育受教者的学习高素养。这样不仅可以神速地解决受教者的诸多难题，而且还可以艺术地把受教者的诸多难题纳入自己讲课的“管轨”，从而使课堂教学顺畅自然地进行，有时还会收到出乎意料的良好效果。

二、诙谐幽默的调控能力

诙谐幽默的调控能力，是指施教者在语文教育中用富有情趣、意味深长的表现手段，灵活、巧妙地实现教学的意图，以期将教学引向成功的教学能力。它能有效地打破施教者与受教者之间的陌生感，缩小施教者与受教者之间在心理上的距离，促进施教者与受教者之间情感和智慧的交流，从而造成宽松的教学气氛，所以具有很高的教学审美情趣。那么，在语文教育中应如何运用诙谐幽默的调控能力呢？其具体表现为：第一要拥有着意发掘幽默源的能力。施教者在语文教育中的凭借物——教材所选的课文即文字作品（文章作品、文学作品）包含着极为丰富的幽默素材，蕴蓄着异常浓郁的幽默内容，是其运用幽默的“富矿”之所在。因而必须引导受教者对其中的幽默素材和幽默内容予以发掘，并有意识地呈现给他们，从而增添教学的幽默感。如阿Q的“精神胜利法”、三仙姑的“浓妆”、唐·吉诃德的与风车大战、奥楚蔑洛夫的“变色”、葛朗台的“守财”，等等，能让他们忍俊不禁，并终生难忘；又如马克·吐温的《竞选州长》、欧·亨利的《警察与赞美诗》、莫泊桑的《项链》、吴敬梓的《范进中举》、李宝嘉的《制台见洋人》、褚少孙的《西门豹治邺》，单口相声《连升三级》，以及寓言《郑人买履》和《刻舟求剑》、鲁迅的系列杂感文，能使他们在笑声中领悟到深刻的内涵。因此，施教者在教学中要独具慧眼地觉察其中的幽默素材和幽默内容，并倾注心力地引导受教者进行深层次的感受品味。第二要拥有注意培养幽默感的能力。施教者在语文教育中的幽默感既是其性格与风采的展现，又是其修养与智慧的显露，更是其道德感与情趣感的统一。有学者认为，富有幽默感的艺术效果是施教者与受教者共同参与创造的。一个施教者如果要提高教学幽默的艺术水平，就必须在提高自身教学幽默感的同时，也相应地注意培养受教者的幽默感，否则就会出现阳春白雪和者寡的局面。美国的保罗韦地博士曾对九万名受教者进行过调查，根据他收集到的九万封受教者的来信，概括出好施教者的十二种品质，其中有一条就是要具有幽默感。由此可见，受教者是最喜欢具有幽默感的施教者的。施教者具有幽默感，能引发受教者的喜悦，并给他们带来富有成效的乐趣；能以轻松的方式使受教者获得真知，并享受到美学的熏陶；等等。因此，施教者要借助受教者对教学幽默的反馈信息，来检验自己使用教学幽默感的艺术效果，从而不断总结经验，吸取教训，更好地提高教学幽默的艺术水平。第三要拥有准确把握幽默术的能力。施教者在语文教育中的幽默术是指其将幽默运用于教学，并以独特的艺术魅力让受教者于会心的微笑中而提高教学效应的特殊活动。它的显著特点就是既要有幽默的一般特点即机智性和娱乐性，又要有幽默的特殊规定性即在教学中的教育性。可以说，它是寓庄于谐的——其外部的表现是“谐”，指诙谐、有趣、逗人发笑，给人以娱悦感受，即教学中所采用的生动有趣的形式；其里面的内核是“庄”，指庄重、严肃、健康，给人以最大收益，即教学内容的思想及其价值。只有“庄”与“谐”二者的统一，才能达到耐人寻味的教学至高境界。离开了“庄”，“谐”就会失去健康、优美的品质，甚至流于滑稽取闹或低级趣味；没有“谐”，“庄”就缺乏生动有趣的形式，幽默也就不存在了。因此，施教者在语文教育中要力求做到以“庄”为基准并寓“庄”于“谐”，由“庄”而“谐”并“谐”为“庄”服务，即“善为笑言，然合于大道”[54]。

以上阐述的施教者在语文教育的“施教”能力中的变通教学思路、稳定教学情绪、扫清教学障碍等随机应变的调控能力和着意发掘幽默源、注意培养幽默感、准确把握幽默术等诙谐幽默的调控能力是其思想素质、学识修养和教学功力的精髓所在，它既可以促使施教者灵活巧妙地进行表情达意、教书育人的创造性活动，又可以引起受教者的注意并使之集中于言语所指向的内容，还可以活跃课堂气氛并让施教者与受教者的关系变得更加融洽、更加和谐。一句话，它是一个施教者长期的精神培育和艰苦的实践锻造的体现，因而施教者务必要着力于这方面的磨炼。

…………

综上所述的施教者在语文教育的“施教”能力中所关涉的语文课堂教学的组织能力、语文课外活动的组织能力等语文教育的善于组织能力和有声语言的表达能力、无声语言的表达能力等语文教育的乐于表达能力及随机应变的调控能力、诙谐幽默的调控能力等语文教育的巧于调控能力这三个方面，是其必须而且应当具备的基本功，因而施教者只有在提高语文教育的“施教”能力上下硬功夫，才能在教育过程中创设一个又一个充满激情而意味深长的教学意境，从而引导受教者有效地进入“人的发展和完整性建构”的全新境域[55]。

第八章　语文教育的“评价”能力

语文教育的“评价”能力是彰显“师范性”特色的重要内容，它是施教者根据一定的尺度对受教者开展学习活动的诸多情形做出合理的价值判断的一种能力，也是施教者的理论修养、学业水平和劳动态度的具体呈现。然而这个问题由于“应试教育”、“拔尖教育”、“精英教育”等“作梗”，导致对它的研究相当弱化，这就影响了施教者在语文（语言、文章、文学）中塑造受教者达到“求真”、“向善”、“崇美”的创造性的人才和“健全的人格”的基本要求。以下仅从语文教育的明确重心能力、语文教育的把握要领能力和语文教育的提出对策能力等三个方面分别予以阐述：

第一节　语文教育的明确重心能力

语文教育的“评价”能力中的明确重心能力，是指施教者对语文教育的评价能力中的目标重心、过程重心、结果重心等予以关注，继而推动受教者在语文（语言、文章、文学）中成为“求真”、“向善”、“崇美”的创造性的人才和“健全的人格”的一种实践能力。因此，施教者必须重视语文教育的明确重心能力的打磨。施教者的语文教育的“评价”能力之一的明确重心能力，主要表现在既要明确语文教育评价中目标重心的能力又要明确语文教育评价中过程重心的能力还要明确语文教育评价中结果重心的能力等三个方面。以下依次予以展开：

一、明确语文教育评价中目标重心的能力

明确语文教育评价中目标重心的能力，是指施教者在语文教育评价时既对语文教育评价的智育目标予以着力又对语文教育评价的德育目标予以给力还对语文教育评价的美育目标予以用力的一种实践能力。为此，施教者对语文教育评价中的明确智育目标、德育目标、美育目标等目标重心的能力予以打磨时，不但要注重目标重心的预设而且要注重目标

重心的生成。这种能力具体表现为：第一要拥有对语文教育评价的智育目标予以着力的能力。施教者在语文教育评价时应将智育目标中的知识传授目标、能力训练目标、智力开发目标等予以综合考虑，既要对智育目标中的语言知识、文章知识、文学知识等知识传授目标予以考虑，又要对智育目标中的文章读写能力、文学读写能力、口语交际能力等能力训练目标予以考虑，还要对智育目标中的观察力、记忆力、想象力、思维力等智力开发目标予以考虑，从而真正提高自己的语文教育的“评价”能力。第二要拥有对语文教育评价的德育目标予以给力的能力。施教者在语文教育评价时应将德育目标中的思想净化目标、情操陶冶目标、德性涵养目标等予以综合考虑，既要对德育目标中的观点见解、主张立场、看法意见等思想净化目标予以考虑，又要对德育目标中的情感意向、趣味爱好、操守气节等情操陶冶目标予以考虑，还要对德育目标中的性格倾向、意志品质、行为坚守等德性涵养目标予以考虑，从而真正提高自己的语文教育的“评价”能力。第三要拥有对语文教育评价的美育目标予以用力的能力。施教者在语文教育评价时应将美育目标中的审美意识增强目标、审美因素领略目标、审美能力提升目标等予以综合考虑，既要对美育目标中的审美观念、审美心理、审美态度等审美意识增强目标予以考虑，又要对美育目标中的审美形态、审美范畴、审美形式等审美因素领略目标予以考虑，还要对美育目标中的审美感受、审美鉴赏、审美创造等审美能力提升目标予以考虑，从而真正提高自己的语文教育的“评价”能力。

二、明确语文教育评价中过程重心的能力

明确语文教育评价中过程重心的能力，是指施教者在语文教育评价时既对语文教育评价的导入过程予以着力又对语文教育评价的展开过程予以给力还对语文教育评价的终结过程予以用力的一种实践能力。为此，施教者对语文教育评价中的明确导入过程、展开过程、终结过程等过程重心的能力予以打磨时，不但要注重过程重心的预设而且要注重过程重心的生成。这种能力具体表现为：第一要拥有对语文教育评价的导入过程予以着力的能力。施教者在语文教育评价时应将导入过程中的意境创设过程、故事展示过程、悬念制造过程等予以综合考虑，既要对导入过程中的激起兴味、启发思考、引领未知等意境创设过程予以考虑，又要对导入过程中的神话吸引、童话寄托、寓言劝诫等故事展示过程予以考虑，还要对导入过程中的奇设疑难、巧布陷阱、妙留漏洞等悬念制造过程予以考虑，从而真正提高自己的语文教育的“评价”能力。第二要拥有对语文教育评价的展开过程予以给力的能力。施教者在语文教育评价时应将展开过程中的阐释圆润过程、提问恰当过程、高潮精彩过程等予以综合考虑，既要对展开过程中的讲解叙述、讲授解释、讲述评论等阐释圆润过程予以考虑，又要对展开过程中的发问适量、追问适时、诘问适性等提问恰当过程予以考虑，还要对展开过程中的重点攻克、难点突破、疑点消除等高潮精彩过程予以考虑，从而真正提高自己的语文教育的“评价”能力。第三要拥有对语文教育评价的终结过程予以用力的能力。施教者在语文教育评价时应将终结过程中的环环相扣过程、揣摩再三过

程、拓展延伸过程等予以综合考虑，既要对终结过程中的首尾串联、瞻前顾后、新旧联系等环环相扣过程予以考虑，又要对终结过程中的撕咬品味、体察会意、鉴赏玩味等揣摩再三过程予以考虑，还要对终结过程中的归纳小结、分析比较、层层拽满等拓展延伸过程予以考虑，从而真正提高自己的语文教育的“评价”能力。

三、明确语文教育评价中结果重心的能力

明确语文教育评价中结果重心的能力，是指施教者在语文教育评价时既对语文教育评价的效率结果予以着力又对语文教育评价的效能结果予以给力还对语文教育评价的效益结果予以用力的一种实践能力。为此，施教者对语文教育评价中的明确效率结果、效能结果、效益结果等结果重心的能力予以打磨时，不但要注重结果重心的预设而且要注重结果重心的生成。这种能力具体表现为：第一要拥有对语文教育评价的效率结果予以着力的能力。施教者在语文教育评价时应将效率结果中的效率高低结果、效率快慢结果、效率优劣结果等予以综合考虑，既要对效率结果中的谋求投入的效率高低结果予以考虑，又要对效率结果中的寻觅产出的效率快慢结果予以考虑，还要对效率结果中的审视取向的效率优劣结果予以考虑，从而真正提高自己的语文教育的“评价”能力。第二要拥有对语文教育评价的效能结果予以给力的能力。施教者在语文教育评价时应将效能结果中的效能强弱结果、效能增减结果、效能大小结果等予以综合考虑，既要对效能结果中的志向水平的效能强弱结果予以考虑，又要对效能结果中的期望归因的效能增减结果予以考虑，还要对效能结果中的理想抱负的效能大小结果予以考虑，从而真正提高自己的语文教育的“评价”能力。第三要拥有对语文教育评价的效益结果予以用力的能力。施教者在语文教育评价时应将效益结果中的效益深浅结果、效益有无结果、效益得失结果等予以综合考虑，既要对效益结果中的生命内涵的效益深浅结果予以考虑，又要对效益结果中的生命意义的效益有无结果予以考虑，还要对效益结果中的生命价值的效益得失结果予以考虑，从而真正提高自己的语文教育的“评价”能力。

第二节　语文教育的把握要领能力

语文教育的“评价”能力中的把握要领能力，是指施教者对语文教育评价中的理念要领、资源要领、标准要领等予以关注，继而促进受教者在语文（语言、文章、文学）中成为“求真”、“向善”、“崇美”的创造性的人才和“健全的人格”的一种实践能力。因此，施教者必须重视语文教育的把握要领能力的打磨。施教者的语文教育的“评价”能力之一的把握要领能力，主要表现在既要把握语文教育评价中理念要领的能力又要把握语文

教育评价中资源要领的能力还要把握语文教育评价中标准要领的能力等三个方面。以下依次予以展开：

一、把握语文教育评价中理念要领的能力

把握语文教育评价中理念要领的能力，是指施教者在语文教育评价时既对语文教育评价的创新理念予以着力又对语文教育评价的协调理念予以给力还对语文教育评价的诗意理念予以用力的一种实践能力。为此，施教者对语文教育评价中的把握创新理念、协调理念、诗意理念等理念要领的能力予以打磨时，不但要注重理念要领的预设而且要注重理念要领的生成。这种能力具体表现为：第一要拥有对语文教育评价的创新理念予以着力的能力。施教者在语文教育评价时应将创新理念中的创新识见理念、创新思维理念、创新机制理念等予以综合考虑，既要对创新理念中的意图创新、愿望创新、设想创新等创新识见理念予以考虑，又要对创新理念中的感性创新、知性创新、理性创新等创新思维理念予以考虑，还要对创新理念中的点子创新、手段创新、技巧创新等创新机制理念予以考虑，从而真正提高自己的语文教育的“评价”能力。第二要拥有对语文教育评价的协调理念予以给力的能力。施教者在语文教育评价时应将协调理念中的语言协调理念、文章协调理念、文学协调理念等予以综合考虑，既要对协调理念中的日常语言、科学语言、艺术语言等语言协调理念予以考虑，又要对协调理念中的普通文章、专业文章、变体文章等文章协调理念予以考虑，还要对协调理念中的诗歌作品、散文作品、小说作品、戏剧作品等文学协调理念予以考虑，从而真正提高自己的语文教育的“评价”能力。第三要拥有对语文教育评价的诗意理念予以用力的能力。施教者在语文教育评价时应将诗意理念中的诗性机智理念、情感需求理念、生命关怀理念等予以综合考虑，既要对诗意理念中的含蓄微妙、耐人咀嚼、流连忘返等诗性机智理念予以考虑，又要对诗意理念中的蕴藉隽永、思之无穷、余韵悠长等情感需求理念予以考虑，还要对诗意理念中的有声有色、有滋有味、有血有肉等生命关怀理念予以考虑，从而真正提高自己的语文教育的“评价”能力。

二、把握语文教育评价中资源要领的能力

把握语文教育评价中资源要领的能力，是指施教者在语文教育评价时既对语文教育评价的教科书资源予以着力又对语文教育评价的执教人资源予以给力还对语文教育评价的受教人资源予以用力的一种实践能力。为此，施教者对语文教育评价中的把握教科书资源、执教人资源、受教人资源等资源要领的能力予以打磨时，不但要注重资源要领的预设而且要注重资源要领的生成。这种能力具体表现为：第一要拥有对语文教育评价的教科书资源予以着力的能力。施教者在语文教育评价时应将教科书资源中的必修教科书资源、选修教科书资源、校本教科书资源等予以综合考虑，既要对教科书资源中的语言教科书、文章教科书、文学教科书等必修教科书资源予以考虑，又要对教科书资源中的语言教科书、文章

教科书、文学教科书等选修教科书资源予以考虑，还要对教科书资源中的语言教科书、文章教科书、文学教科书等校本教科书资源予以考虑，从而真正提高自己的语文教育的“评价”能力。第二要拥有对语文教育评价的执教人资源予以给力的能力。施教者在语文教育评价时应将执教人资源中的思想素养资源、才能素养资源、见识素养资源等予以综合考虑，既要对执教人资源中的政治修为、专业方向、职业品格等思想素养资源予以考虑，又要对执教人资源中的驾驭课堂、调控节奏、巧用教法等才能素养资源予以考虑，还要对执教人资源中的明智判断、正确认识、独到眼界等见识素养资源予以考虑，从而真正提高自己的语文教育的“评价”能力。第三要拥有对语文教育评价的受教人资源予以用力的能力。施教者在语文教育评价时应将受教人资源中的学习志趣资源、学习动机资源、学习禀性资源等予以综合考虑，既要对受教人资源中的学习兴致、学习情致、学习韵致等学习志趣资源予以考虑，又要对受教人资源中的学习需要、学习诱因、学习期待等学习动机资源予以考虑，还要对受教人资源中的错误认知、另类思维、反弹琵琶等学习禀性资源予以考虑，从而真正提高自己的语文教育的“评价”能力。

三、把握语文教育评价中标准要领的能力

把握语文教育评价中标准要领的能力，是指施教者在语文教育评价时既对语文教育评价的信度标准予以着力又对语文教育评价的效度标准予以给力还对语文教育评价的活度标准予以用力的一种实践能力。为此，施教者对语文教育评价中的把握信度标准、效度标准、活度标准等标准要领的能力予以打磨时，不但要注重标准要领的预设而且要注重标准要领的生成。这种能力具体表现为：第一要拥有对语文教育评价的信度标准予以着力的能力。施教者在语文教育评价时应将信度标准中的可靠性信度标准、一致性信度标准、明晰性信度标准等予以综合考虑，既要对信度标准中的真实无疑、确切清楚、稳妥恰当等可靠性信度标准予以考虑，又要对信度标准中的没有分歧、毫无差别、表里相应等一致性信度标准予以考虑，还要对信度标准中的凸显意旨、切中要害、抓住分寸等明晰性信度标准予以考虑，从而真正提高自己的语文教育的“评价”能力。第二要拥有对语文教育评价的效度标准予以给力的能力。施教者在语文教育评价时应将效度标准中的公平性效度标准、合理性效度标准、有用性效度标准等予以综合考虑，既要对效度标准中的符合目的、遵循原则、适应要求等公平性效度标准予以考虑，又要对效度标准中的参与度广、受益面大、达成率高等合理性效度标准予以考虑，还要对效度标准中的时效性强、针对性强、运作性强等有用性效度标准予以考虑，从而真正提高自己的语文教育的“评价”能力。第三要拥有对语文教育评价的活度标准予以用力的能力。施教者在语文教育评价时应将活度标准中的可行性活度标准、相容性活度标准、关联性活度标准等予以综合考虑，既要对活度标准中的智慧启迪、精神陶冶、美感熏染等可行性活度标准予以考虑，又要对活度标准中的语言教育、文章教育、文学教育等相容性活度标准予以考虑，还要对活度标准中的智力教育、道德教育、审美教育等关联性活度标准予以考虑，从而真正提高自己的语文教育的“评价”能力。

第三节　语文教育的提出对策能力

语文教育的“评价”能力中的提出对策能力，是指施教者对语文教育评价中的方式对策、措施对策、方法对策等予以关注，继而促使受教者在语文（语言、文章、文学）中成为“求真”、“向善”、“崇美”的创造性的人才和“健全的人格”的一种实践能力。因此，施教者必须重视语文教育的提出对策能力的打磨。施教者的语文教育的“评价”能力之一的提出对策能力，主要表现在既要提出语文教育评价中方式对策的能力又要提出语文教育评价中措施对策的能力还要提出语文教育评价中方法对策的能力等三个方面。以下依次予以展开：

一、提出语文教育评价中方式对策的能力

提出语文教育评价中方式对策的能力，是指施教者在语文教育评价时既对语文教育评价的档案袋方式予以着力又对语文教育评价的情景性方式予以给力还对语文教育评价的表现性方式予以用力的一种实践能力。为此，施教者对语文教育评价中的提出档案袋方式、情景性方式、表现性方式等方式对策的能力予以打磨时，不但要注重方式对策的预设而且要注重方式对策的生成。这种能力具体表现为：第一要拥有对语文教育评价的档案袋方式予以着力的能力。施教者在语文教育评价时应将档案袋方式中的文字表述方式、录音磁带方式、图像光盘方式等予以综合考虑，既要对档案袋方式中的进步轨迹、退步因素、徘徊证据等文字表述方式予以考虑，又要对档案袋方式中的突出问题、原因解读、对策分析等录音磁带方式予以考虑，还要对档案袋方式中的突发事件、偶遇险情、典型案例等图像光盘方式予以考虑，从而真正提高自己的语文教育的“评价”能力。第二要拥有对语文教育评价的情景性方式予以给力的能力。施教者在语文教育评价时应将情景性方式中的相互切磋方式、专题辩论方式、多方激励方式等予以综合考虑，既要对情景性方式中的求同存异、取长补短、共同研讨等相互切磋方式予以考虑，又要对情景性方式中的激起欲望、引发联想、拓展思路等专题辩论方式予以考虑，还要对情景性方式中的发挥潜力、培养潜质、挖掘潜能等多方激励方式予以考虑，从而真正提高自己的语文教育的“评价”能力。第三要拥有对语文教育评价的表现性方式予以用力的能力。施教者在语文教育评价时应将表现性方式中的积极探究方式、主动思考方式、大胆表达方式等予以综合考虑，既要对表现性方式中的提出问题、分析问题、解决问题等积极探究方式予以考虑，又要对表现性方式中的由易到难、由浅到深、由近到远等主动思考方式予以考虑，还要对表现性方式中的

捕捉契机、敞开心扉、不受拘束等大胆表达方式予以考虑，从而真正提高自己的语文教育“评价”能力。

二、提出语文教育评价中措施对策的能力

提出语文教育评价中措施对策的能力，是指施教者在语文教育评价时既对语文教育评价的多元性措施予以着力又对语文教育评价的开放性措施予以给力还对语文教育评价的全面性措施予以用力的一种实践能力。为此，施教者对语文教育评价中的提出多元性措施、开放性措施、全面性措施等措施对策的能力予以打磨时，不但要注重措施对策的预设而且要注重措施对策的生成。这种能力具体表现为：第一要拥有对语文教育评价的多元性措施予以着力的能力。施教者在语文教育评价时应将多元性措施中的拒斥“唯一”措施、摈弃“固定”措施、排斥“绝对”措施等予以综合考虑，既要对多元性措施中的开启心智、净化灵魂、提升素质等拒斥“唯一”措施予以考虑，又要对多元性措施中的智慧乐趣、精神活力、美感多彩等摈弃“固定”措施予以考虑，还要对多元性措施中的知能导引、情感驱动、心灵共鸣等排斥“绝对”措施予以考虑，从而真正提高自己的语文教育的“评价”能力。第二要拥有对语文教育评价的开放性措施予以给力的能力。施教者在语文教育评价时应将开放性措施中的鼓励多样措施、尊重差异措施、宽容失败措施等予以综合考虑，既要对开放性措施中的说三道四、吹毛求疵、评头论足等鼓励多样措施予以考虑，又要对开放性措施中的个性特长、兴趣爱好、资质才情等尊重差异措施予以考虑，还要对开放性措施中的常遇坎坷、无端受控、屡遭波折等宽容失败措施予以考虑，从而真正提高自己的语文教育的“评价”能力。第三要拥有对语文教育评价的全面性措施予以用力的能力。施教者在语文教育评价时应将全面性措施中的整体洞察措施、立体透视措施、通盘知悉措施等予以综合考虑，既要对全面性措施中的读写听说、概括分析、发散演绎等整体洞察措施予以考虑，又要对全面性措施中的智能滋养、精神洗礼、心灵慰藉等立体透视措施予以考虑，还要对全面性措施中的知识水平、人文情怀、审美旨趣等通盘知悉措施予以考虑，从而真正提高自己的语文教育的“评价”能力。

三、提出语文教育评价中方法对策的能力

提出语文教育评价中方法对策的能力，是指施教者在语文教育评价时既对语文教育评价的甄别性方法予以着力又对语文教育评价的反思性方法予以给力还对语文教育评价的剖析性方法予以用力的一种实践能力。为此，施教者对语文教育评价中的提出甄别性方法、反思性方法、剖析性方法等方法对策的能力予以打磨时，不但要注重方法对策的预设而且要注重方法对策的生成。这种能力具体表现为：第一要拥有对语文教育评价的甄别性方法予以着力的能力。施教者在语文教育评价时应将甄别性方法中的“达标题”训练方法、“工作纸”训练方法、“作业单”训练方法等予以综合考虑，既要对甄别性方法中的温故知

新的“达标题”训练方法予以考虑，又要对甄别性方法中的挑战自我的“工作纸”训练方法予以考虑，还要对甄别性方法中的独特见解的“作业单”训练方法予以考虑，从而真正提高自己的语文教育的“评价”能力[56]。第二要拥有对语文教育评价的反思性方法予以给力的能力。施教者在语文教育评价时应将反思性方法中的问卷调查方法、课后访谈方法、情境测试方法等予以综合考虑，既要对反思性方法中的学习内容的问卷调查方法予以考虑，又要对反思性方法中的学习过程的课后访谈方法予以考虑，还要对反思性方法中的学习结果的情境测试方法予以考虑，从而真正提高自己的语文教育的“评价”能力。第三要拥有对语文教育评价的剖析性方法予以用力的能力。施教者在语文教育评价时应将剖析性方法中的期中检测方法、期末考试方法、学年遴选方法等予以综合考虑，既要对剖析性方法中的精心推敲的期中检测方法予以考虑，又要对剖析性方法中的深度思索的期末考试方法予以考虑，还要对剖析性方法中的发现纰漏的学年遴选方法予以考虑，从而真正提高自己的语文教育的“评价”能力。

…………

综上所述的语文教育的“评价”能力是语文教育能力整体构成的一个重要内容，但是由于诸多因素的干扰，以致长期被语文教育研究所忽略。正是在这方面缺乏必要的关注与该有的重视，所以在一定程度上阻碍了语文教育改革的不断深入。因此，施教者只有努力在打磨语文教育评价的明确其目标和过程及结果等重心的能力、把握其理念和资源及标准等要领的能力、提出其方式和措施及方法等对策的能力这三个方面下狠功夫，才能引导受教者有效地进入“人的发展和完整性建构”的全新境域[57]。

第九章　语文教育的“科研”能力

语文教育的“科研”能力是彰显“师范性”特色的重要内容，它是施教者的“语文”能力、“备课”能力、“施教”能力和“评价”能力等的结晶。这种能力的大小，是施教者的理论功底、聪明才智和创新意识的集中体现。然而这个问题由于许多因素的“运作”，导致对它一直未能得到该有的重视，这就影响了施教者在语文（语言、文章、文学）中塑造受教者达到“求真”、“向善”、“崇美”的创造性的人才和“健全的人格”的基本要求。以下仅从语文教育的发现问题能力、语文教育的选择课题能力、语文教育的集纳文献能力和语文教育的撰写论著能力等四个方面分别予以阐述：

第一节　语文教育的发现问题能力

语文教育的“科研”能力中的发现问题能力，是指施教者对他人成果中问题的发现、教学场景中问题的发现、专家交流中问题的发现等予以着力，继而使之适合语文（语言、文章、文学）塑造“求真”、“向善”、“崇美”的创造性的人才和“健全的人格”的一种实践能力。这是语文教育的“科研”中的重要能力，因而施教者务必要重视这一能力的磨炼。施教者的语文教育的“科研”能力之一的发现问题能力，主要表现在发现他人成果中问题的能力、发现教学场景中问题的能力、发现专家交流中问题的能力等三个方面。以下依次予以展开：

一、发现他人成果中问题的能力

发现他人成果中问题的能力，是指施教者在语文教育中开展“科研”时对他人成果的语文教育著作予以审读、对他人成果的语文教育项目予以深挖、对他人成果的语文教育资讯予以捕捉的一种实践能力。为此，施教者在语文教育的“科研”中对他人成果的语文教育著作予以审读、对他人成果的语文教育研究项目予以深挖、对他人成果的语文教育资讯予以捕捉时，不但要有敏锐的学术眼光而且要有清醒的专业头脑。这种能力具体表现为：第一要拥有对他人成果的语文教育著作予以审读的能力。他人成果的语文教育著作中蕴藏着大量的问题有待研究，因而施教者至少既要对他人的语文教育著作结合工作实际予以审读，又要对他人的语文教育著作结合相关问题予以审读，还要对他人的语文教育著作结合已有经验予以审读，从而在他人成果的语文教育著作中做些进一步研究的问题。第二要拥有对他人成果的语文教育项目予以深挖的能力。他人成果中的语文教育项目中蕴含着不少的问题有待研究，因而施教者至少既要对他人的语文教育项目的相同问题予以深挖，又要对他人的语文教育项目的临近问题予以深挖，还要对他人的语文教育项目的具体问题予以深挖，从而在他人成果的语文教育项目中寻觅还需要研究的问题。第三要拥有对他人成果的语文教育资讯予以捕捉的能力。他人成果的语文教育资讯中蕴蓄着许多的问题有待研究，因而施教者至少既要经常阅读语文教育报刊而捕捉最有价值的资讯，又要认真分析语文教育机构的“指南”而捕捉最有意义的资讯，还要时刻关注语文教育科研简报而捕捉最有影响的资讯，从而在他人成果的语文教育资讯中获得还值得研究的问题。

二、发现教学场景中问题的能力

发现教学场景中问题的能力，是指施教者在语文教育中开展“科研”时对教学场景的语文教育事实予以感受、对教学场景的语文教育倾向予以批评、对教学场景的语文教育偏差予以拨正的一种实践能力。为此，施教者在语文教育的“科研”中对教学场景的语文教育事实予以感受、对教学场景的语文教育倾向予以批评、对教学场景的语文教育偏差予以拨正时，不但要有犀利的学术眼光而且要有聪明的专业头脑。这种能力具体表现为：第一要拥有对教学场景的语文教育事实予以感受的能力。教学场景的语文教育事实中蕴藏着大量的问题有待研究，因而施教者至少既要对教学场景中“不可思议”的语文教育事实予以感受，又要对教学场景中“出人意料”的语文教育事实予以感受，还要对教学场景中“极度尴尬”的语文教育事实予以感受，从而探究教学场景中的语文教育的真实情况。第二要拥有对教学场景的语文教育倾向予以批评的能力。教学场景的语文教育倾向中蕴含着不少的问题有待研究，因而施教者至少既要对教学场景中“躁动主义”的语文教育倾向予以批评，又要对教学场景中“非语文化”的语文教育倾向予以批评，还要对教学场景中“无效教学”的语文教育倾向予以批评，从而探究教学场景中的语文教育的“最高的存在物”。第三要拥有对教学场景的语文教育偏差予以拨正的能力。教学场景的语文教育偏差中蕴蓄着许多的问题有待研究，因而施教者至少既要对教学场景中“随意解读”的语文教育偏差予以拨正，又要对教学场景中“任意迁移”的语文教育偏差予以拨正，还要对教学场景中“肆意拓展”的语文教育偏差予以拨正，从而探究教学场景中的语文教育的整体效应。

三、发现专家交流中问题的能力

发现专家交流中问题的能力，是指施教者在语文教育中开展“科研”时对专家交流的语文教育热点予以瞄准、对专家交流的语文教育难点予以剖析、对专家交流的语文教育焦点予以追踪的一种实践能力。为此，施教者在语文教育的“科研”中对专家交流的语文教育热点予以瞄准、对专家交流的语文教育难点予以剖析、对专家交流的语文教育焦点予以追踪时，不但要有质疑的学术眼光而且要有睿智的专业头脑。这种能力具体表现为：第一要拥有对专家交流的语文教育热点予以瞄准的能力。专家交流的语文教育热点中蕴藏着大量的问题有待研究，因而施教者至少既要对“最为突出”的语文教育热点予以瞄准，又要对“最为直接”的语文教育热点予以瞄准，还要对“最为现实”的语文教育热点予以瞄准，从而探究专家交流中的引人注目的语文教育的问题。第二要拥有对专家交流的语文教育难点予以剖析的能力。专家交流的语文教育难点中蕴含着大量的问题有待研究，因而施教者至少既要对“情况复杂”的语文教育难点予以剖析，又要对“头绪纷繁”的语文教育难点予以剖析，还要对“阻碍甚多”的语文教育难点予以剖析，从而探究专家交流中的不容易解决的语文教育的问题。第三要拥有对专家交流的语文教育焦点予以追踪的能力。专家交流的语文教育焦点中蕴蓄着许多的问题有待研究，因而施教者至少既要对“关注度高”的语文教育焦点予以追踪，又要对“关联性大”的语文教育焦点予以追踪，还要对“话题感强”的语文教育焦点予以追踪，从而探究专家交流中的值得深入的语文教育的问题。

第二节　语文教育的选择课题能力

语文教育的“科研”能力中的选择课题能力，是指施教者对阐释性研究课题的选择、综述性研究课题的选择、建构性研究课题的选择等予以用力，继而使之适合语文（语言、文章、文学）塑造“求真”、“向善”、“崇美”的创造性的人才和“健全的人格”的一种实践能力。这是语文教育的“科研”中的关键能力，因而施教者务必要重视这一能力的磨炼。施教者的语文教育的“科研”能力之一的选择课题能力，主要表现在选择阐释性研究课题的能力、选择综述性研究课题的能力、选择建构性研究课题的能力等三个方面。以下依次予以展开：

一、选择阐释性研究课题的能力

选择阐释性研究课题的能力，是指施教者在语文教育中开展“科研”时对阐释性研究课题的语文教育目标予以察省、对阐释性研究课题的语文教育规律予以揭示、对阐释性研究课题的语文教育原则予以弄清的一种实践能力。为此，施教者在语文教育的“科研”中对阐释性研究课题的语文教育目标予以察省、对阐释性研究课题的语文教育规律予以揭示、对阐释性研究课题的语文教育原则予以弄清时，不但要有独到的学术眼光而且要有冷静的专业头脑。这种能力具体表现为：第一要拥有对阐释性研究课题的语文教育目标予以察省的能力。阐释性研究课题的语文教育目标中蕴藏着大量的问题有待研究，因而施教者至少既要对语文教育目标中的智育目标予以察省，又要对语文教育目标中的德育目标予以察省，还要对语文教育目标中的美育目标予以察省，从而探究阐释性研究课题中的语文教育目标的问题。第二要拥有对阐释性研究课题的语文教育规律予以揭示的能力。阐释性研究课题的语文教育规律中蕴含着不少的问题有待研究，因而施教者至少既要对语文教育规律中的适应社会发展规律予以揭示，又要对语文教育规律中的符合个性塑造规律予以揭示，还要对语文教育规律中的依照逻辑行事规律予以揭示，从而探究阐释性研究课题中的语文教育规律的问题。第三要拥有对阐释性研究课题的语文教育原则予以弄清的能力。阐释性研究课题的语文教育原则中蕴蓄着许多的问题有待研究，因而施教者至少既要对语文教育原则中的相关性课内外结合原则予以弄清，又要对语文教育原则中的多类型思维训练原则予以弄清，还要对语文教育原则中的最优化自能学习原则予以弄清，从而探究阐释性研究课题中的语文教育原则的问题。

二、选择综述性研究课题的能力

选择综述性研究课题的能力，是指施教者在语文教育中开展“科研”时对综述性研究课题的语文教育历史予以爬梳、对综述性研究课题的语文教育现状予以审视、对综述性研究课题的语文教育趋势予以预测的一种实践能力。为此，施教者在语文教育的“科研”中对综述性研究课题的语文教育历史予以爬梳、对综述性研究课题的语文教育现状予以审视、对综述性研究课题的语文教育趋势予以预测时，不但要有锐利的学术眼光而且要有严谨的专业头脑。这种能力具体表现为：第一要拥有对综述性研究课题的语文教育历史予以爬梳的能力。综述性研究课题的语文教育历史中蕴藏着大量的问题有待研究，因而施教者至少既要对文字形式记录的语文教育历史予以爬梳，又要对人类活动遗留下来的语文教育历史予以爬梳，还要对一代代人传承的语文教育历史予以爬梳，从而探究综述性研究课题中的语文教育由今及昔的纵向问题。第二要拥有对综述性研究课题的语文教育现状予以审视的能力。综述性研究课题的语文教育现状中蕴含着不少的问题有待研究，因而施教者至少既要对各种形式的语文教育现状予以审视，又要对各种类型的语文教育现状予以审视，还要对各种模式的语文教育现状予以审视，从而探究综述性研究课题中的语文教育由此及彼的横向问题。第三要拥有对综述性研究课题的语文教育趋势予以预测的能力。综述性研究课题的语文教育趋势中蕴蓄着许多的问题有待研究，因而施教者至少既要对“和谐性”的语文教育趋势予以预测，又要对“诗意性”的语文教育趋势予以预测，还要对“生态性"的语文教育趋势予以预测，从而探究综述性研究课题中的语文教育由近及远的立向问题。

三、选择建构性研究课题的能力

选择建构性研究课题的能力，是指施教者在语文教育中开展"科研"时对建构性研究课题的语文教育战略予以调整、对建构性研究课题的语文教育素养予以明确、对建构性研究课题的语文教育举措予以推进的一种实践能力。为此，施教者在语文教育的"科研"中对建构性研究课题的语文教育战略予以调整、对建构性研究课题的语文教育素养予以明确、对建构性研究课题的语文教育举措予以推进时，不但要有激情的学术眼光而且要有理智的专业头脑。这种能力具体表现为：第一要拥有对建构性研究课题的语文教育战略予以调整的能力。建构性研究课题的语文教育战略中蕴藏着大量的问题有待研究，因而施教者至少既要对语文教育战略中的语言课程、文章课程、文学课程予以调整，又要对语文教育战略中的语言教材、文章教材、文学教材予以调整，还要对语文教育战略中的语言教学、文章教学、文学教学予以调整，从而探究建构性研究课题中的语文教育战略的问题。第二要拥有对建构性研究课题的语文教育素养予以明确的能力。建构性研究课题的语文教育素养中蕴含着不少的问题有待研究，因而施教者至少既要对语文教育素养中的日常语言、科学语言、艺术语言予以明确，又要对语文教育素养中的普通文章、专业文章、变体文章予以明确，还要对语文教育素养中的诗歌作品、散文作品、小说作品、戏剧作品予以明确，从而探究建构性研究课题中的语文教育素养的问题。第三要拥有对建构性研究课题的语文教育举措予以推进的能力。建构性研究课题的语文教育举措中蕴蓄着许多的问题有待研究，因而施教者至少既要对语文教育举措中的涵泳、熏染、浸润的渗透途径予以推进，又要对语文教育举措中的揣摩、陶冶、滋养的默化过程予以推进，还要对语文教育举措中的意会、领悟、品味的沉潜方式予以推进，从而探究建构性研究课题中的语文教育举措的问题。

第三节　语文教育的集纳文献能力

语文教育的"科研"能力中的集纳文献能力，是指施教者对原始性研究文献的集纳、检索性研究文献的集纳、参考性研究文献的集纳等予以得力，继而使之适合语文（语言、文章、文学）塑造"求真"、"向善"、"崇美"的创造性的人才和"健全的人格"的一种实践能力。这是语文教育的"科研"中的突出能力，因而施教者务必要重视这一能力的磨炼。施教者的语文教育的"科研"能力之一的集纳文献能力，主要表现在集纳原始性研究文献的能力、集纳检索性研究文献的能力、集纳参考性研究文献的能力等三个方面。以下依次予以展开：

一、集纳原始性研究文献的能力

集纳原始性研究文献的能力，是指施教者在语文教育中开展“科研”时对原始性研究文献的语文教育手稿予以搜寻、对原始性研究文献的语文教育笔记予以查找、对原始性研究文献的语文教育卡片予以整理的一种实践能力。为此，施教者在语文教育的“科研”中对原始性研究文献的语文教育手稿予以搜寻、对原始性研究文献的语文教育笔记予以查找、对原始性研究文献的语文教育卡片予以整理时，不但要有超前的学术眼光而且要有开阔的专业头脑。这种能力具体表现为：第一要拥有对原始性研究文献的语文教育手稿予以搜寻的能力。原始性研究文献的语文教育手稿中蕴藏着大量的问题有待研究，因而施教者至少既要对语文教育文献中的纸张上的手稿予以搜寻，又要对语文教育文献中的布帛上的手稿予以搜寻，还要对语文教育文献中的竹简上的手稿予以搜寻，从而探究原始性研究文献中的语文教育手稿的问题。第二要拥有对原始性研究文献的语文教育笔记予以查找的能力。原始性研究文献的语文教育笔记中蕴含着不少的问题有待研究，因而施教者至少既要对语文教育文献中的批注式的笔记予以查找，又要对语文教育文献中的札记式的笔记予以查找，还要对语文教育文献中的综合式的笔记予以查找，从而探究原始性研究文献中的语文教育笔记的问题。第三要拥有对原始性研究文献的语文教育卡片予以整理的能力。原始性研究文献的语文教育卡片中蕴蓄着许多的问题有待研究，因而施教者至少既要对语文教育文献中的目录式的卡片予以整理，又要对语文教育文献中的摘要式的卡片予以整理，还要对语文教育文献中的抄录式的卡片予以整理，从而探究原始性研究文献中的语文教育卡片的问题。

二、集纳检索性研究文献的能力

集纳检索性研究文献的能力，是指施教者在语文教育中开展“科研”时对检索性研究文献的语文教育书目予以搜寻、对检索性研究文献的语文教育题录予以查找、对检索性研究文献的语文教育索引予以整理的一种实践能力。为此，施教者在语文教育的“科研”中对检索性研究文献的语文教育书目予以搜寻、对检索性研究文献的语文教育题录予以查找、对检索性研究文献的语文教育索引予以整理时，不但要有长远的学术眼光而且要有精明的专业头脑。这种能力具体表现为：第一要拥有对检索性研究文献的语文教育书目予以搜寻的能力。检索性研究文献的语文教育书目中蕴藏着大量的问题有待研究，因而施教者至少既要对语文教育文献中的登记书目予以搜寻，又要对语文教育文献中的通报书目予以搜寻，还要对语文教育文献中的导读书目予以搜寻，从而探究检索性研究文献中的语文教育书目的问题。第二要拥有对检索性研究文献的语文教育题录予以查找的能力。检索性研究文献的语文教育题录中蕴含着不少的问题有待研究，因而施教者至少既要对语文教育文献中的书名题录予以查找，又要对语文教育文献中的著者题录予以查找，还要对语文教育文献中的主旨题录予以查找，从而探究检索性研究文献中的语文教育题录的问题。第三要拥有对检索性研究文献的语文教育索引予以整理的能力。检索性研究文献的语文教育索引中蕴蓄着许多的问题有待研究，因而施教者至少既要对语文教育文献中的篇名索引予以整理，又要对语文教育文献中的主旨索引予以整理，还要对语文教育文献中的语词索引予以整理，从而探究检索性研究文献中的语文教育索引的问题。

三、集纳参考性研究文献的能力

集纳参考性研究文献的能力，是指施教者在语文教育中开展“科研”时对参考性研究文献的语文教育期刊予以搜寻、对参考性研究文献的语文教育图书予以查找、对参考性研究文献的语文教育报纸予以整理的一种实践能力。为此，施教者在语文教育的“科研”中对参考性研究文献的语文教育期刊予以搜寻、对参考性研究文献的语文教育图书予以查找、对参考性研究文献的语文教育报纸予以整理时，不但要有严谨的学术眼光而且要有科学的专业头脑。这种能力具体表现为：第一要拥有对参考性研究文献的语文教育期刊予以搜寻的能力。参考性研究文献的语文教育期刊中蕴藏着大量的问题有待研究，因而施教者至少既要对语文教育文献中的重点期刊予以搜寻，又要对语文教育文献中的核心期刊予以搜寻，还要对语文教育文献中的一般期刊予以搜寻，从而探究参考性研究文献中的语文教育期刊的问题。第二要拥有对参考性研究文献的语文教育图书予以查找的能力。参考性研究文献的语文教育图书中蕴含着不少的问题有待研究，因而施教者至少既要对语文教育文献中的独立专著予以查找，又要对语文教育文献中的合作编著予以查找，又要对语文教育文献中的翻译著作予以查找，从而探究参考性研究文献中的语文教育图书的问题。第三要拥有对参考性研究文献的语文教育报纸予以整理的能力。参考性研究文献的语文教育报纸中蕴蓄着许多的问题有待研究，因而施教者至少既要对语文教育文献中的每日报纸予以整理，又要对语文教育文献中的每周报纸予以整理，还要对语文教育文献中的每月报纸予以整理，从而探究参考性研究文献中的语文教育报纸的问题。

第四节　语文教育的撰写论著能力

语文教育的“科研”能力中的撰写论著能力，是指施教者对争鸣型研究论著的撰写、发展型研究论著的撰写、开拓型研究论著的撰写等予以给力，继而使之适合语文（语言、文章、文学）塑造“求真”、“向善”、“崇美”的创造性的人才和“健全的人格”的一种实践能力。这是语文教育的“科研”中的核心能力，因而施教者务必要重视这一能力的磨炼。施教者的语文教育的“科研”能力之一的撰写论著能力，主要表现在撰写争鸣型研究论著的能力、撰写发展型研究论著的能力、撰写开拓型研究论著的能力等三个方面。以下依次予以展开：

一、撰写争鸣型研究论著的能力

撰写争鸣型研究论著的能力，是指施教者在语文教育中开展“科研”时对他人的研究很不明确与存在分歧的问题进行实事求是的否定，或者矫正语文教育“袭用通说”，或者更正语文教育“苟因旧说”，或者纠正语文教育“异见邪说”，从而得出鲜活性观点的一种实践能力。为此，施教者在语文教育的“科研”中对他人的研究很不明确与存在分歧的问题进行商榷时，不但要有逻辑的学术眼光而且要有哲学的专业头脑。这种能力具体表现为：第一要拥有对争鸣型研究论著的语文教育“袭用通说”予以矫正的能力。争鸣型研究论著的语文教育“袭用通说”中蕴藏着大量的问题有待探讨，因而施教者至少既要对语文教育“袭用通说”中的“滞说”予以矫正，又要对语文教育“袭用通说”中的“臆说”予以矫正，还要对语文教育“袭用通说”中的“诈说”予以矫正，从而探究争鸣型研究论著中的语文教育“袭用通说”的问题。第二要拥有对争鸣型研究论著的语文教育“苟因旧说”予以更正的能力。争鸣型研究论著的语文教育“苟因旧说”中蕴含着不少的问题有待探讨，因而施教者至少既要对语文教育“苟因旧说”中的“庸说”予以更正，又要对语文教育“苟因旧说”中的“瞎说”予以更正，还要对语文教育“苟因旧说”中的“乱说”予以更正，从而探究争鸣型研究论著中的语文教育“苟因旧说”的问题。第三要拥有对争鸣型研究论著的语文教育“异见邪说”予以纠正的能力。争鸣型研究论著的语文教育“异见邪说”中蕴蓄着许多的问题有待探讨，因而施教者至少既要对语文教育“异见邪说”中的“遮说”予以纠正，又要对语文教育“异见邪说”中的“歪说”予以纠正，还要对语文教育“异见邪说”中的“凿说”予以纠正，从而探究争鸣型研究论著中的语文教育“异见邪说”的问题。

二、撰写发展型研究论著的能力

撰写发展型研究论著的能力，是指施教者在语文教育中开展“科研”时对他人的研究语焉不详与一笔带过的问题做出更进一步的开掘，或者缀合语文教育“交界之区”，或者弥合语文教育“交接之处”，或者黏合语文教育“交汇之面”，从而得出真理性认识的一种实践能力。为此，施教者在语文教育的“科研”中对他人的研究语焉不详与一笔带过的问题做出更进一步的阐发时，不但要有战略的学术眼光而且要有精准的专业头脑。这种能力具体表现为：第一要拥有对发展型研究论著的语文教育“交界之区”予以缀合的能力。发展型研究论著的语文教育“交界之区”中蕴藏着大量的问题有待研究，因而施教者至少既要对语文教育“交界之区”中的“隧洞”予以缀合，又要对语文教育“交界之区”中的“涵洞”予以缀合，还要对语文教育“交界之区”中的“岩洞”予以缀合，从而探究发展型研究论著中的语文教育“交界之区”的问题。第二要拥有对发展型研究论著的语文教育“交接之处”予以弥合的能力。发展型研究论著的语文教育“交接之处”中蕴含着不少的问题有待研究，因而施教者至少既要对语文教育“交接之处”中的“空洞”予以弥合，又要对语文教育“交接之处”中的“漏洞”予以弥合，还要对语文教育“交接之处”中的“风洞”予以弥合，从而探究发展型研究论著中的语文教育“交接之处”的问题。第三要拥有对发展型研究论著的语文教育“交汇之面”予以黏合的能力。发展型研究论著的语文教育“交汇之面”中蕴蓄着许多的问题有待研究，因而施教者至少既要对语文教育“交汇之面”中的“白洞”予以黏合，又要对语文教育“交汇之面”中的“黑洞”予以黏合，还要对语文教育“交汇之面”中的“虫洞”予以黏合，从而探究发展型研究论著中的语文教育“交汇之面”的问题。

三、撰写开拓型研究论著的能力

撰写开拓型研究论著的能力，是指施教者在语文教育中开展“科研”时对他人的研究从未涉及与尚无接触的问题给予大胆谨慎的探索，或者细掘语文教育“空白之点”，或者耕耘语文教育“处女之地”，或者垦殖语文教育“洪荒之域”，从而得出前沿性结论的一种实践能力。为此，施教者在语文教育的“科研”中对他人的研究从未涉及与接触过的问题给予摄魂时，不但要有非凡的学术眼光而且要有脱俗的专业头脑。这种能力具体表现为：第一要拥有对开拓型研究论著的语文教育“空白之点”予以细掘的能力。开拓型研究论著的语文教育“空白之点”中蕴藏着大量的问题有待研究，因而施教者至少既要对语文教育“空白之点”中的“荒丘”予以细掘，又要对语文教育“空白之点”中的“荒坡”予以细掘，还要对语文教育“空白之点”中的“荒角”予以细掘，从而探究开拓型研究论著中的语文教育“空白之点”的问题。第二要拥有对开拓型研究论著的语文教育“处女之地”予以耕耘的能力。开拓型研究论著的语文教育“处女之地”中蕴含着不少的问题有待研究，因而施教者至少既要对语文教育“处女之地”中的“荒沟”予以耕耘，又要对语文教育“处女之地”中的“荒郊”予以耕耘，还要对语文教育“处女之地”中的“荒山”予以耕耘，从而探究开拓型研究论著中的语文教育“处女之地”的问题。第三要拥有对开拓型研究论著的语文教育“洪荒之域”予以垦殖的能力。开拓型研究论著的语文教育“洪荒之域”中蕴蓄着许多的问题有待研究，因而施教者至少既要对语文教育“洪荒之域”中的“荒地”予以垦殖，又要对语文教育“洪荒之域”中的“荒田”予以垦殖，还要对语文教育“洪荒之域”中的“荒滩”予以垦殖，从而探究开拓型研究论著中的语文教育“洪荒之域”的问题。

…………

综上所述的语文教育的“科研”能力，要求施教者在开展“科研”时对他人成果中问题的发现能力和教学场景中问题的发现能力及专家交流中问题的发现能力、对阐释性研究课题的选择能力和综述性研究课题的选择能力及建构性研究课题的选择能力、对原始性研究文献的集纳能力和检索性研究文献的集纳能力及参考性研究文献的集纳能力、对争鸣型研究论著的撰写能力和发展型研究论著的撰写能力及开拓型研究论著的撰写能力等务必要将其内化为一种自觉需要，并在铸就语文教育的“科研”能力上下深功夫，以期引导受教者有效地进入“人的发展和完整性建构”的全新境域[58]。

下篇

语文教育的具体应用

具体应用通常是指依据对象的整体性和局部性，有步骤地来操作使用。这一篇“语文教育的具体应用”分别展开了“语文教育的战略‘调整’”、“语文教育的智育‘求真’”、“语文教育的德育‘向善’”、“语文教育的美育‘崇美’”、“语文教育的课外拓展”等五章，属于语文教育的“运用”，应是全书的血液，也是语文教育学学科中必须解决的问题，更是着力阐发的重点所在。以下试图依次从几个方面予以论述：

第十章　语文教育的战略“调整”

语文教育的战略是施教者为实现语文教育目标而在语文（语言、文章、文学）中所呈现的本体质素，次第井然地来源于并分布于课程、教材、教学的三级体系中，既包括语文教育的战略“执行”，也包括语文教育的战略“创新”；既包括语文教育的战略“沿用”，也包括语文教育的战略“重构”。语文教育中的施教者要塑造受教者达到“求真”、“向善”、“崇美”的创造性的人才和“健全的人格”的基本要求，必须将其战略置于语言维度、文章维度和文学维度等三大层级[59]，并逐步地使之完成课程的教材化、教材的教学化、教学的智能化的“三化”任务。以下仅从语文教育的课程审视、语文教育的教材探赜、语文教育的教学实施等三个方面分别予以阐述：

第一节　语文教育的课程审视

语文教育的课程是指编制者为了更好地实现语文教育理念的需要而限定的内容、范围、分量、进程等的总和，即明确语文教育“应该教学什么”的问题。但是长期以来语文教育学学界对于这个问题的研究十分粗浅，以致出现“文学课程占70%、语言课程占20%、文章课程不到10%”的畸形结构，施教者不辨受教者对语文（语言、文章、文学）需求的主次先后、轻重缓急的差别。“健康的语文课程”的研究大大地充盈了语文教育的战略含义，这就为构建系统完整、要素分明的语文课程体系提供了学理支撑。作为“健康的语文课程”至少应包括语文课程的语言课程、语文课程的文章课程、语文课程的文学课程三大板块。下面依次予以展开：

一、语文课程的语言课程

语言课程，是语文课程最基本的不可忽视的内容。无论是以科学语言为主建构的文章作品，还是以艺术语言为主建构的文学作品，都是语言发展的产物。因此，语言课程应是语文课程的“老大”，理当成为语文教育研究的前沿课题。语文新课标没有开列出“语言课程”的清单，这样特意弱化语言课程的做法并不是语文教育走向科学化的步骤，是难以有效地提高语文教育质量的。语文教育中的语言课程，包括语音美、文字美、词汇美、语法美、修辞美、语体美等的系统教育。

语言课程，是语文课程的一个重要组成部分，包括语音、文字、词汇、语法、修辞、语体等要义。其一是语音、文字。语音即语言的声音，它是人的发音器官发出的表示一定意义的声音。在语文教育中，施教者必须由浅入深地引导受教者学习汉语拼音知识即字母、声母、韵母、声调、隔音符号及其拼读书写规则等知识，字音知识即同音字、近音字、多音字等知识，音节知识即单音节词、多音节词、古今音节词的组成变化等知识，古今读音发展变化知识即同音通假字中所需的古汉语音韵（侧重声母变化）知识，朗读知识即普通话（克服方言）、读准字音、感情（基调、色彩、态度等）、技巧（停顿与连接、重读与轻读、语气和语调、快慢与节奏、不同体裁作品的朗读等）等知识。这些是语音学所要研究的课题。文字，在中国主要指汉字，它是记录汉语的书写符号。在语文教育中，施教者必须依照汉字的造字规律，有计划地引导受教者学习汉字的构造知识，汉字的书写形式的演变知识，音同字、音近字、形似字、多义字等知识，辨认错别字的知识，汉字的查检及工具书的使用知识，汉字的辨误和规范书写知识，汉字的造字方法和构造、形体的演变知识，汉字意义的演变知识，汉字知识在语言中的运用知识等。这些是文字学所要研究的课题。其二是词汇、语法。词汇即语汇，它是一种语言里所有词的总汇。在语文教育中，施教者必须灵活多样地引导受教者学习词语的来源知识即古汉语词、方言词、外来词、专业词等知识，词语的意义知识即基本义（或本义）、引申义、比喻义、语境义（象征义、附加义、特指义、隐含义等）等知识，词语的发展知识即词义的扩大、词义的缩小、词义的转移等知识，词语的辨析知识即多义词、同义词、反义词等知识，词语的色彩知识即感情色彩、语体色彩、风格色彩等知识，词语的运用知识即范围、程度及修饰、选用等知识，词语的特殊形式知识即成语、谚语、歇后语、惯用语的使用等知识。这些是词汇学所要研究的课题。语法即文法，它是组词成句的规律。在语文教育中，施教者必须一步一步地引导受教者学习语素的概念、语素的形式、语素的用法等语素知识，词的构成、词的分类、词的语法结构功能与规则等词的知识，短语的分类、短语的多重性及构成规律、短语的语法结构功能与规则等短语知识，句子的语气、句子的作用、句子的结构等句子知识，句群与复句的区别、句群与段落的关系等句群知识等。这些是语法学所要研究的课题。其三是修辞、语体。修辞的突出标志是辞格，它是调整和修饰语言并使之更好地表情达意的技巧。在语文教育中，施教者必须贯彻题旨和情境的原则，引导受教者学习侧重意境上的修辞格（比喻、借代、比拟、摹状、对比、夸张、象征、设问、反问等）知识、侧重词语上的修辞格（双关、反语、拈连、警策、引用等）知识、侧重结构上的修辞格（反复、重叠、顶真、对偶、排比、层递等）知识，词语的修饰（语意明确、简明确切、平易简练等）知识，句式的修饰（主动句和被动句、肯定句和否定句、长句和短句、整句和散句、一般句和特殊句及不同句式的表达等）知识，篇章的修饰（文理通顺、结构妥帖、繁简适当、连贯得体等）知识。这些是修辞学所要研究的课题。语体即语言体式，它是使用语言进行交际时所形成的习惯用语、常用句式、结构体式等一系列运用语言的特点的综合体现。在语文教育中，施教者必须根据不同的语言环境，引导受教者有效地进行语言交流，不仅涉及内容，而且也涉及语言的本身，涉及语言材料及其表达手段、组合方式等的准确选择。根据交际领域、交际条件、交际方式、交际目的、交际任务和语言特点的不同，语体知识可分为口头语体知识和书面语体知识，其中口头语体知识又分为谈话语体知识、讨论语体知识、讲座语体知识，书面语体知识又分为事务语体知识、科技语体知识、政论语体知识和文艺语体知识。这些是语体学所要研究的课题。话说回来，基础教育阶段的语言课程，不一定像专业教育阶段那样要求系统地灌输语音、文字、词汇、语法、修辞、语体等语言知识，然而选择以上六个方面的最基本的语言知识，把它们组织成系列语言教材，分散地渗透到活生生的文章作品和文学作品中去，通过文章作品和文学作品的教学将它们化为受教者的实际言语能力（即口语交际层次），形成相对独立的语文课程是完全必要的和可能的。

二、语文课程的文章课程

文章课程，是语文课程的最根本的值得重视的内容。无论是普通文章，还是专业文章，甚或是变体文章，都是科学语言发展的产物。因此，文章课程应是语文课程的“主干”，理应成为语文教育研究的前沿课题。语文新课标没有开列出“文章课程”的清单，这样无端淡化文章课程的做法并不是语文教育走向科学化的步骤，是难以有效地提高语文教育质量的。语文教育中的文章课程，包括普通文章美、专业文章美、变体文章美等的系统教育。

文章课程，是语文课程的另一个重要组成部分。纵观我国语文课程设置的历史，从总体上讲，不论在古代的综合教育中，还是近代以来的语文学科教育中，文章作品作为课程一直是语文课程的主导。稍微知晓语文教育学常识的人，都会正视这一历史现象。在我国古代的综合教育中，原始巫学、先秦子学、两汉经学、魏晋玄学、隋唐佛学、宋明理学、清代朴学等所呈现的诸多文章作品作为课程既是语文课程的源头也是龙头。殷商时期的甲骨刻辞是我国现存的从盘庚迁殷至纣王灭亡的最早的档案文献，也是文章作品作为课程的最早形态。西周时期以“明人伦”而维护上下尊卑的社会秩序以及道德观念，大都将文章作品作为课程。春秋末年，孔子私学讲诵的主要是《诗经》、《尚书》、《礼经》、《乐经》、《易经》、《春秋》等“六经”，几乎是文章作品作为课程。汉代初年“罢黜百家，独尊儒术”，将儒家学说当成管辖全国的正统思想，也是以文章作品作为课程的。隋唐至明清时期主要以文章作品作为课程而推行科举取士，特别考查对五经义理的记忆和诠释，并应答时务策问，这就更使文章作品作为课程的主流[60]。在我国近代的语文课程中，1903 年语文教育独立设科，其语文课程的宗旨是“以资官科实用，但取理明辞达而止”。1909 年，蒋维乔主张语文课程应先学文章课程，它是人人必会的；后学文学课程，它不是人人必需的。1918年，刘半农认为语文课程中的文章课程是青菜黄米的家常便饭，它犹如“无事三十里”的随便走路；文学课程却是个肥鱼大肉，它好似“运动会场上大出风头”的一英里赛跑。1920年，陈启天在《中学的国文问题》中明确指出：“国文教授之主目的：①要能说普通言语；②要能看现代应用文和略解粗浅美术文；③要能作现代的应用文。副目的：①要启发思想，锻炼心力；②要了解和应付人生和自然。”由上可以看出，文章课程为主，文学课程为次，这是20世纪前期语文课程的基本事实。20世纪后期，或尊奉“似以语言文章为较切”[61]而将“成篇之书面语”的文章作品作为语文课程，或重视“意识修养”而把“领导人讲话选编”的文章作品作为语文课程，或注重“语言文学”而以“虚构作品”涵盖文章作品作为语文课程，或紧跟“政治风浪”而将“报刊集锦”的文章作品作为语文课程，或投入“文化大革命”而把“雄文四卷”的文章作品作为语文课程，或扩充“文学作品”而侵吞文章作品作为语文课程，等等。这些既歪曲了文章课程又误解了文学课程，导致语文课程的设置虽然经历了一条非常态的道路，但是终究未能改变文章作品作为课程在语文课程中的主体地位。在我国改革开放的新时期的语文课程中，就初小、高中的某一学段而言，就高小、初中的某一教段而论，就课外活动的某一项目来说，语文课程不一定是文章课程；然而，考察语文课程的全局，说它主要是文章课程，应该是确信无疑的。在进入21世纪初的语文教育中，尽管文章课程的理念被人为地严重淡化，以致其数不出子丑寅卯，文学课程则被过度强化，致使其可以开出长长的清单，但是在实践中以文章作品作为语文课程势必对于训练受教者的吸收（读、听）和表达（说、写）能力产生巨大的作用，因而文章课程始终是而且仍然是语文课程中无可争议的“主干”。文章课程的这种实践主流地位和理论缺席空位，要求我们切实从“双文教育”（文章教育、文学教育）知行统一的高度，保持文章课程与文学课程的平衡席位和协调发展，从而更好地使“健康的语文课程”彰显其特色。

三、语文课程的文学课程

文学课程，是语文课程的最核心的必须重视的内容。无论是诗歌作品、散文作品，还是小说作品、戏剧作品，都是艺术语言发展的产物。因此，文学课程早已荣列语文课程的“龙头”，理该成为语文教育研究的前沿课题。语文新课标仍单独开列出“文学课程”的清单，这样片面强化文学课程的做法或许并不是语文教育走向科学化的步骤，是难以有效地提高语文教育质量的。语文教育中的文学课程，包括诗歌美、散文美、小说美、戏剧美等的系统教育。

文学课程，是语文课程的又一个重要组成部分。这不仅仅是因为生命“未成年状态”的精神滋养，更是因为生命茁壮成长与全面发展的根脉浸润。人学视阈中的语文教育研究表明，一个真善美价值得到最充分体现的人是应该既与自然和谐又与社会依存还与身心协调的。也就是说，每个人的生命存在，犹如一株树的存在一样，枝叶的繁茂取决于根脉的纯正和躯干的挺拔。这就进一步昭示人们，“我们不单是靠吃米面而活着”，我们的生命更需要精神的浸润和灵魂的涤荡，需要“灯”的照亮，需要“情”的温暖，需要“滋味”的涵蕴，需要“审美”的开悟。当我们面对现实或者面向未来，文学课程具有的浸润性和召唤性，以及具有的引领性和修复性，则是我们不可忽视的。尤其是在我们吃饱了“米面”甚至于肠胃花花流油的时候，我们更是不能缺失了文学课程的精神导航以及开创未来。因此，文学课程要求施教者以古今中外的诗歌、散文、小说、戏剧等文学名篇、文学名著来熏陶受教者，并以此进而提高他们的文学水平。这种教育内容当然是重要的，也是必要的，但不应是唯一的或在整个语文课程中占绝对优势。因为以文学课程为“龙头”的语文教育虽有其正面作用——有助于个体修养的提高，但也有负面影响——为日后少数人使用的东西而传授得很多，将日后多数人使用的东西却传授得很少。基于此，21 世纪的语文课程应探讨由文学课程需求导向朝文章课程需求导向转型。需要指出的是，我们并没有极端到对文学课程的完全排斥，只是想根据它在整个社会生活中的需求来确定其在语文课程体系中的位置。语文课程所承载的是整个社会生活，文学课程只是其中的一部分，因而它在语文课程中也只能占一部分，但又是语言课程、文章课程向高层发展的部分。这一部分虽然不可或缺，但是也不可以任意放大。就语文教育的现状而言，文学课程或许被过度放大了，既没有根据它在社会生活中的实际作用来确定它在语文课程中应有的地位，也没有根据社会生活的实际需要来决定它在语文课程中的应有比例。或许我们应该借助于社会科学的统计方法来做一个调查，现代人所“读”的与所“写”的或者所“听”的与所“说”的到底是哪一类文体最多，哪一类文体次之，哪一类文体最少？然后根据这种比例关系来确定语文课程的开设。数据显示，不论是历来重视实用的美国、德国和加拿大等，还是一向看重文学传统的英国、法国和俄罗斯等，都不约而同地在学校的语文教育中减少了文学课程的比重，而有意识地增加了文章课程的分量。

第二节　语文教育的教材探赜

语文教育的教材是指编写者为了有效地显现语文课程所规定的诸要素并让施教者传授、受教者掌握而组织的材料，即解决语文教育“用什么去教学”的问题。但是长期以来语文教育学学界对于这个问题的研究最为虚弱，或以“文章作品”为主线而组建语文教材，或以“文学作品”为主线而组建语文教材，而严重地忽视了“话语作品”为主线而组建语文教材。“全面的语文教材”的研究大大地深化了语文教育的战略的意蕴，对语文教材的合理选择提供了向导作用，有助于其使用的实质化和具体化。作为“全面的语文教材”至少应包括话语作品的语言教材、文章作品的文章教材、文学作品的文学教材三大类别。下面依次予以展开：

一、话语作品的语言教材

语文教材的“荒原”——话语作品的语言教材，理当成为语文教育研究的崭新课题。“话语作品”是非文字化的语言教材，处于显性的语音流变状态，是有声无形的语言教材。在语文教材建设中，一直成为被遗忘的对象。在语文教育中，施教者与受教者之间听、说的比重约占75%，远远多于读、写。由话语的表达和吸收所产生的“话语作品”——这个最陌生的言语“新大陆”必须引起高度重视。语文教育中的话语作品是与文字作品（文章作品、文学作品）相对比而提出来的，它是三大“动态作品”（话语作品、文章作品、文学作品）中的一种原始“作品”、源头“作品”。

话语作品的语言教材，是语文教材的一个重要组成部分。“话语作品”是借用口头言语形式表达相对完整思想的交际手段，是指没有转化成文字作品（文章作品、文学作品）之前的“语音作品”。“话语作品”与漫无边际的闲言碎语不同，其题材必须围绕一个话题进行——如最短的一句话、一段话，最长的一篇讲话、话本联播，等等。它可大别为“实说的话语作品”和“假说的话语作品”两种，就像“文字作品”分为写实的“文章作品”和虚构的“文学作品”一样。其表达方式有朗读、背诵、复述、转述、概述、阐述，提问、发言、插话、声言、答辩，独白、对话、发布、宣告、广告，祝贺、致谢、诉求、请教，漫谈、攀谈、恳谈、访谈，播讲、宣讲、演讲、讲故事，即兴讲话、口头作文、专题辩论、答记者问，等等；其吸收方式有电话听记、口谕复述、谈话纪要、演讲速记、报告归旨、提问识别、答问评判、辩论臧否、电报破译、暗语明析、真话假话判别、善言恶语鉴别、美言丑话辨别，还有声音的长短、高低、强弱、色彩的分析和唇音、齿音、喉音、舌音、鼻音的分辨以及平声、上声、去声、入声的分别，等等。可以说，口语交际的场合、目标、机遇有多少，由此产生的话语作品的形式就有多少。这些语段，或短语，或句子，或句群，或等于自然段，或大于自然段，都独立成篇，尽管是特殊的“篇”，但它们都表达出一个相对完整的意思，或带上真挚、善良、美好的情感，或夹杂假心、恶意、丑陋的情感，在交际中确实发挥着传递不同信息的作用，且具有较高的真善美的价值。它是一个人的“口才”水平的标志和确证，也是一个人的“文才”水平的源泉和传播。话语作品与日常谈话的区别就在于其题材的集中性（围绕一个话题）、结构的完整性（至少有一个语段）、形式的片段性（特殊的“篇”或“章”）。日常谈话录制下来不能成为文章作品与文学作品，而话语作品录制成文字就变成了文章作品与文学作品。文章作品与文学作品既要以“话语作品”为前提，为泉源，又要借“话语作品”形式来演绎，来传播。例如，许多“名人文选”多是由谈话、讲话加工成的文篇，一些重要讲话和经典文章的播放，经典话剧的表演和长篇小说的播讲，都是由“话语作品”形成，又用“话语作品”形式来宣传的。语文教育研究一旦给话语作品以“鼎足”的语文教材地位，那么施教者在“言语听说训练”中引导受教者进行智育的“真”、德育的“善”、美育的“美”的教育，就有了巨大的空间，从而使语文教育的不可或缺的凭借物——语文教材不再是残缺不全的，而是完整和谐的。

二、文章作品的文章教材

语文教材的“主体”——文章作品的文章教材，理应成为语文教育研究的黄金课题。“文章作品”是“按照美的规律”建造的产物，是“任何一个种的尺度”和“内在的尺度”的和谐统一。在语文教材建设中，一直处于“半明半暗”的状态。学界熟知，语文教育中的主要凭借——语文教材主要是由写实的文章作品和虚构的文学作品共同组成的。语文教育中的文章作品是与诗歌、散文、小说、戏剧等文学作品相对照而提出来的，通常指普通文章（记叙文、说明文、议论文）与专业文章（新闻文、应用文、学术文）及变体文章（纪传文、科普文、杂感文）等“作品”。

文章作品的文章教材，是语文教材的另一个重要组成部分。纵览语文教材的发展演变的历史长河，便可知道文章作品在语文教材中始终占有举足轻重的地位。如果从文章学的视角来审察，甚至可以说，一部中国语文教材史，基本上就是一部文章教材史。首先，从我国古代的语文教材的文选系统看，比如蒙学读物《急就篇》、《三字经》、《千字文》、《增广贤文》、《十七史蒙求》、《幼学琼林》、《神童诗》、《文字蒙求》、《声律启蒙》等，虽有少量的文学作品，但大多是文章作品，这是我国语文教育中特殊的文章教材，或者可以算是准文章教材；又如《大学》、《中庸》、《论语》、《孟子》等“四书”和《诗经》、《尚书》、《易经》、《礼经》、《春秋》等“五经”，这是我国语文教育中早期的文章教材；再如《昭明文选》是我国现存的编选最早的一部诗赋文章总集，其中以文章作品为主，文学作品为次，这为后世语文教材的编选提供了可资借鉴的经验；还如《四书章句集注》确定了封建科举考试应试教材的体例，这是我国语文教育中产生过重要作用的又一部纯文章教材；另如《古文观止》为了解文化精髓和学习古代文章所必备，这是我国语文教育中的一部颇有影响的文章教材。如此等等，它们形成了我国语文教育的教材建设的文选传统。其次，从我国近代的语文教材的文选系统看，或以时代逆序选编文章作品，如林纾的《中学国文读本》和吴曾祺的《中学国文教科书》；或按体制分类选编文章作品，如谢无量的《新制国文教本评注》；或以现代白话选编文章作品，如洪北平的《中等学校用白话文范》；或以单元组合选编文章作品，如孙俍工的初、高中《国文教科书》，等等。它们是新学堂国文教材的文章作品编选的范本。再次，从我国现代以来的语文教材的文选系统看，或是新中国成立之初的重视思想教育，忽视文章作品的语文教材；或是学习苏联时期的注重语言文学，虚化文章作品的语文教材；或是“大跃进”中的强调政治挂帅，冲击文章作品的语文教材；或是调整以后的要求文质兼美，重视文章作品的语文教材；或是“文化大革命”中的夸大思想领先，歪曲文章作品的语文教材；或是改革开放大潮中的扩充文学作品，忽视文章作品的语文教材，等等。它们是我国文章教材曲折发展的历史见证。凡此种种，无不表明，文章作品在语文教材中是顶天立地、非仰视不可的“砥柱”；文学作品在语文教材中是秀美靓丽、令人艳羡的“碧玉”。在21世纪的语文教育中，语文教材编写者精选文章作品而编制文章教材，语文教育施教者依据文章教材训练受教者的吸收（读、听）和表达（说、写）能力，并进而塑造“求真”、“向善”、“崇美”的创造性的人才和“健全的人格”，必将成为我国语文教育的一大亮色——语文教材的传统特色。

三、文学作品的文学教材

语文教材的“主流”——文学作品的文学教材，理该成为语文教育研究的重要课题。“文学作品”指具有典范性、权威性、原创性的传世之作，尤其指那些形式或表达优美的“最有价值”的作品。在“全面的语文教材”建设中，一直处于“最熟悉”、“最诱人”的状态，这就自然导致写实的文章作品变成“在场的缺席者”的尴尬地位。语文教育中的文学作品是与普通文章（记叙文、说明文、议论文）和专业文章（新闻文、应用文、学术文）相对应而提出来的，是与“两栖性”变体文章（纪传文、科普文、杂感文）相交汇而提出来的，通常指诗歌、散文、小说、戏剧等“作品”。

文学作品的文学教材，是语文教材的又一个重要组成部分。文学教材是在人类历史发展过程中沉淀下来的并被绝大多数人们所认同、理解、学习和赋予永恒价值的典籍，是人类的智慧、精神和美感的结晶，无一不是蕴含着“真”、“善”、“美”因素的艺术样式，它所承载的价值应具有永恒性，所创作的内容应具有独特追求：首先，在反映生活的方式上，文学教材强调的“真实”是指艺术的真实。作家写进文学作品中的题材常常是真真假假，虚虚实实，“杂取种种，合成一个”，“往往嘴在浙江，脸在北京，衣服在山西”[62]，而非现实的照相或记录。也就是说，文学教材中刻画的人物是生活中可能有的，记述的事件是生活中可能发生的，展现的环境也是生活中可能存在的，但不能在现实生活中去“对号入座”，只要求体现历史的必然性，不要求具有客观的实在性，从而让受教者对文学作品中的人物、事件、环境等进行入情合理的推断，并获得广阔生活画面的美感信息。其次，在构思的方法上，文学教材注重的“典型”是艺术虚构的结果。作家往往根据创作的需要去塑造，不但可以塑造典型人物，而且还可以塑造典型环境。也就是说，文学教材的“典型”是从现实生活中“塑造”出来的，其创作原则是“更高，更强烈，更有集中性，更典型，更理想，因此就更带普遍性”[63]。如曹雪芹笔下的贾宝玉，鲁迅笔下的长妈妈，老舍笔下的程疯子，曹禺笔下的陈白露，海涅笔下的纺织工人……他们是客观世界的一部分，但又是客观世界的曲折、形象、集中而能动的反映，从而达到重重撞击受教者的心灵，并能令受教者久久回味的目的。再次，在社会的收益上，文学教材崇尚的“功能”是含蓄而蕴藉的。作家对生活的点点滴滴的喜怒哀乐以及各种爱恨情仇，都是寄寓在塑造的形象和描绘的场景之中的。也就是说，文学教材是间接地为社会服务的，是对社会生活而进行的折射反映。比如列夫·托尔斯泰的《安娜·卡列尼娜》刚刚问世，就引起了人们的广泛注意，甚而至于与他同时代的陀思妥耶夫斯基也无不认为，“作为一部应运而生的艺术作品是十全十美的”，现代欧洲文学中简直“没有一部类似的作品可以与之相媲美”[64]。这确实是一部伟大的文学作品，它留给我们的就是对过去那个时代的人的生活、人的情思、人的心态的或长或短的历史的回忆，因而受教者在接受文学作品时是随着内容的展现、形象的塑造、情节的转换、场面的烘托等而得到智慧的体验、精神的震动和美感的升华的，并进而获得一种深远而恒久的启示。施教者所熟知的现行语文教材，坚持选用古今中外的名篇佳作，其中文学作品的数量相当可观。论其内容，那哲理的透辟、思想的深刻、意境的美妙、构思的精巧等，历来沁人心脾；谈其形式，那词汇的丰富、句式的变化、篇章的严谨、体裁的多样等，一向悦人耳目。这套语文教材既是“社会底家庭教师”[65]，又是“人的生活教科书”[66]，不仅能让受教者认识大千世界，求得“真”，并促使其“探索品质的养成”；而且能让受教者明确荣辱是非，懂得“善”，并促使其“道德良知的觉醒”；还能让受教者享受精神愉悦，感到“美”，并促使其“自由心灵的建构”。它是实施文学教育的最可靠而又最有效的依据。但是，无论如何，语文学科的基础教育阶段的文学教材，从总体上宜保持与语言教材、文章教材的平衡发展乃至和谐发展。只有这样，才符合“语文教育的科学发展观”。

第三节　语文教育的教学实施

语文教育的教学是指施教者为了极佳地完成语文教材所约定的任务而向受教者传递的各种既真又善更美的信息，即弄清语文教育“实际教学什么”的问题。但是长期以来语文教育学学界对于这个问题的研究相对薄弱，或单一理解“语言教学”，或过于轻视“文章教学”，或迷茫曲解“文学教学”，致使语文教育质量一直处于“少”、“慢”、“差”、“费”之中。“完整的语文教学”的研究大大地充实了语文教育的战略的蕴含，能避免在语文教学选择上的盲目性，从而支持和达成语文教育目标。作为“完整的语文教学”至少应包括语文教学的语言教学、语文教学的文章教学、语文教学的文学教学三大支柱。下面依次予以展开：

一、语文教学的语言教学

语文教学中的语言教学是日常语言的教学、科学语言的教学和艺术语言的教学的合一。它是语文教育的本质所决定的任务，是整个语文教育的基础和核心。只有紧紧抓住这个基础和核心，才能有效地塑造出“求真”、“向善”、“崇美”的创造性的人才和“健全的人格”，以便更好地适应社会发展的需要。然而，在现行的语文教育中，对通过语言的教学来提高语文教育效率的重要性和迫切性还缺乏足够的认识，所以还有待于进一步的完善和修改。因此，语文教育中的语言教学必须着力于日常语言的教学和科学语言的教学以及艺术语言的教学。

（一）日常语言的教学

日常语言是指“张口便说、一听就懂”的语言，是个体能够“自明”和表达的一切“音符”的集合，是多种感官同时参与的“活语言”。它作为科学语言以至艺术语言的“元语言”，其直接性、灵活性、简洁性等特征是不能为其他语言所替代的。日常语言所具有的优越性是现实存在的，它不仅体现了一个人的文化素质，而且关系到一个人的整体形象，所以不能对其采取鄙视或不信任的态度。因此，语文教育研究要加强日常语言教学。施教者在语文教育中高度关注日常语言，既要讲究其“直接”又要注重其“灵活”还要推崇其“简洁”。

1.日常语言的教学要讲究“直接”

日常语言的讲究“直接”在于它的发话者和听话者处于同一时空结构中，因而其语词只具有提示性。它本身也许并没有多么丰富的内涵，但是却唤起了听话者对周围环境的注意，从而把注意力集中到与语词有关的诸多事物上。它的直接性在于视觉、听觉、触觉、味觉、嗅觉和心智等所有感觉、感受器官能同时发挥作用。在日常语言中，发话者不但以自己的嘴巴说话，同时还以自己的手势、眼神、表情、姿态、动作等表达自己的观点；即使是声音，其节奏的快慢、旋律的变化、音调的高低、音量的大小、响度的强弱等因素是同步呈现的，表明的不仅仅是“意思”，而且也是欲望、感情、情绪和意志等。听话者在这一时空结构的整体氛围和环境条件中，从发话者的直接表现中，从语言的全部因素中，感觉、感受和理解发话者的语言。日常语言的所有一切，都决定着听话者对这个语言信息的感受、理解和反应方式；而写在纸上的同一词语是绝对不具备这么复杂的意蕴和如此丰富的表现力的。因此，可以将日常语言理解为一种难以分解的综合语言，它永远是表现力最丰富的一种语言形式。当然，正因为日常语言的直接性，其必然包含传播范围的局限性，必然要失去其间接性。在某些日常语言信息无法分享的场合，在某些需要通过书信间接传递信息的场合，“坏事”也许成就了离间计的“好事”，比如《三国演义》中的马超与韩遂联合兴兵反曹的故事就可见一斑。曹操想要除掉武艺高强的马超，首先通过阵前与韩遂拉起家常往事（日常语言），让马超因无法分享信息而心生疑团；后来又给韩遂写了一封采用贾诩的“涂改计”而抹掉“紧要处”的书信（书面语言）。当马超从韩遂那里把书信要来时便引起了怀疑，认为韩遂与曹操之间有秘密交易，于是二人反目成仇，便大打出手，终于造成韩遂被迫投靠曹操、马超败北的局面。

2.日常语言的教学要注重“灵活”

日常语言的注重“灵活”在于它总是现场生成、随机应变的，这对于个体来说既是一种能动性又是一种创造性。日常语言是人类世代相传的经验凝聚而成的结晶，集结了人类的共同经验，并随着经验世界的发展，纵横展开，因而日常语言总是处于不断的发展之中。它表现在遣词造句上的个性、素养展示，提示方式上的角度、焦点选择，甚至还可以创新某种词汇，以表达某种“暗示”。事实上，日常语言的生成是如此的“自然”、“自由”，如此的“不费心机”、“水到渠成”，以至于大多数参与者感觉不到表达日常语言时的心智努力及社会化限制。在日常语言中，不管是个体的“音符”集合，还是群体、共同体的语言，其“音符”表征的概念总是在不断扩展和筛选之中；即使进入成人社会，不再有名义上的施教者指导，但是随着生活经验的增加、朋友之间的交流、群体之间的互动，再加上“学习型社会”所要求的终身学习和已经具备的“学会学习”能力，都会使个体和群体的日常语言处在动态发展之中。在通常情况下，日常语言对于新生个体而言是“自在的”、“给定的”、“自然的”。新生个体正是在这样的天然共同体之中而习得语言，完成个体的初步“社会化”过程。在某种程度上可以认为，日常语言制约着个体的现实状态并规限着个体的发展空间，日常语言塑造着个体的大脑并影响着个体的认知。反过来，个体的能动性和创造性也使日常语言表现出某种革命性，从而使个体在某种程度上拥有调整、建造、超越共同体语言的能力。如家长里短、婆婆妈妈的谈话虽然难免啰唆、重复、零碎，然而大多机敏、自如、现场生成，因而不能以此否定日常语言的灵活性。

3.日常语言的教学要推崇“简洁”

日常语言的推崇“简洁”在于它是最为“自明”、明了的语言，同时也是最容易学习、掌握的语言。飞速发展的时代更注意时间的快捷性，为了节省时间，为了输入的快捷性，于是简洁的日常语言便应运而生了。共同体成员如运用日常语言进行交流，那就不需要额外的阐释、说明。当一个新语汇不为“成员”所普遍认同时，那就需要阐释；而阐释的语言必须是共同体语言，即以已知阐释未知。日常语言的简洁性还表现为：各种“音符”表征的日常概念往往是具体的、形象的，有着明确的指称和经验支撑。另外，由于长期的进化和自然竞争，人类已经学会了如何运用最少的体力、心力来完成信息的传递，这就要求日常语言的指称最清晰、句子最简短、意义最“自明”，所以，日常语言往往是提示性的并辅以体态语言的“全语言”。事实上，日常语言是同一时空的、即时性的、“全语言”的信息传递，虽然有些“音符”仅仅靠听觉无法区分，但是“全语言”还涉及其他的感觉器官，因而信息的传递必然是简洁的。况且，即使真有含糊之处，听话者可以即时示意，说话者可以即时“矫正”。如果日常语言不能胜任，就没有其他语言能够表达清楚了。因为其他语言，包括哲学语言和科学语言等，都是以日常语言为基础的，而不是凌驾于日常语言之上的“空中楼阁”或高级语言。没有一个概念会“深奥”到不能“翻译”或“还原”成日常语言的程度。只有当一个概念的“内涵”、“外延”能够转换为共同体“自明”的日常语言之时，这一概念才能真正地走进共同体语言。换句话说，没有“转换”那就没有真正的理解、接受。日常语言往往发生在具体的语境中，不可能像“闭门造车”式的书面语言那样把来龙去脉都交代得层次分明，因而它的语言内容是突变的、跳跃的，因果关系是直觉的、经验的。

（二）科学语言的教学

科学语言是指用于一些严格规范的会议纪要、行政公文、科学演说、专业期刊、教学用书、学术论著中的语言。它作为一种严密的、周到的语言表达体式，尤其遵循“定法”、“以理造言”、语义稳定等特征是其他语言无法替代的。科学语言朝着客观的方向行走的优势，要求尽量用准确、详细、具体的语言去表述、描写、反映所要传达的事实、态度、情感等，并使之建立在艺术语言的基础之上。因此，语文教育研究要加强科学语言的教学。施教者在语文教育中高度关注科学语言，既要遵循其“定法”又要看重其“理性”还要崇尚其“单义”。

1.科学语言的教学要遵循“定法”

科学语言遵循“定法”在于它要严格遵守语法规则和逻辑形式，通过正常的语言格式，准确精练地表述事实或推求事理。其表述功能是通过语言的所指功能加以实现的，主要采用合乎语法与逻辑的语言形式。科学语言通过其指称功能，在符号与符号之外的现实世界之间建立起一种稳定常态的关系；科学语言使用规范的语言形式，尽力真实而逻辑地传递信息；科学语言遵循严格的语言标准，力求明确而直接地传递信息。科学语言的“定法”包括两个方面，首先要求严格遵循语法和逻辑常规，打破规则即被视为不合规范化；其次是术语与专门语的大量使用。术语与专门语都是规范化的，不能任意创造，要遵循约定俗成的原则。科学论述中的专门语，如“综上所述”、“举例如下”、“理由如下”、“略加分析”、“由此可知”等都是程式化的语言，甚至常用的句型、句式也是程式化的。这就是科学语言的“定法”，与它的实用目的是相适应的。科学语言之所以是一种真实的陈述，就在于它与现实世界特定的对象相联系，并且符合客观事实。科学语言既然要表达客观事物，这就使得它必须准确、客观、科学，不带有个人情绪，不受时间、地点、语境等条件的影响。比如指称“笔架”为“用陶瓷、竹木、金属等制成的搁笔或插笔的架儿”，那么，凡是符合“用陶瓷、竹木、金属等制成的搁笔或插笔的架儿”这个定义的东西，我们都称之为“笔架”。不能因为这个东西放在山上，或者不在说话者的周围就说这不是“笔架”了。就本质而言，科学语言因其与生俱来的客观性、准确性，就不会给人留下像艺术语言那样的想象空间。从功能来说，科学语言的语义只有是稳定的，这样才能满足人们交际的需要。随着社会生活节奏的加快，科学语言虽然也相应地变化着，但是其稳定性还是不容置疑的。

2.科学语言的教学要看重“理性”

科学语言看重“理性”在于它要运用语言的组合结构、句式等语法规则来进行判断、推理、预言，因而是一种理性化、模式化的语言。大量科学性与知识性论著中的语言、某些人工语言，以及用来研究语言现象的元语言，都具有理性功能，总是追求一种概括性、抽象性、普遍性、合逻辑性的标准。科学语言通过运用语言的抽象性、概括性来形成概念，这就决定了它必须遵循着一定的语法规则，并使其表达含义的明确和固定，从而可以胜任有余地充当交流沟通的媒介。但正是这种表达含义的固定和明确以及逻辑结构，才使科学语言无法充分完成表现情感的功能。在科学语言的陈述中，语言仅仅起着一种符号的作用，即语言是信息的载体，通过语言的媒介作用来传递信息。除了这种传递功能之外，它本身并没有独立的价值。另外，科学语言仅仅是为了传递信息，而不是为了专注传达情感。对于科学语言来说，情感效果是不重要的，这就要求作者应努力排除主观情感因素的渗透，力求客观而科学地陈述，因而在遣词用语时应是客观的、中性的，既不含主观感情色彩，也不带任何形象色彩。科学语言的陈述要求具有严密的逻辑性和真实性，必须用简洁、明了而又符合“理性”的方式传递信息。可以这样说，理性思维创造出符合理性要求的科学语言，非理性思维即情感思维创造出符合情感要求的艺术语言。这就是说，科学语言遵循着常识逻辑，而艺术语言则遵循着情感逻辑。科学语言的认识方法是作者通过归纳概括，并从复杂的事物或直接经验中，获取抽象的或推理出新的概念，那么作者所获得的信息仅仅是理性的反映，只有筛选掉个人的情感及外在干扰等因素，才能获取相对客观的信息。这个过程必须遵守逻辑所揭示的思维规律，必须注重抽象地反映客观事物的“理性”意义。

3.科学语言的教学要崇尚“单义”

科学语言崇尚“单义”在于它要以“辞达”为目的，不大追求语言的修辞与文采，即使出现审美的效果也是从属于其实用目的的。科学语言为实现准确表述事实的功能，一个“能指”只能表示一个“所指”，反过来一个“所指”也只能被一个“能指”所表示，它们之间是互指的，在法律法规性文件中尤其讲究。这就是科学语言符号的单义性，违背了这一条，它就无法准确、客观地把事实陈述出来。而在艺术语言符号系统中，往往呈现出歧义性、多义性和模糊性。也就是说，一个“能指”绝不仅仅只对应于一个“所指”，一个“所指”形式所包含的“能指”内容，完全可以因人、因事、因时、因地、因情、因境而变，这对作者和接受者都是如此。朱光潜在《咬文嚼字》一文中曾指出，词有直指意义和联想意义。直指意义是载在字典里的，是固定不变的，而联想意义则是在历史过程中所累积起的种种关系，它是游离变化的。科学语言非常讲求精确，越是限于直指意义就越精确，而艺术语言则还要追求联想意义，即含糊不定而意蕴丰富。在科学语言的陈述中，其意义仅由它的文法结构和逻辑结构所唤起，而在艺术语言的描述中，其意义不仅由文法结构和逻辑结构所唤起，还从对它的联想中被唤起。历来的艺术语言，尤其是诗歌的语言，往往讲求含蓄蕴藉，意在言外，作者大多运用隐喻、暗示等手法，从而造成语义的模糊朦胧，难以确定。科学语言则必须做到意义单一、精确，必须避免含糊、隐晦现象的出现。在科学语言的陈述中如果出现含混、多义的现象，那就是表述不准确的结果，极有可能带来严重的后果。当然，在科学语言的陈述中也间或使用模糊语言，那是为了更精确地显示语言的弹性。这种弹性语言往往是刚性语言的必要补充，总是以崇尚“单义”为其宗旨。

（三）艺术语言的教学

艺术语言是指作者在特定语境中为了表达情思而对常规语言有所违背并具有美学效应的语言，它表面上虽然悖于常理、用词反常、句子结构有意残缺，但是它的深层却有着特殊的含义。这种语言是一种超越性的语言形态，其寻求“变异性”、“吁情性”、“隐指性”

等特征是不能为其他语言所替代的，它超越了现实世界而进入人类的精神世界，最大限度地释放了语言的深层信息和审美潜能。因此，语文教育研究要加强艺术语言的教学。施教者在语文教育中高度关注受教者的艺术语言的教学，既要追求其“活法”又要着重其“感性”还要找寻其“多义”。

1.艺术语言的教学要追求“活法”

艺术语言追求“活法”在于它要娴熟地驾驭语言为其所用，从而冲破语言常规，打烂语言框架，在语义的指引下突破固有模式的局限，而这种现象在科学语言的陈述中是不允许出现的。艺术语言从语言的组合和结构形式上来看，它是对常规语言的超脱和违背，一般通过反映客体的疏离，来达到对心理世界的描述。因此，它往往超越语言规范，不以语法为据，而以“心法”为准，从而追求更高的社会规范，以期表达难以言说的意义。这就是说，艺术语言不是对现实的描摹，而是作者的再创造，这就使得它比科学语言更灵活、更形象、更生动。所以在许多文学作品里，我们常常可以看到一些不合乎通常的语法习惯的句子，有时甚至去冒犯一般的语法规范而有意创新。例如鲍鹏山在《庄子：在我们无路可走的时候》中这样写道：“是的，在一个文化屈从权势的传统中，庄子是一棵孤独的树，是一棵孤独地在深夜看守心灵月亮的树。当我们大都在黑夜里昧昧昏睡时，月亮为什么没有丢失？就是因为有了这样一两棵在清风夜唳的夜中独自看守月亮的树。……一轮孤月之下一株孤独的树，这是一种不可企及的妩媚。”在这个句子中，“庄子是一棵孤独的树”、“看守心灵月亮的树”、“月亮为什么没有丢失？就是因为有了这样一两棵在清风夜唳的夜中独自看守月亮的树”等，或搭配不当，或不合逻辑，都没有遵循科学语言的语法规范，呈现出的虽然是一种表面上的悖理，但是它们却借助特定的语境，使变异化的语言蕴含深意。在文学作品里，这种对语言常规的偏离现象是常见的，如许多现代派小说为了真实地表现人物复杂的心灵世界，常常追求“活法”，于是大量使用偏离语法常规的句子，甚至显得颠三倒四而语无伦次，以追求新颖独特的语言个性为目的。如果说科学语言的语序必须一丝不苟的话，那么艺术语言就会呈现出对常规语序的反叛，正如韩愈所说的“言必己出”那样。

2.艺术语言的教学要着重“感性”

艺术语言着重“感性”在于它要表现一种独特的“有意味的形式”，是属于作者个体的和情感化的。艺术语言在本质上是非逻辑的、非推理的，即使出现逻辑推理的现象，也是从属于情感意义，并用于激发情感态度的。艺术语言因情而生，离形昭神，能表现作者的深层意识，侧重于表达情感并以传递情感为目的，因而大量使用带有情感色彩和形象色彩的词语，从而造成一种强烈的审美效果。而科学语言是从成千上万的日常交际言语中筛网过的，遵循的句式和分析的对象只是留在筛网眼上的有限句子，是一种语言系统中的符号化的尝试句。这就是说，我们绝不能以一种静态的方式把艺术语言定义为一个固定的语法体系或逻辑体系，必须在它的交际运用中，也就是在言谈的活动中去考察它，并使这种活动总是浸润着作者的情感及生命整体。艺术语言的结构的变异和偏离，无不暗示着作者的情感、感受、旨趣的异常性。艺术语言的情感是创造性的情感，是一种让我们在生命中而感受到的情感，无不具有含蓄之美、空灵之美和弹性之美。从这一意义上说，艺术语言实际上是把日常语言转化为充满诗意的变异化的语言。艺术语言的主要任务不在于对事实做出客观的报道，例如李白的《北风行》中的诗句“燕山雪花大如席，片片吹落轩辕台”，从科学语言的陈述来看，这显然是荒谬的，但作者主要是为了传达一种面对北国大雪的惊叹之情，而不是报告发生的事实。艺术语言源自作者的心灵的起伏、情感的波动，能够表达作者的心理世界，能够使作者的知觉欲望、自我意识和世界意识等得以呈现，并进而带领接受者立体地体验着、感悟着人们的内心深处。艺术语言作为“表现性”的语言形式，它讲究和追寻的就是情感的逻辑，其实质在于作者的心理机制与思想情感的相融相通，这就自然实现了普通心理过程与情感共鸣的统一。所有这些，足以说明它与科学语言是截然不同的。

3.艺术语言的教学要找寻“多义”

艺术语言找寻“多义”在于它要经常采用一些曲折迂回的手法来表达意思，并使所表达的意思不费一番思索和揣测就很难把握到。艺术语言的语符与语义之间的对应关系却不那么直接、不那么确定，这就是艺术语言的多义性。艺术语言的多义性，一方面是作者在表意时的自觉追求，另一方面是接受者在欣赏时的审美需求。从作者的角度来讲，是艺术语言与作者的智慧、情操、美感的表意策略，往往是“言有尽而意无穷”、“言在此而意在彼”，常常是“深文隐蔚，余味曲包”、“不着一字，尽得风流”；从接受者的角度而言，是艺术语言与接受者的审美要求有关，接受者可以从艺术语言通过形象所指涉的内容具有某种不可穷尽性的特点中获得更多的想象与回味的余地。学界熟知，艺术语言的语义具有最大限度的开放性，它是用情感和美感来创造自己的意义世界的，旨在强化和深化它的审美效果和艺术魅力。例如泰戈尔的《吉檀迦利》之二十八：“罗网是坚韧的，但是要撕破它的时候我又心痛。我只要自由，为希望自由我却觉得羞愧。我确知那无价之宝是在你那里，而且你是我最好的朋友，但我却舍不得清除我满屋的俗物。我身上披的是尘灰与死亡之衣；我恨它，却又热爱得把它抱紧。我的负债很多，我的失败很大，我的耻辱秘密而又深重；但当我来求福的时候，我又战栗，唯恐我的祈求得到允诺。”作者的诗里边真正想要表达的准确含义是什么，我们可以从作品的名字来推断，这是向神敬献的“生命之歌”；也可以从其他的角度去猜测，比如写给那些正直、诚实、善良等人性的诗。针对这种艺术语言的语义的活跃性，究其具体原因，在于艺术语言的语义具有延展性，它的语义是十分丰富的，不可能用一个简单而又统一的答案来理解。也正因为如此，才会有研究《红楼梦》的红学家们的诸多争议，也才会有“说不尽的莎士比亚”之情形。

二、语文教学的文章教学

语文教学中的文章教学是普通文章的教学、专业文章的教学、变体文章的教学的统称。它既是传统语文教育的“正轨”，又是现代语文教育的“正宗”，还是当代语文教育的“正课”，可以说从古至今都是语文教育的主要部分。遗憾的是，在现行的语文教育中却有意回避文章教学，导致文章教学实际的存在而没有应得的名分。我国在向“构建和谐社会”进军的又一次伟大长征中，对于文章教学的研究，尤其显得必要。在21世纪的语文教育中，教学目标由语言、文学向文章转移，读写听说训练向交际、应用倾斜，必将成为国际性的共同的大趋势。因此，语文教育研究的文章教学必须着力于普通文章的教学和专业文章的教学以及变体文章的教学[67]。

（一）普通文章的教学

普通文章既指以记载人物、叙写事件、描述景物等为特定对象来展现人物风貌、再现事件始末、呈现景物状态的记叙文，又指以解说实物、知悉风景、讲明事理等为特定对象来了解客观实情、分析因果关系、揭示内在规律的说明文，还指以证实通理、阐发情理、道出哲理等为特定对象来传达某种观点、表明某种意见、提出某种主张的议论文，这些都是文章学值得重视的品类。基于此，语文教育研究要加强普通文章的教学。施教者在语文教育中高度关注受教者的普通文章的教学，通常是指记叙文的教学、说明文的教学和议论文的教学。

1.记叙文的教学

记叙文作为展现人物风貌、再现事件始末、呈现景物状态的普通文章之一，是指以记载人物、叙写事件、描述景物等为特定对象的。它不但具有交代的完整性的特质，而且具有凸现的具体性的特质，更加具有勾勒的鲜活性的特质，是生活之中常用的一种文体，应成为其他文体发展的基础：举实例、说过程，要叙述；摆事实、明道理，要叙述；展示环境、概括情节，要叙述；刻画形象、抒发感情，也要叙述。这就要求施教者在语文教育中必须不断地增进普通文章中的记叙文的有用性的认识，并通过记叙文的教学，培养受教者长于叙述的人称、顺序、线索、详略等，进而提高他们的客观叙述的能力。因此，语文教育中的普通文章教学必须着眼于记叙文的教学，其要点是：

（1）记叙文的教学要把握基本类型

记叙文的基本类型既指其具有记人性的类型，又指其具有叙事性的类型，还指其具有绘景性的类型。这与文艺学尽最大的力量而关注的品类——诗歌、小说、戏剧等以虚构为主的文学作品的基本类型是有所不同的。以下主要从记叙文的教学要把握记人性的类型、记叙文的教学要把握叙事性的类型、记叙文的教学要把握绘景性的类型等三个方面予以阐述：

第一，记叙文的教学要把握记人性的类型。记人性的类型的记叙文，就是作者通过容貌体形、神态表情、举止行为、言语习惯、心理活动甚至服饰配搭等的叙写，进而反映人物的个性特点或思想品质。像阿累的《一面》和刘向的《唐雎不辱使命》等就极具代表性。如《一面》一文，作者记叙了鲁迅的外貌、语言、动作以及自己的感受。特别是六次的外貌描写，由远及近，由粗到细，逼真传神，有一种“一面”胜似数面的感觉。第一次是在远处、在暗中，自己于无意之中“望了一下”鲁迅，因而相当“模糊”，只能从整体上勾勒出他的身材、年龄。第二次是在近处、在明里，自己是有意识地观察鲁迅，于是重点对他的面容、精神和气质予以由形入神的描写。第三次更近了，自己是面对面地“惊异”地望着鲁迅，这时的观察更加具体、仔细，甚至连烟嘴是“黄色”的、装烟的一头已被“熏黑”也看得清楚了，形象更加完整清晰。这三次的外貌描写，都抓住了鲁迅“瘦”的特点。另外，还有三处描写鲁迅的“瘦”，像他递《铁流》给自己之时，出现“竹枝似的手指”，这是用比喻描写“瘦”；他点头默认身份之后，自己“又仔细地看他的脸——瘦！”当自己掏出银元放到他的手上之时，看到“他的手多瘦啊！”这三处的外貌描写，犹如电影艺术里的特写镜头，真正做到了整体画面与集中穿插的紧密配合。作者这样叙写，施教者引导受教者读之，他们定会对文中的主要人物——鲁迅留下深刻而难忘的印象。又如《唐雎不辱使命》一文，作者记叙了作为小国之臣的唐雎尊奉安陵君之命，在秦王寻衅威胁的情势之下出使秦国的经过。他面对秦王的骄横欺诈，不可一世，则寸步不让，据理力争，最终折服了秦王，这就解除了与秦国之间的矛盾，尽显了维护国土的严正立场和不畏强暴、敢于斗争的布衣风采，揭示了弱小国家——安陵能够在外交上战胜强大秦国的原因。文中着力叙写了秦王和唐雎这两个对立的人物。秦王的骄横、狂妄、狡诈和前倨后恭，有力地反衬出唐雎的沉着、镇定、坚强无畏。像文中叙写秦王盛气凌人，责备、威胁安陵君，作为安陵君的全权使者唐雎则大义凛然，从容不迫。当秦王的威严受挫之后，便恼羞成怒，以“天子之怒”相威胁，企图使唐雎屈服于他的暴力，可是唐雎不卑不亢，毫不畏缩，针锋相对地进行反击。他说到做到，“挺剑而起”，要跟秦王拼命，这就表现了唐雎的无惧生死、义无反顾。秦王在唐雎的义勇行动的胁迫之下，只得赶紧“色挠”而对着他“长跪而谢”，这有力地反衬出唐雎的坚毅顽强、大义凛然。作者如此叙写，施教者引导受教者读之，他们定会敬佩赞叹一个具有独立人格和抗争精神的崇高形象。

第二，记叙文的教学要把握叙事性的类型。叙事性的类型的记叙文，就是作者通过叙述某一事件的始末过程或具体细节，并着力于事件多方面的思想意义的探求，进而凸显人物的最动人的“闪光点”。像曹余章的《唐玄奘西行取经》和宋濂的《送东阳马生序》等就极具代表性。如《唐玄奘西行取经》一文，作者记叙了唐朝玄奘僧人去西天取经的艰难过程和卓绝表现。玄奘抱着如不至佛教的起源地天竺就不东归的决心，于公元629年离开都城长安，经过甘肃、新疆，越过天山、帕米尔高原，穿过阿富汗、巴基斯坦，最终抵达印度。他在印度前后待了15年，勤奋学习印度佛教的经典，并于公元645年带着658部佛经回到了长安，一路之上跋山涉水，风餐露宿，降妖捉怪，斩邪除魔，是非常困苦的。他还同助手一起花了20年时间，翻译出佛经1335卷，这些佛经成为研究印度半岛各国古代文化的重要史料。另外，玄奘以亲身见闻写成的《大唐西域记》，记载了他亲自到过的110个国家与听到过的28个国家的风土、人情、历史、地貌等内容，是研究当时的中亚和南亚各国，特别是研究印度历史与地理的珍贵文献。印度学者认为，他的《大唐西域记》照亮了印度的汗青，是鲁迅所称道的“舍身求法”的第一人，不愧为沟通中印文化的使者。他无疑是文化史和佛教史上的一座丰碑，被誉为“中国佛学界的一代伟人!”作者这样叙写，施教者引导受教者读之，他们定会从中领会玄奘严谨治学、百折不挠的勤奋精神。又如《送东阳马生序》一文，作者记叙的是自己告老还乡的第二年，应朱元璋之诏从家乡浦江到应天去朝见之时，遇上同乡晚辈马君则前来拜访，于是便向他介绍了自己早年虚心求教和勤苦学习的经历，具体地述说了自己借书求师之难，饥寒奔走之苦，并将这些与太学生优越的条件加以对比，有力地说明了学业能否有所成就，关键在于自己的主观努力，而不在于天资的高下和条件的优劣，以此勉励马君则珍惜良好的读书环境，潜心治学。作者在说理上也不是凭空论道，而是善于让思想、道理从事实的叙述之中自然地流露出来。而在事实的叙述之中，又善于将概括的述说与典型的细节描绘有机地结合起来，不但能突出重点，以体现其深度；而且能顾及全局，以体现其广度。当说到读书之难时，作者在概括地叙述了自己因家贫无书，不得不借书、抄书，计日以还的情形后，便通过“天大寒，砚冰坚，手指不可屈伸，弗之怠”一个典型的细节描写，让人们既对作者艰苦学习的情况有整体的认识，又对其中重点“细节”留下深刻的印象。作者如此叙写，施教者引导受教者读之，他们定会体悟文中所讲述的执着求学之志和殷殷劝勉之情。

第三，记叙文的教学要把握绘景性的类型。绘景性的类型的记叙文，就是作者通过景物的形神特征、空间布局、总体氛围、节奏韵律以及审美格调等的叙写，进而展示人物的思想情感或性格气度。像曹敬庄的《索溪峪的“野”》和苏辙的《黄州快哉亭记》等就极具代表性。如《索溪峪的“野”》一文，作者叙写了山、水、野物及人的“野”，体现了一种天然之美。像“几十丈高的断壁悬崖拔地而起，半边悬空的巨石在山风中摇摇晃晃，游人仰头而掉帽，望石而惊心”。句中从断壁悬崖、悬空巨石以及游人感受等方面集中绘就了索溪峪的恐怖惊险，气势盛大。像“索溪像是一个从深山中蹦跳而出的野孩子，一会儿缠绕着山奔跑，一会儿撅着屁股，赌着气又自个闹去了”。句中凸显了溪水的野性美，显得顽皮可爱，形象逼真，活灵活现。像“那些大大小小的猴子，在我们头上的树枝间跳来跳去，亲热的劲头难以言状……一只小猴子竟恶作剧地撒起尿来”。句中的猴子自由自在、浪漫恣意、放肆无忌，尤其是“特殊举动”吓得行人中的女同胞惊叫一声，便慌忙地离开。像“遇上突然横在面前的山溪，一队人全都手提皮鞋、丝袜，踩着乱石，从齐膝的水中蹚过去……满山的嘻嘻哈哈，满溪的亲亲热热”。这句话写出了优美的大自然净化了人们的心灵，致使他们攀缘蹦跳、光脚蹚河、返璞归真，欣然陶醉于索溪峪的山水之中。作者这样叙写，施教者引导受教者读之，他们定会不但能深感其身心震颤，而且能顿觉其乐趣无穷。又如《黄州快哉亭记》一文，作者紧紧围绕“快哉”二字来行文，尤其在叙写景物之时，有眼前的景致，有历史的遗迹，显得有开有合，有张有弛，疏密相间，升腾跌宕。它既能曲肖其景，又能不实不死，真正地做到了景中有情，情中有景，情景俱出，境界深远。具体地说，有三个特点：首先，叙写浩瀚壮阔的长江之时，则突出其风云开阖。波浪汹涌本来已够壮丽，而时隐时现、变幻不定的风云更是雄奇。像“今乃得玩之几席之上，举目而足”一句中“玩”与“足”两字，就自然流露出的“快哉”亭之喜。其次，叙写两岸冈峦的山林之时，则突出其明丽清晰。向西眺望武昌的群山，山脉蜿蜒起伏，草木成行成列，烟消云散，阳光普照，捕鱼、打柴的村民房舍，都可以一一数清。对此山光水色，登临者谁都会“快哉”于心。再次，叙写历史留下的痕迹之时，则突出其流风遗韵。像长江岸边古城的废墟，既是曹孟德、孙仲谋傲视群雄的所在，又是周瑜、陆逊驰骋战场的地方，那些流传下来的风范和事迹，也足以使世俗之人感到“快哉”。作者如此叙写，施教者引导受教者读之，他们定会深深景仰文中那虽有愤懑不平之气却难显伧父的面目。

(2) 记叙文的教学要把握大体结构

记叙文的大体结构既指其具有时序式的结构，又指其具有空序式的结构，还指其具有时空式的结构。这与文艺学尽全部的心力而关注的品类——诗歌、小说、戏剧等以虚构为主的文学作品的大体结构是有所差异的。以下主要从记叙文的教学要把握时序式的结构、记叙文的教学要把握空序式的结构、记叙文的教学要把握时空式的结构等三个方面予以阐述：

第一，记叙文的教学要把握时序式的结构。时序式的结构的记叙文，就是作者或从顺时针方向的顺进序次即按照时间先后的顺序，或从逆时针方向的逆进序次即开篇倒叙然后再按照时间先后的顺序展开。像李星华的《十六年前的回忆》和周密的《观潮》等就极具代表性。如《十六年前的回忆》一文，是作者于 1943 年为追忆其父亲李大钊被奉系军阀张作霖迫害致死十六周年而写的。她依照时间顺序记叙了父亲李大钊从 1927 年 4 月 6 日被逮捕一直到 28 日在北京英勇就义的经过，其敬佩之情是油然而生的，感恩之心是连绵不绝的。她首先叙写了父亲李大钊迅速烧掉文件和书籍，以及工友阎振三被抓走的情况；然后叙写了父亲李大钊被逮捕之时的情形，主要表现了敌人的凶狠残暴，他则处变不惊；接着叙写了父亲李大钊在法庭上与敌人斗争的情景，主要是表现了他的镇定沉着；最后叙写了父亲李大钊遇害之后的情况，主要是表现全家人的无比悲痛。作者尤其是叙写了父亲李大钊在法庭上的表现：他虽然遭受了严刑拷打，但是毫不动摇，意志如山；他面对家人之时，用“安定”与“沉着”感染着亲人，使之化悲痛为力量。作者采用第一人称而叙写父亲李大钊被迫害直至死亡的全过程，其内容是真实可信的，因而有很强的史料价值，充分体现了他在敌人面前坚贞不屈的精神以及自己的痛彻骨髓的怀念。作者这样叙写，施教者引导受教者读之，他们定会为革命者李大钊不幸被恶人杀害深表惋惜与气愤！又如《观潮》一文，作者按照潮来之前、潮到之时、潮退之后的时间顺序而叙写。首先，叙写了海潮的壮观景象。采用动态的“镜头摄像法”展示它“仅如银线”的初来之状，“既而渐近，则玉城雪岭”的已来之状，又配之以“大声如雷霆”的“音响效果”，收到了令人们视听应接不暇的艺术功效。其次，叙写了水军演习的动人情景。既有“艨艟数百”上的乘骑们挥旗、舞刀、弄枪于水面的场面，又有假设军事演习的两军交战的场面，还有“敌船”逃遁而销声匿迹的场面，使人们如同亲眼所见这一番水战那样。再次，叙写了弄潮健儿的英姿飒爽。使用一系列动词蝉联而下，“披发文身”状弄潮儿的外形，“溯迎而上”状弄潮儿的猛勇，“出没鲸波”状弄潮儿的矫健……这些十分传神的刻画，使人们无不为之咋舌鼓掌。又次，叙写了观潮人群的惊叹不已。特意地点出“江干上下”的“十余里”逶迤而去，以路途的长而显出观潮的盛况。另外，“珠绮满目”、“车马拥道”、“席地无暇”、“插足不得”等的叙写，都是这一盛况的具体化。作者如此叙写，施教者引导受教者读之，他们定会理解文中的“兴发于此而义归于彼”的厚重寄托。

第二，记叙文的教学要把握空序式的结构。空序式的结构的记叙文，就是作者按照空间转换的顺序有意识的或在固定的位置而仔细地阅览所叙写的对象，或在非固定的位置而周详地观赏所叙写的对象。像孙燕姿的《颐和园》和徐霞客的《麻叶洞天》等就极具代表性。如《颐和园》一文，作者是按照“长廊→万寿山脚下→佛香阁前→昆明湖”的顺序来介绍的，也就是到一个地方叙写一种景色，这实际上是以空间顺序来安排结构的。具体地说，一是叙写长廊的景色。作者首先从总体上介绍长廊格外“长”的特点，接着从内容上介绍长廊每一间屋子的横槛上五彩画的特点，最后从环境上介绍长廊两旁景色宜人的特点。二是叙写万寿山的景色。作者先叙写从山脚下抬头看到耸立在半山腰上的一座八角宝塔形的三层建筑——佛香阁的宏伟气派，后叙写下面的一排排金碧辉煌的宫殿——排云殿的壮观景象。三是叙写佛香阁的景色。作者站在佛香阁的前面从山上向下、向前、向东而眺望黄绿相间的琉璃瓦屋顶和朱红色的宫墙、在湖面慢慢地滑过的游船和画舫、几座古老的城楼和城里的白塔等美丽景色。四是写昆明湖的景色。作者分别介绍了长堤、湖心岛、十七孔桥等几处景物。颐和园集传统造园艺术之大成，高度体现了“虽由人作，宛自天开”的造园准则，被誉为皇家园林博物馆，是中国近代历史的缩影。作者这样叙写，施教者引导受教者读之，他们定会从侧面了解中国社会的政治、经济、文化等进程。又如《麻叶洞天》一文，作者按照空间顺序，亦即自己的足迹和眼力所及的次序，真实而准确地记录了诸多景观像裂缝的洞壁、怪形的石头、高垒的乱石等。当叙写到每个景点之时，尤其注意地形的状貌、地势的险要、周围的环境等。麻叶洞位于湖南省茶陵县平水乡水源村境内，在云阳山下，与秦人古洞并称“姊妹洞”。据《徐霞客游记》记载，麻叶洞幽深曲折，洞中狭窄之地较多，因而不太好进去，但其中的美丽胜景，却是自己所游览过的洞中最吸引人的。特别是文中的按照空间顺序叙写，不但非常注重实际并具体而微，而且目光敏锐并观察周到，均能如实地记录所见到的景象，这就为地理学研究提供了分外宝贵的资料，因而彰显着科学美的光辉，体现着探究过程的严谨性。同时，景物描写也是各有特色，大都栩栩如生，如“上则莲花下垂，连络成帏，结成宝盖，四周垂幔，大与榻并；中圆透盘空，上穹为顶，其后西壁，玉柱圆竖，或大或小，不一其形，而色皆莹白，纹皆刻镂”，如此等等，能将景物的形象活现于笔下，颇为真切而生动。作者如此叙写，施教者引导受教者读之，他们定会深觉文中的各种景物刻画确实尽态极妍而美不胜收。

第三，记叙文的教学要把握时空式的结构。时空式的结构的记叙文，就是作者依照既从“纵”的方面以时间先后推移为经又从“横”的方面以空间方位变换为纬，并将二者结合起来而规划和安排材料。像陆定一的《老山界》和张岱的《白洋潮》等就极具代表性。如《老山界》一文，作者是以时间的变化（“下午才动身—天色已晚了—天黑了才到山脚—满天都是星光—半夜里—黎明的时候—到了山顶，已经是下午两点多钟—直到宿营地”）和地点的转移（“上山—从山脚到山顶—下山”）来叙写完整事件的，这就真实而生动地展示了工农红军翻越老山界的全过程。第一天，下午动身，沿着山沟向上走。傍晚（“天色晚了”），到一户瑶民家攀谈。天黑了，到山脚，登山。之后走了半天（夜里），在山路上露宿；半夜里醒来，之后又睡着了。第二天，黎明被人推醒，抢着吃了早饭；走了没多久，到了雷公岩；翻过雷公岩，继续爬山，“快要到山顶”时，“落得很远了”。下午两点多，到了山顶；之后，一口气儿跑下山去。这样按时间的变化和地点的转移来叙写，不但较有条理，能够清楚地交代发生的事情和沿途看到的景色；而且脉络分明，容易抓住线索，组织材料，便于把握作品内容的来龙去脉；更加中心明确，凸显工农红军不怕困难、艰苦奋斗的坚强意志和革命乐观主义精神。作者这样叙写，施教者引导受教者读之，他们定会心潮澎湃、热血沸腾而思绪万千，好像身历其境一样。又如《白洋潮》一文，作者以时间与空间结合的顺序叙写了白洋潮的“潮稍近”、“潮渐近”、“潮再近”、“潮到塘”、“旋卷而右”等景象，不仅极富层次感，而且极富动态感，更加极富现场感。首先，叙写白洋潮而极富层次感：自远处，而“稍近”、“渐近”、“再近”直“到塘”，将海潮由远及近的情形和样貌等叙写得呼之欲出，尤其是“一线”、“群鹅”、“百万雪狮”、“半空雪舞”等比喻的描摹，更是惟妙惟肖，绘声绘色。其次，叙写白洋潮而极富动态感：“如驱千百群小鹅，擘翼惊飞”、“冰花蹴起，如百万雪狮蔽江而下，怒雷鞭之，万首镞镞，无敢后先”、“飓风逼之，势欲拍岸而上”、“水击射，溅起数丈”、“炮碎龙湫”等，描绘其色状、声势、能量等，真是妙喻迭出，必欲穷形极状而后止。再次，叙写白洋潮而极富现场感：“看者辟易，走避塘下”、“著面皆湿”、“看之惊眩，坐半日，颜始定”等几处描写，显得摄魂夺魄，恍若当时亲临；尤其是侧面烘托，将观潮人的情态叙写出来，最能反映海潮的气势和场面的壮观，足以令人们魂牵梦萦，身心震撼。作者如此叙写，施教者引导受教者读之，他们定会感到心情激荡、如痴似醉而仿佛置身于仙境一般。

(3) 记叙文的教学要把握表达技巧

记叙文的表达技巧既指其具有铺陈衬垫的技巧，又指其具有对比映照的技巧，还指其具有抑扬有致的技巧。这与文艺学尽整个的能量而关注的品类——诗歌、小说、戏剧等以虚构为主的文学作品的表达技巧是有所差别的。以下主要从记叙文的教学要把握铺陈衬垫的技巧、记叙文的教学要把握对比映照的技巧、记叙文的教学要把握抑扬有致的技巧等三个方面予以阐述：

第一，记叙文的教学要把握铺陈衬垫的技巧。铺陈衬垫的技巧的记叙文，就是作者通过次要人物出场或事件发生或景物呈现等的描述、渲染，从而使主体内容能够更加鲜明、更加突出、更加显露出来。像王周生的《这不是一颗流星》和司马迁的《夏本纪》（节选）等就极具代表性。如《这不是一颗流星》一文，作者通过记叙一个五岁孩子看戏熊而要给他的阿婆买熊皮手套的故事，反映了最贴近实际生活的家庭亲情，歌颂了孩童的稚拙无邪、纯朴善良、活泼可爱，时时不忘孝敬老人的美德。开头写“我”同孩子在万人体育馆看戏熊，当“熊”出场之时，孩子异常激动，而“我”感到奇怪，导致人们也很好奇：孩子见了熟悉的“熊”，为什么会如此激动呢？接着叙写孩子希望“熊”马上死掉，这更是让人们着实地吃了一惊，“我”于是训斥孩子而让他觉得十分委屈，他终于吐露了内心深处的隐情——要给阿婆做熊皮手套。人们这时才恍然大悟，并被孩子纯真美好的心灵而深深感动。“熊”这个形象，为故事情节的发展作了绝妙的铺陈衬垫。铺陈衬垫，是为了突出主要对象而做的基础性描写。它既可渲染气氛而形成“山雨欲来”的情势，又能制造悬念而产生“欲罢不能”的收效，进而促使人们爆发某种期待、盼望的急迫心情。值得提及的是，该文的情节并不复杂却扣人心弦，用语朴实无华而耐人咀嚼，文似不对“题”却寓意深刻。作者这样叙写，施教者引导受教者读之，他们定会为文中所蕴含的丰富情感而产生共鸣。又如《夏本纪》（节选）一文，作者为夏禹的出场作了一而再、再而三的铺陈衬垫，使得他的血肉丰满的形象跃然纸上。首先是气氛渲染以凸显灾害之严重。也就是为了表现夏禹治水所面临的困难之大，作者将人物安排在一个特殊的背景下：“当帝尧之时，鸿水滔天，浩浩怀山襄陵，下民其忧。”这场洪水灾害史无前例，怎样治理、由谁治理自然成了人们心中的疑团。其次是夏鲧失败以凸显任务之艰巨。也就是面对如此严重的自然灾害，在四岳的推荐之下，夏鲧登场了，面对“浩浩怀山襄陵”的“鸿水”，却“九年而水不息，功用不成”，最后被舜“乃殛鲧于羽山以死”。夏鲧的治水失败，不仅显示治水的艰难，同时又使人们的心悬了起来。再次是众人举荐以凸显众望所归。也就是在百般无奈之下，“于是舜举鲧子禹，而使续鲧之业”。那么，夏禹是否能完成如此艰巨的任务呢？作者用众人的举荐，为人们解开了这个心结，“皆曰：‘伯禹为司空，可成美尧之功’”。夏禹走到了前台，最后他不负众望，不仅完成治水的重任，还使“天下于是太平治”。作者如此叙写，施教者引导受教者读之，他们定会从夏禹治水之中而明白矢志不渝方能成功的道理。

第二，记叙文的教学要把握对比映照的技巧。对比映照的技巧的记叙文，就是作者通过选取具有显著差异的两类事物进行比较，或选取一个事物的两个不同方面相互比较，从而能够突出其实质性的特点。像阿累的《一面》和张溥的《五人墓碑记》等就极具代表性。如《一面》一文，作者多处运用了对比映照的技巧，使作品前后呼应，勾连紧凑，既推动了情节的发展，又交代了故事的始末，还形成了完整的脉络。具体地说，一是把天气的阴冷，与作者在书店里得到的精神温暖进行对比映照；二是把“西装同胞”的冷漠嘴脸，与外国友人（内山老板）的同情进行对比映照；三是把内山老板诚心推荐鲁迅的译著，与鲁迅推荐购买他人之书进行对比映照；四是把旧社会对普通工人的虐待、歧视，与鲁迅对工人父亲般的慈爱进行对比映照；五是把鲁迅对黑暗势力的无比憎恨，与他对人民大众的无限关怀进行对比映照。通过一次又一次的反复对比映照，难以忘怀的“一面”便出神入化地呈现在人们眼前。它不仅表达了人物的某种感情，而且突出了人物的某种性格，更加彰显了人物的某种品质，进而鲜明地刻画了鲁迅的形象；同时也使内容更为充实，更为丰富，更为完善，充分地表现了作者在同鲁迅的“一面”接触之中所体验到的许多深刻感受，好像鲁迅就站在自己的面前，并用温和的眼神看着自己。作者这样叙写，施教者引导受教者读之，他们定会焕发出生命的活力和勇气，并激发出强烈的求知欲望。又如《五人墓碑记》一文，作者几乎通篇运用了对比映照的技巧，使五人的形象伟岸高大。

首先将五人与众人的生死意义对比映照。富贵之子、得志之徒与草野无闻者“死而湮没”了，或是病死或是老死，不为“义”而死；这五人的死却不然，人们之所以“请于当道”，要重建坟墓，旌其所为，是因为“激于义而死”。其次将五人与官员的节操态度对比映照。魏忠贤当权之时，多少官员害怕被罢官，害怕被杀头，屈服于淫威，见风使舵，折节移志；这五人却能“激昂大义，蹈死不顾”，为了维护正义，不犹豫，不害怕，不退缩，敢于抗争。再次将五人与阉党的人格高下对比映照。魏忠贤的党羽，在得势之时，威风八面，等到失势之时，或“剪发杜门”，或“佯狂”，真是丑态百出；这五人“当刑”之时，仍能“意气扬扬”，面无惧色，大骂阉党，从容就义。又次将五人与阉党的存在价值对比映照。魏忠贤的党羽在失势后四处逃窜，不能“容于远近”，人人欲食之肉，寝其皮；这五人死后，有人愿出重金买其头颅，让他们身首合一，并为之修墓、立碑，让“四方之士”来此凭吊。作者如此叙写，施教者引导受教者读之，他们定会为这五人捍卫正义、视死如归的精神而深深折服。

第三，记叙文的教学要把握抑扬有致的技巧。抑扬有致的技巧的记叙文，就是作者通过或欲扬先抑或欲抑先扬或抑扬结合等的得体运用，以造成蜿蜒转折、摇曳多姿之势，从而能够产生波澜并泛出新意。像老舍的《母鸡》和刘向的《冯谖客孟尝君》等就极具代表性。如《母鸡》一文，作者采用抑扬有致的技巧，使情节腾挪跌宕，张弛有度，灵活多变，并形成意味深长的久远效应。作品的前半部分，作者出于某种需要，有意制造一些误会、偏见，将母鸡按下、贬低，叙写了母鸡的无病呻吟、欺软怕硬和拼命炫耀，再现了一只无知的、浅薄的、低俗的、谄媚的母鸡。之后作者便笔锋一转，改变以往对母鸡的旧有观念，将误会予以解开，将偏见完全消除，使得真相终归显露出来。他这样写道：“可是，现在我改变了心思，我看见一只孵出一群小雏鸡的母鸡。”后半部分便具体褒扬、抬高母鸡，描写了母鸡的负责、慈爱、勇敢和辛苦，尤其对自己孩子的呵护是无微不至，这就塑造了一位“伟大的鸡母亲”的形象，表达了对母爱的赞颂之情。该文作者所叙写的关于母鸡的情感由过去的“讨厌”转变为现在的“尊敬”，是欲扬先抑的，且是抑扬结合的，不仅符合内心变化的规律，而且符合事物本身的规律，能让人们在曲折有致、波澜起伏之间，产生恍然大悟的感觉，并能兴致勃勃地体会到一种人文之美。作者这样叙写，施教者引导受教者读之，他们定会对文中的具有较强的责任心的母鸡形象而倍感亲切。又如《冯谖客孟尝君》一文，作者采用抑扬有致的技巧，先写冯谖开始做门客时“无好无能”，受到“食以草具”的待遇；接着写他三弹剑铗，再三提出生活方面的要求，因而显得“贪心不足”。这时的冯谖，正所谓“才美不外见”。这是一道波折。到孟尝君征求门下食客有谁能去薛地收债之时，冯谖却“署曰‘能’”，这时孟尝君由最初的“贱之”变为“怪之”，并且笑着说“客果有能也”，其态度发生了重大变化。这是一道波折。冯谖在薛地以特殊方式为孟尝君收债，反映他的有胆有识，这就为“能”字注入了具体内容。但当孟尝君知道冯谖如何收债、如何为他“市义”时，心里却又“不悦”了。这是一道波折。直到一年以后，当孟尝君“就国于薛”之时，才充分认识到冯谖的聪明才智，以及为他“市义”的意义与价值，因而发自内心地称赞冯谖的所作所为。这是一道波折。在孟尝君陶醉于“市义”所取得的成就之时，冯谖却主动地提出“复凿二窟”的任务，利用齐与魏的矛盾解决了齐王与他的矛盾，为巩固其政治地位创造了足够的条件。这是一道波折。作者如此叙写，施教者引导受教者读之，他们定会更深入地领会冯谖的政治识见和长于计谋的才能。

(4) 记叙文的教学要把握出色语言

记叙文的出色语言既指其具有朴素自然的语言，又指其具有明快流畅的语言，还指其具有清新脱俗的语言。这与文艺学尽一切的气力而关注的品类——诗歌、小说、戏剧等以虚构为主的文学作品的出色语言是有所区别的。以下主要从记叙文的教学要把握朴素自然的语言、记叙文的教学要把握明快流畅的语言、记叙文的教学要把握清新脱俗的语言等三个方面予以阐述：

第一，记叙文的教学要把握朴素自然的语言。朴素自然的语言的记叙文，就是作者通过生命存在的意义与价值之中所独有的那份切实而真挚感情的外化式的具体叙写，从而巧妙地流露出人物的本色本心。像老舍的《北京的春节》和沈复的《闲情记趣》等就极具代表性。如《北京的春节》一文，作者运用朴素自然的语言，虽然淡雅质朴，不事雕琢，但是具有极强的表现力和感染力。一是京味浓烈：作者是生于清末的地道的北京人，对北京极为熟悉，是较早用纯正的北京语言从事写作的作者。他的绝大多数作品都以北京为背景，用充满浓浓北京味儿的语言写北京的人、北京的景、北京的事。人们从文中的“杂拌儿、零七八碎儿、玩意儿”等儿化词语，“腊七腊八，冻死寒鸦”等民间俗语，“闲在、伙计、掺和”等地方特色用语，都可以充分体会到作者语言中浓厚的北京韵味，这种京味如同陈年佳酿，淳而不露。二是俗白凝练：这里的“俗白”并不是粗俗浅陋，难登大雅之堂，而是指作者的语言通俗浅易，朴实无华，追求真意。他在语言运用上有着自己的一贯追求，曾多次表述这种观点：“我不论写什么，我总希望能够信赖大白话；即使是说明比较高深一点的道理，我也不接二连三地用术语与名词。”[68]文中所写，既没有难懂不解的词语，也没有拗口难读的句子，更没有刻意堆砌的辞藻，自然而然地呈现出一种平淡的风貌。作者这样叙写，施教者引导受教者读之，他们定会觉得自己犹如在听长者拉家常、讲故事那样倍感亲近。又如《闲情记趣》一文，作者运用朴素自然的语言，以自己儿时观察事物的独特角度，追忆了一些“神游其中，怡然自得”的趣事，揭示出儿童神奇美妙的内心世界。首先，是运用夸饰的“夏蚊成雷”，这里找到了蚊群嗡嗡与闷雷之间的声似，就写出了蚊虫之多，轰鸣之响，是作者善于观察生活所致，因而显得形象逼真。其次，是运用细节的“昂首观之，项为之强”，这里足见好奇心多强，兴致感多浓，就表现出观赏群鹤舞空图的专注、入迷，是作者乐于观察生活所致，因而显得情趣盎然。再次，是运用动词的“舌一吐而二虫尽为所吞”，这里的“吞”与“吐”，就表现了蛤蟆用舌头捕捉小虫的迅速、准确，是作者勇于观察生活所致，因而显得生动传神。又次，是运用联想而把飞舞的蚊群想象成“群鹤舞空”、把蚊群冲烟飞鸣想象成“鹤唳云端”、把丛草想象为森林、把虫蚁想象为野兽、把土砾想象为丘谷，是作者巧于观察生活所致，因而显得呼之欲出。如此等等，都是从儿童的生活经验和知识基础以及感知心理特征而出发的。作者如此叙写，施教者引导受教者读之，他们定会从该文富有生活情致之中而得到强烈的审美体验。

第二，记叙文的教学要把握明快流畅的语言。明快流畅的语言的记叙文，就是作者通过比喻、拟人、排比、烘托等手法对自然的、社会的、物质的、精神的具体叙写，从而准确地传递出人物的内在情感。像褚娇娜的《富饶的西沙群岛》和褚少孙的《西门豹治邺》等就极具代表性。如《富饶的西沙群岛》一文，作者运用明快流畅的语言，按照由近及远，由远及近，由上而下，由下而上，由里到外，由外到里的顺序分别从海水的异常美丽、海底的物产丰富、海滩的景色奇异、海岛的鸟类成群等四个方面予以详细叙写，有声有色地表现了西沙群岛的美丽富饶。首先，叙写了海水的异常美丽。既表现了它异常斑斓的色彩，又表现了它皎洁无比的湛蓝，还表现了它相互交错的动态，这正是辽阔的大海的独特之美。其次，叙写了海底的物产丰富。既表现了情形各异的珊瑚，又表现了慢慢蠕动的海参，还表现了全身披甲的龙虾，更表现了成群结队的鱼类，这正是广阔的大海的奇特之美。再次，叙写了海滩的景色奇异。既表现了形状千奇百怪的贝壳，又表现了爬到沙滩上产卵的海龟，还表现了式样多彩多姿的海螺，这正是壮阔的大海的特异之美。又次，叙写了海岛的鸟类成群。既表现了栖息着的各种海鸟，又表现了遍地都是的鸟蛋，还表现了一层厚厚的鸟粪，更表现了非常优越的自然条件，这正是宽阔的大海的绝异之美。作者这样叙写，施教者引导受教者读之，他们定会在脑海中深深地记住西沙群岛美丽而富饶的图景。又如《西门豹治邺》一文，作者运用明快流畅的语言，主要叙述了西门豹治邺的调查、除害、开渠等三个方面的事迹。特别是在除害的过程中，他的充满睿智的谈吐和机智勇敢的行为得到了十分传神的表现。他在听取长老的介绍时，就已在心中孕育了一个革除陋习的成熟方案，决心利用为河伯娶妇的仪式来惩治假借河伯名义以中饱私囊的坏人。当他似乎随便说出准备参加为河伯娶妇的仪式时，实际上已浑然不知地在为实施斗争方案跨出了坚实的一步。到了为河伯娶妇的日子，他为解救女子，于是传令：“呼河伯妇来，视其好丑。”早就已经准备好了答案——“是女子不好”，因而“烦大巫妪为入报河伯”。然后容不得大巫妪的分说，他“即使吏卒共抱大巫妪投之河中”。紧接着他又以事先想好的理由，将大巫妪的三个弟子以及三老一一投入河中。尤其有趣的是，他还提出再让一人到河伯那里去催促大巫妪等人返回，但是引而不发，故意留出回旋的时间，好让廷掾与豪长主动下跪求饶。他则以河伯作护法神与对手从容周旋，直至把对手彻底击溃。作者如此叙写，施教者引导受教者读之，他们定会在眼前浮现一个老谋深算、料事如神的智者形象。

第三，记叙文的教学要把握清新脱俗的语言。清新脱俗的语言的记叙文，就是作者通过不追求过分华丽辞藻、不寻觅成片成片引用、不使用太多矛盾修饰的具体叙写，从而有力地呈现出人物的畅快心情。像莫怀戚的《散步》和袁宏道的《满井游记》等就极具代表性。如《散步》一文，作者运用清新脱俗的语言，尤其在情理交融上，没有丝毫雕琢，不露半点机锋，让人们不知不觉地沉醉其中，并被其深远的意境和朴素的哲理而深深打动。众所周知，家庭犹如一口池塘，有时波平如镜，有时波浪起伏。这个三代之家在散步的过程中，就像平静的水面上涌起了阵阵波纹，溅起了一串串水花。在岔路口，“我”的母亲要走那大路，儿子却要走那小路。大路平坦，便于老人行走；小路难行，其秀色可餐。在鱼与熊掌“二者不可得兼”的情况之下，“我”决定舍弃鱼而获取熊掌。“我”认为，母亲年老体弱，余年不多，伴随她的机会已很少；儿子年纪尚幼，来日方长，伴随他的机会还有很多。于是“我”委屈儿子而顺从母亲，作出了“走大路”的决定。这个决定是异常明智的，体现了中华民族“尊老”的传统美德。整个作品充满着欢乐、关爱、和谐，贮藏着憧憬、呼唤、眷念，饱含着贤良、孝敬、责任；字里行间，流淌着真情，闪烁着理性，抒发着感悟。作者这样叙写，施教者引导受教者读之，他们定会不禁于陡然间觉得自己接受了一次心灵的全新洗礼。又如《满井游记》一文，作者运用清新脱俗的语言，首先通过比喻和副词来描写水：“始解”与“乍明”，说明春天已经到，但又是刚来到；“鳞浪层层”，既明写春风，又暗示河冰已消融；“晶晶然如镜之新开”，是形容春天到来时河水之清澈；而“冷光之乍出于匣”，则又在清澈之中加上寒意，更确切而形象地道出二月春水的独有特质。其次又变换手法，采用拟人来表现山：春天来了，山上的积雪消融了，却说“山峦为晴雪所洗”，积雪由被动地消融变为主动地为山川梳妆打扮，山峰也由一个沉寂的静物变成一个涂脂抹粉、髻鬟始掠的美女。这就既描绘出春临大地、山峰转翠的变化过程，也使积雪和山峰显得更加娇艳动人。再次则发挥想象，选用比拟来描摹田野：柳条在春天是时常吐芽，因而这才会“将舒未舒”，这就抓住了春天是个生长的季节；麦苗在春天是经常拔节，因而这才会“浅鬣寸许”，这就掌握了春天是个向上的季节，既准确地写出了柳条和麦苗在早春二月时的形状，也把它们时时变化着的动态表现了出来。作者如此叙写，施教者引导受教者读之，他们定会为该文紧扣特征性景物给予细腻描绘而拍案叫好。

2.说明文的教学

说明文作为了解客观实情、分析因果关系、揭示内在规律的普通文章之一，是指以解说实物、知悉风景、讲明事理等为特定对象的。它不但具有阐释的客观性的特质，而且具有探寻的精准性的特质，更加具有行文的平实性的特质，是实用性很强的一种文体，在现代社会的各个环节以及各个领域之中，扮演着越来越重要的角色，无论是从事生产劳动还是进行实验操作甚至参与日常生活，都需要运用到它。这就要求施教者在语文教育中必须不断地增进普通文章中的说明文的有效性的认识，并通过说明文的教学，培养受教者仔细地观察、深入地认识、认真地思考，进而提高他们的科学表述的能力。因此，语文教育中的普通文章教学必须着眼于说明文的教学，其要点是：

（1）说明文的教学要把握基本类型

说明文的基本类型既指其具有实物性的类型，又指其具有景观性的类型，还指其具有事理性的类型。这与文艺学尽最大的力量而关注的品类——诗歌、小说、戏剧等以虚构为主的文学作品的基本类型是有所区别的。以下主要从说明文的教学要把握实物性的类型、说明文的教学要把握景观性的类型、说明文的教学要把握事理性的类型等三个方面予以阐述：

第一，说明文的教学要把握实物性的类型。实物性的类型的说明文，就是作者通过对客观存在的实际应用的东西予以可靠而准确的介绍，既反映实物的性质、样式和构造，也表现实物的特征、形状和用途。像梁思成的《中国建筑的特征》和沈括的《活板》等就极具代表性。如《中国建筑的特征》一文，作者依次介绍了中国建筑的总体影响、传统特征、风格手法以及建筑倡议，由总到分，由表及里，由浅及深，体现出严谨有序、清晰畅达的思路。首先，从地域分布和历史跨度两个方面介绍了中国建筑的巨大影响力，属于该文的总起部分，引领全篇，提纲挈领。其次，从传统特征和风格手法两个方面具体展开介绍，突出中国建筑的主要风貌，属于该文的分说部分：先说中国建筑的典型特征，遵循从主要到次要，从结构到装饰的顺序，分别介绍了结构特征（框架组织、木材使用、斗拱功能、举架作用等）和装饰特点（屋顶造型、颜色选择、点缀部件、建筑用材等），体现出中国古代建筑的科学之美与艺术之美；次说中国建筑的风格手法，侧重于深层地介绍中国建筑典型特征的内在依据与必然逻辑。如果说典型特征是中国建筑的外显形式的话，那么风格手法就是中国建筑的内在规则。再次，提出倡议，建筑师要熟悉中国传统建筑的“文法”和“词汇”，展示了中国建筑的美好愿景。作者这样介绍，施教者引导受教者读之，他们定会对中国建筑师的思想智慧和科学精神产生敬佩之情。又如《活板》一文，作者将我国板印书籍的历史、活板的创造发明、活板的用法、活板的功效，以及胶泥活字的优点介绍得十分清楚。该文在介绍制造时而具体地交代了使用的原料设备和加工工艺，在介绍使用即排版印刷时而完整地交代了“设版”、“冒版”、“布字”、“炀板”、“平字”等步骤和交替印刷的流水程序，在介绍拆除时而详细地交代了不用木料的原因及“炀板”、“拂印”等方法。作品要介绍的对象是“活板印刷”的特点——“活”，这是它的主要优点，因此除了对活板的发明者和成效即活字的下落作简要交代之外，重点围绕“活”字展开而介绍活板之“活”，也就是“每字为一印”，而字是“活”的；“密布字印”，而排版是“活”的；“每字皆有数印”，而字印数目是“活”的；“有奇字素无备者，旋刻之”，而做法是“活”的；“更互用之”，而用法是“活”的；“以手拂之，其印自落”，而拆法是“活”的。这就从备字、排版、印刷、处理等诸多方面表现了“活板”而不是刻板，因而抓住了事物的特征。作者如此介绍，施教者引导受教者读之，他们定会为我国古代劳动人民智慧结晶的“活板印刷”而啧啧称奇。

第二，说明文的教学要把握景观性的类型。景观性的类型的说明文，就是作者通过对客观存在的一定区域呈现的景象予以真实而精确的介绍，既推介其人工打造的别样风光，也举荐其鬼斧神工的自然美景。像黄传惕的《故宫博物院》和沈括的《雁荡山》等就极具代表性。如《故宫博物院》一文，作者按照游览参观的路线，由南到北逐次并详略得当地介绍了故宫的主要建筑及其布局和功用，显得井然有序而条理分明。故宫是中国明清两代的皇家宫殿，旧称紫禁城，位于北京中轴线的中心，是中国古代宫廷建筑之精华，是世界上现存规模最大、保存最为完整的木质结构建筑之一，被誉为世界五大宫即中国的北京故宫、法国的凡尔赛宫、英国的白金汉宫、美国的白宫、俄罗斯的克里姆林宫之首，它地处“北京的中心”，是“城中之城”。该文先以天安门为起点，依次穿端门，进午门，过汉白玉石桥，来到前三殿。接着分别介绍了太和殿、中和殿、保和殿，并略提东西两侧的文华殿、武英殿。三大殿和武英殿、文华殿合称为“前朝”。作品以三大殿中的太和殿作为重点，详细地介绍了它的方位、外观、内部装饰以及功用，人们不但能对故宫的“心脏”有比较全面的了解，而且能由点到面地对故宫的整体特点产生比较深刻的印象。然后继续向北，简单地介绍了位于中轴线上的“内廷”建筑：乾清宫、交泰殿、坤宁宫以及御花园。最后出顺贞门到神武门而离开故宫。作者这样介绍，施教者引导受教者读之，他们定会对祖国的传统建筑艺术而获得较为深层的感受。又如《雁荡山》一文，作者介绍的雁荡山因山顶有湖，芦苇茂密，结草为荡，南归秋雁多宿于此，故名雁荡。雁荡山绵延数百公里，按地理位置不同可分为北雁荡山、中雁荡山、南雁荡山、西雁荡山（泽雅）、东雁荡山（洞头半屏山），人们通常所说的雁荡山主要是指乐清市境内的北雁荡山。北雁荡山以奇峰、瀑布著称，面积逾 450 平方公里，其中以东南部的灵岩寺、灵峰寺、大龙湫最为有名，并称为“雁荡三绝”。此外，还有贯穿葫芦谷的中折瀑，春激如霏的梅雨瀑，一枝分叉的梯云瀑，上开下合的罗带瀑，二泉分流的燕尾瀑，三折三态的含羞瀑，等等。诸多瀑布在日光照射时现出五彩缤纷的霞光，在遇雨得势时则千姿百态而变幻无穷。雁荡山的泉水亦有特色：观音洞内的漱玉泉、洗心泉，纯净可鉴；北斗洞内的天浆泉、石髓泉，洁净微甘；仙岩洞内的仙泉在一米直径的石穴中，任洞内居人饮用，终年不见增减；七星洞内一处岩隙，每日生出泉水数升，颇具张力；另外还有甘乳泉、龙鼻水、石船水，也各有千秋。作者如此介绍，施教者引导受教者读之，他们定会对这座素有“寰中绝胜”的海上名山而更加神往。

第三，说明文的教学要把握事理性的类型。事理性的类型的说明文，就是作者通过对客观存在的事物予以确凿而精准的介绍，既分析事物的原因与结果的辩证关系，又解释事物的变化与发展的普遍规律。像严春友的《敬畏自然》和沈括的《采草药》等就极具代表性。如《敬畏自然》一文，作者提出了“敬重并畏惧自然”的理念，之所以提出这样的理念，其目的在于矫正人类已经习惯的错误看法和错误行为，让人类用博爱的思想和泛生命化的观点来对待自然，力图构建一个人类与自然和谐相处即天人合一的社会，企图以此来引导整个人类的正确行为。该文认为，人类智慧只是自然智慧的一个小小的组成部分，而且人类智慧本身就是自然智慧的杰作，是自然选择创造了人类。人类自身的诞生、成长、演化都是在自然的掌控之中，是自然进化的结果。何况，自然在创造人类的同时，也已创造了更加智慧的生物；更何况，人类自身的智慧也有自己的历史阶段性，因而没有任何理由在自然面前自视聪明、妄自尊大，更没有任何理由轻视自然、征服自然，要敬畏自然创造的一切生命，自然才是缔造人类生命的母体、生命的根源。人类和万物一样，有一个共同的母亲，她就是充满智慧之光的自然。人类仅仅是自然缔造的一根小草、一种生命，是她机体上的一个有机组成部分。作者这样介绍，施教者引导受教者读之，他们定会赞叹自然能以不同形式而延续生命的深邃智慧。又如《采草药》一文，作者介绍了草药采收时间的正确与否，与其药用效果的好坏有着极为密切的关系；批判了采草药限定在二月和八月的“古法”，提出了采草药要因物、因时、因地制宜的正确主张。他在开门见山地提出了自己的观点之后，分别从草药入药的不同部位与采收时间的关系和地势、物性、地气、人力等与草药生长的关系两方面陈述了自己的理由，说明了自己的见解，整个论证也就自然地分为两个层次。该文在说明草药的取用成分和采用时间的关系时，能够针对具体问题进行分析，并注意到事物相互之间的各种关系，从多方面着眼观察问题。这就既注意到了植物本身的特性，又注意到了地势、气温等客观条件的影响；既注意到了植物生长的一般规律，又注意到了某些特殊的情况。这些事例虽然习以为常，但是事理昭然，不容置疑，都表现了实事求是的科学态度。当然，该文的说明也有不足之处，像对采芽的时间没有说明清楚，把紫草误认为是无宿根植物，等等，这并不妨碍采草药应因物、因时、因地制宜这一主张的科学性。作者如此介绍，施教者引导受教者读之，他们定会体味其中的严谨细致的作风以及一丝不苟的韧劲。

(2) 说明文的教学要把握大体结构

说明文的大体结构既指其具有纵向式的结构，又指其具有横向式的结构，还指其具有交错式的结构。这与文艺学尽全部的心力而关注的品类——诗歌、小说、戏剧等以虚构为主的文学作品的大体结构是有所差别的。以下主要从说明文的教学要把握纵向式的结构、说明文的教学要把握横向式的结构、说明文的教学要把握交错式的结构等三个方面予以阐述：

第一，说明文的教学要把握纵向式的结构。纵向式的结构的说明文，就是作者通过对事物的深度协同发展和延伸推移即事物的变化过程、历史程序、趋势走向等予以介绍，力求将事物的前因后果交代清楚。像崔金泰的《从甲骨文到缩微图书》和宋应星的《稻》等就极具代表性。如《从甲骨文到缩微图书》一文，作者先介绍文字产生和书籍的雏形，次介绍古代正式的书籍，再介绍近代正式的书籍，后介绍现代正式的书籍，从而按照纵向式的结构说明了书籍的产生、演变、发展的整个过程，充分地显示了随着科技水平的提高，人们对于书籍的要求也在不断进步的道理。首先，从古代正式书籍的情况来看，“帛书”的出现与丝绸业（纺织技术）的发展有关；“纸的发明，为书的发展提供了理想的材料”，于是出现了“手抄书”、“雕版印刷的书”、“活字印刷”的书等等。其次，从近代正式书籍的情况来看，“随着造纸工业的发展和印刷技术的提高”，印书的花样也翻新，于是出现了“油印”、“石印”、“铅印”、“胶版彩印”、“影印”以及“静电复印”等形形色色的书。再次，从现代正式书籍的情况来看，随着科学技术的发展，更由于“电子和激光技术的广泛应用”，于是，又出现了许多奇妙的书，像“会说话的书”、“能活动的书”、“立体的书”以及“缩微型的书”等等。作者如此介绍，施教者引导受教者读之，他们定会从书籍这一宝库之中而汲取智慧与获得力量。又如《稻》一文，作者将水稻列在“乃粒”之首，放在小麦、大麦、黍、稷、麻、豆的前面来加以细致介绍，是因为在当时全国民用的口粮之中，稻米占了十分之七，其他粮食只占十分之三，而麻、豆多作菜蔬、糕点、油脂之用。这反映了作者立足实践，重视农业的思想，体现了作者追求实学，崇尚实用，贬抑奢华的科学品质。该文是由四个自然段所组成的，首先，是介绍水稻的品种，指出“凡稻种最多”，分别从稻谷的黏性、稻谷的功用、稻谷的形状、稻谷的色泽等四个方面加以清晰说明。其次，是介绍育种分秧的三个阶段　　湿种、播种、分栽，突出了各个阶段的特点以及应注意的事项。再次，是介绍水稻的收获与成熟情况，指出都因南北气候及稻种的特性而有所不同，也与水源丰枯、地势高低有关系。又次，是介绍南方的双季稻的栽种以及水稻的一些特殊品种像早稻、晚稻、旱稻、香稻等。从整体上来看，全文从品种类别到育种分栽，到成熟收获，到特殊品种，基本上是按照水稻生长的自然进程予以介绍的，属于纵向式的结构。作者这样介绍，施教者引导受教者读之，他们定会为文中所关注国计民生的可贵精神而击节称赞。

第二，说明文的教学要把握横向式的结构。横向式的结构的说明文，就是作者通过对事物的内在有机联系并按照科学思维的原则，而有条件、有层次、有分析地予以介绍，尤其将事物的逻辑关系说明到位。像孙世恺的《雄伟的人民大会堂》和宋起凤的《核工记》等就极具代表性。如《雄伟的人民大会堂》一文，作者按照参观的先后顺序和空间方位，以横向式的结构介绍了雄伟的人民大会堂，既介绍了雄伟的人民大会堂的规模而显示了中华人民共和国的国威，又介绍了雄伟的人民大会堂的气魄而体现了社会主义祖国蓬勃向上的精神力量。首先是介绍了雄伟的人民大会堂坐落的地点，然后对雄伟的人民大会堂进行了细致的叙写和说明。该文从雄伟的人民大会堂的万人大礼堂介绍到宴会厅，从宴会厅介绍到办公楼，从工作、学习、办公的地方介绍到吃饭、休息、娱乐的地方，使人们对它有亲临其境之感。该文介绍的中心是人民大会堂的“雄伟”，因而其说明的顺序、说明的重点，都是为了突出这一特点的。在介绍了正门之后，便侧重介绍万人大礼堂，详细地说明了它的设计、构造上的风格，具体地解说了它的一切设施、装饰、结构等，这些都能体现我们中华民族最浓厚的禀赋。至于对宴会厅和人大常委会办公楼的介绍，文字虽然显得简洁一些，但是却使人们对人民大会堂的总貌和雄伟特征有了比较清楚的了解。作者这样介绍，施教者引导受教者读之，他们定会惊羡我国劳动人民的聪明才智和伟大创造。又如《核工记》一文，作者以横向式的结构介绍了民间艺人在一个桃坠的工艺品上所刻的山坳的城、山麓的寺、水边的舟、核侧的塔、山顶的星月以及山下的浪潮，其主体部分是按照由上面到下面，由内面到外面，由中心到边缘，由宫室、器具、人物、山水、林滩到最后点出张继的《枫桥夜泊》一诗的诗意予以详细介绍的，因而杂而不乱，从容自如，条理清晰。该文不仅介绍了这枚桃核上的身份地位各不相同的传更、报晓、候门、夜归、隐几、煎茶等七个人物愁苦、寒惧、疑思的诸种意态情趣，同时还介绍了山、水、林木、滩石、星星、月亮、灯火等七处景致，以及城、楼、阁、招提、浮屠、舟船、炉灶、钟鼓等九件宫室器具。值得注意的是，作者在介绍之时，并不是平均地使用力量，而是把重点聚焦在桃核这一工艺品的微雕世界的两个主要画面上：一个是寒山寺，一个是小舟。这就不仅使得作品的行文层次更加井然有序，而且让前面所提到的人物、景致、宫室、器具等便有了中心，而不会各自为政，没有轻重主次之分了。作者如此介绍，施教者引导受教者读之，他们定会为我国民间艺人雕刻技艺的异常纯熟而感佩。

第三，说明文的教学要把握交错式的结构。交错式的结构的说明文，就是作者通过对复杂的事物而展开既纵向深入又横向铺开的介绍，虽貌似无序无理，交叉杂乱，但实则经纬交织，主从有别，紊而不乱。像李四光的《人类的出现》和魏学洢的《核舟记》等就极具代表性。如《人类的出现》一文，作者抓住“制造工具”这一关键问题，将体形和脑量变化特征作比较，联系气候变化、活动范围的大小，以考古资料和科学数字为依据，分阶段介绍了人类出现的过程和发展变化的原因，使这一复杂问题的说明井井有条而明白易懂。该文首先分四大段而条分缕析地介绍了人类进化的全过程：古猿→猿人→古人→新人。这种结构形式既保证了主体部分内容的充实性，又把丰富的内容纳入了该文说明的中心。主体部分的四大段按人类进化过程予以介绍，它是以时间为顺序的，以便人们了解人类发展的前因后果及变化跃进的情况，属于纵向式的结构。其次在分别介绍了古猿→猿人→古人→新人等人类发展的四个阶段的特点之后，作为纵轴线上的四个叙述点，实际上是一种空间的逻辑展开，该文特别将同一阶段内不同人种作比较，像同属猿人的“中国猿人北京种”、“中国猿人蓝田种”、“爪畦直立猿人”、“阿特拉猿人”、“海德堡人”又各有不同的特点，这些不同人种的相互比较，更能说明人类进化渐变过程中的细微差别，这是横向式的结构。作者这样介绍，施教者引导受教者读之，他们定会对人类的出现过程和变化原因有个清楚了解。又如《核舟记》一文，作者首先介绍核舟的中舱，交代了中舱旁的能开能关的小窗，不仅雕饰了花纹而且还雕刻了对联。接着介绍核舟的头部，交代了苏轼、黄庭坚和佛印的外貌、神情。继续介绍核舟的尾部，交代了舟子们的表情和动作。最后介绍核舟的顶部，交代了制作者的题名和篆章。这些介绍所采用的是横向式的结构。同时，作者在介绍时还在横向式的结构中运用了先主要后次要的纵向式的结构。这只核舟的两头尖尖，中间部分较为厚实且有高度，这是主体应首先介绍，重点是舱旁的窗户，其对联“山高月小，水落石出”与“清风徐来，水波不兴”是苏轼写景的名句，并以此作为背景，引出核舟头部的苏、黄、佛三人，再写核舟尾部的两个舟子。在介绍时，核舟头部的苏轼、黄庭坚、佛印是主要人物，因而需在先；核舟尾部的舟子们是陪衬人物，因而需在后。苏、黄、佛三人又以苏轼为主，先苏轼后黄庭坚再佛印，由主及次，扣住雕刻本身所反映的“大苏泛赤壁”的题旨，属主要内容，理应在前；最后介绍核舟的顶部的题款，属次要内容，自应在后。作者如此介绍，施教者引导受教者读之，他们定会为我国古代工艺美术的高超技艺而咋舌。

(3) 说明文的教学要把握表达技巧

说明文的表达技巧既指其具有各种说明的技巧，又指其具有各样叙述的技巧，还指其具有各式描写的技巧。这与文艺学尽整个的能量而关注的品类——诗歌、小说、戏剧等以虚构为主的文学作品的表达技巧是有所不同的。以下主要从说明文的教学要把握各种说明的技巧、说明文的教学要把握各样叙述的技巧、说明文的教学要把握各式描写的技巧等三个方面予以阐述：

第一，说明文的教学要把握各种说明的技巧。各种说明的技巧的说明文，就是作者通过诠释说明、分类说明、举例说明、比较说明、数字说明、摹状说明等，将需要说明的实物、风景、事理等对象予以介绍。像茅以升的《中国石拱桥》和蔡元培的《图画》等就极具代表性。如《中国石拱桥》一文，作者综合地运用了多种说明技巧予以介绍。或比喻说明，文中的“石桥的桥洞成弧形，就像虹”，不去下理论上的定义，只用了一个比方，就体现了石拱桥最重要的外形特征。或举例说明，文中的“这些桥大小不一，形式多样，有许多是惊人的杰作。其中最著名的当推河北省赵县的赵州桥，还有北京附近的卢沟桥”。因为这两座桥最能代表中国石拱桥的成就，而且本身可以互相对照和补充。或数字说明，文中的“赵州桥非常雄伟，全长 50.82 米，两端宽 9.6 米，中间略窄，宽约 9 米”，卢沟桥“桥长 265 米，由 11 个半圆形的石拱组成，每个石拱长度不一，自 16 米到 21.6 米”，所列数字，都非常精确。或摹状说明，文中的“每个柱头上都雕刻着不同姿态的狮子。这些石刻狮子，有的母子相抱，有的交头接耳，有的像倾听水声，有的像注视行人，千态万状，惟妙惟肖”。所进行的详细描摹，使被说明对象形象生动，印象更加深刻。这些说明技巧的运用，详尽地介绍了中国石拱桥的历史及特点，赞扬了我国劳动人民的聪明才智。作者这样介绍，施教者引导受教者读之，他们定会为我国石拱桥的独特创造与不朽价值而喝彩。又如《图画》一文，作者也综合地运用了多种说明技巧予以介绍。或诠释说明，该文第一自然段介绍图画的特征时，认定它是一种平面的艺术，是在平面上表现具有立体感的事物，至于如何表现的，在第二自然段便介绍了产生立体感的两大因素，即“远近之比例”与“明暗之掩映”。或分类说明，该文第四自然段介绍图画的种类时，将其分为“设色者”与“不设色者”两大类，每一大类又可分成若干种，水彩画、油画以色彩构成，而水墨画、素描却不事渲染，是不设色之画，这就凸显了两类画作的各自情形。或举例说明，该文第三自然段介绍图画的内容时，简明扼要地列举了大凡天下事物，像河流山川、宫室房屋、动物植物，像“宗教”、“历史”、“风俗”，等等，图画几乎都无不可画，因而显得相当丰富而多彩。或比较说明，该文第五至第七自然段介绍中西图画的种种不同时，要么介绍中西图画的写意和写实的不同风格，要么介绍中西图画各自与其他学科之间的关系，要么介绍中西图画在漫长岁月中各自发展的轨迹。这些说明技巧的运用，深入浅出地介绍了图画的基本常识和概念，毫无艰深难懂之感。作者如此介绍，施教者引导受教者读之，他们定会从该文的高度通俗化中而获得许多图画的知识。

第二，说明文的教学要把握各样叙述的技巧。各样叙述的技巧的说明文，就是作者通过概括叙述、细致叙述、分开叙述、合并叙述、正面叙述、侧面叙述等，将需要说明的实物、风景、事理等对象予以介绍。像叶圣陶的《苏州园林》和宋应星的《菽》等就极具代表性。如《苏州园林》一文，作者综合地运用了各样叙述的技巧予以介绍。或概括叙述，文中的“务必使游览者无论站在哪个点上，眼前总是一幅完美的图画”，这就说明了苏州园林是“处处入画”，让人们能用艺术的眼光去鉴赏。或细致叙述，文中的“池沼里养着金鱼或各色鲤鱼，夏秋季节荷花或睡莲开放，游览者看‘鱼戏莲叶间’，又是入画的一景”，这就说明了苏州园林既有画意又有诗情，让人们留下了深刻的印象。或分开叙述，文中的第三至第六段分别介绍苏州园林中亭台轩榭的布局、假山和沼池的艺术、花草树木的映衬和近景远景的层次，这就说明了它是如何体现图画美的。或合并叙述，文中的“讲究亭台轩榭的布局，讲究假山池沼的配合，讲究花草树木的映衬，讲究近景远景的层次”，这就说明了苏州园林的四个“讲究”，与分开叙述是一一照应的。或正面叙述，文中的

“阶砌旁边栽几丛书带草，墙上蔓延着爬山虎或者蔷薇木香，如果开窗正对着白色墙壁，太单调了，给补上几竿竹子或几棵芭蕉”，这就说明了苏州园林的各个角落都是入画的一景。或侧面叙述，文中的“摄影家挺喜欢这些门和窗，他们斟酌着光和影，摄成称心满意的照片”，这就说明了苏州园林里的门和窗以及图案设计和雕镂琢磨功夫都体现了高度的图画美。作者这样介绍，施教者引导受教者读之，他们定会激发起热爱祖国灿烂园林文化的特殊感情。又如《菽》一文，作者也综合地运用了各样叙述的技巧予以介绍。或概括叙述，文中的“凡菽种类之多，与稻、黍相等……果腹之功，在人日用，盖与饮食相终始”，这就说明了菽的种类与稻、黍的种类与功用是一样繁多的。或细致叙述，文中的“其刈稻田竟不耕垦，每禾稿头中拈豆三四粒，以指之，其稿凝露水以滋豆，豆性充发，复浸烂稿根以滋，已生苗之后，遇无雨亢干，则汲水一升以灌之，一灌之后，再耨之余，收获甚多”，这就说明了江西吉安一带大豆种法的巧妙异常。或分开叙述，文中的“一种大豆，有黑、黄两色”、“一种绿豆，圆小如珠”、“一种豌豆，此豆有黑斑点，形圆同绿豆”。这就说明了豆子的不同品类的颜色与形状。或合并叙述，文中的“其他豇豆、虎斑豆、刀豆，与大豆中分青皮、褐色之类”，这就说明了这些品种仅在个别地方有种植的情形。或正面叙述，文中的“一种小豆，赤小豆入药有奇功，白小豆当餐助嘉谷”，这就说明了红小豆与白小豆的相异效能。或侧面叙述，文中的“燕京负贩者，终朝呼稽豆皮”，这就说明了“稽豆皮”的产量多，用途广，受欢迎。作者如此介绍，施教者引导受教者读之，他们定会获得菽（豆）的种类、产地、种植、栽培等知识。

第三，说明文的教学要把握各式描写的技巧。各式描写的技巧的说明文，就是作者通过静态描写、动态描写、客观描写、主观描写、反衬描写、对比描写等，将需要说明的实物、风景、事理等对象予以介绍。像毛宁的《梦回繁华》和陆羽的《茶经》等就极具代表性。如《梦回繁华》一文，作者综合地运用了各式描写的技巧予以介绍。或静态描写，文中的“画面开卷处描绘的是汴京近郊的风光，疏林薄雾，农舍田畴，春寒料峭”，这就说明了北国早春汴京近郊的奇异景象。或动态描写，文中的“忙碌的船工从停泊在河边的粮船上卸下沉重的粮包，纤夫们拖着船，逆水行驶，一片繁忙景象”，这就说明了汴京“热闹非凡”的逼真场面。或客观描写，文中的“张择端画的《清明上河图》，绢本，设色，纵 24.8 厘米，横 528.7 厘米，作品描绘了京城汴梁从城郊、汴河到城内街市的繁华景象”，这就说明了这幅画作的基本信息与内容。或主观描写，文中的“整个长卷犹如一部乐章，有慢板、柔板，逐渐进入快板、紧板，转而进入尾声，留下无尽的回味”，这就对画作的各个部分欣赏给予了形象的定调。或对比描写，文中的“赶集的乡人驱赶着往城内送炭的毛驴驮队，在进入大路的岔道上，是众多仆从簇拥的轿乘队伍，从插满柳枝的轿顶可知是踏青扫墓归来的权贵，近处小路上骑驴而行的则是长途跋涉的行旅”，这就说明了乡人、权贵和行旅不同的情形。作者这样介绍，施教者引导受教者读之，他们定会惊叹这一不可多得的艺术作品的历史价值。又如《茶经》也综合地运用了各式描写的技巧予以介绍。或动态描写，文中的“茶有千万状，卤莽而言，如胡人靴者蹙缩然，犎牛臆者廉檐然，浮云出山者轮菌然，轻飙拂水者涵澹然”，这就说明了茶的形状是千姿百态的。或客观描写，文中的“以竹篾内作三角方眼，外以双篾阔者经之，以单篾纤者缚之，递压双经作方眼，使玲珑，高一尺五寸，底阔一尺，高二寸，长二尺四寸，阔二尺”，这就说明了都篮的制作过程以及独特形状。或主观描写，文中的“自采至于封，七经目，自胡靴至于霜荷，八等，或以光黑平正言嘉者，斯鉴之下也，以皱黄坳垤言佳者，鉴之次也，若皆言嘉及皆言不嘉者，鉴之上也”，这就说明了甄别茶的品质并阐释了其中的原因。或反衬描写，文中的“茶之为用，味至寒，为饮最宜精行俭德之人。若热渴、凝闷、脑疼、目涩、四肢乏、百节不舒，聊四五啜，与醍醐、甘露抗衡也。采不时，造不精，杂以卉莽，饮之成疾。茶为累也，亦犹人参……知人参为累，则茶累尽矣”，这就说明了茶的特殊作用以及保健功能。作者如此介绍，施教者引导受教者读之，他们定会赢得茶道原理、技艺知识和茶叶栽培、生产技术。

(4) 说明文的教学要把握出色语言

说明文的出色语言既指其具有周到严密的语言，又指其具有简明扼要的语言，还指其具有通俗易懂的语言。这与文艺学尽一切的气力而关注的品类——诗歌、小说、戏剧等以虚构为主的文学作品的出色语言是有所差异的。以下主要从说明文的教学要把握周到严密的语言、说明文的教学要把握简明扼要的语言、说明文的教学要把握通俗易懂的语言等三个方面予以阐述：

第一，说明文的教学要把握周到严密的语言。周到严密的语言的说明文，就是作者将需要说明的对象如实物和风景及事理等，并运用非常准确无误、恰如其分、严谨细致、无一差错的语言给予客观介绍。像贾祖璋的《南州六月荔枝丹》和沈括的《活板》等就极具代表性。如《南州六月荔枝丹》一文，作者将“荔枝的肉”从色泽、名称、无渣、有味以及荔枝干的情形等侧面介绍得周到严密：“荔枝的肉大多数白色半透明，说它‘莹白如冰雪’，完全正确。有的则微带黄色。从植物学的观点看，它不是果肉，而是种子外面的一层膜发育而成的，应称作假种皮。真正的果肉倒是前面说的连同果壳扔掉的那一层膜。荔枝肉的细胞壁特别薄，所以入口一般都不留渣滓。味甜微酸，适宜于生食。有的纯甜。早熟品种则酸味较强。荔枝晒干或烘干，肉就呈红褐色，完全失去洁白的面貌。”更可贵的是，关于“色泽”与“味道”这两个方面的说明。像介绍“色泽”，一方面说“荔枝的肉”而“莹白如冰雪”，并以“大多数”与“完全”这样的附加语表示肯定；另一方面又用一句“有的则微带黄色”，补写白色之外的特例，并以“有的”与“微”等词语分别从数量上、程度上予以限定。介绍“味道”也是这样，“味甜微酸”是主导的一面；另外一面，补充了两种特例，一是从数量上加以限制的“纯甜”，一是从时间上加以限制的“酸味较强”。作者这样介绍，施教者引导受教者读之，他们定会获得一种符合逻辑事理而毫厘不爽的印象。又如《活板》一文，作者抓住毕昇发明的胶泥活字印刷术这一事物的特点，运用周到严密的语言予以介绍。胶泥活字印刷术的特点是有严格的先后步骤的，前一个步骤是后一个步骤的前提，后一个步骤要建立在前一个步骤的基础之上。这种事物本身的先后步骤，决定了按照程序说明之时必须做到语言的周到严密，像文中介绍活板印刷的方法之时即是如此。从大的方面来说，它分为两个步骤，这就是制板和印刷。而制板这一步骤之中，又分为制备活字和排板两个小步骤。制备活字和排板之中又分为若干个小的步骤。如果不制备活字，那就无法排板，制备活字是排板的前提，排板是建立在制备活字的基础之上的。如果不排好板，那就不能印刷，排板是印刷的前提，印刷是建立在排板的基础之上的。这一印刷技术的步骤本身，就决定了该文介绍的语言必须是周到严密的。如果打乱了这个周到严密的顺序，那就势必会造成条理上的混乱，自然会对活板印刷的操作程序产生怀疑，因而行文也就缺乏说服力。作者如此介绍，施教者引导受教者读之，他们定会了解我国劳动人民为世界文化作出贡献的深远影响。

第二，说明文的教学要把握简明扼要的语言。简明扼要的语言的说明文，就是作者将需要说明的对象如实物和风景及事理等，并运用特别短小精悍、删繁就简、毫不含糊、切忌啰唆的语言给予客观介绍。像茅以升的《中国石拱桥》和魏学洢的《核舟记》等就极具代表性。如《中国石拱桥》一文，作者用简明扼要的语言，这样写道："石拱桥在世界桥梁史上出现得比较早。这种桥不但形式优美，而且结构坚固，能几十年几百年甚至上千年雄跨在江河之上，在交通方面发挥作用。"文中的"比较早"表示程度较轻，这样表达比较稳妥；"不但……而且……甚至"先说外观，再说功能，其实用价值远远重于形式，这就符合人们的认识逻辑。同时文中也运用了一些表示不完全肯定，或有所限制的词语，像"《水经注》里提到的'旅人桥'，大约建成于公元 282 年，可能是有记载的最早的石拱桥了"。这里的"大约"、"可能"是约数，表示不确定，用"有记载的"加以限定，是增加其可靠性。另外文中也运用"两肩"一词，若从特定语句环境考察，就会赞美其简明扼要了。"肩"是桥的两个小拱的所在位置。在大拱的两肩上，各加两个小拱，不但节约石料，减轻桥重，增强安全系数，延长使用年限，而且拱上加拱，更加美观，增加过水量，减轻洪水的冲击。所有这些，都表现了作者严谨的治学精神。作者如此介绍，施教者引导受教者读之，他们定会为文中所闪耀的智慧之美与科技之光而惊奇。又如《核舟记》一文，作者运用简明扼要的语言，就囊括了精巧玲珑的小小工艺品——核舟上的所有内容。像该文第二段仅仅用了 80 来字，就清楚而准确地交代了核舟的形体大小、舱内、窗户、雕栏、刻字等五项内容，其语言如果不能做到简洁明了并切中要领，那就不是 80 来字能够说明清楚的；又因为核舟的工艺是微型的，所以作者驾驭语言如果稍一马虎，那就极有可能欠准确，像本段中的"约"、"有奇"、"许"、"旁开"、"右刻"、"左刻"和下一段中的"卷端"、"卷末"、"微侧"等语词都使用得恰如其分，十分精练，异常清晰。还有，文中也运用简明扼要的语言，将苏、黄、佛印及舟子共五人各不相同的身份、志趣、爱好、各为所事及细微动作等如实生动地予以说明，使他们各自的形象都得到了淋漓尽致的呈现。像写苏东坡的"执"与"抚"等动作，鲁直的"若有所语"，佛印的神情"与苏黄不属"，舟子中的"居右者"而"若啸呼状"，"居左者"而"若听茶声然"，所刻之字的"细若蚊足，钩画了了"，如此等等，不一而足。作者这样介绍，施教者引导受教者读之，他们定会对刻舟者的勤劳智慧和精巧技艺而赞不绝口。

第三，说明文的教学要把握通俗易懂的语言。通俗易懂的语言的说明文，就是作者将需要说明的对象如实物和风景及事理等，并运用十分深入浅出、浅显明白、简要概略、容易理解的语言给予客观介绍。像周元桂的《假如没有灰尘》和白居易的《荔枝图序》等就极具代表性。如《假如没有灰尘》一文，作者运用通俗易懂的语言，除了介绍灰尘的危害、灰尘的大小和主要来源之外，着力地介绍了灰尘的鲜为人知的另一面：这就是人类的生息都离不开灰尘。假如大气之中没有灰尘，强烈的阳光将使人无法睁开眼睛；假如大气之中没有灰尘，天空将变成白茫茫的一片；假如天空之中没有灰尘，地面上的万物都将是湿漉漉的。更为严重的是，地球上的水就会越来越少，以致最后完全干涸，生物难以生存。此外，假如没有灰尘，大自然也将会变得非常单调。作者正是通过灰尘的作用，揭示出一个深刻的哲理：事物往往都具有两面性，只有正确地认识它们，才能趋利避害，造福于人类。需要提及的是，作者在介绍灰尘之时，或通过多方的对比，使说明的对象更加具体、真实、鲜明，这就突出了灰尘的重要作用；或运用拟人的手法，将灰尘赋予人的性格特征，这就把灰尘的特点表现得生动传神。一句话，文中清楚明白而又生动形象地说明了灰尘与人类的重要关系，具有科学性、知识性、趣味性、娱乐性，实在是通俗易懂。作者这样介绍，施教者引导受教者读之，他们定会辩证地看待问题并懂得事物都有两面性的道理。又如《荔枝图序》一文，作者运用通俗易懂的语言，不仅介绍了荔枝的出处、外形、味道，而且还介绍了摘下荔枝后短期内的变化情况。该文实为荔枝图画的说明，其说明的对象就是荔枝。它采用从整体到局部、由外表到内核的说明顺序以及作比较、打比方等说明技巧，层次明晰、详略得当地介绍了荔枝的形态。首先从大处着笔，“荔枝生巴峡间”点明荔枝的生长环境；接着便从细处入手，对荔枝本身的各个部位及其特征加以说明。它最精彩的部分是选用比喻介绍：“树形团团如帷盖。叶如桂，冬青；华如橘，春荣；实如丹，夏熟；朵如葡萄，核如枇杷，壳如红缯，膜如紫绡，瓤肉莹白如冰雪，浆液甘酸如醴酪。”这里采用日常生活中习见的十种物体作比，使一般远离产区的未见荔枝者借助以往的经验而对荔枝形成具体的印象。这样一来，“不识者与识而不及一、二、三日者”完全可以借助帷盖、桂、橘、丹、葡萄、枇杷、红缯、紫绡、冰雪、醴酪这十种感知的东西，获得对荔枝具体而形象的感受。文中的每一个比喻都明白如话，贴切形象，鲜明生动。作者如此介绍，施教者引导受教者读之，他们定会对荔枝而见其色、触其形、闻其香，并品其味。

3.议论文的教学

议论文作为传达某种观点、表明某种意见、提出某种主张的普通文章之一，是以证实通理、阐发情理、道出哲理等为特定对象的。它不但具有论说的针对性的特质，而且具有剖释的深刻性的特质，更加具有分析的透彻性的特质，无论是辨别优劣、评论曲直，甚或是宣扬真理、批评谬误等都难以割舍，因而在现实生活中的应用非常广泛。这种文体善于运用逻辑思维由表及里地开掘，并达到以理服人的目的。这就要求施教者在语文教育中必须不断地增进普通文章中的议论文的重要性的认识，并通过议论文的教学，培养受教者价值取向的标准和观念选择的尺度，进而提高他们的精辟概括的能力。因此，语文教育中的普通文章教学必须着眼于议论文的教学，其要点是：

(1) 议论文的教学要把握基本类型

议论文的基本类型既指其具有论证性的类型，又指其具有议说性的类型，还指其具有思辨性的类型。这与文艺学尽最大的力量而关注的品类——诗歌、小说、戏剧等以虚构为主的文学作品的基本类型是有所区分的。以下主要从议论文的教学要把握论证性的类型、议论文的教学要把握议说性的类型、议论文的教学要把握思辨性的类型等三个方面进行阐述：

第一，议论文的教学要把握论证性的类型。论证性的类型的议论文，就是作者通过概念的准确性、判断的精审性和推理的严谨性等组成解释链而予以证实，以期从中获得某种认识功能与表达释义的方式。像陈群的《理想的阶梯》和荀况的《劝学》等就极具代表性。如《理想的阶梯》一文，作者阐明了"奋斗是实现理想的阶梯"的观点，为了论证这一论题，他选用了三个论据进行并列论证，即"刻苦勤奋"和"珍惜时间"以及"迎难而上"，最后予以总结并发出号召。在论证"理想的阶梯，属于刻苦勤奋的人"时，他列举了马克思、诺贝尔等人的事例，一位是社会科学上的先驱，一位是自然科学上的典型，由个别到一般，是归纳推理；在论证"理想的阶梯，属于珍惜时间的人"时，他引用了富兰克林、鲁迅等人的名言而提出珍惜时间的重要，然后罗列了爱迪生、巴尔扎克等人珍惜时间的事例，由一般到个别，是演绎推理；在论证"理想的阶梯，属于迎难而上的人"时，他以伽利略、布鲁诺、高尔基等人所遇到的困难与我们今天的困难进行对比，又以华罗庚、开普勒、道尔顿、爱因斯坦等人的事例将有志与无志进行对比，由个别到个别，是类比推理。从归纳、演绎、类比的推理看，属于形式逻辑思维，而该文也运用了辩证逻辑思维，尤其在论证"珍惜时间"之时，既从正面论述，也从反面论述，数法并用，活泼得体。作者这样论述，施教者引导受教者读之，他们定会进一步找到正确的路径而实现自己的理想。又如《劝学》一文，作者从三个不同角度论证了学习不可以停止这一主旨。首先，阐述学习的意义在于充实自己，改变人生。这里先用青与蓝、冰与水的关系，说明只要经过"一定的变化过程"即"学习"就可以有所提高；再用直木经"輮"成轮及其推论，说明只要经过"人工改造"即"学习"就可以变更原来的状况；最后用一句话概括了学习的重要性。其次，阐述学习的作用在于扬长避短，弥补不足。这里以常见的一些情况设喻，登高者非臂长、顺风者非声疾、假舆马者非利足、假舟楫者非能水，但是却能见者远、闻者彰、致千里、绝江河，其成功的原因正是登高招、顺风呼、假舆马、假舟楫，就是所说的"假物"即"学习"，并产生显著效果。再次，阐述学习的策略在于端正态度，掌握方法。这里先用积土、积水、积善等作喻指出储蓄的必要性，继用不积跬步、不积小流等作喻指出耗损的危害性，再用良马、劣马等作喻指出坚持或许兴旺，又用锲而舍之、锲而不舍等作喻指出放弃注定衰落，最后用蚓与蟹作喻分别指出专心可能成功而分心必然失败。作者如此论述，施教者引导受教者读之，他们定会很好地明白其中的不少道理而奋斗进取。

第二，议论文的教学要把握议说性的类型。议说性的类型的议论文，就是作者通过对社会生活中的某个问题与事件而展开有价值、有意义的论议或辩说，以期从中达到发表独特见解或鲜明主张的目的。像毛泽东的《人的正确思想是从哪里来的》和晁错的《论贵粟疏》等就极具代表性。如《人的正确思想是从哪里来的》一文，作者从哲学的高度理解和把握了实践论的命题，从而精辟地论述了四个方面的问题，这是马克思主义的基本思想的继续和发展。第一个是有力地批判了在认识论的问题上存在着客观唯心主义和主观唯心主义的严重错误，阐述只有人们的社会实践，只有社会的生产斗争、阶级斗争和科学实验，才是正确认识的真实来源。第二个是具体地分析了认识活动过程的两个阶段，即第一个阶段是由感性认识到理性认识的阶段或由存在到思想的阶段，这一个阶段是认识过程的第一次飞跃；第二个阶段是由精神到物质的阶段或由思想到存在的阶段，这一个阶段是认识过程的第二次飞跃。第三个是周到地阐发了认识过程中的主体能动性的第二次飞跃，即由精神变物质或由思想到存在的必要性与重要性，既坚持了认识论上的唯物论，又坚持了认识论上的辩证法。第四个是科学地说明了认识过程的无限性，指出一个正确的认识，往往需要经过由物质到精神、由精神到物质，即由实践到认识、由认识到实践的多次反复才能够得以完成。作者这样论述，施教者引导受教者读之，他们定会从中受到辩证唯物主义认识论的教育。又如《论贵粟疏》一文，作者论述了“贵粟”即重视粮食对于国家的富强和人民的安定生活具有决定性的意义，提出了重农抑商、入粟于官、拜爵除罪等一系列主张，真正地做到了审时度势、明允笃诚，前后相承，步步深入，以期让统治者认识到问题的严重性。该文通篇正反对举，指陈时弊，强志成务，观点昭彰。首先是通过历史上的成败得失比看现在的情况以阐明今世“不农”有悖于古先圣王“开其资财之道”的宗旨，其次是通过不农之害与重农保民之理形成对比以张扬“务民于农桑”的思想，再次是通过珠玉金银与粟米布帛的有效价值、重要作用、使用后果的比较分析以强调明君应“贵五谷而贱金玉”的道理；继而是通过农夫痛苦与商人富厚的事实对比分析以指出“商人所以兼并农人，农人所以流亡”的根本原因；接着是通过“复卒”与“入粟受爵”利弊优劣的比较分析以论证“贵粟”的价值能发挥“主用足”、“民赋少”、“劝农功”等实际效力，从而与开篇提出的“开其资财之道”的宗旨一脉相承。作者如此论述，施教者引导受教者读之，他们定会从“欲民务农，在于贵粟”中得到许多启发。

第三，议论文的教学要把握思辨性的类型。思辨性的类型的议论文，就是作者通过对虽抽象但异常明晰的纯理论与纯概念知识而展开正确推断、合理论证，以期从中得出分析详尽透彻而精辟深刻的结论。像吴晗的《谈骨气》和贾谊的《过秦论》等就极具代表性。如《谈骨气》一文，作者所论及的“骨气”是一个很抽象的名词，指的是一种刚强不屈的气概。而什么叫作“有骨气”，就似乎很难用简短的话语来阐述清楚了。该文并不单刀直入地去做一些牵强附会的解释，而是巧妙地采用了大思想家孟子的“几句很好的话”予以展开。首先从谈论何谓“大丈夫”入手，逐步说明什么叫作“有骨气”。所谓“大丈夫”即“富贵不能淫，贫贱不能移，威武不能屈”。继而再用这三种大丈夫即“文天祥宁死不降”和“穷人不吃嗟来之食”以及“闻一多怒对枪口”的英雄气概为“有骨气”做出精辟的诠注。这就既把“君子”的处世之道体现得淋漓尽致，又恰到好处地点明了该文命题的意义之所在，并为下文进一步从不同角度全面论证而奠定了坚实的理论基础。孟子的这三句话“富贵不能淫，贫贱不能移，威武不能屈”可以看作是全篇的“纲”，它贯穿于该文的始终，使三个论据显得十分有力，论证的条理清晰可辨，其哲学意蕴、辨识色彩较浓，充分彰显了“我们中国人是有骨气的”这一意旨。作者这样论述，施教者引导受教者读之，他们定会锻造中国力量的铮铮铁骨而决不忍辱偷生。又如《过秦论》一文，作者从各个方面分析了秦王朝的过错与缺失，旨在总结秦王朝迅速灭亡的历史教训，并以此作为汉王朝建立制度、巩固统治的借鉴。该文的上篇通过对秦国自孝公以迄始皇逐渐强大的具有地理的优势、实行变法图强的主张、正确的战争策略、几世秦王的苦心经营等历史的回顾，指出秦国变法图强能够得到天下，而“仁义不施”没有守住天下。在中篇和下篇，则具体地阐发了秦国统一之后的种种过失。中篇指出秦国统一天下，结束了多年的战乱，本来处在很好的形势之中，但是秦始皇没有制定出正确的政策，反而焚书坑儒，以暴虐统治天下；到了二世之时，仍然不能改正原先的过失，终于导致国家的倾覆。下篇承接前文，指出秦国在“诸侯并起，豪俊相立”之时，秦王子婴没有救亡扶倾的才力，如果他能改变原来错误的政策，“闭关据厄”并“荷戟而守之”，是可以守住三秦之地的，以后“安土息民”，徐图发展，甚至可以重新恢复国家的统一。但遗憾的是，秦朝钳口闭言的一贯政策，导致上下“雍闭”，子婴孤立无亲，最终不免于灭亡的命运。作者如此论述，施教者引导受教者读之，他们定会养成一种批判态度、质疑勇气和反思精神。

(2) 议论文的教学要把握大体结构

议论文的大体结构既指其具有整体式的结构，又指其具有主宾式的结构，还指其具有复沓式的结构。这与文艺学尽全部的心力而关注的品类——诗歌、小说、戏剧等以虚构为主的文学作品的大体结构是有所分歧的。以下主要从议论文的教学要把握整体式的结构、议论文的教学要把握主宾式的结构、议论文的教学要把握复沓式的结构等三个方面进行阐述：

第一，议论文的教学要把握整体式的结构。整体式的结构的议论文，就是作者通过对看法前后一致而不发生矛盾的部分与部分之间的内在联系和外部关联，以期从中建立一种着眼全局、通盘筹划的观念。像周汉晖的《谈诚实》和韩愈的《师说》等就极具代表性。如《谈诚实》一文，作者开头就亮明了基本观点，这样说道“一个真正的人，总是以诚实为荣，以伪为羞，不隐瞒真相，不文过饰非，心口如一，磊落光明”，并随即举了谢觉哉的例子，为基本观点而作出具体说明，这是提出问题部分，为全文的议论发端。正文则从诚实的本质、诚实的价值、诚实的阶级性等三个方面展开深入剖析，这是分析问题部分。分析是议论的重点，所以对诚实的本质、诚实的价值、诚实的阶级性等剖析深刻，思路别致，说理透辟，援例精当，对比鲜明，内容具有时代气息，等等。而其中诚实的价值又是重点中的重点，则写得更为详细，十分清楚明白，共用了三个段落予以阐发。结尾则发出号召“以振兴中华，移风易俗为已任的青年一代，一定要讲真话，做诚实人”，这是解决问题部分，明确地道出了发议论的目的，以收束全文。该文提出了问题，分析了问题，解决了问题，议论过程严谨而完善。而且，首尾照应，有起有收；纵横开拓，不离中心，这一切都显示了特有的整体式。作者这样论述，施教者引导受教者读之，他们定会奉行忠诚老实、言行一致和表里如一的精神。又如《师说》一文，作者开篇明确指出“古之学者必有师”，这是针对当时门第观念影响下的“耻学于师”的歪风而从正面立论的。在作者看来，求知必须从师，为了掌握知识，通晓道理，就应该虚心求教，因此他指明了教师的职责和作用，就在于“传道”、“授业”、“解惑”。接着从反面论述了从师学习的原因:“人非生而知之者，孰能无惑？惑而不从师，其为惑也，终不解矣。生乎吾前，其闻道也固先乎吾，吾从而师之；生乎吾后，其闻道也亦先乎吾，吾从而师之。吾师道也，夫庸知其年之先后生于吾乎？是故无贵无贱，无长无少，道之所存，师之所存也。”作者所表明的是，如果遇到了“惑”，自身又无力解决，而不善于从师求教，这个“惑”始终是不可能“解”的。他认为不论年长年幼、地位高低贵贱，只要在“闻道”方面懂得多，能够帮助“解惑”，就需要拜之为师。他提出的“无贵无贱，无长无少，道之所存，师之所存”的主张，就是对封建等级制度的悉数否定。这里从立论、论证到结论，环环相套，紧扣中心，破立结合，褒贬并举，极具整体感。作者如此论述，施教者引导受教者读之，他们定会很好地弘扬尊师重道的传统美德而刻苦学习。

第二，议论文的教学要把握主宾式的结构。主宾式的结构的议论文，就是作者通过对相互依存的起统领作用的主要部分与起烘托作用的次要部分的巧妙布局，以期从中拥享繁简适宜、详略得当的美感。像叶永烈的《文与理》和苏轼的《留侯论》等就极具代表性。如《文与理》一文，作者在近三千字中要论述的问题比较多，但是从总的方面来看，则不外乎三个基本观点：其一是说明“科学与文学之间，存在着极为密切的联系”；其二是批评当前由于多个原因的干扰，而存在着重理轻文的偏向；其三是批评当下因为不少因素的左右，也存在着重文轻理的偏差。显然，前者是统领全文的中心观点，这是主式；而后二者是为了论证前者服务的，这是宾式，主式与宾式的地位显得非常清楚。但是，在当前的青年之中，重理轻文的现象远比重文轻理的要普遍得多，更严重些。该文主要是为了纠正重理轻文的倾向而着墨的，因此，花费在这方面的文字远比批评重文轻理的要多，大约是九与一之比，所以，关于前者的主式是用墨如泼，而后者的宾式是惜墨如金。另外，该文还注意到了用例的变化，能从不同角度，并以不同的写法突出了每一个事例的意义。作者为了批驳“科学家就等于数理化，学好数理化也就能当科学家”的偏见，而树立文理并重的观点，他连续列举了三个例子，却丝毫没有重复堆砌之感。作者这样论述，施教者引导受教者读之，他们定会对科学与人文、文与理有一个全新的认识。又如《留侯论》一文，作者在于着力阐发“忍小忿而就大谋”的主旨，为了使其具有说服力，所以在结构上巧于抓住留侯能忍这一主式，引证史实层层递进，流转变化，不离其宗，并从正反两个方面加以论证发挥：当写到荆轲刺秦王、聂政刺韩傀等宾式之时，是以其匹夫之勇从反面来衬托留侯的善于隐忍的；而写到郑伯肉袒迎楚、勾践卧薪尝胆等宾式之时，是以其深谋远虑从正面来衬托留侯的善于隐忍的；故而借宾式而凸显主式，使立论一层深似一层，既能开也能合，既能详也能略，笔力不但雄奇奔放，而且清新俊逸，虽然只有短短的七百余字，但是言简意赅，分析透彻，鞭辟入里，千百年来成为立论作品的典范。作者当年屡遭贬谪，正是以隐忍为大德，才造就了一个词、文、诗、书、画多方面的全才；也正由于如此，才为宋代文坛开创了别具一格的豪放派。因而可以说，作者表面上写的是留侯之隐忍，实际上是以古喻今而告诫自己不能锋芒毕露，面对复杂人生只有隐忍才能成就大业，于字里行间体现出博闻才识和独具匠心，真是化腐朽为神奇。作者如此论述，施教者引导受教者读之，他们定会在做每件事之时都沉着冷静而不急于求成。

第三，议论文的教学要把握复沓式的结构。复沓式的结构的议论文，就是作者通过对论点基本相同和论据基本一致及论证基本相似等的铺陈排比、齐头并发，以期从中收到气势通畅、遒劲有力的效果。像邹韬奋的《呆气》和张居正的《治国强本论》等就极具代表性。如《呆气》一文，作者从谈“勇气”和“正气”入手，顺理成章地引出了“呆气”说“我意以为非有几分呆气，勇气鼓不起来，正气亦将消散”，这是全文的中心论点。那么，如何论证这个中心论点呢？该文从三个方面展开了论述：其一是“研究任何学问，欲求造诣深邃者，也不可不有几分呆气”；其二是“委身革命事业以拯救同胞为己任者，也不可不有几分呆气”；其三是“欲能忠于职务，亦非具有几分呆气不可”。这三个观点很相近，三个句型很相似，排列起来，在结构上具有复沓式的美感。而且，像放大了的排比句，气势很充沛，说理很透彻。作者为了使论点最鲜明，在每段开头和每段结尾都采用了观点句，因而具有提领性、凝练性和明了性的特点。该文开头段的观点句主要是用在“三小段”的开头，结尾段的观点句则是开头段的观点句的升华，不仅要同开头段的观点句在思想上保持一致性，并对全段具有总结性，而且不能是开头段的观点句的简单重复，至少在表述时要变换一下语言形式，或是换一个新的角度去总结前文的论说。作者这样论述，施教者引导受教者读之，他们定会领悟认真执着、坚韧不拔、始终不渝的精神。又如《治国强本论》一文，作者首先以议论入题：“国势强，则动罔不吉；国势弱，则动罔不害。”是说国家强盛而各种举动都吉利顺畅，国家衰弱而什么措施都受挫致害。继而再譬以人，若“元气充实”而偶有疾病，无论服药扎针，将“旋治旋愈”；若“元气虚弱”而一旦有病，那就“补东则耗西”并“实上则虚下”，即使有扁鹊那样的名医，也毫无办法；其比喻生动，说明国家盛衰的关键在于“元气”是否充实。接着以一位七十老人治病的故事为例，这位老人先后患便秘、胃痛、头晕、腹泻，医生都是对症下药，但还是离开了人世。其原因何在？那就是“元气不胜故也！”这里再次强调了“元气”对于强身固本的重要性。最后类比推论，自然引申而得出：“君子为国，务强其根本。”是说统治者治理国家，一定要增强国家的“根本”，也就是“振其纪纲，厚集而拊循之，勿使有衅”。倘若“生事”，要“乘其微细，急扑灭之，虽厚费不惜，勿使滋蔓”，因为“蔓难图矣！”该文在结构上绝对不是着意的句式铺排，而是一种复沓式的呈现。作者如此论述，施教者引导受教者读之，他们定会从该文的立意之深、比喻之切中看清本质真相。

(3) 议论文的教学要把握表达技巧

议论文的表达技巧既指其具有立论有据的技巧，又指其具有驳辩有力的技巧，还指其具有论评有理的技巧。这与文艺学尽整个的能量而关注的品类——诗歌、小说、戏剧等以虚构为主的文学作品的表达技巧是有所分别的。以下主要从议论文的教学要把握立论有据的技巧、议论文的教学要把握驳辩有力的技巧、议论文的教学要把握论评有理的技巧等三个方面进行阐述：

第一，议论文的教学要把握立论有据的技巧。立论有据的技巧的议论文，就是作者通过对事件或问题的阐述而形成显豁的论点、充分的论据、周密的论证，以期从中确实获得彻底信服的力量以及勇气。像邓拓的《生命的三分之一》和苏洵的《六国论》等就极具代表性。如《生命的三分之一》一文，作者立论显豁，并引用大量论据，充分证明了"一切有成就的人，都很严肃地对待自己的生命"的观点，号召人们"要尽量多劳动、多工作、多学习"，不要虚度年华、白白浪费时间。该文开篇部分就提出论题：一个人要使自己活得有意义，就应该严肃而认真地对待自己的生命。主体部分引述一系列史实，既有战国时师旷年已七十尚"炳烛"夜读，又有秦国时嬴政"躬操文墨，昼断狱，夜理书"，还有汉朝时妇女"相从夜绩"而"一月得四十五日"，更有北周时吕思礼执烛攻书而积烛灰数升，等等，以此表明古人惜时勤苦，心无旁骛，孜孜不倦，精神可嘉。结尾部分指出，"目的也不过是要引起大家注意珍惜这三分之一的生命"，在业余时间里多读书，"领略古今有用的知识"，不要虚度年华。全文在援引史实之中，不但有普通劳动者珍惜时间而不辍劳作的事例，而且有帝王将相、政治家废寝忘食而勤勉苦读的事例，更加有大量对这些事例的注解与阐释，其旁征博引，信手拈来，用例典型，论证充分，左右逢源，丝丝入扣，是有口皆碑的。作者这样论述，施教者引导受教者读之，他们定会愈发珍惜时间而勤奋努力并严肃对待人生。又如《六国论》一文，作者的意图不仅在于总结六国灭亡的深刻教训，更加在于警告宋朝统治者切记不要重蹈六国灭亡的覆辙。该文借古喻今，纵横恣肆，痛陈利弊，发自肺腑，对当权者进行含蓄规劝，希望其改弦易辙，增强国力，坚决斗争。从历史情况来看，六国灭亡的原因并非一味"赂秦"。六国的失败，主要是政治上的因循守旧，不重视改革，不能坚持六国"合纵"的政策去对付秦国"连横"的政策，并被其远交近攻的手段而各个击破。另一方面，秦孝公任用商鞅变法，使秦国的国力大大增强，具备了统一中国的实力。加上战国长期的战乱，民不聊生，由分裂到统一，符合人们的愿望。秦国统一整个中国，是历史发展的必然趋势。作者对此并不是完全不知晓，他在文中之所以这样强调六国"以赂秦之地，封天下之谋臣；以事秦之心，礼天下之奇才，并力西向，则吾恐秦人食之不得下咽也"而导致加速灭亡，其真实用意就是以此警告宋朝的统治者，不要运用贿赂的办法来对待契丹和西夏，应该使用武力而顽强抵抗。作者如此论述，施教者引导受教者读之，他们定会从谈论历史而供当权者借鉴中获得有益的启示。

第二，议论文的教学要把握驳辩有力的技巧。驳辩有力的技巧的议论文，就是作者通过对片面的、错误的甚至是反动的言论的驳斥而表明自己的观点或看法，以期从中真正得出正确的认识、可靠的结论。像叶圣陶的《华队公会的供状》和孔丘的《季氏将伐颛臾》等就极具代表性。如《华队公会的供状》一文，作者首先是摆出需要反驳的谬论，以明确所攻击的对象；其次是确定用什么方法反驳，是摆事实，还是讲道理，用什么事实，何种道理，都要思考清楚；最后是选用好语言，或是激烈抨击，或是痛加指斥，其用语都要贴切。该文批驳的对象是敌人，即华队公会这一反动组织及其成员，一共驳斥了他们的三个谬论，即三个靶子：一是“夫商团有华队之设，原以维持租界公共治安为唯一宗旨”；二是“凡力所能及，可以维持治安，而无损于国体者，华队同人莫不坚心毅力以赴之”；三是“惟知义务所在，责任所归”。这三个靶子，分别出现在三、四、五段之首，每段都通过“你们说”而引出，接着一一运用了“听其言，观其行”的方法，列举他们自己的所作所为，进行揭露批驳，句句有愤慨，处处是谴责，斩钉截铁，鞭挞有力。这样，竖靶子的方法虽然相同但是文字详略却有别，批驳的内容虽然不同但是结构方式却相近，三个靶子并列相垒，各占一段，各受攻击，其反动嘴脸昭然若揭。作者这样论述，施教者引导受教者读之，他们定会对该文驳辩的严厉责备、愤怒指斥而拍手叫绝。又如《季氏将伐颛臾》一文，作者主要是就季氏将伐颛臾这件事，而发表了三段议论。第一段他有力地说明了自己反对季氏攻打颛臾的理由：一是“昔者先王以为东蒙主”，即颛臾在鲁国一向有名正言顺的政治地位；二是“且在邦域之中矣”，即颛臾的地理位置本就在鲁国境内，且对该国一向就不构成威胁；三是“是社稷之臣也”，意即颛臾素来就谨守君臣的关系，而没有攻打的理由。这就体现了作者反对强行霸道而诉诸武力的坚定立场。第二段他相机地援引了周任的“陈力就列，不能者止”的名言，有力地批评了冉有、季路等人推卸责任的态度。第三段他正面地阐述了自己的“治国以礼”、“为政以德”的政治主张，从而彰显了“仁者爱人”的思想。该文借对话形式而展开批驳，有的放矢，破中有立。首先是运用历史材料，“昔者先王以为东蒙主”；其次是运用现实事例，颛臾在“邦域之中”且“是社稷之臣”；再次是运用名人名言，“周任有言曰：‘陈力就列，不能者止’”。这里的三种论据，驳斥有理有据，而立论也坚实可靠。作者如此论述，施教者引导受教者读之，他们定会对该文驳辩的所向披靡、势如破竹而拱手称奇。

第三，议论文的教学要把握论评有理的技巧。论评有理的技巧的议论文，就是作者通过对事情或人物作出价值评判而表明自己关于优劣、善恶、美丑的见解，以期从中能够明辨是非曲直并提高认识水平。像陶铸的《崇高的理想》和苏洵的《管仲论》等就极具代表性。如《崇高的理想》一文，作者洋洋洒洒地论及了有关理想的诸多问题，其中最重要的是：“无论在什么样的社会里，一个人的理想，是为了多数人的利益，为了社会进步，对社会生产力的发展起促进作用，也就是说，合乎社会发展规律，就是伟大理想。”随后，作者列举了一系列历史人物的事迹加以说明，其中有政治方面的杰出人物林则徐、洪秀全、孙中山等，有军事方面的著名人物霍去病、岳飞、文天祥等；除此，有泽于万世的治水功臣夏禹、李冰父子，有医德高尚、医术高明的扁鹊，还有将边疆的纺织技术带回内陆推广的女纺织专家黄道婆，如此等等。这些人不断地磨炼自己的意志和毅力，都具备为多数人利益献身的精神，也都是具有伟大理想的人。另外，那些自觉地效法这些古人、先贤而志存高远，并在各自的岗位上做出无私的奉献，认真地履行对社会对他人的职业义务，也同样是具有崇高理想的人。该文论评有理，说理透辟，犹如春风化雨，娓娓道来，语重心长，洋溢着老一辈革命家的亲切关怀、谆谆教诲和殷切期望。作者这样论述，施教者引导受教者读之，他们定会向着既定的远大目标而勇毅前行并不懈奋进。又如《管仲论》一文，作者针对当时的政治实际需要有用的人才给予权柄并改变积贫积弱的局面而张本，其立论新奇，析理精细，见识独特，合乎情理，因而极具说服力。众所周知，管仲是历史上的名相之一，他辅佐齐桓公尊周室，攘夷狄，九合诸侯，一匡天下。其功绩一向为人们所称道，就连大圣人孔子对他都给予了很高的评价。对于这样一个典范人物，作者独能从其不能推荐贤能这一要害之处进行评说，论证了举贤任能是保障国家长治久安的根本，指明了政治家培养选拔接班人的重要性，分析了齐国内乱的人为因素，认为表面上是竖刁、易牙、开方等三人所致，实为管仲没世之后而无贤能执政，并批评了管仲临死之前没有荐贤举能以代为“不知本”。同时，又以晋国在文公死后有“老成人”执政为例来对照论述，还以史蝤举蘧伯玉、萧何荐曹参作对比证明。因此，作者的见解是正确的，他论评管仲其人，能够“据事以类义，援古以证今”，并“扩前人所未发”，自出机杼，别开一境，真是有耳目一新之感。作者如此论述，施教者引导受教者读之，他们定会从该文的贵能破理且意贯始终之中而叹为观止。

(4) 议论文的教学要把握出色语言

议论文的出色语言既指其具有充满哲思的语言，又指其具有畅达有势的语言，还指其具有灵活多变的语言。这与文艺学尽一切的心力而关注的品类——诗歌、小说、戏剧等以虚构为主的文学作品的出色语言是有所差距的。以下主要从议论文的教学要把握充满哲思的语言、议论文的教学要把握畅达有势的语言、议论文的教学要把握灵活多变的语言等三个方面进行阐述：

第一，议论文的教学要把握充满哲思的语言。充满哲思的语言的议论文，就是作者通过精深敏捷的思虑并运用哲理色彩的语言来揭示事物的本质或问题的要害，以期从中能够确实领悟到意味深长的妙旨。像顾颉刚的《怀疑与学问》和梁启超的《少年中国说》等就极具代表性。如《怀疑与学问》一文，作者论述了学者“先要会疑”、“学则须疑”的观点，强调了怀疑精神在治学过程中的重要作用，并提倡学者应有怀疑精神，不要随便地盲从或迷信他人。尤其是在论述二者之间的关系时，他这样说道：“我们不论对于哪一本书，哪一种学问，都要经过自己的怀疑：因怀疑而思索，因思索而辨别是非；经过‘怀疑’、‘思索’、‘辨别’三步以后……那种学问才是自己的学问。”这里的话语虽然不多，却把二者之间的关系说得既深又精，真是力透纸背。另外，作者指出“怀疑的精神”是“做一切学问的基本条件”时，他这样写道：“对于传说的话，不论信不信，都应当经过一番思考，不应当随随便便就信了。我们信它，因为它‘是’；不信它，因为它‘非’”，这种“事前的思索”、“不随便轻信”的怀疑精神乃是“做一切学问的基本条件”。这里说的是对于“传说”要用怀疑的精神对待，的确放之四海而皆准，显得十分中肯。上述文中的语言充满哲思，哲理色彩较浓，哲理性很强，所阐发的道理是十分深刻的，对于后世的影响也是巨大的。作者这样论述，施教者引导受教者读之，他们定会从该文所论的怀疑与学问的关系中获得教益。又如《少年中国说》一文，作者为了驳斥当时的西方列强和帝国主义分子制造舆论并污蔑中国是“老大帝国”的无耻谰言，从而振奋全国人民的爱国情，激起中华民族的自尊心，焕发华夏儿女的自信力，他站在资产阶级改良派的立场上，以开阔的视野、博大的心胸、坦荡的情怀，于戊戌变法后流亡日本之时写了这一篇幅较长而影响颇大的宏文，字里行间无不充满着痛心疾首的深沉焦虑与无尽忧愁。他在文中将封建古老的中国与自己心目中的“少年中国”作了鲜明的对比，极力地赞扬了“少年中国”勇于改革的精神，热切希望又好又快地出现“少年中国”，鼓励人们肩负起建设“少年中国”的重大责任，表达了要求祖国繁荣富强的愿望与积极进取的精神，也寄托了自己对“少年中国”的未来的热切追求和美好向往，激励着“中国少年”立志成才而报效祖国的决心。该文的语言不仅具有强烈的鼓动性，而且具有激越的情思性，其气势磅礴，雄浑深沉，通俗晓畅，哲思飞扬，无出其右。文中所阐发的哲学道理，充满着政治家的远见卓识，至今仍然闪烁着不可泯灭的热忱之心。作者如此论述，施教者引导受教者读之，他们定会在心中永怀鸿鹄之志而精神异常感奋。

第二，议论文的教学要把握畅达有势的语言。畅达有势的语言的议论文，就是作者通过畅通无阻的运思并使用势如破竹的语言以直击问题的要害或事物的本质，以期从中能够真实享受到回味无穷的乐趣。像毛泽东的《反对自由主义》和孟轲的《得道多助，失道寡助》等就极具代表性。如《反对自由主义》一文，作者应正在中国人民抗日军政大学（简称“抗大”）工作学习的胡耀邦的请求而撰写，发表在抗大内部校刊《思想战线》之上。该文虽然针对的是抗大部分学员存在的组织纪律散漫现象，但是所论述的问题却专指我们党内出现的一种违反组织纪律的错误言行，因而在全党具有普遍性，它发表后很快地在党内得到了广泛的传播。作者在文中详细地列举了自由主义的种种表现，系统地分析了自由主义产生的思想根源、表现形式、性质、危害及克服自由主义的途径、措施和办法，对于加强党的建设具有重要的指导意义。通观全篇，其中心任务就是要解决当时党内存在的自由主义问题，目的是加强党的组织纪律性。之所以提出这一重任，是由我们党的性质、宗旨以及党所承担的历史责任决定的。该文虽然只有一千三百多字，但是字字珠玑，提出了许多独到见解和重要论断，蕴含着磅礴的思想伟力，于今依然放射着马克思主义的真理光芒。全文的语言畅达有势，似高屋建瓴而气概非凡，如开闸泄水而奔腾不已，真是所向披靡，无可阻挡。作者这样论述，施教者引导受教者读之，他们定会不断地反思、自律、自制而提高自己的修养。又如《得道多助，失道寡助》一文，作者从决定战争胜负的因素这一角度出发，通过对“天时”、“地利”、“人和”等三个条件的比较，阐述了“人和”对战争胜利的决定性作用。由此，再加引申，推出“得道者多助，失道者寡助”的论断，阐明了施行“仁政”的必要性。该文用层层推理的方法进行论证，开篇即提出论点“天时不如地利，地利不如人和”，接着设例进行论证，再据此阐发引申，逐渐深入，最后得出断语，逻辑性很强。其中有这样一段：“域民不以封疆之界，固国不以山溪之险，威天下不以兵革之利。得道者多助，失道者寡助。寡助之至，亲戚畔之；多助之至，天下顺之。以天下之所顺，攻亲戚之所畔，故君子有不战，战必胜矣。”这一段在阐述“得道者多助”之时，作者先用了三个否定的排比句，言之成理地推导出结论；然后又把“多助”和“寡助”进行对比，自然导出“君子有不战，战必胜矣”。其语言充分铺张，整齐流畅，环环相扣，逐层推进，似一气贯注而扶山摇岳，像高山放石而一去无回，大有飞流直下三千尺之势。作者如此论述，施教者引导受教者读之，他们定会从中了解能够克敌制胜的方法而为国尽忠效力。

第三，议论文的教学要把握灵活多变的语言。灵活多变的语言的议论文，就是作者通过迅速快捷的思维并利用整散结合的语言而抓住事物的本质或问题的要害，以期从中能够的确体验到意犹未尽的滋味。像毛泽东的《批评和自我批评》和欧阳修的《伶官传序》等就极具代表性。如《批评和自我批评》一文，作者有这样一段话：“我们曾经说过，房子是应该经常打扫的，不打扫就会积满了灰尘，脸是应该经常洗的，不洗也就会灰尘满面。我们同志的思想，我们党的工作也会沾满灰尘的，也应该打扫和洗涤。‘流水不腐，户枢不蠹’，是说它们在不停地运动中抵抗了微生物或其他生物的侵蚀。对于我们经常地检讨工作，在检讨中推广民主作风，不惧怕批评和自我批评，实行‘知无不言，言无不尽’、‘言者无罪，闻者足戒’、‘有则改之，无则加勉’这些中国人民的有益的格言，正是抵抗各种政治灰尘和政治微生物侵蚀我们同志的思想和我们党的肌体的唯一有效的方法。以‘惩前毖后，治病救人’为宗旨的整风运动之所以发生了很大的效力，就是因为我们在这个运动中展开了正确的而不是歪曲的，认真的而不是敷衍的批评和自我批评。”这段话的长句与短句结合、整齐句与不整齐句结合、文言句与白话句结合、韵文句与散文句结合，一个意思变换多种句式表达，还有各种修辞手法的运用等等，都能体现语言的灵活变化。作者这样论述，施教者引导受教者读之，他们定会虚心地接受批评进而改造、提高和完善自我。又如《伶官传序》一文，作者通过对五代时期的后唐盛衰过程的具体分析，推导出“忧劳可以兴国，逸豫可以亡身”和“祸患常积于忽微，而智勇多困于所溺”的结论，说明国家兴衰败亡不由天命而取决于“人事”，借以告诫当时北宋王朝执政者要吸取历史教训，居安思危，防微杜渐，力戒骄侈纵欲。全文的语言灵活多变，颇具特色。首先是感叹词句的多次运用，使作品一唱三叹。如开篇之首，作者即发“呜呼”之慨叹，另外于文中也曾多次发出深沉的感喟，或褒或贬，于唏嘘之中昭然可见其浓烈的感情色彩，这就增强了艺术感染力与说服力。其次是既摒弃了骈文追求辞藻华丽矫揉的浮靡之风，注重文字的平易晓畅，精练生动，又吸取了骈文的长处，利用声韵节律和工整词句使作品具有浓郁的诗的韵味，节奏明快，如行云流水，一气呵成。再次是排偶词句的运用在文中比比皆是，如盛与衰、得与失、天命与人事、难与易等，使作品韵律匀称，抑扬顿挫，朗朗上口，简洁有力，美感性强，能让人们感受到充溢于字里行间的思想感情。作者如此论述，施教者引导受教者读之，他们定会提高认识而从历史的教训中获得深刻的启迪。

（二）专业文章的教学

专业文章既指以最新情况、最新成就、最新动态等为特定对象来追随社会变革、记录生活脚步、承载主流价值的新闻文，又指以倾诉心意、处理事宜、传递需求等为特定对象来联系外界生活、沟通相关情况、解决实际问题的应用文，还指以全新理念、全新认识、全新构想等为特定对象来进行系统研究、形成专门成果、推进学问发展的学术文，这些都是文章学值得重视的品类。基于此，语文教育研究要加强专业文章的教学。施教者在语文教育中高度关注受教者的专业文章的教学，通常是指新闻文的教学、应用文的教学和学术文的教学。

1.新闻文的教学

新闻文作为追随社会变革、记录生活脚步、承载主流价值的专业文章之一，是以最新情况、最新成就、最新动态等为特定对象的。它不但具有质料的真实性的特质，而且具有传递的时效性的特质，更加具有介入的公正性的特质，是人们通晓不同国家和不同地区之间的政治、经济、文化、教育、宗教、法律、科技、军事、体育等信息的一种文体，对于生活习俗、世风民情、价值观念、道德情操等都有很重要的影响。这就要求施教者在语文教育中必须不断地强化专业文章中的新闻文的有用性的思考，并通过新闻文的教学，培养受教者对时代现实的干预意识，进而提高他们的寻求真相的能力。因此，语文教育中的专业文章教学必须着眼于新闻文的教学，其要点是：

（1）新闻文的教学要把握基本类型

新闻文的基本类型既指其具有消息性的类型，又指其具有特写性的类型，还指其具有通讯性的类型。这与文艺学尽最大的力量而关注的品类——诗歌、小说、戏剧等以虚构为主的文学作品的基本类型是有所不同的。以下主要从新闻文的教学要把握消息性的类型、新闻文的教学要把握特写性的类型、新闻文的教学要把握通讯性的类型等三个方面予以阐发：

第一，新闻文的教学要把握消息性的类型。消息性的类型的新闻文，就是作者通过迅速及时地报道最新发生的事实，它不求细致而详尽的反映，没有必要把事件的经过、根源及相关问题挖得既深又透。像毛泽东的《人民解放军百万大军横渡长江》和左丘明的《勾践灭吴》等就极具代表性。如《人民解放军百万大军横渡长江》一文，作者报道了解放战争时期的百万大军以攻无不克之势横渡长江而取得决定性胜利的情况，揭示了敌军在政治上、军事上失败的原因，宣告了国民党反动派必然覆灭的命运。首先，全文描述精当，展现了人民解放军胜利渡江的雄伟场面。该文报道了从九江到江阴三路大军的渡江作战，迅速、及时，有新意，其中描述人民解放军的东路战事可谓神来之笔。时任国民党京沪杭警备总司令的汤恩伯自以为东面防线很巩固，于是赶赴面对人民解放军的中路军的芜湖去督战，结果正是这一天，东面防线被人民解放军一举攻破，说明国民党政府已是穷途末路、垂死挣扎，因而很难改变战争的进程。其次，全文言简意丰，达到了浓淡相宜、美不胜收的完美效应。该文出于反映事实信息的需要，采用第三人称叙事，即以局外人的姿态出现，开头一句话仅用24个字就完全涵盖了新闻所具备的基本要素；第二句话高度概括了人民解放军冲破敌阵而横渡长江的战斗情景；第三句话通报了人民解放军下一步前进的方向并发出号召。这些完全符合“增之一分则太长，减之一分则太短”的美学法则。作者这样报道，施教者引导受教者读之，他们定会激起最为强烈的美感并进而受到更加巨大的力感。又如《勾践灭吴》一文，作者报道了春秋末期的越王勾践与吴王夫差之间的矛盾斗争，并最终战而胜之的著名历史事件。越王勾践在与吴王夫差的战争中被击败之后，以各种屈辱的条件向吴国求和。吴王夫差没有听从忠臣伍子胥的很有说服力的进谏之言，竟然听信了被越国略施小计而贿赂的佞臣太宰嚭的谗言，应许了越国的议和之大局，这就让越王勾践获得了喘息的机会。越王勾践卧薪尝胆，励精图治，在经过了“十年生聚，十年教训”的长期准备之后，越国终于医治了战争的创伤，有能力洗雪心头之恨，于是乘机率领军队进攻吴国，吴国因此而迅速灭亡。该文的三个部分，紧紧围绕越王勾践清雪国耻这一主要经历而展开描写。首先，写越王勾践派人同吴国求和，最终吴王夫差同意，突出了他痛下决心而希望东山再起的一面。其次，写越王勾践为了打败吴国而进行的改革内政、减轻刑罚、减免赋税等多方面的准备，彰显了他丝丝入扣的政治才能的一面。最后，写越王勾践韬光养晦，勿忘奇耻，一举出征，灭掉吴国，并报了旧仇而获得了可喜的胜利。作者如此报道，施教者引导受教者读之，他们定会催生出自强不息、坚韧不拔、顽强不屈的生命意志。

第二，新闻文的教学要把握特写性的类型。特写性的类型的新闻文，就是作者通过或摄取某一事件的精彩场面，或再现某一人物的特殊行为，或展示某一活动的关键节点，从而捕捉到重要的概括性信息。像周树春的《别了，不列颠尼亚》和王安石的《信州兴造记》等就极具代表性。如《别了，不列颠尼亚》一文，作者没有报道香港回归的交接仪式现场多么庄严，也没有报道欢庆回归的人们如何激动，而是选择了英方撤离这样一个角度，并且把末代港督乘英国皇家游艇“不列颠尼亚”号撤离香港这一事件放在一个历史的背景中，更加突出了这一事件的历史意义。该文主要是运用类似于电影特写镜头的手法反映事实，使四个精彩的场景生动而形象地呈现在人们面前。第一个场景为1997年6月30日下午4点30分，末任港督告别港督府，降下港督旗帜；第二个场景为1997年6月30日晚上6点15分，在添马舰军营东面广场举行象征英国管治结束的告别仪式；第三个场景为1997年6月30日子夜时分，举行中英香港政权交接仪式，米字旗在香港最后一次降下，五星红旗冉冉升起；第四个场景为1997年7月1日零点40分，查尔斯王子和彭定康登上“不列颠尼亚”号离开香港。通过对四个特定场景的描述，真实地再现了香港回归祖国怀抱这一历史时刻，几个特定场景中着重描述了几次升旗与降旗，含蓄地表达了一种祖国恢复对香港行使主权之时无比喜悦的心情。作者这样报道，施教者引导受教者读之，他们定会为经历了百年沧桑的香港终于回到祖国而欢欣鼓舞。又如《信州兴造记》一文，作者于宋仁宗皇祐二年（1050年）在京城等候差遣时，得之家乡信州遭遇水灾，知州张公亲自指挥救灾，于是撰写了这则新闻。该文先概括介绍知州张公在施政时所采取的“既政大行，民以宁息”的养民之道，然后具体报道了信州发大水以后知州张公如何抢险、救灾的情况。他一方面用幕僚的意见按行为来部署，从各县的未被水淹的人家一共七百八十六户而征集金钱和人力，又用佛寺中积累的木材一千一百三十二根；另一方面保护了囚徒没被水淹，随后成为重建中的主力，又调动军队参与救灾，集社会各方面的力量，使其紧密配合，协调一致。这就既赞美了张知州临危不惧、开动脑筋的胆略和智慧，又颂扬了他在领导重建的过程之中，不扰民、不害民的贤行。该文突出的特点是对知州张公的吏政以详笔出之，既有概括介绍，又有具体陈述，不仅以短语写发大水时的紧迫形势，而且有信州兴造时的时间、用工、以及修建的城垣、房屋等情况叙述，如此之详为其报道提供了充实的事实依据，增添了强大的说服力量。作者如此报道，施教者引导受教者读之，他们定会为知州张公的“为政爱民”的思想与行为而感佩。

第三，新闻文的教学要把握通讯性的类型。通讯性的类型的新闻文，就是作者通过对人物或事件或风貌予以报道，并将人物或事件或风貌的来龙去脉都交代得清楚明白，从而反映社会生活的某一个侧面。像贾永的《飞向太空的航程》和曾巩的《越州赵公救灾记》等就极具代表性。如《飞向太空的航程》一文，作者深情地回顾了中国人飞向太空的重大的历史事件，面对这样一个重大的历史事件，每一个中国人都会感到自豪，同时也迫切地想知道中国的航天工程能够走到这一步，到底经过了什么样的艰辛历程。新中国成立以后，我国的航天工程的历史是漫长的，内容是纷繁的，足可以写成一部长篇著作，但是作者仅用了两千字左右，就向人们交代了新中国航天工程的历史发展的来龙去脉。在历史与现实的结合之中，使现实事件有一种历史纵深感。该文的独到之处在于，不是将发射的活动本身作为重点来写。发射活动在文中只是“饺子皮”，开头以之摊开，结尾借之合拢，而中国近50年的航天工程之路才是“饺子馅”。在该文的开头，作者记录了“神舟”五号升入太空的重要历史时刻，然后以时间为顺序，回顾了半个世纪以来中国人的航天工程之路，最后以“神舟”五号载人飞船顺利进入预定轨道而结束。这个行动的圆满结束，向世人宣告了一个不可置疑的事实：继雄霸太空40年的美国、苏联之后，中国已成为第三个太空科技国家。作者这样报道，施教者引导受教者读之，他们定会为该文以历史的形式首次披露的翔实资料而感到满足。又如《越州赵公救灾记》一文，作者报道了熙宁八年（1075年）夏大，在越州发生了严重的旱灾与次年春天所引发的瘟疫这两件事。对于这两件事，如果处置不当，便会酿成人祸，引起大规模的动乱。当时执掌越州的是资政殿大学士赵抃，他由于指挥若定，很快地平弭了这两场灾难。如果按照绝大部分文人的思路，应该是首先说一段赵抃的履历，怎么“高贵”就怎么渲染；其次来一段描写灾厄的排比句，诸如死伤枕藉、哀号于道之类；再次讲赵抃如何勤于政事，衣不解带、宵衣旰食；最后是民众欢呼，齐声赞颂赵抃如何英明。但是作者没有这么写，他知道这些花团锦簇的套路虽很好看，却虚饰极多，而真正有意义的，是赵抃救灾的具体方略。因为有他的坐镇指挥，所以越州的救灾工作进行得有条不紊，没有造成不应有的麻烦。到了第二年春天，旱灾引发了瘟疫，他提前设立了医院，聘请僧人对病人进行救治与照料。在整个救灾过程之中，能让人们感受到一个优秀地方官员的信念坚定，主动有为，勤政务实，且充满人性关怀。

作者如此报道，施教者引导受教者读之，他们定会从赵抃的规划得当、举措得力、很有担当中获得启示。

(2) 新闻文的教学要把握大体结构

新闻文的大体结构既指其具有直线式的结构，又指其具有放射式的结构，还指其具有收束式的结构。这与文艺学尽全部的心力而关注的品类——诗歌、小说、戏剧等以虚构为主的文学作品的大体结构是有所差异的。以下主要从新闻文的教学要把握直线式的结构、新闻文的教学要把握放射式的结构、新闻文的教学要把握收束式的结构等三个方面予以阐发：

第一，新闻文的教学要把握直线式的结构。直线式的结构的新闻文，就是作者通过选择某一个角度切入对象，并以连续性的信息组合而展示其变化过程以及本质的特色，报道依据时间表现出单向性的轨迹。像张继民的《我国科学家首次确认雅鲁藏布江大峡谷为世界第一大峡谷》和韩愈的《画记》等就极具代表性。如《我国科学家首次确认雅鲁藏布江大峡谷为世界第一大峡谷》一文，作者从杨逸畴、高登义、李渤生等三位科学家合写的一篇题为《雅鲁藏布江下游河谷水汽通道初探》的论文之中发现了这样一段话："青藏高原上的大河雅鲁藏布江由西向东流，到了米林县进入下游，河道逐渐变为北东流向，并几经转折，穿切过喜马拉雅山东端的山地屏障，猛折成近南北向，直泻印度河平原，形成了几百公里长，围绕南迦巴瓦峰的深峻大拐弯峡谷，峡谷平均深度在5000米以上。"他于是猛地一惊，好像一股强大的激流猛烈地冲撞着心房，觉得这是一条十分重大的科技新闻，便立即想方设法地查阅了相关资料，获得了位于美国西南部的科罗拉多大峡谷全长350公里、深1737米、宽6.5—29公里而雅鲁藏布大峡谷深度平均5000米的重要信息，接着采用直线式的结构报道了我国科学家确认雅鲁藏布江大峡谷是世界第一大峡谷的新闻事实，介绍了大峡谷研究确认的方法、有关各项数据、形成原因及其对气候环境的影响，从而激发了人们对祖国壮美山河的热爱和自豪感。作者这样报道，施教者引导受教者读之，他们定会对该文所披露的这一国际地理学界的巨大贡献而拍手称快。又如《画记》一文，作者于贞元十年（794年）因求仕而滞留京师长安，与同住一起的独孤申叔以棋为赌，赢得一幅很有名的美术作品，并对它十分珍惜，然而回到老家时，偶然遇到了这幅美术作品的作者赵君，便慷慨地赠还给原主。在赠还之前，他又反复地观看审视美术作品，并细致地撰写了这篇新闻。该文虽然没有采用传统的画记的形式，但是当人们深入文中之时，心里便会产生某种特别奇妙的感觉，不仅不会感到枯燥死板而单调乏味，还能够清楚明白地了解美术作品里所要表达的内容。究其原因，主要在于作者对美术作品里的事物做了规整的类化记述，不是仅以文字跟随美术作品做上下左右的逐一描述，而是进行了一种直线式的主观梳理。这种结构相对于全方位扫描式的叙写更多了一种着意整理的立场，使得整篇新闻中的事物，并没有敷陈渲染与粉饰夸张，而是以平直简洁与节奏明快之笔叙写了多样物态，摒弃了细致情态的笔墨刻画的物象罗列，它与前文所述之"精整"相互映照，展现了独特的叙写事物的妙笔。作者如此报道，施教者引导受教者读之，他们定会觉得真有这么一幅熙熙攘攘的游猎图景呈现在眼前。

第二，新闻文的教学要把握放射式的结构。放射式的结构的新闻文，就是作者通过某一角度切入多个对象，并以深度处理的方式剖析其变动过程之中比较复杂的问题，报道按照时间呈现出多向性的轨迹。像王军的《世界选择北京——写在北京申办2008年奥运会获胜之际》和曾巩的《墨池记》等就极具代表性。如《世界选择北京——写在北京申办2008年奥运会获胜之际》一文，作者没有刻意去描写某个场面，也不详尽叙述某个事件，而是截取历史长河中的几朵浪花，以三个小标题“曾经的坎坷化作今夜的辉煌”和“坚定不移地走向世界”及“人类一次智慧而诗意的选择”为经，以三句典型口号“人文奥运”和“绿色奥运”及“科技奥运”为纬，将申奥成功瞬间的激动与狂欢绽放在中国漫漫八年的申奥之路以及国人长达百年的“奥运情结”的终点。2008年奥林匹克运动会选择在千年古都北京，这份迟来的眷顾无论是对奥林匹克运动本身，还是对中国乃至世界都有积极的意义与深远的影响。如何借申奥成功这一特定的历史瞬间，诠释我们内心难以抑制的欢欣与喜悦，是每一位见证这一光荣而伟大时刻的人们思考的话题。该文采用放射式的结构而回顾了中国的百年奥运史，透露了中国百年奥运的艰辛和屈辱的历史，反映了中国人民对奥运的呼唤和期盼，体现了中国人民日益强大和崛起的具体事实，表达了中国人民复兴中华的最炙热的情感和最强烈的心声。作者这样报道，施教者引导受教者读之，他们定会为北京申办奥林匹克运动会成功而感到兴奋与自豪。又如《墨池记》一文，作者并未停留于古迹本身的烦琐记叙，而是充分发挥其长于说理的艺术才能，紧紧围绕墨池这一贯穿全文的中心线索，一方面记叙，一方面议论，夹叙夹议，以议为主，无论记叙还是议论，都能够行云流水，挥洒自如。记叙部分既描写了新城的方位、地势、环境，又叙说了墨池的来历，还介绍了王羲之的生活经历和他的理想情趣，真是生动别致、脉络分明。所有记叙文字，又只是作为引出议论的陪衬和发端。议论部分文笔精练，逻辑性很强。像作者依据王羲之书法“晚乃善”的史实，只用一个“晚”字，便理由充足地说明了王羲之的精湛笔艺，是“精力自制”而“非天成”的道理。至于后世没有超过王羲之，也不是由于缺乏天才，而是“其学不如彼”，即主观努力不如他，所以最后的结论便自然而然地落到了“学岂可少”上，指出了问题的关键是刻苦学习的精神不能少。该文采用放射式的结构而通过记叙、议论的交替出现，显示出不断起伏的层层波澜，文情并茂而又议论风生、布局谨严而又笔法活脱，突出了勉人为学的鲜明意旨。作者如此报道，施教者引导受教者读之，他们定会从王羲之的勤学苦练与坚持不懈之中受到教益。

第三，新闻文的教学要把握收束式的结构。收束式的结构的新闻文，就是作者通过多个对象切入，并以多种事实的变动而指向共同的主题，使其得到深入挖掘和充分展示，报道随着时间显现出聚焦性的轨迹。像蔡连迟的《一着惊海天——目击我国航母舰载战斗机首架次成功着舰》和左丘明的《烛之武退秦师》等就极具代表性。如《一着惊海天——目击我国航母舰载战斗机首架次成功着舰》一文，作者采用现场特写的形式，紧紧地抓住歼-15舰载战斗机首架次成功着舰这一最具历史意义的事件，生动地再现了举世瞩目的我国航母舰载战斗机首架次成功着舰的过程，准确地传达了我国海军建设和国防事业取得突出成就的那种骄傲感和自豪感。该文采用收束式的结构加以表现，是有鲜明特色的。首先是叙事完整，铺排有序。该文对我国航母舰载战斗机首架次着舰这一重大事件，从身着不同颜色马甲的工作人员所做的着舰前的准备工作，到飞行塔台内的着舰指挥员与飞行员的连续对话，再到舰载机成功着舰，整个试验过程都做了完整的记录，条理清晰，铺排有序，毫无杂乱之感。其次是重点突出，主次分明。该文牢牢地扣住塔台指挥以及着舰动作等关系到成功着舰的关键环节予以浓墨重彩的呈现，这些重点内容，也是人们最为关注的，作者集中笔墨叙写了这些环节，疏密有致，主次分明，详略得当地将着舰前后过程清晰而完整地加以展现，是颇具匠心的。作者这样报道，施教者引导受教者读之，他们定会对我国在强兵的道路上取得了巨大进步而倍感振奋。又如《烛之武退秦师》一文，作者报道的是秦国与晋国联合攻打郑国之前开展的一场外交斗争，烛之武以一己之力，凭借对时局的洞若观火和聪明过人的辩才，终于使郑国免于灭亡。纵览该文，共计五个自然段，整体呈现出收束式的结构。第一自然段叙写"攻"：秦晋联合，大军围郑，来势汹汹，锐不可当；郑国岌岌可危，朝夕难保。第二自然段记述"守"：国难当头，命悬一线，郑国君臣惊慌失措，一筹莫展，烛之武临危受命，勇赴国难。这两个自然段分别从矛盾冲突的双方入手，叙写"攻"记述"守"，秦晋联合而郑国孤危。中间一段是全文主脑部分，详叙烛之武游说秦伯、离间秦晋，晓之以弊，诱之以利，娓娓道来，步步进逼，说得秦伯心悦诚服，从而一反常态，改弦易辙。末尾两段分别从秦晋双方落笔，先叙写秦方背晋盟郑，班师回朝；再叙写晋方审时度势，因孤立无援只好撤兵后退。前面是秦晋联合而郑国孤危，结尾是秦晋背约，秦郑结盟而孤立晋国。全文虽然篇幅短小，但是事件交代得很清楚，矛盾展示得很充分，收尾也相当圆满。作者如此报道，施教者引导受教者读之，他们定会为烛之武的临危不惧、解除国难的崇高精神而赞叹。

(3) 新闻文的教学要把握表达技巧

新闻文的表达技巧既指其具有标题出彩的技巧，又指其具有概括有方的技巧，还指其具有细节凸显的技巧。这与文艺学尽整个的能量而关注的品类——诗歌、小说、戏剧等以虚构为主的文学作品的表达技巧是有所差别的。以下主要从新闻文的教学要把握标题出彩的技巧、新闻文的教学要把握概括有方的技巧、新闻文的教学要把握细节凸显的技巧等三个方面予以阐发：

第一，新闻文的教学要把握标题出彩的技巧。标题出彩的技巧的新闻文，就是作者通过形象化联想、动感力体现、悬念性设置、节奏感注重等标题予以报道，从而达到精练准确、新鲜有趣、点睛传神的功效。像沈英甲的《喜看稻菽千重浪——记首届国家最高科技奖获得者袁隆平》和柳宗元的《段太尉逸事状》等就极具代表性。如《喜看稻菽千重浪——记首届国家最高科技奖获得者袁隆平》一文，作者运用标题出彩的技巧，既具有一定的文化内涵，又具有美观的外在形式，只要一看就会知道大体意蕴，不但感到亲切，而且感到自豪，能激发人们"想看"的欲望。它的正标题表现了作者的文采与对语词的掌控力，副标题则对正标题进行必要的补充，是对新闻要义进行有效的概括，具有紧贴主题，起到引导视听、浓缩信息、说明内容的作用。四个小标题“实践是他发现真理的途径”与“创新是他的灵魂和本质”和“实事求是是他的立场和态度”及“引领‘绿色革命’是他的心愿”等分别镶嵌于新闻稿件之中，用以概括介绍每一大部分的内容，具有分段或分类的作用。该文通过具体事例展现了科学家袁隆平重视实践，实事求是，敢于向权威宣战，大胆创新的精神，也表现了他引领“绿色革命”的宏愿，高度评价了这位杂交水稻专家的研究成果的重大意义：不仅使中国率先在世界上实现了“超级稻”的目标，而且对解决中国乃至全世界的粮食问题都具有独特价值。作者这样报道，施教者引导受教者读之，他们定会弘扬袁隆平务实求真的科研精神而涵养家国情怀。又如《段太尉逸事状》一文，作者运用标题出彩的技巧，紧紧地扣住“逸事状”对所写之事应力求典型、详细、确实的特点，将段秀实的那些世人不太知道的事情像“勇服郭晞”和“仁愧焦令谌”及“节显治事堂”等三则，经过恰当的剪裁，加以生动的描写，兼之鲜明的渲染，说明了段秀实的刚勇无畏、仁信爱民、气节凛然等是出自其性格之必然，从而使流言蜚语不攻自破。作者对段秀实是深表敬仰的，然而朝中有某些人公然无稽地编造出一些与客观历史事实根本不沾边的谎言，甚至说段秀实在一次被召议事之时，突然在朝堂上用笏板猛击朱泚头部的同时唾面大骂其“狂贼”的举动是“武人一时奋不虑死，以取名天下”。他深知其为人一贯刚直不阿，“遇不可，必达其志”，因而听后极为愤慨，深恶痛绝。为了让人们了解一个真切实在的段秀实，澄清当时一些人对段秀实为人的曲解，他坚持客观而公正地用事实说话，于是通过取材于真实可靠的三件逸事，塑造了一个不畏强暴、刚正嫉恶、处事干练、厚道慈惠、临财不苟的封建官吏的形象。作者如此报道，施教者引导受教者读之，他们定会从该文客观的叙述中而感受到段秀实的识见和节操。

第二，新闻文的教学要把握概括有方的技巧。概括有方的技巧的新闻文，就是作者通过理性色彩较浓的抽象性概括和感性色彩较浓的形象性概括等两种概括予以报道，从而揭示出人物或事件必不可少的本质。像穆青的《县委书记的榜样——焦裕禄》和欧阳修的《戕竹记》等就极具代表性。如《县委书记的榜样——焦裕禄》一文，作者运用概括有方的技巧，从第一次在兰考火车站召开县委会议到亲自寻找治理风沙、解决旱涝的良方，从徒步追到火车站挽留人才到亲自拟制泄洪路线，从给基层干部体检到给下层增加粮食，讲述了焦裕禄对党的事业的忠诚；从见到沙丘到他说“栽上树，岂不是成了一片好绿林”，从见到涝洼窝到他说“这里可以栽苇、种蒲、养鱼”，从见到盐碱地到他说“治住它，把一片白变成一片青”，从转了一圈到他说“兰考是个大有作为的地方，问题是要干，要革命”，展示了焦裕禄对本职工作的担当；从每当风沙最大的时候他带头查风口探流沙到雨最大的时候他带头冒雨涉水观看洪水流势，从送走了风沙滚滚的春天到绘成了详细的排涝泄洪图，从“当群众最困难的时候，共产党员要出现在群众面前”到“活着我没有治好沙丘，死了也要看着你们把沙丘治好”，再现了焦裕禄对狠抓落实的执着；从始终坚持战斗在群众第一线到亲自组织下发救灾粮食，从冒风沙下基层调研到亲自解决夏季水患，从牛棚内与群众拉家常到病危时闻着兰考的一束麦香离去，诠释了焦裕禄对人民群众的爱戴。作者这样报道，施教者引导受教者读之，他们定会在思想上受到深刻洗礼，并在心灵上受到强烈震撼。又如《戕竹记》一文，作者运用概括有方的技巧，首段从题前落笔，先写洛竹之利，养竹之艰，竹林之美，主人之好客，言简意赅，生动而具体地展现了洛阳竹林既有巨大的经济价值，又有极高的观赏价值。这就为“戕竹”——一场灾难的到来，作了有力的铺垫和反衬。次段从正面写“戕竹”，先点明“戕竹”的时间即明道元年秋天，接写“戕竹”的行为即大砍大伐，再写“戕竹”的结果即洗劫一空。后段从“戕竹”之后，引古证今，加以议论。该文在表达上既有抽象概括也有形象概括，并采用了前叙后议的方式，前两段铺叙，笔力简明而清晰。由于第一段的美与第二段的丑的对照，则后一段议论，笔锋所向披靡，深刻地表现出美被丑破坏的痛心，从而乱砍滥伐竹子乃至推而广之的一系列害民之举皆令世人共讨之。作者时任西京留守推官，虽在议论时也顾及最高统治者，但所用的言辞柔中有刚、软中有刺，特别是关于“戕竹”的危害性，则通过一番援引儒家经典《尚书》中的有关叙述与议论，是十分具有说服力和感染力的。作者如此报道，施教者引导受教者读之，他们定会对“人吏”的不问实际而横征暴敛的做法十分不满。

第三，新闻文的教学要把握细节凸显的技巧。细节凸显的技巧的新闻文，就是作者通过抓住充分地表现人物或事件的典型性、关键性、特征性、深刻性的细节予以报道，从而使人物有血有肉或事件活灵活现。像何平的《领导干部的楷模——孔繁森》和薛福成的《观巴黎油画记》等就极具代表性。如《领导干部的楷模——孔繁森》一文，作者报道了孔繁森从1979年开始，他三次进西藏工作，先后担任过岗巴县委副书记、拉萨市副市长、阿里地委书记。在西藏最艰苦的阿里地区，全地区106个乡，他跑了98个，行程8万多公里，本地区经济的发展，凝聚了他的全部心血。该文运用细节凸显的技巧，描写了孔繁森在暴风雪中深入调查研究，关心群众疾苦，抚慰受灾牧民的情景：雪花在凛冽的寒风中乱舞，一会儿工夫，大家都变成了雪人。人们穿着大衣，还是感到阵阵发冷。脸、手和脚都被冻得失去了知觉。孔繁森看到一位藏族老阿妈把外衣脱给了在风雪中哀号的小羊羔，自己却在零下20多度的严寒中冻得瑟瑟发抖，他的眼睛湿润了。他用手捂住脸，强忍着不让泪水流出来，猛地转身回到越野车上脱下自己的一套毛衣毛裤，递给那位老阿妈。老阿妈伸出已经冻僵的双手，接过那还带着体温的毛衣，嘴唇颤抖着久久说不出一句话。文中的一连串几个动作和人物情态等的描写，就将孔繁森与藏区人民生死相依的深情一下子跃然于纸上。作者这样报道，施教者引导受教者读之，他们定会对孔繁森的立党为公、执政为民的情操而深感钦佩。又如《观巴黎油画记》一文，作者报道的主要对象是巴黎油画，但叙写巴黎蜡人馆并不多余，是为了衬托出巴黎油画的无与伦比。因蜡人馆已使人们“亟叹其技之奇妙”，而“西人绝技，尤莫逾油画”，可见巴黎油画技艺之高妙。该文描写巴黎油画的文字总共不过七句，由于运用细节凸显的技巧，所以层次清楚，重点突出。第一句描写室内布置，第二句描写战场背景，第三句描写普鲁士、法国交战双方，“两军人马杂遝”、“驰者，伏者，奔者，追者，开枪者，燃炮者，搴大旗者，挽炮车者，络绎相属”，静止的画面由此产生了动意，从一幅平面画图中显示了战斗行进中的激烈动态，观画者竟然如同临阵观战。第四、五句描写战争的一方战败另一方的惨状：“每一巨弹堕地，则火光迸裂，烟焰迷漫；其被轰击者，则断壁危楼，或黔其庐，或赭其垣。而军士之折臂断足、血流殷地，偃仰僵仆者，令人目不忍睹。”既然是目不忍睹，于是转视他处，因此第六句描写画幅中的明月、云霞、绿草、川原等，灿然而在目。第七句借观画之时的感觉极赞画技的高超。作者如此报道，施教者引导受教者读之，他们定会对该文所蕴藉的爱好安宁生活的良愿而引发崇敬。

(4) 新闻文的教学要把握出色语言

新闻文的出色语言既指其具有准确鲜明的语言，又指其具有简捷直白的语言，还指其具有清爽利落的语言。这与文艺学尽一切的气力而关注的品类——诗歌、小说、戏剧等以虚构为主的文学作品的出色语言是有所区别的。以下主要从新闻文的教学要把握准确鲜明的语言、新闻文的教学要把握简捷直白的语言、新闻文的教学要把握清爽利落的语言等三个方面予以阐发：

第一，新闻文的教学要把握准确鲜明的语言。准确鲜明的语言的新闻文，就是作者通过叙述新近发生的事实之时，应既要做到最精确的语词遴选又要采取最恰当的语段概括更要达成最显豁的语义表达。像李普的《开国大典》和苏轼的《书戴嵩画牛》等就极具代表性。如《开国大典》一文，作者运用准确鲜明的语言，报道了开国大典的盛大热烈的情景或场面。1949 年 10 月 1 日，中华人民共和国成立。这个日子，是每个中国人灵魂上的烙印，它标志着一个民族的崛起，它代表着一个文明的再次复兴。该文先叙写开国大典之前天安门广场的情况，交代了举行大典的时间、地点、参与人员和人数，然后叙写广场的布置和群众队伍的场面；接着依照毛主席宣布“中华人民共和国中央人民政府在今天成立了”、五星红旗升起、宣读公告的顺序介绍了开国大典的全过程；继而叙写了阅兵式的盛况；最后叙写了群众游行的盛况和大典结束后的情形。全文按照开国大典进行的全过程记叙了新中国成立时亿万民众异常激动的感人场景，表达了中国人民对新中国的诞生无比自豪的心情，展现了中华人民共和国的缔造者们特别是毛泽东的领袖风采。段落之间过渡自然，层次清楚，结构严谨，中心突出。尤其是该文在语言的运用上较多地运用了比喻的修辞手法，语词遴选精确、语段概括恰当、语义表达显豁，生动地展示了游行队伍的声势和群众的欢欣情景。作者这样报道，施教者引导受教者读之，他们定会热血澎湃而永久地记住这个既刻骨又铭心的日子。又如《书戴嵩画牛》一文，作者运用准确鲜明的语言，报道了戴嵩的《斗牛图》画得实在是荒谬这一件事情。它告诉人们不要迷信权威，应从客观事实出发，认真而仔细地观察事物，这就有力地讽刺了凭空想象的外行人。该文先点明了杜处士的喜爱书画收藏的丰富，尤为珍惜戴嵩所作的《斗牛图》一轴，并以“锦囊”、“玉轴”、“常以自随”三处细节，简洁而形象地写出了这幅画在杜处士心目中的地位。然后在铺垫的基础上转入正题，叙写杜处士曝晾戴嵩所作的《斗牛图》这幅画之时，一个牧童面对这样一幅珍品而“拊掌大笑”，并一针见血地指出了这幅画的荒谬——“掉尾而斗”。以牧童特有的天真和对生活的熟悉，一方面说明荒谬的理由——“斗牛力在角，尾搐入两股间”，另一方面则通过“此画斗牛耶”一问和“谬矣”这一肯定的结论，在嘲讽之中表现了全文的主要意旨，让杜处士不得不“笑而然之”。最后以古语“耕当问奴，织当问婢”

而结束全篇，进一步揭示了“实践出真知”是永恒不变的真理，暗讥当政者不尊重现实而胡乱变法改制的荒谬行为。作者如此报道，施教者引导受教者读之，他们定会自觉地树立独立思考的精神而养成独立判断的能力。

第二，新闻文的教学要把握简捷直白的语言。简捷直白的语言的新闻文，就是作者通过叙述新近发生的事实之时，应直截了当地使“要言”突显出来，不要画蛇添足地穿插一些空洞的认识和不必要的解释。像梁衡的《跨越百年的美丽》和纪昀的《河中石兽》等就极具代表性。如《跨越百年的美丽》一文，作者运用简捷直白的语言，报道了居里夫人不顾镭射线以及化学药品的侵蚀而进行艰苦的研究，以及她的坚定执着，刚毅果敢，坚持不懈，视名利如粪土，一如既往地埋头工作，从而表现出居里夫人全心投入科学的忘我精神、淡泊名利的高贵品格、勇于奋斗的顽强性格，彰显出居里夫人的一种敢于坚持科学思想的勇气与不断探求真理的意识，反映出居里夫人的美丽不仅在于她的端庄素丽的外貌美，而且在于她的为科学献身的心灵美，更加在于她的为人类作出了巨大贡献的人格美以及她的实现自己的人生价值的精神美。该文绘形有神，传情有致，精辩玄赜，析理入微，形成了一种综合之美。全文笔调清朗、流畅、凝练、有力、柔和而又深沉，熔叙事、抒情、议论于一炉。人们如果细细品味，既如清风扑面，朗月当头，心志愉悦，魂魄舒适；还如良朋在座，灯火照人，情深理重，阔达深远。文中别有的那份厚重与沉实，避免了简单的抒情与表白，具有发人深思的哲理意味，充满大气磅礴的深刻思想。作者这样报道，施教者引导受教者读之，他们定会油然升起对居里夫人深深的难以言表的敬佩之情。又如《河中石兽》一文，作者运用简捷直白的语言，报道了人们所采取的三种搜寻河中石兽的看法和方法。庙里的和尚同普通人一样，因为对外界事物的认识有限，于是按照常规思维划着几只小船，顺着河流去下游寻找石兽，当然是找不到的；学者按照自己从书本上学来的知识进行推理也不正确，他的一套理论也许能让众人暂时信服，但是事实还是事实，假如凭借其理论向地下挖掘，肯定是找不到石兽的；一位老河兵听说了学者的观点而笑着说：“凡是落入河中的石头，都应当在河的上游寻找它，正因为石头的性质坚硬沉重，沙的性质松软轻浮，水流不能冲走石头，其反冲的力量，一定在石头下面迎水的地方侵蚀沙子形成坑洞，如此越激越深，当坑洞延伸到石头底部的一半时，石头必定倾倒在坑洞之中。像这样继续冲刷，石头又会再次转动，像这样不停地转动，石头反而逆流朝相反方向到上游去了。到河的下游寻找石兽，本来就显得很是疯狂；在石兽沉没的地方去寻找，不是显得更加疯狂吗?”结果依照他的话去寻找，果然在上游的几里之外找寻到了石兽。作者如此报道，施教者引导受教者读之，他们定会悟出任何事物不可只知其表面而主观臆断的道理。

第三，新闻文的教学要把握清爽利落的语言。清爽利落的语言的新闻文，就是作者通过叙述新近发生的事实之时，应既要切合特定的题旨情境又要符合具体的言语环境，以期真正做到“不带香料而意味自浓”。像樊云芳的《“飞天”凌公——跳水姑娘吕伟夺魁记》和苏洵的《张益州画像记》等就极具代表性。如《“飞天”凌公——跳水姑娘吕伟夺魁记》一文，作者运用清爽利落的语言，报道了中国跳水运动员吕伟在 1982 年新德里亚运会上获得女子10米跳台比赛冠军的情景。该文开头起笔不凡，采用了动静结合、对比衬托的写法。先是吕伟站在10米高台的前沿“沉静自若，风度优雅”，再用“飘浮的白云、掠过的飞鸟”这些充满动感的环境加以衬托，动静相宜，展现了吕伟良好的心理素质和绝佳的竞技状态，为吕伟的起跳作了一个巧妙的铺垫。文中还采用了正面描写和侧面描写相结合的写法。对吕伟起跳前的沉静自若及起跳、腾空、入水一系列动作的慢镜头回放采用了正面描写。而对记者的赞叹，观众的掌声、欢呼声，游泳场的气氛的描写则是侧面描写，这样结合起来写，更有力地突显出吕伟跳水动作的出色完美，技艺精湛，精彩绝伦。全文仅540多字，就别具匠心地选取了形象贴切的比喻以及百余个动词，展现了生动的画面，再现了世界跳水冠军吕伟如敦煌“飞天”般的身姿，因而显得清爽利落，现场动态感十足，使人们如临其境，如睹其形，如闻其声，如嗅其味。作者这样报道，施教者引导受教者读之，他们定会学习运动员勇于拼搏、克服困难而为国争光的精神。又如《张益州画像记》一文，作者运用清爽利落的语言，报道了张方平临危授命治理益州的事迹。该文所记叙的张益州即张方平，曾在北宋时担任益州知州一职。宋仁宗至和元年秋，益州地区流言四起，社会秩序大乱，朝廷选派张方平前往治理，很快地使益州地区恢复了平静。当张方平任满回京之时，益州人民画其像于净众寺，以表达爱戴怀念之情。该文重在叙写蜀地将乱的严重局势，以及处理这种局势的难度，以衬托张益州此行责任的重大，并以“至之日，归屯军，撤守备”即解除蜀地困境的简略表述，这就突出了张公举重若轻、临危沉着的非凡才干。作者首先写了张方平平定益州之乱的政绩和益州人民为其画像的过程，然后描述了以真实身份与民众对话的方式，就平乱、治蜀展开讨论，进而阐明给张方平画像的意义，既盛赞了张方平治理益州的事迹，又勉励了蜀地的人民。全文构思精巧，别具一格，叙事简明，思辨力强，节奏刚健，旋律铿锵，形象具体，再加上文末的典雅的赞颂之辞，较为成功地表现了一个深受人民爱戴的官吏形象。作者如此报道，施教者引导受教者读之，他们定会牢牢地铭记张方平这一宽政爱民的封建大员的品质。

2.应用文的教学

应用文作为联系外界生活、沟通相关情况、解决实际问题的专业文章之一，是以倾诉心意、处理事宜、传递需求等为特定对象的。它不但具有意蕴的指向性的特质，而且具有事料的可靠性的特质，更加具有体例的程式性的特质，随着现代社会的持续进步和时代的深入发展，无论是声名显赫的官场，还是普通平凡的岗位，都需要运用这一充满活力的文体在一定的规则约束之下互动信息、交流感情、用作依凭。这就要求施教者在语文教育中必须不断地强化专业文章中的应用文的有效性的思考，并通过应用文的教学，培养受教者在为人处事方面应树立规矩意识，进而提高他们的获得真知的能力。因此，语文教育中的专业文章教学必须着眼于应用文的教学，其要点是：

（1）应用文的教学要把握基本类型

应用文的基本类型既指其具有公文性的类型，又指其具有事务性的类型，还指其具有礼仪性的类型。这与文艺学尽最大的力量而关注的品类——诗歌、小说、戏剧等以虚构为主的文学作品的基本类型是有所区别的。以下主要从应用文的教学要把握公文性的类型、应用文的教学要把握事务性的类型、应用文的教学要把握礼仪性的类型等三个方面予以阐发：

第一，应用文的教学要把握公文性的类型。公文性的类型的应用文，就是作者为了决策部署和方针政策得以落实，并按照一定的要求而拟写的，它不但具备权威性，而且具备针对性，更加具备约束性。像毛泽东的《纪念白求恩》和刘邦的《入关告谕》等就极具代表性。如《纪念白求恩》一文，是作者于1939年12月21日为纪念国际友人——白求恩而写的，其目的绝不仅仅是为了“纪念”而“纪念”，为了“赞扬”而“赞扬”，而是结合干部群众当中存在的实际问题，应该很好地对照白求恩的精神，从而反躬自省，改正错误，充分发扬共产主义精神，切实改进自己的工作作风。该文多次拿白求恩的精神与我们革命队伍中“有些人”的表现进行对比：白求恩对工作是“极端负责”，而革命队伍中“有些人”却“对工作不负责任，拈轻怕重，把重担子推给人家，自己挑轻的。一事当前，先替自己打算，然后再替别人打算。出了一点力就觉得了不起，喜欢自吹，生怕人家不知道”；白求恩对人民是“极端的热忱”，而我们革命队伍中“有些人”却是“冷冷清清，漠不关心，麻木不仁”；白求恩对技术是“精益求精”，而我们革命队伍中“有些人”却是“见异思迁”并“鄙薄技术工作”且“以为不足道、以为无出路”。这里通过层层对比，突出了白求恩的共产主义精神的可贵，反衬出我们革命队伍中“有些人”作风的严重不足。作者这样行文，施教者引导受教者读之，他们定会深刻理解白求恩的共产主义精神的伟大意义和社会价值。又如《入关告谕》一文，是作者进入函谷关时为安抚百姓，稳控社会，整顿秩序，树立声威而发布的。汉元年十月（前206年），他率领10万大军反抗暴秦统治，一举攻占了秦朝首都咸阳，但是被眼前的胜利冲昏了头脑，便流连于阿房宫内数不胜数的金银财宝、珍奇古玩以及如云似仙的美女而松懈了斗志，这时武将樊哙和谋士张良及时出面全力劝止，他于是把秦国的宝库封存起来，并将军队撤回到霸上，且以关中王身份召集各县父老以及留用的旧官吏，号召他们到咸阳附近去颁布“告谕”。首先是数落暴秦严刑峻法，苛酷百姓，历时已久，苦不堪言；接着是表达心愿，担当责任，约法三章，平抚万民；最后是追忆过往，消除顾虑，吊民伐罪，除暴安良。“告谕”言简意赅，赏识有度，惩罚分明，态度斩钉截铁，语气毋庸置疑，对于久经苛政之苦、饱受战火摧残的百姓来说，这无异于给他们打了一剂镇静剂，吃了一颗定心丸，使其由抵触、逃避、观望，转而积极支持以关中为核心的政权，结果是“秦民大喜，争持牛羊酒食献享军士”。作者如此行文，施教者引导受教者读之，他们定会辨别利害得失，分清是非善恶，继而增强审时度势的能力。

第二，应用文的教学要把握事务性的类型。事务性的类型的应用文，就是作者针对工作、学习、生活等特殊情况，并遵照一定的诉求而撰写的，它不但注重对象性，而且注重时效性，更加注重人文性。像周恩来的《致邹韬奋夫人沈粹缜的慰问信》和李斯的《谏逐客书》等就极具代表性。如《致邹韬奋夫人沈粹缜的慰问信》一文，作者的目的在于向因病去世的亲密战友——邹韬奋的夫人沈粹缜说说安慰话、宽心话、真情话，表达安抚、关切、问候之意。邹韬奋是我国著名的新闻记者，在抗战爆发后，积极参加中国共产党领导的抗日救亡运动，反抗国民党的专制统治，创建报刊，鼓舞全国人民的抗日斗志。由于积劳成疾，他于 1944 年 7 月 24 日离开了人世，而未能看到抗战的最后胜利。在抗战胜利的欢呼声中，周恩来怀念那些为抗战事业奋斗的战友和他们的亲人，特别写了这封慰问信。全信分三个层次展开，第一、二句为第一层，点明慰问的时间、缘由，表达对邹韬奋的深切缅怀和对其夫人的亲切慰问。第三句至第八句为第二层，赞扬沈粹缜对抗战事业的支持与贡献，概述邹韬奋的光辉功业，进一步表达慰问之情。第九句为第三层，略述邹韬奋之子嘉骝在延安的表现，更具体地表达慰问之情。这篇慰问信厚情盛意，用语精当，概括准确，脉络清晰，高度地评价了邹韬奋为革命事业所做出的贡献，表达了自己对逝者的敬慕和对其妻儿的关怀。作者这样行文，施教者引导受教者读之，他们定会进一步对于革命烈士邹韬奋而增强崇敬之情与缅怀之意。又如《谏逐客书》一文，作者紧紧抓住秦王贪得无厌与要统一天下的两大心理弱点，有的放矢地实施攻心术。该文一开头，他便开门见山地指出秦王驱逐客卿的致命错误，然后用正面事实列举出秦国往昔因接纳客卿而带来的强大称霸、外交告捷和成就帝业的好处，这就自然而然地让秦王感到这番话说到心坎上去了，收到了动摇其驱逐客卿之决心的效用。而紧接着，他说了一句“向使四君却客不内……而秦无强大之名也”。这是从反面陈述秦国不接纳客卿的坏处，也有反衬秦国接纳客卿好处的作用，因此进一步地动摇了秦王拒绝客卿的决断，至此攻心术已取得了一定的效果。紧接下来是他如数家珍地列举秦王所占有并喜爱的玉、宝、珠、剑、音乐等等，因而秦王看到此处肯定禁不住眉开眼笑，这就使之不知不觉地落入了“圈套”。但他并未就此罢手，而是用类比的方法“乘胜追击”，把攻心术运用到最彻底，指出秦王只有接纳客卿才不会有敌国进犯，这使秦王驱逐客卿的思想防线彻底地崩溃了，而不得不改变其初衷。至此，他的攻心术获得了完全的胜利。作者如此行文，施教者引导受教者读之，他们定会为文中所实施的攻心术的聪明、精明和理智、明智而叫好！

第三，应用文的教学要把握礼仪性的类型。礼仪性的类型的应用文，就是作者为了单位或个人参与必要的交际活动，并遵从一定的需求而起草的，它不但持有尊重性，而且持有景仰性，更加持有期许性。像毛泽东的《给徐特立同志的一封信》和李密的《陈情表》等就极具代表性。如《给徐特立同志的一封信》一文，是作者于 1937 年 1 月为他的老师徐特立六十寿辰而写下的，其目的表面上看起来似乎仅仅是在祝寿，发抒自己的感念、崇敬、学习之心；但联系当时的背景来看，实际上是树立徐特立以 57 岁高龄参加二万五千里长征并从雪山草地艰难跋涉过来而胜利到达陕北的标杆，以期鼓舞革命士气，坚定革命信念，为广大红军指战员指明前进的方向。该文开头用一组排比句，表达对徐特立的高度敬仰、无比爱戴的感情；中间则通过层层对比盛赞徐特立的信念、品格、意志、作风、格局、襟怀与担当，同时也针对革命队伍之中存在着不少意志软弱、信念坍塌、缺乏担当、怕苦怕累、自私自利、脱离群众等不良现象予以批评，警醒大家必须悬崖勒马，要努力改正错误，要适时弥补不足，要以徐特立作为镜子，照见自己的缺点与毛病，虚心学习徐特立的光辉榜样；结尾再次表达自己对徐特立的敬佩之情、研习之意，并借此希望全党同志学习徐特立的密切联系群众，不畏艰难困苦，永葆革命本色的优良作风和革命精神。作者这样行文，施教者引导受教者读之，他们定会深刻感受伟大领袖的尊师敬贤而永做学生的谦虚态度。又如《陈情表》一文，作者作为前朝官员，身逢改朝换代之际，遇上新朝晋武帝的征召，心有万般无奈，于是费尽心思，巧言上书，申诉苦衷，以期得到晋武帝的体恤与理解，而玉成自己的心愿。如何陈述苦情，如何消除晋武帝对自己的疑虑，成为困扰在他面前的拦路虎。从全文来看，他主要分三步把自己的行为纳入晋武帝的价值观念之中。第一步，倾诉苦衷，消除疑虑。说自己“夙遭闵凶”，父亲早逝，母亲改嫁，“既无伯叔，终鲜兄弟”，“祖孙二人，相依为命”，祖母多病，“供养无主”，多灾多难，苦海无边，辞意恳挚，真情流露。第二步，屡表诚意，以示归附。说自己欲“奉诏奔驰”，来表明其忠心；说自己欲毁掉名节，以证实其忠心；说自己卑微，既匍匐称臣又自轻自贱，越是自贬身份，就越能显示其敬畏之情与臣服之心。第三步，明立誓言，以示真心。“乌鸟私情，愿祈终养”，“生当陨首，死当结草”，尽孝在先，尽忠在后，“皇天后土，实所共鉴”，一片忠心，感动皇上，终于允诺自己“辞不就职”的请求，满足了“终养祖母”的心愿，成全了自己的孝心。作者如此行文，施教者引导受教者读之，他们定会为文中所倾吐的忠孝之心、仁慈之念而深深地折服。

(2) 应用文的教学要把握大体结构

应用文的大体结构既指其具有单段式的结构，又指其具有多段式的结构，还指其具有条款式的结构。这与文艺学尽全部的心力而关注的品类——诗歌、小说、戏剧等以虚构为主的文学作品的大体结构是有所差别的。以下主要从应用文的教学要把握单段式的结构、应用文的教学要把握多段式的结构、应用文的教学要把握条款式的结构等三个方面予以阐发：

第一，应用文的教学要把握单段式的结构。单段式的结构的应用文，就是作者运用一个段落的形式为文，或介绍知识，或描述事件，或凸显意义，它不但要求集中性，而且要求唯一性，更加要求有序性。像夏征农的《卢沟桥》和诸葛亮的《诫子书》等就极具代表性。如《卢沟桥》一文，作者只安排了一个段落而多方面介绍卢沟桥，不但简明扼要而且全面完整。首先交代位置：“在北京市丰台区，跨永定河上。”这里的介绍，文句精悍，要言不烦。其次叙说历史：“始建于金大定二十九年（1189 年），成于明昌三年（1192 年）。明正统九年（1444 年）重修。后毁于洪水，清康熙三十七年（1698 年）重建。为北京现存最古老的石联拱桥。”这里由“始建”而“完工”，由“冲毁”而“重建”，依序介绍，提要钩玄。再次言明长宽构成：“长 266.5 米，宽约 7.5 米，由 11 孔石拱组成”，“桥侧建有石栏，上有精刻石狮 485 个”。这里的介绍，特别具体，突出石雕精美且数量巨大。最后说到意义：“桥东碑亭内立有清乾隆帝题‘卢沟晓月’汉白玉碑”，在“附近有宛平城，1937 年‘卢沟桥抗战’从这里开始”，还“建有中国人民抗日战争纪念馆和纪念碑”，卢沟桥是“全国重点文物保护单位”，在“其旁另建有新桥”。这里的介绍，有序排列，非同寻常。总之，所有要素、内容均熔铸于一个段落，既丰富紧凑又完备齐全，层次明晰，详略有序，重点突出。作者这样行文，施教者引导受教者读之，他们定会更好地增进中华民族的文化自信感以及历史自豪感。又如《诫子书》一文，作者也是运用一个段落来阐述修身养性、治学做人的道理，劝勉儿子勤学立志，要“澹泊”自守，“宁静”自处，不要怠惰险躁，切忌心浮气躁，举止荒唐。他不但在原则方面对其子的严格要求，循循善诱，谆谆告诫；而且在具体事情上，也体现出对子女的细微关怀。“静以修身”，“非宁静无以致远”，彰显宁静专注的力量；“俭以养德”，突出节俭自律的力量；“非淡泊无以明志”，凸显超脱豁达的力量；“夫学须静也，才须学也”，显示沉静好学的力量；“非学无以广才，非志无以成学”，凸现励志博学的力量；“淫慢则不能励精”，批判放纵散漫的作风；“险躁则不能治性”，指责急躁冒进的做派；“年与时驰，意与岁去”，显露勤奋惜时的重要；“遂成枯落，多不接世，悲守穷庐，将复何及”，警醒无所成就，后悔莫及。全文是一篇充满智慧之语的家训，是后世历代学子修身立志的名篇。它运用智慧理性、简练谨严的文字，清新雅致，不事雕琢，平易近人，语重心长，字字句句是心中真话，将普天下为人父者的爱子之情表达得非常深切。作者如此行文，施教者引导受教者读之，他们定会体会长辈的良苦用心，从而立身行事，敦品向学。

第二，应用文的教学要把握多段式的结构。多段式的结构的应用文，就是作者运用多个段落的形式为文，或叙述经历，或剖明心志，或表达欲求，它不但需要详细性，而且需要丰富性，更加需要繁复性。像何振梁的《在国际奥委会全体会议上的陈述发言》和林觉民的《与妻书》等就极具代表性。如《在国际奥委会全体会议上的陈述发言》一文，作者是在距离投票表决 2008 年奥运会主办城市三个小时之前所作出的发言，其目的非常明确，就是要诚挚表达中国的声音，希望国际奥委会委员们支持中国，圆梦北京。该文主体部分共有五个段落，第一个段落肯定国际奥委会委员选择的巨大意义，创造历史，改变历史，促进“世界和中国的友谊”。第二个段落回溯自己 50 年来的奥运情结，“从那时起，我就深深地爱上了奥运精神”。第三个段落表达自己的职业梦想，“我一直梦想着将国际奥运会带回中国，让我的同胞们在我的祖国体验奥林匹克梦想永恒的魅力”。第四个段落含蓄表达对国际奥委会委员的诚挚恳请，“今天您所传递的信息也许将意味着一个全球团结新时代的开始”。第五个段落代表中国政府许下承诺，花落北京，世界精彩，“7 年后的北京，一定会让你们为今天的决定而自豪”。这五个段落，由“历史意义”到“奥运情结”，再到“职业梦想”，进而“诚挚恳求”，最后“庄重承诺”，情意丰富，层层推进，恰到好处表达出中国最响亮、最真挚的声音。作者这样行文，施教者引导受教者读之，他们定会激起浓烈的民族自豪感，进而引发深沉的爱国凝聚力。又如《与妻书》一文，作者在这封绝笔信之中，委婉曲折地表达了自己对妻子陈意映的挚爱和对处于水深火热之中的祖国的深爱，并把对妻子亲人的挚爱和对国家人民的深爱熔于一炉，二者水乳交融。该文属于多段式的结构，它由八个段落组成。第一个段落交代写信的特殊原因与心境，“与汝永别”，“忍悲为汝言之”。第二至第四个段落回忆夫妻交往的点滴琐事，或是“四五年前某夕”与妻子的一席对话，或是婚后蜜月生活的情景，或是“六七年前，吾之逃家复归也”引发妻子的相忧，或是“前十余日回家”，无法告诉妻子实情带来的愁苦，四个片段，字字道来皆是真情，句句表达流露心声。第五至第八个段落，将“小我”与“大我”融合，交代后事，表达忧愤，反复倾诉对妻子的深情与永别之痛。作为一个矢志拯救国家民族的革命者，他在尽情倾诉夫妻之间至爱的同时，畅叙了儿女之情必须服从革命事业的至理，将一己之爱扩展到普天下人之爱，表达了牺牲个人幸福而为天下人谋永福的崇高情怀。儿女私情与家国大爱相融，深情大义与英雄壮怀同在。作者如此行文，施教者引导受教者读之，他们定会深切感受革命志士对妻子挚爱和祖国深爱的浑然一体。

第三，应用文的教学要把握条款式的结构。条款式的结构的应用文，就是作者采用条目、款项等形式为文，或依据需要，或针对标的，或诉求对象，它不但具有条理性，而且具有昭彰性，更加具有逻辑性。像毛泽东的《三大纪律八项注意》和范仲淹的《答手诏条陈十事》等就极具代表性。如《三大纪律八项注意》一文，是作者于1947年10月10日起草、发出的《中国人民解放军总部关于重行颁布三大纪律八项注意的训令》，要求各地各军“即以此为准，深入教育，严格执行”，同时也指出“至于其他应当注意事项，各地各军最高首长，可根据具体情况，规定若干项目，以命令施行之”。这份新修订颁布的条文内容为“三大纪律八项注意”。前者的“三大纪律”包括：第一是“一切行动听指挥”，第二是“不拿群众一针一线”，第三是“一切缴获要归公”；后者的“八项注意”包括：第一是“说话和气”，第二是“买卖公平”，第三是“借东西要还”，第四是“损坏东西要赔”，第五是“不打人骂人”，第六是“不损坏庄稼”，第七是“不调戏妇女”，第八是“不虐待俘虏”。该文采用分类罗列的结构形式，针对革命队伍建设，声明纪律约束，强调处事作风，纪律是刚性要求，必须执行，作风是善意提醒，律己律人，先说“三大纪律”，后谈“八项注意”，条目清晰，内容具体，要求明确，具有极强的警示意义与训诫作用。作者这样行文，施教者引导受教者读之，他们定会体会到人民军队的严明作风以及战无不胜的内在动力。又如《答手诏条陈十事》一文，作者于庆历三年（1043年）九月，在宋仁宗的连日催促下，认真总结了自己从政28年以来酝酿已久的改革思想，提出了十项变革主张，并呈上了革新运动的纲领，表达了心忧国运、力推新政的情怀。该文采用分条列项的结构形式，依次阐述，纲目清楚，排列有序，豁人眼目。第一是“明黜陟”即严明官吏升降的制度，第二是“抑侥幸”即限制侥幸做官和升官的途径，第三是“精贡举”即严密贡举的准则，第四是“择官长”即奖励能员并罢免不才，第五是“均公田”即均衡官吏的职田收入并督促廉政，第六是“厚农桑”即重视农桑等生产事业的政策，第七是“修武备”即整治军备并寓兵于农，第八是“推恩信”即广泛落实朝廷的惠政和信义，第九是“重命令”即严肃对待和慎重发布朝廷的号令，第十是“减徭役”即减少民间对官府的繁重供给。文中上疏朝廷的“十事”即改革的十大方略，其核心内容就是澄清“吏治”，是通过“精兵简政”来减轻宋王朝的经济重负，从而提高行政效率，以期达到富国强兵的目的。作者如此行文，施教者引导受教者读之，他们定会对北宋时期的朝政弊端有一个深切的了解和深刻的感受。

(3) 应用文的教学要把握表达技巧

应用文的表达技巧既指其具有接受心理的技巧，又指其具有诉求重心的技巧，还指其具有旨义显豁的技巧。这与文艺学尽整个的能量而关注的品类——诗歌、小说、戏剧等以虚构为主的文学作品的表达技巧是有所不同的。以下主要从应用文的教学要把握接受心理的技巧、应用文的教学要把握诉求重心的技巧、应用文的教学要把握旨义显豁的技巧等三个方面予以阐发：

第一，应用文的教学要把握接受心理的技巧。接受心理的技巧的应用文，就是作者为了表达某种意向，或偏重情感，或侧重情谊，或着重情怀，它不但具有指向性，而且具有目的性，更加具有亲和性。像钱锺书的《谈中国诗》和廖承志的《致蒋经国先生信》等就极具代表性。如《谈中国诗》一文，作者主要紧扣美国人的思维方式、审美志趣、内在需求等情况，采用比较阐释、比喻说理、引用铺排等方法来展开，巧妙而有力地宣传了中国诗歌，并使之成为沟通中西文化的一座桥梁。该文突出表现在：一是比较辨析，意旨显豁。作者从发展历史、一般规律、篇幅长短、情意韵味、风格特色、内容题材等维度比较中国诗歌与外国诗歌，或者异类作比取其同，或者是同类作比取其异，思维跳跃，连此及彼，从而凸显了中国诗歌的典型特色。二是巧用比喻，生动形象。作者将中国诗人比喻为“樱桃核跟二寸象牙方块的雕刻者”，既突出中国诗歌的短小玲珑，又显示中国诗人的功力非凡。还以“怀孕的静默”这一含藏丰富的形象而比喻中国诗歌的蕴藉之美，其艺术魅力冠古绝今。三是旁征博引，涉笔成趣。作者站在人文精神的高度，自在地掌控着古今中外的海量信息，其范围涉及对文学、哲学、历史、艺术等学科的深刻见解，并能化单一为丰富，化严正为风趣，化深奥为通俗，化抽象为具象，以增强其趣味性与知识性。作者这样行文，施教者引导受教者读之，他们定会对“文化昆仑”的博学睿智以及诙谐幽默而产生钦赞。又如《致蒋经国先生信》一文，作者善于把握台湾地区领导人蒋经国的接受心理，给他写了一封情深意长、感动肺腑的书信。该文从民族利益、历史责任、个人抱负等三个方面予以展开：首先是说“祖国和平统一，乃千秋功业”。作者针对蒋经国的“计利当计天下利，求名应求万世名”言论，指出他若能以国家民族的利益为重，“必为举国尊敬，世人推崇，功在国家，名留青史”；并反驳了“不接触，不谈判，不妥协”之说有违常理。其次是说“三次合作，大责难谢”。作者针对孙中山创建国民党的艰辛历程与蒋经国的主政现状，指出他务必要负起责任而“达成国家统一，则两党长期共存，互相监督，共图振兴中华之大业”；并批驳了“投降、屈事、吃亏、上当”之说实难苟同。再次是说“统一”能“忠孝两全”。作者针对蒋经国的“要把孝顺的心，扩大为民族感情，去敬爱民族，奉献于国家”，指出他若想达成这一心愿，务必要“践于统一大业”；并驳斥了“以三民主义统一中国”的悖谬和“经济繁荣，社会民主，民生乐利”的虚幻。作者如此行文，施教者引导受教者读之，他们定会深切感受文中所流露的捐弃前嫌而携手并进的爱国之心。

第二，应用文的教学要把握诉求重心的技巧。诉求重心的技巧的应用文，就是作者为了表达某种意旨，或考虑旨趣，或思索要点，或斟酌焦点，它不但具有情境性，而且具有场景性，更加具有情形性。像闻一多的《最后一次演讲》和魏徵的《谏太宗十思疏》等就极具代表性。如《最后一次演讲》一文，作者在表达强烈情感，伸张正义公理之时，擅长运用对比、反问、反复等修辞手法，其具体表现为：一是巧于对比以凝聚力量。“这是某集团的无耻，恰是李先生的光荣！”这里把反动派与李公朴置于对比的立场，以反动派的“无耻”衬托李先生的“光荣”，又以李先生的“光荣”反衬反动派的“无耻”，两者互为作用，彼此衬托，表现了自己对国民党反动派的愤懑和蔑视，对李公朴的赞美和褒扬。二是精于反问以激荡人心。“李先生究竟犯了什么罪，竟遭此毒手？”“你们以为打伤几个，杀死几个，就可以了事，就可以把人民吓倒了吗？”“希特勒、墨索里尼，不都在人民之前倒下去了吗？”高频反问，铿锵有力，既声讨了国民党反动派大搞暗杀的卑劣行径，又凸显了自己不惧恐吓的大无畏精神。三是善于反复以增强气势。“你们完了，快完了！”“你们完了，快了！快完了！”短句反复，斩钉截铁，宣告了反动派的末日，鼓舞了人民的士气，真是让人精神振奋！“无耻啊！无耻啊！”反复控诉，掷地有声，凸显了自己对国民党反动派玩弄民意的“假和平、真内战”的无耻罪行的极度愤怒。作者这样行文，施教者引导受教者读之，他们定会促进对国民党反动派的切齿痛恨和民主战士的无比崇敬。又如《谏太宗十思疏》一文，作者根据唐太宗在取得巨大政绩之后，渐渐自命不凡，生活日益奢侈的情况，指出了他“不念居安思危，戒奢以俭”并“既得志则纵情以傲物”，不可以“竭诚以待下”。如果这么行事，必然会使“骨肉为行路”，最后导致近亲疏远，君臣解体，各行其是，难于稳固天下。该文紧扣“思国之安者，必积其德义”，规劝唐太宗在政治上应慎始敬终，虚心纳下，赏罚公正；用人时应知人善任，唯才所宜，简能择善；生活上应崇尚节俭，杜绝浪费，不轻用民力。其宗旨在于提醒唐太宗要想使国家长治久安，就一定要厚积道德仁义。并在此基础上，进而提出了十条值得深思的建议，即“见可欲则思知足以自戒，将有作则思知止以安人，念高危则思谦冲而自牧，惧满溢则思江海下百川，乐盘游则思三驱以为度，忧懈怠则思慎始而敬终，虑壅蔽则思虚心以纳下，想谗邪则思正身以黜恶，恩所加则思无因喜以谬赏，罚所及则思无以怒而滥刑”，写得既明确具体，又实用而不空泛，语重情深，剀切深厚，针对性很强。作者如此行文，施教者引导受教者读之，他们定会从劝谏太宗居安思危、戒奢以俭、积其德义中得到警醒。

第三，应用文的教学要把握旨义显豁的技巧。旨义显豁的技巧的应用文，就是作者为了表达某种意愿，或竭力显明，或极力显示，或尽力显著，它不但具有鲜明性，而且具有显露性，更加具有清晰性。像毛泽东的《〈农村调查〉序言》和蔡元培的《就任北京大学校长之演说》等就极具代表性。如《〈农村调查〉序言》一文，是作者于1941年3月17日为《农村调查》一书而撰写的，旨在向全党推荐介绍这本书，告诉大家学会向社会作调查的方法。该文主体部分着重阐述了如何进行社会调查，并提出了鲜明的观点。在论述调查研究的态度之时，提出了要“眼睛向下，不要只是昂首望天”，要“放下臭架子，甘当小学生”，而不能“这也批评，那也指责”，搞得“钦差大臣”满天飞；在论及调查研究的措施之时，提出了要“开调查会”，用“阶级分析的方法，作几次周密的调查，乃是了解情况的最基本的方法”，而不应该“东张西望，道听途说”；在论及调查研究的结果之时，提出了要眼睛向下搞调查研究，“比较什么大学还要高明”，将会得到很大的益处，否则，“决然得不到什么完全的知识”，“是一辈子也不会真正懂得中国的事情的”。正反对照，驳立结合，孰是孰非，一目了然。全文始终围绕社会调查这个中心来提出问题、分析问题、解决问题，环环相扣，有条不紊，立场明确，态度坚定，内容厚实，意旨显现。作者这样行文，施教者引导受教者读之，他们定会知晓该书的价值与意义，从而赓续求真务实的优良作风。又如《就任北京大学校长之演说》一文，作者以校长的身份直截了当地阐述了“思想自由，兼容并包”的教育观念，并对青年学子提出了三点要求，其旨意是异常显豁的：一是抱定宗旨，二是砥砺德行，三是敬爱师友。首先，着重于大学的本质方面而论。他申言大学不是做官发财的跳板，而是研究高深学问的地方，青年学子一定要有正大的目标，深知为求学而来，好好珍惜这几年的大好光阴，孜孜苦读，为今后的发展打下坚实的底子。其次，着眼于品行方面而言。他有感于五四运动之前的中国社会的极端无序、黑暗腐败和读书人中普遍盛行的道德失范，希望北京大学的学子能以天下为己任，以身作则，担当起匡正世俗的职责，为天下人做道德的楷模。再次，着力于修养方面而说。他希望北京大学的学子能尊敬师长，团结友爱，特别是同学之间要相互勉励，共同维护学校的荣誉；还以自己在德国留学的亲身经历，论述良好的社会风气之必要，勉励青年学子相互友爱，共同进步。这三点看起来并不复杂，但在当时却有着铲除世风，矫正时弊，改变颓俗的重要意义。作者如此行文，施教者引导受教者读之，他们定会既在注重其学术修行的同时又更加注重其道德修为。

(4) 应用文的教学要把握出色语言

应用文的出色语言既指其具有庄重得体的语言，又指其具有简约整饬的语言，还指其具有清楚明了的语言。这与文艺学尽一切的气力而关注的品类——诗歌、小说、戏剧等以虚构为主的文学作品的出色语言是有所差异的。以下主要从应用文的教学要把握庄重得体的语言、应用文的教学要把握简约整饬的语言、应用文的教学要把握清楚明了的语言等三个方面予以阐发：

第一，应用文的教学要把握庄重得体的语言。庄重得体的语言的应用文，就是作者为了解决特别的问题，或谋求稳妥，或看重正式，或讲究认真，它不但具有严谨性，而且具有规范性，更加具有慎重性。像丁肇中的《要有格物致知的精神》和王安石的《答司马谏议书》等就极具代表性。如《要有格物致知的精神》一文，是作者于 1991 年 10 月 18 日在“情系中华”征文颁奖大会上所发表的。他根据现代学术的发展和个人的经验教训，联系传统的文化背景和我国的现状，精辟地阐明了中国学生应怎样学习自然科学的问题。其见解可谓高屋建瓴，一针见血；其劝说可谓语重情深，端庄得体。在该文中，他先解释“四书”中“格物”和“致知”的意思，辨析传统教育的弊端，彰明实验精神的重要；又以王阳明“格”院子里的竹子为例，警惕大家莫把探察外界视作探讨自己。他还从科学发展历史的角度，重申新的知识只能通过实验得到，并在此基础之上阐述了实验的过程和要求。其阐述稳健典雅，客观准确，充分体现出一个科学家严谨求实、一丝不苟的科学态度。他更进一步指出，“王阳明的思想还在继续支配着一些中国读书人的头脑”，并批评两种具体表现。最后，他得出结论：“希望我们这一代对于格物和致知有新的认识和思考，使得实验精神真正变成中国文化的一部分。”这些阐述既联系自我，现身说法，又联系现状，切中弊病，促人反思，催人奋进。作者这样行文，施教者引导受教者读之，他们定会增强对格物和致知所蕴含的科学精神的深刻认识。又如《答司马谏议书》一文，作者针对朋友司马光对新法的诸多指责，逐一驳斥，据理力争，毫不退让，表现出一个政治家无畏阻力，锐意进取，坚持改革，毫不动摇的坚强意志。其语言态度是客观公正的，表述是准确明晰的，风格是庄重雅致的。像用“某启”开篇，相当客套，尊敬有加；“无由会晤，不任区区向往之至”，结尾呼应，谦恭至极；像“昨日蒙教”与“故略上报”，至真至诚而见情见性；像“交游相好”与“具道所以”，如实道来而情谊深厚；像“重念过往”与“不宜卤莽”，心念旧恩而感怀不已。一句话，对于朋友之谊，朴实含蓄，婉转亲和，真情实意；对于原则问题，则针锋相对，据理力辩，刚正不阿。或立足于理而理充气足，像分辨“名实”、明白是非之类；或排比驳斥而理直气壮，像反击对手、逐一辩证之类；或引用史实而蕴含硬气，像盘庚迁都、义无反顾之类；或反问质疑而铿锵有力，像众人汹汹、事出有因之类。从全文来看，其傲岸之气，严正之理，深切之情，委婉之语，熔为一炉，说理谨严，底气十足，情义兼备。作者如此行文，施教者引导受教者读之，他们定会感受到一代改革家的坚持变革而岿然不动的意志和决心。

第二，应用文的教学要把握简约整饬的语言。简约整饬的语言的应用文，就是作者为了解决特定的问题，或考究整齐，或重视匀称，或刻意简洁，它不但具有严整性，而且具有明晰性，更加具有精致性。像李大钊的《“少年中国”的“少年运动”》和毛泽东的《祭黄帝陵文》等就极具代表性。如《“少年中国”的“少年运动”》一文，是作者于 1919 年就理想中的“新中国”而发表的，表达了自己对建设美好国家的强烈愿望，呼吁“中国少年”发愤图强，努力实现伟大理想。该文主旨鲜明，言近旨远，整齐谐和，情真意挚，展现出无拘无束、天马行空的抒情风格。它谈及理想之时，“不是死板的模型，是自由的创造；不是铸定的偶像，是活动的生活”。简约整饬，对比鲜明，观点精辟，情感浓烈。它论及改造精神之时，“把那占据的冲动，变为创造的冲动；把那残杀的生活，变为友爱的生活；把那侵夺的习惯，改为同劳的习惯；把那私营的心理，变为公善的心理”。妙用整句，构成排比，内含对比，一气铺陈。它言及神往“创造”之时，“仿佛像一部洁白未曾写过的历史空页，我们大家你写一页，我写一页，才完成了这一部‘少年中国’史”，这里将创造“少年中国”比作描绘历史篇章，生动形象，言约意丰，热情奔放，格外深刻。尤其是该文将“两种文化运动”比作“车的两轮，鸟的双翼”，相互联系，相辅相成，互相促进，相得益彰。作者这样行文，施教者引导受教者读之，他们定会为憧憬“少年中国”的理想蓝图竭尽全力而拼搏奋斗。又如《祭黄帝陵文》一文，是作者为祭祀中华民族的伟大祖先轩辕黄帝，而于 1937 年 3 月写下的，以此声明誓死保卫祖国江山，与日本侵略者血战到底，直到“还我河山，卫我国权”，取得抗战的最后胜利。简约整饬是该文的语言特色。开篇八句大笔挥洒，说古道今。追溯始祖，开启华夏，论及子孙，繁衍生息，无不洋溢着盛赞之意与自豪之情。其四言成句，铺叙渲染，形式整齐，声韵和谐，朗朗上口而荡漾人心。接下来的十二句回首历史，痛彻心扉。外敌入侵，山河沦丧，汉奸变节，民族蒙难，警醒国人，勿忘国耻。其言语整饬，凝练有力，情感激愤，痛切心肺，大气磅礴而振奋精神。后续文句，先追忆黄帝勇战蚩尤之事，借古喻今，勇武战斗，救国救民，同仇敌忾，浴血奋战；后落笔现实，工农武装，经年历月，万般艰险，行程两万，奋力抵抗，于冲激动荡中呈心志。最后发誓，联合抗日。要团结一心，整军备战，充实军饷，克敌制胜，直捣黄龙，于一往无前中显神威。其言语滔滔，如长江大河，奔腾直下，摧枯拉朽，势不可挡。作者如此行文，施教者引导受教者读之，他们定会从先祖筚路蓝缕、恩泽华夏中激荡起驱除强虏的豪迈之情。

第三，应用文的教学要把握清楚明了的语言。清楚明了的语言的应用文，就是作者为了解决特殊的问题，或探求明确，或着重精准，或深究显扬，它不但具有晓畅性，而且具有明白性，更加具有清澈性。像毛泽东的《为人民服务》和刘邦的《求贤诏》等就极具代表性。如《为人民服务》一文，是作者于 1944 年 9 月 8 日在张思德追悼会上而发表的。该文清楚明了的语言特色具体呈现为：一是用词准确，表意鲜明。“我们这个队伍完全是为着解放人民的，是彻底地为人民利益工作的。”用“完全”凸显革命队伍的服务纯度，舍此无他，绝对纯粹。用“彻底”表现革命队伍的服务程度，即贯彻到底，不打折扣。二是亦雅亦俗，情理兼备。引用司马迁的“人固有一死，或重于泰山，或轻于鸿毛”，阐述生死观，凸显张思德牺牲的重大意义，思想深刻，启迪人心。“要奋斗就会有牺牲，死人的事是经常发生的。但是我们想到人民的利益，想到大多数人民的痛苦，我们为人民而死，就死得其所。”“牺牲”一词，从容不迫，大义凛然。“死”字多次出现，简单明了，自然贴切。三是朴实亲切，通俗易懂。“因为我们是为人民服务的，所以，我们如果有缺点，就不怕别人批评指出。不管是什么人，谁向我们指出都行。只要你说得对，我们就改正。你说的办法对人民有好处，我们就照你的办。”发表演说，面面相对，态度恳切，语意明确，感染力强。作者这样行文，施教者引导受教者读之，他们定会增强对世界观、生死观、价值观的正确认识与深切感受。又如《求贤诏》一文，作者开篇即以古代的贤王霸主自比，提出了他们成功的原因在于任用贤能。接着认为当今天下也有像古代一样的贤才，还把天下的兴衰治乱与贤才的能否进身致用联系起来。最后提出了自己的旨意：要求下属官吏举荐贤才，有而不荐的还要受到惩罚。该文的语言清楚明了，显得十分紧凑。它说历史，“盖闻王者莫高于周文，伯者莫高于齐桓，皆待贤人而成名”，直接称赞文王，礼敬齐桓，表达自己对贤能的渴望与仰仗。它说当今，“今天下贤者智能，岂特古之人乎?”“患在人主不交故也，士奚由进?”“贤人已与我共平之矣，而不与吾共安利之，可乎?”三用反问，问而不答，但答在问中，强调旨意。它说举措，“御史大夫昌下相国，相国酂侯下诸侯王，御史中执法下郡守”，昭告天下，层层传递，求贤若渴，深情厚意。它说要求，“其有意称明德者，必身劝，为之驾，遣诣相国府，署行义年，有而弗言，觉免。年老癃病，勿遣”。一“必”，躬身力行，礼贤下士，谦恭之至；一“免”，有才不举，渎职免冠，严厉至极；一“勿”，年老体病，有才不送，严格界定。作者如此行文，施教者引导受教者读之，他们定会深深感动文中所显示的虚怀若谷、广招贤能的诚意态度。

3.学术文的教学

学术文作为进行系统研究、形成专门成果、推进学问发展的专业文章之一，是以全新理念、全新认识、全新构想等为特定对象的。它不但具有见解的独创性的特质，而且具有论证的缜密性的特质，更加具有术语的学科性的特质，是探讨前沿的学术问题、开展广泛的学术交流、追踪最新的学术动态的一种文体，对于科学技术的繁荣、人类社会的进步、不同思想的交锋、多元文化的碰撞等有着不可替代的作用。这就要求施教者在语文教育中必须不断地强化专业文章中的学术文的重要性的思考，并通过学术文的教学，培养受教者对所探求的问题应保持敏锐感觉，进而提高他们的发现真理的能力。因此，语文教育中的专业文章教学必须着眼于学术文的教学，其要点是：

（1）学术文的教学要把握基本类型

学术文的基本类型既指其具有争鸣性的类型，又指其具有发展性的类型，还指其具有开拓性的类型。这与文艺学尽最大的力量而关注的品类——诗歌、小说、戏剧等以虚构为主的文学作品的基本类型是有所区分的。以下主要从学术文的教学要把握争鸣性的类型、学术文的教学要把握发展性的类型、学术文的教学要把握开拓性的类型等三个方面予以阐发：

第一，学术文的教学要把握争鸣性的类型。争鸣性的类型的学术文，就是作者既矫正“袭用通说”又更正“苟因旧说”还纠正“异见邪说”，并对他人研究中存在分歧的问题进行否定，以期得出鲜活性的观点。像朱光潜的《对于一棵古松的三种态度》和李贽的《童心说》等就极具代表性。如《对于一棵古松的三种态度》一文，作者所论及的是由于观察事物的立足点不同，不同心态的人们对于同样事物都会有不同的独特反应。面对一棵古松，绘画家是用欣赏的心态去看的，这棵松树就是暮色苍茫，老干虬枝，白云奇渡，线条颜色，形象气概，神韵意趣，等等；这是从审美的角度而言的，其心理活动偏重于直觉，目的就是专在事物的形相，松树的倒影成为一种情趣意象，能实现美感的高峰体验。植物学家是用研究的心态去看的，这棵松树则是枝叶花果，形态特征，生长环境，为何能在岩石上顶风傲雨数百年，等等；这是从科学的角度而言的，其心理活动偏重于理性，宗旨就是厘清事物的真相，由宏入微地辩证分析松树的外形结构以及它的规律属性。木材商是用经营的心态去看的，这棵松树便是属于什么质地，最新报价多少，能换来几许利益，能派上何种用场，等等；这是从功利的角度而言的，其心理活动偏重于知性，意图就是懂得事物于己有利，只能看到松树的实用价值以及同实用价值有关的性质。作者这样论述，施教者引导受教者读之，他们定会知晓如何全面而正确地看待生活之中的各种事物的千差万别性与纷繁复杂性。又如《童心说》一文，作者主要驳斥曾经的好友耿定向是怎样指责自己“以妄乱真”的学术思想分歧，将认知的是非标准归结为“童心”，认为“童心”就是赤子之心，是“一念之本心”，主张主体应着力追求“绝假纯真”，是未受到污染的，也是最完善的，是最具美好的可能性的，因而必须真实而坦率地表露内心的情感和人生的欲望。这种观点实际上就是对新儒家学者的先天性善论的继承和发挥，在当时是十分大胆的，表现了反教条、反封建、反权威、反传统的叛逆思维。该文强烈地抨击道学教育的反动性与虚伪性而追寻心灵自由与个性解放的精神，这就具有了近代启蒙思想的色彩。它是对封建专制主义压制人们的个性和情感，并摧残人们的精神和理智的一种抗争；它是提倡个性的彻底解放，以及自由发展的人本主义；它是封建名教重压下的人们的主体的觉悟。这种敏感洞见同资本主义萌芽阶段的社会经济状况是相适应的，在当时道学与名教僵化的思想环境之中具有振聋发聩的进步性与深刻性。作者如此论述，施教者引导受教者读之，他们定会被文中的敢于发露“童心自出之言”和博采众长的读书为文的见解深深折服。

第二，学术文的教学要把握发展性的类型。发展性的类型的学术文，就是作者既缀合“交界之区”又弥合“交接之处”还黏合“交汇之面”，并对他人研究中一笔带过的问题做出开掘，以期得出真理性的认识。像瞿秋白的《〈鲁迅杂感选集〉序言》和梁启超的《论小说与群治之关系》等就极具代表性。如《〈鲁迅杂感选集〉序言》一文，作者运用马克思主义的基本理论和科学方法，将如何正确地评价鲁迅看成那个时期的思想、文艺、文化等战线上一个重大任务，因而他紧密地联系当时中国整体的政治经济背景和思想文化状况，深刻地阐述了鲁迅的思想特点及其发展道路，全面地分析了鲁迅在新文化运动和左翼文艺运动及整个思想战线的引领作用，高度地肯定了鲁迅在中国现代文艺史上、文化斗争史上的崇高地位，准确地诠释了鲁迅的杂感文在中国“五四”以来的思想斗争之中所产生的重要价值。这是第一次对鲁迅及其杂感文而作出中肯、客观的评述和准确、全面的判断，对鲁迅的创作轨迹和思想演进而作出清楚、明晰的梳理和适宜、恰当的表达。该文把鲁迅的思想发展高度地概括为“从进化论进到阶级论，从绅士阶级的逆子贰臣进到无产阶级和劳动群众的真正的友人，以至于战士，他是经历了辛亥革命以前直到现在的四分之一世纪的战斗，从痛苦的经验和深刻的观察之中，带着宝贵的革命传统到新的阵营里来的”。作者这样论述，施教者引导受教者读之，他们定会感觉到鲁迅杂感文所燃烧着的猛烈火焰正在扫荡那个猥劣而腐烂的黑暗世界。又如《论小说与群治之关系》一文，作者对小说的社会作用、社会影响和社会价值进行了充分的阐释，不仅提高了小说作为文体的地位，更指出“小说为文学之最上乘也”，以此向传统的文学史观发出了强劲的挑战。其理论贡献在于既对小说文体与社会关系的双向影响的新认识，又对小说文体和理论范式的改弦更张的新认识。它具体呈现为两个方面：首先，文中所提出的一些问题，包括对小说文体特征的重新认识即“移人”，以及建立在这种新认识之上的小说书写内容的别择与功能实现等，事实上已为周氏兄弟、陈独秀、胡适等在讨论新文学的建设方案之时所分享，为后来新文学阵营内部的不同探寻，提供了思想与逻辑上的起点或原点；其次，文中对于文学“移人”特性的揭示，以及通过“熏”与“浸”和“刺”及“提”等四力的解说而构筑起来的并以“情感”为纽带的“共同体”的和谐营建，为新文学在时代启蒙工程之中发挥独立的作用，提供了确切的发展方向与实现路径，是中国现代文学观念生成的基础之一[69]。作者如此论述，施教者引导受教者读之，他们定会更加深刻地认识到中国文论和文学观念的现代性转型等诸多犀利的问题。

第三，学术文的教学要把握开拓性的类型。开拓性的类型的学术文，就是作者既细掘“空白之点”又耕耘“处女之地”还垦殖“洪荒之域”，并对他人研究中未涉及的问题给予探索，以期得出前沿性的结论。像袁行霈的《诗与禅》（节选）和王国维的《〈人间词话〉十则》等就极具代表性。如《诗与禅》（节选）一文，作者认为诗和禅都需要敏锐的内心体验，都重视启示和象喻，都追求言外之意，这就使它们有了互相沟通的可能。诗与禅的沟通表面上看来似乎是双向的，其实主要就是禅对诗的单向渗透，体现为以禅入诗和以禅喻诗。诗赋予禅的不过是一种形式罢了，而禅赋予诗的却是内省的功夫。禅是一种哲学，一种宗教，但更是一种体验，一种生命形态。禅是中国佛教的基本精神，是心灵主体的超越解脱，是物我合一的特殊境界，这些与诗的本质是相同的。诗是心境的投射与外化，诗是心情的流露与咏叹，诗是心志的坦陈与抒发。诗与禅能够互相融通，因其有许多惊人相似的特性。二者在价值取向、情感特征、思维方式、语言表现等方面都有着微妙的联系，诚如元好问所言：“诗为禅客添花锦，禅是诗家切玉刀。”禅宗的发展，正愈来愈剥落其宗教观念而肯定个人的主观感受，越来越否定其修持功夫而笃信社会的现实生活。而心性的发抒、心底的吐露、生活的表现等正是诗所应承担的任务。这样诗与禅就相互沟通了。作者这样论述，施教者引导受教者读之，他们定会理解诗与禅仍然属于两种不同的意识形态，其归趣显然是有所不同的。又如《〈人间词话〉十则》一文，作者表达的诸多见解是他接受了西洋美学的洗礼之后，以崭新的眼光将其有选择地融入中国固有的传统批评之中的尝试，关键之处在于提出了贯穿全书的“境界”一说，业已初具理论体系。这既是统领其他理论的精髓，又是沟通全部学说的核心，在以往词论界里，许多人均把它奉为圭臬。作者不仅把它视为创作的原则，而且也把它当作批评的标准，不管是论断诗词的演变，甚或是评价词人的得失、作品的优劣、词品的高低等等，均从“境界”一说出发。因此，“境界”一说既是作者文艺批评的出发点，又是作者文艺思想的总归宿。该文的十则可分为三个方面内容：第一则为总纲，冠于全书之首，作者开门见山地提出了“境界”一说，并高度地概括了“境界”一说的意义。第二则至第六则，作者从不同的角度阐述了“境界”一说的特征，并进而强调其在艺术创作中的决定性作用。第七则至第十则，作者谈论诗人的思想和艺术修养，并以形象化的比喻把“境界”一说与人生体验结合起来。作者如此论述，施教者引导受教者读之，他们定会从中掌握“境界”一说的概念并学会运用这一理论来赏释、分析词或诗。

(2) 学术文的教学要把握大体结构

学术文的大体结构既指其具有对照式的结构，又指其具有开合式的结构，还指其具有多样式的结构。这与文艺学尽全部的心力而关注的品类——诗歌、小说、戏剧等以虚构为主的文学作品的大体结构是有所分歧的。以下主要从学术文的教学要把握对照式的结构、学术文的教学要把握开合式的结构、学术文的教学要把握多样式的结构等三个方面予以阐发：

第一，学术文的教学要把握对照式的结构。对照式的结构的学术文，就是作者开头提出中心论点，然后摆出正反两方面的论据而加以分析议论，最后说明其中一个方面的正确性，以期适合形式美的法则。像毛泽东的《改造我们的学习》和刘开的《问说》等就极具代表性。如《改造我们的学习》一文，作者紧紧围绕中心论题，层层深入地运用对照式的结构来展开论述。第一部分就历史回顾的角度总结已有的经验而肯定取得的成绩，从正面论证了“改造我们的学习”的必要性；第二部分就现状分析的角度有选择地列举了党内在学风方面存在的问题，从反面论证了“改造我们的学习”的必要性；第三部分把主观主义同马克思主义这两种对立的学风加以对比论证，进一步说明了“改造我们的学习”的必要性。这一部分由表及里，说理透辟，既揭示了主观主义学风的实质和危害，也剖析了马克思主义学风的本质和特点，从理论上进行高度概括，因而是第二部分内容的深化，也是全文最为精彩的部分。此外，在指出主观主义学风“无实事求是之意，有哗众取宠之心”的态度之时，又相应地指出马克思主义学风的态度“有实事求是之意，无哗众取宠之心”。这种鲜明的正反对比，不但有利于揭示主观主义学风的实质和危害，而且也有利于加强对马克思主义学风的本质和长处的认识。作者这样论述，施教者引导受教者读之，他们定会从中明白理论知识只有同生活实践相结合并加以运用才会有生命力的道理。又如《问说》一文，作者首段破题，立论明确，从“学”与“问”相辅相成的关系谈起，紧接着转到好“学”必须勤“问”。该文善于运用对照式的结构从正反两个方面详细加以辨析，阐明为什么要勤“问”的议题。从正面来看，它分作两个层次进行论证：一是何须要“问”与“问”有何益处，说明三种“问”的人即“贤于己者”和“不如己者”及“等于己者”都有收获；二是列举古人以好“问”为典范，他们不择事而“问”，不择人而“问”，并能“取善之弘”。从反面而言，它也分为两个层次予以论证：一是批评有些人是“师心自用”，当“问”而不“问”，即“学有未达，强以为知”和“理事未安，妄以臆度”；二是批评有些人是“问”而不以其道，即对“贤于己者，忌之而不愿问”和“不如己者，轻之而不屑问”及“等于己者，狎之而不甘问”。最后，总结一笔，水到渠成，反复叮嘱，诚恳殷切，尤其感人。一言以蔽之，这个“立—破—立”的构筑艺术是作者智慧出众而胆识超群的戛戛独造，显然是非常高明的。作者如此论述，施教者引导受教者读之，他们定会从中了解好“学”而勤“问”并在“学”中“问”且在“问”中“学”的深刻性。

第二，学术文的教学要把握开合式的结构。开合式的结构的学术文，就是作者围绕中心论点而展开或“论”或“述”时，必须通过舒卷交替、收放自如、伸缩有致等而形成律动，以期切合形式美的规则。像林庚的《说“木叶”》和宋濂的《文原》等就极具代表性。如《说“木叶”》一文，作者巧于运用开合式的结构，没有故弄玄虚地搬弄术语，而是把深奥的文学理论附丽并渗透于古诗“木叶”意象的捕捉和阐释之中。该文所给出的结论是：诗歌语言富于暗示性的特质。“这暗示性仿佛是概念的影子，常常躲在概念的背后”，并成为一种“潜在的力量”，诗人“把这些潜在的力量与概念中的意义交织组合起来，于是成为丰富多彩一言难尽的言说”，成为令人玩味无穷的“精妙”的诗歌语言。在吟咏之间，那些“潜在的力量”便在不知不觉之中影响着、感染着、启发着接受者，让他们的情思灵动，视通万里。全文大致可以分为三个部分。第一至三段为第一部分，列举我国古代诗歌史上的一个现象，就是“木叶”成为诗人笔下钟爱的形象，而“木叶”形象的关键在一个“木”字。第四至六段为第二部分，说明了“木”的两个艺术特征，以及为什么会有这些特征。第七段是第三部分，为全文的小结，说明“木叶”与“树叶”在概念上相差无几，可在艺术形象上几乎是一字千里。作者这样论述，施教者引导受教者读之，他们定会在一种“潜在的力量”的影响下自发地参悟其中的深蕴而走进诗歌的殿堂。又如《文原》一文，作者也是巧于运用开合式的结构，他将全文分为上、下两篇，上篇推知文章的来源并论及文章的本体，下篇探求写作的方法并论及文章的弊端，较为集中地体现了自己的文章思想。他认为文章的本质在于查究本源，表现物理，发明事功，三者应合而为一。该文强调了文章“非专指辞翰”，而是道的“象”即显现，文与道相始终，道在哪里，文亦在哪里。它主要探讨了三种不同价值的“文”，即“天地自然之文”和“圣贤之文”以及“文人之文”。首先是“天地自然之文”。这是最高层次的“文”，不但包含“至道”，还可以是“制器尚象”，甚至“凡有关民用及一切弥纶范围之具”尽在其中。其次是“圣贤之文”。主要是指大禹、孔子、子游、子夏等圣贤所作之文，即夏、商、周三代之文，是“正三纲”并“齐六纪”，同宇宙相终始之文。再次是“文人之文”。集中体现在“明道”和“用世”两个方面的缺失或者不足，要么“佶屈聱牙”，要么“浅易轻顺”，是“四瑕”和“八冥”及“九蠹”所致。作者如此论述，施教者引导受教者读之，他们定会从其彰显着古文的价值序列和书写层次之中而领悟体道与为文的亲密关系。

第三，学术文的教学要把握多样式的结构。多样式的结构的学术文，就是作者在服务中心论点或观点的前提之下，切实做到既有曲折又有变化，灵活而不散乱，统一而不呆板，以期符合形式美的标准。像施向东的《义理、考据和词章》和黄宗羲的《原君》等就极具代表性。如《义理、考据和词章》一文，作者采用多样式的结构予以论述，分为“观点和材料的统一”与“材料的准确性”及“要有好的形式”三个小标题来阐发整篇中的观点、材料、形式的重要。从总体上看来，这是一个并列式的结构。然而这三者的内在联系十分紧密：观点是灵魂、是统帅，材料是说明观点或产生观点的依据，形式又是使观点、材料得以完美表现的手段。因而三者之中也含有一定的阶梯关系，形成了递进式的结构。每一部分的论证，又形成一个独自的论证结构。比如高中语文教材曾将该文第一部分的八个自然段落的结构制作了一个图表，比较充分地揭示了多样式的结构综合运用的特点。这八个自然段落按论证结构排成的图表，也符合整齐一律（第二、三、五、六、七个自然段落的并列）与对称均衡（第一、四自然段落和第八自然段落的两边对峙）的形式美的要求。可以说，并列式的结构为整齐之美，对照式的结构为对比之美，递进式的结构为阶梯之美，总分式的结构为辐射之美，其综合运用为和谐统一之美[70]。作者这样论述，施教者引导受教者读之，他们定会解决好文中所呈现的观点和所使用的材料以及语言表达方面的问题。又如《原君》一文，作者以启蒙思想家、历史学家独有的审视眼光和思想角度，对君主的来源、君主的真正职分以及古今民众对君主的好恶等作了系统而全面的探讨，尤其是文中所采用的多样式的结构，是值得称道的。第一段为演进式的结构，作者紧扣论题而下笔，从君主的起源说起，阐明了君主的应有职分，为君的职分该是千万倍勤劳于人，而又不享其利，这实际上已经暗含了论题。第二段为平行式的结构，作者描写今君背离为君职分的阴暗心理和卑鄙情态，他们“以我之大私为天下之大公”，这就颠倒了“天下”和“君主”的关系，因而酿成了最大的祸害。第三段为对比式的结构，作者探究今君背离为君职分的根源以及由此产生的恶果，通过古今百姓对君主的不同态度，肯定人们把专制君主“视如寇仇”与“名为独夫”的合理性。第四段为纵贯式的结构，作者对明乎为君职分的古君与孟子以及不明为君职分的今君与小儒作出评判，以惨痛的史实告诫今君，应当固守君主的职分，否则将会带来“无穷之悲”。作者如此论述，施教者引导受教者读之，他们定会从着重批判封建君主专制王权的思想之中得到深刻的启迪和宝贵的教益。

（3）学术文的教学要把握表达技巧

学术文的表达技巧既指其具有叙议结合的技巧，又指其具有诠释完美的技巧，还指其具有论辩切当的技巧。这与文艺学尽整个的能量而关注的品类——诗歌、小说、戏剧等以虚构为主的文学作品的表达技巧是有所分别的。以下主要从学术文的教学要把握叙议结合的技巧、学术文的教学要把握诠释完美的技巧、学术文的教学要把握论辩切当的技巧等三个方面予以阐发：

第一，学术文的教学要把握叙议结合的技巧。叙议结合的技巧的学术文，就是作者通过以介绍为主的“叙”和以阐释为主的“议”的和谐相配，以期规避论据的堆砌与空洞的说教，从而收到深化意旨的功效。像吴炫的《一幅恬淡明丽的春之图——读老舍的〈济南的冬天〉》和陈子昂的《与东方左史虬〈修竹篇〉序》等就极具代表性。如《一幅恬淡明丽的春之图——读老舍的〈济南的冬天〉》一文，作者运用叙议结合的技巧，把老舍的《济南的冬天》所描写的“特区”引入了一个有阳光、有温暖、有绿草、有笑脸、有蓝天、有灿烂的晚晴的恬淡明丽的春的世界里，让接受者叹为观止。作者认为，老舍的《济南的冬天》首先像拍电影一样把镜头拉开、升高，使我们可以俯瞰济南冬天的全貌：一座老城，有山有水，全在天底下晒着阳光，暖和安适地睡着，只等春风来把它们唤醒。这就是一个理想的、高雅的境界，一幅出色的、温馨的画面。老舍的《济南的冬天》接着将镜头拉至中景，集中摹写济南的“小山”。他把“小山”比作一个小摇篮，而把济南比作睡在小摇篮里的娃娃，这是极为形象的描绘，把“小山”写活了，真是太可爱了！老舍的《济南的冬天》然后还勾勒了一幅他自称为唐代水墨画的图：“山坡上卧着点小村庄，小村庄的房顶上卧着点雪。”极具有古诗画的意味，是一个秀美的远镜头，这幅清新明丽的景致，能在济南的冬天出现，委实是一种艺术的表现。作者这样论述，施教者引导受教者读之，他们定会被该文将老舍描写的冬天济南解读为一幅恬淡明丽的春之图所打动。又如《与东方左史虬〈修竹篇〉序》一文，作者也是运用叙议结合的技巧，首先对前代诗歌进行了总体的历史评价，表明了自己所倡导的诗歌应具有“汉魏风骨”与“兴寄”的气派，希望能够重现“正始之音”和“可使建安作者，相视而笑”的诗歌，号召人们秉承和弘扬建安风骨和正始之音，创作出高扬政治理想、展示强烈个性，并形成慷慨激昂、朴实刚健的诗风的诗篇。他对《修竹篇》一诗中以拟人化的表达方式、寓言式的构思特点以及丰富奇特的想象等进行生动描写的修竹的品性、功用、志向则高度认可，反映出自己当时积极的人生抱负与豪放的乐观心态。同时，他借评析东方虬的《咏孤桐篇》一诗，而阐述了自己心目中理想的创作模式——“骨气端翔，音情顿挫，光英朗练，有金石声”。他之所以选择建安诗歌、正始诗歌作为创作的典范，主要原因是它们都兼具“风骨”与“兴寄”，也就是既有具体充实的内容，即言之有物，寄怀深远，因物喻志，托物寄情；又有鲜明爽朗的思想感情和精要健劲的语言风格。作者如此论述，施教者引导受教者读之，他们定会执着地继承并发扬文中所主张的古代诗歌的“风骨”与“兴寄”的优良传统。

第二，学术文的教学要把握诠释完美的技巧。诠释完美的技巧的学术文，就是作者通过物理、事理、情理等的疏理，以期澄清糊涂的认识、消除思想的顾虑，从而达到更加明确具体、更加生动形象的效果。像朱德熙的《谈朱自清的散文》和李清照的《词论》等就极具代表性。如《谈朱自清的散文》一文，作者运用诠释完美的技巧，认为朱自清的散文擅长以唯美的笔调描绘出一个圆融的意境，不论是美景还是一切生灵，均蕴含着深厚的人生哲理，因而显得格外睿智走心。首先，作者开宗明义地指出朱自清的散文“能够在朴素自然的风格中立新意，造新语，于平淡之中见神奇，平正通达而又富于创造性”。这是全面的评价。其次，作者分别摘引朱自清的散文的八个段落作具体分析：第一、二两个段落注重品评朱自清的散文的朴素自然的风格，既是基础也是前提，这就明确了总体定位；第三、四、五、六等四个段落则说明朱自清的散文善于在朴素自然之中创造新鲜意境，而写得饶有情趣韵味；第七个段落则说明朱自清的散文善于把静态的东西写成动态的东西，以增加其生动性与灵活性；第八个段落则是说明朱自清的散文在锤炼语言方面下苦功夫的情况。总而言之，经过作者仔细的品评，朱自清的散文那朴素自然、清新优美、趣味盎然的艺术风格，便充分地彰显出来了。作者这样论述，施教者引导受教者读之，他们定会从本文的整体评价与细部揣摩相结合的鉴赏方法之中把握朱自清的散文的价值。又如《词论》一文，作者也是运用诠释完美的技巧，寥寥不足千言，既要言不烦，言简意赅，又精辟独到，句句在理。她由汉魏乐府及随燕乐而兴之词，从南唐词到江西诗派，大致对五代、北宋词坛名家一一进行了点评，论说考证，颇有洞见。尤其是她论及的词学理论不出苏门论词的畛域，不仅所讨论的问题一致，而且连词学观点也有一定的承传关系，对南宋中后期所形成的一个声势空前的江湖词派的词学理论也具有深刻的影响。作者论词为什么要出自苏门呢？她的父亲李格非曾游学于苏轼门下，为苏门的后四学士之一，多与苏门诸君子、学士等切磋交流。她跟随其父生活于都城汴京，直接或间接地受到了前辈词人的影响。所以，由她来荟萃苏门的词论是顺理成章的。她除了继承前人的论词观点以外，还提出了自己的词学主张，认为“词别是一家”，好词必须格调高、有情致、协音律，这就是本色雅正论和宋词才学化的发展趋向，体现在她把北宋词人分为“知之者”和“不知之者”，以及她对两类词人的批评和回护态度上[71]。作者如此论述，施教者引导受教者读之，他们定会从该文通过对先前各家的系统评价之中说明优秀词作的标准而深深敬服。

第三，学术文的教学要把握论辩切当的技巧。论辩切当的技巧的学术文，就是作者通过争辩或辩解来评定或明辨是非、正误、妍蚩等，以期阐述自己对事物或问题的见解，从而彰显出主观立场与价值取向。像周先慎的《简笔与繁笔》和韩愈的《原道》等就极具代表性。如《简笔与繁笔》一文，作者采用论辩切当的技巧，表明议论的中心问题应是“简笔”与“繁笔”之间的辩证关系。他针对许多作品在创作中“写得过长”的现实，特别申述理由并大力提倡“简练为文”，旗帜鲜明地反对“繁冗拖沓”的不良文风。他认为“简笔”即是言其文字少，写得简约，用语需简洁扼要，是惜墨如金，力求数字乃至一字传神，且能够言浅意深，富有神韵，也就是文字减少但是含意很丰富；“繁笔”即是言其文字多，写得详尽，写得充分，是用墨如泼，汩汩滔滔，虽十字、百字、千字也在所不惜，描摹的物态能够穷形尽相，表达的情感或心理能够细致入微。“简笔”与“繁笔”主要是从内容的表达和语言的运用上讲的：当简之时则需要简，当繁之时则需要繁，“简而淡”不好，“繁而冗”也不好。他强调“文章的繁简，又不可单以文字的多寡论”，其“无论繁简，要是拿‘无可削’、‘不得减’作标准，就都需要提炼”，进而张扬“简笔”与“繁笔”应当是“各得其宜，各尽其妙”的要义。作者这样论述，施教者引导受教者读之，他们定会从文中学习运用辩证的观点来论述问题并力求精粹、全面、深刻阐述的方法。又如《原道》一文，作者所运用的论辩技巧是极其成功的，他以“明儒道，反佛老”为主要内容，回顾了先秦以来杨墨、佛老等异端思想侵害儒道，使仁义道德之说趋于混乱的历史，对儒道衰坏、佛老横行的现实深表忧虑。全文立论正大，气势磅礴，起伏跌宕，抑扬顿挫，其长于论辩的技法是欲与孟子试比高的。从论证结构或论证层次来看，韩愈“明儒道，反佛老”的观点主要从三个步骤来展开。第一步，提出了儒家道统的“道德仁义”与老子“道德仁义”内涵之不同，并得出结论：老子是以“煦煦为仁，孑孑为义，去仁与义言之也，一人之私言”。第二步，提出儒家道统的衰微，而佛道的盛行“扰乱”了儒家的“仁义道德”，然后再列举了“士农工商”的例子来论证老子“去圣去仁”的不合理性。第三步，驳斥佛家“弃君臣，去父子，禁相生相养之道以求其清净寂灭”,并以此提出儒家与佛家不同的理念，应该“人其人，火其书，庐其居”。其论证的手法和论辩的技巧，层层深入，步步推进，让对手毫无辩驳之力，简直无懈可击。作者如此论述，施教者引导受教者读之，他们定会从儒家的正心诚意、修身齐家、治国平天下的人生理想之中受到警示教育。

(4) 学术文的教学要把握出色语言

学术文的出色语言既指其具有细致周密的语言，又指其具有清晰透明的语言，还指其具有精练确切的语言。这与文艺学尽一切的气力而关注的品类——诗歌、小说、戏剧等以虚构为主的文学作品的出色语言是有所差距的。以下主要从学术文的教学要把握细致周密的语言、学术文的教学要把握清晰透明的语言、学术文的教学要把握精练确切的语言等三个方面予以阐发：

第一，学术文的教学要把握细致周密的语言。细致周密的语言的学术文，就是作者通过环环相扣、层层深入的思索来揭示较为复杂而极其艰深的学理，以期能够尽兴地领悟到回味无穷、余韵悠长的乐趣。像宗白华的《中国艺术表现里的虚和实》和司空图的《与李生论诗书》等就极具代表性。如《中国艺术表现里的虚和实》一文，作者运用细致周密的语言阐明了中国艺术表现里的诗歌、绘画、书法、戏曲、建筑、音乐、舞蹈等的"虚"和"实"，而重点是绘画与戏曲的"虚"和"实"的问题。"虚"与"实"在文中的具体含义至少包含了以下几种情况，即有与无、多与少、形与神、真与假。这二者之中，"虚"为难点。"虚"的最表层含义是"无"，像绘画之中有人物而无背景，音乐之中暂时的停顿寂静，书法之中墨迹外的大量空白，舞蹈之中有程式而无道具与背景，等等。"虚"，除了与"有"相对以外，其深层含义是指各种艺术所表现的最高境界，即"粹"，它是艺术表现的最终目的。该文的第一部分，提出"全"与"粹"和"虚"及"实"的统一，是中国艺术传统中的重要手法；第二部分，阐述中国绘画、戏曲之中的空间表现手法即虚实结合、虚实相生的问题；第三部分，说明中国绘画、书法、戏曲、建筑等的空间感与空间表现，均是舞蹈动作的延伸。由此可见，行文之中的语言运用既谨严又邃密。作者这样论述，施教者引导受教者读之，他们定会从文中所举出的各种艺术现象而进一步体察"虚"与"实"手法的有效运用。又如《与李生论诗书》一文，作者也是运用细致周密的语言通过"辨味"对"韵外之致"与"味外之旨"进行了详细的阐释，这构成了他评论诗歌的焦点问题。该文着重阐述了诗歌的韵味问题，明确指出只有辨别诗歌的韵味才能达到评论的目的。他认为诗歌的妙处在于要"超以象外，得其环中"而"不著一字，尽得风流"，也即必须从迹象以外的虚空处去求得，从不落笔一字处去领会其韵外之致。这里所说的"韵外之致"，就把诗歌分为"韵内"与"韵外"两层。"韵内"是指诗歌的语言、文字、声韵及其所表达的意义，这是诗歌直接呈现给接受者的实在东西；"韵外"则是指诗歌的语言、文字、声韵及其表面意义之外所隐含的意味，这是一种"虚空"，是一种深藏的意义，一种悠远感，一种弥散般的艺术空间。但"韵内"与"韵外"是不可分割的有机整体，"韵内"为基础，"韵外"为升华。二者只有紧密联系、相互涵化、相互依存、相互渗透，只有"韵内"精细严格到位了，才有可能通向"韵外"的境界。作者如此论述，施教者引导受教者读之，他们定会领会文中所强调的诗歌要以精准有限的语言而表达无尽韵味的深刻含义。

第二，学术文的教学要把握清晰透明的语言。清晰透明的语言的学术文，就是作者通过有条不紊、由浅入深的思考来展示十分透辟而异常睿智的学理，以期能够尽情地享受到无懈可击、滴水不漏的兴致。像朱自清的《文学的标准与尺度》和柳宗元的《封建论》等就极具代表性。如《文学的标准与尺度》一文，作者采用清晰透明的语言，表达了他自己素来从事文学批评的一个基本观念——"标准"与"尺度"，并仔细地辨析了这两个概念："我们接受的传统的种种标准"即是所谓"标准"，而"我们修正了的传统的种种标准，以及采用的外来的种种标准"则是所谓"尺度"。也就是只称不自觉的种种标准为"标准"，并"对这些标准本身并不怀疑，并不衡量，只照样接受下来，作为生活的方便"；而改称自觉的种种标准为"尺度"，并对这些尺度"在开始出现的时候大概多少经过我们的衡量，而这种衡量是配合着生活的需要的"，以此来显示二者的区别。"标准"原也离不了"尺度"，但"尺度"似乎不像"标准"那样固定；人们常说"放宽尺度"，既然可以"放宽"，那就不是十分稳固的了。这种"标准"和"尺度"的分别，在一个快速变化的时代最容易让人们觉得出来，在道德方面是如此，在学术方面也是如此，都是恪守新的标准和遵循新的尺度。其语言的运用是清楚明白的，也是异常流畅的。作者这样论述，施教者引导受教者读之，他们定会把握好“标准”和“尺度”的分别并努力地使新的尺度成为新的标准。又如《封建论》一文，作者也是采用清晰透明的语言，论证了郡县制的巨大优越性，阐述了分封制是过时的制度，抨击了藩镇们维护分封制的谬论，肯定了郡县制代替分封制是历史发展的必然，任何人将无力改变这一大趋势，因而具有强烈的现实性和鲜明的战斗性。从作者的驾驭语言来看，即使比不上贾谊的激情澎湃、韩愈的夸张恣肆，但是他运笔如神，笔力也雄峻深切，含而不露，自是一家风格。像开笔的“天地果无初乎？”与“生人果有初乎？”虽然是设问，但在“有”与“无”之间表明该文所阐发的是天、地、生民等大事。从西周至中唐两千年的兴亡得失，虽头绪万千，但作者善用正确的观点统率史料，去粗取精，去伪存真，三言两语就讲到了问题的实质：“失之于制，不在于政，周事然也”与“失之在于政，不在于制，秦事然也”。当谈论到郡县制的益处之时，则说秦“有叛人而无叛吏”，汉“有叛国而无叛郡”，唐“有叛将而无叛州”。全文的观点、史实、论据及论证，融会贯通，言近旨远，骈散相间，透亮通明。作者如此论述，施教者引导受教者读之，他们定会对文中客观地正确评价郡县制的历史进步意义有了一个比较清醒的认识。

第三，学术文的教学要把握精练确切的语言。精练确切的语言的学术文，就是作者通过纤毫无爽、百不失一的思量来显示分外深邃而特别厚重的学理，以期能够尽意地体验到天衣无缝、不着痕迹的滋味。像朱光潜的《咬文嚼字》和王国维的《论教育之宗旨》等就极具代表性。如《咬文嚼字》一文，作者选用精练确切的语言，阐明了“无论阅读或写作，我们必须有一字不肯放松的谨严”的中心论点以及语言的审美本质与特征这一美学命题。该文不以深奥的理论吓唬人，其中所列举的诸多例子，并非是偏僻的典故，然而一经作者的使用，便具有了独特的美学意蕴。作者在文中对诸多例子的挑选都十分典型，且解说十分精辟有力，而例子本身的趣味又随着自己的分析，自然转化为接受者欣赏的愉悦。他对这些例子或评析，或点拨，或品味，或议论，均娓娓道来，生动活泼且不失幽默，似与接受者促膝谈心，字字句句沁人他们的心田。同时，作者在运用每个材料之时又都没有被使用的痕迹，仿佛全是从例子本身自然流沥出来的津汁，浑然不见被“利用”、被“发掘”的阈界，这就是本文使用材料时善于左右语言的高超之处。另外，全文的道理与例子、观点与材料结合得很紧密，材料产生于观点，观点又建立在材料的基础之上，让接受者既能明了其中的道理，又能在不知不觉之中晓悟语言的魅力。作者这样论述，施教者引导受教者读之，他们定会不仅能体味文中精微奥妙的思想，而且能领略文中扎实过硬的语言功底。又如《论教育之宗旨》一文，作者也是选用精练确切的语言，提出了“教育之宗旨”在于培养“完全之人物”，即是指一种能力全面、和谐发展的人才，并以身心双方面的兼顾为出发点。他把人的能力分为内、外两种，“精神之能力”为内在能力，“身体之能力”为外在能力，所以“完全之人物”就是身体和精神无不发达且调和的人。他把人的精神能力划分为“知力”的“真”和“情感”的“美”及“意志”的“善”三个组成部分，其语言准确简明，连贯得体，并得出了“‘真’者知力之理想，‘美’者情感之理想，

'善'者意志之理想"的论断。他强调:"完全之人物不可不备真美善之三德,欲达此理想,于是教育之事起。"即是说,培养"完全之人物",必须在"知力"的智育、"意志"的德育、"情感"的美育等都得到发展。他在分别阐述了智育、德育、美育等三育之后,又进而考察了三者之间的关系,认为只有"三者并行"协调,才能"渐达真善美之理想",再加以"身体之训练"的体育,才能培养"完全之人物"。作者如此论述,施教者引导受教者读之,他们定会很好地感受该文在论及培养"完全之人物"时必须主张四育的旨趣所在。

(三)变体文章的教学

变体文章既指以人物生平、人物经历、人物影响等为特定对象来表现人物品质、突出人物心灵、展示人物精神的纪传文,又指以自然世界、社会世界、思维世界等为特定对象来反映科学现象、揭示科学原理、倡导科学方法的科普文,还指以社会时事、百态人生、片段思想等为特定对象来针砭当世弊病、感悟生活真谛、剖析存在意义的杂感文,这些都是文章学值得重视的品类。基于此,语文教育研究要加强变体文章的教学。施教者在语文教育中高度关注受教者的变体文章的教学,通常是指纪传文的教学、科普文的教学和杂感文的教学。

1.纪传文的教学

纪传文作为表现人物品质、突出人物心灵、展示人物精神的变体文章之一,是以人物生平、人物经历、人物影响等为特定对象的。它不但具有选材的精当性的特质,而且具有描写的传神性的特质,更加具有再现的纪实性的特质,是允许有一定的艺术加工而应建立在真实之上的一种文体,一方面要符合人物的身份、地位、年龄,另一方面要符合人物的学识、阅历、习惯,因而素来获得许多接受者的认可。这就要求施教者在语文教育中必须不断地深化变体文章中的纪传文的有用性的探索,并通过纪传文的教学,培养受教者的"不虚美,不隐恶"的人格素质,进而提高他们的欣赏评价的能力。因此,语文教育中的变体文章教学必须着眼于纪传文的教学,其要点是:

(1)纪传文的教学要把握基本类型

纪传文的基本类型既指其具有自传性的类型,又指其具有他传性的类型,还指其具有评传性的类型。这与文艺学尽最大的力量而关注的品类——诗歌、小说、戏剧等以虚构为主的文学作品的基本类型是有所不同的。以下主要从纪传文的教学要把握自传性的类型、纪传文的教学要把握他传性的类型、纪传文的教学要把握评传性的类型等三个方面予以阐述:

第一,纪传文的教学要把握自传性的类型。自传性的类型的纪传文,就是作者以叙写自己生活之中的某些片段或某一方面的经历为主,要求不容许有什么怀疑,既有足够的客观性,又有可靠的真实性。像鲁迅的《鲁迅自传》和王充的《论衡·自纪篇》等就极具代表性。如《鲁迅自传》一文，作者叙写了自己十三岁那年，于京城做官的祖父周福清因故入狱，父亲周伯宜看到没有前途了，经常借酒消愁，还吸食鸦片，加之又患肺结核，很快就离开了人世。这时候的自己才十五岁，自然要担当起顶梁柱的责任。于是，只好找寻那些既不收学费又不收饭费还有津贴的学校去念书。十八岁那年到南京，考入水师学堂，待了半年后，觉得不适合就退了学，又考进了矿路学堂。在矿路学堂，学习是非常认真的，并以一等第三名的成绩毕业，且被选派到日本留学。在东京的豫备学校待毕业，已决意要学医了，于是进了仙台医学专门学校，学了两年，又弃医从文，再到东京，同几个朋友制订一些小计划，但都陆续受挫了。自己又想往德国去，也失败了。最后只能回国，先在杭州的两级师范学堂做教员；第二年就走出，到绍兴中学堂做教务长；第三年又走出，到绍兴师范学校做校长；再走出，到北京教育部做部员；后走出，到北京几所大学做讲师；又走出，到厦门大学、中山大学做教授，直至一九二七年四月辞职，九月出广东，就一直住在上海。作者这样叙写，施教者引导受教者读之，他们势必会对鲁迅的求真知、寻真理、悟真谛的曲折经历而肃然起敬。又如《论衡·自纪篇》一文，作者叙写了自己的籍贯、门第、生平、经历、气质、性格、志趣、思想等基本情况，还特别谈到了家世地位与著作优劣关系的问题、著作如何卓然自立的问题以及著作怎样处理与社会关系的问题。首先，关于家世地位与著作优劣关系的问题，该文从三个层面逐一地展开论述，充分反映出作者与众不同的辩证思想和超凡脱俗的精神境界。其次，关于著作如何卓然自立的问题，该文更是纵横捭阖，洋洋洒洒，宏论迭出，作者的纯真之美，雄辩之力，可谓淋漓尽致，入木三分。再次，关于著作怎样处理与社会关系的问题，该文提出了两个衡量著作的重要原则，即著作贵在求真而贱在媚俗、著作的繁简应以“致用”为标准，这就体现了作者强烈的社会责任感。在该文的叙写之中，作者反应灵敏的思维、出类拔萃的见解、独树一帜的追求、经世济民的精神，等等，皆跃然于纸上。尤其是作者对世俗的反驳，反映了一名孤高自傲、独善其身的知识分子的“不平而鸣”，为捍卫理想而不懈论争、永不妥协的愤激情怀。作者如此叙写，施教者引导受教者读之，他们势必会从该文的深刻辩论之辞、良苦用心之迹中而获得许多启示。

第二，纪传文的教学要把握他传性的类型。他传性的类型的纪传文，就是作者叙写他人的生活与经历，并通过其一言一行而予以再现，要求忠诚地对待史实，既有充分的稳妥性，又有弥足的信赖性。像阎纯德的《瞿秋白小传》和司马迁的《廉颇蔺相如列传》等就极具代表性。如《瞿秋白小传》一文，作者叙写了瞿秋白这个既是风华绝代的才子更是聪明绝顶的学者的生活与经历。他的人生，本应属于讲堂和书斋，然而时代的浪潮，把他推上了历史的前台，踏上了一条书生从政的悲辛之路。他是中国共产党早期的杰出领导人，卓越的马克思主义理论家，新文学运动的主要领导者，著名作家、文艺理论家、翻译家。瞿秋白出生于江苏常州武进县一个破落的“士大夫”家庭，生活在国家和民族灾难深重的19世纪末20世纪初，曾经为中国共产党早期的主要领导人，是中共成立后第一代、第二代的领袖，为早年共产党的成长和中国革命的发展做出了重大贡献。同时，又由于他所领导的革命运动的失败，而成为共产国际的替罪羊；继之，又受到王明“左”倾集团的打击迫害；但他不忘本心，谨记使命，坚定信仰，砥砺前行。最后，于1935年2月落入国民党反动派的魔掌，面对他们密集的劝降攻势而坚贞不屈，6月18日在福建长汀昂首挺胸，高唱着《国际歌》，身赴刑场，饮弹洒血，从容就义，走完了一条曲折坎坷的生命之旅。作者这样叙写，施教者引导受教者读之，他们势必会从瞿秋白艰苦探索中国革命道路的真实写照中而受到震撼。又如《廉颇蔺相如列传》一文，作者叙写了廉颇、蔺相如等一批性格各异的人物形象，他们或直爽正派，或忠实厚道，或冒失轻率，或聪明灵活，形象特别鲜明。该文五次渲染了蔺相如操天下大势为己用的睿智：第一次，为国解除危难，他利用国际舆论，借使秦国负曲之势，而捧着玉璧按约至秦赴会；第二次，秦王得玉璧不偿城，他以“璧有瑕”而诓得玉璧后，并抓住其贪婪的弱点，欲以玉璧击柱相威胁；第三次，抓住秦国二十余君“未尝有坚明约束”之过，他借理在己方之势，而派人怀着玉璧回到赵国；第四次，渑池之会，他借“五步之内以颈血溅大王”之势，意欲跟秦王拼命，逼迫秦王就范，并为一击缶；第五次，他借“赵亦盛设兵以待秦”来袭之势，迫使秦国唯恐不能自存，而不敢轻易动兵。蔺相如的机智勇敢、多谋善断、意气风发，已是光彩照人了，而作者笔势陡转，叙写他对无理取闹、寻事生非的廉颇一再宽容忍耐，一再谦逊礼让，连门客都为之感到羞愧。当门客决计要离开他时，他才袒露了“先国家之急而后私仇”的实情。作者如此叙写，施教者引导受教者读之，他们势必会在眼前浮现一个智慧绝顶、勇气过人、胸怀宽阔的贤相。

第三，纪传文的教学要把握评传性的类型。评传性的类型的纪传文，就是作者按照人物的生平顺序予以展示，并表明自己的观点与态度，要求不容许凭空杜撰，既有牢靠的证实性，又有坚实的确定性。像牟宗三的《我所认识的梁漱溟》和柳宗元的《宋清传》等就极具代表性。如《我所认识的梁漱溟》一文，作者主要是从学问和人格两个方面去“认识”梁漱溟的。就其学问而言，他认为学问浅的人说话愈多，思想不清楚的人名词越多！在学问里面，要让自己既进得去而又出得来，这就是有活力的生命，而不是被书本知识所左右。做学问不是为了学问而学问，实在是为了弄清自己的生活或生命中所遇到的问题，完全没有把学问当作一个客观外在的对象去追求，学问的根本是为解决毕生思考的人生问题与社会问题服务的。就其人格而论，像他民国初年报考北京大学，不意未取，便发愤地说：“我今后一定要够得上叫北大请我当教授！”后来蔡元培真的电请他去北大哲学系任教授，谁人不佩服他的自信！像他在抗战中办学时有反“政府”之论，沈醉带特务去查办，他则针锋相对：“我这是小骂……如果你们仍不改悔，我今后还要大骂。”其嶙峋傲骨，令特务也怕三分！像他在全国政协机关对《宪法草案》讨论时便声明：“我不赞成把个人的名字，包括把接班人的名字写进宪法……实为置国统、政体于不顾！”此论真诚无畏，令四座咋舌！作者这样叙写，施教者引导受教者读之，他们势必会敬仰中国知识分子所彰显的那种不屈不挠的气节与秉性。又如《宋清传》一文，作者叙写了一个既不属于王侯世家，又并非达官显贵的药材商人——宋清，依靠自己异于他人的经营之道，博得了世人的广泛赞誉，以致生意愈发兴隆、事业更加红火的故事。宋清本是个药材商人，但他却不以逐利为其经营的唯一目的。从经营方式上看，他不计一时一事的小利、近利，所卖之药样样货真价实，凡用其药者，无不疗效显著而众口称赞，药到病除而享誉四方。经营之时，他宽以待人，对任何人都以诚相待，最终声名远播，成为闻名遐迩的富家巨室。他对富贵者、贫贱者，得势者、失势者均能抱着一视同仁的态度，尤其是奉送药材所表现出来的救急扶困的卓然之举，堪称时代的佼佼者。被封建社会视为“末流”的商人，大多以追逐厚利为宗旨，有时甚至为此不择手段，而宋清的所作所为却能独树一帜，异军突起，不仅区别于一般商人，更加远过于朝廷官吏的所作所为，因而作者得出了“官不如商”的结论，这就无情地鞭挞了“炎而附，寒而弃”的朝廷官吏，同时也寄托了自己的某些身世之慨。作者如此叙写，施教者引导受教者读之，他们势必会为宋清虽为市井细人却能超乎市井之道的优良品质而称扬。

(2) 纪传文的教学要把握大体结构

纪传文的大体结构既指其具有鸟瞰式的结构，又指其具有追溯式的结构，还指其具有板块式的结构。这与文艺学尽全部的心力而关注的品类——诗歌、小说、戏剧等以虚构为主的文学作品的大体结构是有所差异的。以下主要从纪传文的教学要把握鸟瞰式的结构、纪传文的教学要把握追溯式的结构、纪传文的教学要把握板块式的结构等三个方面予以阐述：

第一，纪传文的教学要把握鸟瞰式的结构。鸟瞰式的结构的纪传文，就是作者通过梳理人物发展节奏的“线”，并寻找和连接“线”上的各个“点”，进而对所叙写的人物或注意其高卑或留心其深浅。像朱志敏的《铁肩担道义》和司马迁的《孔子世家》等就极具代表性。如《铁肩担道义》一文，作者叙写了李大钊最后时期的言论和行动，展示出一个共产党人的高风亮节。该文采用鸟瞰式的结构，既叙写了李大钊被捕之前国内的局势及其所做的主要工作，他面对白色恐怖，临危不惧，坚守战斗岗位；又叙写了李大钊被捕以后的情形，他身陷囹圄，仍关心着党的事业和同志们的安全，把个人的生命和家庭的安危置之度外。还重点叙写了李大钊在敌人的监狱里、法庭上和绞刑架下所表现出来的思想性格。在监狱里，他受尽严刑拷问，敌人用竹签扎进他的指甲缝里，并硬生生剥去了指甲；他写的《狱中自述》，通篇是以国民党人的身份写作的，充分反映了他坚定的革命原则和高超的斗争艺术。在法庭上，他精神焕发，坦然面对一切，“绝不提家事”，与妻子无言告别；他态度镇静，非常沉着，对革命事业满怀着必胜信心。在绞刑架下，他神情自若，毫无惧色，是第一个登上绞刑台的，并充溢着勇气和力量；他视死如归，英勇就义，牺牲时尚不足三十八岁，用丹心碧血书写了对党的事业的无限忠诚。作者这样叙写，施教者引导受教者读之，他们势必会为李大钊依靠坚强毅力和笃定意志来弘扬道德与正义而喝彩。又如《孔子世家》一文，作者叙写了孔子的家族身世、早年从政、好学善学、穷且益坚、整理古籍、教书育人的相关境况，这是研究孔子生平思想的最重要文献之一。该文也是采用鸟瞰式的结构，既对孔子的从政经历、整理文献及传道授业等内容给予叙写，又对孔子的刻苦勤奋和追求理想的情形给予叙写，概括起来，就是“两简”和“两繁”：孔子的从政经历、整理文献、传道授业等三个方面内容叙写得简练，要言不烦；孔子的刻苦勤奋、追求理想等两方面的情形叙写得详细，生动具体。孔子是儒家学派的创始人，也是世界文化名人之一，他的发愤忘食、乐以忘忧和学而不厌、诲人不倦以及安贫乐道、与世无争等优秀品质，对我国的历史进步和世界的文化发展均产生深远的影响。作者通过叙写孔子的生平活动及各方面的成就，不但可以让人们深切地感受他的“为人”，体验他的孜孜不倦，了解他的博学多才，而且能够让人们领会他用知识改变自己“贫且贱”命运的精神，叹服他“一以贯之”的人格和决不放弃自己主见的情操。作者如此叙写，施教者引导受教者读之，他们势必会为孔子这位圣贤的高节清风被世人奉若神明而赞赏有加。

第二，纪传文的教学要把握追溯式的结构。追溯式的结构的纪传文，就是作者通过梳爬人物起伏流动的发展轨迹，并遵循“从事后开始”的思维路线，进而对所叙写的人物或追求其根源或探索其缘由。像王乾荣的《周有光：周全而有光》和袁宏道的《徐文长传》等就极具代表性。如《周有光：周全而有光》一文，作者以“史”为主线，叙写了周有光在晚清、北洋、民国和中华人民共和国等四个时代所体现出来的精神特点。该文采用追溯式的结构，大略地叙写了周有光的一生。他就像自己的笔名“有光”那样，一生周全而有光。单单走过一个世纪就已经不同寻常，更何况他还经历过很多的事情。他的研究领域横跨经济、语言、文化等三大专业，而且还通晓汉、英、法、日等四种语言。他参与了《汉语拼音方案》的制定，无论是方案字母形式的确定，还是具体字母的设计，都做出了很大的贡献，被众人称为“汉语拼音之父”；他还参与主持了《简明不列颠百科全书》中文版的编译，其连襟沈从文也笑称他为“周百科”。他的人生之中留下的许多故事，是经过自己的记忆而筛选过的，通常是习惯性地过滤掉大量的悲剧性因子，而留下最活泼和最幽默的部分，所以其创造力也随着年龄的增长而达到高峰。为此，退休以后的他开始了思想文化领域的拓展工作，这些工作与他前期的语言文字研究一样，始终带有普及常识和提高文化水平的意义。作者这样叙写，施教者引导受教者读之，他们势必会敬佩周有光力主所有研究应为普通大众服务的重要思想。又如《徐文长传》一文，作者以“奇”为主线，叙写了徐文长的才能奇异、性情奇怪和遭际奇特。该文也是采用追溯式的结构，概括地介绍了徐文长的一生。像知遇胡宗宪而上《献白鹿表》，因不得志于有司而“放浪曲糵”，乃至晚年“佯狂益甚”所招致的不幸遭遇，等等。它以“人、出、卒”为顺序来展示徐文长的“奇”。“人”是总体叙写其才华、性情、遭际等因素：“声名藉甚”与“屡试辄蹶”的对比，足以见其数奇；笑傲纵谈与“膝语蛇行”的对比，足以见其性奇；薛君采其能，胡宗宪重其笔，嘉靖帝喜其表，足以见其才奇。“出”是重点叙写其诗、文、书、画等因素：其诗意境奇伟，匠心独出；其文蕴有卓识，气沉法严；其书笔意奔放，苍劲妩媚；其画超逸有致，不同流俗。“卒”是主要叙写其不遇合时机的因素：因疑忌杀其继室妻子而下狱论死；因精神失常而“自持斧击破其头，血流被面”；因恃才傲物而不为社会所容“抱愤而卒”。这就将徐文长性情旷达、才华横溢、不拘小节、愤世嫉俗的品性表现得淋漓尽致。作者如此叙写，施教者引导受教者读之，他们势必会激起对旧社会埋没人才、科举制度摧残人才的控诉和揭露。

第三，纪传文的教学要把握板块式的结构。板块式的结构的纪传文，就是作者通过理清人物诸多关系的发展线索，并别具匠心地排列相对独立的内容，进而对所叙写的人物或集中其向内或发散其向外。像杨振宁的《邓稼先》和班固的《苏武传》等就极具代表性。如《邓稼先》一文，作者以几千年来的中华文化为背景，以近一百多年来的民族情结、五十年的朋友情谊为基调，饱含情致地叙写了一位卓越的科学家无私奉献的爱国情怀，赞颂了邓稼先为民族、为国家所做出的巨大成就和杰出贡献，表达了自己对至交的深深怀念和崇高敬意。该文采用板块式的结构，不大注意表面的逻辑关系和形式的完整性，而是每“块”都有一条自己的发展线索，并且都是从一个基点出发，从而综合地表现一个总题目。它巧立主题式的小标题，将邓稼先的生平事迹和独特建树放在广阔的社会背景之中，多角度、多侧面地展示了人物的优秀性格和可贵品质，使人物形象显得悲壮而豪迈、伟大而崇高。该文六个部分之间既相对独立各有侧重，又紧密联系相互融合，而且有机地连缀成一个完美的整体。第一部分是全文的小序，第六部分是全文的总结，第二部分简介邓稼先的生平和建树，第三部分是对第二部分的补充、延伸，第四部分从另一角度叙写邓稼先的建树之大，也是对第二部分的扩展、延长，第五部分是第二部分的具体化、详细化。作者这样叙写，施教者引导受教者读之，他们势必会细思慢品文中所弥漫着同窗之谊、挚友之情的浓厚气息。又如《苏武传》一文，作者叙写了苏武出使匈奴，面对威胁利诱而坚守节操，历尽艰辛而不辱使命的事迹，彰显了一个爱国志士的光辉形象。该文也是采用板块式的结构，为了突出苏武的坚强个性、坚定信仰、坚韧意志等主要特征，着力叙写了三个叛徒并与之形成鲜明对比：一个是作为副使的张胜，一个是为虎作伥的卫律，一个是曾为朋友的李陵。在叙写张胜之时，用他的见利忘义而丧失品节、遇事束手无策而对国家民族毫无担当，衬托了苏武的深明大义、富于骨气，以及临危不惧、对国家民族的高度负责感。在叙写卫律之时，用他的软硬兼施、威逼利诱而迫使苏武投降的所作所为，这就更加衬托了苏武的凛然不可侵犯的人生信仰和刚正气节。在叙写李陵之时，用他的斤斤计较于一家一己的恩怨，置国家民族利益于不顾的可耻行径，衬托了苏武则置一家一己的恩怨于不顾，一心一意为国家民族利益着想的高尚品质。他们三个叛徒都在匈奴的威势面前丧失了自己的立场，唯独苏武为了民族的尊严和汉王朝的利益，据“义”力争，宁死不屈。作者如此叙写，施教者引导受教者读之，他们势必会看到一个无怨无悔、矢志不渝、一往无前的民族英雄。

(3) 纪传文的教学要把握表达技巧

纪传文的表达技巧既指其具有点面结合的技巧，又指其具有正侧相映的技巧，还指其具有繁简得宜的技巧。这与文艺学尽整个的能量而关注的品类——诗歌、小说、戏剧等以虚构为主的文学作品的表达技巧是有所差别的。以下主要从纪传文的教学要把握点面结合的技巧、纪传文的教学要把握正侧相映的技巧、纪传文的教学要把握繁简得宜的技巧等三个方面予以阐述：

第一，纪传文的教学要把握点面结合的技巧。点面结合的技巧的纪传文，就是作者在悉数地叙写人物时既要有突出重心以显示深度的“点”又要有顾及全局以体现广度的

"面"，进而呈现人物的丰厚内涵。像刘水清的《干干净净的傅雷》和梁启超的《谭嗣同传》等就极具代表性。如《干干净净的傅雷》一文，作者高度赞扬中国知识分子的代表——傅雷干净的一生，并表达了敬佩、同情与悲愤之情。该文采用点面结合的技巧，除了开头为傅雷夫妇之死渲染悲凄惨烈的背景气氛，衬托他们高洁的形象和结尾把傅雷夫妇比作露珠，形象生动地突出他们纯洁、高尚的人格之外，重点叙写了傅雷"干净了一生"。首先是在政治上，傅雷的人格表现历来特别清白，他从来不曾有过变天的思想；其次是在经济上，傅雷的品性表现素来异常清白，他能仔细处理好大小财产的问题；再次是在事业上，傅雷的著述表现向来极端干净，他对翻译的名篇而一译再译，力求精益求精。傅雷是真正干净了一辈子，他不动声色，泰然自若，于1966年9月3日凌晨，对非正义作决绝的抗争，赤条条地来赤条条地去了。傅雷走得是真干净，这里的干净，不是贾宝玉所看到的"一片白茫茫大地真干净"，他的干净，是灵魂的升华，是看透人生的超脱。而傅雷是不愿意离开人世的，他对生命依然激情燃烧，所以他死得相当无奈，像一滴露珠，圣洁地滚落到地上而消逝了。作者这样叙写，施教者引导受教者读之，他们势必会从傅雷夫妇的崇高人格对文人所产生的极大影响中获益。又如《谭嗣同传》一文，作者真实地叙写了谭嗣同1898年在"戊戌政变"前后的一举一动，客观地再现了这一时期的历史情状，堪称符合历史真实的人物图画。该文也是采用点面结合的技巧，除了对谭嗣同的青少年时代"少倜傥，有大志"与"好任侠，善剑术"以及二十岁后多次往来于西北、燕赵、东南各省而察视风土并物色豪杰等予以叙写之外，还通过一些很有说服力的史实——发愤提倡新学、南京撰述《仁学》、湖南参预新政、入京奉召参政、不惜以身殉主等等，从而展示了他的旺盛求知欲、顽强意志力、强烈使命感、深厚同情心等人格特质。该文以"全知的视象"尽收眼底，并且一五一十、如数家珍地呈现出来，这就不仅具有横向的"广度"，而且颇有纵向的"深度"。这种"深度"主要体现在谭嗣同游说袁世凯的"三部曲"即试探（亲自去袁世凯所在的法华寺查究其对光绪帝的态度）、献计（自以为袁世凯对光绪帝"忠诚"便谋划让他整顿宫廷）、激将（故意当着袁世凯的面称荣禄为"绝世之雄"而有意招惹）之中。作者如此叙写，施教者引导受教者读之，他们势必会景仰一个学术精进、新政有为、死难无惧的维新志士形象。

第二，纪传文的教学要把握正侧相映的技巧。正侧相映的技巧的纪传文，就是作者在通盘地叙写人物时既要有直接的正面描写以显示总体性又要有间接的侧面描写以体现局部性，进而展现人物的丰富涵养。像卞毓方的《管窥李政道》和魏禧的《大铁椎传》等就极具代表性。如《管窥李政道》一文，作者通过叙写李政道"自己给自己理发"、"恩师举荐"、"不寻常的讲演"、"赠手稿"等内容，多侧面地展示了这位科学巨匠独特而动人的形象。该文采用正侧相映的技巧，首先，正面叙写了李政道在求学的道路上，吴大猷给他提供了重要机遇，使他从浙江大学转到西南联大物理系，得以顺利出国深造，完成了学业；束星北则发现了他的数理天赋，建议他改读物理系，为他指明了研究的路径和方向。由于吴大猷和束星北的共同指引，他在科研上取得了非同寻常的成功。其次，正面叙写了李政道在爱因斯坦年纪念大会上的讲演，高度评价了爱因斯坦，显示他不仅是一位严谨的科学家，也是一位充满温情、极具感染力的演说家。再次，正面叙写了李政道“赠手稿”，不仅表现了他对温家宝总理的敬重之意，更表达了他对祖国深深的热爱和期望之情。另外，文中还采用侧面叙写的技巧，以卓别林理发的故事引出李政道奇特的理发习惯，用常规思维衬托出李政道的奇异个性与习性，这就凸显了他不慕虚荣的独到思维和走自己道路的特有性格。作者这样叙写，施教者引导受教者读之，他们势必会学习老一辈科学家终身拼搏，不断创新，无私奉献的精神。又如《大铁椎传》一文，作者通过“大铁椎”的外貌特征、身怀绝技、威严深沉、英勇无畏、行踪飘忽以及武功高强的叙写，展示了一位有识见、讲气节、精武艺、通文墨，擅长铁椎的大力士的“江湖异人”的形象。该文也是采用正侧相映的技巧，在刻画“大铁椎”的形象时，正面简笔勾勒了其“异”的种种表现，即重量与形状及构造的武器之异、饮食拱揖不离铁椎的态度之异、与人罕言语且皆不答的言谈之异、初来乍到时的装束之异、夜半时分诡秘的行动之异，等等。除了以正面简笔勾勒外，还通过宋将军的“工技击”的侧面表现来烘托“大铁椎”的英勇无畏的神情和武艺高强的本领、响马贼的人多势众的侧面表现来衬托“大铁椎”的艺高胆大的风采和镇定自若的气度、星夜决斗的肃杀气氛的侧面表现来渲染“大铁椎”的从容上阵的表情和沉着应战的姿态。以上正侧相映的技巧的有效运用，充分地彰显了“大铁椎”的过人的神力、高超的武艺、豪迈的性格和侠义的精神，透露出对明朝亡国君臣的不满，表达了“抗清复明”的爱国思想。作者如此叙写，施教者引导受教者读之，他们势必会仰慕“大铁椎”的武艺超群、志向远大、胆识过人的风范。

第三，纪传文的教学要把握繁简得宜的技巧。繁简得宜的技巧的纪传文，就是作者在全面地叙写人物时既要有翔实的浓墨重彩以显示尽致性又要有简略的轻描淡摹以体现人微性，进而再现人物的丰盈内蕴。像文璐的《从杂货店走出来的数学家》和范晔的《张衡传》等就极具代表性。如《从杂货店走出来的数学家》一文，作者叙写了华罗庚由于诸多原因，虽然没有读过大学，却破天荒地登上了清华大学的讲台，成为解析数论、矩阵几何学、典型群、自守函数论等多方面研究的首创者的经历。该文采用繁简得宜的技巧，按时间顺序讲述了华罗庚从杂货店的“小掌柜”通过自学成才所取得的巨大成就，脉络清晰，连贯自然，选材典型，详略得当。全文共 18 个自然段，可分为两个部分。第一部分（第 1 自然段），简略概括地介绍了华罗庚是依靠自学而成为闻名中外的数学家。第二部分（第 2 至 18 自然段），分四个层次翔实具体地叙写了华罗庚的成长历程。第一个层次（第 2 自然段），写华罗庚出生在“乾生泰”的小杂货店里。第二个层次（第 3 至 8 自然段），写华罗庚中学时代就成功解决了《孙子算经》上的难题，对数学的兴趣越来越浓。第三个层次（第 9 至 14 自然段），写华罗庚在中华职业学校遇到了一件终生难忘的事情。第四个层次（第 15 至 18 自然段），写华罗庚从杂货店里走了出来，成为卓越的数学家。作者这样叙写，施教者引导受教者读之，他们势必会弘扬华罗庚坚持不懈、刻苦钻研、忘我奋斗、勇攀高峰的精神。又如《张衡传》一文，作者将张衡在自然科学、文学创作、政治活动等方面的成就统一起来，叙写了一个既真实而又伟大的人。该文也是采用繁简得宜的技巧，重点而详细地介绍了张衡在自然科学方面的成就。首先，从整体上概括了张衡在科学研究上的成就，包括科学发明——候风地动仪以及理论著作——《灵宪》与《算罔论》两个方面。其次，着重介绍了能代表张衡成就的候风地动仪的制造时间、质地、大小、形状、结构、装饰、功用，等等。如介绍构造特点时用“中”、“傍”、“外”、“下”四个方位词为序，便从里到外、从上到下而清楚地予以叙写；以“似酒尊”描写其形状，非常形象具体；用“验之以事，合契若神”的夸张和“自书典所记，未之有也”的赞叹，着力于候风地动仪的准确无误，并以生动有趣的事件，验证其功效的独特。至于对张衡其他创造才能像文学创作的介绍仅遴选《二京赋》的精研精神，则叙写得较为简略；对张衡在政治上的才干仅选取《思玄赋》的由来和出任河间相时跟奸党斗争这两件事，因而叙写得也较为简略。作者如此叙写，施教者引导受教者读之，他们势必会萌生对张衡博闻强识、超尘拔俗、卓然政绩的敬佩之情。

(4) 纪传文的教学要把握出色语言

纪传文的出色语言既指其具有平稳实在的语言，又指其具有浅显质朴的语言，还指其具有典雅凝练的语言。这与文艺学尽一切的气力而关注的品类——诗歌、小说、戏剧等以虚构为主的文学作品的出色语言是有所区别的。以下主要从纪传文的教学要把握平稳实在的语言、纪传文的教学要把握浅显质朴的语言、纪传文的教学要把握典雅凝练的语言等三个方面予以阐述：

第一，纪传文的教学要把握平稳实在的语言。平稳实在的语言的纪传文，就是作者在遣词用语时不但要钟情其安稳切当的选择，而且还要属意其真实确凿的采纳，从而真切地呈现所叙写人物的本源真相。像汪曾祺的《才子赵树理》和萧子显的《祖冲之传》等就极具代表性。如《才子赵树理》一文，作者挑拣最精练、最节省、最紧凑的文句，叙写出赵树理丰满而鲜活的赤子情怀。该文在第一段，就对赵树理给予了肖像勾勒，寥寥几笔的叙写，便再现了赵树理的独特轮廓。在第二段，叙写赵树理不只能唱戏还写得一手好字，的确魅力出众。其中的遣词用语，就极具口语化。在第三、四、五段，从赵树理的爱好进而说到了工作：他写稿子十分认真，关键还颇有才；他选稿甚是严格，还能独具慧眼。其中的遣词用语，就非常恰当得体。在第六、七、八段，说完了赵树理的工作后再说到他的生活，相对于工作的认真负责，他在生活中要随意得多，为人正直敢说真话，连划拳都是别出心裁的。其中的遣词用语，就相当自然妥帖。尤其是用“高”、“长”、“细长”等形容赵树理的个子、脸庞和眉眼等外貌，其中的遣词用语，着实短小而简单；用“唱”、“念”、“拉”、“走”等表现赵树理的艺术才能，其中的遣词用语，就摒弃了一切修饰；用“高亢的上党腔”和“揸手舞脚”等便把一个唱戏俏皮的赵树理勾画出来了，其中的遣词用语，委实简洁爽快。作者这样叙写，施教者引导受教者读之，他们势必会叹服该文从小题材中挖掘出深刻的、闪光的大主题的方法。又如《祖冲之传》一文，作者叙写了祖冲之是南北朝时期杰出的科学家，特别是他的数学成就对于中国乃至世界都是一个重大贡献。该文重点介绍了祖冲之在数学方面的成就，其成就首推对圆周率的精确推算，求出精准到小数点后第七位有效数字的圆周率，在 3.1415926 和 3.1415927 之间，这在公元 5 世纪，是一项非常了不起的伟大成就，比西方早了10个世纪；他还著有《缀术》，唐朝时曾被列入“算经十书”，作为国家所设算学科学校的教科书。其中的遣词用语，真是平稳实在。还有，他在历法方面，所编制的《大明历》，提出了在391年插入144个闰月的新闰周，根据新的闰周和朔望月长度，可以求出其回归年长度是365.24281481日，与现代测得回归年的数据，一年只差50多秒，这是当时世界上非常宝贵的档案。其中的遣词用语，堪称真实确凿。另外，在机械制造方面，他改进了指南车，研制了水碓磨，制造了千里船，设计了定时器等等，都作出了不平凡的业绩。其中的遣词用语，可谓安稳切当。作者如此叙写，施教者引导受教者读之，他们势必会学习祖冲之顽强拼搏的毅力、百折不挠的意志、坚持真理的勇气。

第二，纪传文的教学要把握浅显质朴的语言。浅显质朴的语言的纪传文，就是作者在遣词用语时不但要祈望其浅近明白的抉择，而且还要留意其朴实淳厚的选取，从而真实地呈现所叙写人物的本来面貌。像张揖中的《启功传奇》和宋濂的《王冕传》等就极具代表性。如《启功传奇》一文，作者从治学领域广而八方涉猎、书法收获丰而名满天下、学术成就大而建树极多等方面叙写了启功在激荡的岁月里坚持操守，在怒涛的生活中秉持尊严。该文抓住启功的皇室贵族之奇、真情厚义之奇、书法造诣之奇、人品情操之奇等四个方面，比较全面地展示了这位老人十分奇特的生命历程和独具魅力的个性风采。就其皇室贵族之奇而言，启功“独创‘启’姓，自当始祖”，表现了他的不吃祖宗饭的好强独立、乐天达观的心性。其中的遣词用语，是至极朴实的。就其真情厚义之奇而言，启功“患难与共情未了”，表现了他与结发妻子的相濡以沫、两心相依的情怀。其中的遣词用语，是异常淳厚的。就其书法造诣之奇而言，启功“独创‘五三五’字体”，表现他的在艺术探索上的开拓创新、锐意进取的精神。其中的遣词用语，是确实浅近的。就其人品情操之奇而言，启功的“三怕”与“二不怕”，前者表现了他的不慕虚名、踏实做人的风范，后者则表现了他的开朗豁达、幽默风趣的品性。其中的遣词用语，是格外明了的。作者这样叙写，施教者引导受教者读之，他们势必会从启功的持有尊荣、宽宏大度、珍视品节的人生中获得启迪。又如《王冕传》一文，作者叙写了王冕“奇”和“怪”的一生。该文第一段，突出王冕之“奇”。王冕听人读书即能够背诵，牧牛忘牛而挨打不悲，夜入寺庙攻读而不惧佛像狰狞。其中的遣词用语，是极度朴素的。第二段，突出王冕之“怪”。王冕迎接母亲入越就养时，故意穿奇装着异服，效仿古人打扮，似乎有怪癖。其中的遣词用语，是极其俭省的。第三段，突出王冕之“怪”。王冕不屑为府史而“倚楼长啸”，在多数人看来，这是做出的怪诞举动。其中的遣词用语，是特别俭约的。第四段，突出王冕之“奇”。王冕具有好奇的天性，喜欢游览自然界奇异的风景，笃爱结交社会中的奇士。其中的遣词用语，是极端简朴的。第五段，突出王冕之“怪”。王冕在闲顿之时，泰不花荐以馆职，他明知是好意，却拒绝并嘲笑为“愚人”。其中的遣词用语，是出格节俭的。第六段，突出王冕之“怪”。王冕归越后隐居九里山，醉心无拘无束的方式，犹如道教中的散仙一般。其中的遣词用语，是分外文雅的。第七段，突出王冕之“奇”。王冕长期藏器待时，在新王朝刚建立之初，便得到重用，不料一夕暴病丧命。其中的遣词用语，是真正朴质的。作者如此叙写，施教者引导受教者读之，他们势必会钦羡王冕的勤奋好学、懂事孝顺、操行特立、蔑视权贵。

第三，纪传文的教学要把握典雅凝练的语言。典雅凝练的语言的纪传文，就是作者在遣词用语时不但要珍视其庄重不俗的挑拣，而且还要注重其紧凑简练的遴选，从而真确地呈现所叙写人物的本心原意。像俞晓群的《陈翰伯：文化的先行者》和张廷玉的《张居正传》等就极具代表性。如《陈翰伯：文化的先行者》一文，作者叙写了中国的一位重要人物——陈翰伯，他不但是一位政治界的执行者，也是一位出版界的领导者，更是一位文化界的先驱者。该文选取了陈翰伯60年人生经历中的典型材料，表现了他在中国出版界的重要地位及其政治、文化等方面的突出贡献。首先，是陈翰伯在20世纪30年代及以后，冒着危险撰写了许多好作品，婉转而策略地宣传了共产党的主张。其中的遣词用语，是愈益庄重的。其次，是陈翰伯在1958年8月，出任商务印书馆负责人后延续“百年商务”的文化传承，出版了大量的重点图书项目。其中的遣词用语，是更加不俗的。再次，是陈翰伯赞成“读书无禁区”的主张，敢于触摸时代最尖锐的问题，为国家开列辞书建设的书单，并创办《读书》杂志，引领了社会大势，其工作具有开拓性。其中的遣词用语，是越发精致的。又次，是陈翰伯解放后历任商务印书馆总编辑兼总经理、人民出版社领导小组组长、文化部出版局局长、国家出版事业管理局代局长等职务。其中的遣词用语，是加倍简练的。作者这样叙写，施教者引导受教者读之，他们势必会敬佩陈翰伯既是红色报人又是优秀出版家还是文化首倡者。又如《张居正传》一文，作者叙写了张居正为巩固国防、整顿吏治、改善财政、变革赋税等所产生的影响。该文选定了明朝中后期著名的政治家、改革家张居正，使万历时期成为明王朝最为富庶的时代的事迹。张居正五岁就会识文断字，七岁能通六经大义，十二岁考中秀才，十三岁时参加乡试，十六岁及第举人，二十三岁登科进士。隆庆元年（1567年），他担任吏部左侍郎兼东阁大学士，后迁任内阁次辅，为吏部尚书、建极殿大学士。隆庆六年（1572年），万历皇帝登基之后，因小皇帝朱翊钧年幼，一切军政大事均由他主持而裁决。他在任内阁首辅的十年之中，力挽狂澜，实行了一系列的改革措施，把衰败、混乱的明王朝而治理得国富民安，为垂亡的明王朝延长了七十年的寿命。其主事时声名显赫，望而生畏，圣眷优厚，无可比拟；但隆葬归天之际即家产被查抄、爵封遭褫夺，以至于祸连老母，罪及后代。他生前身后毁誉之悬殊，足见人情冷暖、世态炎凉。以上叙写时的遣词用语，不但典雅庄重，而且简明精练，均彰显出正大典范的特色。作者如此叙写，施教者引导受教者读之，他们势必会膜拜卓有成效的政治实干家、独具特性的政治理论家张居正。

2.科普文的教学

科普文作为反映科学现象、揭示科学原理、倡导科学方法的变体文章之一，是以自然世界、社会世界、思维世界等为特定对象的。它不但具有题材的广泛性的特质，而且具有蕴含的科学性的特质，更加具有笔路的灵动性的特质，是知识性、趣味性、艺术性等高度熔铸的一种文体，一方面能够活跃天君、夯实学养、开阔眼界，另一方面能够增广见闻、启迪心智、坦荡胸襟，因而一向受到众多接受者的喜爱。这就要求施教者在语文教育中必须不断地深化变体文章中的科普文的有效性的探索，并通过科普文的教学，培养受教者的科学兴趣、科学态度、科学精神，进而提高他们的锐意进取的能力。因此，语文教育中的变体文章教学必须着眼于科普文的教学，其要点是：

(1) 科普文的教学要把握基本类型

科普文的基本类型既指其具有摹状性的类型，又指其具有自述性的类型，还指其具有故事性的类型。这与文艺学尽最大的力量而关注的品类——诗歌、小说、戏剧等以虚构为主的文学作品的基本类型是有所区别的。以下主要从科普文的教学要把握摹状性的类型、科普文的教学要把握自述性的类型、科普文的教学要把握故事性的类型等三个方面进行阐述：

第一，科普文的教学要把握摹状性的类型。摹状性的类型的科普文，就是作者或说古道今而旁征博引，或想象丰富而趣味盎然，或娓娓道来而形象生动地推荐、引荐、举荐并介绍科学知识或科研成果。像周水野的《新型玻璃》和周敦颐的《太极图说》等就极具代表性。如《新型玻璃》一文，作者生动地介绍了有着主动报警的“夹丝网防盗玻璃”、安全的“夹丝玻璃”、调节室内光线的“变色玻璃”、保持室内冬暖夏凉的“吸热玻璃”和减弱噪音强度的“吃音玻璃”等五种新型玻璃的功能及制造原理。像开篇先从夜深人静、警铃骤响的特殊情境入手，充分运用拟人化手法，引人入胜地讲述了夹丝网防盗玻璃的特点——可以自动报警，为下文介绍这种玻璃的作用埋下了伏笔。像接着介绍夹丝玻璃的坚硬时，说它遭受猛击仍“安然无恙”，如同人遭受打击而毫发无损；说夹丝玻璃即使破碎，碎片仍粘在一起，如同“藕断丝连”，让人们想到恋人分手而牵牵连连。像继而介绍时则把变色玻璃比作“自动窗帘”，把噪音比作来无影去无踪的“隐身人”，巧比妙喻，化平实为灵动，化庸常为神奇，引人注目。像进而介绍吸音玻璃时，作者又运用拟人化的手法，把它说成是“消除噪音的能手”，并通过具体例子和数字加以印证，使人们对此清楚明白，印象深刻。类似描摹，或比拟生辉，或比喻添彩，比比皆是，兴致倍增。作者这样介绍，施教者引导受教者读之，他们势必会激发强烈兴趣而增进对新型玻璃的感知和了解。又如《太极图说》一文，作者深受《易经·系辞传》中“一阴一阳之谓道”的启发，在融入自己的理解之后而详尽地阐释了自己的宇宙观——“无极而太极，太极动而生阳，动极而静，静而生阴，静极复动，一动一静，互为其根，分阴分阳，两仪立焉。”该文认为，宇宙的最初阶段是“无极而太极”，无极指无形无象的最高实体，太极指最大的统一体。有形有象的二气五行和万物都出于原始统一体太极，而太极亦即无形无象的无极。这就是作者所描摹的“五行一阴阳也，阴阳一太极也，太极本无极也”。太极动静而生阴阳，一动一静，互为根本。太极的动静，无形无状，微妙不测，他称其为“神”。神即太极的微妙作用。他把太极的神和万物机械的动静对照起来而说道：“动而无静，静而无动，物也；动而无动，静而无静，神也。动而无动，静而无静，非不动不静也。物则不通，神妙万物。”即说物质的动静是机械的，动就是动，静就是静；而神则动而非动，静而非静，是超乎动静的，神是万物运动的最后推动者，是万物变化运动的内在根源。作者如此介绍，施教者引导受教者读之，他们势必会从其所道破宇宙人生的真谛之中而获得教益。

第二，科普文的教学要把握自述性的类型。自述性的类型的科普文，就是作者采用拟人化的手法，让被介绍的对象站出来自我述说；或是采用第一人称的视角对科学现象、事理、规律等做深入考察与探究。像朱毅麟的《洲际导弹自述》和柳宗元的《天说》等就极具代表性。如《洲际导弹自述》一文，作者介绍的对象本来是属于一种比较复杂的鲜为人知的尖端科学的产品——洲际导弹，他让洲际导弹自己讲述自己，类似人们的自我介绍，实际还是作者的介绍，这就拉近了这一陌生事物和接受者之间的距离，使人们初步了解到洲际导弹的一般知识，进而懂得新式武器在现代战争中的作用。该文在对洲际导弹从不同角度进行介绍时，不但全面而简要，而且平实而生动。作者首先从洲际导弹的诞生说起，如实地介绍了它的诞生时间、地点和巨大作用；其次客观地介绍了它的类型、构造、使用的动力燃料；再次详细地介绍了它的外形、速度、威力及发展变化；最后深刻地指出了美苏两个超级大国军备竞赛是导致洲际导弹不断升级的根本原因。另外，洲际导弹的构造及其发射、爆炸原理是比较复杂的，作者抓住洲际导弹的种类、主要结构及性能而逐层地进行了清晰而又具体的介绍，而对制导系统、发动机的详细构造及工作原理等并不做深入介绍，体现了作者力求使该文达到通俗易懂而又明白易晓的效果。作者这样介绍，施教者引导受教者读之，他们势必会激发自己的热爱尖端科学的异常浓厚兴趣。又如《天说》一文，作者坚持唯物主义观点，阐述天人关系的问题，反映了自己的哲学思想。学界皆知，自汉代开始并行繁盛的唯物、唯心两种宇宙观均已臻于完善，各自具备了较为系统的学说。发展到唐代，中国哲学思想经历了一次空前激烈的变革，而两位并驾齐驱的旗手韩愈、柳宗元就分属于两个不同阵营，因而该文不仅以精妙入微的哲学义理展示了二者迥异的天命观，并且在互映互衬、议对问答之中，使两位大家的雄辩文采相得益彰。首先由韩愈提出“若知天之说乎？吾为子言天之说”，详尽地阐明自己对于天道的认识；然后由柳宗元为之“终其说”，并对韩愈所摆出的论点论据一一辩驳，在自己关于天道的理解上而辟立新论。前者偏重于唯心，后者偏重于唯物，旗鼓相当，各具风神，置于同一作品之中，不枝不蔓，十分精彩。特别是作者开篇即录韩愈之说，竟占去全文三分之二的篇幅，而自己仅以最后三分之一的篇幅进行驳论，阐发了天是没有意志、是物质实体的观点，显得从容不迫，成竹在胸，确实具有大家的手笔。作者如此介绍，施教者引导受教者读之，他们势必会从批驳“天能赏功罚恶”之中而感到浩浩之气。

第三，科普文的教学要把握故事性的类型。故事性的类型的科普文，就是作者运用多个有限的第三人称视角，将要介绍的科学知识编成生动有趣的故事，使人们在阅读或聆听故事之时而获得科学知识。像刘兵的《死海不死》和贾思勰的《种桑柘》等就极具代表性。如《死海不死》一文，作者主要通过穿插故事的形式，说明死海的特征、形成以及人类对死海的开发与利用，引导人们更多地关心死海未来的命运，旨在在向人们敲起保护死海的警钟，激励人们为了死海“不死”，去进行深入的探索与科学的研究。该文第三段引用传说，罗马统帅狄杜进兵耶路撒冷大获全胜，两次将俘获的奴隶扔进死海，试图淹死他们，可是人却浮其上，永不沉没，最后罗马统帅不得不释放了所有的俘虏。故事神奇、生动，引人深思，同时又巧妙地介绍了死海浮力很大的特点。当然这是表面现象，死海浮力为何如此之大，在下一段则从科学的角度加以诠释。第五段也是引用传说，远古时候，先知为了惩罚那些恶习满身而拒不悔改的人们，决定发起一场洪水淹没村庄，当然，他事先谕告一位叫作鲁特的人，叫他携带家眷按时离开村庄，永不回头，后来果然洪水滔天，村庄淹没，一派汪洋，这就是死海。这个故事人物鲜明、情节生动、细节典型，生动地介绍了远古时代人们对死海成因的猜测，富有浪漫色彩，增加了情趣。作者这样介绍，施教者引导受教者读之，他们势必会增进对死海特点与成因的感知与了解。又如《种桑柘》一文，作者主要立足于自己的广博见闻与独特的生活经验，并凭借文献记载、故事补充而依次介绍了桑柘的诸多功用——桑果可以充实饥肠、可以制作馅饼、可以入药治病，桑材可以建造弓弩、可以衍生木耳等。作者尤其是抓住桑葚的特点并通过讲述故事，来突出其食用功能。作者先说桑葚成熟之时，可以多多采收，晒干收藏，倘若遭遇饥荒年月，则可以用来充饥。然后引述《魏略》所载故事来印证其食用功能。汉献帝兴平二年末，老百姓遭遇饥荒，生活十分穷苦，时任新郑县的县官杨沛让他们多多收藏干桑葚，采集野萱豆，并检查而督促落实，凡是蓄积有多余的，一律收集入官府，贮备补充不足，因而多达一千多斛。这时恰逢魏太祖即曹操出兵千余人往西去迎接皇帝，而没有带军粮，杨沛在迎接、拜见太祖时献上了干桑葚而深得称道。后来太祖做了丞相，破格提拔杨沛做了邺县县令，并赏给他绢奴若干。该文最后补充介绍了黄河以北的老百姓大多收藏桑葚以作应急之需，甚至在杜、葛兵乱以后连年饥荒，他们全靠桑葚维持生命。作者如此介绍，施教者引导受教者读之，他们势必会对这种野生植物的食用功能留下深刻的印象。

(2) 科普文的教学要把握大体结构

科普文的大体结构既指其具有并列式的结构，又指其具有递进式的结构，还指其具有总分式的结构。这与文艺学尽全部的心力而关注的品类——诗歌、小说、戏剧等以虚构为主的文学作品的大体结构是有所差别的。以下主要从科普文的教学要把握并列式的结构、科普文的教学要把握递进式的结构、科普文的教学要把握总分式的结构等三个方面进行阐述：

第一，科普文的教学要把握并列式的结构。并列式的结构的科普文，就是作者从若干方面不分主次，并排平列地介绍事物，且要防止各项目相互间有交叉的，或是各项目间不处于同一逻辑层面的现象。像周建人的《蜘蛛》和宋应星的《杂舟》等就极具代表性。如《蜘蛛》一文，作者主要采用并列式结构，依次介绍了蜘蛛的五种结网的捕食方式，并突出了各种方式的特点。该文由三个段落组成，第一段选取一个生动有趣的谜语引出蜘蛛捕食的话题，第二段主要介绍蜘蛛捕食力量相对弱小的昆虫的情况，第三段主要介绍蜘蛛扑食力量相对强大的昆虫的情况。除了第一段与后文构成先总后分的关系外，第二、三两个段落构成该文的主体部分，属于分说，是“二分式”的并列关系。第二段分别介绍蜘蛛的三种捕食方式：捕捉力气较小的蚊、蚋等小虫、捕捉力气较大的飞虫、捕捉带枪的飞将等，均突出蜘蛛克敌制胜的比拼状态。这三种方式构成了该文的并列式结构。第三段分别介绍蜘蛛的两种捕食方式：捕捉带甲的飞将的情况，突出蜘蛛无可奈何的状态；对付蜾蠃的情况，突出蜘蛛反遭暗算的危险。这两种方式构成了该文的并列式结构。总体来看，第二、三两段是大并列，各自段落之下是小并列，行文整体呈现并列结构，各个层次之间，平行排列，主次不分，轻重无论，既清晰有加，又表述生动。作者这样介绍，施教者引导受教者读之，他们势必会对蜘蛛的捕食习性与奇特本领有所了解。又如《杂舟》一文，作者采用并列式结构，依次介绍了八类极富地域特色的船只。第一段介绍“课船”，从大小、构件、行程、功用以及航线等方面予以展开。第二段介绍“三吴浪船”，从水域、规模、作用、装配、平衡、航程、推力等方面予以展开。第三段介绍“东浙西安船”，从流程、航线、构造材质及其原因以及造价等方面予以展开。第四段介绍“福建清流梢篷船”，从航程、作用、制造、险情救急以及船工的习惯等方面予以展开。第五段介绍“四川八橹船”，从航行区域、上行拉纤、水满停航、水退行船、遇险应对、船体形状等方面予以展开。第六段介绍“黄河满篷梢”，从航行水域、制造材料、成本造价、船体大小、摇橹发力、部件规格等方面予以展开。第七段介绍“广东黑楼船、盐船”，从航行水域、适用人群、构造特点、逆行拖纤等方面予以展开。第八段介绍“黄河秦船（俗名摆子船）”，从制造产地、船只体积、构造特点、顺流急下、逆流返航等方面予以展开。以上八个段落排放平行，无论轻重，不讲主次，均是突出各种船只的诸多特点。作者如此介绍，施教者引导受教者读之，他们势必会对各地船只的大致情况拥有一个基本的认识。

第二，科普文的教学要把握递进式的结构。递进式的结构的科普文，就是作者在行文时分条分项介绍，标志显明，突出重点，结构层层推进，内容不断深化，整体给接受者留下层次清晰、逻辑严谨的印象。像仇春霖的《万紫千红的花》和张衡的《灵宪》等就极具代表性。如《万紫千红的花》一文，作者采用递进式结构分四个部分探寻了花色形成的内部规律和内部联系。第一部分介绍花儿有各种颜色的原因，含什么色素，就有什么颜色。先从整体上说，花儿有颜色是因为花瓣的细胞液中存在着色素；再从局部说，花儿的红色、蓝色、紫色是因为花里含有花青素，花儿的黄色、橙黄色、橙红色是因为花里含有胡萝卜素。第二部分介绍花儿会变色的原因，指出各种花儿发生色变、成色深浅主要是温度高低不同、酸碱浓度不同所致。第三部分介绍百花之中白色、黄色、红色的花儿最多，引出花色与昆虫的关系，指出昆虫的“选择”导致花色变化。第四部分介绍花色和人类的关系，揭示人们爱花儿的原因。该文的目的在于花儿有各种颜色的内在机理，第一部分介绍花儿的本色，第二部分介绍花儿的变色，先后相连，深入一层。第三部分先列出花儿的颜色和种数，指出白、黄、红的花儿很多而引出花色与昆虫的相互选择，由果及因，深入探究，更进一层。第四部分又从第三部分谈及的花色与昆虫的关系，转到花色与人类的关系。作者这样介绍，施教者引导受教者读之，他们势必会深入地了解花儿呈现各种颜色的根本原因。又如《灵宪》一文，作者结合自己多年精心钻研天文学、经常观察日月星辰，并探索它们在天空里运行的规律而写成，可以看出在东汉时期，我国天文学理论是十分出色的。该文记录了两千五百多颗恒星，并且画出了我国第一张较完备的群星图，已经使用了赤道、黄道、南极、北极等名词；它论述了天地的起源、万物生长过程，以及天地日月、群星的位置运转情况；它指出了“宇之表无极，宙之端无穷”以及“月光生于日之所照”。其思想的精髓，有些接近于邹衍的五行学说，有些则与《淮南子·天文训》相吻合，有些如“三公在天为三台”则与“天人合一”相一致。从该文可以看到儒家和道家、阴阳家的相似或相通之处，这是世界天文史上的不朽名作。该文运用递进式结构，阐述了宇宙的演化、月食的成因、日月星辰的本质及其运动等科学课题，将我国古代的天文学水平提升到了一个前所未有的新阶段，使我国当时的天文学研究居于世界领先水平，比西方著名的天文学家哥白尼、开普勒、伽利略等人的著述早了一千多年，并对后世产生了深远的影响。作者如此介绍，施教者引导受教者读之，他们势必会为我国在天文学发展史上的重要地位而喝彩。

第三，科普文的教学要把握总分式的结构。总分式的结构的科普文，就是作者在行文时遵从人们的认识规律，先总体介绍事物，再分项介绍事物，后回到总体介绍事物上来，让接受者有一个整体了解。像王人浚的《春蚕到死丝方尽》和沈括的《辨证》（节选）等就极具代表性。如《春蚕到死丝方尽》一文，作者按照总分式的结构展开介绍，首先总体介绍蚕丝的悠久历史、功能及蚕的生长发育过程的四个阶段。接着用四个段落具体而细致地介绍了每一过程。蚕卵孕育于春季，破卵而出，一笔带过。幼虫则是详细介绍其从蚁虫到蚕宝宝的变化过程，重点突出生长、睡眠与蜕皮，指出一边生长，一边睡眠，经过四次蜕皮，最后发育成熟。蚕的“睡眠”阶段表面看来平静，实则体内发生复杂变化，“蚕的脑神经分泌出一种脑激素，这种激素使体内产生保幼激素和蜕皮激素，保幼激素的作用是使蚕蜕皮后尽量保持幼虫的样子，蜕皮激素却促使幼蚕加速成熟。这两种激素在蚕的体内相互制约，共同调节蚕的生长和发育”。蚕小小的身躯是一座非常奇妙的“加工厂”，它吃进桑叶，经过消化，吸收营养，形成丝绢蛋白质，最后吐出液体，织成细丝，结成蚕茧。该文依次介绍蚕的生长、发育过程，着重突出其体外变化与体内生理机制。最后一段又总体介绍蚕的贡献，并对它的生命不息而吐丝不止的精神由衷赞美。作者这样介绍，施教者引导受教者读之，他们势必会了解蚕的成长发育情况和生理机制变化情形。又如《辨证》（节选）一文，作者采用总分式的结构从两个部分来考证“漳”、“洛”的含义。第一部分从开头至“亳州有漳水，安州有漳水”，主要指出水流以“漳”、“洛”命名的最多，不可一一道明。这是总体介绍。第二部分从“余考其义”至结尾，主要考察若干河流名称中“漳”、“洛”的含义，延伸到对“璋”的含义的理解。这是具体介绍。这一部分又可分为两个层次，探讨“漳”和“章”及“璋”的含义的文句为第一层次，探讨“洛”的含义的文句为第二层次。第一层次详细介绍，作者指出，很多含有“漳”字的河流名称，这个“漳”字的含义就是“清浊相蹂”，即清浊相混合的意思。“漳谓两物相合，有文章，且可别也”，所谓“漳”，就是两件东西相混合后既有文采又能区分的意思。文中以上党、当阳、赣水、漳州、鄣郡、亳州、安州等地含“漳”的水名为例来考证其含义。作者又通过列举例子、引用诗文、参照历史等方式考察了“璋”字的含义，即君王身边的大臣所执玉器。第二层次简略介绍，作者考察了“洛”字的含义，“谓水自上而下，有投流处”。作者如此介绍，施教者引导受教者读之，他们势必会钦佩去伪存真、实事求是、一丝不苟的科学精神。

(3) 科普文的教学要把握表达技巧

科普文的表达技巧既指其具有突出要旨的技巧，又指其具有增添妙闻的技巧，还指其具有遴选信息的技巧。这与文艺学尽整个的能量而关注的品类——诗歌、小说、戏剧等以虚构为主的文学作品的表达技巧是有所不同的。以下主要从科普文的教学要把握突出要旨的技巧、科普文的教学要把握增添妙闻的技巧、科普文的教学要把握遴选信息的技巧等三个方面进行阐述：

第一，科普文的教学要把握突出要旨的技巧。突出要旨的技巧的科普文，就是作者在行文中仅确定一个主要意旨，并围绕它将某一特定对象的结构、特征、效用，或发生、发展、变化的机理而展开介绍。像朱相远的《食物从何处来》和沈括的《陨石》等就极具代表性。如《食物从何处来》一文，作者选取突出要旨的技巧，并从生物维持生命活动、促进生长发展的需要出发，介绍了一切生物是如何获得食物的道理和过程。该文由表及里，环环相扣，论辩透彻，原理严谨，它重点介绍的是一切活的生物所获得食物的两种方法——自养和异养。所谓“自养”就是自己养活自己，“它们自己把无机物制造成有机的食物，满足生长的需要”，绿色植物就属于这一类。绿色植物的根系从土壤中吸收水分和无机盐，通过茎把它们送到叶子里。叶子在阳光下吸入大量的碳酸气，这个碳酸气在叶绿体里和由根部送来的水合成高能的碳水化合物，亦即食物。这些食物大部分用来组成植物本身的躯体或储藏在种子、块根、块茎中，小部分经过呼吸作用又被分解成水和碳酸气，同时释放能量，供生命活动之用。自养植物主要是通过自身光合作用来获得食物。所谓“异养”就是所有动物（包括人）和大部分微生物自己不能制造食物，只能依靠植物来生活。这里以自然界动物的生存现象为例，介绍了异养生物最根本的食物还是植物。作者这样介绍，施教者引导受教者读之，他们势必会对“食物从何处来”这一问题有个深透的理解。又如《陨石》一文，作者也是选取突出要旨的技巧，并按照时间顺序而精准到位地介绍了一种奇特的天文现象。该文脉络分明，井然有序，思路清晰，主次得当，它详细地介绍了治平元年（1064 年）一天的夕阳西下之时一块陨石从天而降于常州的情景。首先，是常州上空的东南方向传来一声巨响，“大声如雷”，一大星“几如月”。接着，又是一声巨响，大星飞落于西南方向。最后，是第三声巨响传出，大星坠落在宜兴县的许家园子里，远近的人们都见证了这一奇观，惊人耳目，动人心魄。三声巨响，三番观察，如实记录，既突出了陨石的独有特点，也反映了古人的认知状况。另外，该文对陨石坠落之后的情况又做了重点介绍。许家篱笆焚毁，砸出地面一个深洞，像杯子一样大小，洞内陨石闪烁发光，过了许久才渐渐暗淡下来，可是还热得很。人们于是挖开了那个洞，足有三尺深，便找到那块圆石头，它依然发热，大如拳头，一头稍尖，颜色如铁。这块陨石最后被常州知州郑伸送到无锡金山寺里用匣子珍藏，如游人来访，还可一睹真容。作者如此介绍，施教者引导受教者读之，他们势必会敬佩古人仔细观察、悉心探究和翔实考证的精神。

第二，科普文的教学要把握增添妙闻的技巧。增添妙闻的技巧的科普文，就是作者在行文中为了把事物介绍得更加具体、越发形象，以增强接受者的吸引力，而刻意地穿插一些相关的趣闻轶事、传说故事。像曹冲的《神奇的极光》和宋应星的《珠玉》等就极具代表性。如《神奇的极光》一文，作者运用三个小标题，并选取增添妙闻的技巧而适当穿插传说故事的方式，介绍了人们在不同时期对极光现象的描述和认识，以及对极光成因和作用的分析，突出极光的神奇的特点。该文的第一个小标题为“古老的神话传说”，介绍了古代中外关于极光的传说以及古时对极光的不同称谓；第二个小标题为“极光一瞥”，介绍了极光的神奇，从极光出现地域、形态特征、各种变化、人们难以描摹等方面予以展开；第三个小标题为“极光的来龙去脉”，从科学的角度解释极光的产生原因，并介绍了极光对人类的影响。尤其是第一个小标题所关涉的附宝感极光而有身孕的故事侧重突出了极光的古老神奇的特点，表现出人们对自然现象的一种诗性理解；触龙的传说侧重从古代文献《山海经》中找出极光的影子，“人而蛇身，赤色，身长千里”，成为钟山的守护神；黎明女神的传闻侧重追溯极光的来源，也彰显出故事的浪漫色彩。这里的三个传说故事的穿插，增添了趣味性，提升了吸引力，获得了愉悦度，给接受者留下了深刻的印象。作者这样介绍，施教者引导受教者读之，他们势必会增进对极光各个方面的科学知识的了解。又如《珠玉》一文，作者主要介绍了珠玉的产地、采掘艰难、色彩种类和真假鉴别等内容。其中介绍珠玉的采掘经过，就选取增添妙闻的技巧，而穿插了一个惊心动魄的故事，让人们感到珠玉由来有所，来之不易，甚至感叹唏嘘。珠玉出产于矿井之中，宝气弥漫升腾，足以致命。采集珠玉的人通常是十多个人一起合伙，下井的人分得一半珠玉，井上的人分得另一半珠玉。下井的人用长绳绑住腰，腰间系两个叉口袋，到井底有珠玉的地方，随手将珠玉赶快装入袋内。腰间系一个大铃铛，一旦宝气逼得人承受不住的时候，就急忙摇晃铃铛，井上的人就立即拉着粗绳把他提升上来。这时，人即便没有生命危险，但也已经昏迷不醒了。只能往他嘴里灌一些白开水用来解救，三天之内都不能吃东西，然后再慢慢加以调理康复。口袋里的珠玉，大的像饭碗，中的像拳头，小的像豆子，但从表面上看不出里面是什么样子。交给琢工锉开后，才知道是什么珠玉。该文故事惊险，情节生动，悬念迭出，妙闻增添，既加强了阅读的趣味性，又突出了珠玉开掘的不易。作者如此介绍，施教者引导受教者读之，他们势必会对珠玉的诸多事宜有一个深入细致的了解。

第三，科普文的教学要把握遴选信息的技巧。遴选信息的技巧的科普文，就是作者在行文中或将关键信息安排到枢纽段落，或将重要信息散布到各个段落中，从而凸显介绍对象的特征、效用、意义等。像谈家桢的《奇妙的克隆》和沈括的《锻钢法》等就极具代表性。如《奇妙的克隆》一文，作者运用四个小标题，并选取遴选信息的技巧而依次介绍了克隆的含义、实验、发展与意义，其中的关键小标题是开头与结尾两个。第一个小标题介绍什么是“克隆”，指出克隆是无性繁殖的新兴生物技术，它从我们容易理解的常见的生物现象写起，归纳出“凡此种种，都是生物靠自身的一分为二或自身的一小部分的扩大来繁衍后代，这就是无性繁殖”的结论。继而从词源上追溯“克隆”的含义。原意是用“嫩枝”或“插条”繁殖。时至今日，“克隆”的含义已不仅仅是“无性繁殖”，凡来自一个祖先无性繁殖出的一群个体，也叫“克隆”。最后推进一步，从植物“克隆”写到动物“克隆”，并借孙悟空拔一把猴毛变成一大群猴子来比喻“克隆”做结。第四个小标题主要介绍克隆一是可以有效地繁殖具有“高附加值的牲畜”，二是可以挽救珍稀动物，三是对人类防治疾病、延长寿命具有重要意义。此外，作者也对克隆所引发的道德伦理问题做了冷峻反思。第二、三两个小标题分别介绍克隆实验与克隆技术的发展，属于全文次要内容。作者这样介绍，施教者引导受教者读之，他们势必会对克隆新兴生物技术的关键所在有个整体了解。又如《锻钢法》一文，作者通过实地考察，并选取遴选信息的技巧而详细地介绍了真钢铁、假钢铁的区别。该文可分为两个部分，第一部分从开头至“仍是柔铁”，介绍假钢铁的炼制过程及其特点。那种将柔铁弯曲盘起来之后，再把生铁陷入里面，用泥巴封好后烧炼，锻打以使熟铁、生铁相互混合融入，如此形成的钢铁就是假钢铁，这种钢铁是暂时借着生铁的硬度以提高它的坚实度，烧炼两三次之后，生铁自然就变成了熟铁，依然是柔铁。这就将假钢铁的柔软、变硬、烧制成熟等熔铸在炼制过程之中。第二部分从“然而天下莫以为非者”至结尾，介绍真钢铁的炼制过程及其特点。即用比较精纯的熟铁锻打百余次，每锻打一次便称量一番，重量便会跟着轻一次，直到数次锻打而斤两不再有改变时，那得到的便是铁里面最为精纯的钢了，它颜色清明，经过打磨之后，其颜色又呈现出暗青色并且还会发黑，它跟一般的假钢铁迥然有别，就是真正的钢铁。这就将真钢铁的锻打次数、重量变化、坚韧程度、成色精度等熔铸在锻炼过程之中。作者如此介绍，施教者引导受教者读之，他们势必会认识钢铁的锻炼过程以及真假钢铁的不同特点。

(4) 科普文的教学要把握出色语言

科普文的出色语言既指其具有严谨有趣的语言，又指其具有妥帖恰当的语言，还指其具有新颖别致的语言。这与文艺学尽一切的气力而关注的品类——诗歌、小说、戏剧等以虚构为主的文学作品的出色语言是有所差异的。以下主要从科普文的教学要把握严谨有趣的语言、科普文的教学要把握妥帖恰当的语言、科普文的教学要把握新颖别致的语言等三个方面进行阐述：

第一，科普文的教学要把握严谨有趣的语言。严谨有趣的语言的科普文，就是作者在行文中面对科学对象之时善于运用那些或是完备无缺，或是无一差错，或是兴味盎然，或是饶有兴致的语言予以介绍。像华罗庚的《统筹方法》和范晔的《候风地动仪》等就极具代表性。如《统筹方法》一文，作者选用严谨有趣的语言，要言不烦，直击关键。像“怎样应用呢？主要是把工序安排好”，这就抓住了“工序”这个要害，深入浅出地阐明了统筹方法的应用。像“简而言之，就是在最短的时间里，有效地完成较多的事情。工作效率的高低将直接影响着各项生产指标的完成，所以班组职工应将本班组中所进行的工作做一个时间范畴上的统筹安排，谁先谁后，谁轻谁重，谁急谁缓，做到心中有数，计划周到，循序渐进，达到提高工作效率的目的”。这里介绍了如何应用统筹方法及其价值和意义，用语没有丝毫偏差，显得简明而风趣。像“统筹方法，是一种安排工作进程的数学方法”。这里解释什么是统筹方法，用语清晰，表意充满乐趣，显得印象深刻。像“一个善于运用统筹方法的人，花一个小时的时间，就可以达到甚至超越普通人（即不懂得运用统筹方法的人）10个小时的工作成果”。这里用语简略而谐趣，阐明了一个工作人员要在有限的时间里面创造出无限的价值，就必须善于运用统筹方法的道理。作者这样介绍，施教者引导受教者读之，他们势必会自觉地将统筹方法运用于工作、学习和生活中。又如《候风地动仪》一文，作者也是选用严谨有趣的语言，介绍了候风地动仪是用精铜制成的，其状如酒樽，内部结构精巧，主要为中间的都柱和它周围的八组形如蟾蜍的机械装置，显得精准而灵动。像“阳嘉元年”，以表示范围的数字交代候风地动仪的制造时间，既简要而又清楚。像“员径八尺”、“傍行八道”、“外有八龙”、“虽一龙发机，而七首不动”等，或说直径，或说滑道，或说装置，或说运作，无不显得确凿而谨严。像“其牙机巧制，皆隐在尊中，覆盖周密无际”和“后数日驿至，果地震陇西，于是皆服其妙”。这里用“周密”说“覆盖”，上下衔接，天衣无缝；用“数日”是约数，记录历史，略带模糊，符合实情。前一句说“牙机巧制”全都隐藏于内，覆盖周密，可见其制造精致灵巧；后一句说京师学者全都叹服精妙，可见其效果的精准灵验。像“盒盖隆起，形似酒尊”，用“隆起”描摹特点，用“酒尊”刻画状貌，形象而具体。像“验之以事，合契若神”的强调和“自书典所记，未之有也”的申说，着力表现仪器的准确无误。作者如此介绍，施教者引导受教者读之，他们势必会对候风地动仪的精巧构制和神奇效果大加赞叹。

第二，科普文的教学要把握妥帖恰当的语言。妥帖恰当的语言的科普文，就是作者在行文中面对科学对象之时乐于运用那些或是特别合适，或是格外妥当，或是精准恰切，或是丝丝缝合的语言予以介绍。像竺可桢的《大自然的语言》和杨泉的《物理论》（节选）等就极具代表性。如《大自然的语言》一文，作者主要介绍了物候学研究的对象、物候学现象来临的有关因素以及研究物候学的意义。该文的语言选用，其特色大致有三：一是特征鲜明，各得其所。像冬去春来的“草木萌发”，就写出了自然现象与气候变化的关系；像秋去冬来的“衰草连天”，就写出了深秋景象的荒凉之至；像“风雪载途”的用语精练，就写出了严冬的一派酷寒；像“冰雪融化”的措词简洁，就写出了早春的一片暖意。二是有声有色，栩栩如生。像春花的“次第开放”、燕子的“翩然归来”等典雅用语，就写出了花木虫鸟的各具姿态；像植物的叶子“渐渐变黄”而“簌簌”落下，就写出了秋天树叶纷纷飘落的动态，色彩与声响配合得当，无不增添其表现力。三是显示本色，形象逼真。像立春的大地“渐渐从沉睡中苏醒过来”，用具体化的慢镜头将其推出来，就写出了初春的“神韵”；像“周而复始”和“销声匿迹”等拟人笔法，就写出了一种不可变易的印象；像“炎热”、“景象”、“到处”、“成熟”等惯常用语，虽然没有什么新意，但是都能呈现出异彩，因而显得很正色、自然、稳当。作者这样介绍，施教者引导受教者读之，他们势必会为大自然中的林林总总的物候现象而赞叹。又如《物理论》（节选）一文，作者在继承我国先秦至汉代关于“气”是天地万物本原的思想基础上，又比较研究了已有的各种宇宙天体结构学说，而选用妥帖恰当的语言提出了关于世界本原的“元气”自然本体论的哲学思想。据相关文献记载，当时的天文学主要分为盖天说、浑天说、宣夜说等三家，其中以宣夜说较为科学，而作者就是这一派的鼎力学者。宣夜说的基础是“元气”无限论，它宣示了无限的宇宙空间中充满了气体，从而构成各种星球乃至无限的宇宙。他认为，浑天说与盖天说都解释不清日月列星的运动问题，于是指出："夫天，元气也。皓然而已，无他物焉。"其用语既妥帖又恰当。这里的"元气"，主要指物理学意义上的物质概念，是很有见地的结论，现代宇宙科学也证明星际空间充满着尘埃云。可见，他的宣夜说未受到当时清谈浮华的玄学之风及正与玄学合流的佛家学说的影响，对于"气"的物质性是有初步的感性认识的。这就打破了盖天说与浑天说以为宇宙是一个有形的物体的局限，进而依据宣夜说的理论考证了自然观上的宇宙物质性和无限性。作者如此介绍，施教者引导受教者读之，他们势必会赞叹以研究自然科学为基础而阐发唯物论的思想家。

第三，科普文的教学要把握新颖别致的语言。新颖别致的语言的科普文，就是作者在行文中面对科学对象之时巧于运用那些或是新奇生动，或是别出心裁，或是匠心独运，或是与众不同的语言予以介绍。像法布尔的《昆虫记》和沈括的《阳燧照物》等就极具代表性。如《昆虫记》一文，作者选用新颖别致的语言使行文生动活泼，极富生活情趣。像小甲虫"为它的后代作出无私的奉献，为儿女操碎了心"；像被毒蜘蛛咬伤的小麻雀，也会"愉快的进食，如果我们的喂食动作慢了，它甚至会像婴儿般哭闹"。这些句子兼用比喻、拟人，联想生活现象，对话小昆虫，让接受者感到亲切、好玩、有趣。像"其实，它的'举措'简直像矿工或是铁路工程师一样，矿工用支柱支持隧道，铁路工程师利用砖墙使地道坚固"。这里把它比作矿工、工程师，把它的举措联想成矿工用支柱支持隧道，铁路工程师利用砖墙使地道坚固，想象新奇贴切，活色生香。像"当然了，要热心委身于音乐，那么只有缩小内部的器官，来安置乐器了"。这里说小昆虫像人一样有情趣，有爱好，有意思，热心委身于音乐，突发奇想，妙趣横生。像"蝉与我比邻相守，到现在已有十五年了，每个夏天差不多有两个月之久，它们总不离我的视线，而歌声也不离我的耳畔"。这里说蝉与我比邻相守，把蝉当作我的邻居，我的老友，想象新奇，独出蹊径，巧妙地表达了对蝉的喜爱之情。作者这样介绍，施教者引导受教者读之，他们势必会对奇妙无比的昆虫产生好奇之心与喜爱之情。又如《阳燧照物》一文，作者也是选用新颖别致的语言来描述阳燧即古代的一种凹面镜奇异的成像情况。从现代物理光学角度来看，该文主要介绍三种光学现象。首先是解释了凹面镜倒立成像的原因。阳燧的中间存在一个"碍"，因此照出的物象都是倒立的。这种"碍"就是现代光学中所讲的凹面镜的焦点。它用船上安橹的小支柱、窗棂的缝隙、腰鼓的最细处三个比喻来作形象的诠释。其语言举一反三，触类旁通。接着分析了小孔成像的成倒影问题。该文以鹞鹰飞翔的情况来类比小孔成像。如果没有东西阻碍，鹰投射到地面的影子与其本身飞行的方向是一致的；如果受到窗户缝隙的阻碍，则鹰的投影与它的飞行方向相反。小孔成像与此类似，两者皆为"中间有碍"。其语言类比中求同，类推中明理。最后阐发了凹面镜所成物象与物体距离的关系。当手指接近镜面时，可以看到正立的物象。手指后移，移动到一定位置，物象会突然消失，这个位置就是阳燧的"碍"。手指再向后移，消失的物象又重新出现，但已经是倒立的物象了。其语言可感可触，生动有趣。作者如此介绍，施教者引导受教者读之，他们势必会激发对光学成像的强烈兴趣并留下难忘的印象。

3.杂感文的教学

杂感文作为针砭当世弊病、感悟生活真谛、剖析存在意义的变体文章之一，是以社会时事、百态人生、片段思想等为特定对象的。它不但具有主旨的现实性的特质，而且具有议论的尖锐性的特质，更加具有生发的艺术性的特质，是寓意深刻、通透睿智、耐人寻味的一种文体，一方面阐发立身行事的道理并拥有诫勉功能，另一方面表明待人处世的态度并拥有警喻效用，因而历来得到不少接受者的青睐。这就要求施教者必须在语文教育中不断地深化变体文章中的杂感文的重要性的探索，并通过杂感文的教学，培养受教者对杂感文的思想价值与艺术价值的领会，进而提高他们的明辨是非的能力。因此，语文教育中的变体文章教学必须着眼于杂感文的教学，其要点是：

（1）杂感文的教学要把握基本类型

杂感文的基本类型既指其具有讽谏性的类型，又指其具有赞颂性的类型，还指其具有评议性的类型。这与文艺学尽最大的力量而关注的品类——诗歌、小说、戏剧等以虚构为主的文学作品的基本类型是有所区分的。以下主要从杂感文的教学要把握讽谏性的类型、杂感文的教学要把握赞颂性的类型、杂感文的教学要把握评议性的类型等三个方面进行阐述：

第一，杂感文的教学要把握讽谏性的类型。讽谏性的类型的杂感文，就是作者不直指其事并用暗示、比喻等方法委婉地进行规劝，以期澄清谬误，明辨是非，激浊扬清，去芜存菁，从而达到意想的效果。像聂绀弩的《我若为王》和刘向的《邹忌讽齐王纳谏》等就极具代表性。如《我若为王》一文，作者通过对“我若为王”的种种情形的虚拟设想，即“我”将有至高无上的权威，没有任何过错，听不到任何反对的声音，然而“我”却突然觉悟到：“我生活在这些奴才们中间”，而“我自己也不过是一个奴才的首领而已”。学界深知，“王权”意识和“奴才”思想在中国有着根深蒂固的传统，它们极大地制约了中国社会的发展，也给中华民族造成了无尽的灾难；彼此是一对双胞胎，后者是前者生存的基础。也就是说，“王权”意识是建立在“奴才”思想的基础之上的，“奴才”思想是“王权”意识赖以生长存在的温床，二者互为条件，互相依存。因而他满腔悲愤地写道：“我将变成一个暴君，或者反而正是明君：我将把我的臣民一齐杀死，连同尊长和师友，不准一个奴种留在人间。我将没有一个臣民，我将不再是奴才们的君主。”这就揭示了“王权”意识和“奴才”思想的关系，并对“王权”意识进行了严厉谴责，对“奴才”思想给予了强烈批判，进而呼唤要铲除一切“王权”意识和“奴才”思想。作者这样论述，施教者引导受教者读之，他们势必会呼吁建设一个“没有奴才”而让所有的人都变成“真的人们”的世界。又如《邹忌讽齐王纳谏》一文，作者通过邹忌以自身经历而讽劝齐威王纳谏除弊的故事，说明国君只有广泛采纳各方面的批评建议，才能使国家得以振兴的道理。该文首先介绍邹忌的身材、相貌，肯定他是一个美男子，这是其自美和被人赞美的基础。然后介绍邹忌分别向妻、妾、客提出“我孰与城北徐公美”的问题，因小悟大，将生活小事与国之大事联系起来了。难能可贵的是，邹忌在妻、妾、客的赞扬声中，并没有昏昏然，忘乎所以，而是保持着清醒的头脑。先是“不自信”，等见到徐公后，又实事求是地承认自己“弗如远甚”，甚至“暮寝而思之”。邹忌见到齐威王后，并没有单刀直入地向他进谏，而是讲述自己的切身体会，用类比推理的方式说出“王之蔽甚矣”。他先陈说了妻、妾、客蒙蔽自己的原因，继而从自己的生活小事推及治国大事，说明齐威王处于最有权势的地位，因而所受的蒙蔽也会最深。这里没有对齐威王的直接批评，而是以事设喻，启发齐威王看到自己受蒙蔽的严重性，引导他懂得纳谏的重要性。作者如此论述，施教者引导受教者读之，他们势必会得到居上者只有经常保持清醒头脑才能防止被表面现象迷惑的启示。

第二，杂感文的教学要把握赞颂性的类型。赞颂性的类型的杂感文，就是作者应对真善美的事物或现象给予肯定褒奖和颂扬赞美，以期扬真抑假，扬善抑恶，扬美抑丑，积极向上，从而达到料想的目的。像郭沫若的《银杏》和庄周的《逍遥游》等就极具代表性。如《银杏》一文，作者自始至终抓住银杏的质地坚牢、秉性庄重、洒脱超然、傲然挺立、刚正不阿、万劫不泯、甘于寂寞、乐于奉献等特点来写。他在灾难深重的重庆国统区而赞美“银杏”，就是赞美革命前驱质朴为人的真诚品质和端直滢洁的高尚情操；赞美“银杏”，就是赞美革命志士在大风大浪的历史关键时刻所显示的高风亮节和坚贞节操；赞美“银杏”，就是赞美中华民族的源远流长的真善美的优良传统和过硬作风。可是，该文却又在开篇写道“我想念你”，这意味着，银杏正在人们的记忆与思想之中一点一点地消逝、湮灭。它所承载的中国人的正直、坚强，以及几千年流传下来的其他美德，也正在随之隐遁、消亡。像文中所涉及的“遍街的洋槐”和“满院的幽加里树”及“日本的华侨”等，都是讽刺与抨击那些忘记了自己曾受过中国的哺育与滋润的人们。他们当中，既有盲目追随洋玩意的人们，又有疯狂崇拜日本文化的人们，更有作了汉奸走狗的人们。这些人正如忘记美丽古老的银杏，而崇尚洋槐、幽加里树一样。作者这样论述，施教者引导受教者读之，他们势必会深切地关注自己的民族命运并大力地弘扬自己的民族精神而砥砺前行。又如《逍遥游》一文，作者精心地遴选了不少寓言、重言、卮言，赞颂了要抵达一种“至人无己”和“神人无功”以及“圣人无名”的最大的精神自由，表现了那种凌驾异界和乐观旷达以及超越庸常的生命追求。这里的“至人”和“神人”以及“圣人”都是“道”的化身和结合体，他们只有达到至真、至善、至美即“无己”和“无功”以及“无名”的境地，才能摆脱一切外物的牵累和消除物我的界限以及冲破时空的束缚，从而真正地超越狭隘的世俗观念及其更多的价值限制而体会一种灵魂自由和天人合一的逍遥游。该文中所展示的鲲鹏，其背之大不知有几千里，它振翅而飞，那翅膀就像悬挂在天空的云彩。六月海动，鲲鹏从北海飞往南海，海水被击打起三千里的波浪，它乘着升腾的旋风飞上九万里的高空，其气势是多么磅礴，场面又是何等恢宏！在鲲鹏身上，至少可以看到这些特点：硕大无比，力大无穷，志向高远，信念坚定。它蕴蓄着强健的力量，有执着坚韧的追求，有高远宏大的理想，有一往无前的精神，有百折不挠的意志。作者如此论述，施教者引导受教者读之，他们势必会向往一种超脱万物、无所依赖、豁达无求、绝对自由的人生审美境界。

第三，杂感文的教学要把握评议性的类型。评议性的类型的杂感文，就是作者以十分重要且有意义的时事为题材进行评价或剖判，以期发表意见，查明事实，分清是非，明确责任，从而达到预想的功效。像陈独秀的《偶像破坏论》和罗隐的《说天鸡》等就极具代表性。如《偶像破坏论》一文，作者所要议论的核心问题在于铲除虚伪的偶像崇拜所带来的愚昧迷信，这同当时的时代主潮是一致的。作为思想启蒙运动重要内容之一的新文化运动就是打破习惯势力和主观偏见的束缚，让人们追求属于自己心灵空间的真善美。封建主义从来都是与愚昧迷信思想胶结在一起的，统治阶级以各式各样的神道魔法、因果报应，向人们渗透并灌输宿命论，使他们变得精神委顿，安于被剥削、被统治的地位而不思反抗。该文着力分析了偶像骗人、害人的实质，指明了偶像之所以受人膜拜，盖出于人们的形形色色的愚昧迷信，并大声疾呼："破坏！破坏偶像！破坏虚伪的偶像！吾人信仰，当以真实的合理的为标准；宗教上，政治上，道德上，自古相传的虚荣，欺人不合理的信仰，都算是偶像，都应该破坏！此等虚伪的偶像倘不破坏，宇宙间实在的真理和吾人心坎儿里彻底的信仰永远不能合一！"这种冲决思想罗网而大呼猛进的呐喊，响彻着时代的最强音，成为新文化运动的先声，思想启蒙运动的利器，显示出居高临下而睥睨一切的精神气概。作者这样论述，施教者引导受教者读之，他们势必会不忘初心、牢记使命进而真正实现跨越时空并形成奇妙的呼应。又如《说天鸡》一文，作者针对晚唐统治者以貌取士而埋没真才的政治措施和用人路线，通过"悖理"与"可笑"两个方面的阐述而显示出强烈的批判精神和杰出的讽刺才能。首先，养猴人的儿子学不了父业却清楚养鸡之道，而养鸡人的儿子又虽承继父业却一反其法，致使事情越弄越糟；人悖理则鸡也悖理，瘟头瘟脑的竟然乐斗善鸣，而外表神气的却在对手攻击之下只会啄食。其次，狙氏之术本来不是什么高超的技能，不外乎是以朝三暮四、朝四暮三的方法耍弄猴子而已，而其子竟连这么一点本事也学不会，待到他的儿子也来养鸡之时，则是连鸡也喂不好；人可笑则鸡也可笑，要么冠距不举，毛羽不彰，要么"无复向时伺晨之侍"，而遇到敌手之时只会"峨冠高步，饮啄而已"。这种鸡的"德性"自然是"天晓得"了。于是他最后不得不感叹道：培育之道的悖谬是实在可笑，居然被败坏成这个样子了！这就痛斥了"天鸡"那种虚有其表，而实为行尸走肉的形象，讽刺了一批缺德少才而贪图享乐、表里不一而徒负虚名的官僚士大夫。作者如此论述，施教者引导受教者读之，他们势必会从该文所提倡的选用人才应重实际本领而不轻信外表中获得某些启迪。

(2) 杂感文的教学要把握大体结构

杂感文的大体结构既指其具有剥笋式的结构，又指其具有照镜式的结构，还指其具有切瓜式的结构。这与文艺学尽全部的心力而关注的品类——诗歌、小说、戏剧等以虚构为主的文学作品的大体结构是有所分歧的。以下主要从杂感文的教学要把握剥笋式的结构、杂感文的教学要把握照镜式的结构、杂感文的教学要把握切瓜式的结构等三个方面进行阐述：

第一，杂感文的教学要把握剥笋式的结构。剥笋式的结构的杂感文，就是作者将对方乖谬难解的论点或论据罗列出来，并从不同角度或出点到面或由始到终或由表及里地给予剖析，从而产生某些效应。像马南邨的《学问不可穿凿》和刘基的《买柑者言》等就极具代表性。如《学问不可穿凿》一文，作者在开篇就摆出“千万不可使我们的学术研究工作，沾染了不正确的思想作风”的问题，接着便选择引证和例证相结合的方法论证穿凿附会的毛病之不可。这里引用《易经·文言传》中“君子学以聚之，问以辨之”的话，是从正面论述做学问要“聚”和“辨”，为下文的例证“不可穿凿”张本。它用的是同一个人的两个例子，一个引自苏轼的《调谑编》，另一个则引自罗点的《闻见后录》。这两个例子都是笑话，而闹笑话的正是“大名鼎鼎”的王安石。像王安石那样学识渊博的人尚且容易犯穿凿的毛病，岂不是“特别值得警惕吗？”“那么，什么是正确的治学态度呢？”一个设问，从反面过渡到正面论证。这一部分选用的是引证法，先引用班固的《汉书·河间献王传》和颜师古的注解，这是我国古代典籍中“最早”的对于“实事求是”的提出和理解，但它还不是完全科学的解释，所以又引用毛泽东的《改造我们的学习》中对“实事求是”所作的“最确切的解释”。最后一段总收全文，说明穿凿附会与实事求是这两种态度“绝没有丝毫共通之处”。作者这样论述，施教者引导受教者读之，他们势必会用实事求是的态度去独立地进行科学研究以及处理其他一切工作。又如《卖柑者言》一文，作者通过生活之中卖柑和买柑这样一件小事引起，并以买与卖双方的一问一答，将所要讨论的“名”与“实”问题从现象到本质地逐步引向纵深。首先，该文有意识地交代出很具体的地点——杭州，突出卖柑者所卖之柑的“出之烨然，玉质而金色”的外表，并指出将其放到市场上出售，价格即使高出普通柑橘的十倍，人们也争相购买。其次，该文让买柑者“贸得其一”而“剖之”竟不料其内“有烟扑口鼻，视其中，则干若败絮”，于是心中愤怒而质问卖柑者，其柑究竟是为了“实笾豆，奉祭祀，供宾客”这些实际用途呢，还是仅仅取其外表而“衒外以惑愚瞽”呢？再次，该文让这位卖柑者“笑”着从两方面为自己辩解，一是自己卖柑为生，“人取之，未尝有言，而独不足子所乎”？这是想说明自己的危害性并不很大。二是欺世者大有人在，自己与之相比，不过是“小欺”而已。他借此犀利地抨击了封建官僚道貌岸然的嘴脸，他们的“欺”与自己之“欺”表现形式有异，其实质完全一样，而欺世者危害性更大。作者如此论述，施教者引导受教者读之，他们势必会为文中所呈现的深邃独到、闪耀着哲理光芒的思想而受到感染。

第二，杂感文的教学要把握照镜式的结构。照镜式的结构的杂感文，就是作者先立一个古今的事例或传说、故事，继之对照现实生活中的问题，或褒之以表肯定，或贬之以示否定，从而发挥某种效力。像谢逸的《下蛋·唱鸡及其他》和龚自珍的《尊隐》等就极具代表性。如《下蛋·唱鸡及其他》一文，作者讽刺的就是那些笃爱高谈阔论，搞“假、大、空”的人，赞颂的就是那些认真地蹲在“窝”里多“下蛋”的人。该文从头到尾都是在写两只鸡，一只喜爱唱的鸡下蛋却很少，而另一只不喜爱叫的鸡却一天下一个，但也可以说没有一处不是在写人，它用两只鸡即一只喜爱唱的鸡、一只默默下蛋的鸡来比喻两种人：一种人是求真务实，脚踏实地，爱岗敬业，积极肯干，默默耕耘，甘于奉献，而为国家、为人民立下了功勋；另一种人是不干实事，爱好炫耀，喜欢吹捧，到处张扬，有名无实，言不由衷，而乐于看表面形式的“糊涂长官”。作者对这两种人，其褒贬、爱憎是异常分明的。他写脚踏实地的人是："他们牢牢蹲在自己的岗位上，夜以继日，埋头苦干，替国家创造了大量的物质财富，为人民作出一项又一项的优异成绩"，字里行间充溢着赞美的感情；而写不干实事的人则是："嘴尖舌长，能说会道，自我吹嘘，滔滔不绝，像那只爱唱的母鸡一样，占着个鸡窝不下蛋"，活画出其可笑而可憎的面目。作者这样论述，施教者引导受教者读之，他们势必会从该文的故事中去接受教育并努力做一个埋头"下蛋"而不争功的人。又如《尊隐》一文，作者针对当时理学家粉饰太平并一味颂扬大清王朝"天下恬然"而"无鸡鸣狗吠之警"的谬论，尖锐地指出封建社会已经到了"日之将夕，悲风骤至"的"衰世"，已经像那"鼠壤"一样到了崩溃的边缘。尤其是刻意追求不恒常的构思，并通过"京师"即代指清王朝和"山中"即代指在野的革新力量这两种力量消长的对比，愤怒地谴责了封建专制的统治，热情地赞扬了革新国是的力量，对蓬勃兴起的"山中之民"寄予了真诚期待。他主要写了两种不与朝廷合作的"隐"者：一种是重视现实，而要求改革的"隐"者；另一种是逃避现实，而无所作为的"隐"者。作者所"尊"的并褒之以表肯定的是前一种"隐"者，而"卑"的并贬之以示否定的是后一种"隐"者，并认为这种人是最可悲的。这种鲜明的社会批判精神和显豁的历史进化观点，就是鸦片战争前夜社会矛盾激化的反映，隐约地预示了社会的大变动即将到来，真正意识到有一种"天地为之钟鼓，神人为之波涛"的"大音声"正在形成。作者如此论述，施教者引导受教者读之，他们势必会从该文所反映的觉醒了的"隐"者的反抗情绪和改革时政中而看到希望。

第三，杂感文的教学要把握切瓜式的结构。切瓜式的结构的杂感文，就是作者将所论对象的矛盾本质而黑白分明地予以陈列，并通过或辨别优劣或明了是非或掂量得失的具体分析，从而形成一些功效。像陈望道的《"自由"与"驱逐"》和王禹偁的《海说》等就极具代表性。如《"自由"与"驱逐"》一文，作者起首就摆出了论敌的观点，再指出其前言和后语之间思想上的冲突之处，以子之矛攻子之盾，给予致命的一击，可谓干净利落，痛快淋漓。"自由"本应是大家的"自由"。你有信仰和宣传安那其主义的自由，别人也应当有信仰和宣传马克思主义的自由。但那位安那其主义者，在思想上一面是渴望安那其主义的自由，一方面又要跟自己意见相同的就袒护而跟自己意见相异的就加以攻击。这就自然陷入了可悲的自我矛盾之中，真是可笑又可憎。该文正是抓住这种矛盾，再加上运用"很欢喜"与"更很佩服"这两个带反语意味的词语，便增添了浓厚的讽刺色彩。更有意味的是，作者并没有同那位"热心"的"朋友"去辩理，只是说："'自由'与'驱逐'，在论理上不嫌冲突么?"余言略去，戛然而止，确是神来之笔，可谓一字千钧。这里确实无须乎同他辩论，只要把他的自相矛盾之处加以挑明，稍有常识的人都会明白，那位所谓"渴望自由"的安那其主义者，不过是一个反马克思主义者罢了。作者这样论述，施教者引导受教者读之，他们势必会意识到如何坚定地信仰马克思主义并进而更好地捍卫马克思主义。又如《海说》一文，作者首先将"凡物有纳者，必有所出"的观点鲜明地摆了出来，以期引起倾听、评述和思考。接着以"百川之王"的大海为喻，它看似只纳不出，其实"每日浴于渊，而气腾乎天，由是蒸而润者谓之露，嘘而霈者谓之雨，飞而结者谓之霜，飘而散者谓之雪，雨露之生成，雪霜之收藏，是万物朝夕被海之泽也"。这就细致周密地说明了大海的“付出”，论证了开头提出的观点。继之以自然事物比喻社会现象，譬如大海为王，五湖为五侯，九州为九伯，四渎为四岳。“五侯得以专其惠，九伯得以供其职，各以其所属土地分野而为雨露以生成之，为霜雪以收藏之”，也“上尊王室，而旁市民利也”。这就深入浅出地说明了万物都是有所纳必有所施，再次验证了开头提出的观点。最后得出了人君必须施仁政于百姓的结论，这就是“人君者，大海也。诸侯者，江湖川泽也。兆民者，百谷草木也。人君善下，则诸侯归之，国君利下，则兆民戴之，苟有所纳而无所出，知其积而不知其施，则诸侯叛，兆民乱矣，又焉能长久乎”！作者如此论述，施教者引导受教者读之，他们势必会从文中以形象化的手法所阐发的特别重要的政治远见而深深叹服。

(3) 杂感文的教学要把握表达技巧

杂感文的表达技巧既指其具有就事论理的技巧，又指其具有引譬设喻的技巧，还指其具有旧说新解的技巧。这与文艺学尽整个的能量而关注的品类——诗歌、小说、戏剧等以虚构为主的文学作品的表达技巧是有所分别的。以下主要从杂感文的教学要把握就事论理的技巧、杂感文的教学要把握引譬设喻的技巧、杂感文的教学要把握旧说新解的技巧等三个方面进行阐述：

第一，杂感文的教学要把握就事论理的技巧。就事论理的技巧的杂感文，就是作者直接针对现实生活中所发生的某个事情而分析其因果关系，并由此及彼、由彼及此地思索，从而积极地探求真实的存在。像鲁迅的《论雷峰塔的倒掉》和韩愈的《进学解》等就极具代表性。如《论雷峰塔的倒掉》一文，作者以敏锐的反传统的审美趣味的眼光，首先从“雷峰塔”的“破破烂烂”而倒掉的见闻谈起，没有直接发表自己的议论，紧接着笔锋一转，讲述了法海的“横来招是搬非”而干涉“白蛇娘娘”的婚姻自由的传说，这样就巧妙地赋予了“雷峰塔”以“镇压的塔”的象征意义，为全文表现反封建的意旨奠定了基础。然后以大量篇幅铺叙由白蛇、许仙、法海的关系构成的故事，并按照事物本身的性质来评定是非得失，这就有力地表达出对封建权势者的憎恨和对被压迫者的同情。文中所表现的“理”是就事论理，虽然没有旁征博引的议论而公开点破，却朗然而透亮地予以袒露与展现；而更见功夫、见态度、见精神之处，是把深刻的道理寓于描摹真切、优美动听的叙事之中，不仅以理喻人，寓理于事，而且融情于理，以情感人，无不给接受者以异常强烈的感染。最后以独立成段的“活该”二字作结，用“幸灾乐祸”的笔调，对法海“老禅师”而“独自静坐”在蟹壳内永世难以翻身的下场给予了辛辣有力的嘲讽。作者这样论述，施教者引导受教者读之，他们势必会从文中所吐露并发泄出来的惩恶扬善的强烈愿望而叹为观止。又如《进学解》一文，作者运用师生问答的简单构架来表达自己曲折的心迹，将就事论理的技巧隐匿于纯真敦厚之中。该文的第一部分是虚拟对学生的谆谆告诫、劝勉。向他们解释进学的道理，并指陈形势，其大意是，你们正赶上了好时候，当今皇帝贤臣励精图治，公开公正搜罗人才，“爬罗剔抉，刮垢磨光”，只要自己努力，就有可能被国家选拔，而为国效力，施展怀抱。第二部分是虚拟学生的口吻提出质疑。其高明之处在于拿自己开涮，描绘了自己的行为与结果相违背的状况。自己为学勤奋，为行勤劳，为文闳中肆外，为人方正率真；然而“命与仇谋，取败几时”。这样的讽刺，自然婉转地刺痛到社会的黑暗，揭露了人才消磨的时弊。第三部分是虚拟回答学生的质疑。先以工匠、医师为喻，说明宰相之职在于能俱收并蓄，量才录用；次说孟轲、荀况等圣人的遭遇，而联系自己被闲置，也没有值得抱怨的；最后谈到自己“学虽勤而不繇其统，言虽多而不要其中，文虽济而不济于用，行虽修而不显于众”，这是正话反说，幽愤渐平。作者如此论述，施教者引导受教者读之，他们势必会从该文围绕“业”与“行”进行辩论所宣泄的愤懑之情中而引发深思。

第二，杂感文的教学要把握引譬设喻的技巧。引譬设喻的技巧的杂感文，就是作者不直接地阐发或解剖所要议论的某个问题，而是巧妙地运用比喻，间接地表明自己的观点，从而显明地呈现深奥的意蕴。像王栋生的《谁是唐僧的“二把手”》和苏轼的《日喻》等就极具代表性。如《谁是唐僧的“二把手”》一文，作者认为在去西天取经的团队中，孙悟空是不折不扣的“二把手”。他作为唐僧的大徒弟，不可能与之分庭抗礼，享受权利的分成，只能服服帖帖地追随唐僧，做一个忠诚的跟班。他作为八戒和沙僧的大师兄，是领头羊，又是带头大哥，在唐僧被妖精抓走的特殊情况下，必须而且应该站出来主持大局，统帅战斗力量，出计谋拿主意，降服妖精，保护唐僧，完成取经的重任。联系到现实社会的一个团队中，“二把手”就是“一把手”的副手，要发挥其最佳的效用，必须得有“两手”。首先，“二把手”要学会尊重“一把手”，应尽好其副手的职责，既不能越位，也不可缺位。其次，“二把手”要善于为“一把手”补台，既不揽功，也不诿过，勇于担当，积极作为。再次，“二把手”要提醒自己正确用好聚合力，应保持与其他副职的等距离相处和经常性沟通。一句话，“二把手”在实际工作中，任何时候都切莫自命清高，目中无人，过高地估计自己，错误地低估别人，以“二当家的”而高傲自居。作者这样论述，施教者引导受教者读之，他们势必会明了“二把手”为“一把手”当参谋是责无旁贷的职责与义务的道理。又如《日喻》一文，作者善于把抽象的道理表述得具体而通透，紧紧围绕着“盲人识日”和“北人学没”这两个比喻从不同角度揭示其实质，从而画龙点睛地阐明了主旨。该文前半篇提出“生而眇者不识日，问之有目者”，用“盲人识日”的可笑，有人告之日之状如铜盘和日之光如蜡烛，盲人就误以与铜盘之声相似的钟和与烛之形相似的龠为日。这个比喻有点与人们熟知的“盲人摸象”相似，都是由于缺乏全面的认识而引出了违反客观实际的错误结论。这个比喻是从反面来说明道理，它启示着人们看问题切忌片面性、简单化，而要力求全面、符合实际。后半篇提出“道可致”与“学以致其道”，用南北人游泳作对比证明，南方人由于“日与水居”，自小游水，所以虽少年即能谙熟水性；而北方人由于“生不识水”，光想凭书本知识（即“问于没人”）而欲求游泳的真正本领，则“未有不溺者也”。这个比喻是从正反两方面着笔，因而明白地揭示了实践躬行非常必要的道理。前者与后者的比喻真可谓生动形象，转折自然，循序渐进，十分严谨。作者如此论述，施教者引导受教者读之，他们势必会自觉地纠正空谈仁义之道而不讲求实际学问即“不务学”的倾向。

第三，杂感文的教学要把握旧说新解的技巧。旧说新解的技巧的杂感文，就是作者针对社会上某些习以为常的理论、概念、观点、学说等，再度加以认识，并重新作出诠释，从而给旧说赋予崭新的内容。像马南邨的《不求甚解》和苏轼的《答谢民师推官书》等就极具代表性。如《不求甚解》一文，作者阐述了自己对“不求甚解”的理解，论说周到，选例典型，逻辑缜密，论证有力。首先开宗明义：“一般人常常以为，对任何问题不求甚解都是不好的。其实也不尽然。我们虽然不必提倡不求甚解的态度，但是，盲目地反对不求甚解的态度同样没有充分的理由。”接着从“不求甚解”的出处入手，全面地分析了陶渊明读书的不平凡的本事，并辩证地指出了“不求甚解”的两层含义：一是指读书的作风，因为书籍不一定都能够读懂，而只需了解大意即可，所以就不必做彻底的了解；二是指读书的要津，告诫对于书籍的阅读不可固执一点而咬文嚼字，所以必须注意前后的贯通。继而以普列汉诺夫、诸葛亮、陆象山等人的事例来证明，坚守谦虚谨慎的“不求甚解”的读书立场，这就使论据更加翔实。在此基础之上，该文详细地解释“不求甚解”，指出读书不要执拗而死板，因对某一局部的深究而放弃整体的吸收。最后一段则强调重要的书籍需要反复阅读而透解的正面主张，给人们以有益的建议，从而点明了该文的主旨。作者这样论述，施教者引导受教者读之，他们势必会更好地掌握“观其大略”而“不求甚解”的切实可行的读书方法。又如《答谢民师推官书》一文，作者对孔子的“辞达”理论即“言之不文，行而不远”和“辞达而已矣”所进行的阐释，正是一种对客观事物本质的充足把握与求得准确精当的表达相结合的自然而然的扩展，但这种表达方法又不限于静态的描写，而是予以创造性的发挥。作者所谓的“辞达”是指作品要确凿地揭示客观事物的固有属性，充分表达自己的思想情感，这与孔子的“辞达”相比，显然是一个更高的美学境界。要做到“辞达”，他认为首先要正确地认识客观事物，做到“了然于心”；其次要精准地反映客观事物，还须“了然于口与手”，即具有纯熟的表达能力与技巧。进而从创作论的角度，确切地分析了认识事物同反映事物之间的关系，而且反映事物同样是一个艰苦的过程，要求作者具有深厚的艺术功力，运用完美的表现形式，以期达到“求物之妙”的目的。由于他崇尚“辞达”，便对扬雄没有很好地掌握“辞达”这一要领所作的《太玄》和《法言》等“雕虫篆刻”十分不满，还罗列了屈原、贾谊、司马相如等名家，论其优劣，以明“辞达”的深刻内涵。作者如此论述，施教者引导受教者读之，他们势必会从该文所论及的相当有价值、有意义的见解之中而获得许多益处。

(4) 杂感文的教学要把握出色语言

杂感文的出色语言既指其具有俏皮辛辣的语言，又指其具有曲尽意远的语言，还指其具有庄谐兼济的语言。这与文艺学尽一切的气力而关注的品类——诗歌、小说、戏剧等以虚构为主的文学作品的出色语言是有所差距的。以下主要从杂感文的教学要把握俏皮辛辣的语言、杂感文的教学要把握曲尽意远的语言、杂感文的教学要把握庄谐兼济的语言等三个方面进行阐述：

第一，杂感文的教学要把握俏皮辛辣的语言。俏皮辛辣的语言的杂感文，就是作者在运用语言时总是有富足宽余的潜台词，既想得深也刺得爽又说得俏也穿得透，从而呈现机智幽默而尖酸刻薄的意味。像毛泽东的《评战犯求和》和陆龟蒙的《野庙碑》等就极具代表性。如《评战犯求和》一文，作者选用俏皮辛辣的语言，为新华社撰写了第一篇旨在揭露国民党当局利用和平谈判来保存其反革命实力的宏文。当谈到 1949 年元旦蒋介石向共产党人提出的“求和”条件之一，即所谓“人民能够维持其自由的生活方式与目前最低生活水准”之时而讽刺道：“这个条件一经我们的可爱的蒋总统提了出来，几千万的工人、手工工人和自由职业者，几万万的农民，几百万的知识分子和公教人员，惟有一齐拍掌，五体投地，口称万岁。”这是对蒋介石的《新年文告》所发出的第一声呼号和公开哀鸣而给予的直截了当的回答和反击。据玄奘《大唐西域记》介绍，古印度致敬的方式分为九等，而“五体投地”指两手、两膝和头一起着地，这是佛教礼节中的一种最恭敬的行礼仪式，也称“顶礼”，人们常用这一比喻来形容对礼佛倾倒而佩服到极点的虔敬态度。作者在这里选用“五体投地”这一典故，其实是尖锐反讽，不仅痛快淋漓地揭露了国民党当局要求和谈的目的，而且酣畅猛烈地抨击了蒋家王朝企图“划江而治”的幻想。作者这样论述，施教者引导受教者读之，他们势必会为该文像一发发精准的炮弹重创国民党当局的可耻行径而拍案叫绝。又如《野庙碑》一文，作者也是选用俏皮辛辣的语言，对不同讽刺对象抱着不同的态度，显得全面而有说服力。他对人民的愚昧是痛心的，所以施以有情的热嘲，抒发深情的悲哀；对那些无名的神鬼偶像则以嬉笑的嘲弄，指指点点，这个黑大个儿叫将军，那个白面书生是郎官，尊贵的老太婆就是姥姥，漂亮的少妇人就叫姑姑，仿佛在欣赏雕塑艺术，令人发噱；而对文官武将，就是严峻的揭露、无情的冷嘲、尖锐的讽刺、凌厉的怒骂。但是嘲弄讽刺仍然从谈论之中折射出来，好像说东道西，拉杂不拘。从该文的各个部分关系来看，似乎层次之间并无严密的逻辑，需要谈论什么，就开个头谈起来而转过去。第一部分，徐徐说来，循声而至，娓娓动听，而说到以野庙碑抒发悲哀，仿佛一拍惊堂木，让人震动。第二部分，宛若话分两头，各表一支，嬉笑嘲弄，而说到“农民创造这一切，又害怕这一切”，骤然一转，痛心叙述，辛酸悲恻。第三部分，突发议论，两番转折，进入主题，鞭挞怒骂，激人愤慨。末尾用诗明确点出核心要义，说破大悲哀。作者如此论述，施教者引导受教者读之，他们势必会从该文所表现的严肃沉重、感慨激奋的神情风度中而得到不少教益。

第二，杂感文的教学要把握曲尽意远的语言。曲尽意远的语言的杂感文，就是作者在运用语言时能于真切实在的境界创造中，拓展出丰富深远的审美想象空间，从而滋生弦外之意和韵外之致及味外之旨。像林语堂的《中国的人文主义》和宋濂的《书斗鱼》等就极具代表性。如《中国的人文主义》一文，作者凭借曲尽意远的语言，游走于中西文化之间，他一方面能用西方的眼光来打量中国文化，另一方面又能用东方的眼光观照西方文化，这样就使他能摆脱一种文化视角的局限而真正了解中西文化的异同和优劣。他既不满于摩登的西方文化带给现代人的人性扭曲变形的毛病，更忧虑古老的中国文化在现代化的潮流之中而渐渐被淹没的问题，最终他细心地体察了大多数中国人的生活状况，并以民间文化为内核，以西方文化为对照，对中国传统文化加以吸收改造，从而创造性地提出了中国式人文主义的思想观点，也就是享乐主义的人生观和“顺应天命”的宗教观，以及“直觉洞悟”和“近情”的思维方式，这些内容构成了中国式人文主义的思想核心。中国式人文主义的思想核心的构造使古老的中国民间文化在现代化的背景之下得到了涅槃，显示了中国文化旺盛的生命力，也展示了古老的中国文化在现代社会之中应有的价值和地位，为改造现代社会的各种痼疾提供了另一思路，为中国现代文化建设做出了又一巨大的贡献。作者这样论述，施教者引导受教者读之，他们势必会从该文对中国式人文主义的思想核心的洞察和领悟中而获取正能量。又如《书斗鱼》一文，作者也是凭借曲尽意远的语言，并始终围绕题目意旨的需要，竭力渲染波斯鱼骄傲凶悍、善于打斗的习性，体现了所尊奉的为文必求有益于世道人心的观念。该文用纪实手法，既描述了斗鱼的体形特征和饲养方法，又刻画了斗鱼大打出手、彼此相争的情景，还抒发了由观斗鱼而引发的感想。虽然仅有两百五十来字，却将一场凶狠厮斗的场面绘声绘色地予以呈现。这种鱼在搏斗之前，各自竖起鱼鳍，瞪眼相视，体曲如弓，鳞甲变黑，怒不可遏，一触即发；这种斗鱼在搏斗之时，如秋天猛兽相击，溅起的水珠能飞到人的衣服上，分、合接二连三，攻击似箭被弓弦击发，迅猛异常，相接则死缠紧逼，难分难解；这种斗鱼在搏斗之后，胜者乘胜追逐，紧追不舍，败者却落荒而逃，跳出瓦罐。目睹这一情景，作者不胜感慨，生发联想，“予闻有血气者，必有争心”，“抑冥顽不灵而至于是欤？哀哉！”这就含蓄地对社会上好胜喜斗的愚蠢行为作了有力的抨击，贴切地讽刺了当时的一些人为了名利而钩心斗角，甚至互相残杀的黑暗腐败的社会现象。作者如此论述，施教者引导受教者读之，他们势必会从斗鱼的纷争即有血气的人而被利用的事实之中获得某种启迪。

第三，杂感文的教学要把握庄谐兼济的语言。庄谐兼济的语言的杂感文，就是作者在运用语言时既可以严肃对待也可以有趣幽默，这二者是共同存在着的，从而产生似磁力相互作用而密切关联的现象。像胡适的《老章又反叛了》和苏轼的《黠鼠赋》等就极具代表性。如《老章又反叛了》一文，作者运用庄谐兼济的语言，驳斥了章士钊对新文化运动重要内容之一的“白话文学的运动”的一些奇谈怪论。该文着眼于章士钊的“心态”变化，并给予了具体而精细的描绘，并以此构成其结构的间架。第一部分是对作为一个“时代的落伍者”的章士钊的心理状态的绝妙讽刺：“他的心理就是一个时代落伍者对于行伍中人的悻悻然不甘心的心理。”说明章士钊并无“雅量”，活画出他的“反动派”的肖像。第二部分是写在大势所趋之下，章士钊表面上“投降”而实际又难以掩饰“那悻悻然生气的本色”，所以这种“投降”实际上是“诈降”。这部分还随手写到同章士钊交往的某些细节，笔致从容，充满了谐趣和揶揄。第三部分指出章士钊这员“降将”的重新“反叛”，直录他攻击“白话文学的运动”的言论，并顺带指出这些言论的不顾逻辑、自相矛盾之处，以“苦哉！苦！”来嘲笑章士钊“小丈夫悻悻然闹意气的态度”。第四部分说明“白话文学的运动”有其历史必然性，并以庄重而诙谐的语言表达自己坚定的态度。作者这样论述，施教者引导受教者读之，他们势必会从该文所呈现的追求进步、坦诚相待、直面人生之中增添许多力量。又如《黠鼠赋》一文，作者也是运用庄谐兼济的语言，借一只老鼠利用人的疏忽，狡猾地逃脱的日常小事，引出了一番议论，从而说明一个道理：人是最有智慧的，而智慧的发挥有待于意志的专一。当人的精神高度集中，而心无旁骛之时，就能够降龙伏虎，主宰万物，无所畏惧；当人的精神松懈涣散，而疏忽大意之时，就会变得神经脆弱，怯懦无能，以致闻锅破而失声惊呼，见蜂蝎而容颜变色，堂堂万物之灵甚至对付不了一个小小的老鼠。可见目标明确、用心专一、态度严谨、工作认真是人类征服自然而取得成功的关键所在。事无大小，莫不如此。作者从一个捉老鼠的小故事之中引申出生活真理，既洋溢着浓厚的情趣又渗透着隽永的哲理。这里需要提及的是，该文前半部分是描写老鼠装咬装死，趁机逃脱，形象狡猾诡诈；写人的漫不经心，乍喜乍惊，受骗上当，情节曲折生动；笔墨简练幽默，表现出状物写事的高超技巧。后半部分是抒发感慨，因事论理，先提出问题，再加以辨析，步步深入，以小见大，寓庄于谐，耐人寻味。作者如此论述，施教者引导受教者读之，他们势必会从该文的“趣幽旨深”和兴味无穷的独特表现之中而受到有益的启发。

三、语文教学的文学教学

语文教学中的文学教学是诗歌的教学、散文的教学、小说的教学、戏剧的教学的合一。文学教学，事实上已经不仅是基础教育的问题，而且近些年来对于高等教育的隐忧和深思，也可以见出文学教学的普遍性弊端。文学教学至为根本和最为实际的问题，就在于西学东渐的深刻影响所造成的文化观念的全然遮蔽、人文标签的胡乱张贴、远离了文学的本真、隔膜了文学的意趣、削弱了文学的味道、斑驳了文学的色彩。这些有力地说明文学教学的盲目性、随意性的现象是不容忽视的，它是文学教学中极度含混的“结”，也是语文教育中必须解开的“结”。因此，语文教育中的文学教学必须着力于诗歌的教学、散文的教学、小说的教学和戏剧的教学[72]。

（一）诗歌的教学

诗歌是中西文学中最早出现的艺术样式。仅中国而言，素来就有“诗乡”、“诗国”的美称。从《诗经》、《楚辞》到唐诗、宋词、元曲，从明清的诗歌到“五四”以来的新诗、民歌等，每个历史时期都有代表性的诗作，从而形成了一座座诗歌的高峰。可以毫不夸饰地说，一部中国文学史，堪称“诗史”。对于诗歌的教学或传授，习惯上谓之“诗教”，能“体现出潜移默化、沦肌浃髓的效用”，并让受教者“身心得以涵养，精神得以澡雪”，从而达到“实现心灵的净化和人格的升华”[73]的目的。基于此，语文教育中必须注重诗歌的教学，其要点是：

1.诗歌的教学要明确诗情

诗歌的“诗教”要求施教者善于在整体观照叙事诗、抒情诗、咏物诗和朦胧诗中引导受教者明确诗情。这种引导不但要全面地把握诗作的倾向，并感知诗人“言在此而意在彼”的良苦用心；而且要准确地把握创作的意图，并理解诗作中所寄寓的诗人的情思。因此，作为语文教育的施教者必须引导受教者在诗歌的教学中明确诗情。以下主要从诗歌的教学既要通过叙事诗的欣赏而明确诗情又要通过抒情诗的欣赏而明确诗情还要通过咏物诗的欣赏而明确诗情更要通过朦胧诗的欣赏而明确诗情等几个方面进行阐述：

(1) 诗歌的教学要通过叙事诗的欣赏而明确诗情

叙事诗除了抒情诗、咏物诗和朦胧诗的一些特点之外，还由于它在反映生活时所具有的刻画人物、描述故事等长处，所以必须借助一系列事件来表现人物的性格发展的历史以及丰富的内心世界。像李季的《王贵与李香香》、米斯特拉尔的《三棵树》、海涅的《西里西亚的纺织工人》等就极具代表性。这就要求施教者引导受教者欣赏叙事诗时，既要理清其所展示的故事情节，又要分析其所刻画的人物形象。首先，叙事诗的欣赏要理清其所展示的故事情节。叙事诗大多有较完整的故事情节，一般总是具备开端、发展、高潮和结局四个阶段。因此在欣赏时既可用正序方式，也可先顾两头——看其开端是怎么回事，结局又将会怎样，这样心中便有了整个故事的首尾；然后看诗中矛盾冲突最尖锐的地方在何处，这个地方往往就是故事的高潮所在；再看诗中的矛盾冲突是怎样变得尖锐激烈了呢？这个变化的过程恰恰就是故事的发展阶段。这样一来，便将诗作的故事情节基本上把握住了。其次，叙事诗的欣赏要分析其所刻画的人物形象。叙事诗一般具有鲜活的人物形象，施教者在“诗教”时可以引导受教者边欣赏边思考：诗作中的主人公在整个故事中扮演的是一个什么样的角色？他（或她）居于矛盾冲突的哪一方？这就需要紧紧抓住最能表现人物的真善美的诗句，反复玩味，仔细揣摩，并加深理解。除此，还应从人物的语言、心理、外貌、行为等去把握其整体形象。最后，还要体会诗作中的人物的真善美的情感，并作出评判。在诗作中人物的情感是悲还是喜，是哀悼还是颂扬，同情的是什么，憎恶的是什么，歌颂的又是什么，这些都要求施教者引导受教者在分析人物形象的基础上加以研究，否则对叙事诗的欣赏就会变成盲目的行动，也就不会更进一步地从诗作所刻画的人物形象中得到真善美的收益。

(2) 诗歌的教学要通过抒情诗的欣赏而明确诗情

抒情诗一般不去详细地叙述生活事件的过程，也没有较为完整的故事情节，更不具体地描写人物和景物，所以主要是通过抒发诗人在生活之中而激发的主观情思为特征来歌颂真善美并鞭挞假恶丑的。像郑愁予的《错误》、魏尔伦的《秋歌》、荷尔德林的《故乡》等就极具代表性。这就要求施教者引导受教者欣赏抒情诗时，既要分析诗中所表达的情感层次，又要注意诗中所反映的情与理的统一。首先，抒情诗的欣赏要分析其所表达的情感层次。抒情诗是以诗人的真善美的情感作为全诗的脉络，而诗人的真善美的情感往往不是一览无余的，而是曲折有致、分层次地表现出来的。学界悉知，抒情诗的特点是侧重直抒胸臆，借景抒情，因其内容的不同大致分为颂歌、哀歌、挽歌、牧歌等。它与新月诗社所主张的建筑美、音乐美不同，因而更具有自由性和灵活性，作为一种最常见的艺术样式已被绝大部分诗人和爱好者广泛运用。因此，分析抒情诗所表达的情感层次，重要的是对诗句本身要作分析：哪一句诗表达哪种意思，哪几句诗共同表达哪种意思，哪几节诗又可合并为一个意思，这样句句剖析、同类合并，就可以将其所蕴含的真善美的情感层次抓住。其次，抒情诗的欣赏还要注意其所反映的情与理的统一。诗人在抒情诗中抒发的真善美的情感，往往激荡着时代的旋律，一定是与诗人对客观世界的认识合拍的。也就是说，抒情诗中饱含的真善美的情感，固然是诗人在美学体验上最为感动的东西，同时也必然是经过了反复的形象思维而认识到的生活哲理。抒情诗中所表现的情感的健康与否，往往植根于诗人对客观世界的认识正确与否。因而施教者引导受教者欣赏抒情诗时，除了感知诗人的情感脉搏和分析诗人的情感层次外，还应透过诗人的真善美的情感去把握其对客观世界的认识，并进而获得真善美的感受。

（3）诗歌的教学要通过咏物诗的欣赏而明确诗情

咏物诗的根本特点是诗人在所描绘的景物之中与自我形象完全融合在一起而婉曲地、隐晦地或流露自己的人生态度，或寄托自己的美好愿望，或包含自己的生活哲理，或表现自己的生活情趣。像屈原的《橘颂》、布莱克的《老虎》、瓦雷里的《咏石榴》等就极具代表性。这就要求施教者引导受教者欣赏咏物诗时，既要分析其所讽之事，又要分析其所述之志，还要分析其所陈之理，更要分析其所抒之情。首先要分析咏物诗的所讽之事，如李风岐的《圆规》写道："眼前道路又长又宽，却不见大步向前；难怪无所进展，只会绕自己划圈……"这就是诗人讽喻的某些人的目光短浅和自私守旧之事。其次要分析咏物诗的所述之志，如陈毅的《冬夜杂咏·青松》和于谦的《石灰吟》即是。前者的"大雪压青松，青松挺且直。欲知松高洁，待到雪化时。"后者的"千锤万凿出深山，烈火焚烧若等闲。粉身碎骨浑不怕，留得清白在人间。"这些都是诗人的所述之志寄托于物的剖白。再次要分析咏物诗的所陈之理，如钱锦方的《浮萍》写道："浮萍忧郁地说：难以捉摸的风，使我的生活漂泊不定……"这短短的三行小诗，写出了浮萍埋怨风使其生活的漂泊不定，给欣赏者以耳目一新之感。这就是诗人借浮萍的无可奈何的深深埋怨而表达的所陈之理。又次要分析咏物诗的所抒之情，如臧克家的《老马》写道："总得叫大车装个够，它横竖不说一句话，背上的压力往肉里扣，它把头沉重地垂下！这刻不知道下刻的命，它有泪只往心里咽，眼前飘来一道鞭影，它抬起头来望望前面。"全诗只有短短的八句，既写出了老马的形象，更写出了老马的命运。这就是诗人所寄寓的对忍辱负重的劳动人民的无限怜悯之情。上述的咏物诗的所讽之事、所述之志、所陈之理和所抒之情，正是施补华所说的"咏物诗，必须有寄托，无寄托而咏物，试帖体也"[74]。

（4）诗歌的教学要通过朦胧诗的欣赏而明确诗情

朦胧诗由于多角度地以象征的寄寓、意念的组合、潜意识的流动等艺术策略来显示内在的精神世界，并呈现出意蕴的模糊性、主题的多义性，所以有一种必须经过反复咀嚼之后才能够领略的美。像杨炼的《大雁塔》、舒婷的《致橡树》、爱伦·坡的《乌鸦》等就极具代表性。这就要求施教者引导受教者欣赏朦胧诗时，既要注意其审美的阶段性，又要了解其内涵的多样性。首先，朦胧诗的欣赏要注意其审美的阶段性。欣赏朦胧诗时一遍、两遍很可能感到茫然，五遍、六遍才能隐隐约约地有所发现，也就是没有真正弄"懂"。在这种情况下，就应该再次欣赏。如顾城的《远和近》写道："你，一会看我，一会看云。我觉得，你看我时很远，你看云时很近。"初次欣赏时，总觉得诗作离得很"远"，不可捉摸。再度欣赏时，认识逐步深化，觉得诗作表达了一种美丽的童话般的"纯净美"，即人与云、人与自然的亲切、融洽，这就是诗人对人类美好理想的追求和向往。这时觉得诗作离得很"近"了。如果继续欣赏，可以感受到诗作实际上是对生命存在的评价，揭示了人与人之间由于长期的阶级斗争扩大化而造成的隔膜、猜疑和戒备。其次，朦胧诗的欣赏应了解其内涵的多样性。朦胧诗的内涵是非常多样而又丰富的，其幻想的天性决定了它永远要开拓新的领域，建构新的精神世界，以致无法用一个意象或观念来概括它。如北岛的《宣言》中的"从星星般的弹孔中/流出了血红的黎明"的诗句，就运用了象征的寄寓、意念的组合、潜意识的流动等手法，因而在欣赏时不能单纯地理解为一种意象或观念。"星星般的"可以引申出几种联想，一是弹孔如星星般透亮，二是弹孔很多，黎明前夕的牺牲者远非一两个人，三是"星星"之后，将是黎明的到来[75]。朦胧诗的这种体现出无限的弹性和张力的诗句，能给欣赏者留下巨大的想象空间，从而更进一步地拓宽诗作的真善美的境界。

2.诗歌的教学要运用诵读

人们常说，三分诗七分读。施教者在"诗教"中把"读"一般分为高声朗读和低声吟诵两个阶段，前者是以声传情，以情感人；后者是以声赏情，以情感知。可见，引导受教者的"读"在诗歌的教学中十分重要，非读不能见其美，非读不能见其情，非读不能见其意，是体会诗美、诗情、诗意的最有效的手段。因此，作为语文教育的施教者必须引导受教者在诗歌的教学中运用诵读。以下主要从诗歌的教学既要通过抓住情感的线索而运用诵读又要通过找出情感的燃点而运用诵读还要通过区分情感的烙印而运用诵读等几个方面进行阐述：

(1) 诗歌的教学要通过抓住情感的线索而运用诵读

诗歌中由于诗人表达情感时或直抒胸臆或触景生情或托物抒情等的方式不同，再加上诗行的跳跃性，因而诗中所流露出的情感总是起伏跌宕，若断若续。这就要求施教者引导受教者诵读诗歌时，一定要抓住诗人的情感的线索来进行。像普希金的《致大海》、柯岩的《周总理，你在哪里》、贺敬之的《回延安》等就极具代表性。如《致大海》就是以诗人自己的"对自由的热烈向往与积极奋进的精神"作为全诗的情感的线索的。首先诗人借对大海的礼赞，歌颂了大海的坦荡多姿、无拘无束和傲岸不羁的性格；其次诗人借对大海的讴歌，表达了自己对自由生活的向往和热爱以及对暴力统治的憎恶和反抗。在运用诵读时，施教者如果引导受教者抓住了诗作的情感线索，就能正确地理解大海的象征意义，从而进一步地揣摩抒情主人公复杂的心绪以及为自由而献身的崇高精神和强烈而又深沉的情思。又如《周总理，你在哪里》就是以诗人自己的"深情呼唤"、"急切寻找"、"无限怀念"等作为全诗的情感的线索的，它创造了一种"询问"—"呼唤"—"寻找"—"回音"的新颖形式，从高度评价周总理光辉的革命一生入笔，展开了高山、大地、松涛、海浪、广场等一幅幅激动人心的画面，表达了周总理与山河同在、与人民同在的深情。在运用诵读时，施教者如果引导受教者置身于“山谷回音”、“大地轰鸣”、“松涛阵阵”、“海浪声声”、“广场回答”等壮阔而宏大的艺术境界之中，就能更加怀念周总理和追述周总理的不朽业绩，从而进一步感受人民总理人民爱与人民总理爱人民的浓情。再如《回延安》就是以诗人自己的“对延安母亲的眷恋”作为全诗的情感的线索的。诗作的第一部分，写诗人阔别10年后重新回到延安母亲的怀抱，与亲人相见时的兴奋和喜悦，情感热烈；第二部分，写诗人追忆当年在延安的战斗生活，表现了自己与延安母亲的血肉关系，情感深沉；第三部分，写诗人在延安与亲人见面时团聚的场面，再现了相互间的深厚友谊，情感真挚；第四部分，写诗人赞美延安10年来在党的领导下所发生的巨大变化，情感洋溢；第五部分，写诗人歌颂延安的光辉历史和展望延安的美好明天，情感奔放。在运用诵读时，施教者如果引导受教者重点抓住了诗作中的“跳”、“挡”、“抓”、“贴”、“搂”、“呼唤”、“扑”等字词进行品味，就很容易获得刻骨铭心的感受，从而更进一步地领会诗人热爱延安、向往革命的真善美的情感。

(2) 诗歌的教学要通过找出情感的燃点而运用诵读

诗人创作诗歌时是其情感在燃烧，施教者在进行“诗教”时是其情感的再一次燃烧。诗情感人，源于诗人的情感的燃点。为了开辟与受教者情感交流的通道，这就要求施教者引导他们诵读诗歌时，一定要着力找出诗人的情感的燃点来进行。像狄金森的《在篱笆那边》、张养浩的《潼关怀古》、陈毅的《梅岭三章》等就极具代表性。如《在篱笆那边》不仅抒写了人们对美好事物的追求，以及这种追求所遭受到的来自传统理念的压制和打击，更加揭示出作为传统理念的代言人的“上帝”，只要他愿意抛开一切束缚，走下神坛，也会按自己的本性自主行事，去追求心目中美好的事物。诗作所蕴蓄的情感的燃点是“草莓，真甜”。诗人在平静的叙述中，包含了耐人寻味的深意，深刻地启示人们：对美好事物的追求应是人性的本能！在运用诵读时，施教者如果引导受教者注意整体把握诗作的情感脉络，并展开联想和想象，就能让他们置身其境，感同身受，从而获得真善美的艺术熏陶。又如《潼关怀古》所蕴蓄的情感的燃点是“兴，百姓苦；亡，百姓苦”。这种情感的燃点主要是通过“山河表里”、“宫阙”、“踌躇”等关键词来表现的，而这些关键词分别代表了诗作的一个方面的内容。在运用诵读时，施教者要引导受教者既通过“山河表里”让其认识潼关不仅仅是一个险要的关口，同时又是古来兵家必争之地，而暗中铺垫了百姓饱受战争之苦；又通过“宫阙”让其明确诗作作为怀古题材的一个情感牵引点，而暗中铺垫朝代的更替让百姓饱受大兴土木之苦；还通过“踌躇”让其明白诗人因百姓饱受战争之苦和大兴土木之苦而导致的内心十分苦。这些关键词紧紧围绕一个“苦”字，能使其通过诗作的情感的燃点——“苦”的品味，从而进一步地领略到诗人的忧国忧民的真善美的情怀。再如《梅岭三章》，施教者引导受教者诵读全诗后，不难发现诗人的情感的燃点是“断头今日意如何？”从这一点出发，诗人披肝沥胆，浩气横溢，勉励同仁，追溯往事，瞻望前程，那磅礴宇宙的革命激情像滚滚岩浆，化成熊熊烈焰，即使是铁石心肠也要熔化。这就要求施教者引导受教者调动已有的生活经验，将诗作的情感的燃点充分点燃，从而使他们的情感波澜随着诗情的激荡而起伏，并真正受到真善美的教育，以获得如痴如醉的美感。

⑶ 诗歌的教学要通过区分情感的烙印而运用诵读

诗歌从遣词造句到营造画面，从选择物象到融情于景，无不深深打上诗人极深的情感的烙印。为了将诗作中所蕴蓄的炽热的情感引起受教者的强烈共鸣，这就要求施教者引导他们诵读诗歌时，一定要力求区分诗人的情感的烙印来进行。像裴多菲的《我愿意是急流》、毛泽东的《卜算子·咏梅》、李白的《梦游天姥吟留别》等就极具代表性。如《我愿意是急流》依次以“急流”与“小鱼”、“荒林”与“小鸟”、“废墟”与“常春藤”、“草屋”与“火焰”、“云朵”与“夕阳”等五组形象分别自喻和喻人（爱人），表达了诗人为了爱人去受坎坷、去战斗、去毁灭、去经受打击、去作陪衬的心志，洋溢着强烈的爱憎情感。在运用诵读时，施教者要引导受教者通过区分诗人的情感的烙印，从而既感受诗中缠绵悱恻的倾诉，又理解诗人坚定美好的信念。又如《卜算子·咏梅》中，因心胸气度不同、品格修养不同、审美标准不同，加之所处的时代不同、所站的立场不同，所以毛泽东能借梅作喻，并一扫陈年积习，塑造了一个顶寒流、傲冰雪的真善美的形象，颂扬了梅花“俏不争春”的傲骨、高洁、坚贞、美艳，彰显了革命者的坚韧、刚劲、无私、勇敢。而陆游却借梅花虽表现了受到挫折而不屈节的品质，但只是封建士大夫遭悯受侮后的哀怨牢骚，顾影自怜，孤芳自赏，消极遁世，因而流露着伤感，表现出脆弱，倾诉了“只有香如故”的苦衷。在运用诵读时，施教者要引导受教者对其中大相径庭的情感的烙印予以区分，并进一步领略二者在情感表达上的不同之处。再如《梦游天姥吟留别》中的李白因深受“儒”和“道”思想的影响，所以他的情感必然会打上“儒”和“道”的烙印。诗作虽然风采豪放，充满浪漫主义的昂扬气势，但是其最根本的情感却是沉静的。经历了政治大失败的李白，最终对人生进行了真善美的深刻思考，他认识到个人的理想是难以实现的，所能够做到的最大的反抗便是蔑视权贵、鄙薄富贵，但仍不免流露出与世无争的伤感情怀。而苏轼在《念奴娇·赤壁怀古》中吊古抒怀，虽然豪放地唱出了“大江东去，浪淘尽，千古风流人物”的壮歌，表达了他对古代英雄的赞美和自己壮志未酬的感慨，但由于时代和阶级的局限，不能不发出在野之臣的“人生如梦”的情感喟叹。所以在运用诵读时，施教者要区分诗人的情感的烙印，引导受教者“向前看”，让真挚、纯正、深厚的爱国亲民之情和高远旷达之志汇成清澈的泉流，淌进他们的心田里，从而浇灌出他们的“心灵的诗”、“灵魂的歌”，并催开他们理想的奇葩异朵，最终结出丰硕的真、善、美之果。

3.诗歌的教学要进入意境

诗歌是形象思维开出的花朵，意境是其主要特征。要准确体会诗歌的诗美、诗情、诗意，因而施教者必须带领受教者进入意境。为了使受教者能顺利地进入意境，施教者要在诗作和受教者之间建立一种审美联系，并开辟一条审美通道。因此，作为语文教育的施教者必须引导受教者在诗歌的教学中进入意境。以下主要从诗歌的教学既要通过感知意象的营构而进入意境又要通过借助想象的展开而进入意境还要通过再现“景象”的方式而进入意境等几个方面进行阐述：

（1）诗歌的教学要通过感知意象的营构而进入意境

诗歌的意象不是单纯的客体，而是熔铸了诗人的主观情思的载体。诗歌不同于散文、小说、戏剧等的最大特征就在于诗意的生发性。这就是王闿运所说的："无所感则无诗，有所感而不能微妙则不成诗。"[76]这就要求施教者引导受教者进入诗歌的意境时，一定要通过感知意象的营构来进行。像林徽因的《十一月的小村》、余光中的《乡愁》、叶芝的《当你老了》等就极具代表性。如《十一月的小村》中，诗人便勾勒出一幅颇有动态美感的深秋田园风光图，营构了"淡泊的天"、"映红了的叶子"、"转折来去的山路"、"篁竹围着的茅屋"、"童子"、"老农"、"牛羊"、"黄土墙"、"青石架起的大门"、"一湾水田"、"几处荒坟"等一系列标示自然景物的意象，散发着浓郁的中国古典诗词的韵味。在进行"诗教"时，施教者要引导受教者通过感知诗人营构意象的匠心，让他们的心灵与诗人一起融入诗作的意境之中，就能够体味抒情主人公在面对黄昏时刻的荒郊小村时，所萌生出的真善美的情怀。又如《乡愁》中，诗人从广远的时空中提炼出邮票、船票、坟墓、海峡等四个意象，这些相互联系的意象一环扣一环，组成诗意的脉络，表现了丰富的内涵，借它们把本是一种难以表现的情绪——"乡愁"呈现得深刻感人。如何让邮票、船票、坟墓、海峡等四个意象进入受教者的心灵呢？施教者在进行"诗教"时，要引导他们通过感知诗人营构意象的妙处，从而进入诗作的意境。像"邮票"让人联想到写信和寄信，联想到信上所倾诉的挂念，联想到诗人平时对母亲的怀念，联想到母亲在家对儿子的惦念，母亲捧读儿子来信的情景，总之，联想到母子天各一方彼此的思念，由此"乡愁"化为"邮票"就容易理解了。依次类推，"船票"让人联想到漂泊，联想到天各一方，想回到妻子身边，想到美丽、温顺的妻子的苦苦等待，想到诗人归家心切，想到诗人对新娘的种种思念，"乡愁"也就体现出来了。再如《当你老了》是一篇极负盛名的诗作。这首诗通过"黑夜"、"炉火"、"眼睛"、"爱神"、"繁星"等一系列意象的巧妙营构，组成了一幅奇美的画面。诗人透过这幅奇美的画面，表达了崇高而永恒的爱情。施教者在进行"诗教"时，要引导受教者通过感知诗人的营构意象的技巧，从而进入诗作的意境，进一步领略诗作的"假如你老了，爱依旧还在"的主旨，体味每一个意象在彼此的浸润中所具有的比自身更丰富的真善美的内涵。

（2）诗歌的教学要通过借助想象的展开而进入意境

诗歌讲究炼字、炼句、炼意，因而欣赏时要透过诗句内蕴的空白画卷而展开想象，从而体会诗作的丰富的内容，不仅能体味到"诗中有画，画中有诗"的美妙境界，而且能获得真善美的具体感受。这就要求施教者引导受教者进入诗歌的意境时，一定要通过借助想象的展开来进行。像柳宗元的《江雪》、李白的《早发白帝城》、里尔克的《严重的时刻》等就极具代表性。如《江雪》，诗人借描写山水之间的渔翁"寒江垂钓"的画面，来寄托自己的清高而孤傲的情感，抒发自己的在政治上失意的郁闷苦恼。全诗的意境在"孤"和"钓"二字上。它是通过雪景来赞美渔翁"独钓寒江"的精神；这位"迎风抗雪，孤舟独钓”的渔翁，正是诗人不屈不挠和孤独情怀的人格化身。在诗人笔下，那位“蓑笠翁”的形象，是那样鲜明，令人难以忘怀，千百年来传诵不绝。施教者在进行“诗教”时，要引导受教者通过借助诗人无法窥测的想象的展开而进入意境，从而体会“千山”、“万径”的广阔背景下“孤舟蓑笠翁”于“寒江雪”上“独钓”的画面，并进一步地领略诗人不愿妥协的高洁情操和不肯屈服的顽强意志。又如《早发白帝城》，该诗起笔高韬，场景阔大，气势豪放，画面明丽，情感欢悦，意韵畅达，叫人叹为观止，实为千古绝唱。全诗运用夸张手法，以轻快的笔调抓住极具特色的回荡在耳畔的猿声和早已越过万重高山的轻舟，竭力描述了长江水流之急、轻舟之快、景色之奇，充分表达了诗人无比喜悦、异常兴奋的心情。在进行“诗教”时，施教者要引导受教者通过借助诗人超越逻辑的想象的展开而进入意境，从而体会这首诗的无一字直接言情而又无一字不在言情的丰富的情思。再如《严重的时刻》一诗，是象征主义诗歌的代表作，全诗四节，每一节都是一个完整的疑问句，每一节的结构句法都完全相同。看来，这首诗的制胜之道，不在于它的形式，而在于它的内里，在于它的形式外衣里面藏着的某种神秘的精神。施教者在进行“诗教”时，要引导受教者借助诗人跨越时空的想象的展开而进入诗作的意境之中，从而体会它那质朴的外表下所透着隐隐的精神之光、思想之光以及隐藏和对应着诗人对生命历程中具有重大意义的命运凝聚状态即最基本的最关键的个体生命生存情境，并进而领略存在主义的荒诞感和疏离感以及对人生终极意义的追问。

(3) 诗歌的教学要通过再现“景象”的方式而进入意境

诗歌的内容高度而集中地概括并反映社会生活，因而在欣赏时，应把浓缩的意义补充起来，把省略的过程焊接起来，把跳跃的情感连缀起来，既明了诗作的真境，又见到诗作的真情，更悟到诗作的真谛。这就要求施教者引导受教者进入诗歌的意境时，一定要通过再现“景象”的方式来进行。像杜牧的《江南春绝句》、王之涣的《登鹳雀楼》、济慈的《秋颂》等就极具代表性。如《江南春绝句》一诗在“千里”的背景下，通过画面的排列组合，将美丽如画的江南自然风景和烟雨蒙蒙中南朝的人文景观交织起来予以描写，展示了一幅由黄莺、红花、水村、山郭、酒旗、春风、殿阁、楼台、烟雨等构成的地域广袤的风景画。施教者在“诗教”时要通过再现“景象”的方式，把受教者带入一种深邃幽美的意境之中，从而使他们体味到诗人所寄寓的对王朝兴替的委婉讽喻和国事衰微的无尽忧伤的情感。又如《登鹳雀楼》一诗，施教者在进行“诗教”时可以再现出这样一幅“景象”：“远眺，巍峨的中条山高耸入云，一轮红日沿着中条山脊渐渐落下去，落日的余晖射出万道金光，把空旷辽阔的秦晋高原照得清晰可见；俯瞰，汹涌澎湃的黄河一泻千里，向着大海奔腾东去……然而怎样领略高山尽头的风光呢？怎样欣赏黄河滔滔远去的景色呢？那就再上一层楼吧！”这样通过再现“景象”的方式，能让受教者既目睹到一个高瞻远瞩的诗人形象，也获得了“站得高，望得远”的生活教益。再如《秋颂》一诗中的景物描写非常精彩，诗人像一位擅长工笔的画师，十分细腻地描摹出了成熟秋天的不同景象：首先，诗人罗列出秋天的累累硕果，其中有缀满葡萄藤蔓的珠球、老树背负的苹果、胀大的葫芦、鼓起的榛子壳等，它们都在秋天与太阳的密谋中成熟；其次，诗人将秋天拟人化，通过“你”坐、卧、行、立等的不同姿态，将打麦场、田垄、小溪、榨果架等的不同画面，剪接成一幅秋天的全景；再次，诗人描写了秋天里的音乐，有河柳下的飞虫、篱下的蟋蟀、园中的知更鸟、山圈里的羊群、天空中的燕子等，各种各样的昆虫和鸟兽，都参与黄昏中的大合唱。在进行“诗教”时，施教者要通过再现“景象”的方式，引导受教者进入诗人所勾画出的色彩浓艳的秋天繁复的声色并茂的意境之中，从而体会诗作通篇虽没有情感的直接抒发却将富足、愉悦的情感寄托在对自然和生活的热爱之中以及诗作一扫世人对秋所抱的伤感、悲凉的情调，并给秋注入了生命和阳光的深化主旨的妙处。

（二）散文的教学

散文是中西文学中较早出现的艺术样式，它“灵巧洒脱，别致风流，文采斐然”[77]。首先是美在意旨。它数丛黄菊，几朵白莲，会勾起人们无限的遐想；一场春雨，几片飞雪，能引起人们许多的情思。其次是美在选材。它既可小至花鸟虫鱼，又能大至星辰混沌；既可凝神于寅时卯刻，又能畅想于万载千秋。再次是美在结构。它既像那放飞的纸鸢而遨游长空，但丝线永远不断；又似那南方的榕树而枝杈纵横，但始终紧连着主干。又次是美在辞采。它既有巍峨典雅的龙宫凤阙，又有清新朴实的村野茅舍；既有华美绮丽的国色天香，又有淡雅馥郁的玉骨水仙。基于此，语文教育中必须注重散文的教学，其要点是：

1.散文的教学要探寻文脉

“文脉”是一个完美、严谨的艺术整体的脉络与筋骨，在散文中起着重要的组合作用。由于作家的生活经历、兴趣爱好、运笔成文等的不同，这就带来了“文脉”的不一样。为了让受教者把握散文的意向旨趣，施教者要引导他们理形摄神，追踪寻迹，牵出“文脉”。因此，作为语文教育的施教者必须引导受教者在散文的教学中探寻文脉。以下主要从散文的教学既要通过探寻文脉而把握到意旨美又要通过探寻文脉而把握到意绪美还要通过探寻文脉而把握到意趣美等几个方面进行阐述：

（1）散文的教学要通过探寻文脉而把握到意旨美

散文中的意旨美，就是指作家对客观存在外物的敏锐感受、准确理解和深刻认识后所表达的并贯穿在作品中的一种美的意向，能让人心胸坦荡，眼界开阔，并产生积极向上的力量。像宗璞的《西湖漫笔》、余秋雨的《老屋窗口》、丘吉尔的《我与绘画的缘分》等就极具代表性。如《西湖漫笔》一文以描写西湖的“绿”为纬线，以赞美祖国的深情为经线，经纬交织，构思精美，呈现了“多少人说过写过的”杭州西湖的美景，展示了“一幅青绿山水”图画，仿佛使人置身于“绿”的海洋之中。作家不因袭前人，不尾随时贤，就在于另辟蹊径，对客观外物的信息新颖性的开掘，即以独特的艺术构思表达自己对西湖美景的敏锐发现。她不受时间、地点的限制，把握了客观外物与意旨的契合力，从而使客观外物新鲜而别致，强健而有力。施教者只要引导受教者沿着“文脉”进入作品之中，就能把握到意旨之美，并进而获得一种在愉悦中所升腾的美感。又如《老屋窗口》一文以“老屋窗口”作为线索，描述了与自己紧密相关的失学女孩河英的人生命运。作家不落他人俗套，就在于他刻意求新，对客观外物的信息荷载力的认识，即一反中国人写故土情深的老套做法，用饱含同情心的笔调写出了一种文明的伤逝，写出了蒙昧留给自己、留给河英的痛苦伤痕，并承载了一个十分沉重的话题：太多的文明被蒙昧击伤了，而许多所谓的文明人时常抱着得过且过的敷衍，抑或蝇营狗苟的同流合污，这是参与构建文明的承担者的人格缺失，也是文明不断丧失的深层原因。施教者只要引导受教者沿着“文脉”进入作品之中，就能把握到意旨之美，并进而获得一种对文化厄运的深思和愤懑。再如《我与绘画的缘分》一文有内外两条线索，外在线索是作家年至四十才开始学画的起因与经过，内在线索是作家在学画过程中的心理和感受。作品讲述的是作家的一段学画的经历与感悟，但是并不在于说明如何掌握绘画技巧，而是重在描写自己处于人生低谷时如何把心中的苦闷升华为高尚的精神追求的过程，这就表现了作家对艺术执着的韧性耐力，以及艺术所赋予他的某种奇异的无穷乐趣和真挚的情感体验。施教者只要引导受教者沿着“文脉”进入作品之中，就能把握到意旨之美，并进而获得一种对艺术真谛潜心探究的情怀。

(2) 散文的教学要通过探寻文脉而把握到意绪美

散文中的意绪美，就是指作家将人世间曾经存在过和已经存在着的事和理通过“情化”处理后并熔铸在作品中的一种美的情绪，能让人领略到生活本质的光彩，并获得强烈的美感。像韩愈的《祭十二郎文》、谢璞的《珍珠赋》、海伦·凯勒的《假如给我三天光明》等就极具代表性。如《祭十二郎文》一文以“悲痛之情”为线索，写得一往情深，凄楚动人。作家一反传统祭文的固定格套，用自由的散体，围绕家庭、身世和生活琐事，尽情地抒写了对亡侄的伤痛之情，在琐碎的家常诉说中，融注了自己对宦海人生的感叹，缠绵悱恻，凄切无限。其中叙“承先人后者，在孙惟汝，在子惟吾，两世一身，形单影只”的孤苦境况，写“一在天之涯，一在地之角，生而影不与吾形相依，死而魂不与吾梦相接……彼苍者天，曷其有极”的无穷怅恨，笼罩着悲怆情调和深长意绪。施教者只要引导受教者沿着“文脉”进入作品之中，就能把握到意绪之美，并进而产生异常强烈的催人泪下的震撼。又如《珍珠赋》一文以“珍珠”为线索，描绘了洞庭湖培养珍珠的奇迹。水下有珍珠，岸上也有珍珠，那千顷良田里，棉花是白色的珍珠，莲叶是绿色的珍珠，稻谷是黄色的珍珠。晚上电灯齐亮，地下的珍珠一齐飞到了天上。最后，一个巧妙的比喻：洞庭湖像一颗明珠镶嵌在祖国的大地上。洞庭湖的水下、地上、天上都是珍珠，形成了一个光彩夺目、美不胜收的珍珠世界。施教者只要引导受教者沿着“文脉”进入作品之中，就能把握到意绪之美，并进而既感受自然美也感受社会美更感受艺术美。再如《假如给我三天光明》一文以“老师爱我、我爱老师”两条情感为线索，通过作家自述的方式，饱含情感地先写“我”因又聋又瞎而生活在沉寂和黑暗的世界里，再写安妮·沙利文老师对“我”的教育，最后写安妮·沙利文老师的教育令“我”终生受益以及“我”对她的感激、热爱之情。海伦·凯勒的故事警示我们，要珍惜光阴，珍惜人世间一切美好的事物，追求知识，追求道德完善，并且不被任何困难所吓倒。施教者只要引导受教者沿着“文脉”进入作品之中，就能把握到意绪之美，并进而获得十分浓烈的动人心弦的感染。

(3) 散文的教学要通过探寻文脉而把握到意趣美

散文中的意趣美，就是指作家通过对生活中的某种富有情趣、极具意味的事物的表述并渗透在作品中的一种美的旨趣，能让人自然而然地得到熏陶、感染，并获得巨大的审美享受。像袁鹰的《井冈翠竹》、陶渊明的《归去来兮辞》、安伯托·艾柯的《带着鲑鱼去旅行》等就极具代表性。如《井冈翠竹》一文以“毛竹”为线索，由多姿多彩的毛竹引起联想，按中国革命历史的时间为序组织材料，构成一个完美的整体，回顾了当年民主革命时期井冈翠竹为革命所做的各种贡献，表现出井冈翠竹威武不屈的崇高气节，继而笔锋一转，写井冈翠竹在社会主义建设中做出了新贡献。亭亭翠竹的奇节高风，早已是人们仰慕的品格，而作家寓情于物，托物言志，并写出了新意，从而礼赞了我国人民大公无私、艰苦奋斗的革命精神。施教者只要引导受教者沿着“文脉”进入作品之中，就能把握到意趣之美，并进而获得满山翠竹所内蕴的美好情思。又如《归去来兮辞》一文以“辞官—归途—抵家—室内生活—涉园—外出—纵情山水—如何度过余生”为线索，写得意趣绵邈，洋溢着淳朴欢欣的情感，渗透着高洁的德操，展现了作家辞官归隐的意志和纯洁高旷的品性。全文凸现出作家与无聊和恐惧官场的决裂态度，强烈地表现出对当时污泥浊水般的仕途和黑暗现实的鄙视与否定。施教者只要引导受教者沿着“文脉”进入作品之中，就能把握到意趣之美，并进而获得生命的感悟和艺术灵光的享受。再如《带着鲑鱼去旅行》一文以作家在瑞典出差时买的当地特产——一整条“个头奇大且便宜无比”的熏鲑鱼为线索，并围绕这只熏鲑鱼在豪华宾馆的变质过程，抒写了自己的遭遇与感受。作家到达下榻的宾馆后，为了冰那条个头奇大且便宜无比的熏鲑鱼，把客房冰箱里的酒和零食统统拿出来，把熏鲑鱼放进去。怎料次日清洁女佣却擅自取出熏鲑鱼，在冰箱里又塞满了新的饮料和食物，他只得再次清理冰箱，摆回熏鲑鱼。再过一天，又发生同样的事，如是三番两次，搞得熏鲑鱼开始发臭不说，还引来了一系列莫名其妙的消费。施教者只要引导受教者沿着“文脉”进入作品之中，就能把握到意趣之美，并进而获得事件背后的不能肆意宣张的意蕴。

2.散文的教学要识别文眼

“文眼”是散文的艺术构思的“焦点”，是映照全篇，并把思想和艺术融为一体的“凝聚点”。“文眼”的设置因文而异，可以是一个字、一句话、一个细节、一缕情丝，乃至一景一物。为了让受教者领略散文的既有如诗的感情又有如画的意境，施教者要引导他们全力找出能揭示全篇意向旨趣和有画龙点睛妙用的“文眼”。因此，作为语文教育的施教者必须引导受教者在散文的教学中识别文眼。以下主要从散文的教学既要通过识别文眼而领略到意韵美又要通过识别文眼而领略到气韵美还要通过识别文眼而领略到情韵美等几个方面进行阐述：

(1) 散文的教学要通过识别文眼而领略到意韵美

散文中的意韵美，就是指作家对所描绘的客观对象之中的充满情思、弥漫哲思、笼罩悟思，甚至是只可意会而难以言传的一种美，能让人获得如嚼橄榄而又余味无尽的美感。像朱自清的《春》、老舍的《济南的冬天》、雅罗斯瓦夫·伊瓦什凯维的《草莓》等就极具代表性。如《春》一文在末尾处连用了三个比喻句："春天像刚落地的娃娃，从头到脚都是新的，它生长着"，赞颂春天的勃勃生气美，给人以希望；"春天像小姑娘，花枝招展的，笑着，走着"，赞颂春天的艳丽容颜美，给人以信心；"春天像健壮的青年，有铁一般的胳膊和腰脚，领着我们上前去"，赞颂春天的伟岸身姿美，给人以力量。从刚落地的娃娃，到花枝招展的小姑娘，再到健壮的青年，这三个比喻句的顺序也耐人寻味，写出了不同时段的不同景象。作品以此为文眼而收束全文，画龙点睛。施教者只要引导受教者抓住这一"文眼"而进入作品之中，就能领略到意韵之美，并进而体味一种隽永含蓄的哲理启迪。又如《济南的冬天》一文开篇这样写道："……在北中国的冬天，而能有温晴的天气……"这"温晴"二字，是全文的文眼，使作品脉络清楚，杂而不乱，多而不繁。作品中写了冬天的济南既优于多风的北平又优于雾都的伦敦还优于日光火毒的热带非洲，是个无风响晴的"宝地"：这里有静卧的小山，也有澄清的河水；有古城的村庄，也有挺立的青松；有河边的垂柳，也有绿色的水藻；有雪前的景，也有雪后的景；有映在水中的倒影，也有不映在水里的"正影"……红黄白蓝黑，色彩斑驳；山木水草天，多彩多姿，都一一写了进去。施教者只要引导受教者抓住"文眼"进入作品之中，就能领略到意韵之美，并进而体味一种温馨宁静的美感享受。再如《草莓》一文以"草莓"为情感的"触媒"探求人生哲理，这是全文的"文眼"所在。作品融情入景、因物悟理，凝聚着作家提魂摄魄的感受。一颗九月的晚熟草莓的形、色、香、味、生长状况等方面既触发了作家对流年似水、青春不再的慨叹，又触发了他对人生的深刻感悟——对时光流逝的慨叹，更触发了他对生命在时光流转中不断成熟丰富的喜悦，从而告诉人们要珍惜过往，正视未来，因为生命成长的希望在前面。施教者只要引导受教者抓住"文眼"进入作品之中，就能领略到意韵之美，并进而体味一种深沉睿智的人生境遇。

(2) 散文的教学要通过识别文眼而领略到气韵美

散文中的气韵美，就是指作家所熔铸在审美对象之中的独特韵味即兴致、情绪、意图，甚至是渗透于内在生命力的律动的一种美，能让人获得如品香茗而回味无穷的美感。像杨朔的《雪浪花》、宗璞的《紫藤萝瀑布》、乔治·桑的《冬天之美》等就极具代表性。如《雪浪花》一文的"文眼"就是刚捕鱼回来的渔民——老泰山说的一句"是叫浪花咬的……别看浪花小，无数浪花集到一起，心齐，又有耐性，就是这样咬啊咬的，咬上几百年，几千年，几万年，哪怕是铁打的江山，也能叫它变个样儿"。"是叫浪花咬的"这一"文眼"展现了作品的意境，既为开篇的背景描写赋予了哲理的深意，又为篇末点题埋下了伏笔；它是老泰山——一朵雪浪花，勤勤恳恳地塑造人民的江山的形象写照。施教者只要引导受教者抓住"文眼"进入作品之中，就能领略到气韵之美，并进而体味一种独特浓郁的诗意内涵。又如《紫藤萝瀑布》一文的"文眼"是"花和人都会遇到各种各样的不幸，但是生命的长河是无止境的"。作品把开花的紫藤萝描写得那么辉煌灿烂，并以"瀑布"

喻之，这强烈的情感显然已超越了对其自然属性的喜爱。紫藤萝已成为壮丽人生或壮丽事业的象征。歌颂紫藤萝，不仅意味着对既往的，可能是时代原因而“失去自我”的灰色惨淡人生的遗憾，而且意味着对现在的或未来的壮美人生的追求。施教者只要引导受教者抓住“文眼”进入作品之中，就能领略到气韵之美，并进而体味到一种对生与死的特殊思考。再如《冬天之美》一文的“文眼”是“我从来热爱乡村的冬天”。作家运用大量形容词和修辞手法，抓住景物的色彩和生命力，描绘出一种“万物盛装”、“生机盎然”的冬景，引发出时而惊奇、时而欣喜、时而赞叹的情感共鸣，表达了对乡村冬天的情有独钟。作者是一位丹青高手，最后作为整幅画的点睛之笔，她隆重地推出了人。“围炉夜话”从自然之美写到冬天之美，乡村的冬天带给人们精神生活的丰富，充满愉悦之情和美的感觉，这是冬天之美的灵魂和根本，自然美与精神美在这里达到了和谐的统一，正如列夫·托尔斯泰所说：“美——就是我们所爱的东西。不是因为好才可爱，而是因为可爱才好。”[7]施教者只要引导受教者抓住“文眼”进入作品之中，就能领略气韵之美，并进而体味一种回归自然的精神追求。

（3）散文的教学要通过识别文眼而领略到情韵美

散文中的情韵美，就是指作家所追求的内情与万物和谐一致、心声与天籁相融相协，并暗暗地透入特有情调、独有气氛的一种美，能让人获得如啜甘泉而意味深长的美感。像柳宗元的《小石潭记》、方纪的《挥手之间》、黄河浪的《故乡的榕树》等就极具代表性。如《小石潭记》一文先写所见的景物，然后以特写镜头写游鱼和潭水，再写潭上景物和自己的感受，从而将小石潭及其周围的景物写得寂寞清幽、郁郁落落。作品形似写景，实则写心，尤其是对潭中游鱼的刻画的笔法极妙，无一笔涉及水，只说鱼“空游无所依”，则水的澄澈透明，鱼的生动传神，都各尽其妙，真是拍案叫绝。其文眼“凄神寒骨，悄怆幽邃”充满了诗情画意，透露出小石潭幽深冷寂的景色和气氛。施教者只要引导受教者抓住“文眼”进入作品之中，就能领略到情韵之美，并进而体会一种忧郁、悲凉、孤独的心境。又如《挥手之间》一文在描写延安的干部和群众纷纷到机场送行时，摄下了毛主席登上飞机时那挥手之间的形象：“主席也举起手来，举起那顶深灰色的盔式帽；但是举得很慢很慢，像是在举起一件十分沉重的东西。一点一点，一点一点的，举起来，举起来，等到举过了头顶，忽然用力一挥，便停在空中，一动不动了。”这里的描写是工笔画、慢镜头，它是全文的“文眼”。这“文眼”上接广阔的历史背景，下联谈判后形势发展变化的情景；这“文眼”似“众星托月”，突出了毛主席为昭革命之大信于天下的大智大勇的光辉形象；这“文眼”显豁地表明：我们有与亿万人民休戚相关的伟大领袖，有什么困难不能克服，有什么艰难险阻不可逾越呢？施教者只要引导受教者抓住“文眼”进入作品之中，就能领略到情韵之美，并进而体会一种对抗战胜利的热烈心情。再如《故乡的榕树》一文用“文眼”——“会知道我在这遥远的异乡怀念着你么？”对笔下的内容进行组合、调度，或画面拼贴，一改传统的时空顺序排列而在跌宕起伏的情感世界里，听凭灵魂的自由舒展和自在徜徉。作家以客地的榕树为触发点，并以此联想到诸多与故乡的榕树有关的普通的百姓、天真的童趣、幽静的环境、醇厚的民俗等一幅幅可感的艺术画面，来表达自己从心底里流露出来的浓得化不开的怀乡情愫，洋溢着悠长的生活情趣和浓烈的乡土气息。施教者只要引导受教者抓住“文眼”进入作品之中，就能领略到情韵之美，并进而体会一种与自然、社会谐和的情感。

3.散文的教学要品味文句

散文的“文句”就文体意识而言，其亲切、自然、流畅之风是最为重要的。它写人而出神，叙事而成趣，绘景而见情，状物而得意，全不见刻意斧凿的痕迹，却能灵动跳脱而芬芳馥郁。为了让受教者体味散文的风采姿色，施教者要引导他们倾情找出作品中的生动形象、和谐风趣、简洁凝练并饱和着诗意美的“文句”。因此，作为语文教育的施教者必须引导受教者在散文的教学中品味文句。以下主要从散文的教学既要通过品味文句而体会到形象美又要通过品味文句而体会到朴素美还要通过品味文句而体会到音韵美等几个方面进行阐述：

（1）散文的教学要通过品味文句而体会到形象美

散文中的形象美，就是指作家的审美情趣、审美意识等而体现在客观物象的总体形态和空间形式之中所概括出的一种美，能让人留下无穷的想象的余地，进而产生意犹未尽的美感。像李健吾的《雨中登泰山》、冰心的《谈生命》、华盛顿·欧文的《英国乡村》等就极具代表性。如《雨中登泰山》一文中对泰山石头不规则的各种形体美作了更为详细的描绘：“别成一格的还有那些石头。古诗人形容泰山，说‘泰山岩岩’，注解人告诉你：岩岩，积石貌。的确这样，山顶越发给你这种感觉。有的石头像莲花瓣，有的像大象头，有的像老人，有的像卧虎，有的错落成桥，有的兀立如柱，有的侧身探海，有的怒目相向。有的什么也不像，黑忽忽的，一动不动，堵住你的去路。”作家在这里描绘的各具形态的积石，简直把人带进了一个神奇的童话般的世界。施教者只要引导受教者紧扣“文句”进入作品之中，就能体会到形象之美，并进而领略一种赋予石头以特定的情感和生活内容的深蕴。又如《谈生命》一文把抽象的“生命”理念化为具体的物象，描绘出一幅幅生命的图画。作家从一个独特的视角，用两个新颖的比喻，揭示出生命的真谛，这真可谓“喻巧而理至”，这两个恰到好处的比喻，能于极小中独见其大，把一个既简单又复杂的问题阐释得深入浅出，形象生动。“一江春水”的东流入海本是自然现象，“一棵小树”的生长从植物学的角度看也很普通，但是由于烙上了作家的感情的印记，不断流动的“春水”，不断生长的“小树”就获得了生命，给人一种积极向上、不断进取的活力。作品用优美的文句描绘出的不仅仅是一幅幅立体感很强的画面，更像是一首首生命的赞歌。施教者只要引导受教者紧扣“文句”进入作品之中，就能体会到形象之美，并进而领略一种生命不止奋斗不息的意志和豁达乐观的精神。再如《英国乡村》一文以秀丽传神的笔触描绘了一幅生动、美丽的图画，弥漫着一种温馨、恬然、厚重、优雅的气息。无论是壮丽的园林景观、逍遥的乡间村舍，还是奇特的古老建筑，都历历在目。绿草如茵的草坪，枝繁叶茂的大树，蜿蜒流淌的清泉，古拙圣洁的庙宇，时隐时现的丛篱，精心装饰的茅屋，一切都极其生动地展现在面前，从而获得一种纯朴谦和的审美享受。施教者只要引导受教者紧扣“文句”进入作品之中，就能体会到形象之美，并领略一种将深刻的历史感与柔婉的人情味完美结合的匠心。

(2) 散文的教学要通过品味文句而体会到朴素美

散文中的朴素美，就是指作家的审美观念、审美识见等而体现在客观对象的原始的本色的未经修改润饰的淡雅隽永而蕴藉丰厚的一种美，能让人享受质朴无华、纯真自然的美感。像吴伯箫的《山屋》、魏巍的《我的老师》、茨威格的《世间最美的坟墓》等就极具代表性。如《山屋》一文中的一段文字：“若有三五乡老，晚饭后咳嗽了一阵，拖着厚棉鞋，提了长烟袋相将而来，该是欢迎的吧？进屋随便坐下，便开始了那短短长长的闲话。八月十五云遮月，单等来年雪打灯。说到了长毛，说到了红枪会，说到了税、捐，拿着粮食换不出钱，乡里的灾害，兵匪的骚扰，希望中的太平丰年及怕着的天下行将大乱。说一阵，笑一阵，在鞋底下磕磕烟灰，大声地打个呵欠，‘天不早了。’‘快鸡叫了。’要走，却不知门开处已落了满地的雪呢。”在这里，长句、短句，错落有致；偶句、奇语，适当配置；分明是经过作家的匠心构筑的，然而表面上却自然朴素，无迹可求。不事渲染，却画面宛然；不求节律韵调，则自有一番美的情韵而扣人心弦。施教者只要引导受教者紧扣“文句”进入作品之中，就能体会到朴素之美，并进而领略一种欣然步入那山村冬夜趣谈的妙境。又如《我的老师》一文，就是一篇朴素自然的美文。作家“爱戴—依恋—思念”蔡老师的情感波澜不是荡漾在字面上，而是蕴含在平实的字里行间，犹如一股涓涓细流贯穿全文。你看，蔡老师对孩子们真挚的爱与孩子们对她举止的观察，写得朴实自然又情真意切：“仅仅有一次，她的教鞭好像要落下来，我用石板一迎，教鞭轻轻地敲在石板上，大伙笑了，她也笑了。”这里“清如水”的赤诚童心和水乳交融的师生关系，全都透过浅显明快的文句淋漓尽致地表现了出来。这样的作品，读之有一种“如坐轻舟泛中流”的愉悦，思之有一种拨动心弦而激荡肺腑的感受。施教者只要引导受教者紧扣“文句”进入作品之中，就能体会到朴素之美，并进而领略一种妙语出于天然的鲜活的文气。再如《世间最美的坟墓》一文用平淡朴素的文字，描绘出列夫·托尔斯泰墓震撼人心的朴素美，歌颂了列夫·托尔斯泰不重名利、追求宁静自然的高贵品格。作品在深切地对列夫·托尔斯泰的歌颂中，也充分地体现了作家的价值判断——最朴素、最动人。施教者只要引导受教者紧扣“文句”进入作品之中，就能体会作品到朴素之美，并进而领略一种普通中蕴含着伟大的精神力量。

(3) 散文的教学要通过品味文句而体会到音韵美

散文中的音韵美，就是指作家的审美情感、审美理想等经过自己苦心孤诣、潜心钻研而追求的音律美、韵律美融合的一种美，能让人产生念起来朗朗上口、听起来悦耳动心的美感。像刘禹锡的《陋室铭》、魏巍的《谁是最可爱的人》、余光中的《听听那冷雨》等就极具代表性。如《陋室铭》一文中这样写道：“山不在高，有仙则名。水不在深，有龙则灵。斯是陋室，惟吾德馨。苔痕上阶绿，草色入帘青。谈笑有鸿儒，往来无白丁。可以调素琴，阅金经。无丝竹之乱耳，无案牍之劳形。南阳诸葛庐，西蜀子云亭。孔子云：何陋之有?”作家在这里描述了在“陋室”之中品味“苔痕上街绿，草色入帘青”的诗意情趣、“谈笑有鸿儒，往来无白丁”的人际交往、“调素琴，阅金经”的自我精神愉悦，等等，由于押韵的自然协和，能使作品的文句产生一种铿锵悦耳的美感。施教者只要引导受教者紧扣“文句”进入作品之中，就能体会到音韵之美，并进而领略一种莫名的高尚情操和高雅追求。又如《谁是最可爱的人》一文中这样写道：“……可是，我要说，这是由于他跟我们的战士接触太少，因此，就没有能够了解到我们的战士：他们的品质是那样地纯洁和高尚，他们的意志是那样地坚韧和刚强，他们的气质是那样地淳朴和谦逊，他们的胸怀是那样地美丽和宽广!”作家在这里赞扬志愿军战士的话一共四句，一、二、四句末尾的词语“高尚”、“刚强”、“宽广”都是押同一韵，因而显示出文句的协调匀称、押韵的自然协和、音节的参差错落的美。施教者只要引导受教者沿着“文句”进入作品之中，就能体会到音韵之美，并进而领略一种伟大的革命情怀和乐观精神。再如《听听那冷雨》一文中既使用象声词与重叠词的联用来写雨：“雨来了，轻轻地敲打着这城市……远远近近……细细密密……滴滴点点滴滴……细细琐琐屑屑……轻轻地奏吧沉沉地弹，徐徐地叩吧，挞挞打，间间歇歇敲击着一个雨季……”，不仅使雨态表现得更加形象，而且也使文句和谐动听，极具音乐的美感；又使用连成一气的双声词来写雨：“听听，那冷雨。看看，那冷雨。嗅嗅闻闻，那冷雨。舔舔吧，那冷雨……”，化抽象为具体，化干涩为潮润，化无声为有声，从而让文句错落有致，富有音乐性；还使用大量的长短句来写雨：“雨在他的伞上，这城市百万人的伞上，雨衣上，屋上，天线上。雨下在基隆港，在防波堤，在海峡的船上，清明这季雨。”作品依靠文句的长短错综变化，这就造成了一种极富敲打乐式的音乐美。施教者只要引导受教者紧扣“文句”进入作品之中，就能体会到音韵之美，并进而领略一种难遣的家国愁思和浓厚乡情。

（三）小说的教学

小说是“比真的面貌还要有神气、有活力、有生气”[79]的“别具艺术生命的一种文体”[77]，在中西文学中相对于诗歌、散文、戏剧而言，虽是发展和成熟最晚的一种艺术样式，但它却异军突起而独领风骚，自然无可争辩地成为文坛霸主。这种艺术样式与诗歌、散文、戏剧等相比，因而不能直接抒发一种情感、一种心绪、一种意念等，只强调倾向性应从故事中流露出来。但恰恰就是这种“间接性”，便构成了小说巧妙地设置情节、细致地塑造人物、出色地描绘环境的优越条件。小说既能使受教者点燃智慧的火花又能使受教者享受精神的洗礼还能使受教者探寻美感的奥秘。基于此，语文教育中必须注重小说的教学，其要点是：

1.小说的教学要领略情节

小说的情节设置相对诗歌、散文、戏剧等艺术样式而言，其文体特性、独特追求、重心所在等是有所区别的。情节是展示人物的精神、心灵或情感等的发展变化的框架和造型表现的轮廓。小说巧妙地设置精彩曲折的情节，在一定的意义上可以说既是其文体特性，又是其独特追求，还是其重心所在。因此，作为语文教育的施教者必须引导受教者在小说的教学中领略情节。以下主要从小说的教学既要领略情节设置的生动性又要领略情节设置的多变性还要领略情节设置的奇特性等几个方面进行阐述：

(1) 小说的教学要领略情节设置的生动性

小说的情节设置的生动性往往表现在峰回路转和波澜起伏等方面，它是作品情节设置的精彩曲折的一种表现形式。像冯梦龙的《灌园叟晚逢仙女》、志贺直哉的《清兵卫与葫芦》等就极具代表性。如《灌园叟晚逢仙女》(《醒世恒言》节选)的扣人心弦之处在于自始至终紧紧围绕着花农秋先与恶霸张委之间的斗争——护花保园、毁花占园的矛盾组织情节：种花老人秋先善良朴实，爱花如命，嗜花成癖，不肯轻易让人进园赏玩，即使亲戚邻友也不例外，人称“花痴”。城中恶霸张委带领一班如狼似虎的打手闯进秋先的花园，寻衅闹事，酗酒行凶，肆虐地践踏花园，并强行要买下花园，这是第一个波澜。秋先见张委等人糟蹋花朵，心疼肉痛，拼死拦阻，毫不退缩，更不同意卖园，张委等人恼羞成怒，把园中鲜花打得只蕊不留，这是第二个波澜。暴徒们走后，秋先见园中花枝凋零，抱头痛哭，感动了花仙，使落花重返枝头，花园变得更加美丽，这是第三个波澜。张委为了达到霸占花园的目的，买通官府，心生毒计，陷害秋先，以“落花上枝”为由诬告秋先“行妖谋反”，致使秋先蒙冤入狱，这是第四个波澜。秋先在狱中眷念花园，花仙相助，惩处了张委，秋先获释得胜，被放回家，这是第五个波澜。这情节五起五落，荡漾回环，险夷交错，颇具艺术魅力，能让受教者从中着实感到惊奇，并进而产生一种强烈的审美期待。因此，作为施教者要着力于这方面的引导。又如《清兵卫与葫芦》的情节设置极为生动，它通过讲述异国的一个叫清兵卫的孩子喜欢葫芦却因教员的武断与父亲的专制而导致热衷绘画的悲剧性故事，批评了粗暴扼杀少年天性与天赋的做法，表达了呼吁尊重个性、让个性自由发展的期望，流露了对美和自然在恶俗的时代氛围中处境艰难、倍感孤立的忧思。情节是故事的核心，情节的运行一般遵循“发生—发展—高潮—结局”的基本模式，这就是：清兵卫痴迷葫芦(发生)、清兵卫发现葫芦(发展)、教员没收葫芦(趋向高潮)、父亲砸碎葫芦(第一高潮)、校役贱卖葫芦、商人高价转卖葫芦(第二高潮)、清兵卫开始绘画(结局)。作品的精彩之处在于危机爆发式(矛盾的郁积就会选择一个合适的时机爆发，教员的家访是矛盾爆发的合适时机，而父与子的矛盾爆发又是下一个清兵卫与常人的理解不同的矛盾开始的新起点)的情节安排，既使故事的发展曲折多姿而复沓回旋，又使人物的呈现鲜明突出而神采飞扬，这就自然地避免了情节的平板单调，有力地增强了故事的悲剧色彩。这种情节设置的生动性，能激发受教者积极参与探究的兴趣，并进而更加急欲解除心头的悬而未决的念头。因此，作为施教者要着力于这方面的引导。

(2) 小说的教学要领略情节设置的多变性

小说的情节设置的多变性往往表现在诡丽多姿和逶迤流畅等方面，它是作品情节设置的精彩曲折的另一种表现形式。像李朝威的《柳毅传》、欧·亨利的《警察和赞美诗》等就极具代表性。如《柳毅传》的情节设置就很讲究多变性。一是把柳毅对龙女的始则同情、继则爱怜、终则爱慕的感情层层表现出来，这就使情节的设置显得张弛相生。作品在柳毅慨然允诺之后，不叙写引别东去，而叙写两人感情的交流，文势舒缓了下来。柳毅到了龙宫，没有立刻见到龙君，因龙王正与太阳道士讲谈火经，柳毅不得不耐心等候，这一处闲笔的叙写也显得张中有弛。二是将洞庭君的“沉郁”与钱塘君的“奋战”的强烈反差呈现出来，这就使情节的设置显得跌宕有致。洞庭君乃龙女父亲，钱塘君是龙女叔父，洞庭君有权有势，钱塘君则身陷縻系，但是洞庭君得知女儿不幸，却一筹莫展，还唯恐钱塘君又闯下大祸，而钱塘君听到侄女受辱，激愤难耐，掣破金锁，大战泾阳，二人形成极大的起伏。三是把灵怪、侠义、爱情三者成功地展现出来，这就使情节的设置显得巧妙曲折。在柳毅为龙女传书的使命已经完成，准备离开龙宫之际，突然平添钱塘君逼婚、柳毅严词拒绝一节，这就使得情节波澜再起；柳毅回家后两次所娶之妻均夭折，最后与卢氏成婚，而当谜底揭开后，方知这位卢氏正是龙女的化身。这种情节设置的一转再转，能让受教者时而惊恐时而大喜，并进而从中获得如愿以偿的审美愉悦。因此，作为施教者要着力于这方面的引导。又如《警察和赞美诗》的情节设置就极为巧妙，它花了大量笔墨叙写一个因穷困失业、无家可归的流浪汉苏比在冬天即将到来的时候，开始为进入他的冬季寓所——布莱克威尔监狱得以安身而想尽种种办法故意犯罪，结果六次惹是生非而“罪恶累累”，竟一次次地得到了警察的无比的“宽容”并被认定为“无罪”，致使流浪汉苏比虽经“多方努力”，仍无法达到自己顺利进监狱的目的。而当他在教堂的赞美诗中受到感化，灵魂开始复苏并决定弃恶向善、改邪归正之时，作家却笔锋一转，只借警察之口简简单单地说了一句“那你跟我来”，就让流浪汉苏比轻轻松松地进了监狱。这大开大合、一波三折的情节设置，反映了多么深广的社会生活蕴含！作家面对一个普通的情节，却能匠心独运，将情节处理得这般有起有伏，有张有弛，扑朔迷离，曲折多变而无斧凿之痕，实在是难能可贵的。这就增强了作品的艺术感染力，既激发了受教者思索这种荒谬背后的深刻内容——为非作歹者无人过问，有心从善者反进牢门，也让受教者领略了情节在意料之外又在情理之中的奇趣。因此，作为施教者要着力于这方面的引导。

(3) 小说的教学要领略情节设置的奇特性

小说的情节设置的奇特性往往表现在波谲云诡和悬念迭出等方面，它是作品情节设置的精彩曲折的又一种表现形式。像蒲松龄的《促织》、莫泊桑的《项链》等就极具代表性。如《促织》（《聊斋志异》节选）虽是围绕促织这一小动物设置情节，事情的起因也并非古怪，然而情节的展示却实属奇绝。作家在设置情节时平铺三大波澜：一是父亲成名因无法交出“好促织”应差，于是“转侧床头，惟思自尽”；二是儿子在戏耍中失手误毙促织，并因恐惧而投井自杀；三是再次捉到“好促织”而与“蟹壳青”和公鸡斗勇，因斗胆进献“好促织”而致富。作品的三大浪峰互相联系：越是突出王命紧迫，无法交差，就越是显出失手扑毙促织所带来的后果严重；越是反映再次捉到促织的艰难，就越是表现出促织与“蟹壳青”和公鸡扑击的惊险奇绝。作品以浪峰并峙来显示情节的曲折特色，而浪峰并峙又并非互不关联，这种关联是以无数的细波小浪来显示情节的夭矫变幻，这样，突兀的主峰和余波浪涌就结合成为整个情节的汪洋恣肆。纵览全篇，情节一波涌过一波而波赶波，一浪高过一浪而浪推浪，丽日和风而骤有霹雳震天，平沙千里而陡成峭壁悬崖，大起大落，惊心动魄，如流风回云，余波涟漪，这既增强了故事的神秘性，同时也加深了故事的悲剧性，能让受教者从中尽享曲折变幻之妙，并进而获得探幽览胜的乐趣。因此，作为施教者要着力于这方面的引导。又如《项链》中的奇特性的情节设置令人拱手称奇。作品叙写女主人公玛蒂尔德一直向往上流社会的生活，可是她在舞会前的表现却出乎人的意料：当接到部长的情帖后，她不但不欢喜反而却“懊恼”、“发愁”，这种非常的“表现”既吸引人去探究其心理和动机，同时又使情节的发展出现波澜而不显得呆板。女主人公在舞会上大获成功，眼看时来运转，然而丢失项链的偶然事件却使她的命运发生了根本性的变化，这也就成了作品情节发展的转折点。尤其是在作品的结尾，作家又出人意料地让女主人公再一次经历精神上的打击，这对玛蒂尔德的虚荣心给予了沉重的惩罚，情节在女主人公经过 10 年的艰辛赔偿完项链后而路遇故友得知“项链是假的”的情况下戛然而止。整个作品的情节设置的突兀与人物命运的浮沉紧密地交织在一起，确实具有奇特性，这些看似奇特性的情节，虽出人意料之外却又是合乎情理的，它将作品的思想内涵和艺术品位提升到了一个新的高度。作品的这种情节设置的奇特性，能让受教者从中去关注人物的命运结局，并进而收到极好的审美效果。因此，作为施教者要着力于这方面的引导。

2.小说的教学要体味人物

小说的人物塑造与诗歌、散文、戏剧等艺术样式相比较，其中心任务、应有价值、特有功能等是有所不同的。人物是积极的、有意识的社会生活的主体和错综的、纷繁的社会关系的总和。小说细致地塑造栩栩如生的人物，在一定的意义上可以说既是其中心任务，又是其应有价值，还是其特有功能。因此，作为语文教育的施教者必须引导受教者在小说的教学中体味人物。以下主要从小说的教学既要体味人物塑造的多面性又要体味人物塑造的层次性还要体味人物塑造的发展性等几个方面进行阐述：

（1）小说的教学要体味人物塑造的多面性

小说的人物塑造的多面性往往表现在相反相成和相得益彰等方面，它是作品人物塑造的栩栩如生的一种表现形式。像鲁迅的《阿 Q 正传》、契诃夫的《变色龙》等就极具代表性。如《阿 Q 正传》一文中塑造的阿 Q 是一个质朴愚昧又圆滑无赖、率真任性又正统卫道、自尊自大又自轻自贱、争强好胜又忍辱屈从、狭隘保守又盲目趋时、排斥异端又向往革命、憎恶权势又趋炎附势、蛮横霸道又懦弱卑怯、敏感禁忌又麻木健忘、不满现状又安于现状的不觉悟的农民。当辛亥革命的消息传来时，阿 Q 虽一时反对，但低下的社会地位又使他本能地倾向革命。他对革命的理解是错误而可笑的，行动是迟钝而软弱的，最后在假洋鬼子的棒喝下导致“革命”的美梦彻底破灭。因而欣赏时既要看到阿 Q 的保守、落后、反对变革、兴高采烈地“观杀”革命党人，又要看到阿 Q 的盲目趋时——姘叔、革命；阿 Q 一方面屡遭赵太爷、假洋鬼子之流的欺压，而另一方面又去欺负比他更弱的人，如小尼姑、小D；阿Q痛恨赵太爷之类的阔人，却又巴结他们，羡慕他们的生活。阿Q的这些性格因素看起来似乎是相反的，是矛盾对立的，却奇妙地统一在这样一个人物的身上，使得人物塑造不仅血肉丰满，还能活灵活现，既具有鲜明的个性，又包含深广的社会内容，因而更加真实而生动，成为不朽的艺术典型，能让受教者从中产生深度思考，并进而窥视到“国民”的可笑而又卑微的灵魂。因此，作为施教者要着力于这方面的引导。又如《变色龙》中塑造的奥楚蔑洛夫这一人物在审理“案件”时就极具多面性。奥楚蔑洛夫得知狗咬人的事件后，便挤进人堆，在公众面前专横地吆三喝四，一副盛气凌人的样子。当他听了首饰匠赫留金的申诉，因不知狗是谁家之时，便声色俱厉地断然决定，要把狗弄死，并且要惩罚狗的主人。可当听到这狗是将军家的狗时，他立刻胆怯得浑身冒汗，竟反过来训斥赫留金是那种“出了名”的“鬼东西”。当又听巡警说这狗不是将军家的狗时，他又转而大骂小狗，而且在赫留金的面前显出一副公正模样。可又听别人说这狗“没错是将军家的”时，于是他又大骂赫留金是“浑蛋”，称赞小狗是“名贵”的动物。当将军家的厨师又否定狗是将军家的时，他又骂狗是“野狗”，并扬言要“弄死它算了”！当厨师又说那是将军哥哥家的狗时，他顿时来了一百八十度的大转弯，“脸上洋溢着含笑的温情”。在奥楚蔑洛夫裁决狗咬人的案件的过程中，十二次对话中竟有六次“变色”，活画出沙皇政权的爪牙们的专横霸道、欺压人民、阿谀权贵、见风使舵的丑恶嘴脸，具有典型人物的经典意义，能让受教者忍俊不禁，并进而领略到作家塑造这一人物的不尽韵味。因此，作为施教者要着力于这方面的引导。

(2) 小说的教学要体味人物塑造的层次性

小说的人物塑造的层次性往往表现在横向的广度和纵向的深度等方面，它是作品人物塑造的栩栩如生的另一种表现形式。像曹雪芹的《林黛玉进贾府》、列夫·托尔斯泰的《娜塔莎》等就极具代表性。如《林黛玉进贾府》（《红楼梦》节选）中塑造的林黛玉这一人物就非常有层次性。她时而爱，时而恨；时而悲，时而喜；时而表现出“阴柔”的一面，几乎是眼泪的化身；时而表现出“阳刚”的一面，几乎是不能容人的尖酸刻薄。她是那么多愁善感，又是那么喜欢使“脾性儿”。这种“脾性儿”虽然既不确定又不稳定，令人难以捉摸，但是却能让人感到这个“脾性儿”的变化无常是合情合理的。因为不管怎样，林黛玉这种“脾性儿”复杂变化的基本指向还是明确的。尽管它有很多变化，但她那种“爱的执着”却是一贯的、稳定的，她的感情变化还是有根据的。这种根据有最重要的两点：一是她处在社会关系网中的一个特殊点——她是一个失去双亲、寄人篱下的孤单女子。由于这种特定位置，她的高傲、孤独感、多愁善感、尖酸刻薄等就显得合情合理，因为这是处于这种境遇的人容易自然发生的心理状态。二是她处在社会关系网中的另一个特殊点——她是一个最理解宝玉、最真挚地爱着宝玉，但又没有把握实现这种爱的弱女子。这种深层结构和表层因素呈现出的错位状态，使得林黛玉这一人物极富层次性，因而能让受教者窥一斑而知全豹，并进而感到了林黛玉在贾府中的尴尬处境和岌岌可危的地位。因此，作为施教者要着力于这方面的引导。又如《娜塔莎》（《战争与和平》节选）中塑造的娜塔莎·

罗斯托娃这一人物也极具层次性。她经过与鲍里斯的相爱、与安德烈的订婚、受阿纳托尔的诱惑、识破库拉金的面目、与安德烈的破裂、同皮埃尔一起生活等曲折的人生经历，表现出特有的炽烈的热情和不顾一切的个性。如果说娜塔莎·罗斯托娃的性格像一张五彩缤纷的网，那么她的这种热烈和追求就是网上的纲。娜塔莎·罗斯托娃的性格所呈现的复杂而有序的状态，达到了一种"美丑泯绝"的境界。娜塔莎·罗斯托娃的"同一性格元素在不同的视角下呈现出双重意义或多重意义"[80]，在"同一时间同一空间"内既包含着善，又包含着恶，美中有丑，丑中有美，从某种角度上看，善恶、美丑的界限几近消失，这正是她的性格的二重组合的表现。在娜塔莎·罗斯托娃的身上，分化为"可爱"与"可恶"两种性格元素的互相渗透，她的"可爱"之处恰恰在于她的"可恶"之处，而她的"可恶"之处又恰恰是她的"可爱"之处，正是这些"可爱"与"可恶"的交织，形成了娜塔莎·罗斯托娃这一人物塑造的层次性以及她的性格的"迷人的真实性"，能给受教者留下巨大的想象空间，并进而去感受作家精心塑造这一人物的无穷魅力。因此，作为施教者要着力于这方面的引导。

(3) 小说的教学要体味人物塑造的发展性

小说的人物塑造的发展性往往表现在"性格构成和成长的历史"[81]等方面，它是作品人物塑造的栩栩如生的又一种表现形式。像施耐庵的《林教头风雪山神庙》、雨果的《炮兽》等就极具代表性。如《林教头风雪山神庙》(《水浒传》节选) 中塑造的林冲便是这样一个不断发展性的人物。开始的林冲是八十万禁军的教头，有一个温柔美丽的妻子，尽管他怀才不遇，也安于现状，这造成了他软弱的性格，所以当他的顶头上司高俅之子调戏他的妻子时，他也忍气吞声，不愿惹事。面对高俅之流的百般陷害，他忍辱偷生，希望能早一日返回京城和家人团聚，过上安稳的生活。直至陆虞候火烧草料场，使得他走投无路之时，才不得不奋起反抗，并逐步成长为最坚定、最勇敢的义军领袖。林冲的性格不是突变，而是渐变。他本没有反抗的要求，是环境和一系列的事件把他逼上了梁山。他安分守己，对手却要得寸进尺；他忍辱负重，仇人却要斩尽杀绝。生活的浪涛把他席卷进去，他吞水、隐忍、挣扎、浮游，最后钻浪而起，脚踏惊涛，威武挺立，成就了前所未有的崭新性格。一个铁骨铮铮的汉子，便由此得以完成。这里，情节是发展的，人物的性格也随着情节的发展而发展。发展与构成，是一个事物的两个方面，发展或者成长到一定的时候，性格也就构成了。作品的这种人物塑造的发展性，能让受教者津津乐道，乃至拍案叫绝，并进而去感悟作家所塑造的这一人物的丰富内涵。因此，作为施教者要着力于这方面的引导。又如《炮兽》(《九三年》节选) 中对朗德纳克这一人物的塑造也极具发展性，能够给予人以立向的厚度的美感。朗德纳克面对炮兽肆虐时的沉着冷静，面对船员伤亡时的无动于衷，面对死亡的危险去阻止大炮时，一切不可思议的举动，即使面对的是死亡，他也必须把握住那个转瞬即逝的机会，他的身份与责任要求他不顾一切地将那袋伪指券扔到大炮的车轮之间。处变不惊，想别人所不敢想；临危不惧，做别人所不敢做，这一切都为这个看似平凡的老人抹上了一层神秘的面纱。因而在欣赏中无不被他的智慧而折服，为他的勇气所倾倒，并对他的身份充满了极度的疑惑，而最为重要的，还是他的在那种“赏罚分明”中所体现出来的严肃、公正、果断、睿智的一种不同常人的气度。这一人物包容着巨大的社会容量、生活容量、心理容量和审美容量，成为经得起长久再创造再发现的艺术典型，这就为受教者提供了立向的思维空间，有助于他们培养思维的广阔性、深刻性、独创性和灵活性，并进而获得更丰富、更独特的人生感悟和美感享受。因此，作为施教者要着力于这方面的引导。

3.小说的教学要感悟环境

小说的环境描绘与诗歌、散文、戏剧等艺术样式相比较，其特殊要求、基本品格、根本目的等是有所区别的。环境是凸显人物的性格、命运或心态等的特定的历史空间和适宜的活动场所。小说出色地描绘含蕴丰厚的环境，在一定的意义上可以说既是其特殊要求，又是其基本品格，还是其根本目的。因此，作为语文教育的施教者必须引导受教者在小说的教学中感悟环境。以下主要从小说的教学既要感悟环境描绘的和谐性又要感悟环境描绘的独特性还要感悟环境描绘的虚幻性等几个方面进行阐述：

（1）小说的教学要感悟环境描绘的和谐性

小说的环境描绘的和谐性往往表现在协调一致和互相映衬等方面，它是作品环境描绘的含蕴丰厚的一种表现形式。像鲁迅的《社戏》、伊凡·蒲宁的《安东诺夫卡苹果》等就极具代表性。如《社戏》中的环境描绘清新、幽远、如梦如幻，像一幅优美的水墨画，有一种淡雅、简练的美，是“一曲自然美的颂歌”。作品通过“我”回忆儿时和小朋友一道看社戏，把许多年前“一个离海边不远，极偏僻的，临河的小村庄”中人们的生活情趣，淋漓尽致地展现在欣赏者面前。外祖母家的平桥村，白云悠悠、炊烟袅袅，山水令人陶醉，月色让人留恋，人们的精神生活带着几分原始式的纯朴和健康，较少受世俗的浸染，是一方“净土”：那里的人们纯朴诚挚，虽不富裕却是那样自如愉快；那里的人们虽有“行辈”却不分“行辈”，偶尔发生吵闹也“决没有人会想出‘犯上’这两个字来”；那里的人们是那样热情好客甚至私有观念也比较淡薄，居然引人“偷”自家地里的豆子请客；那里的人们对自己的劳动成果却又那样引以为自豪，六一公公因自己种的豆子被别人称赞而高兴得“感激起来”……处处洋溢着夏天的温馨，人与人的关系、人与自然的关系都十分融洽，一切让受教者觉得那么轻松而舒展、沉静而柔和、和谐而自由。作品的这种环境描绘的和谐性，能使他们从中获得热爱自然、健康向上、永葆童心的情操，并进而步入充满诗情画意的艺术境界之中。因此，作为施教者要着力于这方面的引导。又如《安东诺夫卡苹果》中的环境描绘仿佛是一部令人心醉神迷的俄罗斯田园风景纪录影片，它由一幕幕细腻的工笔画连缀而成，欢娱与感伤的情绪彼此映衬，成为整个“影片”的配乐，令作品充满了和谐的情致，洋溢着诗意的氛围，呈现出靓丽的风姿。比起图画，这篇作品更像电影，因为作家在描绘每一幅俄罗斯的风情画时，不是平面的，而是立体的：不仅有色彩、光影，还有声音、气味，令人如身临其境。作品中的环境描绘给予欣赏者许多艺术的启示：风景不仅仅是描绘的“画”，同时也是作家心里的“话”，将昔日欢快之景与今日萧瑟之景并置，这便替作家道出了心情，因而具有浓郁的抒情性。尤其值得提及的是，整个作品用回忆的口吻，将受教者徐徐带入那个已经逝去的美好的“安东诺夫卡苹果”的馥郁甜香的田园梦境之中，既抒发了作家对过去生活的深情缅怀与留恋，又抒发了作家对时世变迁的莫名惆怅和忧虑，能使他们久久地沉“浸”在作品的环境描绘之中，并进而感悟作家所表达的个体与生命、生命与自然、人类与历史等关系的深刻思考。因此，作为施教者要着力于这方面的引导。

⑵ 小说的教学要感悟环境描绘的独特性

小说的环境描绘的独特性往往表现在“外地绝无，此处仅有”[82]等方面，它是作品环境描绘的含蕴丰厚的另一种表现形式。像鲁迅的《祝福》、奥斯特洛夫斯基的《筑路》等就极具代表性。如《祝福》中对“祝福”的三次环境描绘是异常独特的：第一次是对鲁镇上各家准备“祝福”的景象的描绘。“祝福”是“鲁镇年终的大典”，这不仅是富人们的事情，而且“年年如此，家家如此——只要买得起福礼和爆竹之类的”。操劳福礼是女人们的事，而“祝福”的活动却是要女人们走开的。这样的环境描绘，既预示了祥林嫂悲剧的社会性，也揭示了祥林嫂悲剧的必然性。第二次是对鲁四老爷家“祝福”的景象的描绘。“祝福”本身就是旧社会中一项极具封建迷信色彩的民俗活动，祥林嫂初到鲁四老爷的家，还能“享有”预备福礼的辛劳，可是到了后来，就连这点“权力”也都被剥夺了。特定的环境描绘，既推动了情节的发展，同时也增强了人物塑造的感染力。第三次是通过“我”的感受来对“祝福”的景象的描绘。祥林嫂在“祝福”之夜死去的凄凉而又悲哀的惨象与天地圣众“预备给鲁镇的人们以无限的幸福”的欢喜而快乐的气氛形成了鲜明的对照。如此的环境描绘，既深化了对封建礼教吃人本质的揭露，同时在布局上也首尾呼应，使得作品的结构更臻完善。上述各具特色的环境描绘，能让受教者从中强烈地感受到“祝福”的独有氛围，并进而领略这种封建文化所赋予鲁镇的一种带有原始神教的意味。因此，作为施教者要着力于这方面的引导。又如《筑路》（《钢铁是怎样炼成的》节选）的环境描绘（自然环境和社会环境）既生动又深刻，具有独特性。作品中多角度描绘的秋雨连绵、阴云密布、风雪咆哮、老树叶枯、粘泥难行等自然环境，就渲染了一个令人抑郁不快的劳动氛围，营造了一个让人难以适应的劳动场所，反衬出筑路员工不畏艰难困苦的大无畏的英雄主义精神。作品中多方位铺写的筑路员工吃住困难、物资匮乏、斗争尖锐等社会环境，就构成了苏联20世纪20年代的时代特征：恶劣的生活条件，反映出苏维埃政权初创时期的艰难；严重的物资短缺，预示着修筑轻便铁路的困苦；复杂的斗争形势，显示了时代环境的凶险。沧海横流，方显出英雄本色。艰巨的自然环境和险恶的社会环境成了考验每一个筑路员工的试金石。面对这种独特的自然环境和社会环境，保尔·柯察金和他的战友们以忘我劳动的热情、无比惊人的毅力同困难进行搏斗，他们的钢铁般的意志和坚韧般的品格就是在这一座独特的“大熔炉”里锤炼出来的。作品的这种环境描绘的独特性，能让受教者从中认识到这场修筑轻便铁路的斗争就是一座大熔炉，并进而深入地了解保尔·柯察金和他的战友们的丰富的精神世界。因此，作为施教者要着力于这方面的引导。

（3）小说的教学要感悟环境描绘的虚幻性

小说的环境描绘的虚幻性往往表现在超出生活逻辑和生活形貌等方面，它是作品环境描绘的含蕴丰厚的又一种表现形式。像吴承恩的《西游记》、弗兰茨·卡夫卡的《变形记》等就极具代表性。如《西游记》就描绘了一个多彩而又复杂的“世界”，真实的如现实生活的存在，虚幻的如色彩缤纷的万花筒，真实和虚幻交织成锦，浑然一体，带有浓厚的浪漫主义色彩。这环境既有美境，也有恶境，但不管是美境还是恶境，其含蕴都是丰富而深厚的。唐僧师徒一行在取经路上遇到的那些魑魅魍魉，或是自然灾难的幻化，或是邪恶势力的象征，他们的贪婪、凶残、阴险和狡诈，也正是封建社会里的黑暗势力所具有的特点。不仅如此，玉皇大帝管辖的天宫的玉宇琼楼、如来佛祖统治的西方的极乐世界，也都浓浓地涂上了人间社会的色彩。尤其是作品对取经沿途中的妖魔鬼怪、崇山峻岭、狂风骤雨、惊涛骇浪等险恶环境的描绘，无不给人一种激荡的、夹杂着痛感的、难以掌控的感官刺激。一方面，唐僧取经的历史故事所体现的是跋山涉水的艰难历程，环境之险恶正是作家想借此表现孙悟空这一超级英雄的不屈不挠的斗争精神，以实现自己的审美理想。另一方面，作家让孙悟空在取经路上降妖除魔，保护唐僧，化险为夷，取得真经所表现的大无畏气概，也是借之表达自己不满社会的心声。作品的这种环境描绘的虚幻性，能让受教者从中获得强烈而深刻的印象，并进而看到社会现实的各种斑驳陆离的投影。因此，作为施教者要着力于这方面的引导。又如《变形记》的环境描绘就极具虚幻性。作品善于化奇异为平凡，超越时空的限制，对事件的交代极其模糊，不指明具体的时间、地点和背景，甚至泯灭了幻象和日常生活之间的界限，把最令人难以置信的、无法解释的事件安置在最平淡无奇的日常生活环境之中，让荒谬悖理与合情入理、虚幻与现实这两类对立的因素结合成为一个整体，展现出一幅神秘的、魔幻的、梦魇般的、非现实的而又似乎可以见到的环境，主人公格里高尔·萨姆沙在这样的环境中一夜之间就变成了一只大甲虫。造成人变甲虫的深层原因，就是环境的严酷和劳动本身的机械、繁重。公司老板严密地统治着整个公司，秘书主任时刻监督着每一个雇员的行动，就连医生护士也是一味地站在老板一边，从不会为员工说话……格里高尔·萨姆沙面对的就是这样一个环境。这环境是具体的，但更是抽象的、普遍的，是绝大多数人每天所要面对的。人在这样的环境中，逐渐变得麻木、机械、萎缩，成为工具，成为“非人”。人变为甲虫是多么荒诞的事情，但又深刻而尖锐地表现了社会与人之间一种可怕的“异化”关系。作品的这些虚幻性的环境描绘，能让受教者从中产生为之震撼和不寒而栗的效果，并进而更好地思考其中所蕴蓄的深层的美学旨趣。因此，作为施教者要着力于这方面的引导。

（四）戏剧的教学

戏剧是中西文学中较晚出现的非常特殊的艺术样式，它素有“第七艺术”之称，因而“具有多种艺术相互交叉、互为渗透的多重性特征”[77]。学界共知，戏剧包括剧本、演员和舞台三个基本元素。这里所说的戏剧主要是就剧本而言的，并不牵涉舞台与演员这两个元素。俗话说，剧本剧本，一剧之本。没有剧本，造诣再深的导演也无法施展才能，演技再高的演员也毫无用武之地。也就是说，戏剧的教学一定要从剧本出发，既引导受教者把握其“结构”，又引导受教者分析其“冲突”，还引导受教者琢磨其“语言”，以期使受教者不但养成探索品质而且觉醒道德良知更加建构自由心灵。基于此，语文教育中必须注重戏剧的教学，其要点是：

1.戏剧的教学要把握结构

戏剧的剧本结构就是作家根据戏剧艺术的特殊规律对一系列人物和事件以不同的轻重主次合理地进行组织与安排，使场与场之间、情节与情节之间具有连贯性、逻辑性和顺序性，进而成为一个有机的整体。它是戏剧的骨架，弄清了它，才能更好地理解和领会戏剧的内容。戏剧的剧本结构所要求的严密、紧凑和巧妙，比诗歌、散文、小说等其他艺术样式要高得多。因此，作为语文教育的施教者必须引导受教者在戏剧的教学中把握结构。以下主要从戏剧的教学既要把握剧本结构的开放式、锁闭式、群像式的范型又要把握剧本结构的线索、情节、节奏的要素还要把握剧本结构的悬念、巧合、突转的技巧等几个方面进行阐述：

（1）戏剧的教学要把握剧本结构的范型

戏剧的剧本结构的范型虽然千差万别，但是也并非毫无规律可循。按照一般公认的看法，主要有开放式、锁闭式、群像式等内容。一是戏剧的教学要把握剧本结构的开放式。戏剧的剧本结构的开放式是按时间的自然顺序展开剧情，把矛盾冲突的发生、发展、高潮和结局等原原本本地表现出来，基本上不采用回忆、补叙等手法。像曹禺的《北京人》、莎士比亚的《罗密欧与朱丽叶》等就极具代表性。如《北京人》一剧中展示的是旧北平士绅家庭的曾皓一家，由于自身不可阻止的衰败，导致从经济到精神迅速瓦解的过程。古老的曾家此时住着三代人：第一代人是已经失去夫人的垂死之人曾皓，他是封建家庭权势与精神统治的代表；第二代人是曾皓的儿子曾文清与其妻思懿、一直在照顾曾老太爷的年近三十岁的愫方、寄居在曾家的曾文清的妹妹曾文彩与其丈夫江泰；第三代人是曾文清年仅十七岁的儿子曾霆与其十八岁的妻子瑞贞，另外还有住在曾家的房客人类学教授袁任敢以及女儿袁圆。最后，这个封建大家庭终于崩溃了，曾文清离别人世了，愫方终于离开了这个家，曾霆与瑞贞也离了婚。老太爷曾皓面对这一切，只有痛苦、忧虑和烦恼，他挽救不了封建家庭和封建社会毁灭的命运。该剧深刻地揭示了代表着新生力量的北京人，必将代替封建衰败势力的老一代北京人的历史发展趋势，从而让受教者体会到封建社会灭亡、全新社会开始的必然性。又如《罗密欧与朱丽叶》一剧中展示了一对出生于势不两立的两个家族的男女青年罗密欧与朱丽叶的爱情悲剧。罗密欧与朱丽叶两人热烈地、不顾一切地相爱上了，然而，家族之间的流血仇恨却使他们无法将恋情公开。在朱丽叶的乳母的帮助下，两人得以见面，倾诉衷肠；好心的神父又为他们举行了秘密婚礼。可是，罗密欧因失手杀了对方家族的人而被驱逐出城，朱丽叶的父母又执意要将她嫁给另一贵族青年。在神父的帮助下，朱丽叶喝下药酒，佯装死去，以便被送进家族墓穴后与罗密欧见面。然而，这消息未能及时报知罗密欧。他进入墓室，以为朱丽叶真已死去，便服毒自杀。朱丽叶醒来，明白罗密欧已死，随之服毒身亡。年轻恋人的死亡使双方家庭悲痛欲绝，但也使两个家族的仇恨终于化解。该剧对罗密欧与朱丽叶两人从一见钟情而私下订婚到双双惨死于墓穴，时间跨度不长，总共还不到一周，定会让受教者从中得到巨大的心灵震撼和精神洗礼。二是戏剧的教学要把握剧本结构的锁闭式。戏剧的剧本结构的锁闭式不是按时间顺序来展示剧情，而是截取生活的某个横断面，从剧情的起因和演出过程及人物经历，基本上采用回忆、倒叙的手法。像曹禺的《雷雨》、易卜生的《玩偶之家》等就极具代表性。如《雷雨》一剧中用回顾、回叙的手法融合到剧情发展之中，将“过去的戏剧”与“现在的戏剧”结合得十分紧密，并迅速推动剧情的进程。“过去的戏剧”是过去发生的历史事件，“现在的戏剧”是当下发生的现实事件。该剧中的“过去的戏剧”由以下几个事件构成：三十年前周朴园与鲁侍萍的感情纠葛，三年前周萍与蘩漪的乱伦爱情，一年前周萍与四凤爱情关系的发展；“现在的戏剧”则由以下几个事件构成：鲁侍萍要带走四凤，鲁侍萍与周朴园再度相认，周萍与四凤的暧昧关系，周萍与蘩漪爱情关系的破裂。因而可以看出过去的情节与现在的情节的交错、“过去的戏剧”对“现在的戏剧”的推动。比如，周萍与四凤的关系在“现在的戏剧”中是少爷与使女的关系、秘密恋人的关系，随着“过去的戏剧”的一步步推进而成为兄妹关系。剧作所呈现的是一幕人生的大悲剧，是不平等的社会命运对人性的残忍作弄，能让受教者从中获得刻骨铭心的深切启示。又如《玩偶之家》一剧中从娜拉的债主柯洛克斯泰利用“冒名签字”的借据威胁开始，不是渐次展开剧情，而是在后果的猝然爆发中交代前因，将“现在的戏剧”和“过去的戏剧”交织在一起。娜拉的丈夫海尔茂刚谋到银行经理一职，正欲大展宏图时，娜拉便请他帮助老同学林丹太太找份工作，于是海尔茂解雇了手下的职员柯洛克斯泰，准备让林丹太太接替。娜拉前些年曾为给海尔茂治病而借债，无意中犯了伪造字据罪，柯洛克斯泰因此要挟她让海尔茂收回成命。海尔茂看了柯洛克斯泰的揭发信后痛斥娜拉使他面临身败名裂的险境。待柯洛克斯泰被林丹太太说动而退回字据时，海尔茂快活地叫道：“娜拉，我没事了，我饶恕你了。”但娜拉却不原谅他，因为她已看清了丈夫注重的只是地位和名誉，所谓“爱”与“关心”，只是拿她当玩偶，就断然地离家出走了。该剧揭露了资本主义社会的虚伪和荒谬，能让受教者咀嚼其中的含义，并进而思考和探索这些问题。三是戏剧的教学要把握剧本结构的群像式。戏剧的剧本结构的群像式是通过某一环境或某些生活场景，表现多个人物、多种事件、多条线索，像一幅群像画。像老舍的《茶馆》、高尔基的《在底层》等就极具代表性。如《茶馆》一剧中没有统一连贯的故事情节，而是如一幅卷轴画渐次展开，把重点放在了五花八门的市民阶层人物身上。主要人物王利发、常四爷、秦仲义等从青年叙写到老年，次要人物刘麻子、唐铁嘴、吴祥子等则采用两代相承的写法。除此，进入茶馆这个“小社会”的，还有当时各种各样的人物：狠毒奸诈的清宫太监、吃洋教摆威风的教士、旧军阀的官兵和警察，以及那些从清朝一直混到国民党统治时代的侦探、打手、流氓、人贩子、相面的等种种社会渣滓和那些经受着生活熬煎的旧艺人、小摊贩、厨师、小学教员等下层市民以及在农村被逼得走投无路而流入城市的破产农民……这些人都说自己的话，做自己的事，而又都与时代发生着深刻的联系。众多的人物形象活现出一个令人窒息、激人愤怒的黑暗社会。该剧概括了中国社会各阶层、数个势力的尖锐对立和冲突，揭示了半封建、半殖民地中国的历史命运，能让受教者从茶馆的破灭中来透视旧中国的衰败。又如《在底层》一剧中展示了一群受生活所迫而沦落到“底层”社会的流浪者以及他们的命运。这些流浪者中有小偷、妓女、苦工、游方僧、手艺匠、失业者、流氓无产者、过去的演员、落魄的贵族、潦倒的知识分子等。这一群人虽然出身和经历不尽相同，但代表的是社会的最下层，他们曾经是“人”，如今却沦落到非人类的生存状态，都在烦琐无奈的日常生存中挣扎，呈现一种承受生命之重的生存风景。他们一无所有，寄居在某城市的一个阴暗、肮脏的下等的小客店里，精神和肉体都受到严重摧残。然而，主人公们并不甘心屈从于现状，他们内心深处无时不在渴望过一个正常人的生活。但是，在残酷的社会现实面前，他们的虚幻、迷茫、缥缈的愿望都一个个地破灭了。剧作通过这些底层人物对家庭与友情、亲情与爱情的需求，对温暖与关爱、生命与安康的渴望，能激发受教者对人生意义的哲学思考，对未来出路的不懈探求。

(2) 戏剧的教学要把握剧本结构的要素

戏剧的剧本结构的要素是剧本的组成部分，它虽然异常复杂，但一般应包括线索、情节、节奏等内容。一是戏剧的教学要把握剧本结构的线索。戏剧的剧本结构的线索是情节发展过程的若干个坚实的“支撑点”。像曹禺的《雷雨》、贝克特的《等待戈多》等就极具代表性。如《雷雨》一剧中的线索是一张由血缘亲人关系结成的纵横交错的网，而其中的三条线索则反映着深刻的社会矛盾和斗争：一条是由周朴园同蘩漪的矛盾构成的线索，显示着封建势力的禁锢压迫和资产阶级对爱情、家庭的民主要求的斗争；一条是由鲁侍萍、四凤等同周朴园的矛盾构成的线索，显示着被侮辱、被损害的下层人民同剥削阶级势力的斗争；一条是由鲁大海同周朴园的矛盾构成的线索，显示着工人阶级同剥削阶级势力的斗争。只有把这三组矛盾所构成的线索融为一体，从整体上把握剧本错综复杂的纠葛，才能全面地理解该剧的现实主义的丰厚内涵，从而体会作家在借鉴外国优秀剧作的丰富经验，并兼顾到我国群众艺术欣赏习惯的基础上而创造的具有中国特色的戏剧性强、爆发力大的独特结构。该剧展示的各种矛盾所构成的线索一环扣一环，能让受教者从环环相扣而紧凑精巧的结构中领略事情的本质特征和作家的创作思想。又如《等待戈多》一剧中的线索是始终未出场的“戈多”。“戈多”虽然没有露面，却是决定人物命运的首要人物。“戈多”似乎会来，又老是不来。两个老流浪汉戈戈和狄狄生活在极其恶劣的环境中，想活连骨头也吃不到，想死连绳子也没有。但他们还是在执着地希望着、憧憬着。无论“戈多”会不会来，也不管希望会不会成真，毕竟使绝望中的人们多了一层精神寄托。如果说，戈戈和狄狄在百无聊赖的世界中“活着”与“希望着”具有某种幽默滑稽成分的话，那么，他们在无望的希望中执着地等待也着实让人们感动。他们既不知道“戈多”是谁，也不知道“戈多”什么时候来，只是一味地苦苦等待。等待“戈多”虽然虚妄，但处于绝境地中的人们除了等待，已别无他法了。剧中的两天等待情景，是漫长人生岁月的象征。该剧无疑汇聚着作家对痛苦命运与荒诞现实的抗争，融含着作家的于绝望之中给人类留下一道希望之光的思想，能给受教者以极大的启迪，并进行理性的深层思考。二是戏剧的教学要把握剧本结构的情节。戏剧的剧本结构的情节是人物自身或人物之间矛盾的发生、激化、转机等的经历。像陈白尘的《升官图》、莫里哀的《伪君子》等就极具代表性。如《升官图》一剧中展示的是一幅官场的“群丑图”，这群败类既有突出的共性，也有鲜明的个性。戏剧的情节是以夸张、变形、漫画化的形式展开的，而它所揭示的却是血淋淋的社会现实。两个流氓、强盗一出场，就做了一场青云直上的升官发财的美梦，展开了紧张的序幕；各局的局长们相继出场，他们营私舞弊、盗窃公款、贪污行贿、自私自利，完全丧失了应有的社会责任感；特别是知县太太发现假知县不是自己的丈夫，更加深了人物之间的紧张复杂的关系；以后省长的到来，秘书长伙同各位官员弄虚作假，欺上瞒下，极尽阿谀奉承、贿赂上司之能事，把剧情推到又一高潮；直到剧终人民群众团结起来，将贪官污吏打倒为止。剧中的“官场现形记”是梦境，情节虽近于荒诞，但反映的却是实在的社会生活，可以说是梦境和现实、荒诞和真实的统一。剧作具有鲜明的倾向性和强烈的战斗性，能促使受教者对当时整个社会制度和官僚机构的大胆抨击。又如《伪君子》一剧中展示了伪装圣洁的教会骗子答尔丢夫混进富商奥尔恭家中，最后因真相败露而锒铛入狱的故事。信仰天主教的巴黎富商奥尔恭在教堂遇见了一位叫答尔丢夫的修士，被他虚伪的虔诚所感动，于是将其领到家里，当作“良心教师”而“供养”起来，事无巨细都向他请教，还向他吐露家里隐藏的一桩政治秘密，甚至威逼女儿玛丽亚娜毁掉已有的婚约嫁给他，并立下字据将全部家产送给他。而这个人不但想夺取奥尔恭的财产，而且还想霸占他美貌的后妻欧米尔，结果激起女儿和家里的其他成员的强烈不满。后来在儿子达米斯、后妻欧米尔、女仆桃丽娜等人的斗争下，奥尔恭终于看清了答尔丢夫的本来面目，国王也宽恕了当年勤王有功的奥尔恭，将无恶不作的答尔丢夫拘捕入狱。奥尔恭也幡然醒悟，而一家人皆大欢喜。该剧具有浓烈的现实主义因素和社会批判精神，能使受教者在警惕伪善小人的同时也知晓了要经常审视自己的道理。三是戏剧的教学要把握剧本结构的节奏。戏剧的剧本结构的节奏就是情节进展的过程中交替出现的有规律的轻重缓急、强弱长短的现象。像王实甫的《西厢记》、莎士比亚的《威尼斯商人》等就极具代表性。如《西厢记》一剧中展示了崔莺莺在普救寺与张君瑞一见倾心到二人战胜一切阻挠而终成眷属的故事。剧作围绕张君瑞和崔莺莺由偶遇到团圆，共写了三个大的波澜：第一个波澜是崔莺莺的母亲嫌张君瑞出身寒苦，弃约赖婚，由好事在望到几成泡影，戏剧气氛由喜到忧。第二个波澜是长亭送别，从红娘的帮助到张君瑞与崔莺莺私下结合再到崔莺莺的母亲在既成事实面前又强迫张君瑞上京应考而致使他与崔莺莺被迫分离，二人的头顶又笼罩起一层乌云。第三个波澜是崔莺莺原所许配的郑尚书之子郑恒从中破坏，崔莺莺的母亲又趁机反悔，张君瑞与崔莺莺即将团圆的夫妻面临被拆散的危险。在这三个大波澜中，各自包括若干小的波澜：从赖婚到逼试，中间就经过了琴挑、传简、赖简、幽会等几个起伏；从逼试到团圆，中间又经历送别、惊梦、思念、作祟，直到团圆等几个跌宕。该剧从头到尾是由许多妙趣横生、张弛有序的节奏构成的，能使受教者从中拥享典型的艺术魅力和独特的审美效果。又如《威尼斯商人》一剧中围绕着安东尼奥与夏洛克间的矛盾、鲍西娅与巴萨尼奥间的爱情、安东尼奥与巴萨尼奥的友谊等而展开。剧本的矛盾冲突主要在威尼斯商人安东尼奥与犹太人高利贷者夏洛克之间进行，他们二人之间既存在种族和宗教方面的尖锐对立，又存在资本主义早期商业资本家与高利贷资本家的激烈斗争。随着鲍西娅在法庭上的辩护的变化，时而夏洛克似乎看到了胜诉的希望，由悲转喜，欣喜若狂，多次显露转机；时而安东尼奥似乎看到了胜利的曙光，欢呼雀跃，喜怒哀乐，瞬息万变。金钱观、爱情观、友谊观、种族观之间激烈的冲突与剧中人物特有的滑稽交织一起，并在一种浪漫的喜剧氛围中收尾，充满着极强的张力，充分显示了作家极高的艺术才能。该剧情节虽然并不复杂，但是绝无平淡之感，它将大开大合、峰回路转、波澜起伏的节奏表现得委婉多姿、曲折有致，因而能给受教者以浓厚至极的喜剧色彩和诗意创造的艺术美感。

(3) 戏剧的教学要把握剧本结构的技巧

戏剧的剧本结构的技巧是指剧本结构的基本方法的熟练和灵活运用，主要有悬念、巧合、突转等内容。一是戏剧的教学要把握剧本结构的悬念。戏剧的剧本结构的悬念就是作家利用剧中人物命运的遭遇来拼凑情节的发展变化而设置的技巧。像丁西林的《一只马蜂》、果戈理的《钦差大臣》等就极具代表性。如《一只马蜂》一剧中展示了一对觉醒的青年男女在守旧思想的长辈的眼皮底下以“谎话”和“反话”倾诉爱情的故事。剧作中男主人公吉先生的母亲吉老太太由于不了解内情而忙于为护士余小姐提亲，让她嫁给自己当医生的侄儿，同时又要干预吉先生的婚姻大事。不料吉先生早在住院期间就已经同余小姐偷偷相恋了。吉老太太关心的是“男女双方找到对象，完成婚姻大事”本身，却不明白这其中的奥秘，因而处于“被欺骗”的地位。而余小姐和吉先生在十分微妙的情境中，为了蒙蔽吉老太太，不得不凭借彼此的聪明机智，相互以“谎话”和“反话”进行交谈，并表露强烈的爱情，以掩盖吉老太太的耳目。他们注重的是婚姻中的爱情所体现的种种曲折有致的美感与乐趣。正是“现实的”与“审美的”两种不同的生活态度，自然构成了一系列的“悬念”技巧。该剧结构中“悬念”技巧，具有跌宕起伏的感染力量和趣味横生的美学效应，能使受教者在明白了真相以后，也会发出会心的微笑。又如《钦差大臣》一剧中展示了以俄国某市市长为首的一群官吏听到钦差大臣前来视察的消息而惊慌失措，误将一个过路的彼得堡小官员当作钦差大臣而百般殷勤、曲意逢迎、款待贿赂的故事。这种错误全是老奸巨猾而又愚蠢贪婪的市长造成的，但他却深信不疑。而人们便以极大的兴趣期待着这群官吏将怎样在假钦差面前尽情表演，逐步暴露各自的丑恶面目。这一悬念的构成与建立，推动了剧情的发展，起到了增强兴致的作用。如果这一悬念的消失，戏剧性也就会大为减弱。正当市长将自己的女儿许配给这位“钦差大臣”并做着升官发财的美梦时，传来了真正的钦差大臣到达的消息，大臣们听了这个消息时，人人呆若木鸡，个个面面相觑。至于之后官僚们如何面对真正的钦差大臣等无尽的后续情节……这些又构成了一连串的悬念，它不断地丰富并加强总悬念。该剧结构中的“悬念”技巧，具有特别意外的讽刺功效和隽永悠长的回味余地，能让受教者于理性与感性的复杂品味中，而获取更大的欢娱和满足。二是戏剧的教学要把握剧本结构的巧合。戏剧的剧本结构的巧合就是作家利用生活中的偶然事件来组合情节而设置的技巧。像田汉的《江村小景》、莎士比亚的《罗密欧与朱丽叶》等就极具代表性。如《江村小景》一剧中展示了亲兄弟手足相残、同归于尽的故事。龙潭江边某农妇有二子一女，长子出外从军而多年不归，次子却参加了国民革命军。一天长子意外回家，母亲担心他被捕，急忙出去为他借衣服。恰巧这时他妹妹买东西回来，长子不知是自己的妹妹，便调戏她。妹妹大声呼救，次子回来看到这一情景而异常愤怒，弟兄俩于是发生格斗，双方都用手枪相击，母亲借衣服回来，可兄弟俩已经死去。剧作情节的设置，确实有许多巧合：妹妹刚出去，长子就回到家里；母亲刚出去借衣服时，妹妹就回到家里；长子刚要对妹妹非礼时，次子就回到家里；而母亲又刚巧是在兄弟俩互相开枪的瞬间回到家里。这样的安排，令人们看到了旧中国兵祸战乱给社会和家庭带来的深重灾难。该剧倘若没有这些巧合，情节就不会丝丝入扣地向前推进，也就没有这样强烈、深刻、深远的戏剧效果，因而难以让受教者从中产生良久沉思与极度震撼的美感。又如《罗密欧与朱丽叶》一剧中展示了由于两个家族间的世仇而导致下一代爱情悲剧的故事。剧作的情节安排，也有种种巧合的现象，并都具有戏剧性：两个家庭充满仇恨，而他们各自的后代罗密欧与朱丽叶却好上了；帕里斯、罗密欧和劳伦斯等三人都不约而同地来到朱丽叶的墓地；罗密欧与朱丽叶可惜生离死别，有情人而不能成为眷属；帕里斯和罗密欧两方的仆人恰好目睹了两人的格斗，成为“惨案”的见证人；劳伦斯目睹了罗密欧和朱丽叶爱情的全过程，成为二人故事大白于天下的见证人；亲王、蒙太古和凯普莱特等，也同时赶到了“惨案”现场……这些都像催化剂一样，推动着情节一步一步地向前发展。该剧如果没有这些巧合，就不能充分地展现罗密欧与朱丽叶以死表明爱情忠贞的性格，就无法巧妙地揭示情节发展过程中隐藏着的必然性，也更难以让受教者从“出乎意料”的表现中仔细品味并乐于探索“合乎情理”的逻辑性。三是戏剧的教学要把握剧本结构的突转。戏剧的剧本结构的突转是作家通过剧中人物感情的根本转变来聚集情节而设置的技巧。像居其宏的《杜十娘》、索福克勒斯的《俄狄浦斯王》等就极具代表性。如《杜十娘》一剧取材于明代白话小说《杜十娘怒沉百宝箱》的故事。剧作中的李甲与杜十娘相遇后，便十分迷恋其姿色，可算得上是一片痴情，杜十娘也的确被其忠厚志笃所迷惑而以身相许，并满怀着理想和希望。但李甲这个伪君子，巧遇风月场中的浪子孙富密谈归来，就背信弃义地以千两白银将其转卖，剧情突转，由喜而悲。李甲背叛杜十娘，是他的残忍、卑鄙、自私性格的大暴露和最终完成，杜十娘也更痛心自己所期望的自由幸福的幻灭，于是不吝以一死对压迫她的恶势力表示反抗，因而酿成了悲剧。百宝箱不仅仅是个道具，而且还象征着杜十娘“希望的破灭”。她开始是用心隐藏怕遭受伤害，后来遇到可托付终身之人而显现出来，继之为了爱情而付出一切，最后因理想覆灭而随之沉入江底。该剧结构中百宝箱的出现使得剧情突转，既推动了情节的发展到了高潮，又揭示了人物的性格身份，更披露了作家的价值取向，能起到有力地感染受教者的作用。又如《俄狄浦斯王》一剧取材于希腊古老的传说。传说俄狄浦斯出生后，其生父忒拜国王从神谕中得知他长大后将会杀父娶母，因而令仆人将其遗弃。仆人怜惜他，将其送给了科林斯的一个牧羊人。科林斯国王因为没有儿子，便收养了他。成年后，当俄狄浦斯得知命中注定要杀父娶母时，就逃离了科林斯。在路途中，他与一位老人发生争执并将其打死，而这位老人就是自己的父亲。俄狄浦斯前往忒拜，除掉了为害的女妖司芬克斯后，被拥戴为国王，并娶了寡后为妻，而这位寡后就是他的母亲。俄狄浦斯成了杀父娶母的罪人，可他却毫不知情。为了平息忒拜流行的瘟疫，他按照神的指示寻找杀害前王的凶手，结果发现要找的凶手就是自己，最后他不得不面对杀父娶母的事实，并作了刺瞎双眼的自我惩罚。该剧结构中"突转"技巧的运用，使情节的发展一波三折，一唱三迭，令受教者在欣赏时拱手称奇，从而获得如醉如痴的美学享受。

2.戏剧的教学要分析冲突

戏剧的剧本冲突是作家运用艺术提炼的手段通过社会性冲突——具体的人与人、人与自身、人与环境的矛盾斗争，从而展开故事情节、塑造人物性格、反映生活本质、揭示戏剧主题。它是戏剧的灵魂，弄清了它，才能更好地理解和领会戏剧的内容。戏剧的剧本冲突所要求的尖锐性、集中性和曲折性，既与诗歌有别，也与散文有别，更与小说有别。因此，作为语文教育的施教者必须引导受教者在戏剧的教学中分析冲突。以下主要从戏剧的教学既要分析剧本冲突的曲折多变、高度集中、尖锐激烈的特色又要分析剧本冲突的人与人、人与自身、人与环境的形式还要分析剧本冲突的单一型、主次型、多样型的种类等几个方面进行阐述：

（1）戏剧的教学要分析剧本冲突的特色

戏剧的剧本冲突的特色是指剧中主次冲突搭配的关系和各组矛盾推进的环扣。概括地说，它有三个主要特色：一是戏剧的教学要分析剧本的冲突的曲折多变。戏剧的剧本冲突往往是辗转复杂而蜿蜒多姿的，从而使戏剧冲突产生艺术力量。像夏衍的《上海屋檐下》、奥尼尔的《奇异的插曲》等就极具代表性。如《上海屋檐下》一剧中展示了上海一座弄堂房子里的经历不同、性格各异的五户住家十四个人命运的故事。这五家便是林志成家、黄家楣家、李陵碑家、施小宝家和赵振宇家。五户之间，既无血缘的联系，又无历史的恩怨，各户有各户的生活经历。剧中以林志成、匡复、杨彩玉三人之间的颇具传奇色彩的感情纠葛贯穿于始终，将失业的大学毕业生黄家楣、痛失爱子的孤老头李陵碑和被迫卖身的施小宝等三家的苦难命运交织相间，把乐天派中学教师赵振宇夫妇的苦中作乐的生活作为穿插转换的交叉之点，并使悲喜交集的剧情在严密的布局中，井然有序、波澜起伏地向前发展而进入高潮。该剧通过主副线的形式将五户人家的家事错落有致地呈现出来，共同构成了一个内涵十分丰富而又极其复杂的乐章，是一幅社会生活的缩影，体现了特定时代普通人的生存境遇，因而具有较大的涵盖面，能让受教者收到传不尽之意而见于言外的效果。又如《奇异的插曲》一剧中展示了女主人公尼娜与周围三个男人达莱尔、沙米和马尔斯登之间的故事。尼娜爱上了飞行员戈登，但戈登在第一次世界大战中牺牲了。尼娜去了一家伤兵医院当护士，遇上了戈登的大学同学沙米，经达莱尔医生出主意，让尼娜嫁给了沙米，为的是生个儿子纪念戈登，以求解脱她失去男友的痛苦。这令尼娜父亲的学生、小说家马尔斯登失落不已。当尼娜欢喜地迎接新生活并怀上沙米的孩子后才知道，沙米家族有精神病史，于是她背着丈夫打掉孩子，与达莱尔医生通奸，生了个健康的孩子，取名小戈登。此后数十年，达莱尔、沙米、马尔斯登这三个男人的情感被尼娜玩弄于股掌之中。随着沙米去世，达莱尔醒悟，小戈登结婚，陪伴在尼娜身边的只有马尔斯登……如此的剧情确实奇特怪异，在人之常情下是不大可能发生的，但在该剧中却发生了，能让受教者透过主人公命运的起伏，继而自主地进行着深沉的思考。二是戏剧的教学要分析剧本冲突的高度集中。戏剧的剧本冲突常常是把事件和人物聚合在一起，从而使戏剧冲突更加鲜明突出。像丁西林的《三块钱国币》、米勒的《推销员之死》等就极具代表性。如《三块钱国币》一剧中展示了当时社会恃强凌弱、无法无理等令人难以容忍的极不公平、极不合理的现象。故事发生在抗战时期一个旧式的四合院里，这里住着房东吴太太和她的女仆李嫂，以及大学生租客杨长雄等。剧作围绕女仆李嫂因不慎打破其主人吴太太的花瓶事件，呈现了大学生杨长雄与吴太太的矛盾冲突：首先是吴太太继续与杨长雄以前的口角，这是矛盾冲突的开端；然后围绕女仆李嫂该不该赔花瓶和该不该典押自己的铺盖，杨长雄与吴太太二人进行了正面交锋，这是矛盾冲突的发展；接着是第三次交锋，杨长雄忍无可忍，打碎了另一只花瓶，这是矛盾冲突的高潮；最后是杨长雄无可奈何，赔偿了吴太太的三块钱国币，这是矛盾冲突的结局。该剧始终处于一种疾风骤雨式的动态进程之中，表现了大学生的正义感和同情心，揭露了吴太太自私刻薄庸俗的市民习气。作为一部具有深刻社会内涵的讽刺力作，能让受教者对一个病态的致使弱者无以生存的社会产生憎恨。又如《推销员之死》一剧中展示了主人公威利的梦想与现实所发生的冲突。剧作中的威利是个旅行推销员，一生失意，老来潦倒不堪，事业不成功，家庭也不融洽。只有老伴儿林达了解他、体贴他，尽一切努力来维护他的尊严，希望能给他一些生活下去的勇气和信心。然而，这一切似乎都无济于事，曾梦想两个儿子比夫和哈比能出人头地，取得成功，不想两个儿子都不争气。他们好不容易在母亲的激励下终于鼓起勇气想干一番事业，于是跟父亲约定晚上在小酒馆会面，共商振兴大计。而就在见面时，双方带来的都是不幸的消息：比夫向老同学借钱碰了钉子，拟定的发财计划已化为泡影；威利也被少老板一脚踢开，如扔掉一只挤干了的橘子。这使得父子间又发生了激烈的争吵，可是谁也没搞清楚生活不下去的社会原因。威利大失所望气得神志昏迷，最后决定用死亡来挽回一切，出门故意撞车而致死。威利的最终死亡能让受教者看到了盲目信奉"美国梦"的悲剧现实。三是戏剧的教学要分析剧本冲突的尖锐激烈。戏剧的剧本冲突每每是深刻独到而激奋刚烈的，从而使戏剧冲突没有调和余地。像贺敬之的《白毛女》、易卜生的《玩偶之家》等就极具代表性。如《白毛女》一剧中所展示的矛盾冲突的焦点是在恶霸地主黄世仁与穷困佃户杨白劳之女——喜儿这一组性格根本对立的人物之间呈现的，而且层层延伸，步步推进，直到高潮，最后以杨白劳失败、喜儿落入火坑结束。作家围绕这一主要矛盾，精心剪裁，突出主干，从经济的、政治的、历史的、社会的角度，深刻地反映了半殖民地半封建社会农村中贫苦农民与地主阶级的对立，有力地证明了只有共产党领导的人民革命，才能砸碎封建枷锁，使喜儿以及与喜儿有着共同命运的千千万万农民得到解放。从矛盾的发展进程可以看出：农民水深火热的生活是地主阶级残酷的政治压迫和凶狠的经济剥削的结果，地主阶级花天酒地的生活是建筑在农民“饿肚肠”的基础之上的。该剧以格外强烈而足够进攻的冲突，一方面表现了贫苦农民的悲惨凄凉，另一方面表现了地主阶级的骄奢淫逸，在极端的对比中使人物性格也在戏剧冲突得到进一步的深化，能给受教者以剧烈的震撼。又如《玩偶之家》一剧中所展示的是娜拉和丈夫海尔茂之间所发生的冲突。剧作中的娜拉与丈夫海尔茂共同生活了八年，已是三个孩子的母亲，一直以为自己过着“幸福”的生活，但一个偶然事件，突然擦亮了眼睛，看清了丈夫海尔茂的自私虚伪，意识到了自己在家里的“玩偶”地位，便决定与他彻底决裂，愤然离家出走。这个“偶然事件”是由一张借据引起的，几年前，丈夫海尔茂贫病交加，娜拉出于对他的爱，冒名签字借债，以便让他出国疗养，几年之后，冒名签字的事被债主揭发了出来，娜拉盼望着“奇迹”即丈夫海尔茂为她出来承担责任出现，但是丈夫海尔茂关心的是自己的名誉和地位，而娜拉充其量不过是个“玩偶”而已，由这个“偶然事件”所引发出来的深刻独到而激奋刚烈的冲突，促成了她与丈夫海尔茂最后决裂的决心。该剧以这种特色鲜明的冲突导引受教者将按照生活的逻辑去关心剧中的人物命运，去思索社会的现实问题。

（2）戏剧的教学要分析剧本冲突的形式

戏剧的剧本冲突的形式主要表现为具有不同性格的人物在追求各自目标的过程中所发生的斗争，它不能用抽象的意念去表现。这些形式主要有三：一是戏剧的教学要分析剧本中人与人的冲突。戏剧的剧本中人与人的冲突“包含着人物之间外部动作的对抗和潜在心理的撞击”[83]。像郭沫若的《屈原》、莫里哀的《悭吝人》等就极具代表性。如《屈原》一剧中展示了南后郑袖与屈原的十分深刻的矛盾冲突。剧作中的南后郑袖一方要千方百计地陷害、诬蔑、侮辱屈原，以期使屈原就范；屈原一方则大义凛然，百折不挠，不为南后郑袖所屈。南后郑袖与屈原的冲突展示了光明和黑暗、正义和邪恶的势不两立的斗争。南后郑袖之所以要施展陷害屈原的卑劣伎俩，完全取决于她的意志，出自于她那占有一切的欲念性格。“她对屈原的态度因相当敬慕而发生恋情，到后来受到屈原严词拒绝，这才伤了她的自尊心，在恼羞成怒的绝望下，爱变成了恨——促使她在变态性格的矛盾中，在爱与权势的斗争之下决然把屈原诬陷了。”[84]同样，屈原的种种行动也都是出于他的自觉意志，在斗争中他虽然失败了，但是他的伟大人格和崇高精神却长存于人间，他的忠贞不屈和正气浩然的英勇悲壮的形象却与日月同辉，能让受教者获得“人的本质力量对象化”的真谛，从而产生摄人心魂的美感效应。又如《悭吝人》一剧中展示了阿尔巴贡与儿子克莱昂特的异常尖锐的矛盾冲突。剧作中的阿尔巴贡是个年迈的鳏夫，嗜钱如命，悭吝万分，老怕别人算计他的钱，就把一万金币埋在花园里。他在女儿、儿子都有意中人的情况下，为了省下嫁妆和聘礼，执意要女儿艾莉丝嫁给不要陪嫁的年过半百的富翁昂塞尔默，强硬要儿子克莱昂特娶个相当有钱的寡妇，自己则想不花钱娶个年轻姑娘玛丽雅娜，而这姑娘正是他儿子的情人。除此之外，他放高利贷心狠手辣，还要配搭些破铜烂铁而充当现款。然而令阿尔巴贡想不到的是，埋在花园里的金币却被克莱昂特指使仆人阿箭偷走了，他呼天抢地；玛丽雅娜前来与他相亲时却与儿子克莱昂特到花园里幽会去了，他痛不欲生；乔装佣人的贵族青年法赖尔也公开了与女儿艾莉丝的恋情，他暴跳如雷……该剧揭露了建立在金钱基础上的人与人之间的冷酷关系，能让受教者看到高利贷者积累财富的贪婪本性所造成的极端危害。二是戏剧的教学要分析剧本中人与内心的冲突。戏剧的剧本中人与内心的冲突往往使人物陷于不易摆脱的境地。像郭沫若的《蔡文姬》、莎士比亚的《哈姆雷特》等就极具代表性。如《蔡文姬》一剧中展示了蔡文姬自身的心理矛盾冲突。剧作一开始，曹操丞相派专使接蔡文姬归汉。她是回，还是留？一下子掉进了复杂情感的矛盾冲突的涡流之中。强烈的怀乡之情和继承父业的远大理想，使她归心似箭；而要归汉，就不得不丢弃一双儿女。在这种矛盾冲突的交叉口处和需要她作出重大抉择的关键时刻，她终于在民族大义的感召和推动下，抑制、战胜了儿女私情，毅然地踏上了回归故乡的征途。但当她到了长安郊外的父亲墓畔，便触景生情，感情的长河里骤然涌起了轩然大波，抛离儿女的悲哀情感发展到顶点，几乎使她陷入不能自拔的境地。但最终她还是以“乐以天下，忧以天下”的博大胸怀和高尚情操，战胜了自我，摆脱了儿女私情，继续东进了。文姬归汉所经历的一次又一次的严峻考验正是人物性格的成长和发展。这个成长和发展的过程，通过曲折复杂的内心冲突展示了出来，能让受教者产生某种格外动人的震撼力量。又如《哈姆雷特》一剧中展示了哈姆雷特的强烈的内心冲突。剧作中的这种冲突是随着为父复仇的戏剧情节逐步展开并进而激化的，而他的复仇的外在冲突又逐渐让位于他的内心冲突，有力地揭示出犹豫延宕的本质特性。“有一千个读者，就有一千个哈姆雷特”，正说明了这个形象的内在世界的丰富性与复杂性。哈姆雷特追怀理想而又对现实的丑恶感到失望甚至悲观，向往人性的善而又深信人自身有恶的渊薮，想重整乾坤而又因人性恶之深重感到无力回天，觉得人生无意义而又对死后的世界充满恐惧，爱母亲乔特路德和恋人奥菲莉娅而又怨恨她们的“脆弱”……该剧一系列的人物内心冲突的展示，既显示了哈姆雷特的心灵世界的独特性，又呈现出哈姆雷特的性格因素的多重性，更凸显出哈姆雷特的心理蕴含的深刻性。一句话，哈姆莱特的内心冲突具有超越时空的意义，能让受教者产生心灵上的高度亢奋，从而获得积极有力的启示。三是戏剧的教学要分析剧本中人与环境的冲突。戏剧的剧本中人与环境的冲突既指自然环境的冲突，也指社会环境的冲突。像老舍的《龙须沟》、契诃夫的《三姊妹》等就极具代表性。如《龙须沟》一剧中展示了人与环境的剧烈冲突。剧作中的龙须沟糟糕极致的污浊环境，是旧社会历代反动派的罪恶统治而造成的。作家从生活出发，通过人与自然的冲突，叙写了人与旧社会的对立，最终达到对新社会的歌颂。虽然剧作中也叙写了人与人的矛盾冲突，比如程疯子与冯狗子的矛盾冲突、与丁四夫妇的矛盾冲突、与王大妈母女的矛盾冲突，等等，但这些矛盾冲突在全剧中只是穿插，不是特出的主要矛盾冲突，它们是由人与沟的矛盾冲突而派生出来的。这些矛盾冲突的作用，恰恰是从各个侧面来丰富人与沟的矛盾冲突的。还应看到，剧本要表现人与沟的矛盾冲突，就只能重点通过矛盾冲突的一方——住在沟边的人的不同生活遭遇和感受来反映。作家这种对矛盾冲突的独特构思，使该剧真实、自然，没有“编造”的痕迹，能让受教者于简单、朴实、清淡的日常生活中，挖掘出跳动着时代脉搏的生活底蕴。又如《三姊妹》一剧中也展示了人与环境的强烈冲突。剧作中的奥尔加、玛莎、伊里娜这三姊妹都有鲜明的个性，每个人心中都有精神家园的向往、美好生活的希冀，却在庸俗的现实面前而不断碰壁。她们恋爱、醉酒、争吵、哭泣，痛苦地挣扎在生活的泥淖之中，虽感到无奈，但又必须面对。三姊妹都受过良好的教育，期望文明、关爱，以及生活的意义、心灵的自由。嫂子娜塔莎的蛮横无理、生活的平凡单调、玛莎的丈夫无趣无知等，让她们无法接受，但却无法改变。出路在哪儿？是用工作充实自己的思想和填补生活的空白吗？像伊里娜那样，用教书去抚慰男爵图森巴赫死亡带来的痛苦？可是奥尔加却不满代理校长的职务，这又是为何？三姊妹与所处的环境之间的冲突，是所有不幸和痛楚的根源。该剧以其独特的情愫善于把她们的“痛苦”归之于同生存的环境的厚厚隔膜，能让受教者从笼罩全剧的迷雾般的“情调”中去探求人生的价值和永恒的渴望。

(3) 戏剧的教学要分析剧本冲突的类别

戏剧的剧本冲突因戏剧情节结构的不同，往往呈现出不同的类别。简要地说，它大致有三种类别。一是戏剧的教学要分析剧本冲突的单一型。戏剧的剧本冲突的单一型是指戏剧冲突的对立面自始至终基本不变，一贯到底，在一次次交锋中，冲突越来越激烈，最后发生总爆发。像曹禺的《雷雨》、莎士比亚的《仲夏夜之梦》等就极具代表性。如《雷雨》一剧中的蘩漪与周萍的冲突贯穿于始终，并有着强烈的进攻性。在第一幕两人有一场冲突，因有周冲在场，蘩漪对周萍是旁敲侧击，暗示他不该喜新厌旧，而此时的周萍则竭力躲避。第二幕为两场冲突：一场蘩漪纠缠周萍不放并厉叱他的绝情，而周萍则表示对两人乱伦关系的忏悔；另一场蘩漪直接威胁并警告周萍，而他则表示不会妥协。第三幕蘩漪尾随周萍来到四凤家，从外面又把她房间的窗子关上，对周萍采取报复。第四幕又有两场冲突，一场蘩漪放下身份哀求乞怜，希望周萍带她走，哪怕带上四凤也行，而周萍则对她彻底绝望、厌恶；另一场蘩漪不惜挑动周冲与周萍争斗，并公开了与周萍的暧昧关系，且叫来周朴园予以阻止，结果一疯一死。该剧的这种冲突的对立面从始到终一贯到底，能让受教者不难看出蘩漪由爱到恨再到疯狂的心路历程，而周萍的心理世界则经历了由躲避到厌倦、失望再到决绝的变化过程。又如《仲夏夜之梦》一剧中展示了雅典城内的赫米娅和拉山德、狄米特律斯与海丽娜的爱情故事。剧作中的赫米娅和拉山德是一对恋人，可赫米娅的父亲坚决反对，并要求公爵下令，若她不嫁给狄米特律斯，就要判她死罪。赫米娅深爱拉山德，又因狄米特律斯曾对挚友海丽娜示爱，故不愿从命。赫米娅和拉山德决定逃进森林，而狄米特律斯和海丽娜，也跟随他们逃进森林。森林里的仙王奥布朗为帮助狄米特律斯赢取海丽娜的爱，就命令帕克趁其睡着时，把神奇的情水滴在他的眼里，待他醒来，就会爱上睁眼后第一个看到的人。未料阴错阳差，帕克搞错对象，把情水滴在拉山德的眼上，使其爱上了海丽娜。奥布朗得知后，赶紧把情水滴在狄米特律斯的眼里，让他爱上赫米娅，然后再把解药分别倒进拉山德和狄米特律斯的眼里，大家如愿以偿地得到了属于自己的一份爱情。该剧的这种冲突的对立面自始至终基本不变，能让受教者从充满人文情怀和浪漫气息中获得教益。二是戏剧的教学要分析剧本冲突的主次型。戏剧的剧本冲突的主次型是指全剧有一主要冲突，但这一冲突并非每场都出现，有时出现的是次要冲突。像王实甫的《西厢记》、莎士比亚的《威尼斯商人》等就极具代表性。如《西厢记》一剧中展示的主要冲突是自由婚姻和封建婚姻的冲突，具体表现为崔莺莺、张君瑞和老夫人、郑恒的尖锐矛盾。这是维护封建礼教的封建势力和反对封建礼教的叛逆者之间的冲突。但实际上全剧除了二本三折的“赖婚”、四本二折的“拷红”外，其他场次中老夫人的戏并不多。而崔莺莺、张君瑞、红娘之间的种种矛盾引起的另一戏剧冲突，虽然属于次要的冲突，但却是大量的、错综复杂的，常常和主要矛盾交织在一起，互相影响。张君瑞、崔莺莺和红娘由于身份、处境、教养、个性等的不同，对封建礼教的态度也有差异，所采取的反抗和挣脱束缚的方式也不同，因而不断发生冲撞和误会，由此推动戏剧情节一环扣一环地发展，具有强烈的戏剧效果。该剧不仅在于表现了反对封建礼教和追求婚姻自主的进步思想，而且在戏剧冲突的主次型的运用方面，都取得了很高的艺术成就，能让受教者拍案叫绝，从而获得具有震撼性的审美效果。又如《威尼斯商人》一剧中展示的冲突包含两个平行的冲突：主要冲突是威尼斯商业资本家安东尼奥和犹太人高利贷资本家夏洛克之间围绕割一磅肉的诉讼而展开的争斗；次要冲突是富家小姐鲍西娅遵从父命三匣选亲的故事。此外还穿插进夏洛克的女儿杰西卡同罗兰佐弃家私奔的故事。这些相互联系的冲突，肯定并赞美了安东尼奥、鲍西娅等人以崇尚正义、珍视友谊、懂得尊重的生活理想，否定并谴责了以夏洛克为代表的唯利是图、冷酷无情、贪婪狠毒的生活态度，最后以夏洛克的败诉和有情人终成眷属为美满结局，表现了新兴的商业资本家对封建的高利贷资本家的胜利，歌颂了人文主义的自由爱情、独立个性和坚定意志。这些主次关联的矛盾冲突，展现得自然而不露雕琢的痕迹，蒙上了浓重的悲情色调，表现了文艺复兴时期两种生活观的斗争，反映了作家对资产阶级社会中金钱、法律和宗教等问题倍加关注的思想，能使受教者从中获得某种整体与和谐的美感效应。三是戏剧的教学要分析剧本中冲突的多样型。戏剧的剧本中冲突的多样型是指一些剧作由于没有贯穿到底的完整而集中的戏剧冲突，各场多由一系列人物的生活片段组成，它在众多人物的生活场景中，展示一个个分散的冲突，这些冲突统一于共同的主旨之下。像老舍的《茶馆》、莫里哀的《悭吝人》等就极具代表性。如《茶馆》一剧中展示了北京的裕泰茶馆从清朝末年开始，一直到抗战结束后这段时间中而不断衰落的故事。剧作在 90 多个人物命运及其相互关系上，截取了历史上三个有代表性的片段，犹如三帧风俗画卷，分别表示三个不同历史时期——戊戌变法失败后的晚清末年、军阀混战的民国初年、抗战胜利后的国民党统治时期。尽管一次次地改朝换代，而茶馆里那张“莫谈国事”的纸帖却“保存了下来”，这是富于象征意义的，就是说这些朝代完全是由少数达官贵人统治的，老百姓是没有资格说话的。在茶馆这个“小社会”的背后，有一个没有出场的而又主宰一切的魔鬼，那就是罪恶的半殖民地半封建社会的制造者和统治者。该剧的这三帧风俗画卷中各有不同的冲突，从历史的纵向上概括了 50 年社会发展的过程，从广阔的背景上反映了纷纭复杂的时代风貌，呈现了种种人物特色鲜明的命运变迁，能让受教者佩服作家以一个小茶馆反映一个社会时代的独特眼光和表现手法。又如《悭吝人》展示了阿尔巴贡和儿子克莱昂特在爱情和金钱上的矛盾冲突的多样化。在金钱上，阿尔巴贡和克莱昂特父子的冲突异常激烈。像第二幕第二场，阿尔巴贡和克莱昂特父子一会面就表现出之间的冲突：父亲放高利贷正好放给自己的儿子，儿子借阎王债正好借到老子的身上。父亲咒骂儿子浪荡败家，黑了心肝；儿子怒斥父亲重利盘剥，罪恶滔天。这从阿尔巴贡要佣人法赖尔承认偷了金币的事中便可知晓。在爱情上，阿尔巴贡和克莱昂特父子的冲突更为尖锐。像在第四幕第四场中，更是将这种冲突发展到了顶点，父亲所喜爱的年轻美貌的姑娘玛丽雅娜，正是儿子克莱昂特心上的人。父亲不肯让步，据理力争而不像父亲；儿子不肯罢休，毫不示弱而不像儿子。这从阿尔巴贡的厨子兼车夫雅克调解其父子的剧烈冲突中可以得知。该剧的这些多样化的冲突幽默生动、活泼有趣，大大地丰富了所要凸显的主旨，能让受教者从中引发对资产阶级金钱关系扭曲人性的思考。

3.戏剧的教学要琢磨语言

戏剧的剧本语言是作家依据加工、提炼、净化等方式将日常的口语更规范、更纯正、更健康地呈现出来，从而使之变得更加准确、更加鲜明、更加生动的语言。它是戏剧的基本材料，弄清了它，才能更好地理解和领会戏剧的内容。戏剧的剧本语言与其他叙事文学的语言相比，在运用上要受到很大的限制，它既不同于诗歌的语言，也不同于散文的语言，更不同于小说的语言。因此，作为语文教育的施教者必须引导受教者在戏剧的教学中琢磨语言。以下主要从戏剧的教学既要琢磨剧本语言的对白、独白、旁白的品类又要琢磨剧本语言的动作性、性格化、诗意感的个性还要琢磨剧本语言的含蓄性、蕴藉性、委婉性的特点等几个方面进行阐述：

（1）戏剧的教学要琢磨剧本语言的品类

戏剧的剧本语言的品类是一个不可理喻的东西，它是戏剧的剧本语言的分类学意义上的概念，其品类主要有三：一是戏剧的教学要琢磨剧本语言的对白。戏剧的剧本语言的对白是两个或两个以上的人物之间交流的台词。像曹禺的《日出》、契诃夫的《三姊妹》等就极具代表性。如《日出》一剧中的第四幕，当李石清兴致勃勃地找潘月亭报告公债猛涨的消息时，潘月亭觉得脚跟已经站稳了，要对他进行报复——解雇他，却不急于把解雇通知书摊出来，而是先教训了他一番。李石清原是大丰银行的小职员，靠着逢迎的本事升为潘月亭的秘书，在低下的职位上饱尝了权贵们的羞辱。他不甘心贫贱的境地，乘潘月亭濒于破产的危机，偷看了银行把全部产业抵押出去的合同，以此要挟潘月亭，得到了襄理的职位。潘月亭在危难时，只好忍气吞声。在得知公债行情猛涨的消息后，潘月亭自以为银行的局面稳住了，便对李石清肆意报复、羞辱，他的每一句话，都像是刺伤对方灵魂深处的毒剑。李石清在接连不断的重击下，一败涂地。他伺机反击回去，得知公债要一落千丈时，又反唇相讥地与潘月亭展开了另一回合睚眦必报的较量。因公债行情的涨落，彼此都朝对方的弱点进攻，正是在这唇枪舌剑的对白中，受教者可以了解到两个人的如箭在弦的不同个性。又如《三姊妹》一剧中，抒情色彩浓郁，情节淡化，以对白代替动作，富于象征意味。作家设置人物对白的目的似乎有些不同寻常的单纯，那就是只为表明人物的心里在想什么，而不会去考虑是否得到了他人的回应。人物之间的对白虽然“自说自话”，交流不太顺畅，但是交流毕竟还能时断时续地进行下去，在很多反逻辑性的对白里，像各种停顿、中断、沉默和“没意思絮絮叨叨”虽都是荒诞意味的显著表达方式，但毕竟还是保留了语言自身的价值意义。对白的结构为展示生活的无意义起着很重要的作用，看似杂乱无章的毫无意义的人物对白，却真实地表达了人物内心的感受，完全符合生活化和性格化的要求。该剧这种“以对白代替动作”的独特性，将处于无意义的漫长人生在无谓中等待而又相互隔膜的人物内心的活动表达得淋漓尽致，能让受教者明了其中的表意功能，并体会人物在特定情境下的思想感情活动，从而获得极致的艺术美感。二是戏剧的教学要琢磨剧本语言的独白。戏剧的剧本语言的独白是戏剧人物的自言自语、自我介绍或内心自白的台词。像郭沫若的《屈原》、莎士比亚的《麦克白斯》等就极具代表性。如《屈原》一剧中的“雷电颂”是悲壮、慷慨、激昂的独白，想象瑰丽奇特，感情喷薄而出，不可阻挡，把屈原和咆哮的风、爆炸的雷、闪耀的电等这些宇宙伟大的自然力融为一体，达到了物我同化的境地，显示了追求一切光明、批判一切污秽、毁灭一切黑暗的力量。其中“爆炸了吧，爆炸了吧……”的怒吼声，气势磅礴，撼人心魄，节奏分明，铿锵有力，呈现了屈原对黑暗世界的强烈愤懑，表达了屈原与旧世界决绝的热望心声，充满了屈原对光明未来的热烈讴歌。在“雷电颂”中，作家用急风、怒雷、闪电等象征着变革现实的伟大力量，用洞庭湖、长江、东海等象征着光明与正义的人民群众，用土偶、木梗等象征着昏庸腐朽的统治集团。一句话，该剧中的“雷电颂”不仅是刻画屈原典型性格的最重要的一笔，而且是体现屈原斗争精神的最突出的亮点，更是凸显全剧主旨思想的最鲜明的乐章，能让受教者澎湃不已，从而对作家顿生敬仰之情。又如《麦克白斯》一剧中把弑君的场面推向暗场，在明场着力展示的是主人公灵魂深处的自我搏斗，这种揭示主人公内心冲突的独白比那个流血场面更震撼人心：“在我面前晃着的可是把匕首，柄对着我的手？来，我抓住你！我抓你不着，你可还在我眼前。你这个命定的凶器难道只是可见而不可触摸的，或者是无非幻想的匕首，一种虚幻的产物，完全出之于头脑里狂热的铸造？我仍然看见你，形状分明，完全像我现在拔出的这一把。你引导我去本来要去的地方，用我本来要用的这一个工具。我的眼睛不是受其他官能捉弄了，就是顶替了一切。我仍然看见你：你的刀片和木柄上有滴滴鲜血，原来倒还是没有的。没有这事，都是我自己血腥的企图害得眼睛昏花了……”[85]当一个人要把弑君的念头付诸行动的时候，似乎整个世界都在他的眼前消失了，唯一能看到的只是那把滴着鲜血的匕首！该剧的这段独白，不能不让受教者钦佩作家对人物心灵的深刻洞察力和超强想象力。三是戏剧的教学要琢磨剧本语言的旁白。戏剧的剧本语言的旁白是戏剧中用来从旁评论其他人物的言行而假设对方听不见的台词。像曹禺的《原野》、奥尼尔的《奇异的插曲》等就极具代表性。如《原野》一剧中随着“秋天的傍晚”、“两条铁轨”、“一所孤独的老屋”等诡谲、苍凉、幽远的一声声旁白，帷幕拉开了，舞台上是空空的寂寥，唯有那从天而降的五块薄薄黄纱，似宽实的黄土地，似缥缈的黄纱满天。这时，形态各异的面无表情的八个陶俑在行走，口中振振有词似在窃喜，似在恐惧，表明无论如何都预示着一个悲剧的开始。跟着剧情的展开，陶俑总是恰到好处地出现，不仅营造了一个悲凉、诡异的舞台气氛，而且表现了对白所无法表现的东西，更加给予了人性一个诗意的富有张力的具象。那些无法遁身的仇恨和恐惧，伴随着低回的《安魂曲》，如鬼魂一般在现场游荡，人性的原始的恶被淋漓尽致地展现、放大。这些陶俑虽游离于剧情之外，但又与舞台融合得天衣无缝。该剧的这种出现在舞台边缘的旁白，既能表达作家的思想立场，又能彰显作家的感情态度，能让受教者于戏剧情境和故事背景中，领略到很大的存在意义。又如《奇异的插曲》一剧中以揭示人物的潜意识为核心，是一个广泛运用旁白的极端例证。剧作的旁白与传统戏剧中的用法不一样，几乎是运用在每一个人物每一次说话的时候。每当人物与人物进行对白的时候，一部分台词是说给谈话的对象听的，一部分台词则是内心活动的内容，是说给旁观者听的。像尼娜告诉达莱尔医生自己不能生育有遗传病史的沙米的孩子而又急切希望有一个健康孩子时，达莱尔接着尼娜的话“医生，你得解除她心虚有罪的感觉”而对她说道：“只有故意玩忽了对于人生的职责，那才是有罪，其他都是瞎说！女人的职责就是养一个健康的孩子，去救她的丈夫和她自己！（心虚地想着，并且本能地从她身边走开）我是健康的……但他是我的朋友……其中还有……”该剧这里的旁白表现了人物的“心曲隐微”，揭示了人物的内心世界，表达了作家对人生意义的思考，能让受教者意会其中所呈现的现实主义真实性和表现主义深刻性相融合的奇异风格。

(2) 戏剧的教学要琢磨剧本语言的个性

戏剧的剧本语言的个性是其独特的气质魅力的具体体现，这是戏剧的剧本语言的特殊要求，其个性主要有三：一是戏剧的教学要琢磨剧本语言的动作性。戏剧的剧本语言的动作性是指剧中的台词带有行为性质。像汤显祖的《牡丹亭》、易卜生的《玩偶之家》等就极具代表性。如《牡丹亭》一剧中的许多语言很有动作性，比较典型的是“惊梦”中的一段:“停半晌整花钿，没揣菱花，偷人半面，迤逗的彩云偏。步香闺怎便把全身现?”[86]这里的杜丽娘先是沉思，继而整理饰物，接着侧身斜视，惊讶地发现自己被镜子偷映进去，然后徐步香闺。追寻与实现梦中之“情”，是剧中人杜丽娘的明确、充沛、有力的贯穿动作。这个贯穿动作几经曲折，由人而鬼，由鬼返人，天翻地覆，经历磨难，而情始终不变。“惊梦”之前，杜丽娘的内心世界是单纯也是明净的，她要做什么，自己并不明确，只有一丝淡淡的苦闷。“惊梦”之后，杜丽娘的内心形象立即明确，情感世界丰富充实。她虽是个封建时代的闺中少女，温柔娴雅，在对待爱情问题上不如她同时代的朱丽叶那样热烈奔放，但一旦觉醒就一往情深，咬住不放，生死不离，无怨无悔。该剧的这种语言的动作性所具有含蓄而深沉的戏剧性与浓艳而凄异的抒情性，能让受教者体味其中的独特艺术魅力。又如《玩偶之家》一剧中运用了语言的强力动作性以表现娜拉的复杂而又激动的内心活动，比如：她并不知道冒名签字是违反法律的，相反，她认为这是自己平生第一次独立做了一件大事，对此感到“又得意又高兴”。娜拉面对债权人柯洛克斯泰的威胁，她为家庭的命运而心慌意乱，胆怯地向丈夫求情，劝他改变解雇柯洛克斯泰的决定。当受到丈夫拒绝并指责柯洛克斯泰伪造签字时，她想自杀，又想借一笔款还债，她期待林丹太太说服柯洛克斯泰退还借据。她用装饰圣诞树来掩饰内心的忧虑，用化装舞会来度过自己难熬的时刻，是她处在生死关头的内心搏斗。丈夫的甜言蜜语让自己相信他会承担保护妻子的责任，并期望幻想“奇迹”的出现。海尔茂看到揭发信后对她的怒斥和责骂，终于使她“醒悟”并表示彻底决裂。该剧的这种以语言的动作性生动地再现了娜拉反叛性格的形成过程，能让受教者从中增加对这一人物的真实性情感的深刻理解。二是戏剧的教学要琢磨剧本语言的性格化。戏剧的剧本语言的性格化是指剧中的台词吻合人物的性格特征。像沙叶新的《陈毅市长》、莫里哀的《伪君子》等就极具代表性。如《陈毅市长》一剧在成功塑造陈毅和齐仰之的形象中，性格化的语言起了重要作用。当陈毅亲自发邀请书让齐仰之参加政府召开的会遭到拒绝后，一天深夜便到他的府上去拜访，第一次按门铃被拒之门外，又吃了闭门羹，这时陈毅说：“我就不相信，偌大一个上海我都进得来，这小小一扇门我就进不去！”这是性格化的语言，表现了陈毅的坚定性格和倔强脾气。陈毅再次按门铃，齐仰之看到后说：“又是你！”陈毅说：“对头！”齐仰之又问他：“究竟是干什么的?”陈毅说:“我倒是干大事的。鄙人是上海市的父母官，本市的市长。”陈毅的答话，豪爽、风趣中带点滑稽，符合其性格和身份。一个登门拜访，一个闭门谢客，一个严守“闲谈不得超过三分钟”，一个巧用“激将法”让对方自破其例，终于使这位特殊的化学家还是起了“化学变化”。受教者从该剧的语言的性格化中不仅会为陈毅的坦诚与热情所折服，也能为齐仰之的质朴与求真所感动。又如《伪君子》一剧中答尔丢夫的语言是充分性格化的。答尔丢夫一出场，看到奥尔恭的女仆便赶紧掏出手绢抛过去要求她遮住耸立的乳房，并进而解释说，这种东西如果看了灵魂就会受伤，足以引起不洁的念头。当只有他和欧米尔在一起的时候，便厚颜无耻地求欢，欧米尔无奈之中用上帝做挡箭牌，他竟然说，如果上帝是这件事情的障碍，那就让它也滚到一边去吧！答尔丢夫平时大谈出世隐遁的道理，宣称视金钱如粪土，当奥尔恭要把家产馈赠给他的时候，他却以侍奉上帝的名义毫不犹豫地收下，还要搞得奥尔恭感激他的美意。奥尔恭的儿子当众揭发他调戏母亲的丑行时，答尔丢夫便又祭起上帝，说这是上帝历练他，要当众忍受羞辱，并假惺惺地表示宁愿自己受最残酷的惩罚，也不愿诬告他的人受到些微的伤害。该剧就是通过答尔丢夫的充分性格化的语言中的满口虚伪和滥调，将其伪善性格揭露得淋漓尽致，能让受教者从中领略作家在人物语言表现上的高超水平。三是戏剧的教学要琢磨剧本语言的诗意感。戏剧的剧本语言的诗意感是指剧中的台词含有充沛的情感。像王实甫的《西厢记》、莎士比亚的《罗密欧与朱丽叶》等就极具代表性。如《西厢记》一剧正可以说是诗的语言与剧的语言的高度统一。就诗的语言而论，富于韵味感、节奏美、抒情性，辞藻俏丽，典雅凝练，多用比兴、象征手法；就剧的语言而言，富有动作性、形象感、性格化，明快灵活，淋漓酣畅，多为直接描写或直抒胸臆。尤其是下列旁白:“端的是山藏美玉，地产灵芝，湖光堂上胜蓬莱，四圣观中欺阆苑。湖光潋滟，兰桡尽桨数千船。山景融和，玉砌金堆千万户。九井玉龙喷紫雾，三潭明月浸玻璃。柳荫白鹤飞还往，船畔锦鳞戏水游。青青柳岸渔人坞，点点花香樵子村。断桥深处，有泛桃花，流红叶，浴鸳鸯，浮鸥鹭，暖溶溶三千顷波漾琉璃。水帘洞前，有琼苍崖，悬雨脚，堆螺髻，列画屏，青郁郁三百里山横翡翠。春风郊野，绿杨影里听啼莺。……”[87]这里对西湖胜景的“旁白”字字珠玑，句句精彩，感情充沛，形象生动，好似一曲曲流畅的音符。该剧作之所以能流传几百年而不衰，其超常的语言艺术功力不可埋没，因而受教者需要很好地予以领会。又如《罗密欧与朱丽叶》一剧中，作家采用了诗意感的语言，浪漫而又富有个性，充满理想主义的情怀，较好地体现了剧本诗化、散文化的特点。剧中许多语言真如诗语，或铿锵有力，或激情飞扬，或委婉深沉……帕里斯和罗密欧在朱丽叶墓前的倾诉，充满激情和感伤，全是华美的诗语；亲王最后的宣示也是华美的诗语，所不同的是，他是以权威的口气向全体人、也为全剧所作的总结，虽然抒情味不如帕里斯和罗密欧二人的话语，但是很有哲理，这又是胜出的地方。这些诗语或以诗行排列，或以散行排列，语言优美，令人神醉情迷。另外，剧中的人物对白，简明、形象、生动，和谐铿锵，朗朗上口，是诗的语言，表现了人物丰富的内心世界；特别是剧中朱丽叶与罗密欧的爱情表白，热情洋溢，音韵谐和，犹如一篇优美的抒情散文；而罗密欧在临别时对朱丽叶的祝福，简直就是一首抒情诗了。如此等等的具有诗意感的语言，值得受教者仔细地去欣赏、领悟。

（3）戏剧的教学要琢磨剧本语言的特点

戏剧的剧本语言的特点是其表现手段上的机智巧妙，这是戏剧的剧本语言的独有品质，其特点主要有三：一是戏剧的教学要琢磨剧本语言的含蓄性。戏剧的剧本语言的含蓄性是指藏在台词字面下而不把情意全部表达出来。像曹禺的《北京人》、梅特林克的《青鸟》等就极具代表性。如《北京人》一剧中关于愫方亲事的对白，便是蕴含着丰富的内心活动的范例。曾皓反对这门亲事，他怕愫方果真离他而去，却不好明说，便一味表白："你要知道，我就有你这么一个姨侄女，我一直把你当我的亲女儿一样看，不肯嫁的女儿，我不也一样养么？"既说得冠冕堂皇，又暗含留意。曾思懿为了割断丈夫和愫方的关系，极力主张她出嫁，并抢过曾皓的话说："就是呵，我的愫妹妹，嫁不了的女儿不也是——""嫁不了"与"不肯嫁"字面上虽相差无几，但这一改动，如赶人出门的鞭子，打在愫方的心上。一驱一留，都是出于私利而与对方明争暗斗。孱弱的愫方，处于明枪暗箭之中，好不容易挤出一句包含着难言隐痛的话："我，我没有意见。"这句话里，有着多么丰富的内心活动啊！一个寄人篱下而不能掌握自己命运的弱女子，只好强忍着内心的创伤，去接受严酷的现实。而这一切虽都在不言之中，但受教者能借助语言的启发性与暗示性，去发现和领悟它的存在。又如《青鸟》一剧通过兄妹俩棣棣、咪棣寻觅青鸟的历程和结果，突出了主观、理想和玄学思辨，揭示了探求理念和精神的文化主旨。其中印象最深的是棣棣、咪棣在未来王国的对白："你看，我的苹果有那么大！""那是西瓜。""不！不是西瓜！是我的苹果！""等我出世后，所有的苹果都会这样大！因为我有新的栽培方法！"这一组对白，既超越时空又超越现实，诙谐幽默，想象富丽，饱含情趣，富于诗意，完全贴合孩子的心理，显示了儿童的稚趣。另外，棣棣、咪棣由于光神的指引在墓地找寻青鸟的时候，剧作有这么一段旁白："当玫瑰谢了，它献出花粉，孕育出新的一代，它的花瓣还放出芬芳的香味；虽然果树的花都会飘落，但花上还会长出果实。"这就表现了作家对人生的主观抽象的哲理思考和对现实、未来的乐观态度的憧憬，恰好与后期象征主义内涵的多重、多义、复杂等特征相得益彰，能使受教者去发现和领悟剧作所不曾明说的思想意蕴。二是戏剧的教学要琢磨剧本语言的蕴藉性。戏剧的剧本语言的蕴藉性是指其台词具有丰富性、朦胧性和联想性。像曹禺的《雷雨》、贝克特的《等待戈多》等就极具代表性。如《雷雨》一剧中的第二幕周朴园与侍萍相见那场戏，当周朴园还不知道站在他面前的就是侍萍时，表现出一种眷念、忏悔之情，当认出侍萍后，露出了资产阶级伪君子的真相。他严厉地责问："你来干什么？"并接着"谁指使你来的？"这两句从下意识中冒出来的话，是有内心语言和潜台词的。前一句话"你来干什么？"的潜台词有两层意思：其一是一种惊讶之意，你大可不必到这儿来；其二是一种威胁之意，你想来敲诈我吗？后一句话"谁指使你来的？"的潜台词是：不是你，那一定是鲁贵指使你来敲诈我的。他非常害怕他和侍萍的事暴露在鲁贵这个下人面前，这对他的名誉、地位都是一个严重的威胁。这两句"言外之意"的台词，对于表现周朴园的虚伪性格起到了很重要的作用。作家通过剧中人物的蕴藉性的语言而表达潜在意思的台词，能促使受教者在欣赏剧本的过程中投入其中并思在其中，从而产生一种欲罢不能的"高峰体验"，获得一股难以言喻的美感。又如《等待戈多》一剧中的人物的终极性追问，就极具蕴藉性。剧作中两个流浪汉在前言不搭后语的对白中多次讨论《圣经》，而且他们来到乡间小路的枯树旁，正是为了赴一个神秘的约会，相见的时间是星期六；在等待戈多的过程中，两个流浪汉表现出暧昧的原罪感，并对获救怀有深切的渴望。而期待一个永远等不到的未来，其过程是无聊乏味又心神不定的，这又何尝不是一种形式荒诞寓意深刻的象征。该剧"在表达终极确定性消失后悲剧性的失落感方面，按照一种奇怪的悖论方式来看……它也许最能称得上是我们时代真正的宗教探索：它是一种努力，尽管这种努力是小心翼翼的，尝试性的，但它仍要歌唱、欢笑、哭泣——及怒吼——如果不是为了赞美上帝（上帝的名字，用阿达莫夫的话来说，早已被用滥了，因而也失去了意义），至少是寻求一种不可言喻的维度"[88]。尤其是其语言所具有的不节外生枝、不累赘琐碎的蕴藉性，能唤起受教者的联想而引发深思。三是戏剧的教学要琢磨剧本语言的委婉性。戏剧的剧本语言的委婉性是指其台词在隐晦曲折中包蕴了尖锐的内在动作性和抒情性。像老舍的《茶馆》、莫里哀的《伪君子》等就极具代表性。如《茶馆》一剧中的第一幕，秦仲义正要从茶馆里往外走和被人搀扶着往茶馆里走的庞太监在茶馆门口相遇时，两人之间有一段对白就极具委婉性。二人的对白基本上没有什么古雅深奥、晦涩难懂的词语，表面上虽和和气气，彬彬有礼，轻松地请安、问好，骨子里却是"针锋相对，笑里藏刀"，乃至你死我活。庞太监的发话好像赞赏和肯定，其实是恐吓和挑战，暗含着极端仇恨的杀机；而秦仲义的发话貌似恭维和客气，实为厌恶和蔑视，隐藏着咄咄逼人的气势。这是一场外松与内紧、外和与内狠的争斗，是弄权的太监与自负的财主之间的性格交锋，也是保守与革新两种思想、两种势力之间的无形较量。而这种斗争的激烈性和行动的复杂性，正是通过委婉性的潜台词而体现出来的。该剧的这些语言的情感分量远远超过其字面意思的深沉含蓄，富有委婉隽永的抒情意味，能给受教者以极大的想象空间，从而体会到格外的妙处和独有的魅力。又如《伪君子》一剧中答尔丢夫的语言夹着许多《圣经》上的婉转词句，充满着道德说教，处处体现了一个伪君子的堆砌辞藻、文过饰非、避实就虚、移花接木、为己立论、借风行船等诡辩伎俩。作家由此将答尔丢夫的伪善性格塑造得淋漓尽致，而他也就成了“伪君子”的同义语。答尔丢夫披着虔诚的外衣，竭力掩饰充满狂热欲望的灵魂冲动，凭借自己的伪善言行，首先骗得富商奥尔恭的信任，接着便住进了他的家中。答尔丢夫除了骗吃骗喝外，还欲夺人妻女，霸占他人财产，最后竟要置奥尔恭于死地而后快。而剧作在塑造答尔丢夫的伪善性格时，主要是通过其语言和行动的矛盾来实现的，并且让答尔丢夫巧舌如簧地为自己的言行而辩护，其诡辩的伎俩如此高超，以致使奥尔恭被其迷惑，差点儿被骗得倾家荡产。该剧委婉性的语言妙趣横生，意味无穷，能让受教者在批判答尔丢夫的伪善和残忍的同时，不由得从中获得一种难以释卷的美学享受。

…………

综上所述的语文教育的战略所关涉的课程问题、教材问题、教学问题的研究，长期以来是非常薄弱的。古往今来我国的本土上涌现了那么多著名的语言学家、文章学家、文艺学家，有几个是在西方的语文教育体系下进行的？因此，“健康的语文课程”和“全面的语文教材”及“完整的语文教学”必须在语文学科本体的关怀下建构，要立足于智育的“真”、德育的“善”和美育的“美”；必须在受教者本位的关注下建构，要致力于从“立言”到“立意”再到“立人”的良性循环。果能如此，施教者将引导受教者有效地进入“人的发展和完整性建构”的全新境域。

第十一章　语文教育的智育“求真”

语文教育中的智育即指语文教育客体和语文教育活动本身对语文教育主体所产生的知识传授、能力训练和智力开发等。这是语文教育的前提，其要义在于“求真”，施教者旨在引导受教者“提高智能水平”。它与语文德育、语文美育共同完成语文学科所赋予的时代使命，是全面发展教育中的重要组成部分。语文教育中智育的基本目标就是施教者培养受教者在语文（语言、文章、文学）中如何获得知识、如何形成能力和如何拓展智力，以期促使他们达到“求真”、“向善”、“崇美”的创造性的人才和“健全的人格”的基本要求。以下仅从语文教育的知识传授、语文教育的能力训练、语文教育的智力开发等三个方面分别予以阐述：

第一节　语文教育的知识传授

语文知识是指从事语文（语言、文章、文学）活动的主体在实践中所获得的认识和经验的概括，它是语音、文字、词汇、语法、修辞、语体、文章、文学等知识的总和。因而在语文教育中，作为施教者务必要引导受教者努力创设良好的条件和特殊的环境，并将语文教育中知识传授的地位、语文教育中知识传授的作用、语文教育中知识传授的内容和语文教育中知识传授的计策等放在应有的位置。以下依次予以展开：

一、语文教育中知识传授的地位

语文教育中知识的传授与语文能力的训练、语文智力的开发、语文德育的渗透、语文美育的实施等紧密联系而自己又具有相对独立的地位，应贯穿于语文教育的整个过程之中。以下仅从语文知识是形成语文能力的前提、语文知识是发展语文智力的条件、语文知识是渗透语文德育的基础和语文知识是实施语文美育的凭借等四个方面进行阐发：

（一）语文知识是形成语文能力的前提

语文知识是语音、文字、词汇、语法、修辞、语体、文章、文学等的合金，而文章知识是其重心。语文教育的实践表明，受教者的阅读、写作、聆听、说话等语文能力大都是在掌握相关语文知识的过程中逐步形成的，并且是在运用语文知识的活动中逐步成熟的。语文教育最基本的目标就是培养受教者对现代文的读写听说能力和对浅易文言文的阅读能力。为了保证这一目标的实现，施教者必须注重语文知识的传授，并使之迅速实现自身的科学化。我国传统的语文教育，重吟诵、重体验、重语感，忽视语文知识的传授，引导受教者茫然地走着模仿、体会、摸索的道路，致使受教者所获得的语文知识显得孤立、零碎，甚至杂乱无章，难以组成具有一定结构的有机整体，殊不知语文能力的形成是建筑在扎扎实实的语文知识传授的基础之上的。现代的语文教育，比较讲求内容和理法的探究，并将语文知识列为重要组成部分，不仅在语文教材所选课文即文字作品（文章作品、文学作品）中传授语文知识，而且还通过语文知识短文把这些零散的知识概括、总结起来，并按系列循序渐进地穿插在各个单元之中，作为一个相对完整的结构，从而使受教者很好地认识其中的规律，并成为语文能力的形成前提。

（二）语文知识是发展语文智力的条件

语文智力是观察力、记忆力、想象力、思维力等的综合，而思维力是其核心。心理学的研究表明，受教者在掌握语文知识的过程中，其记忆力、观察力、想象力等智力因素，都会得到相应的锻炼和发展。掌握语文知识是发展语文智力的基本条件，语文智力的进一步发展，又总是在发现语文知识、学习语文知识、运用语文知识的过程中逐步实现的。首先，思维凭借语文知识，能对没有直接着眼于感官的事物及其属性进行反映。如语文教材中所选的课文——李清照的《如梦令》："昨夜雨疏风骤，浓睡不消残酒。试问卷帘人，却道海棠依旧。知否，知否，应是绿肥红瘦。"由"雨疏风骤"便可推知"绿肥红瘦"，这是思维凭借语文知识或经验而推出的结论。其次，思维凭借语文知识，又能对根本无法感知的事物及其属性进行反映。如语文教材中所选的课文——古代作品、域外作品，就要借助已有的语文知识或经验，通过各种思维而了解到不同时期、不同民族、不同地区、不同阶级、不同阶层的人们所创造、积累并发展起来的文化彼此之间存在着很大的差异。因此，在语文教育中施教者要发展受教者的语文智力，就必须传授必要的语文知识。只有这样，才能使他们"具备适应各种情况的智商和开阔的思路"[89]。

（三）语文知识是渗透语文德育的基础

语文德育是思想净化教育和情操陶冶教育及德性涵养教育等的统一，而德性涵养教育是其灵魂。协同论的原理表明，语文知识的"根本意义在于对于人类自由精神和理性精神的启蒙"[90]，因而语文知识的传授过程，实际上就是一个施教者引导受教者怎么净化思想、如何陶冶情操、怎样涵养德性等人文建构的过程。施教者在语音、文字、词汇、语法、修辞、语体、文章、文学等语文知识的传授中，引导受教者斟字酌句、含英咀华的潜移默化过程就已经包蕴着观点见解、主张立场、看法意见等思想净化的教育和情感意向、趣味爱好、操守气节等情操陶冶的教育及性格倾向、意志品质、行为坚守等德性涵养的教育，这些总是伴随着语文德育，它们是须臾不可分开的。在语文知识的传授中，施教者如果忽略了它们的浓郁人文性，那就很不利于受教者的全面理解语文知识和掌握语文知识及运用语文知识。当然，施教者在传授语文知识时，也不能一味地逼迫受教者什么都朝着“人文性”这个特殊的“箩筐”里面装，于是硬贴“政治”标签、强注“道德”药水，把语文德育搞成非常庸俗、卑下的东西，从而让他们产生抵触情绪，以致引起他们的极度反感、厌恶，甚而至于影响到他们学习语文知识的兴趣。

（四）语文知识是实施语文美育的凭借

语文美育是审美意识教育和审美因素教育及审美能力教育等的合一，而审美能力教育是其归宿。语文教育专家的研究表明，语文知识的传授，实际上就是一个施教者引导受教者怎样增强审美意识、如何领略审美因素、怎么提升审美能力等审美熏陶的过程。因而施教者在引导受教者对语文教材所选的课文即文字作品（文章作品、文学作品）中学习语文知识时，无不渗透着审美观念、审美心理、审美态度等审美意识的增强，包含着审美形态、审美范畴、审美形式等审美因素的领略，蕴蓄着审美感受、审美鉴赏、审美创造等审美能力的提升。不论是阅读、聆听的理解与吸收，还是说话、写作的构思与表达，都是施教者引导受教者凭借语文知识从审美的角度所进行的语文（语言、文章、文学）活动。所以，语文知识的传授离不开语文美育，语文美育体现了语文知识传授的固有特点，它贯穿于语文教育的全过程。在这一过程中，师生披文入情，在充满愉悦的情景中学习语音、文字、词汇、语法、修辞、语体、文章、文学等语文知识。如果舍弃上述的一切，而代之以枯燥乏味的说教、纯理性的条分缕析，那就必然会抹煞语文知识传授时所固有的以情感人、寓教于乐的特点，势必在客观上违背语文教育的规律。

二、语文教育中知识传授的作用

语文教育中知识的传授既有利于增强受教者的民族自豪感，又有利于培养受教者系统地掌握母语，还有利于受教者语文能力的持续提高，更有利于受教者语文智力的有效拓展。以下仅从语文知识的传授能克服自发性训练的盲目性、语文知识的传授能改变知识零落离散的状况和语文知识的传授能促进语文素养的整体发展等三个方面进行阐发：

（一）语文知识的传授能克服自发性训练的盲目性

语文知识的传授能使受教者克服自发性（或自然性）训练的盲目性，从而增强自觉性（或能动性）训练的指导性。受教者语文知识的获得一般有两种情况：一种是自发性（或自然性）训练而形成的，一种是自觉性（或能动性）训练而形成的。自发性（或自然性）

训练固然也可以获得语文知识，但由于缺乏理论常识的指导和科学训练的计划，受教者始终处于一种“凭朦胧的感觉和经验办事的状态”[91]，颇有点只见树木不见森林的意味，好像在一条暗胡同中摸索，劳而少功，事倍功半，其结果只能是“知其然而不知其所以然”。这样获得的语文知识往往是不完备和不规范的。自觉性（或能动性）训练既有理论常识作指导，也有科学的训练计划，受教者在积累了一定的感性经验以后，通过学习理论常识，升华认识，再进行循序渐进的练习，可以少走弯路，事半功倍，其结果便是既“知其然”又“知其所以然”。这样获得的语文知识是比较完备和规范的。所以，看一个受教者是否具备一定的语文知识，可以看其是不是懂（理解）、会（应用）、熟（巩固），还要看其灵活掌握和创造性的水平。

（二）语文知识的传授能改变知识零落离散的状况

语文知识的传授能使受教者改变知识零落离散的状况，从而掌握比较系统有用的理论常识。语文教材是以课文即文字作品（文章作品、文学作品）为主体而编成的，因而在使用上有很大的灵活性。但是，如果实施时没有落实一定的系统理论常识的制约，在教授一篇课文时不明确该抓住哪些语文知识点，在教授一个单元时不知道几篇课文如何分工落实语文知识，这种随意性或盲目性将会导致受教者语文知识的学习失去方向，东一榔头西一大棒，受教者学到的语文知识必定是零碎散乱的。其实，语文知识系列在教材中具有统摄课文、编织单元、变原本没有联系的单篇课文为有机的整体的作用。如果施教者能够领会教材的编辑意图，把有计划地引导受教者循序渐进地获得语文知识作为学习相关课文和单元训练的“钥匙”，将每个单元的几篇课文作为一个整体来落实语文知识，并且注意前引后续、分阶段整理巩固的话，那么，受教者就可以在学习语文（语言、文章、文学）的进程中积少成多，分类合并，逐步掌握比较系统的语文知识，改变过去因语文知识的零落离散而显得理论水平贫乏的状况。

（三）语文知识的传授能促进语文素养的整体发展

语文知识的传授能使受教者提高语文素养，从而为他们毕业后的继续学习奠定根基。一个人的知识结构就像一座“金字塔”，语文知识就是塔的最底层。如果受教者没有学好语文知识，就等于没有夯实“塔基”，以后要想有更大的发展是不可能的。语文知识是一切素养的基础，不仅是受教者形成语文能力和开发语文智力的基础，而且也是受教者学好其他各种专门知识的必要条件。同样，语文素养是现代社会求生存的基础，也是发展其他专门素质的必要条件。苏霍姆林斯基认为，知识量的积累可以为智力生活提供学习背景。赫伯特·西蒙认为，一个人的能力建立在一定的语文知识量的基础之上。教学实践也反复证明，如果忽视语文知识的积累，那就无益于提高受教者的语文素养。语文教材中提供的语文知识虽只是“基础”的，但活用了语音、文字、词汇、语法、修辞、语体、文章、文学等方面的知识，是相当丰富多彩的，也是相当广泛实用的。重视语文知识的传授，既能增加受教者的知识积累的总量，又能促进受教者的语文素养的整体发展，还能为受教者的

刻苦钻研打下坚实的基础。□

三、语文教育中知识传授的内容

语文教育中知识传授的内容是其重要组成部分，但是在语文教育理论界却“乱花渐欲迷人眼”，纷纷各抒己见，莫衷一是，或以加涅的知识体系分类，或以认知学的知识体系分类，或以言语论的知识体系分类，以致长期以来争论不休，因而很有必要进行认真研究。以下仅从语文知识的流行说法、语文知识的科学体系等两个方面进行阐发：

（一）语文知识的流行说法

关于语文知识的内容，因各地使用的教科书版本有所不同而有一些差异，比较流行的简括说法是“字、词、句、篇、语、修、逻、文”，号称“八字宪法”。这种说法对矫治语文学科政治化的倾向起了重要作用，但是如果仔细推敲，就会发现“八字宪法”是极不科学的。“字、词、句、篇”着眼于言语形式的结构，依大小排次；“语、修、逻、文”着眼于语言法则的运用，按性能分类。前四字与后四字的角度不一，并列不当。再说，“八字”之间存在着歧义、重复和交叉的问题。仅以其中的“文”而言，现已出现“文字、文章、文学、文化”四种解释。如理解为“文字”，则与“字”相重复；如理解为“文章”或“文学”，则分别与“篇”相交叉。由于“语文即语言文学”这个传统观念的影响，人们通常将“文”释为“文学”，而把“文章”遗漏在语文知识之外。显然，用“字、词、句、篇、语、修、逻、文”来简括语文知识内容是不周密的。再看 1990 年经反复修订才颁布的语文教学大纲对语文知识的提法：“中学阶段，要学习必要的语文基础知识，包括读写知识、语法修辞知识、文学知识等。”这里，仍旧与以往的教学大纲一样没有提及“文章知识”，如将“读写知识”改换成“文章知识”那就较为准确了。因为，读写本身属于技能，不宜视作知识；即使关于读写技能的理论可以算作知识，也概括不了文章本体知识即文章的本质特性（本原、特质、思维、功用、规律等）知识、文章的信息内容（用心、意旨、情感、事料、境界等）知识、文章的体裁样式（媒体、形体、语体、类体、模体等）知识、文章的结构法则（章法、思路、技法、语法、修辞、逻辑等）知识、文章的整体风貌（声韵、气势、神采、疾病、作风、风格、美质、伦理等）知识；况且“文学”除了知识外，还有读写听说能力的问题，将“读写知识”和“文学知识”两个交叉概念并列，不合逻辑。遗憾的是，这种忽视文章知识的疏漏，在 21 世纪颁布的语文课程标准的表述中，仍未提出与“语言知识”、“文学知识”鼎立的“文章知识”理念。浏览近 30 年来出版的多种语文知识丛书，往往将文章知识排除在语文知识之外。国内发行的《语文知识》一类杂志开辟了许多栏目，唯独没有“文章知识”的栏目。翻阅师范院校通用的近百部语文教育学教材，在论及语文知识教学时，也多半排斥了文章知识。有的用“常用文体知识”或“写作知识”代替文章知识，还是以偏概全，挂一漏万。这些事实足以说明，确立文章知识在语文知识内容中的合理地位，该是多么迫切，多么必要！

（二）语文知识的科学体系

关于语文知识的科学体系，应该包括“语音、文字、词汇、语法、修辞、语体、文章、文学”八个方面，即“十六字体系”。众所周知，语音知识、文字知识、词汇知识、语法知识、修辞知识、语体知识、文学知识等七项知识的内容，都已独立成“学”，此处不必赘述。唯有大家天天运用却又轻视或忽视的文章知识，有必要从文章知识和语文知识的关系上简述一下：首先，语段知识、段落知识、章节知识、文篇知识的组合体是文章知识。运用汉语组合的板块理论，文章的表层结构按书面语言由小到大逐级组合为“语段＜段落＜章节＜文篇＜书本”五级单位，即积语段而成段落，积段落而成章节，积章节而成文篇，积文篇而成书本。而文字、词汇、句子等语言知识，都容纳在语段、段落、章节、文篇等文章结构知识之中。因此，学习文章的篇章结构，也就带动了字、词、句等语言知识的学习。历来的语言学习都是在文章语境的读写听说流动中进行的。其次，语法知识、修辞知识、语音知识、语体知识的统一体是文章知识。语法知识、修辞知识、语音知识、语体知识虽然反映了语言运用的不同法则，但是都综合体现在文从字顺、理足气畅、情浓辞美的文章里。这是因为，语法、修辞、语音、语体四项语文知识之间有着血缘关系，皆依存于文章的母体。语法功能、修辞效果、语音美感、语体力量，只有纳入文章的肌体进行观照，才能充分体味它们的奥妙，领悟它们的价值。篇章语法、篇章修辞、篇章语音、篇章语体，标志着四项语文知识的深层次和高境界。由此可见，文章知识对语法知识、修辞知识、语音知识、语体知识有着统摄的作用。再次，语言知识和文学知识的中介物是文章知识。文章必以语言为物质外壳，它是语言发展的产物，但文章不等于语言要素，而是运用语言要素构成的精密化了的、情思化了的精神产品。就文字作品中的文章和文学而言，文章是文学的基础，文学的创作和欣赏，必须以文章的写作和阅读等作根底。几乎所有的作家都是从文章的“第一台阶”走上文学的“第二台阶”的。所以叶圣陶说“一般文章是文艺作品的基础”[37]。由此，我们找到了“语言→文章→文学”的发展程序。总之，无论看言语结构的形式（语段、段落、章节、文篇），看语言法则的运用（语法、修辞、语音、语体），还是看言语作品的发展（文章、文学），都可以确立文章知识在语文知识体系中的主体地位。施教者抓住了文章知识这个主干，就能在语文教育中带动整个语文知识的网络。

四、语文教育中知识传授的计策

语文教育中知识传授的计策应以“精要、好懂、有用”的“六字箴言”予以统帅。“精要”是就知识的选择而言的，“好懂”是就知识的讲解而言的，“有用”是就知识的效果而言的。因而在传授知识时，既要防止唯记诵式的死记硬背，又要避免唯技能式的反对记诵。以下仅从语文知识传授的步骤、语文知识传授的方法等两个方面进行阐发：

（一）语文知识传授的步骤

语文知识本来是分散在语文教材之中的，或是编写知识短文，编制知识图表，块状穿插，显性分布；或是在课文提示、注解和课后练习中分散渗透，点状融入。因而施教者在传授这些知识时，就必须注意步骤：第一步，课前准备阶段。课前准备主要是为语文知识的传授准备材料，打好基础阶段。语文知识一般都是穿插在一定的单元或每篇课文之后，那么在讲解课文时，要特别注意与知识短文有关的材料。对这类材料应按照课文的要求去讲，不要讲得太多，多到把知识短文的内容也讲进去，这样再讲知识短文时就会重复。但是，对这类材料一定要让受教者弄懂，并且熟记，这样在传授知识短文时，施教者就可以左右逢源。另外，还应从受教者的写作和练习中积累有关材料，这些材料既有正面的，也有反面的。写作和练习，一般说来是与课文教学和知识短文传授同步进行的，这样就便于从受教者的写作和练习中积累与知识短文有关的材料。这些材料因为是从受教者中来的，所以更切合实际，效果会更好。除此之外，还要准备教学方案，包括教学程序的具体设计、教学内容的具体安排、教学方法的具体运用等。第二步，课堂教学阶段。课堂教学主要是语文知识传授的具体施教阶段。具体的课堂教学程序和具体教学方法的使用，都没有固定不变的程式，这要根据语文知识的具体内容、深浅程度和受教者的实际水平而确定。就具体的课堂教学程序而言，虽然千变万化，但总要符合受教者的认识规律，即“感知—理解—运用”。比如教一篇较浅显的知识短文，可以先提出要求，让受教者自己阅读，并对内容有一个初步的认识，这就是“感知”。然后组织受教者进行讨论，把知识短文中所讲的概念、理论和规律用自己的语言表述出来，并能举出例证。在这个过程中，施教者要注意受教者存在的问题和疑难，再针对这些问题和疑难进行分析讲解，这就是“理解”。最后在理解的基础上，让受教者或模仿练习，或替换练习，或转换练习，如此边学边练，并能“举一反三”，这就是“运用”。第三步，课后巩固阶段。课后巩固主要是课堂教学之后的复习阶段。课堂教学完成之后，语文知识的传授并没有完结。各类语文知识都有自己的连续性和系统性，如一篇知识短文，只能是一两个知识点。语文知识的传授，到了一定的阶段，施教者还必须引导受教者进行复习，加强其系统性和完整性，以期使他们学得的语文知识更加巩固。不仅如此，更重要的是引导受教者把已经理解和初步会用的知识，进一步运用。这就需要施教者在今后讲解课文时注意找出这方面的材料，让受教者利用所学的知识独立地解决问题。有时还可以从运用和巩固知识短文的角度出发，拟出题目或提出要求，让受教者写创造性习作，使知识短文教学与写作教学更好地结合起来。此外，还可以利用课外阅读和课外的其他活动来配合课堂教学，从而让受教者更好地巩固所学到的语文知识。

（二）语文知识传授的方法

语文知识的传授，要克服主观注入式，抛弃刻板教条式，而代之以灵活多样的方式方法，以利于受教者接受、思考和应用。语文知识传授的方式方法较多，常用的主要有：第一，讲析法。讲析法是施教者用讲述、分析等来加深受教者的理解而使之获得语文知识的一种教学方法。在语文知识的传授中，关涉到的概念、定义性的东西较多，因而施教者不能只在名词、术语上兜圈子，但对基本概念、基本规律、基本方法，必须让受教者搞清、弄懂、理解、掌握。为此，在教学过程中，施教者就可以用讲析法来加深受教者的认识，从而使他们易于理解和掌握所学的语文知识。如在传授“特殊句式”这一内容时，施教者就必须讲清“兼语句”和“连动句”及“存现句”等句式的概念；否则，受教者就无法运用有关句式的知识，去分析一些复杂的语句，并进而领会它们的表达效果，提高运用语文知识的能力。第二，自学法。自学法是施教者指导受教者独立学习而使之获得语文知识的一种教学方法。在语文知识的传授中，如果是较浅显的知识短文，施教者可以引导受教者自学，但自学绝不是“自流”。因此，在学前施教者必须向受教者提出明确的自学要求，在学后施教者必须按要求来认真检查。例如教学“形声字”，施教者可先布置自学提纲：什么叫形声字？常见的形旁和声旁组合的方式有哪几种？掌握形声字的造字方法和构造规律有何作用？这种作用有什么局限性？受教者按照这些问题自学，然后检查学习效果。发现受教者学得不够全面或理解得不够准确的地方施教者再作必要的讲解。这种在施教者指导下受教者自学的过程，始终是他们积极动脑、独立思考的过程，因而所学到的知识既是深刻的，又是巩固的。第三，比较法。比较法是施教者把新知与旧知、新知与新知、旧知与旧知集中起来进行对比分析而使受教者获得语文知识的一种教学方法。在语文知识的传授中，施教者对各种语文知识的同异、一项知识的不同方面进行比较，讲清区别和联系，可收到事半功倍的效果。如文体特征的比较、表达方式的比较、句型的比较、词的用法比较等。如传授“古代诗歌的优秀传统”时，施教者可找出李白、杜甫、白居易的诗来进行对比，指出它们的同异；还可拿苏轼、辛弃疾的词与柳永、姜夔的词作比较，指出它们的同异。由此，可将唐诗的两大不同流派和宋词的两大不同流派讲清，可将以反映民生疾苦为主要内容的现实主义诗歌是我国古代诗歌的主流讲清。第四，图表法。图表法是施教者用示意性的图表来辅助说明、讲解而使受教者获得语文知识的一种教学方法。在语文知识的传授中，施教者对一些内容繁杂的知识短文，可采用分门别类列图表的方法，这样，受教者在学习语文知识时就会一目了然，从而收到便于理解、便于记忆的效果。如从语法功能方面讲词、短语、句子的关系，头绪多，讲起来烦琐，施教者若运用图表便可清晰地显示出名词、动词、形容词的功能与名词短语、动词短语、形容词短语的功能是相同的，而各类短语又决定着句子类型。这种方法能够化难为易，化繁为简，便于理解，便于记忆，也有利于培养受教者分类、概括、归纳的能力。第五，歌诀法。歌诀法是施教者用合辙押韵的形式来配合讲解而使受教者获得语文知识的一种教学方法。在语文知识的传授中，为区分和记忆有些语文知识，有的施教者运用了歌诀法。如汉语拼音的标调，受教者常常弄错，记不清应标在哪个字母上，而用“ɑ母出现别放过，没有ɑ母找 o、e；i、u 并列标在后，i 上标调把点摸；单个韵母头上挂，轻声不标就空着”这个歌诀教学，则会收到良好的效果。又如名词、动词、形容词之间的区别，受教者难于理解和分辨，而用“名、动、形易混淆，加‘不’字见分晓；不成话的是名词，剩下再用‘很’字套；‘很’字不在动词前，形容词前用正好；为了保险加‘宾语’，‘宾语’跟着动词跑”的歌诀教学，问题则会迎刃而解[92]。

第二节 语文教育的能力训练

语文能力是指从事语文（语言、文章、文学）活动的主体在实践中所表现出来的特殊本领，它是阅读能力、写作能力、聆听能力、说话能力等能力的总和。因而作为施教者必须要引导受教者设法创造独特的环境和良好的条件，并将语文教育中阅读能力的训练、语文教育中写作能力的训练、语文教育中聆听能力的训练、语文教育中说话能力的训练等摆在该有的位置。以下依次予以展开：

一、语文教育中阅读能力的训练

语文教育中的阅读能力，是施教者引导受教者对语文教材中所选的课文即文字作品（文章作品、文学作品）予以浏览、查询、检索而获取信息、建构意义的能力。这种能力的训练如果按阅读过程的需要来考察的话，其基本结构可分解为语文教育的认读能力、语文教育的理解能力、语文教育的欣赏能力和语文教育的评价能力。下面递次进行阐发：

（一）语文教育要训练认读能力

认读能力是施教者引导受教者对语文教材中的课文即文字作品（文章作品、文学作品）予以正确感知和准确辨认的一种能力。这种能力是阅读能力的基础，是阅读活动的前提。在语文教育中，即指施教者训练受教者对语文教材中的课文即文字作品（文章作品、文学作品）的字（标点符号、独体字、合体字）的认读与词的认读（单音节词、双音节词、多音节词）和句（陈述句、疑问句、祈使句、感叹句）的认读及段（单段式、两段式、多段式、条款式）的认读等几个不同层次。其中字的认读又是最基本的认读能力，这种能力的形成是不能单靠轻而易举的简单的条件刺激所能奏效的，必须导之以辨字、组词、造句等规律。汉语的认读能力，仅从识字量来看，掌握 3000 常用汉字是可以通过认读关的。我国向联合国组织公布的经过筛选的汉字有 3755 个，用这些汉字来阅读我国当代的出版物，可以读懂 99.9%。1988 年，我国国家语言文字工作委员会、国家教育委员会公布的最新编制的《现代汉语常用字表》，共收入了 2500 个常用字和 1000 个次常用字。这 3500 个字是为了适应语文教学、辞书编纂以及汉字机械处理和信息处理等方面的需要而制定的。这就要求施教者训练受教者在阅读时既要认清字形，又要读准字音，更要弄懂字义等，从而提高认读能力。

（二）语文教育要训练理解能力

理解能力是施教者引导受教者对语文教材中的课文即文字作品（文章作品、文学作品）予以深刻领会和全面把握的一种能力。这种能力是阅读能力的发展，是阅读活动的关键。在语文教育中，即指施教者训练受教者对语文教材中的课文即文学作品（文章作品、文学作品）的词句、段落结构、中心思想和写作方法等理解的能力。理解词句的能力，指能理解文中的词语即本义、比喻义、引申义以及它们的色彩和句子即单句、复句以及各种特殊句等；理解段落结构的能力，指能理解文中的开头、结尾、过渡、照应等，并能列出全文的提纲；理解中心思想的能力，指能理解文中的意图、理念、观点、主张、看法、评价、情绪、情趣等，并能简练、准确、完整地概括主题意旨；理解写作方法的能力，指能理解文中的篇法、段法、句法等写作技巧，并能领会记叙、描写、说明、议论、抒情等表现手段。这些内容不可能一次性完成，而必须在局部与全局、形式与内容之间进行反复的分析和综合。这就要求施教者训练受教者在阅读时既要对文中的词、句的理解，又要对文中的段、篇的理解；既要通过文中所表达的内容领会作者的思想感情，又要通过作者驾驭语言的功力体会文中所表达的精妙等，从而提高理解能力。

（三）语文教育要训练欣赏能力

欣赏能力是施教者引导受教者对语文教材中的课文即文字作品（文章作品、文学作品）予以透彻感悟和仔细回味的一种能力。这种能力是阅读能力的深入，是阅读活动的核心。在语文教育中，即指施教者训练受教者对语文教材中的课文即文字作品（文章作品、文学作品）的思想内容、表现形式、风格特点以及审美取向等欣赏的能力。对于施教者所遴选的内容，受教者不光要能读得很懂，读得明白，还应该得出更进一步的认识，能够分辨出其中的良莠、好坏、是非、美丑，即观点是否正确，认识是否深刻，感情是否健康；知识是否准确，形象是否鲜明，材料是否得当；阐述是否全面，条理是否清楚，结构是否严谨；以及表现方法有何技巧，语言风格有何特点，修辞手法有何讲求；等等。只有具备了这些欣赏能力，受教者才能从中去粗取精、去伪存真、由此及彼、由表及里，才能从中分清正确与谬误、精华与糟粕，才能使阅读拥有更大的收获。因此，语文课程标准把培养受教者的“阅读欣赏”作为一项重要内容。这就要求施教者训练受教者在阅读时既要对文中的思想内容进行领略，又要对文中的表现形式进行剖析，还要对文中的美育意义进行饱览，更要对文中的姿貌格调进行发掘，等等，从而提高欣赏能力。

（四）语文教育要训练评价能力

评价能力是施教者引导受教者对语文教材中的课文即文字作品（文章作品、文学作品）予以科学分析和精准研判的一种能力。这种能力是阅读能力的升华，是阅读活动的归宿。在语文教育中，即指施教者训练受教者对语文教材中的课文即文字作品（文章作品、文学作品）从不同角度、按不同要求，运用已有的知识和经验作出个人的反应，进行积极的思维加工而快速组合信息的能力。这是一种较高层次的阅读能力。因此，受教者要能够与作者保持一定的距离，随着时代和社会的变化，依靠个人独特的认知结构去认识读物的那个“世界”，既能从中求得“真”，又能从中懂得“善”，还能从中感到“美”，进而获得新的意义、新的体会，产生新的见解、新的感受，使阅读超越认读水平、理解水平、欣赏水平，以期达到评价水平。就阅读的应用来说，评价性阅读不仅在于对文中的思想内容、表现形式以及风格特点的欣赏，而且主要是在于通过阅读，充分发挥文中应有的价值和功能，获得具有创新意义的认识。这就要求施教者训练受教者在阅读时既要出于作品之外，又要入乎作品之内，更要出入作品的内外，并依靠其内在的证据和外在的准则，在反复对照权衡的基础上，提取其信息应用于新的情境中，从而提高评价能力。

二、语文教育中写作能力的训练

语文教育中的写作能力，是施教者引导受教者对语文教材中的课文即文字作品（文章作品、文学作品）予以捕捉并储存、加工并重建而呈现优秀习作的能力。这种能力的训练如果按写作过程的需要来考察的话，其基本结构可以分解为语文教育的明旨能力、语文教育的定体能力、语文教育的用料能力和语文教育的选技能力。下面递次进行阐发：

（一）语文教育要训练明旨能力

明旨能力是指施教者引导受教者对语文教材中的课文即文字作品（文章作品、文学作品）的感受、理解、认识后而确定的贯穿在优秀习作中的意旨的一种能力。在语文教育中，即指施教者训练受教者在明旨时要注意新、奇、深、妙等内容。一是意旨要新，即优秀习作中的意旨要体现时代精神和本质特点，使之既有新思想、新观念，又有新发现、新发明，还有认识问题的新角度、新途径，解决问题的新方法、新经验，做到“文章合为时而著，歌诗合为事而作”[93]，发阶级之情，抒民族之魂，吐时代之声，具有当代性；二是意旨要奇，即优秀习作中的意旨要不落窠臼，能见人所未见，发人所未发，或“反弹琵琶”，或多向思维，或辩证分析，做到“领异标新二月花”，能给接受者以真善美的启迪，并引起认知上的满足和情感上的享受，具有独创性；三是意旨要深，即优秀习作中的意旨要透过事物的表面现象，使之以小见大、洞幽发微，或直入核心，或言中要害，或把握关键，或挖出根本，从而揭示事物的本质，反映生活的规律，将“人的本质力量对象化”[94]，做到“一花一世界，滴水见海洋”，时时扣人心弦、处处耐人寻味，具有开掘性；四是意旨要妙，即优秀习作中的意旨要内化，使之成为“时代的化身”，并“渗透在作品的字里行间，渗透在人物的言语、行动和心灵活动中”[95]，按照客观事物的规律性，把富有个性特征的目的和愿望，具体转化为能够愉悦和观赏的形象，做到与表达的内容融为一体，而不能搞公式化、概念化的图解和观点、材料的拼凑，具有烛照性。

（二）语文教育要训练定体能力

定体能力是指施教者引导受教者对语文教材中的课文即文字作品（文章作品、文学作品）的风格与面貌的整体美认识后而确定的适应优秀习作中的样式的一种能力。在语文教育中，即指施教者训练受教者在定体时尤其要注意语言体式美、文字格局美等内容。首先，优秀习作中的语言体式美是指科学语言体式美、政论语言体式美、事务语言体式美和其他语言体式美。其一是指为了适应科学技术领域中的交际需要而呈现的科学语言体式美，如科学论文、技术报告、实验总结、情报综述等等。其二是指为了适应社会舆论宣传鼓动的目的需要而呈现的政论语言体式美，如报刊社论、政治评论、思想述评、宣传演讲等等。其三是指为了适应各类行政事务交往的目的需要而呈现的事务语言体式美，如政府文件、部门通知、社区启事、规章制度等等。其四是指为了适应大众传播或人际沟通的特殊需要而呈现的其他语言体式美，如游记、日记、铭诔、回忆录、访问记等等。其次，优秀习作中的文字格局美是指文字行款的格式美和文字组织的形式美。其一，文字行款的格式美是所有书面文字都要讲究的，普通文章、专业文章、变体文章要讲究，诗歌作品、散文作品、小说作品、戏剧作品也要讲究。题目占多大的位置，标题怎么排列，怎么抬头，怎么落款，怎么提行，以及段落划分的长短，等等，都是很有讲究的。其二，文字组织的形式美从文字格局来看，在文字组织上都应注意尽可能地把篇、章、节、段的中心句和脉络句标示出来，让它们的中心思想及其层次关系越来越直观地展现在接受者的面前。

（三）语文教育要训练用料能力

用料能力是指施教者引导受教者对语文教材中的课文即文字作品（文章作品、文学作品）的事、理等通过“情化”处理之后用来表现优秀习作中的事料的一种能力。在语文教育中，即指施教者训练受教者在用料时要注意真实、典型、新颖等内容。一是事料要真实。真实的事料是优秀习作中的火花的喷射点，是构成“美文”的重要基因，诚如刘勰所云：“事信而不诞。”[96]因此，在选用事料时，应不弄虚作假，不矫揉造作，不胡编乱造，不故弄玄虚，使所用的事料或真实地反映了客观的生活，或真切地表达了主观的情感，让接受者透过自然、社会、思维的折光，窥见时代的影子，感觉到一条简明、具体的生活脉搏，体味到真善美的浓烈气味。二是事料要典型。典型的事料是指优秀习作的从现实生活中选择出来的并深刻地揭示了事物的本质，从而具有广泛的代表性和强大的说服力的事料。因此，在选用事料时，能用一个说明问题，而不厌其烦地举上两个、三个甚至五个，都会破坏其典型性。为了让接受者看到生活本质的光彩，在事料的运用上，应考虑它们所起的作用，看其是否有利于社会发展的需要，是否有利于人类生存的改善。三是事料要新颖。新颖的事料是指优秀习作中的能反映时代面貌的且具有新鲜感的事料，它既指客观事物的新，更重要的还指那些新颖独到的感觉和发现。因此，在选用事料上，应避免那种人家早已用滥了的事料，要知道“吃别人嚼过的馍馍没味道”的。时代在发展，历史在前进，老一套的、惹人厌烦的东西不能反映前进的、热气腾腾的新生活，不能引起接受者的兴趣，不能产生高尚的审美价值。

（四）语文教育要训练选技能力

选技能力是指施教者引导受教者对语文教材中的课文即文字作品（文章作品、文学作品）的完美统一的内容和形式予以领略并呈现在优秀习作中的技巧的一种能力。在语文教育中，即指施教者训练受教者在选技时要注意篇法美、段法美和句法美等内容。其一是指优秀习作中的篇法美。主要有：一是总文理，指确定主旨或意蕴的技法；二是定予夺，指决定题材取舍或选择的技法；三是布疏密，指处理行文繁简关系的技法；四是排次序，指斟酌逻辑顺序安排的技法；五是理线索，指理清事料贯穿脉络的技法；六是兴波澜，指安置结构起伏变化的技法；七是设开合，指注意语势与意念交叉相间的技法；八是点文眼，指设定关键或传神词句的技法；九是合涯际，指缝合意旨或事料的边缘的技法；十是统首尾，指谋划首尾圆合交融的技法。其二是指优秀习作中的段法美。主要有：一是主句显示法，指段落主句或在段首，或在段末，或在段中的技法；二是起承转合法，指段内主句、述句和结句承上启下的技法；三是记叙法，指用于表现时空中静态、动态事物的状态和变化的技法；四是描写法，指用形象的语言对人物或事物的形态、特征予以描绘的技法；五是说明法，指用于揭示各种概念、说明事物的特点和本质及规律的技法；六是议论法，指用概念、判断和推理的逻辑形式论述事理的技法；七是抒情法，指用以抒发主观情感的技法。其三是指优秀习作中的句法美。主要有：一是句类，指从语法意义上看，恰当地运用单句与复句、完全句与省略句、独词句与多词句、被动句与施动句、顺序句与倒装句等句子的基本类型的技法；二是句型，指从语用意义上看，恰当地运用陈述句、判断句、祈使句、感叹句、正句和反句、长句和短句、警句与诫句等句子的各种功能和形态的技法；三是句式，指从修辞意义上看，恰当地运用各种修辞格以及讲求长短句、整散句、变位句、疑问句、否定句、肯定句等形成语言节奏和韵律的技法。

三、语文教育中聆听能力的训练

语文教育中的聆听能力，是施教者引导受教者借助听觉分析感官接收语文教材的“荒原”——话语作品（实说的话语作品、假说的话语作品）的语音信息并通过思维加以分辨、理解、把握的能力。这种能力的训练如果按聆听过程的需要来考察的话，其基本结构可分解为语文教育的听辨能力、语文教育的听记能力、语文教育的听解能力和语文教育的听评能力。下面递次进行阐发：

（一）语文教育要训练听辨能力

听辨能力是指施教者引导受教者分辨语文教材中的话语作品的语音形式迅速感知所表达语义内容的一种能力。这种能力是聆听能力中最起码的能力。在语文教育中，即指施教者训练受教者在聆听时要学会摒除话语中的杂质，并理清话语的头绪，抓住话语中的重要信息。这种能力要求受教者首先是听到语音，然后才能理解对方所表达的思想内容，所以说，有声语言是语音和语义的结合体。语音是语言的物质外壳，语义是语言的内核。要想听懂说话内容就必须辨别语音，即要辨别话语中音位序列和音位组合规则，包括熟悉普通话的语音规范和方言的特殊规则，对说话人所采用的语音形式具有相通并敏于感知的能力。除此，要想听懂说话内容就必须听音辨调，即能准确地辨析出话语中的同音词、音近词、谐音词、同义词、近义词、多义词等在具体语言环境中所要表达的语义内容。这就要求施教者要训练受教者词不离句、句不离意，抓住说话者前后的句子意思，在具体的语言环境中判断、比较、辨识不同的音高、音强、音长、音色所表达的不同语气、感情色彩和语音风格，做到听得清楚，听得准确，从而提高听辨能力。

（二）语文教育要训练听记能力

听记能力是指施教者引导受教者理清语文教材中的话语作品的脉络快速而准确地归纳要点、把握语意中心的一种能力。这种能力是聆听能力中最核心的能力。在语文教育中，即指施教者训练受教者在听话时必须针对语音信息一闪而过、稍纵即逝的特点，迅速地捕捉对方发出的每一个语音信息，并且储存在大脑皮层里，作为下一步理解和品评的基本素材。由于说话人的临时应对性极强，不免会出现重复、脱节、补充、插话等现象，有时还会掺杂一些毫无意义的口头语，受教者必须借助有意注意的积极参与，能够披沙拣金，把听来的语音信息和自己已有的认知材料相类比，做到听得准确、记得清楚，有利于交际。另外，说话人与听话人常处在同一语言环境中，说话人可借手势、表情、声音等来表达某种意愿，口语往往语法简省、随便，甚至语义不完整、不连贯，这都需要受教者的精神高度集中于所定向的语音信息中，尤其是注意的稳定性、专注性和持久性。这就要求施教者要训练受教者对说话人的语音信息进行分析、综合、演绎、归纳，使之条理化，变杂乱为清晰，变不连贯为一体，变粗糙为严密，从而提高听记能力。

（三）语文教育要训练听解能力

听解能力是指施教者引导受教者感知语文教材中的话语作品的语音形式而获得深层意义的一种能力。这种能力是聆听能力中最主要的能力。在语文教育中，即指施教者训练受教者运用各种思维方式对于所接收到的各种语音信息，通过分析、判断、筛选和组合，让受教者不但能听出语面含义，而且更要听出“话外之音，言外之意”，也就是理解说话人用含蓄、委婉的语音形式所表达的真实含义，并对特定交际场合中接收的话语进行分解和组合，做出综合处理，做到分清主次、抓住要点、概括主次、理清脉络，准确掌握话语的内在思想意义。一句话，受教者必须通过说话的语流理解说话人的意思，进而掌握说话人的思维活动。它包括理解说话人的重音、语调、停顿、使用的语汇、各种句式以及社会上不同阶层或集团的习惯用语。这就要求施教者要训练受教者一是要理绪，即听一段内容杂乱、层次模糊、条理不清的话，边听边分析，找出语言材料的内在联系，理出一条符合情理、符合逻辑的线索，然后重新复述；二是要归类，即把课堂讨论，或是座谈会上凌乱、庞杂、无序的发言，整理归类，理出头绪，归纳要点等，从而提高听解能力。

（四）语文教育要训练听评能力

听评能力是指施教者引导受教者理解语文教材中的话语作品意义而在理智上对其分析、综合评判的一种能力。这种能力是聆听能力中最重要的能力。在语文教育中，即指施教者训练受教者在听对方说话时，除了要理解其说话的意思外，往往还要对说话的内容根据一定的标准进行评价，要依据场合、对象、情景的不同，以及说话人的语调、语气的变化，品评对方话语中的感情色彩。具体地说，可品评说话人语义内容的是非、言语行为的美丑、语言表现技巧的高下、讲话效果的好坏、讲话人风度的优雅以及性格特点的优劣等等，并能够探求话语含蓄的意味。就说话者来说，由于发音器官的生理差别和发音方法的不同，以及个人的文化修养和表达能力的有别，有的诙谐幽默、妙趣横生，有的含蓄隽永、回味绕梁，有的旁征博引、引人遐想，有的则词不达意、不知所云等，这都需要受教者具有识趣、体味、审美、察非等听评能力。这就要求施教者要训练受教者不但能从对方话语中品评出表达技巧的优劣高低，还能以对方的基本话意为基础，通过推测与联想，体味说话者潜在的信息，从而提高听评能力。

四、语文教育中说话能力的训练

语文教育中的说话能力，是施教者引导受教者对语文教材的“荒原”——话语作品（实说的话语作品、假说的话语作品）能运用语音手段连续不断地传达主旨明确、条理清楚、连贯得体的一段话的能力。这种能力的训练如果按说话过程的需要来考察的话，其基本结构可分解为语文教育的组码能力、语文教育的编码能力、语文教育的发码能力和语文教育的用码能力。下面递次进行阐发：

（一）语文教育要训练组码能力

组码能力是指施教者引导受教者对语文教材中的话语作品通过聆听而生成内部言语的一种能力。这种能力是说话能力发展目标的核心能力。在语文教育中，即指施教者训练受教者将听觉获得的信息以及印象，经过大脑的分析、综合、归纳、演绎、想象、联想，生成内部言语，按照语义加以扩展，然后通过选词选句表达出来。内部言语组织得准确、快速而且完整，语流才能连贯、畅通、清晰、有条理，说话也就会更流利。心理学表明，内部言语产生于大脑左半球靠近额叶前方，负责组织有意义的言语次序。当大脑感知到外界事物或听别人说话所得到的信息，立即传到左脑进行加工、处理、分析、综合、归纳、推理，或提取，或淘汰，或勾起过去所经历类似事物的回忆，或由此及彼地引起联想、想象，或爆发出新的认识与奇想，这样就生成了第二信号的内部言语，并产生一个个“语点”，进而繁衍成连续的线性“语脉”时，这便形成说话人的思路，把它说出来便是连贯的话语。这就要求施教者必须引导受教者进行大量的阅读，训练其敏捷的语感，并尽量充实"生成内部言语"的宝库，从而提高组码能力。

（二）语文教育要训练编码能力

编码能力指施教者引导受教者对语文教材中的话语作品通过聆听而组织外部言语的一种能力。这种能力是说话能力发展目标的中介能力。在语文教育中，即指施教者训练受教者将生成的内部言语扩展编码并转化为外部言语——有声语言。受教者要迅速选择有关联的、清晰的、富有表现力的词汇、句式，并正确运用语法手段显示"语点"和"语点"之间的内在联系。有些受教者之所以不能在极短时间内根据"语点"选择准确的词语、句式来表达意思，主要是缺乏提供信息编码的符号材料。如果受教者储存的词汇、句式多，那么应急选择的余地就大，说话就流畅、生动；如果受教者词汇、句式贫乏，说话就会枯燥、呆板，甚至词不达意，缺乏应有的表现力。由此可见，受教者掌握一定的词汇、句式，是快速组织外部言语的重要条件。要提高编码能力，受教者除了掌握一定的词汇、句式外，还要懂得组合语序的语法规范，使说话收到应有的效果。否则，说话就会颠三倒四，使听者不知所云。这就要求施教者要引导受教者大量地进行语法知识、逻辑知识的学习，并尽量丰富词汇、句式的数量，从而提高编码能力。

（三）语文教育要训练发码能力

发码能力是指施教者引导受教者对语文教材中的话语作品通过聆听而运用语音形式传递外部言语的一种能力。这种能力是说话能力发展目标的外显能力。在语文教育中，即指施教者训练受教者在将内部言语经过扩展并编码为一定的语句之后，运用恰当的表达方式和通过音质、音调、音律、音力的变化，使有声语言达到最佳的表达效果。受教者的音质强，语音就能甜润纯净，清新悦耳；受教者的音调强，语音就能抑扬缓急，扣人心弦；受教者的音律强，语音就能快慢适中，跌宕回环；受教者的音力强，语音就能流畅自然，持久强韧。要提高发码能力，受教者在说话时要根据表达的内容需要和说话人的年龄、职业等特点，尽量说普通话，陈述句、疑问句、祈使句、感叹句的语气要明显，音质、音调、音律、音力的运用要适当，使"语脉"如流，汩汩而出。否则，就达不到说话的目的。这就要求施教者必须有计划地训练受教者的语音的表现能力，使他们通过对语音表层意义的感受，内化为一种自然条件反射的心理习惯和语言习惯，在正确掌握运用语言技能技巧的同时，适当地运用态势语言辅助，从而提高发码能力。

（四）语文教育要训练用码能力

用码能力是指施教者引导受教者对语文教材中的话语作品通过聆听而调节和控制表达行为的一种能力。这种能力是说话能力发展目标的调控能力。在语文教育中，即指施教者训练受教者能对说话的内容、情态和详略等作出调控，使说话更有针对性，更切合具体情境，即说话要得体。众所周知，说话一般要有明确而具体的对象，以及与听话人共同的背景，也就是说，说话是在一定的情境中进行的，其效果既决定于说话的动机、话题的潜在内容，又受制于听话人的身份、修养、心态以及其他诸多环境条件。当表达者与接收者双方所表达的事物有共同的背景知识时，有关这方面的内容就可以省略；同时也可常常根据对象作即兴式的发挥和补充。要提高用码能力，受教者在说话时要根据语言环境和听话人的反馈情况，随机应变，有意识地调节自己的语言行为，或巧妙地转换话题，或迎合地增添说话内容，或对音调、音律、音力等进行调整以缓和气氛等，进而达到交际的预期目的。这就要求施教者要训练受教者学会根据不同场景的需要，选择恰当的表达方式，或详细，或简略，或全面，或局部，有所侧重，从而提高用码能力[97]。

第三节　语文教育的智力开发

语文智力是指从事语文（语言、文章、文学）活动的主体运用大脑在认识过程方面所表现出来的独到才智，它是观察力、记忆力、想象力、思维力等智力的总和。因而作为施教者一定要引导受教者想法创立有利的环境和优越的条件，并将语文教育中观察力的开发、语文教育中记忆力的开发、语文教育中想象力的开发、语文教育中思维力的开发等列于应有的位置。以下依次予以展开：

一、语文教育中观察力的开发

语文教育中的观察力是指从事语文（语言、文章、文学）活动的主体运用感觉器官有目的、有意识、有组织、有计划地感知客观事物的一种才智。语文教育要开发受教者的观察力，施教者必须诱发观察的兴趣、教给观察的方法、培养观察的习惯。下面递次进行阐发：

（一）语文教育要诱发观察的兴趣

在语文教育的活动中，施教者要善于诱发受教者的兴趣。一是组织受教者到高山大川、名胜古迹去游览，感受风景美；到植物园和动物园去观察不同植物的根、茎、叶、花、果等，各种飞禽走兽、游鱼爬虫等，感受生态美；到天文台去观察明月朗星、淡云薄雾、朝霞晚霁、夜露晨霜、海市蜃楼、沙漠幻景等，感受天象美等千姿百态的自然美，从而使他们赏心悦目。二是组织受教者到现实生活中去观察三峡工程的精心施工及胜利合龙，人造地球卫星的研制及发射、回收的成功，竞赛场上运动员们的顽强拼搏，人与人之间的真挚友谊等丰富多彩的社会美，从而使他们奋发向上。三是组织受教者到博物馆去观察生物的进化、演变等，到地质陈列馆去观察岩石、矿物、化石等，到科技馆去观察“五颜六色”的海底世界、“物候变化”的节奏旋律、“七巧板”式的地球外壳等奥秘无穷的科学美，从而使他们增长才智。四是组织受教者到艺术长廊去观察“舍体取面，面中有体”的绘画、“心灵与身体的统一”的雕塑、“无声之音，无形之象”的书法、“方寸之地，气象万千”的篆刻、“重重叠叠，层层楼阁”的建筑、“一个特别的有机体”的戏剧、“悬挂起来的小天地”的电影等琳琅满目的艺术美，从而使他们欣羡神往……所有这些，都会大大诱发受教者的观察兴趣。

（二）语文教育要教给观察的方法

在语文教育的活动中，施教者要注意教给受教者观察的方法。一是要教给受教者按顺序观察的方法。施教者要指导受教者根据观察对象的特点，合理安排观察顺序如由近及远，由远及近；先里后外，先外后里；由前到后，由后到前；从整体到局部，从局部到整体；先看主要对象，后看背景；先看背景，后看主要对象；从起因、经过到结局，从结局到起因、经过；立足点不动，变换观察点；观察点不动，变换立足点；立足点变动，观察点也变动；等等。这些做法，会使受教者在观察时掌握事物的规律。二是要教给受教者深入观察的方法。施教者要指导受教者对观察的对象有一个整体的、全面的认识，并注意把全面观察同重点观察相结合，即全面观察事物的各个方面、事物发展变化的全过程以及事物之间的相互联系，重点观察事物的重要方面或重要阶段，对特定发展阶段上的某个部分、某个侧面要进行特别细致的观察，等等。这些做法，会使受教者在观察时认识事物的特征。三是要教给受教者反复观察的方法。施教者要指导受教者有目的、有重点地进行长时间的反复观察事物，并通过多种感官把观察与体验、观察与调查、观察与思考、观察与想象、观察与联想、观察与阅读、观察与表达等相结合。这些做法，会使受教者在观察时寻求事物的本质。

（三）语文教育要培养观察的习惯

在语文教育的活动中，施教者要着力培养受教者观察的习惯。一是要培养受教者随时留意的观察习惯。施教者要注意帮助受教者在观察时克服对周围事物漠不关心、心粗气浮的毛病，凡事多以观察的目光去看待，在这方面不少施教者积累了丰富的经验。例如有的引导受教者写“观察日记”，有的引导受教者写“生活速记”，还有的引导受教者开展“小记者”活动，等等。这些做法都会督促受教者主动地去关心自己身边发生的事情，并且把自己的所见、所闻、所思、所感用语言文字记述下来，时间长了，他们就会养成留心观察的好习惯。二是要培养受教者认真细致的观察习惯。受教者在观察时之所以马虎、粗疏，一方面是与他们观察时缺乏明确的目的有关，如果他们能够明确每次观察要达到的目的，他们的主动性和自觉性就会增强；另一方面是与他们观察时的浮躁情绪有关，如果他们能够懂得浮躁情绪对观察效果的消极影响，他们就能保持观察中的持久性。这就要求施教者要注意加强受教者观察的目的性和耐久性的教育，从而使他们养成认真、细致的观察习惯。三是要培养受教者动脑思考的观察习惯。施教者要注意重视受教者观察中动脑思考习惯的培养。受教者在观察中一方面表现出对新鲜事物的好奇心，另一方面则更多注意的是事物外露的表面现象，而不能很好地注视和探究事物的内部性质和内在联系，这就要求施教者帮助他们由对事物外表现象的观察深入到对事物内部性质和内在联系的思考，从而提高观察的自觉性，逐步养成动脑思考的观察习惯。

二、语文教育中记忆力的开发

语文教育中的记忆力是指从事语文（语言、文章、文学）活动的主体对曾经历过的知识和经验在必要时能想出来（再生）或感觉出来（再认）的一种才智。语文教育要开发受教者的记忆力，施教者必须讲解记忆的规律、指点记忆的门径、加强记忆的操练。下面递次进行阐发：

（一）语文教育要讲解记忆的规律

同任何事物都有它的规律一样，在语文教育中开发受教者的记忆力，也是有规律可循的。因此，施教者应向受教者讲解记忆的基本规律，让受教者掌握。一般来说，可从以下几个方面入手：一是有意识记优于无意识记。无意识记是事先没有预定目的，不需要经过意志努力的识记。在语文教育中，一些有趣的故事情节、教师生动形象的语言和富有表情的动作等，都可以引起无意识记，而且能保持长久。这就要求施教者要引导受教者多用无意识记这一规律，在教育过程中创造无意识记的条件，对一些“文质兼美”的课文，在讲授时应想方设法地扣住受教者的心弦，诱发受教者的情感，帮助受教者感知课文。有意识记是事先具有预定目的，并且经过意志努力的识记。在语文教育中运用有意识记时，施教者要向受教者提出明确具体的要求，使他们知道应该识记什么，记到什么程度。否则，就会不分主次，平均用力，既耗费精力，又会影响识记效果。这就要求施教者要引导受教者慎用有意识记这一规律，应教育他们要有长远的记忆目标和意图，不要有临时抱佛脚而应付眼前考试的侥幸做法。二是意义识记优于机械识记。机械识记是对缺乏了解的材料，依据表面特征而简单重复的识记。在语文教育中，比如许多课文中会出现一些人名、地名、外文生词、历史年代、专门术语、没有意义的数字、汉语拼音规则等，本身没有多少内在联系，受教者对于这些内容识记起来比较困难。这就要求施教者要引导他们巧用机械识记这一规律，应教育他们采用多次重复或复习的方法把这些内容记住。意义识记是在了解材料的基础上，依据内在联系而反复领会的识记。在语文教育中，施教者引导受教者学习古文时，要善用意义识记这一规律，应教育他们找到新材料和已有知识的联系，如果把其中的通假字、古今字、异体字、实词、虚词、常见句型等都弄懂了，把全篇的中心意思也掌握了，然后便要求他们背诵。这种在理解基础上的记忆，他们背诵起来，就有兴趣得多，不但记得快，而且也记得牢。

（二）语文教育要指点记忆的门径

科学的记忆门径，有助于提高记忆效率，能使记忆效果“事倍功半”。在语文教育中开发受教者的记忆力，也是有门径可言的。因此，施教者应注意向受教者指点一些行之有效的记忆门径，并指导受教者掌握。一般来说，可从以下几个方面入手：一是多感官记忆。这种门径是在记忆某种事物的时候，使眼、耳、手、嘴等感觉器官同时工作，使大脑处于积极的综合运动状态。在教育过程中，施教者引导受教者让多种感官参与识记，可以使识记的材料在大脑皮层的视觉区、听觉区、运动区、言语区建立起联系系统，留下深刻的痕迹，从而达到巩固的记忆。二是综合记忆。这种门径是在记忆某种事物的时候，先对事物整体识记，抓住要点，然后再对事物部分识记，最后把部分联成整体。实践表明，施教者引导受教者背诵一篇课文，用部分记忆法平均需 16 分钟，20 天后背诵要提醒 7 次；用整体记忆法平均需 8 分钟，20 天后背诵要提醒 4 次；而用综合记忆法，平均只需 6 分钟，20 天后背诵只提醒 1.5 次。三是歌诀记忆。这种门径就是根据材料的性质和特点编成歌谣、口诀、顺口溜等进行记忆。在教育过程中，受教者对多重复句的划分视为畏途，施教者如能编一首“划复句，找分句，逗号隔开看谓语；首览全局大意明，一分为二观全局；逐层细分仔细查，‘关联’‘意合’两相遇”[98]的歌诀，受教者就好记多了，为他们划分多重复句提供了方便。四是特征记忆。这种门径又叫形象记忆或联想记忆，即是说，在识记事物时，首先通过观察，抓住事物的特征，然后在大脑中展开联想，想出一个崭新的、符合原来事物特征的具体形象，最后把这个具体形象和原来事物之间的联系储存到大脑的记忆中去。在教育过程中，施教者如要求受教者记住 A、B、C、D 四个大写拼音字母，可先让受教者观察这四个字母的外形特征，然后根据这种外形特征引导受教者想象：“A 像铁塔，B 像耳朵，C 像铁钩，D 像竹弓。”受教者如根据这些具体形象，再来记忆这些陌生的字母就容易多了。

（三）语文教育要加强记忆的操练

加强记忆的操练，能使高质量的信息更快、更多、更有效地通过信息通道进入受教者的大脑。因此，在语文教育中开发受教者的记忆力，除了前面论及的讲解记忆的规律、传授记忆的门径外，施教者还要特别注意加强记忆的操练。一是记忆的速度操练。记忆的速度操练是指通过操练，提高信息的记忆在单位时间内的效率，它是记忆过程中大脑细胞之间快速接通的操练。这种操练能使人的思维度的“视野”得以迅速扩展。因此，在操练时，虽然不能排除人先天生理上的相对优劣的区别，但通过记忆的速度操练，人人的记忆都是可以得到提高的。二是记忆的密度操练。记忆的密度操练是指通过操练，使人的记忆要有足够的信息量，但信息的足够并不是指用一些无用的信息来“滥竽充数”，也不是相关、相似、相近信息的“多多益善”。这种操练要求有用的信息达到一定的密度。因此，在操练时，要将全部信息“分门别类”，尽量筛去缺乏精度或同类的信息，通过多次反复，直到达到足够的标准。三是记忆的高度操练。记忆的高度操练是指通过操练，加高操练的层次，向高难度的方向迈进。这种操练要先有一个高目标，只有这样，才能使人的记忆渐渐达到一定的高度。因此，在操练时，要抓住“记忆眼”，即被记忆物的核心。这个“记忆眼”便是“记忆起点”的高度。寻找被记忆物的“记忆眼”并不难，但必须经过思维度中的高度操练。四是记忆的广度操练。记忆的广度操练是指通过操练，拓展信息的外延，它是信息的“举一反三”，是信息记忆中的“一传十、十传百”。这种操练能使人的记忆有“条条大道通罗马”的应用自如的切入能力。因此，在操练时，当在单位时间内能够记忆的信息量已经满意以后，应向更深广的方向发展。

三、语文教育中想象力的开发

语文教育中的想象力是指从事语文（语言、文章、文学）活动的主体将头脑中已有的表象能够进行加工改造并创造出新形象的一种才智。语文教育要开发受教者的想象力，施教者必须训练再造想象、激发创造想象、强化审美想象、鼓励科学想象。下面递次进行阐发：

（一）语文教育要训练再造想象

再造想象是主体根据现成的描述（语言、文字、图画等）在头脑中出现的新形象的过程。在语文教育中，施教者要紧扣课本精心设疑、巧设悬念，训练受教者的再造想象。一套语文教科书，为施教者提供了引导受教者想象的广阔天地。作者“选材严，开掘深”，施教者就引导受教者通过“严”而想其“深”；作者小题大做，言近旨远，施教者就引导受教者从“小”想到“大”，从“近”想到“远”；作者“言已尽而意无穷”，施教者就引导受教者从“言已尽”而想到“意无穷”；作者张开想象的彩翼，上天入地，谈古道今，施教者就引导受教者神思飞越、探幽访胜。一言以蔽之，施教者要紧扣课文，训练受教者的再造想象。如读了《天山景物记》，可以根据作者的描绘，在头脑中出现一幅从高山平原到溪涧湖泊，从飞禽走兽到明月星空、色彩艳丽、奇幻迷人的景象；读了《第比利斯的地下印刷所》，就会在头脑中形成一座建筑物的新形象；读了《周总理，你在哪里》，眼前就会浮现周总理为革命日夜操劳、为人民鞠躬尽瘁的光辉形象。

（二）语文教育要激发创造想象

创造想象是主体不需要依据现成的描述而独立地创造出前所未有的新形象的过程。在语文教育中，施教者要跳出课本，鼓励受教者阅读“奇书”，搜集“奇事”，产生“奇想”，让想象的翅膀把受教者带到创造的广阔天空去遨游，去取宝；启发受教者既要让他们张开想象之翼，又不要想入非非、胡思乱想；既要让他们放开思想的骏马驰骋，又不能信马由缰；既要让他们想象的范围无限广阔——过去、现在、未来、天上、人间、地下，又要基于现实，源于生活，有所依据，有所遵循。一句话，要让受教者有一个聪明的脑袋，敢于想象，善于想象，想得合理，想得丰富，想得敏锐，从而激发创造想象。幻想和理想常常被看作是创造想象的一种特殊形式，在语文教育中，激发创造想象，施教者可引导受教者在写作能力训练中既写理想，又写幻想，诸如《20年后的我》、《祖国的明天》、《太空漫游记》、《彗星探秘》之类，让受教者产生对未来生活的憧憬，对宇宙世界的向往等，从而激发创造想象。

（三）语文教育要强化审美想象

审美想象是主体在直接观照审美对象的基础上，调动过去的表象积累，丰富、完善对象和创造新对象的过程。在语文教育中，施教者应着力强化受教者的审美想象，注意给受教者提供发挥审美想象的机会，培养他们通过语言文字而幻化出完整的形象、接近课文旨意的能力。有了这个基础，受教者就会具有敏锐的语感和丰富的审美想象。比如在《风景谈》的第一幅画面“沙漠驼铃”中，施教者如引导受教者想象那“昂首高步”、“安详然而坚定的愈行愈近”的骆驼队中的人，想象那长方形猩红大旗下的人，想象那在广阔的沙漠中长途跋涉的艰辛，那抵抗饥渴、酷热的顽强精神，那征服大自然的气概，那坚定的向前行进的意志……受教者就能真正领悟和感受“自然是伟大的，然而人类更伟大”这句话的含义。教学中，施教者应抓住审美想象的不仅以创造新的个性化的意象为目标，始终不脱离具体感性的表象活动，而且它同理解性和抒情性因素始终结合在一起的特点，从而强化受教者的审美想象，让他们获得有所发现、有所创造的审美享受。

（四）语文教育要鼓励科学想象

科学想象是主体“推测研究对象的性质和发展”的过程。在语文教育中，施教者应不忘鼓励受教者的科学想象。首先，科学想象“以资料为依据，但又不拘泥于实际而有极高的抽象性”，不必像其他想象那样具有明晰性。科学想象舍弃表面的次要的细节性的东西，去直接抓取本质的主要的特征，不必像鲁迅写《阿Q正传》之前，阿Q的影像在脑海中已存在了好几年。如《想象的作用》中提及的富兰克林把电想象为“电流体”，这种不带细节的“写生画”，就是对电的性质的抽象推测，因而有很高的科学价值。教学中，施教者应抓住这一特点，鼓励受教者的科学想象，培养他们的执着品质。其次，科学想象带有直接的功利目的，其成果是以感性形式说明科学概念的“构架”，要求客观，不必像其他想象那样强调激情。科学想象舍弃丰富的精神内涵，不必像欣赏云南石林的阿诗玛，主体必须体验传说中的阿诗玛的感情。如《想象的作用》中提及的富兰克林想象的“电流体”之所以具有科学价值，就在于符合客观实际。“如果把他（指富兰克林，引者注）所想的电流体看成电荷，那么他的想象与现代的电子原理是暗合的。”[9]这说明，电学原理既不需要形象个性的保持和发展，也不需要主观情感的渗入和参与。教学中，施教者应抓住这一特点，鼓励受教者的科学想象，培养他们的探求精神。

四、语文教育中思维力的开发

语文教育的思维力是指从事语文(语言、文章、文学)活动的主体对客观事物进行分析、综合、比较、抽象和概括时而产生的一种才智。语文教育要开发受教者的思维力，施教者必须促进扩散思维、推动集中思维、催发直觉思维、引爆灵感思维。下面递次进行阐发：

（一）语文教育要促进扩散思维

扩散思维是主体突破原有的知识圈，从多角度、多方向、多方面的思考中，而产生的一种寻求多种设想、多种方案或结论的思维方式。在语文教育中，施教者通过训练和促进受教者进行多向性的扩散思维，是能够做到的，也是有兴趣的。比如，受教者早就熟悉了“滥竽充数”这个故事，一般都认为这则故事是批评蒙混作假、没有真才实学的南郭先生。假如施教者把思路转向齐宣王，会如何呢？受教者不能不想到，齐宣王用人而不认真考核，给了南郭先生“混大锅饭”的机会，因此是有责任的，也是有错误的。另外，如果施教者把思路再转向南郭先生的“竽友”们，受教者也能够发现这些“竽友”们应该知道南郭先生的底细，但是他们既不检举，也不督促南郭先生抓紧时间学习，相反却保持一团和气，这实际上是在帮助南郭先生搞蒙骗。还有，如果施教者从“南郭逃走”这个角度来看，受教者也能够想到：南郭先生以后怎么办？是换一个地方继续蒙混，还是洗心革面从此追求真才实学？……像这样多向度地看问题，受教者的思路就活跃了，见解也容易出新。特别是，受教者的这种多向性的扩散思维习惯一旦形成，他们就会敏捷而灵活地思考问题，从而成为自觉的探索者和发现者，大大地增加创新的机会。

（二）语文教育要推动集中思维

集中思维是主体利用已有的知识和经验，对扩散思维所得到的多种结果进行比较思考，而产生的一种探索正确结论的思维方式。在语文教育中，施教者通过训练和推动受教者进行概括性的集中思维，也是能够做到的。例如，受教者在课内外已接触了杨朔的一些散文。单独看，它们多有优点，语文教科书和语文教学资料也主要是讲杨朔散文的成功经验。因此，这些散文往往成为受教者写作时摹仿的对象。但有时受教者能够把读过的杨朔散文联系为一个整体来看，于是发现它们在结构上存在一个共同的模式，几乎总是先抑后扬：对蜜蜂起先是不喜欢，尔后是深深敬佩（《荔枝蜜》）；登泰山没见到东海日出，却看见了更为壮丽的另一种“日出”（《泰山极顶》）；游香山观红叶没有赶上时节，但看到了人间最为可爱的“红叶”（《香山红叶》）……另外，他们还发现，杨朔赞美一个人物，往往是先描绘一个象征物，几经曲折之后，人物与象征物合为一体：农民就是蜜蜂，老向导就是红叶，老泰山就是雪浪花，祖国的少年儿童就是最好看的茶花……很明显，当受教者的视野由个别扩大为整体时，他们就发现了杨朔散文创作上的雷同化。这样，他们的观点已经不止于所学的现成答案，而是对问题有了深一层的新见解，这就是创造性思维的显露。

（三）语文教育要催发直觉思维

直觉思维是主体在早已获得的经验、知识的基础上，凭借思维的“感觉”，而产生的一种直接的本质理解和综合的整体判断的思维方式。在语文教育中，施教者通过训练和催发受教者进行顿悟性的直觉思维，也是能够做到的。一是直觉的判别。如上课时常有这样的情形，施教者还没有解释完毕，或者题目刚出来，受教者就说懂了、会了，因为结论、结果或答案已被他们直觉判别出来了。像这种直觉的判别不是分析性的，不是按部就班地进行逻辑推理得出的，而是对问题所作的一种直接的判断和整体的把握。二是直觉的想象。如牛顿发明微积分，曾经得力于他的几何与运动的直觉想象；爱因斯坦在创建狭义相对论的过程中也想象过人以光速运行，在建立广义相对论时又想象过光线穿过升降机发生弯曲；等等。像这种需要求助于想象和推测才能形成的一个大致的判断，是以填补现实的许多空白点、以科学的假说等直觉的想象为前提的。三是直觉的启发。如受教者见到一个写作文题，往往会从学过的某篇课文受到启发而迅速得到构思；又如受教者写托物言志、借物喻理一类的习作，其中直觉的启发是关键的一环。直觉的启发与联想、类比有着密切的联系，它实际上是对两种事物相似点的寻求。以上所说的三种基本形态或基本类型，在实际的直觉思维过程中是难以截然分开的，它们常常是结合于一个统一的思维过程之中的。

（四）语文教育要引爆灵感思维

灵感思维是主体在无意识的情况下，借助直觉的“启示”，而产生的一种突如其来的领悟和理解的思维方式。在语文教育中，施教者通过训练和引爆受教者进行突发性的灵感思维，也是能够做到的。一是要了解受教者的灵感思维的表现。在教育实践中，当受教者灵感来潮时，有各种各样的表现：有的受教者灵感来了，全身发热，心里激动；有的受教者平时有生活积累，易来灵感，碰到顺心的题目，像触电一样；有的受教者从搜集的素材中，突然萌生出一个新的创作冲动；有的受教者心情愉快，眼前的情景充满了诗情画意，也易拨动灵感的琴弦……凡此种种，作为施教者，应因势利导，拨亮受教者的灵感之光，让他们全身心地去拥抱灵感，不失时机地谱写出优美如画的青春之歌。二是要注意受教者的灵感思维的磨炼。在教育实践中，多种题型、多种文体、多种表达方式的综合对比操练，既有利于受教者的灵感的培养，也有利于受教者的灵感的触发。受教者如能受到各种灵感思维的磨炼，面对各种人、事、景、物都可能产生灵感：桃红柳绿，可象征纯情的少女对人生的尊重；腊梅傲寒，可给人以宁折不弯、战胜困难的勇气；皎皎明月，可触发深邃的情意；浩浩长江，可寄托壮丽的胸怀……这一切灵感的来潮，正闪烁着新的思维、新的智慧的光芒，这正是受教者灵感思维产生时物我相融的生动体现[100]。

…………

综上所述的在语文教育中施教者要让受教者养成探索品质、觉醒道德良知、建构自由心灵，就必须传授需要的语音、文字、词汇、语法、修辞、语体、文章、文学等语文知识和训练必要的阅读、写作、聆听、说话等语文能力以及开发应有的观察力、记忆力、想象力、思维力等语文智力，这三个方面尽管是各自独立的因素，但它们又是互相联系的，很难严格予以分割的。因此在具体实施时既可交替进行，也可同步进行；既可个别进行，也可整体进行。只有这样，才能避免智育“求真”中那种孤立而片面的做法，从而促进受教者有效地进入“人的发展和完整性建构”的全新境域。

第十二章　语文教育的德育“向善”

语文教育中的德育即指语文教育客体和语文教育活动本身对语文教育主体所产生的思想净化、情操陶冶和德性涵养等。这是语文教育的灵魂，其要义在于“向善”，施教者旨在引导受教者“弘扬人文精神”。它与语文智育、语文美育共同承担着语文学科所赋予的时代使命，是全面发展教育中的重要组成部分。语文教育中德育的基本目标就是施教者培养受教者在语文（语言、文章、文学）中如何净化思想、如何陶冶情操和如何涵养德性，以期促使他们达到“求真”、“向善”、“崇美”的创造性的人才和“健全的人格”的基本要求。以下仅从语文教育的思想净化、语文教育的情操陶冶、语文教育的德性涵养等三个方面分别予以阐述：

第一节　语文教育的思想净化

语文教育的思想净化，主要指爱国主义教育，包括“增进亲国之情、激励效国之志、练就建国之才、鞭策兴国之行”。爱国主义作为社会主义核心价值观的有效呈现，就是指个人或集体对其所属国家的一种积极认同的真善美的态度或行为，是中华民族这个统一的多民族国家得以生存、延续、发展、壮大的重要基石。在人生目标选择比以往显得多元化的当下，施教者必须凭借语文（语言、文章、文学）这个“例子”去感染受教者，从而增进“亲国之情”，激励“效国之志”，练就“建国之才”，鞭策“兴国之行”。下面依次予以展开：

一、语文教育要增进“亲国之情”

“亲国之情”就是指为了忠于自己的祖国而随时准备为之奋斗甚而至于献身的真挚情感。它既是一个国家历经兴衰变化而始终能够保持蓬勃生机的坚强凝聚力，又是一个民族在长期的历史进程中而产生和形成的富有源泉性的巨大向心力，还是促进整个社会得以和谐发展进步的基本保证。从某种程度上可以说是一个受教者在语文教育中能够获得自己起码的生存自由权利的需要。这就要求施教者应引导受教者通过教材中的描绘壮丽多娇的祖国的课文即文字作品（文章作品、文学作品）的学习，以期增进他们浓烈的“亲国之情”。

语文教材中的课文即文字作品（文章作品、文学作品）对壮丽多娇的祖国进行了描绘：或是东南台湾岛上的“日月潭”（《日月潭》、《日月潭的传说》）和“阿里山”（《阿里山的云雾》、《阿里山纪行》），或是东北要塞的“兴安岭”（《美丽的小兴安岭》、《美丽的大兴安岭》）和“北大荒”（《可爱的草塘》、《北大荒的秋天》），或是西北边陲的“葡萄沟”（《吐鲁番的葡萄沟》、《塞北江南葡萄沟》）和“天鹅湖”（《新疆天鹅湖》、《天鹅湖的故事》），或是南国海角的“西沙”（《富饶的西沙群岛》、《西沙渔人》等）和“南沙”（《美丽的南沙群岛》、《南沙卫士》）等幅员辽阔的疆域美，无不叫受教者为之流连；或是崇山峻岭（《泰山极顶》、《万里长城》）和峡谷盆地（《雅鲁藏布大峡谷》、《在柴达木盆地》），或是千岩万壑（《石林》、《巴东三峡》）和怪石嶙峋（《黄山怪石》、《右溪记》），或是怒涛飞瀑（《黄河魂》、《黄果树瀑布》）和清溪静塘（《桃花溪》、《小石潭记》），或是幽谷流泉（《始得西山宴游记》、《七月的天山》）和湿地海洋（《大地之肾——湿地》、《海洋——21世纪的希望》）等地貌神奇的山水美，无不令受教者为之赞叹；或是草木瓜果（《爱莲说》、《石榴》）和花鸟虫鱼（《百合花开》、《草虫的村落》），或是飞禽走兽（《空中霸王的克星》、《国宝金丝猴》）和森林树海（《林海》、《地下森林断想》），或是平原戈壁（《我们的田野》、《彩色的沙漠》）和能源矿产（《21世纪的能源》、《只有一个地球》），或是玉宇澄清（《拉萨的天空》、《敬畏自然》）和尘埃落地（《地毯下的尘土》、《假如没有灰尘》）等姿态特异的生态美，无不引受教者为之忘返；或是明月朗星（《看云识天气》、《小小的船》）和流岚薄雾（《海市蜃楼》、《庐山的云雾》），或是轻风浮云（《荷塘月色》、《白云飘》）和日出彩虹（《海上日出》、《美丽的彩虹》），或是朝霞晚霁（《朝霞与日出》、《火烧云》）和夜露晨霜（《江南的冬景》、《关于雨雪露霜的谚语》），或是碧空如洗（《与朱元思书》、《游高梁桥记》）和细雨如丝（《小雨沙沙》、《春雨的色彩》）等风光秀丽的天象美，无不让受教者为之惊奇……以上这些语文教材中的课文即文字作品（文章作品、文学作品）的描绘，可谓多姿多彩，美不胜收，均为“经过旁人整理和记录的知觉”[101]，或是“人化的自然”，或是“自然的人化”，都具有增进受教者浓烈的“亲国之情”的作用。因此，在语文教育中，施教者要针对少数受教者基于时代性变迁所出现的诸多新问题、新现象的影响，导致他们的社会主义核心价值观缺失——对祖国的壮丽多娇的美景予以漠视，所以无法深刻体会到祖国的可爱之处。这就要求施教者应引导他们通过教材中的相关课文即文字作品（文章作品、文学作品）所描绘的幅员辽阔的疆域、地貌神奇的山水、姿态特异的生态、风光秀丽的天象等的欣赏，让他们探幽寻美，开启心灵之窗，在祖国的优美景色面前，激起一层又一层的浪花，升起一种无比崇高的美感，从而感到祖国永远屹立在自己的心目中，自己永远生长在祖国的怀抱里。

二、语文教育要激励“效国之志”

“效国之志”就是指为了报效自己的祖国而以火一般的热情并将其当作终身积极有为的恢宏志向。它既是实现中华民族伟大复兴而自立于世界民族之林的强大动力，又是维护中华民族而战胜前进路上的一切艰难险阻的斩棘利剑，还是保持国家长期稳定发展乃至繁荣昌盛的精神能源。从某种程度上可以说是一个受教者在语文教育中能够永葆自己的蓬勃朝气的整体风貌的需要。这就要求施教者应引导受教者通过教材中的叙写英雄辈出的祖国的课文即文字作品（文章作品、文学作品）的学习，以期激励他们远大的“效国之志”。

语文教材中的课文即文字作品（文章作品、文学作品）对英雄辈出的祖国进行了叙写：这些英雄中既有少康的夏朝复国（《夏朝中兴之主——少康》）、武丁的殷商鼎盛（《商王武丁与妇好》）、姬静的西周中兴（《短暂而美丽的中兴梦》）、齐桓公的求贤若渴（《齐桓公登门访士》）、宋襄公的仁义见称（《子鱼论战》）、晋文公的传奇人生（《烛之武退秦师》）、秦穆公的心胸广博（《秦晋殽之战》）、楚庄王的一鸣惊人（《楚庄王谋事而当》）、嬴政的统一六国（《秦始皇本纪》）、刘邦的约法三章（《高祖本纪》）、刘彻的雄才大略（《秋风辞》）、刘秀的彪炳千古（《百王之王——神一样的光武帝》）、曹操的横扫千军（《短歌行》）、杨坚的励精图治（《杨坚智勇建隋朝》）、李世民的轻徭薄赋（《李世民和他的名马》）、赵匡胤的防守北边（《宋太祖传奇》）、铁木真的拓疆开域（《成吉思汗和鹰》）、朱元璋的乘机起兵（《悲情皇帝朱元璋》）、努尔哈赤的厚待功臣（《努尔哈赤建立后金》）、康熙帝的威震四方（《盛世英主康熙帝》）等知人善任的封建明君，又有卧薪尝胆而以图复国的勾践（《勾践灭吴》）、怀才不遇而垂钓渭滨的姜子牙（《周文王访贤遇姜尚》）、身被流放而心怀故土的屈原（《涉江》）、变法革新而至死不渝的商鞅（《商鞅南门立木》）、忍辱负重而发愤著述的司马迁（《报任安书》）、不畏艰险而出使西域的张骞（《张骞与丝绸之路》）、出塞和亲而闻名天下的王昭君（《内蒙访古》）、不辱使命而气节坚定的苏武（《苏武传》）、恭敬谨慎而竭尽心力的诸葛亮（《出师表》）、忠心耿耿而直言敢谏的魏徵（《谏太宗十思书》）、百折不挠而西天取经的玄奘（《唐玄奘西行取经》）、执法如山而铁面无私的包拯（《包公审驴》）、除暴安良而刚正不阿的海青天（《海瑞传》）、义无反顾而果敢禁烟的林则徐（《虎门销烟》）、戊戌维新而喋血街头的谭嗣同（《谭嗣同》）、舆梓出征而收复新疆的左宗棠（《左公柳》）、天下兴亡而匹夫有责的顾炎武（《爱国学者顾炎武》）等奋发向上的仁人志士，还有负荆请罪的廉颇（《廉颇蔺相如列传》）、大漠狂飙的霍去病（《少年将军霍去病》）、弃笔从戎的班超（《班超传》）、凌云齐天的祖逖（《祖逖北伐》）、壮志难酬的范仲淹（《渔家傲·秋思》）、精忠报国的岳飞（《岳飞抗金》）、驰骋疆场的陆放翁（《诉衷情》）、壮怀激烈的辛弃疾（《破阵子·为陈同甫赋壮语以寄》）、碧血丹心的文天祥（《过零丁洋》）、保卫北京的于谦（《石灰吟》）、驱逐倭寇的戚继光（《民族英雄戚继光》）、赤胆傲骨的史可法（《梅花岭记》）、不让须眉的秦良玉（《咏秦良玉》）、声撼四海的郑成功（《郑成功收复台湾》）、血染吴淞的陈化成（《陈化成血战吴淞口》）、怒海英魂的邓世昌（《海军将领邓世昌》)、威震冀东的节振国(《节振国传奇》)、抵御外辱的吉鸿昌(《死也不倒下》)、盛冠铁血的张自忠(《张自忠将军传》)、坚毅抗日的杨靖宇(《抗日英雄杨靖宇》)等机智顽强的民族精英……以上这些语文教材中的课文即文字作品(文章作品、文学作品)的叙写,可谓繁多庞杂,生动感人,均为"经过作者的眼光审视和筛选过的社会现实"[102],或是"充满波澜壮阔的战斗",或是"洋溢卓越才能的创造",都具有激励受教者远大的"效国之志"的作用。因此,在语文教育中,施教者要针对少数受教者面对全球化推进所带来的物质诱惑和精神失落的影响,导致他们的社会主义核心价值观缺失——对祖国的英雄辈出的情形予以疏忽,所以难以透彻了解到祖国的可爱之处。这就要求施教者应引导他们通过教材中的相关课文即文字作品(文章作品、文学作品)所叙写的封建明君和仁人志士以及民族精英等的体味,让他们感到一种无形力量与高尚精神的存在,将英雄谱牢记心间,民族魂永志不忘,从而领略到报效祖国的那种震撼山岳、倒海翻江的气势,产生一种"可上九天揽月,可下五洋捉鳖"的雄心与"不到长城非好汉"的壮志。

三、语文教育要练就"建国之才"

"建国之才"就是指为了肩负建设自己祖国的重任以钢一般的韧劲而倾情打造能干事并干成事的高强本领。它既要把自己如饥似渴地学到的知识运用于实践之中,又要在实践之中使自己的智慧更好地适应社会发展的要求,还要让自己所形成的能力而不断地研究新情况并解决新问题。从某种程度上可以说是一个受教者在语文教育中能够凸现自己的自强不息的意志品格的需要。这就要求施教者应引导受教者通过教材中的展示文明著称的祖国的课文即文字作品(文章作品、文学作品)的学习,以期练就他们过硬的"建国之才"。

语文教材中的课文即文字作品(文章作品、文学作品)对文明著称的祖国进行了展示:盘古化生万物,表现了先民创造美丽宇宙的无私情怀(《盘古开天辟地》);夸父与日逐走,表现了先民勇于探索的雄伟气魄(《夸父逐日》);黄帝大战蚩尤,表现了先民部落间的冲突情形(《黄帝战蚩尤》);愚公荷担移山,表现了先民改造自然的坚韧毅力(《愚公移山》);女娲造人补天,表现了先民造福人类的可贵精神(《女娲补天》);后羿弯弓射日,表现了先民充满活力的伟大襟抱(《后羿射日》);精卫舍身填海,表现了先民顽强不屈的刚毅品质(《精卫填海》);燧人钻木取火,表现了先民自力更生的强烈愿望(《燧人氏钻木取火》);伏羲助人结网,表现了先民渔猎畜牧的开展情况(《伏羲结网借天火》);神农勇尝百草,表现了先民悬壶济世的高尚节操(《神农尝百草》);鲧禹父子治水,表现了先民征服洪魔的神情风采(《鲧禹治水》)……如此人类文明的演进历程,它们依然闪烁着异常迷人的光芒。商代晚期铸造的世界上最大的青铜器,表明我国古代的青铜制造技术达到了很高的水平(《司母戊大方鼎》);蔡伦发明的造纸术即"蔡侯纸",后逐渐传到朝鲜、日本与中亚各国,又经阿拉伯传入欧洲,对世界文化的传播做出了重大贡献(《蔡伦造纸》);张衡发明的"候风地动仪"是世界上第一台测定地震方位的科学仪器,测验地震精确无双,比欧洲要早1700多年(《张衡传》);祖冲之推算的圆周率准确到小数点以后七位数的精密数值，比欧洲要早 1100 多年（《祖冲之》）；沈括发明的“十二气历”提出以纯阳历取代阴阳合历的建议，是一种与现今阳历相似的历法，比欧洲要早 800 多年（《沈括简介》）；毕昇发明的胶泥活字印刷术在技术革命中传递与贮存了不少有用信息，比欧洲要早 400 多年（《毕昇的梦想》）；郭守敬等人编制的《授时历》对地球的公转经精密推算而得出一年为 365 天的数量，比欧洲要早 300 多年（《郭守敬传》）……如此硕果累累的发明创造，它们领先了世界文明发展的潮流。北京故宫是世界上现存规模最大、保存最为完整的木质结构的宫殿型建筑，整个建筑无论是平面布局还是立体效果，都堪称无与伦比的杰作（《故宫博物院》）；八达岭长城号称天下九塞之一，是明长城中最精华的部分，融巍峨险峻和秀丽苍翠为一体，以苍茫风光和“玉关天堑”而冠绝天下（《游八达岭长城》）；布达拉宫是世界上海拔最高、最具传奇色彩的宫殿，是收藏和保存藏族文化的精髓，是著名的宫堡式建筑群，是藏式建筑的杰出代表（《布达拉宫》）；兵马俑是秦始皇陵园中最大的一组陪葬坑，坑中所埋藏的浩大俑群是秦王朝强大军队的缩影，被称为“世界第八大奇迹”（《秦兵马俑》）；都江堰是“当今世界年代久远、唯一留存、以无坝引水为特征的宏大水利工程”，被誉为“世界水利文化的鼻祖”（《都江堰》）；敦煌莫高窟以精美的壁画与塑像闻名于世，是中华民族璀璨的艺术瑰宝，被赞为“20 世纪最有价值的文化发现”（《敦煌莫高窟》）……如此数不胜数的文物古迹，它们在世界上形成了一道独特的文化风景。以上这些语文教材中的课文即文字作品（文章作品、文学作品）的展示，可谓异常丰富，影响广泛，均为“人类自由自觉的创造活动的结晶”，或是“对自然、社会和思维的真貌与规律的探索”，或是“对自然、社会和思维的本质与特征的认识”，都具有练就受教者过硬的“建国之才”的作用。因此，在语文教育中，施教者要针对少数受教者深受西方社会文化学说所宣扬的民族虚无主义的影响，导致他们的社会主义核心价值观缺失——对祖国的文明著称的史实予以冷漠，所以无法全面领略到祖国的可爱之处。这就要求施教者应引导他们通过教材中的相关课文即文字作品（文章作品、文学作品）所展示的演进历程和发明创造以及文物古迹等的内化，让他们准确地校正自己的人生坐标，既要有超越前人的志气，又要有敢为人先的勇气，还要有开拓进取的锐气，从而充分地利用自身的优势资源，并全力规划好自己的奋斗方向，一步一个脚印地朝着既定的目标迈进。

四、语文教育要鞭策“兴国之行”

“兴国之行”就是指为了振兴自己的祖国而将亲国热情、效国志向、建国本领化为实际的行动。它既是一个人在处理自己与所属祖国的关系所应遵循的行为规范，又是一个人始终站在时代前沿而坚定地承载历史赋予的神圣使命，还是一个人在自己国家需要牺牲生命时应达到的普遍要求。从某种程度上可以说是一个受教者在语文教育中能够提升自己的甘于奉献的思想境界的需要。这就要求施教者应引导受教者通过教材中的呈现蒸蒸日上的祖国的课文即文字作品（文章作品、文学作品）的学习，以期鞭策他们扎实的“兴国之行”。

语文教材中的课文即文字作品（文章作品、文学作品）对蒸蒸日上的祖国进行了呈现：新中国成立以后，我们建立了工人阶级领导的以工农联盟为基础的人民民主专政，消灭了剥削阶级与剥削制度，废除了生产资料的私有制，实现了生产资料的公有制，贯彻了“各尽所能，按劳分配”的分配原则；社会主义制度的确立，是我国历史上最深刻、最伟大的社会变革，为我国的一切发展打下了坚实的基础；由于根本利益的一致，我国确定了快速发展社会生产力，把祖国建设成为一个现代化的、高度民主、高度文明的社会主义强国的共同理想和奋斗目标；我们的祖国必将努力赶上并有望超过世界上最发达的资本主义国家，我们的社会主义制度必将成为世界上最合理、最进步、最有生命力和远大前途的制度……如此所体现的社会主义的优越制度，在《社会主义制度在中国的建立》、《为了六十一个阶级弟兄》、《分马》、《果树园》、《花城》、《茶花赋》、《海市》等语文教材中的课文即文字作品（文章作品、文学作品）均有淋漓尽致的显示。新中国成立以来，我们由于社会主义的优越制度，必然带来社会主义特殊本质的有力彰显。社会主义的特殊本质是构成社会主义各个要素的内在联系与固有属性，是社会主义质的规定性与内在要求。我国建立了充分彰显社会主义特殊本质的比较完整的工业体系和国民经济体系，基本摆脱了旧社会“一穷二白”的落后状况，真正实现了祖国日新月异的巨变。我国的社会经济健康发展，人民生活水平不断提高，综合国力显著增强，国际地位日益提高，不仅使中国这个世界人口最多的文明古国稳步地走上了富裕安康的广阔道路，而且也不断地推动并促成着世界经济的发展和人类社会的进步……如此所体现的社会主义的特殊本质，在《可爱的中国》、《祖国建设跨骏马》、《北京亮起来了》、《祖国啊，我亲爱的祖国》、《夜走灵官峡》、《世界舞台上的中国》等语文教材中的课文即文字作品（文章作品、文学作品）均有活灵活现的展示。新中国成立至今，我们由于不断地纠正工作中的某些失误，同时也广泛地吸收世界许多国家的进步因素，所以有了正确的路线、方针与政策，从而谱写了一曲又一曲中华民族团结奋进的壮丽史诗，创造了一个又一个的“中国奇迹”：大庆油田的井架林立，杂交水稻的超级高产，大江截流的胜利合龙，原子弹氢弹的研制成功，人造卫星的顺利上天，运载火箭的拔地而起，神舟飞船的太空穿梭，女排参赛的多次夺魁，香港澳门的回归怀抱，北京奥运会的圆满落幕……如此所体现的社会主义的巨大成就，在《摘掉石油工业落后的帽子》、《杂交水稻之父——袁隆平》、《宏伟的葛洲坝工程》、《“两弹元勋”邓稼先》、《人造卫星本领大》、《飞向太平洋》、《英雄潇洒走苍穹》、《金杯之光》、《香港和澳门的回归》、《北京喜获2008年奥运会主办权》等语文教材中的课文即文字作品（文章作品、文学作品）均有栩栩如生的凸显。以上这些语文教材中的课文即文字作品（文章作品、文学作品）的呈现，可谓举世公认，影响深远，均为“祖国在前进，中华在腾飞”的有力佐证，或是“人的本质力量的对象化”，或“对象的人的本质力量化”，都具有鞭策受教者扎实的“兴国之行”的作用。因此，在语文教育中，施教者要针对少数受教者面对复杂的社会环境中带有渗透性的生活方式的影响，导致他们的社会主义核心价值观缺失——对祖国的蒸蒸日上的面貌予以淡化，所以难以具体感受到祖国的可爱之处。这就要求施教者应引导他们通过教材中的相关课文即文字作品（文章作品、文学作品）所呈现的优越制度和特殊本质以及巨大成就等的吸收，让他们了解辉煌的昨天，把握精彩的今天，去展望灿烂的明天，并自觉地争做美化生活的主人，即令是关山重重也愿与之同行，金瓯之缺也愿与之同补，从而以实际行动积极地为实现“中国梦”贡献自己的青春和力量[103]。

第二节 语文教育的情操陶冶

语文教育的情操陶冶，主要指理想信念教育，包括“疏通其经络、融化其血液、深入其骨髓、渗透其灵魂”。理想信念是人们经过慎重选择并深信不疑且身体力行的执着向往、追求、奋斗的目标。它既是一个人的世界观、人生观、价值观的重要载体，也是一个民族的亲和力、凝聚力、向心力、固结力的精神纽带。在人生信仰存在多样化趋势的当下，施教者必须凭借语文（语言、文章、文学）这个“例子”去浸染受教者，从而疏通理想信念的经络，融化理想信念的血液，深入理想信念的骨髓，渗透理想信念的灵魂。下面依次予以展开：

一、语文教育要疏通理想信念的经络

疏通理想信念的经络，就是指施教者引导受教者在语文（语言、文章、文学）中对所确立的某种主张或见解能够始终拥享毋庸置疑的路径依赖。在语文教育中疏通受教者理想信念的经络，尤其需要施教者将理想信念教育既建立在对于他们的认知态度的通盘了解上，又建立在对于他们的情感立场的全面考察上，还建立在对于他们的审美旨趣的整体把握上。这就要求施教者应引导受教者通过教材中的相关课文即文字作品（文章作品、文学作品）的学习，进而使他们从中“调经络”并“坚定理想信念”。

语文教材中的课文即文字作品（文章作品、文学作品）是疏通受教者理想信念的经络的范本。例如，《匡衡凿壁偷光》一文讲述了西汉朝的匡衡的故事。匡衡年少时家里十分穷苦，没有办法进入学堂，只好跟随一个稍有文化的亲戚认识了一些字，这样才获得了看书的基本能力。因为他买不起书，所以在白天务必要去藏书的人家干许多活，为的是求得人家到了晚上能借书给他看。可是，他又买不起蜡烛来供看书之需，内心于是异常痛苦。他只好悄悄地拿了一把小刀把邻居文不识家的墙壁缝隙掘大了些，这样邻居家的烛光就从这个缝隙中透过来了。他凭借着这一缕微弱的光线，如饥似渴地从书本里汲取知识的养分，最后感动了邻居文不识，并得到了不少帮助。正是由于他疏通了理想信念的经络，便饶有兴趣地钻研，而成为才智超群的经学家。又如，《欧阳修画荻识字》一文讲述了北宋朝的欧阳修的故事。欧阳修只有四岁父亲就离世了，家境可谓寒酸，以致买不起纸和笔让他读书写字，然而他聪敏过人，读书几乎能过目不忘，并一览成诵。母亲郑氏尽管省吃俭

用，还是没有钱供他读书，于是拿来一些沙铺平在地上，不厌其烦地用芦苇秆在沙地上写画而教给欧阳修写字，时间久了，他认识的字多了起来，母亲郑氏就向有钱人家借书给他看，他有时候还会将书的重要内容抄录下来；又教他反复诵读了许多优秀的篇章而储存于大脑，这样他十岁就能写诗作赋，二十一岁那年考中了进士。正是由于他疏通了理想信念的经络，便非常发愤地学习，而成为开创一代文风的文坛领袖。再如，《宋濂冒雪访师》一文讲述了元代时的宋濂的故事。宋濂自幼好学，然而家里太穷买不起书，他只好向藏书的人家借书，抓紧时间读完后按约定期限归还。因为他信守承诺，人家才肯继续将书借给他，这样他才能够博览群书。之后，宋濂的读书更加用功了，而且有了疑问就会打破砂锅问到底。他为了搞清楚一些问题，曾在数九寒天穿上草鞋、背上行李、顶着寒风、踏着积雪，去请教一位老前辈名师——梦吉先生。老师终于被他的诚心所感动，于是耐心地解答了他提出的许多问题。后来，宋濂为了求得更多的学问，还特地拜访了不少大师而勤学不怠。正是由于他疏通了理想信念的经络，便锲而不舍地钻研，而被朱元璋赞誉为“开国文臣之首”。还如，《为中华之崛起而读书》一文讲述了现代的周恩来的故事。周恩来在少年时曾耳闻目睹了不少中国人在灯红酒绿、热闹非凡、耀武扬威的外国租界里备受黄头发、白皮肤、大鼻子的洋人为所欲为地欺凌却无处说理的事情，而围观的中国人只是在那里紧紧握着拳头而已，但是没有任何人对他们的胡作非为敢于怎么样。面对此情此景，他深刻体会到了自己的伯父所说的“中华不振”的含义，从此，他的视野随着读书而逐渐拓宽，情操得到了陶冶，思想得到了升华，于是对事物有了独特的认识，表现了为国家与民族而奋起的责任感和使命感。正是由于他疏通了理想信念的经络，便废寝忘食地学习，而成为诸多领导人中特别闪亮的一颗明星。因此，在语文教育中，施教者要针对少数受教者基于现代社会上的拜金主义思潮日益滋生所造成的难以制约的商业化的侵袭，而导致他们的理想信念被消解并继而信奉金钱至上且常常感到前途迷惘的实情，应想方设法地在语文学科中疏通他们的理想信念的经络。这就需要施教者以社会主义核心价值观为引领，有意识地让他们走进教材中的相关课文即文字作品（文章作品、文学作品），穷微测妙，含英咀华，以期循序渐进地既通盘了解他们在疏通理想信念的经络时的认知态度，又全面考察他们在疏通理想信念的经络时的情感立场，还整体把握他们在疏通理想信念的经络时的审美旨趣，从而真正使他们的理想信念的经络在语文（语言、文章、文学）中得以进一步疏通。

二、语文教育要融化理想信念的血液

融化理想信念的血液，就是指施教者引导受教者在语文（语言、文章、文学）中对所确立的某种主张或见解能够始终拥享毫不怀疑的系统需求。在语文教育中融化受教者理想信念的血液，尤其需要施教者将理想信念教育既建立在对于他们的探索才华的积极养成上，又建立在对于他们的道德素质的主动提升上，还建立在对于他们的自由心灵的有效释放上。这就要求施教者应引导受教者通过教材中的相关课文即文字作品（文章作品、文学作品）的学习，进而使他们从中“通血液”并“坚定理想信念”。

语文教材中的课文即文字作品（文章作品、文学作品）是融化受教者理想信念的血液的范例。例如，《车胤囊萤照读》一文讲述了东晋朝的车胤的故事。车胤年幼时家里可真是一贫如洗，但是他志存高远，聪颖好学，深爱读书，广泛涉猎各种知识。即使到了夜晚，他也奋力攻读，不肯让时间白白地浪费，可是又买不起点灯的油来读书，他委实无法，于是找来一块母亲还没有织完的白纱布，缝制了一个小口袋，捉来一些在空中到处飞舞并散发着光亮的昆虫——萤火虫，将它们装在能够透光的白纱布袋之中，晚上用这些萤火虫所发出的微弱的光来照明读书，就这样他爱不释手地读书直至深夜，由于他的努力学习与刻苦钻研，致使他的学问也与日俱增。正是因为他融化了理想信念的血液，便通宵达旦地苦读，而成为远近闻名的大学者。又如，《王冕僧寺夜读》一文讲述了元朝的王冕的故事。王冕年少时家里十分贫寒，父亲只好让他在田埂上给富人家放牛，他却常常偷偷地到学堂去听学生读书，并能够默默地记住许多要点，到了傍晚才回家，而把放牛的事忘记了，让牛跑得无影无踪。他的父亲得知此事，于是发怒狠狠地打了他一顿，而他还是“不务正业”，依然痴迷到学堂去听学生读书。在母亲的再三劝说之下，他无奈地离开了家，并寄住在一座寺庙里。每到夜晚，他就暗暗地走出来，拿着书神色安然地坐在佛像的膝盖上，映着长明灯的灯光而发奋诵读，就这样书声琅琅地一直到天亮。正是因为他融化了理想信念的血液，便专心致志地学习，而成为诗人、画家、篆刻家。再如，《万斯同闭门苦读》一文讲述了清朝的万斯同的故事。万斯同幼小时因为贪玩而遭到宾客的批评，曾被他的父亲关到了书屋里。他在书屋中思索自己的过错，并从《茶经》中深深地受到启发，从生气而厌恶读书，到开始迷恋而用心读书，真正地明白了父亲的良苦用心。由于他的孜孜不倦，加之生而异敏，读书过目不忘，所以在八岁时，能在众人面前背诵《扬子法言》而不失掉一个字；到十四五岁时，他读遍了家里收藏的书籍，后来又通览了天一阁的所有藏书，尤其是深谙明代掌故，并参与了《二十四史》之《明史》的编修工作。正是因为他融化了理想信念的血液，便竭尽全力地苦学，而成为一位通晓历史的著名学者。还如，《毛泽东的少年时代》一文讲述了现代的毛泽东的故事。毛泽东少年时曾经历过以逃学反抗老师的暴力体罚而在家里组成“反对党”共同打击“执政党”、公开反叛父亲的专制而手不释卷地读书、同情造反的饥民而敬重“激进派”的老师、到新式学堂读书而学习西方的先进科学知识等等生活事件。透过这些生活事件，我们可以看出毛泽东是一位胸怀博大、蔑视权贵、用心读书、乐于思考、见解独特、叛逆心强的热血少年，具有敢为天下先的勇气与主动担当的锐气和积极作为的志气以及尚还朦胧的领导群伦的英雄意识。正是因为他融化了理想信念的血液，便全神贯注地学习，而成为一代叱咤风云的伟大的无产阶级革命家。因此，在语文教育中，施教者要针对少数受教者基于现代社会上的利己主义思潮日益滋长所造成的难以节制的世俗化的冲击，而导致他们的理想信念被淡薄并继而崇奉名利至上且常常感到前途迷茫的真相，应千方百计地在语文学科中融化他们的理想信念的血液。这就需要施教者以社会主义核心价值观为导航，有目的地让他们走进教材中的相关课文即文字作品（文章作品、文学作品），仔细品析，再三玩味，以期春风化雨地既积极养成他们在融化理想信念的血液时的探索才华，又主动提升他们在融化理想信念的血液时的道德素质，还有效释放他们在融化理想信念的血液时的自由心灵，从而真正使他们的理想信念的血液在语文（语言、文章、文学）中得以进一步融化。

三、语文教育要深入理想信念的骨髓

深入理想信念的骨髓，就是指施教者引导受教者在语文（语言、文章、文学）中对所确立的某种主张或见解能够始终拥享非常相信的动机激发。在语文教育中深入受教者理想信念的骨髓，尤其需要施教者将理想信念教育既建立在对于他们的智慧生命的着力挖掘上，又建立在对于他们的精神生命的给力张扬上，还建立在对于他们的美感生命的用力展示上。这就要求施教者应引导受教者通过教材中的相关课文即文字作品（文章作品、文学作品）的学习，进而使他们从中“增骨髓”并“坚定理想信念”。

语文教材中的课文即文字作品（文章作品、文学作品）是深入受教者理想信念的骨髓的范文。例如，《陈平忍辱苦读书》一文讲述了秦朝的陈平的故事。陈平年少时家里贫穷，与哥哥相依为命，为了秉承父命而光耀门庭，哥哥见他聪明好学，就决定让他念书，他明白哥哥的苦心，学习特别用功，可是他嫂嫂却没完没了地刁难，让他根本没有工夫学习。哥哥以为弟弟不用心读书，枉费了自己的一番苦心，后来才晓得自己错怪了弟弟，因此把妻子狠狠地骂了一顿。嫂嫂虽然收敛了一些，但还是时不时地说些风凉话。陈平一想起哥哥的期望，于是继续埋头读书。终于有一老者而慕名前来并免费收徒授课，陈平通过几年的努力，已经学得满腹经纶。正是源于他深入了理想信念的骨髓，便不负厚望地苦读，而辅佐刘邦成就了一番大事业。又如，《少年王阳明立志》一文讲述了明朝的王阳明的故事。王阳明年少时就以读书的成圣成贤为“人生第一等事”，于是他对于“人生第一等事”进行了多向度的探寻。他的涉猎面非常广泛，尤其对于宋儒格物之学、辞章之术、兵法之事、佛老之道等均表现出了极大的兴趣。随着他人生体悟的逐步加深，渐渐地明白了倘若只是一味地钻研辞章、兵法、佛老等，将会偏离对于“人生第一等事”的追求，后来他还是矢志不渝地“归本儒学”，使其作为“人生第一等事”的读书成圣成贤的向往而获得了更加自觉的定位，最终成了学富五车的饱学之士。正是源于他深入了理想信念的骨髓，便知行合一地修炼，而被梁启超赞誉为“百世之师”。再如，《茅以升立志造桥》一文讲述了近代的茅以升的故事。茅以升少年于南京思益学堂求学而听说秦淮河赛龙舟的参观者挤塌了文德桥而溺死许多人的不幸惨状时，他的心中非常难过，并发出了“我长大一定要做一个造结实大桥的人”的宏大誓愿。为了实现这个宏大誓愿，他特别留心各式各样的桥，天长日久，积累了很多造桥的知识，并为之克服了诸多难以想象的困难和挫折。鉴于他的不懈努力以及勇于探索，终于实现了自己的目标，进而成为新中国铁道科研事业的开拓者、新中国铁道科学研究院的奠基人。正是源于他深入了理想信念的骨髓，便勤奋不已地钻研，而被颂扬为新中国桥梁建筑的卓越大师。还如，《陈毅吃墨水》一文讲述了现代的陈毅的故事。陈毅幼年时异常酷爱读书，他总是把书带在身边，一有空就看上几页。有一次，他到亲戚家过中秋节，进门就看见了一本很想读的书，于是他一边静心地阅读，一边用毛笔批点，完全沉浸到书中去了。亲戚多次催他吃饭，他也舍不得放下书本，只好将蒸好的糍粑与白糖给他端了上来。谁知他竟然把糍粑伸到砚台里蘸上墨汁就往嘴里送，亲戚见他满嘴都是墨汁，而忍不住哈哈大笑，但是他却平静地说："吃点墨水没关系，我还觉得肚子里的墨水太少哩！"这就表现了陈毅从小刻苦求学而进入的忘我境界。正是源于他深入了理想信念的骨髓，便聚精会神地读书，而被尊称为名实相符的"元帅诗人"。因此，在语文教育中，施教者要针对少数受教者基于现代社会上的享乐主义思潮日益滋衍所造成的难以控制的庸俗化的泛滥，而导致他们的理想信念被侵蚀并继而尊奉享受至上且常常感到前途迷惑的本相，应熬心费力地在语文学科中深入他们的理想信念的骨髓。这就需要施教者以社会主义核心价值观为导向，有计划地让他们走进教材中的相关课文即文字作品（文章作品、文学作品），反复涵咏，沉潜意会，以期由表入里地既着力挖掘他们在深入理想信念的骨髓时的智慧生命，又给力张扬他们在深入理想信念的骨髓时的精神生命，还用力展示他们在深入理想信念的骨髓时的美感生命，从而真正使他们的理想信念的骨髓在语文（语言、文章、文学）中得以进一步深入。

四、语文教育要渗透理想信念的灵魂

渗透理想信念的灵魂，就是指施教者引导受教者在语文（语言、文章、文学）中对所确立的某种主张或见解能够始终拥享绝对信任的理念支撑。在语文教育中渗透受教者理想信念的灵魂，尤其需要施教者将理想信念教育既建立在对于他们的生命本真的努力追寻上，又建立在对于他们的生命价值的极度关注上，还建立在对于他们的生命奥秘的正确揭示上。这就要求施教者应引导受教者通过教材中的相关课文即文字作品（文章作品、文学作品）的学习，进而使他们从中"铸灵魂"并"坚定理想信念"。

语文教材中的课文即文字作品（文章作品、文学作品）是渗透受教者理想信念的灵魂的范样。例如，《孙康映雪夜读》一文讲述了西晋朝的孙康的故事。孙康少年时家里虽很穷却喜爱读书，他白天要上山砍柴并下地种田，很少有时间闲下来读书，只好利用夜晚的时间多读些书，可又买不起灯油，他觉得白白地浪费光阴非常可惜。有年冬天，外面下起了很大的雪，他半夜一觉醒来，发现一丝亮光从窗缝里钻了进来，还能隐约约看到一些东西，原来是皑皑白雪的映照所致，这给了他很好的启发：何不借着雪光来看书呢？于是他每当遇到雪夜时就迅速起身对着亮光看起书来。由于他的悉力勤学，以致他的学识也有增无已。正是出于他渗透了理想信念的灵魂，便心神专注地苦读，所以最后成为博学多才的名家。又如，《范仲淹断齑划粥》一文讲述了北宋朝的范仲淹的故事。范仲淹从小家境贫寒，两岁时他父亲就去世了，在无可奈何之下，他只好含泪告别自己的母亲，来到一座寺院中刻苦读书。他为了能够撑饱肚子而读书，于是省吃俭用，每天晚上用糙米煮一盆稀粥，等待凝固后将其分为四块，上午、下午各吃两块，并用捣碎的腌菜下粥，这就是"划粥断齑"。他的这种求学精神被寺院的长老所感动，遂将他送到南都学舍去深造，但是他却依然保持着朴素简单的生活习惯，从来不接受富家子弟的馈赠，以磨砺自己的意志而勤勉攻读。正是出于他渗透了理想信念的灵魂，便手不辍卷地学习，所以后来成了执掌应天府书院的教席。再如，《阅读大地的徐霞客》一文讲述了明朝的徐霞客的故事。徐霞客少年时就立下了“大丈夫当朝游碧海而暮宿苍梧”的旅行大志，于是从 22 岁出游太湖时开始，直到去世时为止，30 多年的时间都在从事旅行考察，其足迹遍及相当于今天的 21 个省、市、自治区的大半个中国，他北到盘山，南达崇左，东至普陀，西抵腾冲，而且经常攀登那些人迹罕至的悬崖峭壁，凡是他去过的地方，大多是一些渺无人烟的穷乡僻壤，他是一个不畏艰险的人，凸显了卓尔不群的人格魅力，为地理学的事业而持之以恒地穷尽了毕生精力。正是出于他渗透了理想信念的灵魂，便用双脚把大地当作书一页一页地苦读着，所以终于成为举世公认的行家。还如，《鲁迅嚼辣椒驱寒》一文讲述了现代的鲁迅的故事。鲁迅少年时异常清贫，但好学勿怠而嗜书如命，爱购书，爱看书，爱抄书，把书看作宝贝一样。他在江南水师学堂读书时第一学期就因成绩特别优异，学校给他奖励了一枚金质奖章，他随即将它拿到南京鼓楼街头卖掉，然后买了几本书，又购了一串红辣椒。每当晚上他读书感到寒冷难耐时，于是摘下一颗红辣椒，放在自己的嘴里嚼着，一直辣得让额头冒汗为止。他每天就用这种办法驱逐严寒而勤勉学习，当他的读书“量”积累到一定程度时，其效果就发生了“质”的变化。正是出于他渗透了理想信念的灵魂，便永不放弃地苦读，所以后来成为我国不可多得的杂感文专家。因此，在语文教育中，施教者要针对少数受教者基于现代社会上的消费主义思潮日益滋蕃所造成的难以限制的感性化的干扰，而导致他们的理想信念被漠然并继而信仰娱乐至上且常常感到前途迷失的事实，应费尽心血地在语文学科中渗透他们的理想信念的灵魂。这就需要施教者以社会主义核心价值观为导引，有步骤地让他们走进教材中的相关课文即文字作品（文章作品、文学作品），潜心揣摩，咀嚼品味，以期润物无声地既努力追寻他们在渗透理想信念的灵魂时的生命本真，又极度关注他们在渗透理想信念的灵魂时的生命价值，还正确揭示他们在渗透理想信念的灵魂时的生命奥秘，从而真正使他们的理想信念的灵魂在语文（语言、文章、文学）中得以进一步渗透[104]。

第三节　语文教育的德性涵养

语文教育的德性涵养，主要指道德品质教育，包括“提高道德认识、增强道德情感、锻炼道德意志、确立道德信仰、培养道德行为”。道德品质也叫品德或德性，它是一种社会现象，体现为由舆论力量与内在良心所支持的道德原则、道德标准、道德范畴、道德风范等的总和，具有稳定性和一贯性倾向的根本属性。在人生价值取向日渐趋于多元化的当下，施教者必须凭借语文（语言、文章、文学）这个“例子”去引导受教者，从而提高道德认识，增强道德情感，锻炼道德意志，确立道德信仰，培养道德行为。下面依次予以展开：

一、语文教育要提高道德认识

道德认识是人们对道德现象、道德关系、道德体系、道德规范等在意识中反映或再现的过程及其结果，它既包括道德基本经验的积累，又包括道德价值概念的厘定，还包括道德理论知识的学习，更包括道德判断水平的提高，它是产生道德行为的坚实基础，直接影响到道德品质的效果。可以说，没有一定的道德认识，就根本上不可能形成优秀的道德品质。这就要求施教者应有意识地引导受教者通过语文教材中的课文即文字作品（文章作品、文学作品）的学习，以期提高他们的健康的道德认识。

语文教材中的课文即文字作品（文章作品、文学作品）可以说是“道德文章”，有的多方面地展示了一个人应具有的职业操守与综合素养（《铁人王进喜》、《纪念白求恩》等），给受教者以真、善、美的启迪；有的细腻地表达了对亲人、对老师的真挚情谊（《大堰河——我的保姆》、《背影》、《我的老师》等），让受教者懂得做人的真谛；有的真切地反映了司马迁发愤著述的坚韧美（《报任安书》）、蔺相如宽以待人的胸怀美（《负荆请罪》）、陶渊明不与世俗同流合污的志趣美（《归去来兮辞》）、范仲淹“先天下之忧而忧，后天下之乐而乐”的抱负美（《岳阳楼记》）、鲁迅“横眉冷对千夫指，俯首甘为孺子牛”的爱憎美（《琐忆》），叫受教者的思想境界得到升华……这些语文教材中的课文即文字作品（文章作品、文学作品）对受教者的道德品质的影响是很大的，都从正面引导着他们，要树立正确的人生观、世界观和价值观，从而成为具有高尚道德品质的人。诚如苏霍姆林斯基所说：“我们应当以丰富的精神生活给孩子们做出榜样，只有在这种条件下，我们在道德上才有权力来教育学生。”[105]另外，有的讽刺了资产阶级的爱慕虚荣主义者，他们尔虞我诈，贪图安逸（《项链》）；有的鞭挞了资产阶级的金钱至上的极端利己主义者，他们虚伪凶残、贪婪成癖（《守财奴》）；有的针砭了资产阶级的爱钱如命的高利贷者，他们唯利是图、丧尽天良（《威尼斯商人》）；有的憎恨了封建统治阶级的极端享乐主义者，他们为了自己的升官发财，不惜让广大劳动人民家破人亡（《促织》）；有的揭露了资产阶级的个人主义者，他们老子天下第一，野心勃勃，好高骛远，总想骑在别人头上作威作福（《别了，司徒雷登》）；有的斥责了资产阶级的苟且偷生、见利忘义者，他们利欲熏心，冷漠绝情，见利忘义，为了自己的所得而不择任何手段（《孟子·鱼我所欲也》）；有的批判了资产阶级的消极悲观主义者，他们看破红尘，自暴自弃，厌世嫉俗，甚至走上轻生自杀的道路（《沉沦》）……这些语文教材中的课文即文字作品（文章作品、文学作品）都从反面启示着受教者，要进一步提高觉悟，增强其免疫力和抵抗力，坚决抵制和清除剥削阶级的衰颓堕落的道德影响。恰如列宁所说：“资产阶级社会的死尸……是不能装进棺材、埋到地下的。被打死的资本主义会在我们中间腐烂发臭，败坏空气，毒化我们的生活，从各个方面用陈腐的死亡的东西包围新鲜的、年轻的、生气勃勃的东西。”[106]因此，在语文教育中，施教者要针对少数受教者在理想与价值的选择上有些迷茫的倾向，引导他们体会作者在语文教材中的课文即文字作品（文章作品、文学作品）所寄托的正直、纯真、美好的审美理想和审美价值，知晓封建地主阶级、资产阶级、官僚阶级的虚伪、自私、陈腐的道德观念，用健康的道德认识对这些人类的蛆虫、社会的渣滓从丑的方面来进行综合的审美判断、审美评价，从而明是非、别善恶、辨美丑、识荣辱，尽情地呼吸着新鲜空气，沐浴着社会主义的和煦阳光而愉快地生活、茁壮地成长，自觉地进行美的探索与反思。

二、语文教育要增强道德情感

道德情感是人们依据一定的道德标准在道德认识的基础上对社会现象的真假、美丑、善恶等所表现出的态度或情绪体验，“是一切道德行为的重要前提”[107]，包括公正感、责任感、义务感、自尊感、羞耻感、友谊感、荣誉感，等等。它既对道德认识具有导航作用，又对道德意志具有激发作用，还对道德信仰具有坚守作用，更对道德行为具有定向作用。这就要求施教者应有目的地引导受教者通过语文教材中的课文即文字作品（文章作品、文学作品）的学习，以期增强他们的炽热的道德情感。

语文教材中的课文即文字作品（文章作品、文学作品）如《松树的风格》中的“要求于人的甚少，给予人的甚多”的优良品格、《白杨礼赞》中的力求上进而坚强不屈的斗争意志、《海燕》中的挑战困难而乐观自信的豁达情怀、《雷电颂》中的愤激黑暗而礼赞光明的赤诚心境、《秋色赋》中的令人兴奋的欣欣向荣的绚丽景象、《陋室铭》中的生活在污世仍保持清白与独自避世的求真心态、《土地》中的劳动人民为争取土地和保卫土地及建设土地的崇高精神，等等，歌颂了美好的人或事和纯正的道德情感，受教者读之，无不为之倾慕；《孔乙己》中的读书人孔乙己深受封建文化与科举制度的毒害而陷入穷困潦倒的状态以致在“笑声”中凄惨死去、《窦娥冤》中的善良柔弱的民女窦娥遭受封建制度的压迫而蒙受千古奇冤以致死于屠刀下、《泼留希金》中的地主泼留希金饱受俄国反动与腐朽的农奴制度的熏陶以致贪得无厌与鲜廉寡耻、《制台见洋人》中的两江总督文制台因对下属骄横跋扈和对洋人百般维护以致暴露了贪官污吏的丑恶嘴脸、《装在套子里的人》中的顽固守旧与谨小慎微的别里科夫的所作所为而表现了当时俄国社会的混沌与黑暗，等等，显示了封建社会、资本主义社会的腐朽反动的本质，受教者读之，无不为之义愤；《皇帝的新装》中的昏庸的皇帝身着“新装”裸体而举行“大典”、《渔夫的故事》中的魔鬼虽凶恶残暴狡猾恶毒却被聪明的渔夫依凭智慧与力量而制服、《赫尔墨斯和雕像者》中的爱慕虚荣的赫尔墨斯自命不凡且主观臆断而在事实面前碰壁、《郑人买履》中的迂腐的买履者墨守成规且迷信教条而不尊重客观实际、《黔之驴》中的蠢笨的二驴的貌似强大且色厉内荏而实无所能、《刻舟求剑》中的荒谬的刻舟人死守教条且拘泥成法而不知变通、《掩耳盗铃》中的盗铃人掩住自己的耳朵伸手去偷铃铛而自欺欺人，等等，揭露了卑鄙、昏聩、贪婪、愚蠢、庸俗的丑恶行径，受教者读之，无不为之唾弃……正如叶圣陶所说：“人是生来就怀着情感的核的，果能好好培养，自会抽芽舒叶，开出茂美的花，结出丰实的果。”[37]因此，在语文教育中，施教者要针对传统的与现代的、理想的与现实的价值观同时对受教者产生影响的事实，充分利用语文教材中的课文即文字作品（文章作品、文学作品）耐人寻味的意境、栩栩如生的形象等深情地送进他们的脑海，从而娱悦他们的耳目，浸透他们的心灵，触发他们的情思，并激起他们的强烈共鸣：或是对美好纯洁的品格向往追求，或是对坚贞不屈的节操赞叹不已，或是对悲伤凄惨的遭遇泣不成声，或是对腐朽罪恶的事物怒不可遏。还是梁启超说得好："用情感来激发人，好像磁力吸铁一般……是人类一切动作的原动力。"[108]

三、语文教育要锻炼道德意志

道德意志是人们积极地调节自己的活动，在履行某种道德义务的过程中所表现出来的自觉地排除自身的激情形式与非激情形式等情绪障碍而做出的抉择力量与坚持精神，它既包括道德行为动机的确定阶段，又包括道德行为动机的执行阶段，是道德认识、道德情感、道德信仰、道德行为等因素相互作用、协调发展的结果，在道德品质的形成中起着特殊的作用。这就要求施教者应很好地地引导受教者通过语文教材中的课文即文字作品（文章作品、文学作品）的学习，以期锻炼他们的顽强的道德意志。

语文教材中的课文即文字作品（文章作品、文学作品）所歌颂的屈原坚持理想、追求正义，不与丑恶现实妥协而投身江中（《屈原列传》）；荆轲抗击侵略、反对强暴、深沉刚毅而舍身赴难（《荆轲刺秦王》），文天祥坚守民族气节并为正义而死、为国家而死（《〈指南录〉后序》）；阎应元足智多谋、英勇顽强、死守江阴、抵御江盗而被砍杀于栖霞禅院（《阎典史传》）；谭嗣同热爱祖国、勇于改革，"我自横刀向天笑，去留肝胆两昆仑"而被斩于市中（《谭嗣同》）；史可法"人在城在，城陷人死"，忠义不屈，视死如归而被葬于梅花岭上（《梅花岭记》）等仁人志士。所赞美的方志敏对革命忠心耿耿，对党的事业忠贞不渝（《同志的信任》）；闻一多拍案而起，横眉冷对国民党的手枪，而"威武不能屈"，对革命充满必胜的信心（《最后一次讲演》）；共产党员林红坚强不屈，献身革命，从容就义（《坚强的战士》）；巴威尔的母亲尼洛夫娜，捍卫真理，同敌人英勇斗争（《母亲》）；周文雍、陈铁军在刑场上举行婚礼，"感天地、泣鬼神"（《刑场上的婚礼》）；刘和珍不畏强暴、敢于斗争，"捐躯赴国难，视死忽如归"（《记念刘和珍君》）；刘胡兰大义凛然，"慨当以慷"，殉难于敌人的铡刀下（《刘胡兰慷慨就义》）等英雄人物。所展示的天文学家张衡（《张衡传》），数学家祖冲之（《祖冲之》），发明家毕昇（《活板》），地质学家李四光（《地质之光》），物候学家竺可桢（《卓越的科学家竺可桢》），建筑学家梁思成（《梁思成的故事》），生物学家童第周（《一定要争气》），药学家李时珍（《李时珍》），医学家林巧稚（《一张诊断书》），天文学家卞毓麟（《月亮——地球的妻子？姐妹？还是女儿?》），遗传学家谈家桢（《奇妙的克隆》），物理学家杨振宁（《杨振宁：合璧中西科学文化的骄子》），"中国铁路之父"詹天佑（《詹天佑》），"两弹"元勋邓稼先（《"两弹"元勋——邓稼先》），被誉为"中国人的骄傲"的钱学森（《钱学森——中国人的骄傲》），享誉"杂交水稻之父"的袁隆平（《杂交水稻之父——袁隆平》）等科学巨匠……他们在极其困难的情况下所表现出来的或勇敢，或坚定，或乐观，或豪爽，或无畏，或悲壮，或崇高的不同类型的人格美是磨炼受教者道德意志的楷模。因此，在语文教育中，施教者应针对某些胸无大志、意志薄弱的受教者，帮助他们在积极而有益的活动中实现自身的价值并释放正能量，既抗拒那些足以将自己的道德引向歧途的各种困惑与诱惑，又克服那些来自主观与客观因素而导致的各种挫折与困难，继而培养他们道德意志的自觉性、果断性和坚韧性；教育他们为了明确的目的而顽强地斗争、勇敢地拼搏、科学地探索、不懈地努力，“苦其心志，劳其筋骨，饿其体肤，空乏其身，行拂乱其所为……”[109]，从而锻炼他们道德意志的自制力，以及沉着、耐心的意志品质。

四、语文教育要确立道德信仰

道德信仰是指存在于个人头脑中的坚信某些道德行为准则的正确性，具有情绪色彩与力求实现的一种观念形式，实际上是一种道德需要。它是人们自我监督、自我反省与自我强化的重要因素，是健康的道德认识、炽热的道德情感与顽强的道德意志的有机统一，是知、意、情的“合金”，具有稳定和持久的内在力量。有了道德信仰，就能最后自觉地形成和产生道德行为。这就要求施教者应积极地引导受教者通过语文教材中的课文即文字作品（文章作品、文学作品）的学习，以期确立他们的崇高的道德信仰。

语文教材中的课文即文字作品（文章作品、文学作品）所彰显的共产主义的道德信仰是人类有史以来的最高尚的道德信仰，它的实质就是为共产主义奋斗的集体主义精神，就是全心全意为人民服务的“公”字精神。在这个总的信仰的指引下，施教者应该结合课本的实际，运用活生生的事实，列举宣传当代执着追求共产主义信仰做出积极而有益贡献的英雄。如20世纪50年代为抢救国家财产而光荣献身的向秀丽（《向秀丽的故事》），60年代把生命的每一分钟都献给人民的共产主义战士雷锋（《雷锋的故事》），70年代为捍卫马克思主义真理“宁为玉碎，不为瓦全”的张志新（《小草在歌唱——悼女共产党员张志新烈士》），80年代身残志坚并被誉为“青年先锋、时代楷模”的张海迪（《生命的支柱——张海迪之歌》），90年代“优秀的援藏干部”孔繁森（《孔繁森》），21世纪涌现的“感动中国”的郭明义（《雷锋传人郭明义》）等新一代最可爱的人……教育受教者养成一切从人民利益出发，一切向人民负责，一切献给人民的美德。如教《七根火柴》、《截肢和输血》、《为了六十一个阶级弟兄》、《一件小事》等语文教材中的课文即文字作品（文章作品、文学作品）时，应教育受教者学习无名战士默默捐躯却献出用生命保护七根火柴的美德，白求恩“毫不利己，专门利人”的精神，平陆事件中表现的我国人民“一方有难，八方支援”的共产主义风格，人力车夫大公无私、见义勇为的可贵品质。教《鞠躬尽瘁》、《向我看齐》、《共产党人的本色》、《榜样的力量》等语文教材中的课文即文字作品（文章作品、文学作品）时，应教育受教者学习焦裕禄心中装着兰考县人民，唯独没有自己的高风亮节；黄甲喜以身作则，联系群众，不谋私利，不徇私情的高尚情操；曾志平易近人，克己奉公的共产党人的本色；刘殿学“为官不能忘记老百姓”的全心全意为人民服务的崇高品格……从而激发受教者心灵的潜能与智慧的活力，使他们经常处于一种异常亢奋的状态，引导他们进行一场共产主义的“道德长跑”，朝着共产主义的大目标而阔步前进。因此，在语文教育中，施教者要结合社会转型时期的受教者正面临着价值形态由一元向多元的转变，价值观念也面临着前所未有的质疑与挑战的背景，从而导致价值形态与价值观念的混乱、矛盾和冲突在深层次上影响着他们的个体人格构建的实际，引导他们厘清价值形态并存现象背后的价值内核，帮助他们透过价值观念的纷繁复杂而看到背后的核心价值，用共产主义道德信仰的火种去点燃他们心中求美的火焰，用哲理的暗示去触动他们人生探索的情思，鼓励他们确立共产主义道德信仰，力争做一个具有共产主义道德品质的人。

五、语文教育要培养道德行为

道德行为是道德品质的外部形态，是人类社会活动中最基本的道德现象，是一种听从内心道德命令且比较自觉与自律的恒定行为，是行为主体在一定的道德信仰的支配下表现出来的有利或有害于他人与社会的行为，是通过自己的意志进行审慎的判断与选择的结果，是主体的自觉意志的凝结，是道德认识与道德情感的具体表现，它包括有道德的行为和不道德的行为。这就要求施教者应有效地引导受教者通过语文教材中的课文即文字作品（文章作品、文学作品）的学习，以期培养他们的良好的道德行为。

语文教材中的课文即文字作品（文章作品、文学作品）所面对的受教者，大都明确凡是符合一定社会或一定阶级的道德原则和规范的行为，就是有道德的行为；凡是不符合一定社会或一定阶级的道德原则和规范的行为，就是不道德的行为。他们大都追求理想和幸福生活，不仅渴望通过自己的努力，掌握科学文化知识，用人类创造的巨大精神财富充实自己，做一个有真才实学的人；同时，他们大都具有强烈的社会责任感，希望通过自己的行为，为社会的进步和人民的幸福贡献力量。因而语文教育必须依据其凭借物——语文教材中的课文即文字作品（文章作品、文学作品）去熏染受教者，进而培养他们的友爱互助、勤劳俭朴、正直谦虚、孝老爱亲、和谐相处、知难而进等行为品质。如教《小宝怎么淋湿了》、《斑羚飞渡》、《温馨的风》、《离不开你》、《人民的勤务员》等，应教育受教者树立友爱互助的文明风尚；教《梁生宝买稻种》、《毛泽东周恩来的“衣食住行”》、《回忆我的母亲》、《我们永远需要艰苦奋斗》、《俭以养德》、《应该提倡一个“俭”字》等，应教育受教者养成勤劳俭朴的生活作风；教《谈诚实》、《说谦虚》、《谈骨气》、《乐羊子妻》、《问说》等，应教育受教者具有正直谦虚的处世风格；教《陈毅探母》、《散步》、《台阶》、《慈母深情》、《黄香诚心敬父母》、《地震中的父与子》等，应教育受教者争做孝老爱亲的道德典范；教《琪琪的心事》、《美丽的小兴安岭》、《鸟的天堂》、《江南水乡——周庄》、《敬畏生命》等，应教育受教者做到与自然、社会、自身的和谐相处；尤其是教《筑路》，要教育受教者学习保尔·柯察金和他的战友们以坚韧不拔的毅力克服气候恶劣、粮柴奇缺、疾病流行等重重困难，取得了筑路胜利的可贵精神，憎恶文中的那个省粮食局会计的儿子为了贪图舒适的生活，出卖灵魂，交出了共青团的团证，丧失原则和气节，当了可耻逃兵而毁坏自己的道德品质和情操的可鄙行为，从而认识困难，增强克服困难的勇气和力量，达到“从心所欲不逾矩”的程度，使其成为“一个高尚的人，一个纯粹的人，一个有道德的人，一个脱离了低级趣味的人，一个有益于人民的人”[110]。因此，在语文教育中，施教者应针对受教者基本认同社会主流价值观，但在道德品质上存在“知”与“行”分离的倾向，教育他们既能以海纳百川的胸襟，面向世界，面向未来；又能立足国情，保持与发扬中华民族的传统美德；并从优秀的传统美德中汲取营养，自觉地坚持社会主义的核心价值体系。除此，还要意识到复杂的社会环境对受教者的影响，不但积极地肯定他们在合理合法的基础上所追求和增进的个人利益，而且善于运用社会主义核心价值观要求和约束他们，特别是要反对和防止至上的享乐主义与极端的个人主义[111]。

…………

综上所述的在语文教育中施教者对受教者的思想净化而进行爱国主义教育和陶冶情操而进行理想信念教育以及德性涵养而进行道德品质教育，这三者既是相互联系的，又是相互影响的，还是相互渗透的，更是相互促进的。它们不仅是调整个人对国家、民族、集团的思想与行为的道德规范，而且也是主流的社会意识形态的本质体现与实践运动，因而是一项复杂而长期的任务，不可能一蹴而就。所以，施教者要善于从语文教材中的课文即文字作品（文章作品、文学作品）而挖掘蕴蓄的种种“正能量”元素，并通过诸多途径且运用各种方法，从而让受教者有效地进入“人的发展和完整性建构”的全新境域。

第十三章　语文教育的美育“崇美”

语文教育中的美育即指语文教育客体和语文教育活动本身对语文教育主体所产生的审美意识增强、审美因素领略和审美能力提升等。这是语文教育的归宿，其要义在于“崇美”，施教者旨在引导受教者“追求审美境界”。它与语文智育、语文德育共同承担着语文学科所赋予的时代使命，是全面发展教育中的重要组成部分。语文美育的基本目标就是施教者培养受教者在语文（语言、文章、文学）中如何增强审美意识、如何领略审美因素和如何提升审美能力，以期促使他们达到“求真”、“向善”、“崇美”的创造性的人才和“健全的人格”的基本要求。以下仅从语文教育的审美意识增强、语文教育的审美因素领略、语文教育的审美能力提升等三个方面分别予以阐述：

第一节　语文教育的审美意识增强

语文教育的审美意识增强，包括“树立审美观念和健全审美心理及端正审美态度”。审美意识是指客观存在的审美对象在审美主体头脑中的能动而积极的反映。语文教育中注重审美意识的增强，施教者要在语文（语言、文章、文学）中想方设法地创设各种有利因素，既有助于受教者的审美观点、审美情趣、审美标准、审美理想等审美观念的树立，又有助于受教者的审美感知、审美想象、审美理解、审美情感等审美心理的健全，也有助于受教者的审美欲望、审美需求、审美动机、审美意图等审美态度的端正。以下依次予以展开：

一、语文教育要树立审美观念

审美观念也叫审美理念，是一种特殊的观念形态，是审美意识的组成中必不可少的部分，是审美主体从美学的角度对审美客体予以认识的系统化的集合体。它是审美活动的灵魂，是遨游美的海洋中的航标灯，直接影响着审美主体的审美实践和审美创造，制约着审美主体的审美和立美方向。因此，施教者抓住语文教材中的课文即文字作品（文章作品、文学作品）而引导受教者明了正确的审美观点、提高健康的审美情趣、掌握科学的审美标准、追求高尚的审美理想等，应成为树立他们的审美观念的重要成分。下面递次进行阐发：

（一）语文教育要明了正确的审美观点

审美观点，是指审美主体从美学的角度而基于一定的立场对审美客体所表达的主观性的看法。它是审美主体的审美观念能否增强的不可或缺的元素，是审美情趣的不断积淀、审美标准的集中体现、审美理想的递级深化。语文教育的施教者引导受教者在语文（语言、文章、文学）中明了正确的审美观点，这是有意识地对他们的审美观念予以树立的重要成分之一。因此，施教者应抓住语文教材中的课文即文字作品（文章作品、文学作品）而特别注意去培养受教者明了正确的审美观点。

正确的审美观点能帮助受教者在审美实践中形成关于美的理性认识，能发现并深刻地感受美，能启迪他们按照美的规律来塑造自身和改造世界，也就是改造自己的思想、改造自己的认识能力、改造主观世界同客观世界的关系，其核心是改造自己的世界观、人生观、价值观，从而形成独特的审美见识，积淀丰富的审美见解，获得高远的审美见地。语文教材中的课文即文字作品（文章作品、文学作品）是施教者引导受教者而明了正确的审美观点的极好篇章。如关于美的本质的，茅盾的《风景谈》中就提到了“自然加上人的活动就定会改观”；如关于自然美的，徐迟的《黄山记》中就提到了“大自然是崇高，卓越而美的”；如关于社会美的，吴伯箫的《记一辆纺车》中就提到了“在延安，美的观念别有一种健康的内容，那就是整洁，朴素，自然”。如谈到人体美的，杨述的《恰到好处》中就提到了“东家之子的美，真是‘恰到好处’；稍为多一点，或稍为少一点，就不美”。如说到人格美的，魏巍的《谁是最可爱的人》中就提到了“他们（中国人民志愿军战士）的品质是那样的纯洁和高尚，他们的意志是那样的坚韧和刚强，他们的气质是那样的淳朴和谦逊，他们的胸怀是那样的美丽和宽广”。涉及美丑关系的，如贾平凹的《丑石》中就提到了“丑到极处，便是美的极处”。至于评价艺术美、建筑美的就更多了，如叶圣陶的《苏州园林》中就提到了“苏州园林在每一个角落都注意图画美”……这些散见于教材中的课文即文字作品（文章作品、文学作品）的警句，涉及审美教育的诸多方面，如果施教者在教学中既注意把其中的美学问题的分析上升到理论高度，又注意运用美学理论来解释其中的美学现象，无疑有助于引导受教者明了正确的审美观点。另一方面，教材中的有些课文即文字作品（文章作品、文学作品）具有纯美学论文的品格，其审美观点更为系统。如毛泽东的《我们的文艺是为什么人的》、鲁迅的《拿来主义》、蔡元培的《图画》、朱光潜的《对于一棵古松的三种态度》、钱锺书的《谈中国诗》、宗白华的《中国艺术表现里的虚与实》、王梓坤的《想象的作用》、唐弢的《作家要铸炼语言》、周先慎的《简笔与繁笔》、孙犁的《好的语言和坏的语言》、茅盾的《谈〈水浒〉的人物和结构》、朱德熙的《谈朱自清的散文》、吴炫的《一幅恬淡明丽的春之图——读老舍的〈济南的冬天〉》、清冈卓行的《米洛斯的维纳斯》等，都可以看作是某一美学现象的专论，如果施教者在教学中注意将前后联系起来，并从理论和实践的结合上培养受教者去理解，那么对于培养他们明了正确的审美观点无疑是大有裨益的。

（二）语文教育要提高健康的审美情趣

审美情趣，是指审美主体从美学的角度而根据自己的兴致爱好对审美客体所表现出来的特有的审美倾向性。它是审美主体的审美观念是否增强的必不可少的标志，既来源于审美理想又决定着审美标准更汇集于审美观点。语文教育的施教者引导受教者在语文（语言、文章、文学）中提高健康的审美情趣，这是有意识地对他们的审美观念予以树立的又一重要成分。因此，施教者应抓住语文教材中的课文即文字作品（文章作品、文学作品）而特别注意去培养受教者提高健康的审美情趣。

健康的审美情趣能帮助受教者根据自己的审美观点跨越审美过程中的动摇不定的状态和极不成熟的阶段，让他们能够毫无锈损地茁壮成长，从而对语文（语言、文章、文学）的审美价值作出富有情感的审美评价和呈现所取的审美态度。也就是显露着的受教者的精神世界，不但反映他们的心理状态，而且洞悉他们的思想灵魂，更加表现他们的生活取向。语文教材中的课文即文字作品（文章作品、文学作品）是施教者引导受教者而提高健康的审美情趣的极好范例。例如朱自清的《绿》，施教者在教学中如果仅仅停留在说一些“这是在歌颂祖国的山川自然的美”之类的话，就会使受教者觉得空泛平浅，那对提高他们的健康的审美情趣也是浮而不实、苍白无力的。他们甚至可能会产生这样的疑问：为什么描写“绿”的美就是“歌颂祖国的山川自然的美”呢？把祖国的大好河山描写得如此五彩缤纷不是更美吗？要解决这样的问题，就要引导他们从美学的角度去揭示“绿”之美所隐含的深层性的审美情趣。在《绿》中，作者描写梅雨潭闪闪的绿色之美，是那么醉人，是那么迷人，是那么奇异，是那么可爱，这正是作者高洁而清雅的审美情趣的追求。作者极尽笔墨描写“绿”，表现了他对安定、平静的生活的渴望，对当时军阀混战、兵荒马乱的社会的不满，也流露出他缺乏变革现实的勇气的软弱。“绿”的形象真切自然、细腻柔美、含情脉脉，字里行间无不蕴含着作者某种人生价值、生活哲理的启悟，某种生活态度、生命现象的诠释，某种强旺意志、生命活力的昭示。朱自清正是一个朴实梗直、诚恳无伪、虚怀若谷的作家，他的作品也正是他的性情笃厚、品格耿介的审美情趣的呈现。朱自清从一个正直的诗人、刚正的学者而成长为一个具有坚守民族气节的民主主义斗士，即从喜爱透明洁净的“女儿绿”到向浑浊的社会举起义旗，这正是《绿》中描写的绿色之美所隐含的深层性的审美情趣和值得认真体味发掘的内在美点。这就要求施教者在教学中不能只是简单地让受教者去欣赏作品中一些美丽的词句，或者仅仅满足于作品中所描写的景物美或形象美等的客观、表层的品赏上，而应该结合作家的个性与写作时特定的心境，让受教者通过对美的形象的感受，对美的本质的认识，去领悟它所包容的人生意义、社会意义和历史意义，进而拨动他们心灵的琴弦，促使他们的情感和理智达到融洽的境地，让他们的健康的审美情趣的提高真正落到实处，而不至于成为所谓的“摆弄花架子”。

（三）语文教育要掌握科学的审美标准

审美标准，是指审美主体从美学的角度而衡量审美客体所呈现的善恶、美丑、真假、对错等所恪守的根本尺度。它是审美主体在审美观念的烛照下对审美客体的能动反映，是审美观点、审美情趣、审美理想的凝聚形式。语文教育的施教者引导受教者在语文（语言、文章、文学）中掌握科学的审美标准，这是有意识地对他们的审美观念予以树立的再一重要成分。因此，施教者应抓住语文教材中的课文即文字作品（文章作品、文学作品）而特别注意去培养受教者掌握科学的审美标准。

科学的审美标准既能帮助受教者把握美的本质和规律，又能帮助他们把握审美活动的契机和规律，从而获得符合语文（语言、文章、文学）的实际审美价值。受教者在进行审美活动时虽然生活经验、兴趣倾向等有所不同，但是绝不意味着可以随心所欲、全凭着自己的主观好恶；无论他们的个别差异有多大，总是要受到社会历史条件、文化心理结构等的限制，因而也就无法否认审美标准的客观性。语文教材中的课文即文字作品（文章作品、文学作品）是施教者引导受教者而掌握科学的审美标准的极好范本。例如，在那些统治者看来，“坐高堂、骑大马、醉醇醲而饫肥鲜”是美的，但在卖柑者看来，如果“盗起而不知御，民困而不知救，吏奸而不知禁，法斁而不知理，坐縻廪粟而不知耻”，那就是“金玉其外，败絮其中”（《卖柑者言》），是真正的丑。这种不同的审美标准，是由于审美主体的生活经验、审美需求等的不同所导致的。又如，在那些封建帝王看来，“钟鼓之声，管籥之音”是美的，然而老百姓“举疾首蹙额而相告曰：‘吾王之为鼓乐！夫何使我至于此极也！父子不相见，兄弟妻子离散！’”（《庄暴见孟子》）就不以为美。这种不同的审美标准，是由于审美主体的美的感受、美的创造等的不同所决定的。再如，同是审美对象蝉，虞世南在朝廷做大官，屡次得到唐太宗的赞赏，在《咏蝉》中，因而是清华人语的“居高声自远，非是藉秋风”；骆宾王上疏论事，触忤武则天身陷囹圄，在《在狱咏蝉》中，因而是患难人语的“露重飞难进，风多响易沉”；李商隐辗转于权贵之间做些幕僚，难以发挥平生抱负，在《蝉》中，因而是牢骚人语的“本以高难饱，徒劳恨费声”。这种不同的审美标准，是由于审美主体的境遇心情、禀赋气质等的不同所引起的。这就要求施教者在教学中一定要使受教者进一步地认识到，虽然审美活动以个人的身份、地位、偏爱、心态等为出发点，但是它必须遵循不以人们的主观意志为转移的客观社会内容，因而进行审美活动时必须掌握这个标准；而审美标准是否科学，最终都将受到不同时代、不同民族、不同阶级的社会实践和审美实践的规定与左右，经受住审美客体是否具有“真”的价值、“善”的价值、“美”的价值的检验与认同。

（四）语文教育要追求高尚的审美理想

审美理想，是指审美主体从美学的角度而对审美客体所期待与神往的一种既真又善更美的人生境界。它是审美主体的审美观念在形成和发展中的比较高级的部分，是审美观点、审美情趣、审美标准的交织、缔结与提升。语文教育的施教者引导受教者在语文（语言、文章、文学）中追求高尚的审美理想，这是有意识地对他们的审美观念予以树立的另一重要成分。因此，施教者应抓住语文教材中的课文即文字作品（文章作品、文学作品）而特别注意去培养受教者追求高尚的审美理想。

高尚的审美理想能帮助受教者从现实出发去设计人生，这既是现实的合乎逻辑的伸展和延伸，同时又是对现实的超越而高于现实的一部分。它是受教者的指路明灯和精神支柱，与一定的人生目的、人生态度、人生价值等密切相关，是进行审美创造的基本条件，因而受教者只有向往高尚的审美理想，才能创造美的生活、拥抱美的希望、迎接美的阳光，从而真正成为生活的主人。语文教材中的课文即文字作品（文章作品、文学作品）是施教者引导受教者而追求高尚的审美理想的极好材料。例如《两棵奇树》编织的故事，说的是人们本来没有穿的衣服和点的灯油，致使"身体冻病了，眼睛熬坏了"。于是一个老头和他的一双儿女，为了解除人们的苦难，不畏千辛万苦，分别爬上了艰险的云梯山，在白发白眉白胡子的种树老爹的指点下，自愿吞服了老爹给的珠子，于是变成了能解除人们苦难的两棵奇树，一棵是油桐树即能长出桐油来点灯，另一棵是木棉树即能长出棉花来做衣服……这个故事看似毫无根据，是离奇得近乎荒诞的，在生活中也是不存在的，但是它却寄托了人们对幸福生活的期望，对美好未来的憧憬，对自愿献身者的讴歌，恰好能给受教者以美的享受和熏陶，并对人生有更深的感触和觉悟。故事中所表现的父女三人那为了人类的苦难而唉声叹气的神态，那为了人类的生存而不怕山高路远的决心，那为了人类的幸福而不吝牺牲自己的高尚品格等，都不是靠作者抽象地概括出来的，而是靠作者形象地描绘出来的，能让受教者在生动的形象中去体会，去品尝，去回味。他们在体会、品尝和回味中智慧得到启迪，心灵得到净化，精神得到陶冶，美感得到升华，并能在潜移默化中修身养性，提高个人品位与综合素质，自觉地去追求高尚的审美理想。这就要求施教者在教学中必须激发受教者创造美的热情，力争把理想和现实统一起来，把实现理想的目的和手段统一起来，并用至真至善至美的精神意向、思想体系、价值观念、生存意义等来规范和协调他们，不仅表现为对审美理想的一种系统构筑的完美期盼，而且表现为对审美理想的一种特殊形态的历史观照，促使他们为光明的未来不畏艰难险阻而奋斗和拼搏，真正成为探索高尚的审美理想的一代新人，从而创造更加幸福的明天。

以上阐述的施教者引导受教者在语文（语言、文章、文学）中而明了正确的审美观点、提高健康的审美情趣、掌握科学的审美标准、追求高尚的审美理想等四者之间是相互渗透的，彼此依存的，互相促进的，共同发展的。如果施教者在语文教育中能够有意识地引导受教者通过语文教材中的课文即文字作品（文章作品、文学作品）自觉地按照"美的规律"去改造主观世界和客观世界，从而形成完善的审美主体，那么，他们的 21 世纪急切需要的完整性、协调性、知识性、思想性、情感性等素养将会形成，审美观点、审美情趣、审美标准、审美理想等审美观念就一定会很好地树立[112]。

二、语文教育要健全审美心理

审美心理是审美主体从美学的角度对审美客体而自然产生的主观反映，是审美意识的组成中必不可少的部分，是审美主体的感知、想象、理解、情感等心理成分对审美客体进行体验时所呈现的一种互相联系、互相推动、互相渗透、互相补充的特殊状态。因此，施教者抓住语文教材中的课文即文字作品（文章作品、文学作品）而引导受教者强化敏锐的审美感知、发展丰富的审美想象、深入透彻的审美理解、激发浓厚的审美情感等，应成为健全他们的审美心理的重要成分。下面递次进行阐发：

（一）语文教育要强化敏锐的审美感知

审美感知，是指审美主体以其视觉、听觉等器官对审美客体而进行的直接选择和自我认同的过程，是“进入审美经验的门户”[113]。它对于审美想象、审美理解、审美情感等活动的展开，起着其他成分都无法替代的作用。语文教育的施教者引导受教者在语文（语言、文章、文学）中强化敏锐的审美感知，这是健全他们的审美心理的重要成分之一。因此，施教者应抓住语文教材中的课文即文字作品（文章作品、文学作品）而特别注意从审美感觉、审美知觉、审美联觉等入手去培养受教者的敏锐的审美感知。

首先，从敏锐的审美感知中的审美感觉入手，让受教者获得语文教材中的课文即文字作品（文章作品、文学作品）的美。敏锐的审美感知中的审美感觉是审美主体对于审美客体的外在、表面、局部等的审美特性所形成的主观反射和反映以及摹写的过程。它是整个审美心理活动的原发阶段，主要通过审美主体的视觉、听觉等感觉器官接受审美客体的色彩、音响、形体等形式因素的刺激而产生信息，并传入大脑的视听中枢，引起审美心理反应，且与呼吸、脉搏的节奏以及视神经、听神经的感受性相适应，以期形成感官的快感和初级的美感。在语文教育中，作为施教者一定要引导受教者按照审美需要对审美客体进行识别或加工而获得审美感觉。例如陶铸的《松树的风格》，作者先写松树的树冠并不繁茂，枝干也十分粗疏，如果按照通常的审美标准，松树绝不是漂亮的，当然也不会是树中的佼佼者，然而它朴素，简洁，坚强，生机勃勃，郁郁葱葱，足可以证明它是树中的好男儿；再写松树的不怕被雪压而不难让我们联想到那些具有强壮生命的力量，松树的材质优良而不难让我们联想到国家的栋梁之材，松树的朴实挺拔而不难让我们联想到那些守卫着祖国边疆的军人。作者旨在结合社会主义时期青年工作的具体情况，引导他们既要时刻关心政治又要努力掌握科技知识，既要有太阳那样的宽阔胸襟又要有松树那样的坚贞品格。尤其值得称道的是，作者以其恢宏、大度、振奋、鼓舞人心的胆识，将松树在恶劣环境下而耸立生长的痛苦经历、甘于奉献而乐观豁达的昂扬气魄、粉身碎骨而自我牺牲的可贵品质、为人类生存而做出巨大贡献的高风亮节等淋漓尽致地表达了出来，并通过对松树鲜明形象的生动描写和松树崇高风格的高度赞美，深情地讴歌了共产主义风格和具有这种风格的人们。作者在文中不但超越一般感觉的反应而且居于审美感觉的顶端，从而让审美主体自然而然地得到了理性醒悟与精神畅快的享受。

其次，从敏锐的审美感知中的审美知觉入手，让受教者获得语文教材中的课文即文字作品（文章作品、文学作品）的美。敏锐的审美感知中的审美知觉是审美主体的一种区别于日常知觉并能够揭示审美客体的表现性或审美属性的知觉的过程。它是整个审美心理活动的基本前提，通常体现为审美主体通过感官与审美客体的直接相遇而由审美自律向审美他律的转化；它是审美主体的真实而具体世界的知觉，往往受动多于主动，也就是被知觉的审美客体不依赖于审美主体的存在而存在，以期能够以审美知觉的组织特性而进行综合与整体的把握。在语文教育中，作为施教者一定要引导受教者凭借审美感悟对审美客体进行填充或重塑而获得审美知觉。例如老舍的《趵突泉》，作者以轻灵而飘逸的笔触勾勒出趵突泉的永不衰竭的自然活力美。济南本来有三大名胜，可是作者却单独讲了趵突泉，并且强调指出，假如没有这泉，济南定会丢失一半的美。看那三个大泉吧，一年四季，昼夜不停，老那么翻滚——“永远那么纯洁，永远那么活泼，永远那么鲜明，冒，冒，冒，永不疲乏，永不退缩，只有自然有这样的力量！……池边还有小泉呢：有的像大鱼吐水，极轻快地上来一串小泡；有的像一串明珠，走到中途又歪下去，真像一串珍珠在水中斜放着；有的半天才上来一个泡，大，扁一点，慢慢地，有姿态地，摇动上来，碎了；看，又来了一个！有的好几串小碎珠一齐挤上来，像一朵攒得很整齐的珠花，雪白……有的比那大泉更有味。”作者以“纯洁”、“活泼”、“鲜明”的铺排和“冒”的反复，这就露出了泉水的汩汩直冒的非凡特性；还以三个“永远”和两个“永不”的重叠句式，这就表现了对大泉的阳刚之美的敬重感；后面大都运用的是朗朗上口而节奏感强的排比渲染的短句，这就显示了对小泉的阴柔之美的惊奇感。作者在文中不但道出了自己的心情而且也揉进了自己的感受，从而让审美主体产生一种心驰神往而浮想联翩的美感。

再次，从敏锐的审美感知中的审美联觉入手，让受教者获得语文教材中的课文即文字作品（文章作品、文学作品）的美。敏锐的审美感知中的审美联觉是审美主体的一种凭借感官的功能而实现对审美客体的协同活动的多种心理综合的过程。它是整个审美心理活动的重要层次，一般是审美主体在审美感觉的基础上对审美客体的某个属性所提供的个别感觉加以多方面扩展而形成的复合感觉，特指在审美直觉与审美知觉唤起的过程中对其他知觉形式的相互影响，以期让审美感觉之间有着全方位、多角度、多层面、立体化甚至整体性的转换关系。在语文教育中，作为施教者一定要引导受教者依据审美体验对审美客体形成即刻的结合而获得审美联觉。例如朱自清的《荷塘月色》，作者有几处典型的审美联觉的运用，能突破语言文字的局限，丰富表情达意的审美情趣。“月光如流水一般，静静地泻在这一片叶子和花上。薄薄的青雾浮起在荷塘里。叶子和花仿佛在牛乳中洗过一样；又像笼着轻纱的梦。”“叶子和花仿佛在牛乳中洗过一样”的视觉，与朦胧的梦境构成了审美联觉。联系前边的“月光如流水一般，静静地泻在这一片叶子和花上”以及“薄薄的青雾浮起在荷塘里”便可知晓，朦胧的月光、薄薄的青雾，使月下荷塘如同世外梦幻的仙境，作者才能暂时得到该有的安宁和平静，才能在刹那间排遣内心的彷徨和苦闷，进而透露出淡淡的喜悦。“虽然是满月，天上却有一层淡淡的云，所以不能朗照；但我以为这恰是到了好处——酣眠固不可少，小睡也别有风味的。”就中“满月”的“朗照”是“酣眠”，痛快至极；“淡淡的云”是“别有风味”的“小睡”，怡然自得；而夜游荷塘、观赏月色本身就是作者“小睡”时的解脱。作者在文中启动了自己的诸多感官的自然挪移，不但感受了“荷塘上的月色”的美景而且也感受了“月色下的荷塘”的美景，从而让审美主体赢得了莫名的景致与无尽的情思。

（二）语文教育要发展丰富的审美想象

审美想象，是指审美主体以其映象、表象等为基础对审美客体而进行的自由驰骋和意象生成的过程，是“人类的高级属性”[114]。如果没有它，审美感知只能停留在审美初级阶段，审美理解、审美情感等活动都难以产生。语文教育的施教者引导受教者在语文（语言、文章、文学）中发展丰富的审美想象，这是健全他们的审美心理的又一重要成分。因此，施教者应抓住语文教材中的课文即文字作品（文章作品、文学作品）而特别注意从推测想象、奇幻想象、假设想象等入手去培养受教者的丰富的审美想象。

首先，从丰富的审美想象中的推测想象入手，让受教者获得语文教材中的课文即文字作品（文章作品、文学作品）的美。丰富的审美想象中的推测想象是审美主体根据已有的认知或线索而在头脑中对审美客体的发展过程与结果进行合乎情理的推测过程。它是整个审美心理活动的期待阶段，是审美主体在主观经验和意图的基础上对审美客体可能出现的新组合、新变化、新创意等做出的推测。这种想象毕竟是一种臆想和预示，不免存在较多的猜测成分。如果离开了生活的规律，违背了性格的逻辑，那么推测想象就会成为无源之水、无本之木了。在语文教育中，作为施教者一定要引导受教者通过必要的补充或者应有的说明而对审美客体做出推测想象。例如杜牧的《阿房宫赋》，作者将阿房宫的建筑之恢宏壮观、后宫之充盈娇美、宝藏之珍贵丰奢等，表现得层次分明而具体形象，由此得出秦始皇之所以统治不能够久远，那就在于暴民取材而不施仁爱的结论，为当时最高统治者提供了深刻的教训和有力的警示。尽管受教者在进行阅读时非常认真，但是由于时代的距离和他们的生活经验的局限，往往难以想象出阿房宫当年的形貌。在这种情况下，作为施教者提供一些材料而引导他们予以推测想象是很有必要的。像阅读“五步一楼，十步一阁；廊腰缦回，檐牙高啄；各抱地势，钩心斗角”这样的句子，施教者可以先解读并作答“五步一座楼，十步一个阁，走廊如绸带般萦回，牙齿般排列的飞檐像鸟嘴向高处啄着；楼与阁各依地势的高低倾斜而建筑，低处的屋角钩住高处的屋心，并排相向的屋角彼此相斗”，然后出示一些相关的中国园林古建筑或名胜古迹的图片，他们就能根据这些补充材料较为容易地进行表象的组合或再现，形成接近于文中所描绘的那种形象。在他们进一步阅读的基础上，施教者再出示今人陈光镒所绘制的《阿房宫》白描图，以供他们更深入、更准确地进行推测想象，从而加深他们对作者作为一个正直文人的忧国忧民、匡世济俗的情怀的体察。

其次，从丰富的审美想象中的奇幻想象入手，让受教者获得语文教材中的课文即文字作品（文章作品、文学作品）的美。丰富的审美想象中的奇幻想象是审美主体不受真人真事的约束和时间空间的局限而在头脑中借助梦境或幻觉对审美客体构想出眼前无所不能有或无所不可有的过程。它是整个审美心理活动的神往阶段，是审美主体对已经把握的审美客体进行深透的分析与综合并使之变得或清晰或细腻或生动或风趣，因而可上天探奥，能入地搜奇，与草木交往，同鸟兽倾谈，历洪荒远古，访古人来者，以期表达某种愿望或抒发某种情愫。在语文教育中，作为施教者一定要引导受教者通过独创性思维插上腾飞的双翼而对审美客体进行奇幻想象。例如庄周的《逍遥游》，作者的想象是奇特而丰富的，往往是恢诡谲怪，变幻莫测，迷离荒诞，无奇不有，这就展示了一个广阔无垠的视域；常常是古今人物，大鹏小雀，草虫树石，出人意表，这就充满了一种诡奇多变的色彩。尤其是开头写鲲的奇妙变化、鹏的翱翔太空，其想象像匹骏马驰骋于宇宙，既气象恢宏又汪洋恣肆，既纵横捭阖又上下勾连，因而最富于浪漫主义色彩。作者不单写了大之玄妙，也写了小之情状，还写了人物之间、物物之间、梦幻与现实之间的交错。庄周一再阐述无所依凭的主张，追求精神世界的绝对自由。在他的眼里，客观现实中的一事一物，包括人类本身都是既对立而又相互依存的，没有绝对的自由，要想无所依傍，那就得“无己”；他希望一切顺乎自然，超脱于现实，否定人类在社会生活中的作用，那就得“无功”；他把人类的生活与万物的生存混为一体，提倡不滞于万物，追求优游自得的生活旨趣，那就得“无名”。一句话，庄周勉力通过许多具体形象和事例的想象性创造，营造了一个“逍遥”的至高境界。作者在文中不但超越了时空的限制而且突破了物我的分别，从而让审美主体既被他那独特的想象力所折服又沉浸在他所创造的奇幻世界之中。

再次，从丰富的审美想象中的假设想象入手，让受教者获得语文教材中的课文即文字作品（文章作品、文学作品）的美。丰富的审美想象中的假设想象是审美主体运用语言暗示或形象材料而在头脑中对审美客体的诸多信息进行虽无理却妙化的过程。它是整个审美心理活动的憧憬阶段，是审美主体依据事实材料与科学知识的基础而对审美客体的未知领域提出假定性的揣测，并不是以臆造为基础的虚妄、任意、离奇的猜想，而是审美主体对所凸显的审美客体的本质与规律的或然性设想或猜测性推求，以期得出可能性的答案或尝试性的设想。在语文教育中，作为施教者一定要引导受教者通过扩张或者延长相关故事情节而对审美客体发挥假设想象。例如列夫·托尔斯泰的《穷人》，作者集中记叙了在一个浪涌风吼的夜晚，渔夫妻子桑娜在等候亲人归来时，毫不犹豫地收留了邻居西蒙因病去世后留下的两个孤儿的故事，待渔夫归来时，正与桑娜的想法一致，这就表现了劳动人民的纯朴仁慈、富有同情心和宁可自己受苦也要帮助别人的高尚品质，反映了在沙俄专制时代劳动人民的悲惨生活以及他们美丽而善良的心灵。当作者写到主人翁桑娜因邻居西蒙的两个孩子无人抚养，而不顾自己一贫如洗的困境并毅然决然地把两个孩子抱回家中时，至此没有了下文并戛然而止，这就为受教者留下了广阔的假设想象的空间。作为施教者，可以延伸有关内容而采用提问的方式引导他们假设想象：桑娜把西蒙的两个孩子抱回家后，生活将发生怎样的变化，会有哪几种可能呢？他们有的会说，随着生活负担的加剧，桑娜和渔夫将不堪重负而相继病死；有的会说，桑娜宁可送自己的孩子当学徒，也要抚养邻居西蒙的孩子；也有的会说，正当他们生活困窘时，渔夫出海打鱼时奇迹般地捕到了一条会说话的鱼……如此引导他们敢于想象、善于想象，乐于想象，既深化了他们的理解力，又开拓了他们的思维力，从而让桑娜和渔夫的美好形象在他们的心里树立起了一座丰碑。

（三）语文教育要深入透彻的审美理解

审美理解，是指审美主体以形式与意义、符号与概念的契合对审美客体而进行的整体把握和深刻领会的过程，是“充满敏感的观照”[115]。它与审美感知、审美想象、审美情感等交融，共同构成自由和谐的运动。语文教育的施教者引导受教者在语文（语言、文章、文学）中深入透彻的审美理解，这是健全他们的审美心理的另一重要成分。因此，施教者应抓住语文教材中的课文即文字作品（文章作品、文学作品）而特别注意从前提性理解、直觉性理解、感受性理解等入手去培养受教者的透彻的审美理解。

首先，从透彻的审美理解中的前提性理解入手，让受教者获得语文教材中的课文即文字作品（文章作品、文学作品）的美。透彻的审美理解中的前提性理解是审美主体在审美活动中对审美客体的引导、调节、限定、辩护、驱动等概括的过程。它是整个审美心理活动的一把锁钥，与审美主体的审美经验、知识背景、文化素养等密切相关，是由本体论、认识论和社会学三个维度构成的起着综合效应的独立要素。既有别于经验层次的知识，也不同于理论层次的知识，而是“关于知识的知识”，真正显示了科学认识审美客体的能动性与创造性。在语文教育中，作为施教者一定要引导受教者依据理论预设性对审美客体的生成性进行完形而获得前提性理解。例如徐陵的《孔雀东南飞》，作者主要讲述了焦仲卿、刘兰芝夫妇互敬互爱并情感深厚却被迫分离而双双殉情自杀的故事，控诉了封建礼教的残酷和家长统治的无情以及门阀观念的罪恶，歌颂了焦仲卿、刘兰芝夫妇的诚挚感情与反抗精神。尤其是篇尾构思了刘兰芝与焦仲卿死后双双化为孔雀的神话，这就寄托了人民群众追求恋爱自由和幸福生活的强烈愿望。由于受教者的社会经验、生活阅历、文化积淀、学识教养等的不足，所以他们在进行阅读时往往会对象征意义、典故出处、民族习俗和写作技法以及时代背景等的不了解而产生理解困难，它虽不是审美感受的本身，却是美感的形成和深化的基础。这就需要施教者讲述一些有关的知识或提供一些参考的资料，通过对他们进行生活经验、社会阅历、文化常识、学识修为等的教育，从而使他们拥享审美理解中的前提性理解。他们如果不懂得鸳鸯是忠贞爱情的象征这一汉民族特定的文化心理，那么在进行阅读的时候，就会对“行人驻足听，寡妇起彷徨”的行为而感到莫名其妙。他们如果没有这些前提性理解，就不会有合理的想象组合或整合，也就难以理会到文中描写的形象所包含的深层意味。

其次，从透彻的审美理解中的直觉性理解入手，让受教者获得语文教材中的课文即文字作品（文章作品、文学作品）的美。透彻的审美理解中的直觉性理解是指审美主体在审美活动中对审美客体不经过复杂的智力运作而形成空间感觉的过程。它是整个审美心理活动的又一锁钥，为人类的第六感觉，突现于大脑的右半球，是不依赖逻辑推理而以答案的形式出现在意识里，类似于大自然中的空气，当审美主体想要捕捉到它的时候而会消失得既无影也无踪，当审美主体不在意它的时候而会像神来之笔给予料想不到的意外和惊喜。

在语文教育中，作为施教者主要引导受教者通过内外感官对审美客体的现象与本质的认识而获得直觉性理解。例如张晓风的《敬畏生命》，作者用细腻而浪漫的笔触叙述了自己与生命不期而遇的震撼经历，书写了对一粒种子的敬畏以及对微小生命体的再认识，其心灵的颠簸所发生的强盛的传染力引领着审美主体一同进入她的心情和头脑空间，配合品尝并思悟生命的宏大与内在。由于受教者对“生命”的概念，不能像字典里那样得出“生物体所具有的活动能力，生命是蛋白质存在的一种形式”的严格定义，只是凭借直觉思维而认为“活生生的东西就是生命”。他们对生命的这种理解虽然不够严密，但却是非常真实的阅读认识，这完全符合其认知的特点。因此，作为施教者切忌强求他们在文中给予过多过深的分析，并对每个问题都能回答得清楚明了、准确严密。许多问题只要他们“知其然”就够了，不一定非要他们“知其所以然”，所以施教者应经常通过尚未明确展示而留下的艺术空白、言有尽而意无穷的别致结尾、栩栩如生而细腻传神的精彩描写等，启发他们有主见地思考并如何获取新知识，让他们在积极有效的思考中很好地运用新方法去发现新问题并探求新见解，进而与作者进行多方交流并产生共鸣，以期达到提高道德修养、审美情趣、思维品质和文化品位的目的。

再次，从透彻的审美理解中的感受性理解入手，让受教者获得语文教材中的课文即文字作品（文章作品、文学作品）的美。透彻的审美理解中的感受性理解是审美主体在审美活动中对审美客体的形象的感受而进入到对其本质的感受的过程。它是整个审美心理活动的另一锁钥，与抽象性的理解是有区别的，是渗透在感知、想象、情感因素之中的理解，是在审美感受过程中对融合于形象之中的深层意味的直观性的把握，也就是审美主体的感觉器官对审美客体的适宜刺激的感觉灵敏程度，实质上是一种“领悟”式的直观审美客体的本质的理解。在语文教育中，作为施教者主要引导受教者通过静观默察对审美客体由感性到理性的把握而获得感受性理解。例如茅盾的《风景谈》，作者通过描绘六幅内容不同而相互联系的风景画，深切地表达了自己对解放区和谐生活的热爱、向往和追求，热情地颂扬了延安军民为创造和谐生活所表现出的崇高精神。由于受教者对作者十多年来在动荡不安的生活中所苦苦追求的新的和谐生活不能完全理解，所以作为施教者应抓住六幅画中的“情”这一至关重要的因素，让他们理解其中似乎从开头到结尾都是在谈风景，然而事实上它从开头到结尾都是在抒“人情”，抒写的是对风景中的人——“民族精神的化身”的人的赞美之情。作者对延安抗日军民有着诚挚深厚的感情，由于身处国统区——重庆的白色恐怖之中，这里被称为“生命的禁区”，没有创作的言论自由，处境艰难而使人裹足不前，环境险恶而令人视为畏途，因而要称颂延安根据地军民更是不可能的，所以他的“话”不便于直接说出，“情”不便于直接抒发，而只能另辟蹊径，采用含蓄的手法通过谈风景来宣泄心中的郁积。在此基础上，施教者应进一步引导他们透彻而深刻地理解抗日根据地军民那种火热的战斗风貌和灵动的生活场景。这样，就使他们对文中所呈现的鲜明的主旨、深邃的思想、开阔的意境等有了深切而准确的理解。

（四）语文教育要激发浓厚的审美情感

审美情感，是指审美主体以其超越意志与欲望对审美客体而进行的主观体验和刺激情境的过程，是“人类一切动作的原动力”。它是审美活动中最踊跃的成分，审美感知、审美想象、审美理解等都依赖它而全面发动。语文教育的施教者引导受教者在语文（语言、文章、文学）中激发浓厚的审美情感，这是健全他们的审美心理的再一重要成分。因此，施教者应抓住语文教材中的课文即文字作品（文章作品、文学作品）而特别注意从理智情感、道德情感、宗教情感等入手去培养受教者的浓厚的审美情感。

首先，从浓厚的审美情感中的理智情感入手，让受教者获得语文教材中的课文即文字作品（文章作品、文学作品）的美。浓厚的审美情感中的理智情感是审美主体在审美活动中认识与探索真理的需要能否得到满足时而对审美客体的社会性价值所形成的态度体验。它是整个审美心理活动的中心链条，是审美主体在感受、体验、领悟、鉴别审美客体的过程中而产生的强烈的求知欲、浓重的好奇心、成功的喜悦感、失败的辛酸味、对公平的热爱、对偏见的鄙弃等主观反映的形式。它寻觅的最高目的是“真”，体现为一种智慧价值的追求与向往。在语文教育中，作为施教者主要引导受教者对于审美客体的多层性价值所产生的选择性倾向而获得理智情感。例如刘向的《邹忌讽齐王纳谏》，作者讲述了战国时期齐国谋士邹忌善于进谏并劝说齐威王虚心接受批评意见，使之除蔽纳谏而安邦定国的故事，刻画了一位能正视自己而不为表面奉承所迷惑并能用理智进行判断与冷静思考，善于用委婉的方式提出正确的意见而使别人容易接受的贤士形象，表现了齐威王的知错能改而从谏如流的迫切愿望以及革除弊端而改良政治的巨大决心。因此，作为施教者首先应该在疏通文句的基础上将关键性的“蔽”字激活，以期形成一个较大的诱导空间，并通过视觉冲击而引发受教者的情绪运动，然后有意识地让他们入主其中，并进一步参悟“蔽”字所张扬的精神韵致。如果他们在进行阅读时仅仅依靠对语言文字的理性拆解，那是很难达到探幽览胜的效果的。这就要求施教者应指引他们叩开审美客体的世界，用生动的眼光唤醒语言文字的鲜活生命，这“正如一个蓓蕾蓄着那炫熳芳菲的春信，一片落叶预奏那弥天漫地的秋声一样。所以，它所赋形的，蕴藏的，不是兴味索然的抽象观念，而是丰富，复杂，深邃，真实的灵境”[116]，从而让他们的理智情感在文中得以激活，并知晓居上位者只有广开言路而采纳群言、心悦诚服而欣然接受才是人生追求的极致境界。

其次，从浓厚的审美情感中的道德情感入手，让受教者获得语文教材中的课文即文字作品（文章作品、文学作品）的美。浓厚的审美情感中的道德情感是审美主体在审美活动中依据一定的道德标准评价自己和别人的举止、行为、思想、意图时所产生的一种情感。它是整个审美心理活动的又一链条，是审美主体面向审美客体时对现实的道德关系与自己或他人的道德行为等所产生的爱憎、喜怒、好恶等内心的体验。当道德情感与伦理价值一致时，便会出现积极的而稳定的内心体验；当两者相互矛盾时，便会产生消极的而波动的内心体验。在语文教育中，作为施教者主要引导受教者逐渐成为一个真正意义上的“人”而在灵魂深处扎上道德情感之根。例如鲁迅的《为了忘却的记念》，作者通过对李伟森、柔石、胡也频、冯铿、殷夫等“左联五烈士”遇难的友情回忆，倾吐了自己对他们的伟大精神和崇高品质的怀念与尊敬，表达了自己对国民党当局的卑劣行径和残酷兽行的愤恨与反抗，阐发了自己应化悲愤为力量以及对革命前途充满必胜信念的坚定立场。值得提及的是，文中引用“惯于长夜过春时，挈妇将雏鬓有丝。梦里依稀慈母泪，城头变幻大王旗。忍看朋辈成新鬼，怒向刀丛觅小诗。吟罢低眉无写处，月光如水照缁衣”这首诗评述了旧中国有如漫漫长夜，其突出的表现是军阀处于混战状态，政府首脑如走马灯般的频繁更换，他们拥有绝对的政治权力，专门打压进步力量。其中的两句诗“忍看朋辈成新鬼，怒向刀丛觅小诗”，就抒发了作者对志同道合战友的深情厚谊和对白色恐怖的无惧情怀！一个“忍”字大写出人际情感，在“忍”中抒情，辨明美与恶；一个“怒”字，奋写出切肤之恨，在“怒”中愤慨，识别丑与善；一个“丛”字更是了不得，它显示斗争环境的恶劣与艰辛，也反映革命者斗争的勇敢和坚毅。一字传情，既表明至诚之爱，又表明入骨之痛，更表明无畏之勇，从而使审美主体领悟到其中所饱含着的强烈的革命英雄主义情感。

再次，从浓厚的审美情感中的宗教情感入手，让受教者获得语文教材中的课文即文字作品（文章作品、文学作品）的美。浓厚的审美情感中的宗教情感是审美主体在审美活动中融于宗教信念中的道德实践，起始于对彼岸世界的景仰所导致的顿悟和神圣的情感。它是整个审美心理活动的另一链条，是审美主体的建立在以信念为依托的个体精神境界的超拔和升华。它不是世俗意义上的那种情感，而是“全神贯注于客观世界”的“奥秘”的虔诚心态，是对“最深奥的理性和最灿烂的美”的追求和坚守，而决不相信有万能上帝和死后灵魂的存在[117]。在语文教育中，作为施教者主要引导受教者既养成探索品质又觉醒道德良知还建构自由心灵而衍生宗教情感。例如安徒生的《卖火柴的小女孩》，作者讲述了一个卖火柴的小女孩大年之夜冻死在街头的故事，表现了自己对贫富不均社会的强烈不满。施教者在引导他们进行阅读时别忘了作者心中的基督情结。关于“死亡”，他说：“可是就在第二天清晨，人们看到这个小女孩仍然坐在那个墙角边；她的脸颊红红的，嘴角露出幸福的微笑，她已死了……”在常人看来，小女孩在饥寒交迫的除夕之夜死去，是相当悲惨的。但在具有基督情结的作者笔下的小女孩“嘴角”还依然“露出幸福的微笑”，这似乎把死亡看作了一种解脱。关于“归宿”，他说：“她俩依偎在一起，朝着幸福和光明飞去，她们越飞越高，飞到了一个没有悲愁、没有痛苦、没有饥寒的世界中——她们与上帝同在。”在常人看来，小女孩什么也没有得到，是多么的可怜！但具有基督情结的作者却认为小女孩的归宿是美好的——飞到了天堂，“与上帝同在”。关于“幸福”，小女孩寒冷时想有暖和的大火炉，饥饿时想有喷香的烤鹅，贫困时想有美丽的圣诞树，孤独时想投入奶奶的怀抱……在常人看来，她对幸福的向往大都能理解，但结局是可悲的，连幻觉也瞬间消逝。但具有基督情结的作者则觉得是美好的——“她曾幸福地随着奶奶一同飞向新年的快乐中去”。作者在文中通过把小女孩的美丽幻景与她所面对的严酷现实的交织叙写，从而催发审美主体对资本主义制度进行无情的鞭笞。

以上阐述的在语文教育中，作为施教者引导受教者在语文（语言、文章、文学）中强化敏锐的审美感知、发展丰富的审美想象、深入透彻的审美理解、激发浓厚的审美情感等，其审美心理过程是多变而复杂的，它们之间的关系是：以情感为核心，感知诱发情感，想象激发情感，理解梳理情感，而情感又使感知更敏锐，想象更活跃，理解更深刻，整个审美心理活动都融合于其中。因此，只要施教者通过语文教材中的课文即文字作品（文章作品、文学作品）而把握审美教育的一般心理过程，并注意选择能够充分发挥审美功能的教学方式，那么，受教者的审美心理必定会很好地得到培养[118]。

三、语文教育要端正审美态度

审美态度是审美主体从美学的角度对审美客体所形成的一种有别于实用态度与科学态度的静观体验、精神追求和心灵境界，是审美意识的组成中不容小觑的部分。它是审美主体在审美活动中对审美客体并非消极、被动的反映，而是积极、能动的折射。因此，施教者抓住语文教材中的课文即文字作品（文章作品、文学作品）而引导受教者唤起强烈的审美欲望、满足基本的审美需求、形成特定的审美动机、知悉深层的审美意图等，应成为端正他们的审美态度的重要成分。下面递次进行阐发：

（一）语文教育要唤起强烈的审美欲望

审美欲望，是指审美主体从美学的角度在审美行为中对审美客体而产生的能动性与受动性相统一并在社会关系中呈现出来的存在状态。它作为审美主体的审美行为的根由与动力，决定着审美行为的性质、强度与长度。审美活动起于审美欲望，其性质、强度、长度也是受后者而制约的。语文教育的施教者引导受教者在语文（语言、文章、文学）中唤起强烈的审美欲望，这是端正他们的审美态度的重要成分之一。因此，施教者应特别注意从认知欲望、意志欲望、情感欲望等入手而培养受教者的强烈的审美欲望。

首先，从强烈的审美欲望中的认知欲望入手，让受教者获得语文教材中的课文即文字作品（文章作品、文学作品）的美。强烈的审美欲望中的认知欲望，是审美主体在审美活动中对审美客体的一种内在的需要，它实际上属于审美主体的潜在动力，有利于推动他们对语文教材中的课文即文字作品（文章作品、文学作品）学习过程的兴致趣味，进而出现衍生效应。例如黄奕波的《爬天都峰》描写了“我”和爸爸在假日去爬又高又陡的天都峰时而遇到一位素不相识的老大爷，彼此互相激励而克服山高路陡的困难，终于一起爬上了这座黄山的第三大高峰，表现了“我”由开始的犹豫、不自信到受到老大爷的鼓舞而坚定信心，再到克服困难而战胜困难，登上天都峰的心理变化的历程，展示了在困难面前要有克服困难的勇气和战胜困难的信心，要乐于从别人身上汲取有益的力量；揭示了在与人相处的过程中，要善于互相学习，互相鼓励，共同进步的道理。假如施教者能引导受教者体会文中的一老一小的特殊举动，他们就会产生探求的豪情，并强烈地感受到审美欲望中的认知欲望的魅力。

其次，从强烈的审美欲望中的意志欲望入手，让受教者获得语文教材中的课文即文字作品（文章作品、文学作品）的美。强烈的审美欲望中的意志欲望，是审美主体在审美活动中对审美客体的一种内在的需要，它实际上属于审美主体的奇特能量，有助于促进他们对语文教材中的课文即文字作品（文章作品、文学作品）学习过程的热情高涨，进而产生聚合效应。例如冯骥才的《挑山工》主要描述了泰山挑货上山的山民“一步踩不实不行，停停住住更不行，就得一个劲儿往前走，别看我们慢，走长了就跑到你们前边去了”朴素的话语中所蕴含深长的积极进取的精神风貌和一往无前的奋斗姿态以及“风雨雷霆多磨难，家国重担扛两肩”的艺术形象，呈现了他们脚踏实地、埋头苦干、不知疲倦的永不懈怠的工作状态和不怕挫折、克服困难、战胜逆境的始终不渝的坚强意志。倘若施教者能引导受教者对“挑山工”灵魂的时代内涵与品格特质有了更加全面而深入的了解，他们就会不负真心、不违本心、砥砺前行，并逐步把自己锻炼成具有为伟大事业而拼搏、为宏伟梦想而奉献的新一代。

再次，从强烈的审美欲望中的情感欲望入手，让受教者获得语文教材中的课文即文字作品（文章作品、文学作品）的美。强烈的审美欲望中的情感欲望，是审美主体在审美活动中对审美客体的一种内在的需要，它实际上属于审美主体的本质力量，有益于催发他们对语文教材中的课文即文字作品（文章作品、文学作品）学习过程的孜孜以求，进而形成共鸣效应。例如朱自清的《背影》主要描述了作者八年前离开南京到北京大学求学时父亲送他到浦口火车站而照料他上车并替他买橘子的情形。父亲当时正处于奔丧、失业、典卖、借钱等等的“祸不单行”的境遇，然而即使在这样惨淡的光景之中，他并不怨天尤人，还是一如既往地爱护着自己的儿子，为儿子做了一件又一件的普通事情。在父亲的心目中，这些事情都是非他亲自去做不可，而且他也一一地竭尽全力去做了，并做得那么认真、自然，又是那样的甘之如饴。施教者如果能引导受教者深入文中予以仔细体会，他们就会被父亲对儿子的那种至爱的浓情而深深地打动并洒落一串晶莹的泪珠，从而在心底升腾起一股熊熊燃烧的火焰。

（二）语文教育要满足基本的审美需求

审美需求，是指审美主体从美学的角度在审美活动中对审美客体想得到的某种特殊东西或想要达到的某种独特目的。它作为审美主体所独有的自由自觉活动的本质特征和存在、运动、发展的内在机制，不但是审美主体的社会存在的表现方式，而且也是审美主体的实践活动的渴望显现。语文教育的施教者引导受教者在语文（语言、文章、文学）中满足基本的审美需求，这是端正他们的审美态度的又一重要成分。因此，施教者应格外留神从生存需求、生活需求、生命需求等入手而培养受教者的基本的审美需求。

首先，从基本的审美需求中的生存需求入手，让受教者获得语文教材中的课文即文字作品（文章作品、文学作品）的美。基本的审美需求中的生存需求，是审美主体在审美活动中对审美客体的一种人生的需要，它实际上属于审美主体的物质存在，有利于促进他们对语文教材中的课文即文字作品（文章作品、文学作品）学习本身引发思考，进而提升生存水平。例如杨绛的《老王》以“我”与老王的交往为线索，回忆了他送冰块、送病人、送香油、送鸡蛋等具有代表性的事件，刻画了一个生存在社会最底层的无论是物质上的贫穷而住在荒凉的小胡同还是生理上的缺陷而只有一个眼睛甚或是精神上没有亲人而只有两个侄子的彻底的不幸者的形象，表达了作者对人生的别样体悟以及一家对老王那样“不幸者”的呵护、同情和尊重，既是她不停地拷问着自己的内心藏着深深愧怍的流露，也是她平等地对待每个弱势群体的悲悯情怀的体现。倘若施教者能导引受教者深切体味这一穷苦卑微的普通劳动者以卖苦力为生计的人力车夫的形象，就会激起他们对心地善良、本真质朴、老实厚道的老王的极度关注。

其次，从基本的审美需求中的生活需求入手，让受教者获得语文教材中的课文即文字作品（文章作品、文学作品）的美。基本的审美需求中的生活需求，是审美主体在审美活动中对审美客体的一种人生的需要，它实际上属于审美主体的运动存在，有助于促进他们对语文教材中的课文即文字作品（文章作品、文学作品）学习本身产生乐趣，进而提升生活品位。例如余秋雨的《信客》着重刻画了一个受人尊重的新中国初年可上溯至古代在乡村与城市之间奔波的充满人情而极富良知的乡村“邮递员”——信客的形象。他们迈着沉重的脚步跋涉万水千山，是乡村、城市的亲人与朋友之间互通信息并传递真情的纽带；他们不依赖飞机和汽车，只能用肩挑、背驮、手提、腰缠，咬着牙齿走完那坎坷的路途；他们只能买最差的船票，住最便宜的舱位，随身带点冷馒头、炒米粉充饥，过着艰辛的日子；他们吃尽了苦头，看够了白眼，受尽了侮辱，依然忍气吞声而践行承诺；如此等等。如果施教者能引导受教者深刻体会信客的人格力量，就会培养他们恪尽职守、任劳任怨、洁身自好、待人宽容等优秀品质。

再次，从基本的审美需求中的生命需求入手，让受教者获得语文教材中的课文即文字作品（文章作品、文学作品）的美。基本的审美需求中的生命需求，是审美主体在审美活动中对审美客体的一种人生的需要，它实际上属于审美主体的思维存在，有益于促进他们对语文教材中的课文即文字作品（文章作品、文学作品）学习本身引起诱因，进而提升生命质量。例如何为的《音乐巨人贝多芬》主要以贝多芬对待厄运的立场为中心，从外表逐步深入到贝多芬的内心世界，成功地表现出了贝多芬将音乐由娱乐的工具变成了思想的载体、心灵的归宿、精神的象征。贝多芬虽然拥有独特气质和坚强个性，但是也有着同常人一样的喜怒哀乐：当有人来拜访他而希望了解他时，他一定会感动得流下眼泪；当有人来搅乱他而无端打扰他时，他肯定会表现出不耐烦的神情；当面对耳聋来袭而遭受打击时，他虽不免叹息却从来没有沉沦。假如施教者能引导受教者真切体认贝多芬的直面残酷事实并用“心”来观察和思考人生，就会领会到他的那种把观察与思考付诸神圣的音乐并将生命奉献给人类的丰满音乐的伟大情操。

（三）语文教育要形成特定的审美动机

审美动机，是指审美主体从美学的角度在审美行为中对审美客体予以导引、勉力和维持的主观目的、内心意向和动力源泉。它作为审美主体对审美客体所产生的一种莫名其妙的巨大原动力，往往通过影响行为并使之朝着期望的目标前进时而起决定作用的，主要指激励审美主体的行为的心理过程。语文教育的施教者引导受教者在语文（语言、文章、文学）中形成特定的审美动机，这是端正他们的审美态度的再一重要成分。因此，施教者应极度留意从感性动机、悟性动机、理性动机等入手而培养受教者的特定的审美动机。

首先，从特定的审美动机中的感性动机入手，让受教者获得语文教材中的课文即文字作品（文章作品、文学作品）的美。特定的审美动机中的感性动机，是审美主体在审美活动中对审美客体的一种心灵的触动，它实际上属于审美主体的接纳能力，有利于促进他们对语文教材中的课文即文字作品（文章作品、文学作品）的身临其境的感受，进而把握深刻的内涵。例如孙犁的《荷花淀》开头一段："月亮升起来，院子里凉爽得很，干净得很，白天破好的苇眉子潮润润的，正好编席。女人坐在小院当中，手指上缠绞着柔滑修长的苇眉子。苇眉子又薄又细，在她怀里跳跃着。"文中通过"月光映照"、"空气凉爽"、"院落干净"、"芦苇洁白"等的描写，营造了一个宁静安恬、明丽鲜艳、和平清幽的迷人氛围，展现了一幅富有舞蹈美与色彩美的感人画卷，渲染了家乡的极富诗意般的美丽景色和白洋淀人民热爱家乡的精神风貌，使人们看到了一位勤劳、善良、淳朴而又心灵手巧的妇女形象。施教者假如能引导受教者认真探究这方面的语言，他们就会进入到一个充满情景交融、诗情画意的艺术境界之中。

其次，从特定的审美动机中的悟性动机入手，让受教者获得语文教材中的课文即文字作品（文章作品、文学作品）的美。特定的审美动机中的悟性动机，是审美主体在审美活动中对审美客体的一种心灵的触动，它实际上属于审美主体的理解能力，有助于引发他们对语文教材中的课文即文字作品（文章作品、文学作品）的言外之意的品味，进而探寻丰厚的意蕴。例如魏巍的《我的老师》以一颗纯美的童心，深情地回忆了儿时在温柔、慈爱的蔡老师身边发生的几件事，真挚地表达了对蔡老师深切的热爱、崇敬和感激之情，有力地突出了蔡老师高洁、善良和美好的心灵。文中在描写蔡老师时，这样写道："我用儿童狡猾的目光察觉，她爱我们。"这句话中的"狡猾"一词，通常解释为"诡计多端，不可信任"，是贬义词，但在特定的语言环境中，贬义词可以褒义用，是"调皮、淘气"的意思，这就活灵活现地表现了孩子的天真、机智和乖巧，从而奠定了该文"老师爱学生，学生爱老师"的基调。施教者如果能引导受教者仔细体察这方面的语言，他们就会从中得到师生关系的至真、至善、至美的熏陶。

再次，从特定的审美动机中的理性动机入手，让受教者获得语文教材中的课文即文字作品（文章作品、文学作品）的美。特定的审美动机中的理性动机，是审美主体在审美活动中对审美客体的一种心灵的触动，它实际上属于审美主体的抉择能力，有益于催发他们对语文教材中的课文即文字作品（文章作品、文学作品）的全面完整的占有，进而深思隽永的意味。例如苏轼的《石钟山记》记叙了作者由黄州团练副使移任汝州团练副使时经过江西湖口而与其便道去饶州德兴县任职的长子苏迈夜游石钟山并将其得名由来探讨的情形，对郦道元和李渤关于石钟山得名的说法进行了分析批评，提出了要正确地熟悉事物的实情必须"目见耳闻"切忌轻信传说或主观臆断的原理，彰显了作者善于生疑、敢于尝试的实践精神和不畏险阻、勇于探索的人文情怀，表达了作者注重调查研究的求真的渴望与坦率的襟怀以及愉悦的心境。施教者倘若能引导受教者知晓该文不是介绍奇山秀水、名胜古迹，而是重在写游历所得、悟道的过程和得道的艰辛，他们就会从中进一步地得到人生的启迪并懂得做人乃至求学的道理。

（四）语文教育要知悉深层的审美意图

审美意图，是指审美主体从美学的角度在审美行为中对审美客体的比较清楚地意识到并想要尽自己最大能力去争取实现的目标和方向。它作为激发和维持有机体的审美动机，是推动审美主体去行动的现实力量，通常以仅仅是初步设想而未付诸行动的方式存在并没有达成最终目的状况。语文教育的施教者引导受教者在语文（语言、文章、文学）中知悉深层的审美意图，这是端正他们的审美态度的另一重要成分。因此，施教者应尤其留心从愿望意图、幻想意图、理想意图等入手而培养受教者的深层的审美意图。

首先，从深层的审美意图中的愿望意图入手，让受教者获得语文教材中的课文即文字作品（文章作品、文学作品）的美。深层的审美意图中的愿望意图，是审美主体在审美活动中对审美客体的一种美好的憧憬，它实际上属于审美主体的某个特定的倾向，有利于推进他们对语文教材中的课文即文字作品（文章作品、文学作品）学习过程的主动性，进而产生对未来的期望。例如王愿坚的《七根火柴》一文主要记叙了长征途中在冷风刺骨、大雨滂沱、冰雹倾泻的茫茫草地上，已经饥寒交迫的掉队红军战士卢进勇奢望“要是有堆火烤烤该多好啊”的时候，路遇一个生命垂危的无名红军战士将保存下来的七根火柴郑重地委托他交给部队的故事，反映了长征途中红军战士的艰苦生活和同志之间的阶级友爱，歌颂了红军战士对革命事业无限忠诚的崇高品质。倘若施教者能引导受教者深入其中，他们就会明了几根火柴在日常生活中是微不足道的，但是在红军长征过草地时的特殊环境里却有着极不寻常的意义，从而在无名红军战士的伟大精神的感召下历尽千辛万苦去冲破重重困难，一往无前地夺取一个又一个胜利。

其次，从深层的审美意图中的幻想意图入手，让受教者获得语文教材中的课文即文字作品（文章作品、文学作品）的美。深层的审美意图中的幻想意图，是审美主体在审美活动中对审美客体的一种美好的憧憬，它实际上属于审美主体的虚而不实的思想，有助于促使他们对语文教材中的课文即文字作品（文章作品、文学作品）学习过程的积极性，进而产生对将来的推测。例如儒勒·凡尔纳的《海底两万里》主要讲述的是博物学家阿罗纳克斯教授、其仆人孔塞伊和野性十足的捕鲸手尼德兰一起应邀登上一艘驱逐舰而参与追捕当时盛传的海上“怪物”即潜水艇，他们三人因未能驱逐掉“怪物”却不幸被“怪物”俘获而得到该潜水艇艇长尼摩的邀请做海底旅行，但是为了保密的缘故，艇长尼摩不许他们离开潜水艇半步，在周游海底之中，他们和尼摩艇长一起经历了不少险情，也饱览了变幻无穷的景观和形形色色的生物。最终，当潜水艇到达挪威海岸时，他们不辞而别，并将所知道的海底秘密公之于世。如果施教者能引导受教者深入故事之中，他们就会得到极大的精神享受的同时，也感受自然的神奇和科学的力量。

再次，从深层的审美意图中的理想意图入手，让受教者获得语文教材中的课文即文字作品（文章作品、文学作品）的美。深层的审美意图中的理想意图，是审美主体在审美活动中对审美客体的一种美好的憧憬，它实际上属于审美主体的对待目标的想法，有益于推动他们对语文教材中的课文即文字作品（文章作品、文学作品）学习过程的自觉性，进而产生对明天的展望。例如陶渊明的《五柳先生传》通过塑造五柳先生这一假想人物用以自况，描绘了一个爱好读书、不羡荣华、不慕利禄、安贫乐道、忘怀得失的知识分子的形象，凸显了自己的坚守节操、固守本心、耿直方正和卓然不群的高尚品格，透露了自己的禀性志趣、精神格调、人生追求和不随流俗的生活态度，抒发了自己淡泊宁静、闲适洒脱、舒坦从容和惬意悠然的高洁襟怀，表现了自己对人民生活恬淡自足、社会风气淳厚朴实的神往之情。假如施教者能引导受教者深入文中，他们就会在实践过程中形成有实现可能性的、对未来社会和自身发展而执着寻觅的梦想，从而既满足眼前的物质富有和精神需求，又神往来日的人生目标和生活方式。

以上阐述的在语文教育中，作为施教者引导受教者在语文（语言、文章、文学）中而唤起强烈的审美欲望、满足基本的审美需求、形成特定的审美动机、知悉深层的审美意图等四者之间是相互依存的，彼此依附的，互相补充的，共同促进的。如果施教者具有超越自我狭隘和实际功利的既保持开阔胸襟又倾注全部热情更灌注整个生命的情怀，并在语文学科中能够有意识地引导受教者在提高认识的基础上，就语文教材中的课文即文字作品（文章作品、文学作品）的内容与形式方面进行一些有益的研究和必要的探索，那么，他们的审美欲望、审美需求、审美动机、审美意图等审美态度就一定会很好地得到端正[119]。

第二节　语文教育的审美因素领略

语文教育的审美因素领略，包括“分辨审美形态和区别审美范畴及解析审美形式”。审美因素是指客观存在的审美对象的诸多类型中所蕴含的各种美的成分。语文教育中注重审美因素的领略，施教者要在语文（语言、文章、文学）中费尽心机地创设各种有利条件，既有助于受教者对自然美、社会美、艺术美、科学美等审美形态的分辨，又有助于受教者对优柔美、崇高美、悲剧美、喜剧美等审美范畴的区别，也有助于受教者对整齐一律美、对称均衡美、对比调和美、多样统一美等审美形式的解析。以下依次予以展开：

一、语文教育要分辨审美形态

审美形态是美学关注的审美客体所生成的感性表现样式和具体存在状态，是审美因素中必不可少的组成部分。它既不是自在自为的，也不是任意创造的，而是在审美实践中历史地形成的，集中体现为自然美、社会美、艺术美、科学美等几种主要类别。因此，在语文教育中，施教者抓住语文教材中的课文即文字作品（文章作品、文学作品）而引导受教者把握令人赏心悦目的自然美、催人奋发向上的社会美、引人欣羡神往的艺术美、启人聪明才智的科学美等，应成为他们对审美形态予以分辨的重要成分。下面递次进行阐发：

（一）语文教育要把握令人赏心悦目的自然美

自然美“是自然事物和自然现象所表现出来的美”[120]，其实质是人的本质力量在对象世界中的感性显现。语文教材中的课文即文字作品（文章作品、文学作品）关于自然美的描写，或是高山峡谷、万壑千岩、怒涛飞瀑、清溪静塘等的山水美，或是草木瓜果、花鸟虫鱼、园林田野、平原戈壁等的生态美，或是明月朗星、流云薄雾、朝霞晚霁、夜露晨霜等的天象美……实际上是“经过旁人整理和记录的知觉”。它是以艺术的样式呈现于受教者面前的，令人赏心悦目。自然美作为语文教育审美形态的系统之一，大致包括形体美、线条美、色彩美等几个方面。

首先是形体美。形体美是一种对自然景观的总体形态和空间形式所概括出的美。这种美往往不像几何形体那样规则，而呈现出千姿百态的模样给受教者以不同的美感。语文教材中所选的课文即文字作品（文章作品、文学作品）对形体美的描绘是风姿各具的：宏博奇特的雁荡山景，它们雕镂百态，或似人，或如物，或像鸟，或类兽，其峰、嶂、洞、瀑、石的巧妙组合，令人流连；“天下第一奇观”的云南石林，它们琳琅满目，或如母子相偎，或如夫妻对叙，或如少女静立，或如勇士驰骋，或如长剑刺天，或如古塔入云，其异石奇峰犹如一个天然雕塑的博物馆，叫人忘返；气势磅礴的名山五岳，它们形体各异，或如坐，或如立，或如飞，或如行，或如卧，其雄姿美态宛如多部交响乐，夺人耳目；“中华第一奇山”的黄山，它们造型奇特，或如刀戟，或如船桅，或如蛟龙，或如瀑练，或如积雪，其峰奇、石奇、松奇、云奇的有机结合，令人赞叹；广西桂林一带更是山奇、水秀、石美、洞异，它们姿态万千，或像玉笋，或像瓜果，或像玉屏，或像森林，或像老人，或像斗鸡，其“无水无山不连洞，无山无水不入神”的优美境界，引人入胜……正是这些高下错落、纵横偃仰的姿态，使之蔚为大观，让受教者目不暇接，获得了无穷联想的空间。如李健吾在《雨中登泰山》一文中，对泰山石头不规则的各种形体美作了更为详细的描写：“别成一格的还有那些石头。古诗人形容泰山，说‘泰山岩岩’，注解人告诉你：岩岩，积石貌。的确这样，山顶越发给你这种感觉。有的石头像莲花瓣，有的像大象头，有的像老人，有的像卧虎，有的错落成桥，有的兀立如柱，有的侧身探海，有的怒目相向。有的什么也不像，黑忽忽的，一动不动，堵住你的去路。”作者在这里描绘的各具形态的积石，简直把受教者带进了一个神奇的童话般的世界。由于客观的石头形状与人们的联想相吻合，便使普通的、静态的石头也获得了生命，具有了动势。正是因为“有的石头像莲花瓣”，所以便产生了如同见到莲花的感觉；“有的像卧虎”，就感觉到一只活生生的老虎伏卧在那里；而“有的什么也不像”，则更能从其形体中去探究它们到底像什么的秘密。显然，这些石头的审美特性的产生，是因为它们那可以被感知的形状具有莲花、大象头、老人、卧虎等的大致轮廓，具有侧身探海、怒目相向的姿态，所以才能激发受教者的联想，而受教者的联想又赋予了石头以特定的情感和生活内容。由上可见，语文教材中所选的课文即文字作品（文章作品、文学作品）的形体美能让受教者既养眼又健脑，从而唤起健康的审美情趣。

其次是线条美。线条美是一种对自然景观的轮廓、不同面的折角中所抽象出的美。这种美凭借直观特质的语言，从而丰富了受教者的观念与情感内容。语文教材中所选的课文即文字作品（文章作品、文学作品）对线条美的描绘是有规律地运动的，或用垂直线，或用水平线，或用抛物线，大多表现出某种特殊意味。例如茅盾在《白杨礼赞》中这样描写白杨树："那是力争上游的一种树，笔直的干，笔直的枝。它的干通常是丈把高，像加过人工似的，一丈以内绝无旁枝。"白杨树的这种垂直线条的美，显得异常刚直、强劲，包含了极为深刻的生活内容，使之具有了明显的情感色彩，能给予受教者以挺拔感、力量感，并从中获得独特的美感享受。又如周敦颐在《爱莲说》中这样写道："予独爱莲之出淤泥而不染，濯清涟而不妖，中通外直，不蔓不枝，香远益清，亭亭净植，可远观而不可亵玩焉。"在这里，莲能够引起受教者美感的一个相当重要的原因就是它那"中通外直"、"不蔓不枝"、"亭亭净植"的垂直线条的美。垂直线条所特有的情感因素和社会蕴含，既使莲"中通外直"并显示着虚心正直的品格，又使莲"不蔓不枝"并显示着奋力向上的精神，还使莲"亭亭净植"并显示着高洁不群的情操。尤其是莲的"香远益清"乃至"可远观而不可亵玩"，这就使其令受教者敬畏的神情得到了完美体现。莲的这一"中通外直"、"不蔓不枝"、"亭亭净植"的姿态足以说明它"出淤泥而不染，濯清涟而不妖"的内在美质和无愧于"君子"的称号，能给受教者以积极有益的美感熏陶。再如王维在《使至塞上》里有"大漠孤烟直，长河落日圆"这样两句诗，它形象鲜明地刻画了边塞沙漠的壮阔景色。其中的"大漠孤烟直"，使受教者的视线由狼烟的上升中，尽可能看到苍天、彩云，而感受到垂直线条的美。这种垂直线条的美，表示庄严、高贵和向往，能把受教者的视线引向高处去；其中的"长河落日圆"，使受教者由长河之长以及落日滚入长河的尽头里，尽可能看到长河的顶端，而感受到水平线条的美。这种水平线条的美，传达了一种恬静的情感，能把受教者的视线引向广处去。这样，寥寥十个字，就引起受教者产生了丰富的联想。还如茅以升在《中国石拱桥》中这样描写道："石拱桥的桥洞呈弧形，就像虹。古代神话里说，雨后彩虹是'人间天上的桥'，通过彩虹就能上天。我国的诗人爱把拱桥比作虹，说拱桥是'卧虹'、'飞虹'，把水上拱桥形容为'长虹卧波'。"桥本来是一种交通设施，可以使行人由此岸到达彼岸；但由于石拱桥的造型采用了抛物线形，这就有了观赏价值，并能使受教者产生无边的遐思，以期达到美好的境界。由上可见，语文教材中的课文即文字作品（文章作品、文学作品）的线条美能让受教者既心领又神会，进而追求高尚的审美理想。

再次是色彩美。色彩美是一种对自然景观的各种颜色及其浓淡变化在配置上所产生出的美。这种美为受教者辨别物体、认识世界提供了条件和可能。语文教材中所选的课文即文字作品（文章作品、文学作品）对色彩美的描绘是颇具匠心的，或用白描，或重工笔，或施浓墨，或着淡彩，大都具有引发联想和表现冷暖色调的特质。例如朱自清的《绿》中对色彩美的刻画就表现为引发联想的特质。他在对梅雨潭水绿色的描摹中，便注入了丰富的联想："那醉人的绿呀！仿佛一张极大极大的荷叶铺着，满是奇异的绿呀。……这平铺着、厚积着的绿，着实可爱。她松松的皱缬着，像少妇拖着的裙幅；她滑滑的明亮着，像涂了'明油'一般，有鸡蛋清那样软，那样嫩；她不杂些儿尘滓，宛然一块温润的碧玉，只清清的一色——但你却看不透她！"于是，他的联想进一步展开："我曾见过什刹海佛地的绿杨，脱不了鹅黄的底子，似乎太淡了。我又曾见过杭州虎跑寺近旁高峻而深密的'绿壁'，丛叠着无穷的碧草与绿叶的，那又似乎太浓了。其余的呢，西湖的波太明了，秦淮河的也太暗了。"那么，梅雨潭的绿波究竟是怎样的绿色呢？他通过与多种深浅不同的绿色的对比，描写得惟妙惟肖，神思飞跃，终于把梅雨潭的绿比喻为"女儿绿"，这是由于他从这种绿色中联想到了"十二三岁的小姑娘"，赋予这种绿色以文静优雅、生机勃勃、鲜润活泼、春意盎然的美感特质，于是梅雨潭的绿就成了他的表达社会情感的手段，能让受教者唤起身心方面的感应，如同扑进了大自然的怀抱，从而获得摄魂夺魄的艺术美感。又如碧野的《天山景物记》里对天山的色彩美的描写就表现了冷暖色调的特质。在天山，"轻轻荡漾着的溪流两岸，满是高过马头的野花，红、黄、蓝、白、紫，五彩缤纷，像绵延的织锦那么华丽，像天边的彩霞那么耀眼，像高空的长虹那么绚烂"；在天山，"那些被碧绿的草原衬托得十分清楚的黄牛、花牛、白羊、红羊，在太阳下就像绣在绿色缎面上的彩色图案一样美"；在天山，"当野马群远离人们站定的时候，在日出的草原上……那鬣鬃一直披垂到膝下，闪着美丽的光泽"；在天山，"站在高处了望湖面……湖色越远越深，由远到近，是银白、淡蓝、深青、墨绿，非常分明"。这里尽情地描摹了天山绮丽无比的美景，饱含着对天山的赞美之情，能叫受教者眼花缭乱而情不自禁，去欣赏那大自然的奇妙美景。由上可见，语文教材中的课文即文字作品（文章作品、文学作品）的色彩美能让受教者既沉思又警醒，继而产生特定的审美期待。

（二）语文教育要把握催人奋发向上的社会美

社会美"是社会事物和社会现象所表现出来的美"[120]，其实质是人的本质力量在各种社会活动中的感性显现。语文教材中的课文即文字作品（文章作品、文学作品）关于社会美的展示，充满气势磅礴、波澜壮阔、慷慨悲歌的战斗，或是洋溢灵性智慧、心思敏锐、卓越才能的创造，或是富于端庄不俗、诗情画意、优美典雅的生活……实际上是"经过作者的眼光审视和筛选过的社会现实"。它是以艺术的样式呈现于受教者面前的，催人奋发向上。社会美作为语文教育审美形态的系统之一，大致包括社会斗争美、生产劳动美和日常生活美等几个方面。

首先是社会斗争美。社会斗争美是一种自发地为解决新生产力和旧生产关系之间的矛盾，用强力摧毁旧生产关系，并为新生产力的顺利发展所进行的最直接的社会实践的美。这种美集中表现在作为推动着社会前进的进步力量、先进人物身上，能激发受教者的勇于担当作为。语文教材中所选的课文即文字作品（文章作品、文学作品）展示了古往今来多如繁星的风流人物，他们的性格与行为成了时代精神、民族价值和阶级理想的强化形象。比如，我国历史上的封建帝王像秦始皇嬴政的统一六国、汉武帝刘彻的励精图治、唐太宗李世民的轻徭薄赋、宋太祖赵匡胤的防守北边等等。这些人物具有雄才大略，他们进行斗争的目的虽然是为了维护封建统治，但是其客观效果却既有利于人民的休养生息又有助于社会的持续发展，并为后人所称道，因而是美的。另外，统治集团内部的有识之士所提出的变法图强的主张、冲破阻力锐意改革的精神，也是社会斗争美的主要内容。如文成公主进藏，使汉藏结成“甥舅之国”，虽“疆分二境”，却“地合一家”，对中华民族的团结繁荣做出了贡献，这是美的；曾被列宁誉为“中国十一世纪的改革家”的王安石，针对司马光对新法的攻击和责难，义正词严，据理批驳，虽措辞委婉，却掷地有声，既符合历史发展的要求，也符合人民的利益，这是美的；郑和下西洋，架起了中国通向东南亚和北印度洋广大地区的海上桥梁，铺设了中国通往西方的海上“丝绸之路”，使明朝与那些地区的20多个国家建立了友好关系，为扩大中西贸易，加强相互间的友谊立下了丰功，这也是美的；明朝的一代名臣海瑞，居官清廉，洁身自爱，不畏权势，严于执法，力抵豪强，疏通水道，替民兴利除害，为国冒死直谏，虽屡遭排挤，几经沉浮，但始终奉公克己，刚直不阿，这也是美的。这些人物在统治集团革新与守旧的斗争中，义无反顾，勇往直前，表现出的奋发向上的精神也值得受教者效法。还有，无产阶级领导的革命斗争，以解放全人类并实现共产主义为其宏伟的目标，这同历史上的任何进步阶级所领导的革命斗争相比，是最彻底、最广泛的。它谱写了人类历史上最壮丽的革命史诗，具有极大的美学价值。从巴黎公社血与火的战斗，到十月革命攻打东宫的炮声，以及中国革命所走过的光辉的战斗历程，无不蕴蓄着极其丰富的美的矿藏。他们在斗争中所体现的那种伟大协作、英勇无畏和机智顽强的精神，是人类的本质力量和社会的发展趋势的集中体现，更能激起受教者的荡气回肠。由上可见，语文教材中的课文即文字作品（文章作品、文学作品）的社会斗争美，能让受教者从斗争过程和战斗形象中获得强烈的美学享受。

其次是生产劳动美。生产劳动美是一种有意识地向自然攫取生活资料，以维护个体和族类的生存、繁衍与发展所从事的最基本的社会实践的美。这种美着重凸显自由、自主、自在的创造活动以及智慧、才能、情感、意志等本质力量，能铺就受教者的健康发展底色。语文教材中所选的课文即文字作品（文章作品、文学作品）展示的从我国南方的元谋人，到西北的蓝田人、北方的北京人和山顶洞人，在石器制作上而显示出的自由活动的曙光，这是我们祖先所创造的悠久文化；火药、指南针、造纸术、印刷术的发明，这是我们古老民族文化的直接显示；越王勾践的稀世宝剑，雄壮逶迤的万里长城，半坡氏族的红色彩陶，随州出土的战国编钟，这是我们民族文化的优秀杰作。与史实并行不悖的则是反映我们祖先聪明、智慧和卓越创造才能的神话传说，如盘古创世、夸父逐日、炎黄相争、愚公移山、女娲补天、大禹治水、后羿射日、精卫填海、燧人钻木取火、伏羲助人结网、神农教人耒耜等等。这些神话传说，其中都包含着对原始劳动场面、劳动技巧以及劳动者优良品质的赞美内容。尤其是那“叫高山低头、河水让路”的移山填海的伟大工程，那改造沙漠、防风固沙、使塞上变江南的壮举，那自力更生、万难不屈、让火箭跃上天空的探索等，都是极富魅力的审美对象。生产劳动不仅是谋生的手段，而且也是乐生的手段。美是劳动创造的，劳动实践又体现了劳动者对自身创造价值的美的享受。如《记一辆纺车》中描述的延安军民纺线时矫健优美的身姿、凝神贯注的表情、优雅娴熟的技巧等，表现了他们积极参加“大生产运动”这一火热斗争的风貌；《菜园小记》中记载的延安人民通过“自力更生”而获得蔬菜丰收，表现了他们幸福、自豪的情感；《果树园》中摹写的翻身农民摘果子的场面，表现了他们乐观、豪迈的精神；《普通劳动者》中记录的老将军林部长跟小李在劳动中的“争执”，表现了他们团结友爱、勤劳朴实的优秀品质。另外，《雄伟的人民大会堂》中叙写的那建造了“形体如此完美，色调如此清新”的人民大会堂的工人；《荔枝蜜》中叙写的那“立在水田里，辛勤地分秧插秧”的农民；《茶花赋》中叙写的那“拿出全部精力培养花木，美化我们的生活”的花工；《海市》中叙写的那“生活真像神仙”般富足的渔民……这些普通劳动者在生产劳动中获得了充分发挥自己聪明才智的极大自由，哪一个不充满着诗意的美的光辉呢？那欢快的心情，那优美的动作，那丰硕的收获，都是美的，劳动者在其个性得到全面和谐发展的基础上，将更加自由地发挥出创造潜力，因而人类的生产劳动本身必然更加显示出美的光彩，具有很高的审美效应。由上可见，语文教材中的课文即文字作品（文章作品、文学作品）的生产劳动美，能让受教者从中按照美的规律既创造美的产品也改造自身。

再次是日常生活美。日常生活美是一种自觉地在人际交往的良好关系以及周围环境的和谐关系中所建立的最普通的社会实践的美。这种美主要呈现安静、宽松、温暖、愉快的融洽气氛和硬化、绿化、亮化、美化的生存空间，能促成受教者的审美经验建构。语文教材中所选的课文即文字作品（文章作品、文学作品）展示的日常生活中存在着大量的美学现象，如纯洁、健康的爱情，甜蜜、和睦的家庭，文明、科学的生活方式，同志、朋友之间的真挚友谊，相互帮助、彼此信赖的社交活动，技术熟练、专一本职的工作态度，维护公共利益、遵守职业道德的优良品质，忠于人民、献身祖国的崇高精神等，渗透着人类的审美需求和审美趣味，体现了人与人之间互助互爱、协调配合的情感美。这些都是社会美的具体表现，对受教者都具有强烈的吸引力。其他如《人民的勤务员》、《驿路梨花》、《任弼时同志二三事》、《谈骨气》、《闻一多先生的说和做》等，既表现为人与人之间的平等、友爱、理解和尊重，又表现为社会的团结协作、共同奋斗的精神风貌，能让受教者产生潜移默化的影响。另外，日常生活美还表现为以住宅为中心的生活环境美。如鲁迅出生在绍兴的新台门周家，虽不是豪富，但宽敞整洁，秩序井然。鲁迅小时读书的地方“三味书屋”，有厅有园，十分幽静。特别是鲁迅小时经常玩耍的“百草园”，给他留下了特别美好的回忆：“不必说碧绿的菜畦，光滑的石井栏，高大的皂荚树，紫红的桑椹；也不必说鸣蝉在树叶里长吟，肥胖的黄蜂伏在菜花上，轻捷的叫天子（云雀）忽然从草间直窜向云霄里去了。单是周围的短短的泥墙根一带，就有无限趣味。油蛉在这里低唱，蟋蟀们在这里弹琴。翻开断砖来，有时会遇见蜈蚣；还有斑蝥，倘若用手指按住它的脊梁，便会拍的一声，从后窍喷出一阵烟雾。”优美的自然环境，注进了丰富的审美教育内容，为鲁迅儿童时代增添了很多乐趣，也给他成年后从事文艺活动奠定了坚实的基础。直到二十年后鲁迅又一次回到绍兴故乡，看到“苍黄的天底下，远近横着几个萧索的荒村”时，他不禁感叹道：“阿！这不是我二十年来时时记得的故乡？我所记得的故乡全不如此。我的故乡好得多了。但要我记起他的美丽，说出他的佳处来，却又没有影像，没有言辞了。”美好的家庭居室、住宅区域及其附近的自然环境，作为家乡与故里的存在形式，在儿童的心目中，总会打下终生难忘的美好烙印。儿童是如此，成年人也是一样。从青年时代的学习、恋爱、结婚，到壮年时代的赡老扶幼、亲友往来、游戏娱乐等，这些重要的人生经历，也总是与日常生活美紧密地联系在一起，因而对于受教者具有无言的熏陶渐染的作用。由上可见，语文教材中的课文即文字作品（文章作品、文学作品）的日常生活美，能让受教者从中激发朴素、淡雅、秀丽、庄重的审美情感。

（三）语文教育要把握引人欣羡神往的艺术美

艺术美“是艺术作品中所表现出来的美”[120]，其实质是人的本质力量在各种艺术活动中的感性显现。语文教材中的课文即文字作品（文章作品、文学作品）的艺术美，如拍案击节的器乐美、余音绕梁的声乐美、“体面互见”的绘画美、巧夺天工的雕刻美、驰名中外的建筑美、玲珑剔透的园林美、高超细密的工艺美、身临其境的表演美、极为精妙的说唱美……都是“艺术美长廊的缩影”[70]而呈现于受教者的面前，引人欣羡神往。艺术美作为语文教育审美形态系统之一，大致包括画面美、意境美、神韵美等几个方面。

首先是画面美。画面美是一种在具体形象之中呈现的人象、物象、景象、事象等意象具有特殊意思的美。这种美善于将哲理、观点、情趣等蕴含于某些意象之中，能唤醒受教者的个体生命意识。语文教材所选的课文即文字作品（文章作品、文学作品）中描绘的郁郁苍苍的松树、傲然耸立的白杨、密密麻麻的翠竹、傲雪凌霜的腊梅等，仿佛伸手可及；江南的春雨春花、海滨的明月朗风、北国的雪地冰天等，好像身临其境。这些只有深入其中去领会某些意象，受教者才能体味所蕴含的“特殊意思”。如郁达夫在《故都的秋》中，为了体现故都之秋的“清”、“静”、“悲凉”，特意选取了人们司空见惯的“小院静观”、“槐蕊清扫”、“残蝉闲听”、“雨后话凉”等风景画面。在“小院静观”中，只突出“皇城人海中租人家一椽破屋”、“泡一碗浓茶”、“很高很高的碧绿”、“青天下驯鸽的飞声”；在“槐蕊清扫”中，只突出它的柔软和悄无声息，以及扫街后扫帚留下的丝纹；在“残蝉闲听”中，只突出秋虫“衰弱”、“残声”、“啼唱”、“嘶叫”的哀鸣；在“雨后话凉”中，只突出天灰、风凉、雨歇、云卷、天青的景况。该文采用白描手法，只几笔粗线条勾勒，便抒发了眷恋故都之秋的真情，流露出内心冷落的忧虑，投下了孤独寂寞的阴影，受教者能从中拥享特有的情调与深沉的美感。又如茅盾在《风景谈》中，为了呈现解放区军民火热的战斗生活，总共展示了六个画面，几乎每个画面都能构成一幅绝妙的艺术作品。如其中的第一个画面“沙漠驼铃”中，既有构成形体美的线条，即地平线上的“黑点”、“更多的黑点成为线、成为队”、“昂首阔步的骆驼排成整齐的方阵”；又有构成色彩美的颜色的和谐搭配，即在“纯然”、“茫茫一色”的沙漠里，一队黑色的骆驼，一杆长方形猩猩大旗……这种形体（点线面）与色彩（黄红黑）组合的画面是庄严的、妩媚的，确实体现了“风景”的特有内涵，受教者能从中获得无止境的审美享受。再如魏巍在《谁是最可爱的人》中，为了描写硝烟弥漫、血流遍地的松骨峰战场上那壮烈的画面，即勇士们的子弹打光了，身上被汽油弹烧着了，敌人把他们逼到了山脚下，表现出英雄们紧张、焦急、激愤的神情；勇士们向敌人扑去把敌人抱住，让自己身上的火将占领阵地的敌人烧死，表现出英雄们意志坚定、刚强不屈的雄姿；勇士们殉难前的种种壮举，表现出英雄们光彩照人、气吞山河的形象……这里倾注了强烈的审美情感，受教者能从中得到无极限的心灵震撼。由上可见，语文教材中的课文即文字作品（文章作品、文学作品）的画面美能让受教者进入如见其人、如闻其声、如睹其物的氛围之中，并醍醐灌顶似的接受到美学的熏染。

其次是意境美。意境美是一种在具体形象之中呈现的人象、物象、景象、事象等意象具有精妙意义的美。这种美善于将情感、心灵、精神等蕴蓄于某些意象之中，能唤起受教者的情感产生共鸣。语文教材所选的课文即文字作品（文章作品、文学作品）中描绘的《天山景物记》的优柔美、《蜀道难》的险峻美、《海滨仲夏夜》的静态美、《望庐山瀑布》的动态美等，这些只有深入其中去领略某些意象，受教者才能体味所蕴蓄的"精妙意义"。有的课文中采用乍看意淡的直叙句段，受教者进入其中定能有"细读意浓"的审美感觉。如翦伯赞的《内蒙访古》中有"火车走出居庸关，经过了一段崎岖的山路以后，便在我们面前敞开了一片广阔的原野，一片用望远镜都看不到边际的原野，这就是古之所谓塞外"一段。这段话看似平平，如果受教者随墨入境，咀嚼品味，就会产生对舒阔而深沉的"博大空间"、"悠悠岁月"的遐思，进而自然步入独特的意境。有的课文中采用虚实隐现的叙事艺术，受教者进入其中就能通过有限的个别形象而开拓出无限深厚的意境来。如巴金的《灯》中，由眼前的灯到回忆中的灯，是实写，即直接性的形象描绘，以露为胜；而"我并没有在雨中摸夜路，但是看见灯光，我却忽然感到安慰，得到鼓舞。难道是我的心在黑夜里徘徊，它被噩梦引入了迷阵，到这时才找到归路?"这几句由实转虚，即间接性的内在寓意，以隐为主。作者又继续出发，虚写古代神话，实写现代故事，虚实相映，古今参照。这样虚处见实，实中有虚，虚实并生，相得益彰，让受教者领略到了更为广袤深远的意境。有的课文中营造一种走月流云而又如梦似歌的浓重氛围，受教者进入其中更能领略到创构意境的妙处。如朱自清的《荷塘月色》中幽僻的小路，亭亭的荷叶，洁白的荷花，缕缕的荷香，凝碧的波痕，脉脉的流水，隐隐约约的远山，没精打采的灯光……都融入了作者的淡淡的喜悦与淡淡的哀愁的感情色调。薄薄的青雾，淡淡的层云，过处的微风，柔和的月光，婆娑的月影，迷蒙的月色……都承载了作者的求得刹那间的心灵予以解脱的复杂情感。蓊蓊郁郁的杂树，稀疏倩影的杨柳，斑驳黑影的灌木，朦胧的荷塘，梦幻的景象……都体现了存在的"现实"世界与作者的"理想"世界的对立、纠缠。在这种氤氲着"意与境浑"的画面中，受教者定会感受到蕴藉隽永的意境。由上可见，语文教材中的课文即文字作品（文章作品、文学作品）的意境美能让受教者鉴赏融情于景、景深情浓的艺术特色，并达到一种物我两忘的灵动境界。

再次是神韵美。神韵美是一种在具体形象之中呈现的人象、物象、景象、事象等意象具有深邃意味的美。这种美善于将思想、性格、情意等蕴藏于某些意象之中，能引发受教者的仔细斟酌玩味。语文教材所选的课文即文字作品（文章作品、文学作品）中描绘的意象是多种多样的，或是一人之"形"，或是一景之"貌"，或是一物之"动"，大都令人心驰神骋，能产生感人至深的审美效果。这些只有深入其中去领悟某些意象，受教者才能体味所蕴藏的“深邃意味”。例如孟浩然在《过故人庄》中选择了绿树、青山、场圃、桑麻、美酒、菊花和一对友人等意象，展现了一幅熔自然美、生活美、友情美于一炉的田园生活图景。透过这些意象，受教者可以感受到作者内心世界的质朴、和谐与安宁的美，从而体味作者所要表达的一种人与人之间相互尊重、坦诚相待的美好感情。又如王昌龄在《芙蓉楼送辛渐》中用苍茫的“寒雨”、孤峙的“楚山”、晶莹透明的“冰心”和澄空见底的“玉壶”等意象，烘托了送别友人时的凄寒孤寂之情，展现了开朗的胸怀和坚强的性格。透过这些意象，受教者会联想到一个孤介傲岸、冰清玉洁的形象，从而体味作者对洛阳亲友的浓郁真挚的情感和表里澄澈的品格。还如刘禹锡在《陋室铭》中精心选择了几个意象，并将自己的审美意识与意象的美统一起来，极尽笔力形容“陋室”的“不陋”，抒发了不与世俗为伍的情怀和光明磊落的志向，表达了高洁傲然的节操和安贫乐道的思想。透过这些意象，受教者可以领悟到蕴藏于其中的无穷旨趣，从而体味作者所要寄寓的无限深厚的神髓韵味。另外，贾平凹笔下的小桃树（《我的小桃树》），黄河浪笔下的老榕树（《故乡的榕树》），郑振铎笔下的小燕子（《海燕》），壶井荣笔下的蒲公英（《蒲公英》）等，都是作者求神韵而得之的结果，受教者都可以通过由形及神的分析，去把握文中所蕴藏的美学意趣。再如“红杏枝头春意闹”中所言的“春意”本是不“闹”的，然而红杏爬满“枝头”，便仿佛显出“闹”意来，所以正是这一“闹”字使形象生动，从而“神韵”全出。其他诸如“云破月来花弄影”、“春风又绿江南岸”、“僧敲月下门”、“数只船横渡口”等均有异曲同工之妙。对这些几经锤炼或看似信手拈来却实为匠心独运的动词，受教者只有认真地揣摩，才能体味蕴含其中的“物”外之意与“味”外之旨。由上可见，语文教材中的课文即文字作品（文章作品、文学作品）的神韵美能让受教者感到“味”妙在“咸酸之外”[121]、“无迹可求”，并获得“言有尽而意无穷”[122]的美学熏陶。

（四）语文教育要把握启人聪明才智的科学美

科学美是人类按照美的规律在探索、发现自然规律的过程中所创造的成果或样式的美，其实质既“是人的本质力量在科学研究及其成果上的对象化，是人类精神自由的集中显现”又“是人类自由自觉的创造活动的结晶”[123]，包含了科学家的许多智慧因素甚至情感因素。在语文教育中忽视科学美的研究，不能不说是对整个美学研究的一大缺憾。语文教材中的课文即文字作品（文章作品、文学作品）关于科学美的展示，是以艺术的样式呈现于受教者面前的，启人聪明才智。科学美作为语文教育审美形态系统之一，一般要关涉对象奥妙美、过程严谨美、成果新奇美等几个方面：

首先是对象奥妙美。对象奥妙美是一种对自然、社会与思维的真貌和规律予以探索的美。这种美在于科学家能够反映自然、社会与思维的现象的多样性和本质的统一性、外在的繁杂性和内在的单纯性，从而让受教者见出自然、社会与思维的真实而具体的面貌，把握自然、社会与思维的虽杂乱无章但实质上却和谐一致的可循规律。语文教材所选的课文即文字作品（文章作品、文学作品）中，受教者可以窥见科学家对科学研究的对象奥妙美的一些端倪。例如，钱学森在《现代自然科学中的基础学科》中指出："现代自然科学，不是单单研究一个个事物，一个个现象，而是研究事物、现象的变化发展过程，研究事物相互之间的关系。这就使自然科学发展成为严密的综合起来的体系。"这个严密的综合起来的体系中包括天文、地理、生物、数学、物理、化学等，这就自然将科学研究的对象基本上纳入自己的研究范围之中了，科学家探索其中的奥妙，会比一般人获得更多、更深入的美感体验。又如，查里·达尔文的《〈物种起源〉导言》中的物种起源的观点和以自然选择为基础的生物进化论，史蒂芬·霍金的《宇宙的未来》中的天体物理学理论和宇宙大爆炸学说，美杰里米·里夫金的《熵：一种新的世界观》中的热力学第二定律的建立，谈家桢的《奇妙的克隆》中的最新生物工程技术带来的生命伦理学问题，等等，大多有着科学理论或科学假说的内核，科学家探索其中的奥妙，能产生精神上的满足感，并获得一种更为积极的美学享受。再如，天文学家眼中的宇宙星系、天体演化、银河漩涡的奥妙玄机，化学家眼中的分解反应、聚合反应、置换反应的奇妙变化，物理学家眼中的原子排列、基本粒子的运动模式，生物学家眼中的细胞结构、胚胎发育的神秘现象，等等，科学家通过自己的发现和研究、分析和概括，使理性的心灵感受到了科学研究对象的和谐、秩序和韵律之美。还有，欧几里得的几何学，爱因斯坦的相对论，普朗克的量子论等，被人们称为"科学的艺术品"；密立根把自己探测到的宇宙射线欣喜地称为"天堂的音乐"、"原子降世时的啼声"……这真是一幅深奥美妙的图景，科学家从中发现了丰富多彩的运动形式的规律以及复杂有序、协调统一、结构完整的真貌，获得了诸多美的享受。由上可见，受教者在语文教材的课文即文字作品（文章作品、文学作品）中领略科学研究的对象奥妙美，能激发起浓厚的科学兴趣和强烈的求知欲望。

其次是过程严谨美。过程严谨美是一种对自然、社会与思维的本质和特征予以认识的美。这种美在于科学家善于将人类的认识和理性抽象的成果运用到实践中去从事自由创造，既能给受教者以科学探索的不尽动力，又能给受教者以丰富的精神满足，从而产生科学美的向往，领悟科学美的真谛，分享科学美的创造。语文教材所选的课文即文字作品（文章作品、文学作品）中，受教者可以了解科学家对科学研究的过程严谨美的一些记录。例如，白夜与柏生在《卓越的科学家竺可桢》中介绍了竺可桢几乎每天都到北京北海公园去观察物候："他来到北海岸边，细心观察：哪天桃花开了，哪天柳絮飞了，哪天布谷鸟叫了。这些自然现象的变化，他都作了翔实的记录。遇到工作紧张或者外出，就让他爱人帮着留心燕子什么时候飞来，也让他女儿帮着观察北海的冰什么时候初融，还让邻居的孩子向他报告哪天杏花开了第一朵。"是什么东西吸引着他长期坚持不懈地进行着观察和测验？是严谨探求科学真理的精神，这就是一种美学观照。另外，他用科学家的眼光，在观察中却感到了物候变化的节奏旋律，并绘制了1950年到1972年23年中的"北京春季物候现象变化曲线图"，从中也自然得到了美学的享受。就这个意义上说，人们和自然宇宙建立起来的相互关系，不仅是对研究对象的认识关系，而且也是与研究对象的审美关系。又如，竺可桢在《哥白尼》中介绍了天文学家哥白尼不迷信权威，有勇气怀疑并批判不符合客观现实的天动学说，花费30年时间观测天体运行的情况，从太阳系的整体结构考虑，发现“地心说”不能圆满解释天体的和谐统一，终于打破了错误的传统观念，推翻了天动学说，并创立了他一生之中最辉煌的地动学说。另外，他提出了“日心说”，就“在这极美丽的庙堂中”，将太阳这把“火炬放在更好的位置，使它的光明同时照到整个体系”，“这样，我们就发现在这样有秩序的安排下，宇宙里有一种奇妙的对称，轨道的大小与运动都有一定的和谐关系”[124]。其学说在科学史上引起的革命和对人类思想的重大影响，是不可低估的。哥白尼的说法今天看来自然不免有很大的局限性，但是他在科学研究、执着探索中所包括的对科学美的严谨追求是显然的。由上可见，受教者在语文教材的课文即文字作品（文章作品、文学作品）中领会科学研究的过程严谨美，能树立起实事求是的品格和勇于创新的精神。

再次是成果新奇美。成果新奇美是一种对自然、社会与思维的深刻和独特予以诠释的美。这种美在于科学家的理智能对自然、社会与思维的感知、领悟和发现，并以极富魅力的新颖而奇特的美大放异彩，从而显示出不容低估的审美价值，让受教者获得的不是外在的、表层的、纯感官的快感，而是建立在求知欲望得到满足的基础上的美感。语文教材所选的课文即文字作品（文章作品、文学作品）中，受教者可以看到科学家对科学研究的成果新奇美的一些发现。如：梁思成的《千篇一律与千变万化》一文，从分析音乐、绘画、建筑之间的通感这一独特的视角，切入建筑学与美学的话题，打通了学科门类之间的隔膜，将科学与艺术融于一体，其新奇巧妙的思维，令人叹服。托马斯·刘易斯的《这个世界的音乐》一文，从人类和其他生物（甚至昆虫这样的低等生物）在本质上有那么多的共同点的思考中，发现“制造某种音乐的驱力如同我们其他的基本生物功能一样，也是我们作为生物的特点”，其妙想奇思的独特性，叫人惊叹。曹冲的《神奇的极光》一文，认为极光是自然界中最漂亮的奇观之一，对这神奇的自然景观，文学家可以用美妙的语言和浪漫的想象展现其感性美，科学家却能够发现潜藏在感性美之后的理性美，对极光的成因以及形成的条件做出了科学的解释，揭开了极光的奥秘，给人启迪。巴里·齐然尔曼与戴维·齐然尔曼的《空间和时间旅行》一文，以其丰富的常识和大胆的幻想，拓开思维的空间，探索宇宙，预测未来，展开了一幅深遥无边的宇宙画面，既吸取科学知识，又神游科学殿堂，给人浸染。钱学森的《现代自然科学中的基础学科》一文中告诉我们：“地学上最大的发展是所谓板块理论，发现地球的外壳（包括大陆和海洋）是一块块拼起来的，像七巧板似的，块与块之间有相互作用。”这种抽象出的七巧板似的板块结构是新颖、精巧的，给人美感。徐迟的《地质之光》一文中说：“整个新华夏构造体系就是一个巨大宏伟的‘多’字型构造体系，新华夏系有三条隆起带和三条沉降带互相间隔着。”这种高度抽象出的“多”字型构造体系是奇特、和谐的，令人激动。由上可见，受教者在语文教材的课文即文字作品（文章作品、文学作品）中感受科学研究的成果新奇美，能增长见识、启迪智慧、开阔心胸，继而产生无尽的审美愉悦。

以上阐述的语文教材中的课文即文字作品（文章作品、文学作品）所包含的各种审美形态分别涉及形体美、线条美、色彩美等自然美，社会斗争美、生产劳动美、日常生活美等社会美，画面美、意境美、神韵美等艺术美，对象奥秘美、过程严谨美、成果新奇美等科学美……这些既是一个琳琅满目的美的世界的充分展示，又是一个满足人的精神需要的无尽宝藏。因此，在语文教育中，施教者一定要重视并加强这方面的研究和探索，从而促进受教者在语文（语言、文章、文学）中既把握令人赏心悦目的自然美，又把握催人奋发向上的社会美，还把握引人欣羡神往的艺术美，更把握启人聪明才智的科学美等审美形态[125]。

二、语文教育要区别审美范畴

审美范畴是美学中用来概括审美客体的各种审美属性的基本概念，是审美因素中不可偏废的组成部分。现实生活中审美客体所蕴蓄的审美范畴往往是错综复杂的，集中呈现为优柔美、崇高美、悲剧美、喜剧美等几种主要类别。因此，施教者抓住语文教材中的课文即文字作品（文章作品、文学作品）引导受教者把握小巧娇弱而惹人愉悦的优柔美、强大健壮而叫人惊讶的崇高美、将有价值而毁灭给人看的悲剧美、将无价值而撕破给人看的喜剧美等，应成为他们对审美范畴予以区别的重要成分。下面递次进行阐发：

（一）语文教育要把握小巧娇弱而惹人愉悦的优柔美

优柔美是美学中的最带普遍性的一种具体范畴，与崇高美相对，一般是指优婉的美、闲雅的美、柔性的美、静态的美，它是现实世界中最常态、最单纯的美，是令人产生审美快乐的一种美。我国古代文论中所称道的“阴柔”或“秀婉”之类，即大致相当于优柔美。作为语文教育的施教者引导受教者在语文（语言、文章、文学）中把握小巧娇弱而惹人愉悦的优柔美，这是有意识地让他们区别审美范畴的重要成分之一。因此，施教者应特别注意从语文教材中的课文即文字作品（文章作品、文学作品）入手而培养受教者去区别优柔美这一审美范畴。

语文教材中的课文即文字作品（文章作品、文学作品）所描绘的格外妖娆、旖旎多彩的“天山景物”（《天山景物记》），刻画的桃花盛开、绿柳轻扬的“春天景色”（《燕子》），摄取的宁静而安详、独特而幽美的“海滨仲夏夜”（《海滨仲夏夜》），采来的好似二月娇艳的花朵的“香山红叶”（《香山红叶》），勾勒的山、水、天等相互辉映的“济南的冬天”（《济南的冬天》），摹写的风姿秀丽、婀娜多姿的“荷塘月色”（《荷塘月色》）等自然景物的美，或是人类活动改变的自然，或是人类活动形成的自然，或是人类活动创造的自然，都是外在世界对象化的过程，令人赏心悦目；撷取的无忧无虑而全神贯注的孩子们在“乐园”陶醉的情景（《从百草园到三味书屋》），成年夫妻温暖而幸福的相敬如宾（《离不开你》），默默奉献而扶老携幼的助人为乐（《温馨的风》），隆重欢乐而喜气洋洋的节日情调（《花城》），童颜鹤发的教师在讲堂上显示出的智慧（《最后一课》），“果树园”里翻身农民成为主人的极其欢乐的心情（《果树园》）等社会生活的美，或是显现童年生活的求知欲，或是再现人际关系的和睦，或是展现美好未来的希冀，都是社会生活的诸多领域的真、善、美的高度统一，令人心旷神怡；点化的拍案叫绝而旋律动听的器乐美（《琵琶行》），余音绕梁而一唱三叹的声乐美（《歌声》），拊掌击节而赞不绝口的说唱美（《明湖居听书》），身临其境而卓尔不群的表演美（《口技》），惟妙惟肖而制造奇特的建筑美（《中国石拱桥》），玲珑剔透而精彩绝伦的图画美（《苏州园林》），玄妙无比而巧夺天工的雕刻美（《核舟记》），高超精湛而严谨细密的工艺美（《景泰蓝的制作》）等艺术品类的美，或是来源于生活，或是发展于生活，或是提炼于生活，都是用语言或者动作或者做某事而启示别人明白道理并发现规律，令人欣羡神往……这些优柔美的对象在形式方面一般都具有小巧、柔和、淡雅、细腻、光滑、圆润、轻盈、舒缓、嫩弱、微妙、渐次等流动变化的特征，在内容方面一般都表现为矛盾双方即主体与客体处于相对静止的状态，在形式和内容的关系上则表现为十分和谐。审美主体在感受这些对象时生理和心理上都不会出现惊惧、突兀、紧张、急迫和不可遏制的情绪激动，而是产生一种平缓、亲切、轻松、随和、舒坦、闲适、宁静、愉快的心境。这里所论及的小巧娇弱而惹人愉悦的优柔美，在语文教育中有着不可忽视的作用，所以，施教者如果有意识地引导受教者在教材所选的课文即文字作品（文章作品、文学作品）中积极地感受这些优柔美的对象，就能够更好地培养他们的情感，陶冶他们的品德，塑造他们的性格，平衡他们的心理，调剂他们的生活，指导他们美化自己的仪表、风度、气质和周围的环境，从而进一步获得自由而全面的发展。

（二）语文教育要把握强大健壮而叫人惊讶的崇高美

崇高美是美学中的一种最基本的范畴，是存在于人类生活中的特殊的审美对象，是一种庄严的美、刚劲的美、雄浑的美、动态的美，是物质形式、精神品质或二者兼有的特别伟大、异常出众的动人心魄的美。我国古代文论中的所谓壮美或阳刚之美，大体上类似于崇高美。作为语文教育的施教者要在语文（语言、文章、文学）中引导受教者把握强大健壮而叫人惊讶的崇高美，这是有意识地让他们区别审美范畴的又一重要成分。因此，施教者应特别注意从语文教材中的课文即文字作品（文章作品、文学作品）入手而培养受教者去区别崇高美这一审美范畴。

语文教材中的课文即文字作品（文章作品、文学作品）所展示的“一览众山小”的东岳泰山（《雨中登泰山》），“响雷般怒吼”的海潮（《听潮》），“震撼山谷”的泥石流（《一次大型的泥石流》），“长城内外”的磅礴气势（《沁园春·雪》），“激流澎湃，涛如雷鸣”的瞿塘峡（《长江三峡》）等自然现象的美；“感天地、泣鬼神”的黄花岗起义（《〈黄花岗七十二烈士事略〉序》），“旌旗炫耀、刀戟纵横”的三元里抗英（《三元里抗英》），“曹刿论战”中的两军对垒（《曹刿论战》），司马光“赤壁之战”中的百里战火（《赤壁之战》），姚雪垠笔下的“虎吼雷鸣马萧萧”（《虎吼雷鸣马萧萧》），“观巴黎油画记”中的厮杀场面（《观巴黎油画记》）等社会生活的美；“一桥飞架南北”的长江大桥（《水调歌头·游泳》），“叫高山低头，河水让路”的葛洲坝水利工程（《葛洲坝工程》），高大威严的人民英雄纪念碑（《人民英雄永垂不朽——瞻仰首都人民英雄纪念碑》），庄严神圣的人民大会堂（《雄伟的人民大会堂》），宏大壮丽的故宫博物院（《故宫博物院》），乘风破浪的轮船（《汉堡港的变奏》），穿云破雾的飞机（《记一次难忘的飞行》）等社会事物的美；岳飞“壮志饥餐胡虏肉，笑谈渴饮匈奴血”的雄心壮志（《满江红·写怀》），陆游“僵卧孤村不自哀，尚思为国戍轮台”的爱国热忱（《十一月四日风雨大作》），辛弃疾“金戈铁马，气吞万里如虎”而不忘收复中原的宏愿豪情（《永遇乐·京口北固亭怀古》），文天祥在“人生自古谁无死，留取丹心照汗青”中所崇奉的高尚情操（《过零丁洋》）等民族精英的美；李大钊“何时痛饮黄龙府，高筑神州风雨楼”（《口占一绝》），李少石“不作寻常床箦死，英雄含笑上刑场”（《南京书所见》），恽代英“已摈忧患寻常事，留得豪情作楚囚”（《狱中诗》），陈毅“此去泉台招旧部，旌旗十万斩阎罗”（《梅岭三章》），周文雍“头可断，肢可裂，革命精神不可灭”（《刑场上的婚礼》）等革命先辈的美……这些崇高美的对象大多彰显出数量、体积、能量等的众多和巨大以及有威力，在严肃的斗争中而显示出来的伟大实践力量，它们或引人蓬勃向上，或催人奋发有为，或令人惊心动魄。在形式上往往结构庞大、线条粗犷、变化剧烈，在内容上往往形象博大、雄伟、壮观，在审美主体的头脑中形成的心理反应也是特殊的，包括惊奇感、狂喜感、景仰感、憧憬感、悲壮感、豪迈感、胜利感等多种美感效应。这里所论及的强大健壮而叫人惊讶的崇高美，在语文教育中有着缺一不可的作用，所以，施教者如果有意识地引导受教者在教材所选的课文即文字作品（文章作品、文学作品）中而积极地感受这些崇高美的对象，就可以通过美感效应催发他们修炼气质，帮助他们净化灵魂，从而认识生活中没有体验过的事物，使他们在道德上日益完善；更重要的是激励他们从事伟大的事业，并为人类的进步贡献自己的力量。

（三）语文教育要把握将有价值而毁灭给人看的悲剧美

悲剧美是美学中的一种特殊存在的范畴，是将社会生活中有一定积极意义的悲剧性事件和悲剧性现象从情感体验的角度加以集中、浓缩并给予能动反映，用以说明社会实践主体进行斗争中在实力上而不是在精神上暂时遭受挫折甚至失败直至灭亡的实质，它是一种悲痛之美。作为语文教育的施教者要在语文（语言、文章、文学）中引导受教者把握将有价值而毁灭给人看的悲剧美，这是有意识地让他们区别审美范畴的另一重要成分。因此，施教者应特别注意从语文教材中的课文即文字作品（文章作品、文学作品）入手而培养受教者去区别悲剧美这一审美范畴。

语文教材中的课文即文字作品（文章作品、文学作品）所叙写的古今中外的许多悲剧事件，其中既有壮烈殉道的布鲁诺（《火刑》），怀石投江的三闾大夫（《屈原列传》），舍身赴难的荆轲（《荆轲刺秦王》），精忠报国的岳飞（《岳飞》），誓死效国的文天祥（《〈指南录〉后序》），献身改革的谭嗣同（《谭嗣同》），威武不屈的闻一多（《最后一次讲演》），不畏强暴的刘和珍（《记念刘和珍君》），大义凛然的刘胡兰（《刘胡兰慷慨就义》），刚正耿直的范爱农（《范爱农》）等杰出人物的悲剧。又有关汉卿笔下的窦娥女（《感天动地窦娥冤》），冯梦龙笔下的杜十娘（《杜十娘怒沉百宝箱》），鲁迅笔下的祥林嫂（《祝福》），沈从文笔下的小翠翠（《边城》），茅盾笔下的老通宝（《春蚕》），老舍笔下的骆驼祥子（《在烈日和暴雨下》），曹禺笔下的鲁四凤（《雷雨》），夏衍笔下的芦柴棒（《包身工》），安徒生笔下的弱女孩（《卖火柴的小女孩》），契诃夫笔下的小学徒（《凡卡》），陀思妥耶夫斯基笔下的杰符施金（《穷人》）等普通人物的悲剧。还有庐山会议上为国为民陈述自己的意见，却被定为右倾机会主义分子、反党头子而受迫害致死的彭德怀（《普通的人 伟大的心》）；对中国人民的解放事业、社会主义事业做出了重大而不可磨灭的贡献，遭林彪、江青反党集团迫害致死的陶铸（《一封终于发出的信——给我的爸爸陶铸》）；为了党和人民的利益，勇敢地对“文化大革命”提出质疑而惨遭杀害的张志新（《小草在歌唱——悼女共产党员张志新烈士》）等社会主义时期的悲剧……这些悲剧美的对象一方面由于所处的时代的种种原因，或是自身条件的限制，或是黑暗势力的强大，或是历史因素的影响，最终造成了失败和毁灭；另一方面对于旧世界、旧事物采取的虽不是斧戈相向的反击，在社会派定的环境以及关系中，往往采用一种“无法之法”的形式表示沉痛抗议，但最后还是摆脱不了被奴役、被压榨、被吞噬、被摧残、被虐杀的命运。它们或撼人心灵，或给人鼓舞，或引人义愤，或令人叹息，都是以表现主人公与现实之间不可调和的冲突及其悲惨结局为基本特点，以引起审美主体的畏惧、悲悯或痛苦为直接反映形式，并从中观照审美对象而返身确证自己的本质力量，从而获得一种由痛感转化为快感或者说是夹杂着痛感的快感的美的享受。这里所论及的将有价值而毁灭给人看的悲剧美，在语文教育中有着必不可少的作用，所以，施教者如果有意识地引导受教者在教材所选的课文即文字作品（文章作品、文学作品）中积极地感受这些悲剧美的对象，就能够使他们奋发兴起，提高精神境界，从而产生深沉而巨大的同情共感和心灵震撼，在为美好事物被压抑和毁灭而扼腕的同时，更加增强追求真善美的愿望以及同假恶丑坚决斗争的勇气。

（四）语文教育要把握将无价值而撕破给人看的喜剧美

喜剧美是美学中的一种独特的范畴，常以夸张的手法、巧妙的结构、诙谐的语言以及对喜剧性格的刻画，从而引起人们对奇丑无比的、滑稽透顶的嘲笑，对正常的人生和美好的理想予以肯定，它是现实生活中存在的和艺术作品中体现出来的喜剧性的美，也就是一种欢笑之美。作为语文教育的施教者在语文（语言、文章、文学）中引导受教者把握将无价值而撕破给人看的喜剧美，这是有意识地让他们区别审美范畴的再一重要成分。因此，施教者应特别注意从语文教材中的课文即文字作品（文章作品、文学作品）入手而培养受教者去区别喜剧美这一审美范畴。

语文教材中的课文即文字作品（文章作品、文学作品）所表现的处境尴尬而滑稽可笑的“两个神仙”（《小二黑结婚》），目不识丁赶考而加官晋爵的张好古（《连升三级》），热心科举而醉心功名的范进（《范进中举》），衣锦还乡而趾高气扬的封建统治者（《般涉调·哨遍·高祖还乡》），虚伪逢迎而见风使舵的奥楚蔑洛夫（《变色龙》），从躯体到思想都被“套子”包围并淹没的别里科夫（《装在套子里的人》），道貌岸然而包藏祸心的答尔丢夫（《伪君子》），吹嘘撒谎而欺世盗名的赫列斯塔科夫（《钦差大臣》）等讽刺性喜剧；嫉恶如仇而扶危救困的鲁智深（《鲁提辖拳打镇关西》），诚实善良而见义勇为的乔老爷（《乔老爷上轿》），刚正不阿而智斗权贵的唐知县（《七品芝麻官》），摆摊卖油绳而住招待所的陈奂生（《陈奂生上城》），机智勇敢而聪明能干的渔夫（《渔夫的故事》），足智多谋而具有人文情怀的鲍西娅（《威尼斯商人》），以羸弱之躯而铲除不平之事的堂吉诃德（《堂吉诃德》），面目丑陋而心地仁慈的卡西莫多（《巴黎圣母院》）等歌颂性喜剧；擒获恶贼而为民除害的李逵（《李逵负荆》），崇拜金钱而财迷心窍的老张（《老张的哲学》），恃强凌弱而无法没理的吴太太（《三块钱国币》），不以为耻而反以为荣的“艺术家”（《拿来主义》），穿着华丽的“新装”而举行游行大典的皇帝（《皇帝的新装》），“声望还好”却“偃旗息鼓”而放弃竞选州长的马克·吐温（《竞选州长》），衣食无着却把监狱看作“安乐窝”而不可得的苏比（《警察和赞美诗》），各有声色而“六次射击”的朱阿（《牲畜林》）等幽默性喜剧……这些喜剧美的对象或是对敌方势力的迂腐狡诈的无情鞭挞和嘲讽，或是对人民内部某些缺点错误的善意讥讽和同情，或是对新事物新现象的有力肯定与赞美，或是对旧事物旧制度的彻底否定和批判，都能以其内容与形式的尖锐矛盾、极不协调以及明显虚假、假作正经、自相矛盾等而引人发笑，都能将其深邃、睿智而悠远的思想寄寓于诙谐、幽默、风趣之中，以期激发审美主体在轻松而欢乐的笑声中能够领会而体悟到不少人生哲理，并将“陈旧的生活形式送进坟墓”，把崭新的生活形式迎到人间，“能够愉快地和自己的过去诀别”[126]，从而形成健康高尚的情感倾向和积极进取的人生态度。这里所论及的将无价值而撕破给人看的喜剧美，在语文教育中有着不可或缺的作用，所以，施教者如果有意识地引导受教者在教材所选的课文即文字作品（文章作品、文学作品）中积极地感受这些喜剧美的对象，就可以使他们在诙谐的笑声中满足审美需求，提高思想水平，克服和否定旧的思想与习惯势力的影响，从而改变社会上那种自骗自欺、盲目崇拜、疯狂营求的不良习俗，以迎接人类光辉的明天。

以上阐述的语文教育审美范畴在教材所选的课文即文字作品（文章作品、文学作品）中既有优柔美又有崇高美还有悲剧美更有喜剧美，真是应有尽有，无所不包。这就为受教者打开了一扇非常丰富的美的世界的大门，是施教者培养他们的良好的审美习惯的范本。因此，在语文教育中，施教者务必要运用美学的观点作统帅，并引导受教者详尽地分析语文（语言、文章、文学）中的审美范畴，从而促进他们不但把握小巧娇弱而惹人愉悦的优柔美，而且把握强大健壮而叫人惊讶的崇高美，还要把握将有价值而毁灭给人看的悲剧美，更加把握将无价值而撕破给人看的喜剧美等审美范畴[127]。

三、语文教育要解析审美形式

审美形式是美学所观照的审美客体符合美的规律并具有相应的美的样式，是审美因素中不可忽视的组成部分。它是审美客体的形状、质地、色彩等构成的内在关系与外在形象，集中体现为整齐一律美、对称均衡美、对比调和美、多样统一美等几种主要类别。因此，施教者抓住语文教材中的课文即文字作品（文章作品、文学作品）引导受教者把握层序分明而排列的整齐一律美、相互配合而胪列的对称均衡美、彼此共融而分列的对比调和美、有机联系而布列的多样统一美等，应成为他们对审美形式予以解析的重要成分。下面递次进行阐发：

（一）语文教育要把握层序分明而排列的整齐一律美

整齐一律美，是指语文教材中的课文即文字作品（文章作品、文学作品）基于美学视角的考察并按照大致相同、相近、一致等方式并列而形成的单纯的反复。作为施教者应引导受教者在语文（语言、文章、文学）中把握层序分明而排列的整齐一律之美的审美形式，这既是语文学科的不可忽视的任务，也是语文教育对其相关内容进行解析的重要成分之一。因此，施教者需要分外地用意并进而诱发受教者去解析这一审美形式。

语文教材中的课文即文字作品（文章作品、文学作品）是施教者引导受教者把握层序分明而排列的整齐一律美并解析这一审美形式的极好篇章。例如茅以升的《中国石拱桥》一文，作者在解说卢沟桥时这样写道："永定河上的卢沟桥……桥面用石板铺砌，两旁有石栏石柱。每个柱头上都雕刻着不同姿态的狮子。这些石刻狮子，有的母子相抱，有的交头接耳，有的像倾听水声，有的像注视行人，千态万状，惟妙惟肖。"这里运用了敷陈、拟人和排比的技巧，像"桥面用石板铺砌，两旁有石栏石柱。每个柱头上都雕刻着不同姿态的狮子"的敷陈，是为了介绍的对象既不苟简，也不啰唆，切实而且严谨；像"有的母子相抱，有的交头接耳，有的像倾听水声，有的像注视行人"的拟人，将石刻狮子人格化，活灵活现地写出了小石狮子逼真的形态；像"有的……有的……有的……有的……"的排比，这类句式，均匀相称，节奏鲜明，语势强劲，读起来朗朗上口，听起来清新悦耳。如此等等，均具有整齐一律之美。又如陈淼的《桂林山水》一文，作者在状写桂林山水时，抓住其每个层次都大致显现圆圈这一具备整齐一律之美的特点，在十分有序而又相当统一的扩充之中，给接受者以整体生长的美感。它一个圆圈套着一个圆圈，在增长性和发展性的反复之中，形成了超循环的节奏美和韵律美，使得"静态"的山水化为"动态"，这就给大自然平添了无限的生机。首先，景观格局的变化。各层次圈上的景观格局依次由内到外地渐渐变大，有如投石入水，波纹一圈比一圈更扩大。其次，景观数量的变化。各层次圈上的景观数量依次由内到外地加多，也即越是向外围的层次，其数量就越是增多。再次，景观形体的变化。各层次圈上的景观形体依次由内到外而拓展的顺序，逐步地发生了由小到大的明显改观。正是寓循序的百般变化于整齐一律之中，使得桂林山水的结构生态，既高度整一而重复有序，又富有弹性而灵活多姿，完全具有动态衡生的审美品格。再如周定舫的《人民英雄永垂不朽——瞻仰首都人民英雄纪念碑》一文，作者对天安门广场上的人民英雄纪念碑的叙写，就很好地体现了整齐一律之美。其一，从造型上来说，整个人民英雄纪念碑的主体矗立在第二层月台之上，而第二层月台的周围，均由双层汉白玉栏杆围绕，具有层序分明而排列的形式美，使挺拔的碑身显得更加庄重、巍峨。而这些在其雕塑上又有着多方面的显示，像小碑座的四周，就雕刻着由牡丹花、荷花、菊花等组成的八个大花圈，它们是整齐划一的；大碑座的四周，是十块汉白玉的大浮雕，东西面各有两块，南北面各为三块，它们是大小相同的。因而整个人民英雄纪念碑既有浓郁的民族风格，又有鲜明的新时代精神。其二，从质地上来说，整个人民英雄纪念碑是用一万七千块坚硬的花岗石和洁白的汉白玉砌成的，具有层序分明而排列的形式美。碑身东西两侧上部，刻着红星、松柏和旗帜组成的装饰花纹，这些象征着先烈们的革命精神万年长存。碑的正面朝北，在一块六十吨重、十四米七高的碑心石上，是毛主席的“人民英雄永垂不朽”八个镏金大字。在碑身背面，一行行镏金字整齐地摆列着，是毛主席亲自起草、周总理亲笔书写的碑文。这些象征着先烈们的丰功伟绩，标志着全国人民对先烈们的怀念。其三，从姿容上来说，整个人民英雄纪念碑展现了中国现代史上一幅幅壮阔的斗争画面，每幅浮雕里有二十个左右的英雄人物，而每个人物的动作、面貌、性格、思想、感情等都是各不相同的。从东面往南开始，以历史的顺序而依次是鸦片战争、金田起义、武昌首义、五四运动、五卅惨案、南昌起义、抗日游击战争、胜利渡长江等浮雕，它们具有层序分明而排列的形式美，显示了中国革命所经过的艰苦道路，先烈们的光辉业绩，中国人民为了取得自由、解放而付出的巨大代价。这里所论及的层序分明而排列的整齐一律美的审美形式在语文教育中有着不可或缺的作用，因而作为施教者，要全神贯注地引导受教者从美学的角度把握语文（语言、文章、文学）中的整齐一律之美并解析这一审美形式，既可以让他们在审美活动中产生感官快适之乐，又能够让他们在审美活动中造成心灵愉悦之效，以期在教材所选的一些课文即文字作品（文章作品、文学作品）中获得某种不但有声势并有内涵而且有气魄并有力量的审美感受。

（二）语文教育要把握相互配合而胪列的对称均衡美

对称均衡美，是指语文教材中的课文即文字作品（文章作品、文学作品）基于美学视角的考察并依照方位上的前后、左右、上下等所构成的相同的体量关系。作为施教者应引导受教者在语文（语言、文章、文学）中把握相互配合而胪列的对称均衡美的审美形式，这既是语文学科的不可否认的职责，也是语文教育对其相关内容给予解析的又一重要成分。因此，施教者需要特别地注意并进而激发受教者去解析这一审美形式。

语文教材中的课文即文字作品（文章作品、文学作品）是施教者引导受教者把握相互配合而胪列的对称均衡美并解析这一审美形式的极好范例。例如邹韬奋的《呆气》一文，作者开头通过援引曾子、孟子的话语而由谈“勇气”和“正气”着手，然后牵出对所要阐发的对象——“呆气”进行评论“我意以为非有几分呆气，勇气鼓不起来，正气亦将消散”，这是全文的主旨所在。为了论证这一主旨，本文从三个方面展开了论述：其一，“研究任何学问，欲求造诣深邃者，也不可不有几分呆气”，此为执着之美；其二，“委身革命事业以拯救同胞为己任者，也不可不有几分呆气”，此为坚韧之美；其三，“欲能忠于职务者，亦非得具有几分呆气不可”，此为痴迷之美。这三个观点很相近，三个句型也很相似，平行列举起来，就像放大了的排比句，气势很充沛，说理很畅达，使论述的语意层层予以加深，有力地强化和突出了该文的主旨，从而产生了极大的感召力，无不显露出对称均衡美。又如梁衡的《晋祠》一文，作者在描摹晋祠的自然环境时，无不给接受者以对称均衡之美。首先，善于比喻。像用“如一道屏障”，状山的雄伟高大；用“如伸开的两臂”，状山的连绵不断。像用“老妪负水”，状树的弯曲于地；用“似天上垂下了一根绳”，状左扭柏的挺立姿态。像用“如线如缕”，状流水的细柔；用“如锦如缎”，状流水的波光。其次，巧于叠词。像用“一圈一圈”，状左扭柏纹丝不乱的理路；用“青青的”，状树枝的苍翠欲滴；用“清清的”，状流水的清澈；用“一簇簇”，状唐槐的枝条浓密；用“一缕缕”，状草蔓的柔软不断；用“一条条”，状“大飘带”的形如条幅。再次，精于句式。像“巍巍的有如一道屏障，长长的又如伸开的两臂……春日黄花满山，径幽香远；秋来草木萧疏，天高水清。”既长短错落，又整散有致，实有汉赋遗韵。像“石间细流脉脉，如线如缕；林中碧波闪闪，如锦如缎”的偶句对仗，极尽造句之能事。再如刘叙杰的《巍巍中山陵》一文，作者在介绍中山陵时这样说，当时陵园的设计方案是通过严格的竞争而入选的。虽有许多中外的建筑师参加，但入选的前三名都是中国的建筑师，首奖是吕彦直设计的钟形图案。由于他较好地考虑了陵园与周围环境、地形等的结合，并参照了我国古代建筑中优秀的传统经验，采用了中轴对称的布局、民族形式的外观、敦厚质朴的色调、简洁明快的装修和较大面积的绿化等手法，基本上达到了表现陵园的庄严气氛和孙中山先生的不朽精神的需求，在后来的实际使用上也取得了非常满意的效果。该文详细地说明了设计者运用对称均衡美所设计的总体架构：“陵园依南北中轴线，布置在钟山南麓的缓坡上，东距灵谷寺、西距明孝陵各约一千米，其间以道路相连，这样就将三区的名胜联为一体，从而扩大了浏览区的范围和内容，在区域规划上是值得称道的。由中山门开始的宽阔的陵园大道，至陵园前长六千米，两旁栽种着许多法国梧桐。这些行道树在长成后，枝繁叶茂，丫杈交错，形成了一条浓翠蔽日的林荫大道。道外的丘岗坡陀之上，密植着众多的落叶树和常绿树，林丛复叠，莽苍深邃，使人们在未达陵墓以前，就已逐步进入安详宁静、庄严肃穆的气氛之中。”显然，园林的总体架构以南北长约六千米的大道为一条中轴线，又呈现出逐步上升的态势，这就不仅衬托了最南端陵墓的中心建筑的高大规模，而且让人们对孙中山这位革命的先行者油然而生敬佩、崇敬之情。西陵园大道的两侧，又显示了对称均衡美。东毗灵谷寺，西邻明孝陵，其距离大致相等。大道两侧的梧桐树像士兵一样昂头挺胸，排列整齐，映现了对称均衡之美；稍远处丘岗坡陀之上的落叶树和常绿树，错落有致，也映现了对称均衡美。它们共同烘托出整个陵园建筑，形成了一幅十分鲜明而又异常和谐的图画。这里所论及的相互配合而胪列的对称均衡美的审美形式在语文教育中有着必不可少的作用，因而作为施教者，要聚精会神地引导另一受教者从美学的角度把握语文（语言、文章、文学）中的对称均衡美并解析这一审美形式，既能够让他们在审美活动中带来视觉上的安适，又可以让他们在审美活动中造成心理上的放松，以期在教材所选的一些课文即文字作品（文章作品、文学作品）中获得某种不但整齐之中见变化而且于自由之中见稳健的审美感受。

（三）语文教育要把握彼此共融而分列的对比调和美

对比调和之美，是指语文教材中的课文即文字作品（文章作品、文学作品）基于美学视角的考察并对色彩的色相、色度、色调等方面进行比较调正的过程和结果。作为施教者应引导受教者在语文（语言、文章、文学）中把握彼此共融而分列的对比调和美的审美形式，这既是语文学科的不可避免的责任，也是语文教育对其相关内容予以解析的另一重要成分。因此，施教者需要极度地留意并进而启发受教者去解析这一审美形式。

语文教材中的课文即文字作品（文章作品、文学作品）是施教者引导受教者把握彼此共融而分列的对比调和美并解析这一审美形式的极好范本。例如邓云乡的《老北京的四合院》一文，作者既从宏观上也从微观上叙写了四合院充满神秘色彩的对比调和之美。从整体上看，四合院不是同自然色彩争抢艳丽，而是同自然色彩谋求融合。在四合院的建筑中，屋檐、院墙、地面、青砖、灰瓦、照壁等，编织成为一片灰色的波浪，人们从这片灰色的波浪中，能够发现其中的逐渐变化的多元的灰度，协调柔和而含蓄雅致。为了打破单调而平淡的灰度色彩的审美疲劳，善于利用院内的绿化植物如牡丹、菊花、竹子等点缀色彩进行调和。从局部上看，四合院的石墙、砖瓦、屋顶等，为低彩度的色调；四合院的大门、窗户、柱体等，为中彩度的色调；四合院的垂花门上的装饰、四季应景的花卉植物等，为高彩度的色调。这些不同彩度之间的高低强弱的绝妙平衡，形成了四合院的与众不同的色彩景观，无不阐释了建筑应与自然的和谐相处。又如峻青的《海滨仲夏夜》一文，作者通过落日时大自然奇妙的光度和色度的变化，先是“燃烧着一片橘红色的晚霞”，然后是“天空的霞光渐渐地淡下去了，深红的颜色变成了绯红、绯红又变为浅红”，接着“启明星在这蓝色的天幕上闪烁起来了”，栩栩如生地描绘了夏夜海滨特有的景色。该文在写霞光、灯光、星光、明月和月光时，均运用了贴切而生动的比喻，从而让接受者产生对比调和之美。像用“一片片霍霍燃烧着的火焰”比喻霞光，既显示了它的色彩，又突出了它的光泽，这就把霞光的样貌展现得富有诗意。像用“一串流动着的珍珠”比喻灯光，既表现了它的“晃动”，又凸显了它的“闪烁”，这就把灯光的动态美景刻画出来了。像写星光，把它比喻成“一盏悬挂在高空的明灯”；写明月，把它比喻成“一面光辉四射的银盘”；写月光，把它比喻成“一片鱼鳞似的银波”。凡此种种，无不使景物的形象更加鲜明，异常逼真。再如黄传惕的《故宫博物院》一文，作者介绍了北京故宫的主要建筑及其特色，尤其是色彩的互为和洽的合理运用，无不彰显出对比调和之美。故宫的整个建筑的色彩大多是“红”、“黄”两种颜色，除此之外，“青”、“绿”颜色的也有很多。从色彩学上来看，“红”、“黄”和“青”、“绿”是互补色，互补色的搭配一般都会显得和谐而富有美感。它们在故宫建筑中相辅相成，相映成趣，交相辉映，相得益彰，形成了一个有机的整体关系。故宫的柱架、墙体、大门多用红色，有利于体现阳刚之气，使得整个建筑充实、稳定、有分量。屋顶上的琉璃瓦面大都是黄色的，为中和之色，有利于事业的成功，是最正统、最美丽的颜色。屋檐主要是指额枋与斗拱，它们的颜色是青绿色的，其在阴影中显得空气感强，这就增强了建筑的高度感和空间感。柱子、窗户和梁枋等位置的色相一般都是朱红色和金黄色，在一片朱红色和金黄色之间，间或勾勒出一些青绿色图案，使得整个建筑显得雍容华贵，流光溢彩。特别值得提及的是，用以美化建筑的彩画，它是在木质结构表面涂绘的彩色图案，像故宫太和殿内梁柱上的彩画，就使用了大量的沥粉贴金，极为富丽，虽然已经过去了将近三百年，但是彩画上的石青、石绿、桃红等色相依旧绚丽异常，美不胜收，大小额枋，上下左右青绿色相间，做法细腻复杂，处理有条不紊，给宏大巍峨的建筑平添了几分柔丽精致。这种彩画格局的形成，在很大程度上也是与北方的自然环境有关系的。在平坦广阔的华北平原上，其冬季里的景色的色彩是很单调的，这种自然环境就需要运用鲜明的色彩来增添建筑物的灵巧和生趣。在万里无云的蔚蓝天空之下，这种色彩最能充分地显示出对比调和美。一句话，故宫建筑色彩的巧妙运用，不仅体现了古建筑本身的文化和艺术，更能反映出我国古代工匠的思维智慧。这里所论及的彼此共融而分列的对比调和美的审美形式在语文教育中有着缺一不可的作用，因而作为施教者，要专心致志地引导受教者从美学的角度把握语文（语言、文章、文学）中的对比调和美并解析这一审美形式，既可以让他们在审美活动中具有广泛的适应性，又能够让他们在审美活动中形成协调统一状态，以期在教材中的一些所选的一些课文即文字作品（文章作品、文学作品）中获得某种不但在同之中并见异而且在异之中并见同的审美感受。

（四）语文教育要把握有机联系而布列的多样统一美

多样统一美，是指语文教材中的课文即文字作品（文章作品、文学作品）基于美学视角的考察并要求其紧密结合的各部分之间需拥有一个共同的和谐的乐章。作为施教者应引导受教者在语文（语言、文章、文学）中把握有机联系而布列的多样统一美的审美形式，这既是语文学科的不可漠视的使命，也是语文教育对其相关内容实施解析的再一重要成分。因此，施教者需要格外地在意并进而催发受教者去解析这一审美形式。

语文教材中的课文即文字作品（文章作品、文学作品）是施教者引导受教者把握有机联系而布列的多样统一美并解析这一审美形式的极好材料。例如吉祖英的《凡尔赛宫》一文，作者声称该宫殿的修建为古典主义风格，立面为标准的古典主义三段式处理，建筑讲究左右的平衡、对称，造型注重轮廓的庄重、壮伟，是典型理性美的代表。其内部装潢以巴洛克风格为主，少数厅堂则为洛可可风格。正宫前面是一座风格独特的“法兰西式”的大花园，园内树木花草的栽培更是别具匠心，看后顿觉美不胜收。而建筑群周边园林也是世界著名的，它与中国古典和皇家园林有着截然不同的风格，其设计来源于欧几理得几何学和文艺复兴透视法推导出来的严谨构图，寻觅比例的协调和关系的明晰，形式简洁，装饰适度，完全像人工雕琢似的，非常讲求几何图形的不断变化。如果凡尔赛宫的外观给接受者以宏伟壮观的感觉，那么它的内部陈设及装潢就更富于艺术魅力，室内装饰极其豪华富丽是一大特色，无不呈现出多样统一美。又如王羲之的《兰亭集序》一文，作者首段在清丽的境界中，着重写一“乐”字，由乐而转入沉思，引出次段的“痛”字，在经过一番痛苦的思考后，不觉感到无限的悲哀，最后以一“悲”字作结。情感色彩迥乎不同，前后过渡却妥帖自然。值得称道的是，善于打破成规，独辟蹊径，不落窠臼，隽妙雅逸，不论绘景抒情，还是评史述志，都令接受者耳目一新。虽然前后心态矛盾，但是总体来看，还是积极向上的，特别是在当时谈玄成风的东晋时代气氛中，提出“一死生为虚诞，齐彭殇为妄作”，尤为可贵。该文的更大成就在于它的书法艺术。通篇气息淡和空灵，用笔刚柔兼济，手法平和奇崛，既有精心安排的匠心，又没有做作雕琢的痕迹，大小参差，自然天成。其中，凡是相同的字，写法各不相同，如“之”、“以”、“为”等字，各有变化，特别是“之”字，达到了艺术上多样统一美的效果。再如孙世恺的《雄伟的人民大会堂》一文，作者对人民大会堂巨大的气势、精巧的布局、完美的形体、独特的风格等作了叙写，生动地体现了我国劳动人民的智慧才能，形象地反映了我国劳动人民的美学追求，充分地彰显了我国劳动人民无比自由的创造力。文中这样写道：“万人大礼堂，里面宽七十六米，深六十米，中间高三十三米，体积达八万六千立方米，像一座大厦。但是由于设计师处理得巧妙，走进大礼堂的人放眼一望，从屋顶到地面，上下浑然一体，并不感到十分空旷。屋顶是穹隆形的，天花板上纵横密排着五百个灯孔。灯光齐明的时候，就像满天星斗。顶部的中心挂着红宝石般的五星灯，灯的周围是七十条瑰丽的光芒线和四十瓣镏金的向日葵花瓣，象征着全国各族人民万众一心，紧密团结在中国共产党的周围。在它的外围，有三环层次分明的水波形暗灯槽，同周围装贴的淡青色塑料板相映，形成‘水天一色’的奇观。”仅仅一个人民大礼堂的屋顶，就是一个多样统一美的整体了，更何况一座完整的雄伟的人民大会堂呢？据说，人民大会堂的屋顶设计当时颇使建筑师们踌躇了一番。如果设计得不合理，那么将使人们感到空旷；他们由海天相连、水天一色的自然界的多样统一法则中受到启发，而作出了上述设计。其“浑然一体”的设计显示了井井有条、变化多端的布局；顶部中心的五星灯、周围的七十条光芒线和四十瓣向日葵花瓣等，形成了造型、图案的配合；五星灯的红宝石般色彩、向日葵花瓣的镏金色，以及外围塑料板的淡青色，又构成了色彩的相互映衬；而从顶部的五星灯开始，各色彩灯又逐步向外扩展，显示了清晰的层次感。总之，它们有机地融为一体，在统一之中见变化，在变化之中趋统一，因变化而不单调，因统一而不错杂，所以显示了一种多样统一的和谐美。这里所论及的有机联系而布列的多样统一美的审美形式在语文教育中有着不可偏废的作用，因而作为施教者，要竭心尽意地引导受教者从美学的角度把握语文（语言、文章、文学）中的多样统一美并解析这一审美形式，既可以让他们在审美活动中厌恶那些单调而枯燥，又能够让他们在审美活动中摒弃那些杂乱而无章，以期在教材所选的一些课文即文字作品（文章作品、文学作品）中获得某种不但灵活并不散乱而且同一并不呆板的审美感受。

以上阐述的语文教育审美形式在教材所选的课文即文字作品（文章作品、文学作品）中既有整齐一律美又有对称均衡美还有对比调和美更有多样统一美等，真是面面俱到，无所不有。这就为受教者展示了一幅五彩斑斓的美的图画，是一个值得长期予以认真探究的话题。层序分明而排列的整齐一律美、相互配合而胪列的对称均衡美、彼此共融而分列的对比调和美、有机联系而布列的多样统一美等不是凝固不变的，而是不断发展的。因此，施教者应引导受教者在语文（语言、文章、文学）中掌握已知的审美形式而去表现美的内容，还应探索未知的审美形式去反映美的事物[128]。

第三节 语文教育的审美能力提升

语文教育的审美能力提升，包括“产生审美感受和深化审美鉴赏及激发审美创造”。审美能力是指审美主体对客观存在的审美对象在进行审美时所必需具备的独异才华。语文教育注重审美能力的提升，施教者要在语文（语言、文章、文学）中花尽心思地创设各种有利平台，既有助于受教者的审美观照、审美注意、审美通感等审美感受的产生，又有助于受教者的审美辨别、审美颖悟、审美评判等审美鉴赏的深化，也有助于受教者的审美质疑、审美替换、审美逆思等审美创造的激发。以下依次予以展开：

一、语文教育要产生审美感受

审美感受，是指施教者引导受教者对语文（语言、文章、文学）中的诸多审美因素进行审美时所具有的一种能力。它是审美活动的生发阶段，是审美主体的感性体验的过程。因此，在语文教育中，施教者要引导受教者在审美观念的“烛照”下强化审美感知、引发审美想象、激起审美理解，并带着浓厚的审美情感去感受语文教材中的课文即文字作品（文章作品、文学作品）的“世界”，从而让他们产生审美感受。语文教育要让受教者产生审美感受，主要包括审美观照、审美注意和审美通感等方面。下面递次进行阐发：

（一）语文教育要引导审美观照

审美观照是指施教者引导受教者对语文（语言、文章、文学）的整体把握中所形成的一种审美感受。它直觉性的审美实践，要求施教者引导受教者在感受语文教材中的课文即文字作品（文章作品、文学作品）时，要善于对其中的审美特性进行观察、体验、判断等，并在审美中肯定自身的本质力量，从而产生审美观照。

语文教材中的课文即文字作品（文章作品、文学作品），如《长江三峡》中有一段关于日出的描绘，施教者引导受教者只有从文中予以审美观照，才能在刹那间得到美感上的满足和喜悦。作者在文中对“美极了”的景色进行了“美极了”的描绘，这就自然激发了他们“美极了”的体验。构成这“美”的因素既有对比鲜明的色彩（蓝色的天空、金色的浮云、银样的白云、红色的雾团、绛紫色的山峰、如墨的倒影、闪光的道路、碧绿的山峦、强烈的阳光……），又有体貌各异的形状（陡峭的石壁、层叠的峦嶂、笼罩的红雾、巨大的岩崖、曲折的山谷、笔立的高峰、细碎的波光……）。这一幅不断变化的画面，写来虽有先有后，层次分明，看上去却浑然一体，触目形色皆见。而且，仿佛进入的“神话境界”，不必考究是什么神话；碧绿如“翡翠”的山峦，也不必说出翡翠的名称；山峰

"迷蒙"到什么程度，阳光"强烈"到什么程度……这一切都不需要深问，然而他们在感受这些时，其观照方式是形式的、感性的、虔诚的，其审美体验是直接的、认同的、自在的，用不着纯科学的理性认识，用不着明显的功利追求，用不着逻辑的分析思考，它几乎是在视觉器官接触到形色刺激的一瞬间就立刻得到完整形象而感到美了。

（二）语文教育要引导审美注意

审美注意是指施教者引导受教者对语文（语言、文章、文学）的凝神观照中所形成的一种审美感受。它是有意识的审美实践，要求施教者引导受教者在感受语文教材中的课文即文字作品（文章作品、文学作品）时，要善于对其中的特殊美点进行感知、想象、理解等，并在审美中认识自身的本质力量，从而产生审美注意。

语文教材中的课文即文字作品（文章作品、文学作品），如施教者引导受教者感受描景绘色为主的散文、游记等，应提出领略自然美的要求；感受记事写人为主的新闻、传记等，应提出领略社会美的要求；感受诗歌、小说、戏剧等，应提出领略艺术美的要求；感受《现代自然科学中的基础学科》、《奇妙的克隆》、《神奇的极光》、《宇宙的未来》、《机器人》等，应提出领略科学美的要求；感受《桃花源记》、《樱花赞》、《西湖漫笔》、《荷塘月色》、《香山红叶》等，应提出领略优柔美的要求；感受《沁园春·雪》、《长江三峡》、《〈黄花岗七十二烈士事略〉序》、《刑场上的婚礼》、《最后一次的讲演》等，应提出领略崇高美的要求；感受《屈原列传》、《火刑》、《祝福》、《一封终于发出的信》、《窦娥冤》等，应提出领略悲剧美的要求；感受《小二黑结婚》、《变色龙》、《威尼斯商人》、《竞选州长》、《警察和赞美诗》等，应提出领略喜剧美的要求；感受《雄伟的人民大会堂》、《凡尔赛宫》、《巍巍中山陵》、《中国石拱桥》、《故宫博物院》等，应提出领略整齐一律美、对称均衡美、对比调和美与多样统一美的要求……从而激起他们的强烈的审美热情，获得更多的审美享受。

（三）语文教育要引导审美通感

审美通感是指施教者引导受教者对语文（语言、文章、文学）的相互生发中所形成的一种审美感受。它是有目的的审美实践，要求施教者引导受教者在感受语文教材中的课文即文字作品（文章作品、文学作品）时，要善于对其中的神髓韵味进行比较、品味、摄取等，并在审美中呈现自身的本质力量，从而产生审美通感。

语文教材中的课文即文字作品（文章作品、文学作品），如《荷塘月色》、《绿》、《长江三峡》、《天山景物记》、《琵琶行》、《阿房宫赋》、《记念刘和珍君》、《明湖居听书》等文中都有精彩的通感描写，当施教者引导受教者感受这些时，便能唤起众多的感觉系统参与审美活动，因而形成的往往不是单一的个别的美感，而是多样的综合的美感。众所周知的《荷塘月色》之所以脍炙人口，与其独到的审美通感的运用有很大的关系。我们来看这样的描写："微风过处，送来缕缕清香，仿佛远处高楼上渺茫的歌声似的……塘中的月色并不均匀；但光与影有着和谐的旋律，如梵婀玲上奏着的名曲。"在文中，作者特别讲究

"神似"，不拘泥于"形似"，将味觉上的"缕缕清香"与听觉上的"渺茫的歌声"整合在一起，把视觉上的"光与影"又幻化为小提琴上"奏着的名曲"的听觉上的感受，初看似乎不太合理，但是细味却恰到好处（"缕缕清香"和"渺茫的歌声"都有幽微断续的特点，"光与影"组合的和谐和"梵婀玲"上的名曲都有优美的韵味），这就增强了该文的生动性和表现力，不但扩大了该文的精神内涵，而且使该文更富于审美意味，从而让受教者获得的审美感受也就异常丰富、更加强烈。

以上阐述的语文教育中的施教者引导受教者的审美观照、审美注意、审美通感等审美感受的产生，是在理智与情感、主观与客观的基础上认识、理解、感知和评判世界（自然、社会等）的存在，它们形成了一种无功利的、形象的和情感的关系状态，其目的在于使受教者从感性上对语文教材中的课文即文字作品（文章作品、文学作品）进行直接容纳，并对其中的形式、结构、样态等依凭审美直观去接受，且领悟内在的深藏意蕴，从而享受参与审美实践的喜悦，获得高层次的审美快乐，达到"陶冶性情，涵养心灵"[10]的效果。

二、语文教育要深化审美鉴赏

审美鉴赏，是指施教者引导受教者对语文（语言、文章、文学）中的诸多审美因素进行审美时所呈现的一种能力。它是审美活动的发展阶段，是审美主体的理性参与的过程。因此，在语文教育中，施教者要引导受教者在审美观念的"烛照"下透过审美感知、激发审美想象、深入审美理解，并沉潜到审美情感去鉴赏语文教材中的课文即文字作品（文章作品、文学作品）的"世界"，从而让他们深化审美鉴赏。语文教育要让受教者深化审美鉴赏，主要包括审美辨别、审美颖悟和审美评判等方面。下面递次进行阐发：

（一）语文教育要引导审美辨别

审美辨别是指施教者引导受教者对语文（语言、文章、文学）仔细察审时所形成的一种审美鉴赏。它是区分美丑、判定优劣、识别是非的审美实践，要求施教者引导受教者在鉴赏语文教材中的课文即文字作品（文章作品、文学作品）时，要善于将其中的审美信息的理性把握和阐释作为内在依据，从而深化审美辨别。

语文教材中的课文即文字作品（文章作品、文学作品），如施教者在引导受教者鉴赏《项链》时，可先要求他们在自读的基础上，思考以下三个问题：一是该文为什么要以"项链"为题？二是项链与人物形象的塑造有何关系？三是你对主人公玛蒂尔德有何看法？接着，可组织他们自由畅谈。经过思考后，一般都能对前两个问题谈出自己的见解，有些还是十分精辟的。但对第三个问题却缺乏"理性把握"而流入浮浅，认为玛蒂尔德爱慕虚荣，自讨苦吃，活该！这是他们没有领悟到该文独特凄婉的悲剧美所致。在这种情况下，要有意识地引导他们从前两个问题的讨论深入到第三个问题的探究。《项链》以"借项链—失项链—赔项链"为贯通全文的线索，与主人公的遭遇交织相连。该文颇具匠心地将主人公玛蒂尔德置身于尖锐对立的矛盾之中，使美的攀跃与项链的得失密不可分，并让主人公的形体美和灵魂美都得到了毁灭。该文最终以项链的"假"现出原形，这自然成为资产阶级堕落时期虚伪风俗的象征。该文先"扬"后"抑"，恰到好处，使绝然的反差产生了调侃的情趣和幽默的讽刺效果，这就更增强了该文的悲剧性。受教者在对该文的审美辨别中，体味到了探究的乐趣，感性和理性达到了高度统一。

（二）语文教育要引导审美颖悟

审美颖悟是指施教者引导受教者对语文（语言、文章、文学）是否为美的认可中所形成的一种审美鉴赏。它是心理结构与美学结构达到默契的审美实践，要求施教者引导受教者在鉴赏语文教材中的课文即文字作品（文章作品、文学作品）时，要善于将其中的育美潜力转化为美感教育的巨大能量，从而深化审美颖悟。

语文教材中的课文即文字作品（文章作品、文学作品），如施教者在《风景谈》中首先给予受教者以强烈美感的是作者笔下描绘的六幅色彩斑斓的风景画，这六幅风景画用形象的展示把他们的注意力和思维力引向预定路线，因而该文对其产生了"诱导效应"。而后，该文以其所具有的内容、情节、意境、气韵等，通过施教者与受教者的审美情感、审美想象交融起来，从"沙漠驼铃"、"石洞雨景"、"北国晨号"中，他们领悟到了崇高美的情趣，从"高原晚归"、"延河夕照"、"桃园即景"中，他们领悟到了优柔美的愉悦。这时，他们对该文有了深刻的颖悟，情感产生了共鸣，因而该文对其产生了"证同效应"。最后，他们将主观的审美能动性与该文所涉及的审美刺激丛（多种审美因素的综合体）相结合，显现出自己的必然性感悟和对真理的执着追求。他们从六幅展现在眼前的历史画卷中，深切地感受到了"自然是伟大的，人类是伟大的，然而充满了崇高精神的人类的活动，乃是伟大中之尤其伟大者"的意旨，深刻地认识到了人的价值所在，因而该文对其产生了"净化效应"……一句话，受教者在对该文的审美颖悟中，欲念得到了升华，精神得到了洗礼，灵魂受到了震撼。

（三）语文教育要引导审美评判

审美评判是指施教者引导受教者对语文（语言、文章、文学）价值取向的抉择中所形成的一种审美鉴赏。它是审美经验、审美情感、审美需要的审美实践，要求施教者引导受教者在鉴赏语文教材中的课文即文字作品（文章作品、文学作品）时，要善于对其中的见解"说长道短"并"品头论足"，从而深化审美评判。

语文教材中的课文即文字作品（文章作品、文学作品），如《六国论》是苏洵写的为宋仁宗看重的《权书》中的一篇，作者借六国贿赂秦国而遭到破灭的历史，讽刺北宋王朝贿赂辽、西夏的所作所为是不恰当的。在鉴赏该文之时，施教者可引导受教者充分发挥其主体意识，并运用历史唯物主义的观点进行评判。大多数的评判能在深刻领会该文的基础上，多侧面、全方位地探究问题。其中有一位以《六国破灭之我见》为题发表了自己的看法，一针见血地指出："既然六国兵利而善战，那为什么要贿赂秦国呢?"他认为，宋王朝苟且偷安，屈膝求和，苏洵怀古讽今，对六国破灭所作的解释，就不免加重了贿赂秦国的成分，因而结论并不是全面的。他由此进一步推论：六国破灭，是历史发展的客观规律，“无论六国是否贿赂秦国，刺客是否实施行刺，良将是否名副其实，六国破灭都是必然的，不会为任何人的主观努力所改变”。他的评判眼光敏锐，见地超群，不人云亦云，不随波逐流，持之有据，言之成理，既指出了苏洵借古讽今而言贿赂秦国的片面性，又指出了贿赂秦国而致六国破灭的必然性，同时还指出了苏洵所提及的证据的不足。他在对该文的审美评判中，有真知灼见，有独到见识，富于个性化的思考。

以上阐述的语文教育中的施教者引导受教者的审美辨别、审美颖悟、审美评判等审美鉴赏的深化，是在审美感觉、审美知觉的基础上加上理性的充分参与而进行的，需要调动感知、理解、想象、思维、情感等诸多心理因素，其目的在于施教者引导受教者从整体上、实质上把握语文教材中的课文即文字作品（文章作品、文学作品）的美，因而施教者要引导受教者对它的内容和形式、外表和内里等进行比较、分析、综合，从而领悟其中的丰富内涵，使审美鉴赏活动能够深入下去，达到“思想碰撞和心灵交流”[10]的效果。

三、语文教育要激发审美创造

审美创造，是指施教者引导受教者对语文（语言、文章、文学）的诸多审美因素进行审美时所具有的一种能力。它是审美活动的高潮阶段，是审美主体的十分积极而自由能动的过程。因此，在语文教育中，施教者要引导受教者在审美观念的“烛照”下使其审美活动不受外界暗示的影响，并运用求异思维的触角去创造语文教材中的课文即文字作品（文章作品、文学作品）的“世界”，从而让他们的审美创造得到激发。语文教育要让受教者激发审美创造，主要包括审美质疑、审美替换和审美逆思等方面。下面递次进行阐发：

（一）语文教育要引导审美质疑

审美质疑是指施教者引导受教者对语文（语言、文章、文学）利用证据并提出疑问中所形成的一种审美创造。它是面对已有定评的名家名篇而大胆说“不”的审美实践，要求施教者引导受教者在创造语文教材中的课文即文字作品（文章作品、文学作品）时，要善于探异求新，寻求前人、他人未曾有过的答案，从而激发审美质疑。

语文教材中的课文即文字作品（文章作品、文学作品），如施教者在讲授《死海不死》时，可将“准确的数据美”确定为教学目标。因而在引导受教者研读该文的前半篇时，要有意识地提出诸如“把各种盐类加在一起，占死海全部海水的百分之二十三至二十五”的数据的句子并用自己的疑问或心得去挑动、诱发他们的疑问：这一句中的“百分之二十三至二十五”能否改成“百分之二十四”？经过一番认识上的交锋和周折，他们终于认识到原先的数据不能改动。这种讨论使看来似乎枯燥乏味的数据，变得活泼而富有生气。接着，施教者引导受教者研读该文的后半篇时，并以个别疑问或见解去唤起他们的共鸣或反对，于是他们便对该文中的某些数据产生了怀疑。有的认为“海水平均深度一百四十六米，最深的地方大约有四百米”的数据不可信。理由是：既然最深处的深度“有四百米”

是估摸出来的（“大约”），那么“平均深度一百四十六米”这个确数又是从何产生的呢？句中的“大约”如果移到“一百四十六米”之前，倒还可以讲得通，但又不见得符合死海的实际。有的还认为应该根据死海的实际，对该文予以认真修改。在这堂课上，施教者采用引疑、激疑的形式而形成的探究意识和探究兴趣，收到了激发受教者的审美质疑的良好效果。

（二）语文教育要引导审美替换

审美替换是指施教者引导受教者对语文（语言、文章、文学）进行新的思路的探求中所形成的一种审美创造。它是利用现成的“元素”稍加替换而实现“优化方案”的审美实践，要求施教者引导受教者在创造语文教材中的课文即文字作品（文章作品、文学作品）时，要善于将有价值的东西纳入自己的认识结构，从而激发审美替换。

语文教材中的课文即文字作品（文章作品、文学作品），如施教者在讲授《故乡》时，可把受教者提出的600多个问题按该文的内容和性质排定分为七类（一是一般问题，二是回乡途中的“我”，三是离乡途中的“我”，四是写景，五是闰土，六是宏儿和水生，七是杨二嫂），依次引导他们予以积极研讨并实施“审美替换”的探究。于是他们在讨论之中异常轻松愉快，智慧潜能得到了充分的释放。当施教者引导受教者研讨“杨二嫂”这一形象时，竟然提出了“杨二嫂是正面人物还是反面人物”的疑问。施教者应针对他们在研讨中难以深入之时，要求他们对该文进行深层性的阅读，并给他们提示了探究问题的思路，也就是“换掉其中一个元素……产生新的思路”[129]，继而启发他们从作者对“杨二嫂”的态度方面思考问题，不要把人物简单地分为“好人”或“坏人”，要从作者刻画人物的用意方面来理解“杨二嫂”这一形象。经过施教者“审美替换”的引导，受教者很快地认识到“杨二嫂”属于“中间人物”，“是一个刻薄的自私的小市民，作者对她既有讽刺，又有批判，更有同情”，作者塑造“杨二嫂”这一形象，意在从各个阶层来表现中国农村的萧条破产[130]。实践证明，只要施教者引导得当，那么受教者的审美替换就定会得到很好的激发。

（三）语文教育要引导审美逆思

审美逆思是指施教者引导受教者对语文（语言、文章、文学）予以全面而中肯的颠覆中所形成的一种审美创造。它是打破常规的思考方向和顺序而“反弹琵琶”的审美实践，要求施教者引导受教者在创造语文教材中的课文即文字作品（文章作品、文学作品）时，要善于超越原作的“本意”并产生创造性的认识成果，从而激发审美逆思。

语文教材中的课文即文字作品（文章作品、文学作品），如受教者学习了《鲁提辖拳打镇关西》、《林教头风雪山神庙》、《智取生辰纲》等文之后，施教者可引导他们在电视剧《水浒传》的基础上谈观后感。大多数是赞扬影片中的英雄好汉，可有一位却“与众不同”：“说到《水浒传》，我不喜欢这部电视剧，更不喜欢剧中的英雄，这些英雄唯一的功绩便是杀人。自然这其中有的是该杀，比如鲁提辖拳打的‘镇关西’，林教头砍杀的‘陆虞候’。但许多是不该杀的，比如李逵劫法场时挥动板斧向看热闹的人们‘排头砍去’；又如武松血溅鸳鸯楼时将丫鬟养娘们也‘通通干掉’；至于这些英雄喜欢将仇人的心肝取来做‘醒酒汤’之类的豪举就不仅是不喜欢，而且还让人恶心了。一句话，我不喜欢这部血腥味太浓而人情味太淡的电视剧。另外，我对剧中英雄的不满之处还在于，他们在水泊梁山里每日的所作所为除了杀人放火抢东西，便是大块吃肉大碗喝酒，用句时兴的话来讲就是只搞‘生产关系’领域的革命，而不搞‘生产力’领域的革新。试想，如果一个民族的英雄都只在‘生产关系’领域里翻江倒海，而不在‘生产力’领域中下功夫，那么这个民族的前景未免会黯然。”[131]这位受教者所谈的感想，不同凡俗，显示了激发他们的审美逆思的魅力所在。

以上阐述的语文教育中的施教者引导受教者的审美质疑、审美替换、审美逆思等审美创造的激发，是成功地完成某种创造性活动所必需的心理品质和特有本领，它们是由知识、智力、能力及优良的个性特质等构成的，其目的在于使施教者引导受教者能对语文教材中的课文即文字作品（文章作品、文学作品）在主动探求的基础上，得出开创性的设想。因而施教者要引导受教者深入到其中去“求异”，或变形思考，或换元运思，或逆转思路，从而最大限度地发挥创造潜能，达到“思维的创新，表达的创新”[10]的效果[132]。

…………

综上所述，作为施教者引导受教者在语文（语言、文章、文学）中增强审美意识、领略审美因素、提升审美能力等几个方面，是一个值得予以认真探究的话题。它们虽然同受教者在审美活动中长期受到教育和训练及熏陶有关，但在本质上都是人类长期历史发展的产物。因此，在语文教育中，施教者要指引受教者通过丰富多彩的教学形式和多渠道的情感诱发，使他们在和谐愉悦的审美心境中受到耳濡目染的影响，以期悄无声息地渗透、弥散、贯穿于生活的骨髓之中，从而有效地进入“人的发展和完整性建构”的全新境域。

第十四章　语文教育的课外拓展

语文教育的课外拓展，已成为整个语文教育不可或缺的组成部分[46]。随着语文教育改革的持续深入，课外语文教育与课内语文教育将共同承担着语文学科所赋予的时代使命。课外语文教育的内容是不断扩大的，形式也是不断出新的，它是一个亟待开发的领域。为了促使课外语文教育的健康发展，施教者必须而且应当用“一语双文论”贯穿于始终，并引导受教者在具体的活动中逐一落实，以期在语文（语言、文章、文学）中塑造受教者达到“求真”、“向善”、“崇美”的创造性的人才和“健全的人格”的基本要求。以下仅从课外语文教育的智育“求真”、课外语文教育的德育“向善”、课外语文教育的美育“崇美”等三个方面分别予以阐述：

第一节　课外语文教育的智育“求真”

课外语文教育不可漠视探究语文（语言、文章、文学）中的智育，即知识的获得、能力的形成和智力的发掘，其目的在于“求真”，它与德育的“向善”、美育的“崇美”是统一的，共同完成语文学科中智育的“真”和德育的“善”及美育的“美”等既定任务。需要说明的是，实际上在课外语文教育的智育实施之中，其丰富的内容与新活的形式，很难截然加以划分。这里将其分成几个类别，只是就侧重点的不同而言，同时也是为了阐述的方便。以下仅从课外语文教育的智育内容和课外语文教育的智育形式等两个方面依次予以展开：

一、课外语文教育的智育内容

课外语文教育的智育内容是丰富的，它在语文教育中是不可疏漏的，主要呈现为施教者如何在课外语文教育的智育中引导受教者获得知识、形成能力和发掘智力，以期促使其“提高智能水平”。它们事实上是密切地结合在一起的，难以绝对地加以分开。下面递次进行阐发：

（一）课外语文教育中智育的获得知识

课外语文教育中智育的获得知识，施教者要指引受教者将一切以语言文字为信息载体的语文基础知识信息，如语音、文字、词汇、语法、修辞、语体等语言知识和文章本体、文章阅读、文章写作、文章听说、文章历史、文章传播等文章知识及文学概论、马列文论、西方文论、古代文论、美学理论等文学知识均列为课外语文教育的活动。具有渊博的知识，对一个受教者来说非常重要。因此，施教者应让受教者走出“封闭”的课堂，到“开放”的课外的书海里去加强知识的积累。只有这样，才能使受教者的语言知识、文章知识、文学知识等知识面更加宽阔。

（二）课外语文教育中智育的形成能力

课外语文教育中智育的形成能力，施教者要指引受教者将课外读物所需的认读、理解、欣赏、评价与明旨、定体、用料、选技和听辨、听记、听解、听评及组码、编码、发码、用码等行为，均列为课外语文教育的活动，从而使他们的阅读能力、写作能力、聆听能力、说话能力等得到提高，这对于一个受教者来说，是十分必要的。因此，施教者应让受教者迈出“狭隘”的课堂，利用课外语文（语言、文章、文学）活动把课内所学的知识同具体的现实生活联系起来的胜势，让读、写、听、说这些活动不仅充实受教者的课余生活，而且还培养他们的实际能力。

（三）课外语文教育中智育的发掘智力

课外语文教育中智育的发掘智力，施教者要指引受教者将读课外书籍、看报纸杂志、听新闻广播、瞧墙报广告等行为，均列为课外语文教育的活动，从而使他们的观察力、注意力、记忆力、想象力、思维力等得到开发。这对于一个受教者来说，是相当迫切的。因此，施教者应让受教者离开“局促”的课堂，利用课外语文（语言、文章、文学）活动的独特优势，按照受教者智力发展本身的要求，有效地挖掘他们的内在潜能，从而促使他们敏锐观察事物、执着注意事象、强化记忆事理、大胆想象事态、多向思维事情，让他们的智商、情商、创商等都得到发展。

二、课外语文教育的智育形式

课外语文教育的智育形式是鲜活的，它在语文教育中也是不可疏漏的，主要呈现为施教者怎样在课外语文教育的智育中引导受教者开展阅读、从事写作和实施听说，从而催发其“探索品质的养成”。它们事实上是密切地结合在一起的，不能彻底地加以分离。下面递次进行阐发：

（一）课外语文教育中智育的开展阅读

开展阅读是课外语文教育中不可低估的形式。一方面，它与课内阅读训练的积极配合，成为课内阅读的延伸和扩展；另一方面，它是课内阅读的“法式”在实践中的应用。施教者指引受教者在课外的独立阅读，是进行课外语文教育的最经常、最简便的一项活动。这项活动开展得好，可以巩固受教者课内阅读的成果，扩大阅读的领域，提高阅读的实效。同时，课外阅读也是开拓受教者视野、发展受教者智力的重要途径，施教者应当给予高度的重视，并进行有效的诱导，以期激发他们的阅读兴趣，丰富他们的阅读内涵，从而让他们的阅读能力很好地得到提升。

（二）课外语文教育中智育的从事写作

从事写作也是课外语文教育中不可多得的形式。主要有观察手记和自由练笔两种。观察手记是一种受教者对客观现实而仔细查看、获得感受的记录，是提高观察能力、摄取能力和思维能力的有效途径。观察要根据明确的目的，确定重点，区分主次，并按照一定的顺序进行；观察要对一个事物从局部到整体，从外表到内里，从粗放到精细等认真察看。自由练笔是一种受教者自由命题的写作练习，最能充分体现他们的自主精神。受教者对学习、生活等各个领域，乃至一切风俗世态的所思、所感、所得，都可以作为练笔的依据；其形式更是灵活自由，不拘一格。

（三）课外语文教育中智育的实施听说

实施听说更是课外语文教育中不可忽视的形式。在信息繁多的现代社会里，由于传声技术的迅猛发展，聆听和说话在语文教育中的首要地位也日益显露出来了。在课外语文教育中，聆听和说话的活动大大高于书面语言的使用率，因而具有旺盛的生命力和强烈的吸引力。比如演讲，它不仅是现代社会的一种重要的口语交际手段和宣传鼓动形式，也是锻炼口语能力的极好方式，得到了受教者的普遍欢迎。聆听与说话往往同步进行，但是有时会有所侧重。聆听与说话的活动除家庭语文教育中的录音欣赏适合个人独自进行外，一般是以集会或演出形式而出现的。

第二节　课外语文教育的德育“向善”

课外语文教育无法藐视探究语文（语言、文章、文学）中的德育，即思想的净化、情操的陶冶、德性的涵养，其目的在于“向善”，它与智育的“求真”、美育的“崇美”是同一的，共同完成语文学科中智育的“真”和德育的“善”及美育的“美”等既定任务。需要说明的是，实际上在课外语文教育的德育实施之中，其丰厚的内容与新奇的形式，很不容易予以区分。这里将其分解几个类别，只是就着力点的相异而论，并且也是为了阐述的便利。以下仅从课外语文教育的德育内容和课外语文教育的德育形式等两个方面依次予以展开：

一、课外语文教育的德育内容

课外语文教育的德育内容是丰厚的，它在语文教育中是值得重视的，主要呈现为施教者如何在课外语文教育的德育中引导受教者净化思想、陶冶情操和涵养德性，以期促使其“弘扬人文精神”。它们事实上是紧密地相连在一块的，难以绝对地加以分开。下面递次进行阐发：

（一）课外语文教育中德育的净化思想

课外语文教育中德育的净化思想，同课内语文教育一样，只是空间有所不同，主要指爱国主义教育，包括“增进亲国之情、激励效国之志、练就建国之才、鞭策兴国之行”。因此，施教者要指引受教者到大自然中去观察、体验，让祖国山河壮丽的迷人景象去影响他们，使他们不仅写出讴歌祖国河山的好作品，而且在感情上得到有效熏陶；或组织他们调查，走访工厂矿山、农村田野，接触工农、了解实际，为写作积累大量的素材，并从中受到生活源泉的滋润、人民群众的哺育，进而在思想上获益、智能上进步、情感上富厚，并诗意地栖居于课外语文教育之中。

（二）课外语文教育中德育的陶冶情操

课外语文教育中德育的陶冶情操，同课内语文教育一样，只是空间有所差异，主要指理想信念教育，包括“疏通其经络、融化其血液、深入其骨髓、渗透其灵魂”。因此，施教者要指引受教者经常拿起文艺批评的武器，努力使他们掌握马克思主义的文艺批评标准；要教育受教者开展对文章作品、文学作品等的评论，善于辨别香花和毒草，以期提高思想认识能力；同时要着眼于受教者生命的健康成长，使他们的心灵能量同智慧力量、美感雅量等有机地结合起来，真正让课外语文教育成为培养受教者“有道德”的阵地，进而重新唤回受教者生命的魅力与美丽。

（三）课外语文教育中德育的涵养德性

课外语文教育中德育的涵养德性，同课内语文教育一样，只是空间有所区别，主要指道德品质教育，包括“提高道德认识、增强道德情感、锻炼道德意志、确立道德信仰、培养道德行为”。因此，施教者既要将课内所传递的道德规范信息内化为受教者课外的道德信仰，又要将他们的道德信仰外化为个体的道德行为，以期顺利地实现课内与课外的两个相互转化，使道德品质教育真正地取得实效。另外，施教者要指引受教者建立开放而有活力的学习生活系统，让他们在五彩斑斓的生活中学习语文（语言、文章、文学），并享受其中的无穷乐趣，继而涵养德性。

二、课外语文教育的德育形式

课外语文教育的德育形式是新奇的，它在语文教育中也是值得重视的，主要呈现为施教者怎样在课外语文教育的德育中引导受教者开展集会、施行采编和组建社团，从而催发其“道德良知的觉醒”。它们事实上是紧密地相连在一块的，无法彻底地加以分离。下面递次进行阐发：

（一）课外语文教育中德育的开展集会

开展集会是一种群众性很强的课外语文教育的形式。这种活动形式的突出特点是：发挥集体智慧，互相取长补短，在活泼的、富有兴趣的交流中推广先进的经验。常见的活动形式有：诗歌朗诵会、读书报告会、经验交流会、习作欣赏会、演讲会、故事会、恳谈会、抢答会、辩论会、主题讨论会，等等。这种活动形式具有较强的宣传和教育作用，它对于提升受教者的智慧能力、培养受教者的精神品位、增添受教者的美感情怀，都能起到积极的作用。因此，施教者要创设语文（语言、文章、文学）的学习情境，引导受教者从课外语文教育中尽情享受这一“饕餮盛宴”。

（二）课外语文教育中德育的施行采编

施行采编是一种集新闻采访和报刊编辑为一体的课外语文教育的形式。采访在于获取新闻的任务，包括了解和分析情况，组织报道和写作；编辑在于从事组稿、审读、编选加工和出版设计。常见的活动形式有：办报纸、做刊物、组织采访、发布新闻，等等。这种活动形式对于激发受教者的兴趣、活跃受教者的思想、砥砺受教者的文笔、协调受教者的关系、提高受教者的水平、锻炼受教者的能力、培养受教者的创新精神，都将起到非常积极的促进作用。因此，施教者要营造语文（语言、文章、文学）的学习氛围，引导受教者从课外语文教育中尽兴享用这一“丰盛宴席”。

（三）课外语文教育中德育的组建社团

组建社团是一种为一定目的而组成的具有某些共同特征、爱好的人员相聚而成的课外语文教育的形式。这种活动形式的特点是：具有学习的自主性、主体的实践性、执行的开放性、内在的驱动性和效果的可检测性等多元特性。通常的活动形式有：语言社、文章社、文学社、历史社、地理社、灯谜社、曲艺社，等等。专业社团所进行的各项活动是第一课堂的延伸，能使受教者全面了解与专业知识相关的前沿动态，将为受教者的专业提供最有益的补充。因此，施教者要创建语文（语言、文章、文学）的学习环境，引导受教者从课外语文教育中尽快享有这一“美食佳肴”。

第三节 课外语文教育的美育“崇美”

课外语文教育不能鄙视探究语文（语言、文章、文学）中的美育，即审美意识的增强、审美因素的领略、审美能力的提升，其目的在于“崇美”，它与德育的“向善”、智育的“求真”是融合的，共同完成语文学科中智育的“真”和德育的“善”及美育的“美”等既定任务。需要说明的是，实际上在课外语文教育的美育实施之中，其丰赡的内容与新颖的形式，不能一下子就区别。这里将其分明几个类别，只是就着重点的不同而言，同时也是为了阐述的便捷。以下仅从课外语文教育的美育内容和课外语文教育的美育形式等两个方面依次予以展开：

一、课外语文教育的美育内容

课外语文教育的美育内容是丰赡的，它在语文教育中是不可忽略的，主要呈现为施教者怎样在课外语文教育的美育中引导受教者增强审美意识、领略审美因素和提升审美能力，以期促使其“追求审美境界”。它们事实上是紧密地联系在一起的，难以绝对地加以分开。下面递次进行阐发：

（一）课外语文教育中美育的增强审美意识

课外语文教育中美育的增强审美意识，施教者要在语文（语言、文章、文学）中帮助受教者树立审美观念、健全审美心理、端正审美态度，让他们远离低俗而迈入高雅，告别陋习而走向文明。如受教者通过集体生活的锻炼，会逐渐形成良好的教养和优秀的品格；通过社会调查活动的践履，会辨别真、善、美和假、恶、丑；通过多种活动的参与，会逐步扩大生活容量和情感范围。这就要求施教者在课外语文教育中引领受教者由浅入深、由表及里地不仅用理性也用感性去体验美，以期使他们的审美意识得到增强，并不断地由低级到高级、由片面到全面进行提高。

（二）课外语文教育中美育的领略审美因素

课外语文教育中美育的领略审美因素，施教者要在语文（语言、文章、文学）中帮助受教者分辨审美形态、区别审美范畴、解析审美形式，让他们积累审美经验，并获得美感体验。如受教者通过文章品评、诗歌朗诵、散文欣赏、小说浏览、戏剧观看等活动，便会真正认识各种审美因素的呈现情形，进而深入地把握审美对象的内在意蕴。这就要求施教者在课外语文教育中引领受教者将文字作品（文章作品、文学作品）的审美因素渗透在文章写作、文学创作等活动之中，让他们很好地掌握再现美与表现美的方法，以期充分地发挥自己的鉴赏美和创造美的才能。

（三）课外语文教育中美育的提升审美能力

课外语文教育中美育的提升审美能力，施教者要在语文（语言、文章、文学）中引导受教者产生审美感受、深化审美鉴赏、激发审美创造，让他们重新理解人生的意义，从而磨砺自信心、意志力、承受力、适应力等。如受教者通过文字作品（文章作品、文学作品）的发现、识别、理解、评价等活动，便会让他们在熏陶感染中汲取审美营养，滋润审美心灵，以期丰富审美素养，并提高审美能力。因此，施教者要将这种能力的提高转化为受教者审美享受和情感共鸣的精神食粮，使之成为他们的美感世界的组成部分，继而通往更高、更远、更新的审美境界。

二、课外语文教育的美育形式

课外语文教育的美育形式是新颖的，它在语文教育中也是不可忽略的，主要呈现为施教者怎样在课外语文教育的美育中引导受教者的竞赛活动、游艺活动和节假日活动，从而催发其“自由心灵的建构”。它们是紧密地联系在一起的，不易彻底地加以分离。下面递次进行阐发：

（一）课外语文教育中美育的竞赛活动

课外语文教育中美育的竞赛活动是一种在语文（语言、文章、文学）中就某方面的成绩检阅的形式。这种活动形式的特点是：利用受教者的竞争心理，鼓励他们努力争取优胜，同时也发现自己的薄弱环节，以期促使他们的学习更积极。常见的活动形式有：写作比赛、书法比赛、朗诵比赛、演讲比赛、查字典比赛、普通话观摩比赛、成语填空比赛、改正错字比赛、病句修改比赛、古文翻译比赛，等等。这种活动形式有利于活跃受教者的多向思维，促进他们的知识水平和人文修养的提高。它不但可以发现优秀人才，而且能够觉察短缺人才，从而扬长避短，开发他们的潜能。

（二）课外语文教育中美育的游艺活动

课外语文教育中美育的游艺活动是一种在语文（语言、文章、文学）中融游戏、游艺为一体的形式。它通常分为智力性、趣味性和竞技性等三种。这种活动形式的特点是：寓学于玩，鼓舞兴趣，耳濡目染，能提供发展受教者的观察力、注意力、记忆力、想象力、思维力等学习情境。常见的活动形式有：灯谜晚会、联词联句游戏、作品游艺会、艺术欣赏、巧对对联、戏剧阅览、影视观看、文艺演出，等等。这种活动形式既能使受教者的神经、肌肉、血液、体液得到充分的运动，又能使他们的审美情趣得到有效的提升，还能使他们的智慧、精神、美感等得到和谐的发展。

（三）课外语文教育中美育的节假日活动

课外语文教育中美育的节假日活动是一种在语文（语言、文章、文学）中最神往、最憧憬的形式。这种活动形式的特点是：拥有时间、空间两个优势，尤其是与大自然、大社会等融合在一起，不但意味着休憩和娱乐，而且意味着惬意和激动。常见的活动形式有：郊游、踏青、登山、远足、参观、探访、文章节、诗歌节、散文节、小说节、戏剧节、篝火晚会、民歌采集、歌舞表演，等等。这种活动既有利于受教者的认识水平、实践能力和创新意识的发展，也有利于受教者进行智力训练、人文熏陶和情感培养，更有利于促进受教者的知、情、意、行等得到全面的进步。

…………

综上所述，作为语文教育中必不可少的课外语文教育，它在整个语文教育中占有举足轻重的地位，对受教者语文（语言、文章、文学）素养的全面提高，发挥着不可替代的作用。以上关于课外语文教育的智育“求真”的内容与形式、课外语文教育的德育“向善”的内容与形式、课外语文教育的美育“崇美”的内容与形式等三个方面的阐述，基本上体现了语文教育的课外拓展的要求，施教者用以指引受教者开展相应的活动，将有助于他们从中有效地既“求真”而“提高智能水平”又“向善”而“弘扬人文精神”更“崇美”而“追求审美境界”，并切实地进入“人的发展和完整性建构”的全新境域。

余　论　语文教师的继续教育

语文教师的继续教育，是语文教育学学科中的一个亟盼开发的领域。语文教师的品德高尚、学问精深、才情睿智、见识广博，这是其应有的修养内容。语文教师是语文教育过程中施教的主体，由于教书育人的双重职责，决定了其道德修为需敬业、知识水平需博学、才能素养需卓异、见识涵养需超群。为了又好又快地在语文（语言、文章、文学）中塑造受教者达到"求真"、"向善"、"崇美"的创造性的人才和"健全的人格"的基本要求，以适应语文教育本体和客体发展的需要，社会主义新时代的语文教师应当着力于思想品德、学业知识、聪明才智、远见卓识等的修养上。以下仅从"德"、"学"、"才"、"识"等四个方面分别予以阐述：

一、语文教师的"德"的修养

语文教师的"德"的修养这方面表现为他们应具有在语文教育中而坚持社会主义教育和热爱社会主义祖国以及学习马克思主义理论等坚定的政治方向、忠诚教育事业和钟情语文教育以及酷爱语文学科等牢固的专业思想、诲人不倦的情怀和包容大度的胸襟以及守身如玉的节操等高尚的职业品格。这就要求他们应坚持不懈地进行思想改造，自觉地克服和抵御资产阶级思想的侵蚀，真正地树立起无产阶级的世界观和人生观，并把学习马列主义思想当作自身修养的硬任务来抓。除此，他们还要紧密地联系语文教育的实际，通晓马克思主义的语言观、文章观、文学观、美学观、教育观和思维观。这种思想武装有着两方面的意义：一是让自己的受教者在语言的智育和德育及美育、文章的智育和德育及美育、文学的智育和德育及美育中自发地运用唯物辩证法，保证语文教育沿着正确的方向前进；二是让自己的受教者在语文教育专业研究中充分地发挥其世界观、方法论的作用，以适应语文教育健康发展的需要。因此，他们只有不断提高自身的道德修养，才能在极端功利主义的纷纭世界之中始终保持一颗平静的心，才能在语文教育专业的研究上真正有所作为。如果他们没有甘于"坐冷板凳"的缄默、乐于"吃清贫饭"的孤独、勇于"啃冷猪肉"的沉静，那就很难安心地耕耘在语文教育研究的领域。在语文教育专业的研究中，在与受教者、同事和他人进行交往时，他们要有独立的思想、健全的个性、深厚的爱心、得体的谈吐、潇洒的举止、儒雅的风度，以及对待工作、名利、生活、挫折等的积极态度，不但要旷达洒脱却又不能隐逸避世，而且要入世建功却又不能阿谀媚俗，更加要眼光远大却又不能傲视万物，从而展现出优秀的公众形象，散发出强大的人格魅力，并以自身的良好素养和崇高风范，潜移默化地影响自己的受教者。

二、语文教师的“学”的修养

语文教师的“学”的修养这方面表现为他们应具有适应语文教育的需要而构建最佳的知识网，大体说来，需涵盖语文学科知识（语言学知识、文章学知识、文艺学知识）与教育学科知识（教育学知识、心理学知识、语文教育学知识）和哲学学科知识（思维科学知识、社会科学知识、自然科学知识）以及文化学学科知识（基本原理知识、应用工程知识、实施策略知识）。就语文学科知识中的语言学知识而言，有语音学知识、文字学知识、词汇学知识、语法学知识、修辞学知识、语体学知识等；就语文学科知识中的文章学知识而言，有文章本体知识、文章阅读知识、文章写作知识、文章听说知识、文章历史知识、文章传播知识等；就语文学科知识中的文艺学知识而言，有文学概论知识、马列文论知识、西方文论知识、古代文论知识、美学理论知识等。就教育学科知识中的教育学知识而言，有课程论知识、教材论知识、教学论知识、评价学知识、管理学知识等；就教育学科知识中的心理学知识而言，有西方心理学知识、苏联心理学知识、中国心理学知识、教育心理学知识等；就教育学科知识中的语文教育学知识而言，有语文教育阅读学知识、语文教育写作学知识、语文教育听知学知识、语文教育演讲学知识等。就哲学学科知识中的思维科学知识而言，有思维概念知识、思维主体知识、思维对象知识、思维结构知识、思维类型知识等；就哲学学科知识中的社会科学知识而言，有政治学知识、经济学知识、认知学知识、伦理学知识、未来学知识等；就哲学学科知识中的自然科学知识而言，有宇宙学知识、生态学知识、气象学知识、生物学知识、地理学知识等。就文化学学科知识中的基本原理知识而言，有文化本质知识、文化内涵知识、文化过程知识等；就文化学学科知识中的应用工程知识而言，有课程文化知识、教材文化知识、教学文化知识等；就文化学学科知识中的实施策略知识而言，有智育文化知识、德育文化知识、美育文化知识等。

三、语文教师的“才”的修养

语文教师的“才”的修养这方面表现为他们应具有从事语文教育的基本功，它是“语文”能力、“教学”能力和“改革”能力的熔铸。从“语文”角度看，这种基本功可分解为阅读语文教材的能力和掌握阅读方式的能力及指导受教者阅读的能力等语文教育所需的阅读能力、适应教学书写的能力和教学应用写作的能力及指导受教者写作的能力等语文教育所需的写作能力、养成“善于倾听”的能力和具有“学会倾听”的能力及指导受教者倾听的能力等语文教育所需的聆听能力、擅长讲普通话的能力和具备教学演讲的能力及指导受教者说话的能力等语文教育所需的讲话能力，这四者互为条件，相辅相成，综合地组成了语文教育的言语链条。从“教学”角度看，这种基本功可分解为把握语文课程纲要的能力和钻研语文教科书的能力及利用语文教学资料的能力等语文教育所需的驾驭能力、确定语文教学目标的能力和抓住语文教学要点的能力及讲究语文教学策略的能力等语文教育所需的设计能力、语文教学程序组织的能力和语文教学语言表达的能力及语文教学节奏调控的能力等语文教育所需的实施能力、明确语文教育评价重心的能力和把握语文教育评价要领的能力及提出语文教育评价对策的能力等语文教育所需的评价能力，这四者互相依存，不可偏废，客观地反映了语文教育的自然进程。从“改革”角度看，这种基本功可分解为思考语文教育现状的能力和探求语文教育得失的能力及改进语文教育措施的能力等语文教育所需的调查研究能力、寻觅语文教育突破点的能力和找准语文教育切入点的能力及聚焦语文教育着力点的能力等语文教育所需的择题定向能力、观察语文教育现象的能力和分析语文教育偏向的能力及提炼语文教育智慧的能力等语文教育所需的总结经验能力、钻研语文教育理论的能力和注重语文教育实践的能力及提高语文教育效率的能力等语文教育所需的开展教研能力，这四者相互联系，缺一不可，自然地构成了语文教育的较高境界。

四、语文教师的“识”的修养

语文教师的“识”的修养这方面表现为他们应具有在语文教育中不但能远见卓识并站在时代高度，而且能冲破微观并放长眼光，更加能走向宏观并面向未来，也就是“预测未来的状况和远景的本领”[133]，从而蓄积革新语文教育的创造力。具体地说，一是要针对语文教育在全球化的背景下应该遵循的尺度不能简单地与其他学科相提并论的实情，而反思语文教育用“时髦”理论来演绎、用“新潮”话语来包装、用“花哨”形式来摆弄、用“求全”手段来淹没等“现代化”的流弊[134]；二是要针对语文教育“只讲文学教育和语言教育却不讲文章教育”的非科学的发展战略，而树立语文教育的学科名称定位、教学内容定位、素养含义定位、课程目标定位等“科学发展观”[5]；三是要针对语文教育长期以来由于诸多因素的影响所陷入特有的高耗低效的严重困境，而寻求语文教育克服“语文即语言文字”说的历史局限、超越“语文即语言文学”说的传统偏见、提升“语文即语言文章”说的科学品位、吸收“语文即语言文化”说的人文内涵、高扬“语文即语言文章文学”说的现代观念等理想化的出路[135]；四是要针对语文教育一向以强调理性因素为主的认识主义占绝对统治地位的做法所造成的痼疾，而找准语文教育的回归“本色语文”、崇尚“简约语文”、构建“和谐语文”、追求“诗意语文”、呼唤“生态语文”等中国化的方向[136]。另外，作为一名语文教师，必须同陈腐而僵化的传统偏见实行最彻底的决裂，继而破除小语文教育思想，树立大语文教育观念，即破除与小产业、小经济、小科学相适应的狭隘性、落后性、保守性的小语文教育思想，树立与大产业、大经济、大科学相适应的宽广性、超前性、开放性的大语文教育观念，为培养未来的高素质人才贡献更多的力量，尽更大的义务，使一个全新的语文教育局面得以出现，一个“真善美融合”的语文教育境界早日达到，以期有效地进入“人的发展和完整性建构”的全新境域[137]。

注 释

[1]曾祥芹."一语双文"时代渐行渐近：全球化语境下语文内容结构改革的必然趋势[J].语文建设，2009，(11)：4-8.

[2]杨道麟.浅论高师院校中文系的"师范性"[J].河南商业高等专科学校学报，2008，(5)：110-113.

[3]杨道麟.语文教育应探求"真善美融合"的新理念[J].贵州师范大学学报（社会科学版），2007，(6)：130-132.

[4]中华人民共和国教育部.语文课程标准（实验稿）[S].北京：北京师范大学出版社，2001：2.4.1-2.

[5]杨道麟.试论语文教育的科学发展观[J].语文教学与研究，2006，(12)：8-9.

[6]曾祥芹.论"一语双文"的语文内容结构观[J].课程·教材·教法，2015，(4)：67-69.

[7]曹明海.让语文点亮生命[J].中学语文教学参考，2007，(9)：13-14.

[8]杨道麟.语文教育理念的真善美[J].国文天地，2012，(6)：120-125.

[9]北京师范学院学科教育学研究中心.学科教育学初探[M].北京：北京师范学院出版社，1988：9.

[10]中华人民共和国教育部.语文课程标准（实验）[S].北京：人民教育出版社，2003：1.1-2.10.16.7.

[11]倪文锦.我看工具性与人文性[J].语文建设，2007，(7)：4.

[12]曹明海.语文教育观新建构[M].济南：山东人民出版社，2007：278.

[13]毛泽东.毛泽东著作选读（上册）[M].北京：人民出版社，1986：160.

[14]杨道麟.语文教育本质的真善美[J].当代教育科学，2009，(24)：53-55.

[15]张之洞，张百熙，荣庆.学务纲要[A]// 舒新城.中国近代教育史资料（上册）.北京：人民教育出版社，1961：204-205.

[16]蔡元培.中学校课程标准[A]// 舒新城.中国近代教育史资料（中册）.北京：人民教育出版社，1961：527.

[17]叶绍钧，胡适.中学国语课程标准纲要[A]// 全国教育联合会新学制课程标准起草委员会.新学制课程标准纲要卷.上海：商务印书馆，1925：52.82.

[18]教育部中小学课程标准起草委员会.初级中学国文暂行课程标准[A]// 中小学课程暂行标准（第二册）.上海：中华书局，1929：1.

[19]教育部中小学课程标准起草委员会.高级中学国文暂行课程标准[A]// 中小学课程暂行标准（第三册）.上海：中华书局，1929：9.

[20]孟宪承，刘大白.初级中学国文课程标准[A]// 乐嗣炳.国语学大纲.上海：大众书局，1935：383.

[21]孟宪承，胡适.高级中学国文课程标准[A]// 乐嗣炳.国语学大纲.上海：大众书局，1935：390.

[22]胡适.六年制中学国文课程标准草案[S].南京：正中书局，1941：55.

[23]叶圣陶.中学语文科课程标准[A]// 叶圣陶集（第十六卷）.南京：江苏教育出版社，1993：113.

[24]中学语文编辑室.中学语文教材和教学[M].北京：人民教育出版社，1981：1.

[25]中华人民共和国教育部.全日制中学语文教学大纲（草案）[S].北京：人民教育出版社，1963：2.

[26]中华人民共和国教育部.全日制十年制学校中学语文教学大纲（试行草案）[S].北京：人民教育出版社，1980：2.

[27]中华人民共和国教育部.全日制中学语文教学大纲[S].北京：人民教育出版社，1986：1–2.

[28]中华人民共和国教育部.全日制中学语文教学大纲（修订本）[S].北京：人民教育出版社，1990：1–2.

[29]中华人民共和国教育部.九年义务教育全日制初级中学语文教学大纲（试用）[S].北京：人民教育出版社，1995：1.

[30]中华人民共和国教育部.全日制普通高级中学语文教学大纲（供实验用）[S].北京：人民教育出版社，1996：1–2.

[31]中华人民共和国教育部.全日制普通高级中学语文教学大纲（试验修订版）[S].北京：人民教育出版社，2000：1–2.

[32]杨道麟.语文教育目标的真善美[J].山东师范大学学报（人文社会科学版），2011，(5)：121–126.

[33]斯卡特金.中学教学论：当代教学论的几个问题[M].赵维贤，丁西成，译.北京：人民教育出版社，1988：57.

[34]秦树基.语文第二课堂发展趋势之我见[J].西南师范大学学报（人文社会科学版），1987，(3)：132.

[35]杨道麟.系统论在语文教育中的运用[A]// 王爱民.中国高校科学.大连：大连理工大学出版社，1997：485.

[36]钱学森.给杨春鼎同志的信[J].逻辑通讯，1983，(13)：85.

[37]中央教育科学研究所.叶圣陶语文教育论集[M].北京：教育科学出版社，1980：721.721.718.363.

[38]杨道麟.语文教育原则的真善美[J].韩山师范学院学报（社会科学版），2008，(5)：

71–78.

[39]周庆元.语文教育研究概论[M].长沙：湖南人民出版社，2005：67.

[40]赵祥麟，王承绪.杜威教育论著选[M].上海：华东师范大学出版社，1981：250.

[41]倪文锦.语文教育展望[M].上海：华东师范大学出版社，2003：283–284.

[42]课程教材研究所.20 世纪中国中小学课程标准[A]// 教学大纲汇编语文卷.北京：人民教育出版社，2001：312.

[43]杨道麟.语文教育过程的真善美[J].文学教育，2008，(2)：50–53.

[44]曾祥芹."新概念阅读教学"宣言[J].中学语文教学参考，2001，(1–2)：9–12.

[45]杨道麟.略论书法艺术的真善美[J].开封大学学报，2011，(3)：86–87.

[46]杨道麟.语文教育学导论（修订本）[M].武汉：湖北人民出版社，2001：184–185. 466–482.

[47]陆机.文赋[M]// 郭绍虞.中国历代文论选（1 卷本).上海：上海古籍出版社，1979：71.

[48]杨道麟.语文教师写作能力泛论[J].语文教学与研究，1997，(1)：24–25.

[49]洪镇涛.是学习语言，还是研究语言?：浅论语文教学中的一个误区[J].中学语文，1993，(5)：4–6.

[50]杨道麟.美学视野下语文教学的"语文"能力略论[J].台州学院学报，2016，(4)：71–77.

[51]杨道麟.美学视野下语文教学的"备课"能力略论[J].韩山师范学院学报（社会科学版)，2016，(1)：81–88.

[52]苏霍姆林斯基.给教师的建议（上）[M].杜殿坤，译.北京：教育科学出版社，1980：261.

[53]杨道麟.语文教师课堂中的教学语言有效运作之研究[J].国际中文教育学报，2020，(7)：107–124.

[54]司马迁.滑稽列传[A]// 王伯祥.史记选.北京：人民文学出版社，1973：505.

[55]杨道麟.美学视野下语文教学的"施教"能力略论[J].贵州师范大学学报（社会科学版)，2013，(1)：127–133.

[56]魏本亚.语文教育评价[M].上海：华东师范大学出版社，2012：211–216.

[57]杨道麟.美学视野下语文教学的"评价"能力略论[J].台州学院学报，2017，(2)：47–52.

[58]杨道麟.美学视野下语文教学的"科研"能力略论[J].河南教育学院学报（哲学社会科学版)，2016，(1)：99–106.

[59]杨道麟.语文教育内容的真善美[J].国文天地，2015，(8)：51–57.

[60]甘其勋.文章课程：不容漠视的存在[J].语文学习，2006，(10)：13.

[61]叶圣陶.答孙文才[A]//叶至善.叶圣陶答教师的一百封信.天津：开明出版社，1989：9.

[62]鲁迅.我怎么做起小说来[A]// 鲁迅全集（第 4 卷).北京：人民文学出版社，1981：513.

[63]毛泽东.实践论[A]// 毛泽东选集（第 1 卷).北京：人民出版社，1966：818.

[64]陀思妥耶夫斯基.《安娜·卡列尼娜》是具有特殊意义的事实[A]// 陀思妥耶夫斯基论艺术.冯增义，等，译.桂林：漓江出版社，1988：242.

[65]别林斯基.给鲍特金的信[A]// 别列金娜.别林斯基论文学.梁真，译.上海：新文艺出版社，1958：40.

[66]车尔尼雪夫斯基.艺术与现实的美学关系[A]// 车尔尼雪夫斯基选集（上卷）[M].周扬，等，译.北京：三联书店，1958：99.

[67]杨道麟.美学视野下语文学科的文章教学浅论[J].河南教育学院学报（哲学社会科学版），2012，(5)：130-132.

[68]老舍.老舍论创作[M].上海：上海文艺出版社，1982：220.

[69]朱晓江.小说的文体特征、功能及其与五四文学变革之关联：重读梁启超《论小说与群治之关系》[J].学术月刊，2021，(3)：160-169.

[70]王钦韶.语文美育研究[M].开封：河南大学出版社，1991：207-208.60.

[71]郭锋.李清照《词论》新解[N].光明日报，2006-07-28：7.

[72]杨道麟.美学视野下语文学科的文学教学浅论[J].中共郑州市委党校学报，2014，(1)：98-101.

[73]曹明海.语文教学本体论[M].济南：山东人民出版社，2007：7.

[74]施补华.岘佣说诗[A]// 何文焕，丁福保.历代诗话统编（第五册）.北京：北京图书馆出版社，2003：547.

[75]曾祥芹.文体阅读法[M].郑州：河南教育出版社，1992：282.

[76]王闿运.论诗法[A]// 陈良运.中国历代诗学论著选.南昌：百花洲文艺出版社，1995：1088.

[77]曹明海.文学解读学导论[M].北京：人民文学出版社，1997：315.275.388.

[78]列夫·托尔斯泰.列夫·托尔斯泰论创作[M].戴启篁,译.南宁：漓江出版社，1982：11.

[79]泰纳.巴尔扎克论[A]// 文艺理论译丛编委会.文艺理论译丛.2 期.北京：人民文学出版社，1957：78.

[80]刘再复.论人物性格的二重组合原理[J].文学评论，1984，(3)：29.

[81]高尔基.和青年作家谈话[A]// 论文学.孟昌，曹保华，等译.北京：人民文学出版社，1978：335.

[82]宋涛.实用文艺鉴赏[M].北京：北京燕山出版社，2008：69.

[83]雒社扬，杨戈.戏剧艺术[M].北京：人民出版社，2008：50.

[84]白杨.理解“南后”的片段[A].时事新报，1942-02-03：2.

[85]威廉·莎士比亚.莎士比亚悲剧四种[M].卞之琳，译.北京：方志出版社，2007：428-429.

[86]汤显祖.牡丹亭[M].上海：华东师范大学出版社，2006：31.

[87]王实甫.新刊奇妙全相注释西厢记[M].上海：商务印书馆，1955：7.

[88]马丁·艾斯林.荒诞的意义[A]// 黄晋凯.荒诞派戏剧选.华明，译.北京：中国人民大

学出版社，1996：13.

[89]李锋.语文教学新论[M].西安：陕西教育出版社，1987：25.

[90]金生鈜.规训与教化[M].北京：教育科学出版社，2004：356.

[91]张志公.传统语文教育教材论[M].上海：上海教育出版社，1992：155.

[92]杨道麟.浅论语文教育的知识传授[J].中州大学学报，2008，(2)：60−63.

[93]白居易.与元九书[A]// 郭绍虞.中国历代文论选（1卷本).上海：上海古籍出版社，1979：141.

[94]马克思.1844年经济学——哲学手稿[A]// 中共中央马克思恩格斯列宁斯大林著作编译局.马克思恩格斯全集（第42卷).北京：人民出版社，1972：125.

[95]王润滋.要有自己的艺术追求[A]// 巴伟，虞阳.中青年作家创作经验谈.杭州：浙江文艺出版社，1983：15.

[96]刘勰.文心雕龙·宗经[A]// 赵仲邑.文心雕龙译注.南宁：漓江出版社，1985：33.

[97]杨道麟.浅论语文教育的能力训练[J].焦作师范高等专科学校学报，2008，(4)：12−15.

[98]韦志成.语文教育原理[M].武汉：武汉出版社，1989：272.

[99]王梓坤.想象的作用[N].光明日报，1978−05−10：2.

[100]杨道麟.浅论语文教育的智力开发[J].江南大学学报（教育科学版)，2007，(2)：24−28.

[101]鲍桑葵.美学史[M].张今，译.北京：商务印书馆，1985：7.

[102]万福成，李戎.语文教育美学论[M].青岛：青岛海洋大学出版社，2001：84.

[103]杨道麟.浅论语文学科的爱国主义教育[J].河南教育学院学报（哲学社会科学版)，2017，(3)：112−117.

[104]杨道麟.浅论语文学科的理想信念教育[J].中共郑州市委党校学报，2018，(6)：18−21.

[105]苏霍姆林斯基.教育的艺术[M].肖勇译.长沙：湖南教育出版社，1983：15−16.

[106]列宁.给美国工人的信[A].中共中央马克思恩格斯列宁斯大林著作编译局.列宁全集（第28卷）[M].北京：人民出版社，1956：53.

[107]凯洛夫，叶希波夫，里魏斯.教育学[M].沈颖，南至善，等译.北京：人民教育出版社，1953：233.

[108]梁启超.中国韵文里头所表现的情感[A]// 饮冰室合集（第三十七卷).北京：中华书局，1989：71.

[109]孟轲.孟子·告子上[A]// 杨伯峻.孟子译注.北京：中华书局，1960：298.

[110]毛泽东.毛泽东选集（第3卷）[M].北京：人民出版社，1991：660.

[111]杨道麟.浅论语文学科的道德品质教育[J].贵州师范大学学报（社会科学版)，2015，(3)：133−138.

[112]杨道麟.语文教育审美观念略论[J].语文教学与研究，2004，(9)：30−31.

[113]帕克.美学原理[M].张今，译.北京：商务印书馆，1965：50.

[114]马克思.摩尔根《古代社会》一书摘要[M].北京：人民出版社，1978：54.

[115]黑格尔.美学（第一卷）[M].朱光潜，译.北京：商务印书馆，1979：167.

[116]梁宗岱.象征主义[A]// 诗与真.上海：商务印书馆，1935：85-86.

[117]阿尔伯特·爱因斯坦.我的世界观[A]// 爱因斯坦文集（第三卷）.许良英，等编译.北京：商务印书馆，1979：42-46.

[118]杨道麟，铁生兰.论语文教育的审美心理[J].韩山师范学院学报（社会科学版），2020，(1)：83-91.

[119]杨道麟，方芳.语文教育审美态度略论[J].韩山师范学院学报（社会科学版），2022，(1)：93-98.

[120]张玉能.美学要义[M].武汉：华中师范大学出版社，1998：145.151. 165.

[121]司空图.与李生论诗书[A]// 郭绍虞.中国历代文论选（1 卷本）.上海：上海古籍出版社，1979：164.

[122]严羽.沧浪诗话[A]// 郭绍虞.中国历代文论选（1 卷本）.上海：上海古籍出版社，1979：209.

[123]李泽厚，汝信.美学百科全书[Z].北京：社会科学文献出版社，1990：248-249.

[124]丹皮尔.科学史及其与哲学和宗教的关系[M].李珩，译.北京：商务印书馆，1975：172.

[125]杨道麟.语文教育审美形态略论[J].焦作师范高等师范专科学报，2010，(3)：15-22.

[126]马克思.《黑格尔法哲学批判》导言[A]// 马克思恩格斯选集（第 1 卷）.中共中央著作编译局，编译.北京：人民出版社，1995：6-10.

[127]杨道麟.语文教育审美范畴略论[J].中学语文，1997，(9)：10-11.

[128]杨道麟，徐昌才.语文教育审美形式略论[A]// 汤天勇.语文教育研究.武汉：武汉大学出版社，2021：15-20.

[129]朱伯石.现代写作学[M].北京：人民日报出版社，1986：251.

[130]钱梦龙.导读的艺术[M].北京：人民教育出版社，1995：165.

[131]李晔.感受美 鉴赏美 创造美[J].语文教学之友，1998，(6)：8.

[132]杨道麟，苏君礼.语文教育审美能力略论[J].河北科技师范学院学报（社会科学版），2007，(3)：30-35.

[133]阿尔文·托夫勒.未来的冲击[M].孟广均，译.北京：新华出版社，1996：338.

[134]杨道麟.试论语文教育现代化的流弊[J].语文教学与研究，2008，(1)：60-61.

[135]杨道麟.试论语文教育理想化的出路[J].高等函授学报（哲学社会科学版），2007，(12)：73-75.

[136]杨道麟.试论语文教育中国化的方向[J].山东师范大学学报（人文社会科学版），2009，(1)：102-108.

[137]杨道麟.21 世纪语文教育若干问题研究[J].武汉水利电力大学学报（社会科学版），2000，(2)：77-80.

参考文献

1. 相关的期刊论文

[1]陈满铭."真善美融合"之三探——杨道麟博士的语文教育美学核心思想述评[J].焦作大学学报，2012，(4).

[2]程少堂.语文味：中国语文教育美学的逻辑起点[J].语文教学之友，2003，(8).

[3]曹明海.论语文教育的智慧生成[J].山东师范大学学报（人文社会科学版），2001，(6).

[4]曹明海.语文教育系统论的建构[J].山东社会科学，2002，(1).

[5]曹明海.语文教育与文化精神的建构[J].山东师范大学学报（人文社会科学版），2003，(6).

[6]曹明海.语文新课程的文化建构观[J].课程·教材·教法，2005，(1).

[7]曹明海.论语文教育的文化特性与情致[J].山东师范大学学报（人文社会科学版），2005，(1).

[8]杜时忠.我国教育文化学研究的回顾与前瞻[J].江苏教育学院学报（社会科学版），1998，(3).

[9]董标.教育的文化研究[J].华东师范大学学报（教育科学版），2002，(3).

[10]郭建宁.20世纪中国西化与保守主义的文化思潮[J].青海社会科学，1997，(5).

[11]洪镇涛.独特的建树 鲜明的立场 深厚的积淀——杨道麟博士的新著《语文教育美学研究》读后[J].商丘职业技术学院学报，2013，(1).

[12]韩雪屏.呼唤语文教育本体研究的回归[J].阴山学刊，2003，(5).

[13]韩军.语文教育的本质是一种"精神教育"[J].中学语文，2000，(7).

[14]鲁洁.文化变迁与教育[J].教育研究，1990，(8).

[15]鲁洁.通识教育与人格陶冶[J].教育研究，1997，(4).

[16]鲁洁.实然与应然两重性：教育学的一种人性假设[J].华东师范大学学报（教育科学版），1998，(4).

[17]鲁洁.教育：人之自我建构的实践活动[J].教育研究，1998，(9).

[18]李宇明.不同媒介的语言特征与网络语言的发展[J].中国广播，2016，(9).

[19]李海林.教育的美学本体论[J].现代教育研究，1999，(1).

[20]李健.论文化意识与人的全面发展[J].教育理论与实践，1999，(1).

[21]李维鼎.世纪性难题：语文教育的本体与本性[J].长沙电力学院学报（社会科学版），2000，(3).

[22]李雁冰.论当代教育追求的理想人格形象[J].教育理论与实践，2000，(3).

[23]刘晓伟.语文阅读教学的语境设置[J].课程·教材·教法，2008，(2).

[24]刘晓伟.教学语言的造境功能[J].中国教育学刊，2011，(7).

[25]刘铁芳.生命情感与教育关怀[J].高等师范教育研究，2000，(6).

[26]刘旭东.文化视野中课程的价值取向[J].教育评论，1997，(6).

[27]雷良启，李重.给语文素养一个界定[J].中学语文教学，2006，(6).

[28]陆俭明.语文教学的定位问题[J].中学语文教与学，2006，(6).

[29]罗文平.语文教育的文化学探讨[J].宜春学院学报，2005，(1).

[30]倪文锦.义务教育语文课程评价与考试改革[J].全球教育展望，2003，(9).

[31]裴显生.人文素养与语文教学关系谈[J].现代语文（文学研究版），2006，(17).

[32]戚万学.决定教育的最后根据是哲学[J].江苏教育学院学报（社会科学版），1995，(1).

[33]石磊.教育美学的几个问题[J].高等教育研究，1990，(4).

[34]童庆炳.语文教学与审美教育[J].北京师范大学学报（社会科学版），1993，(5).

[35]童庆炳.语文教学与人的建设[J].课程·教材·教法，1995，(5).

[36]吴俊.语文教育理想境界：真善美融合：杨道麟博士的《语文教育美学研究》读后[J].河南教育学院学报（哲学社会科学版），2014，(6).

[37]吴晓芳.接受美学视野下的语文阅读教学[J].漳州师范学院学报（哲学社会科学版），2005，(1).

[38]魏本亚.语文教育现代化的哲学思考[J].徐州师范大学学报（哲学社会科学版），2004，(5).

[39]温儒敏.扎实稳妥地推进课程改革[J].语文建设，2006，(5).

[40]王大桥.语文教育美学观[J].新疆教育学院学报，2001，(1).

[41]王荣生.中小学散文教学的问题及对策[J].课程·教材·教法，2011，(9).

[42]叶澜.试论当代中国教育价值取向之偏差[J].教育研究，1989，(7).

[43]衣俊卿.论人类精神的跨世纪走向[J].求是学刊，1992，(1).

[44]于洪卿.论课程的文化内涵[J].教育评论，1997，(1).

[45]杨道麟.写作主体内化世界的运动机制：发散思维浅论[J].河南师范大学学报（哲学社会科学版），1994，(1).

[46]杨道麟.毛泽东文章的形态美[J].河南师范大学学报（哲学社会科学版），1995，(5).

[47]杨道麟.信息论在语文教育中的运用[J].河南师范大学学报（哲学社会科学版），1996，(4).

[48]杨道麟.浅析《最后的犹大》的意蕴[J].外国文学研究，1998，(2).

[49]杨道麟.人学视阈中的语文教育研究[J].教育研究与实验，2009，(6).

[50]杨道麟.解释学视阈中的语文教育研究[J].山东师范大学学报（人文社会科学版），2010，

(1).

[51]杨道麟.试论经典散文的美学特征[J].中国文学研究，2011，(4).

[52]杨道麟.文章作品的声韵美略论[J].湖南师范大学社会科学学报，2012，(2).

[53]杨道麟.试论文字作品阅读的真善美取向[J].贵州师范大学学报（社会科学版),2014，(5).

[54]杨道麟.经典小说摹写人生幻象的“杂色性”美学特征[J].江汉论坛，2014，(7).

[55]杨道麟.论经典戏剧的美学特征[J].山东社会科学，2015，(6).

[56]杨道麟.经典小说展示可能世界的“虚拟性”美学特征[J].中州学刊，2015，(6).

[57]杨道麟.经典小说凸显生存境遇的“叙事性”美学特征[J].求索，2017，(9).

[58]杨道麟，李晓宏.美学视野下语文教育本体的要义略论[J].长治学院学报，2020，(1).

[59]曾祥芹.一语双文论：关于语文学科内容体系的新构想[J].长沙大学学报，1999，(1).

[60]曾祥芹.全力营造“真善美融合”的语文教育恢宏气象：杨道麟博士的治学思想及其科研特色述评[J].焦作大学学报，2011，(2).

[61]曾祥芹.按照“美的规律”精心建构“语文教育美学”：杨道麟博士的《语文教育美学研究》序言[J].韩山师范学院学报（社会科学版)，2012，(5).

[62]曾祥芹.甘当出色的语文教育学学科的“法师”：杨道麟的《语文教育学导论》序言[J].贵州师范学院学报，2014，(11).

[63]郑金洲.文化传播与教育[J].华东师范大学学报（教育科学版)，1994，(4).

[64]张正君.为开发真善美的语文世界而鼓与呼：杨道麟的语文美学观评介[J].焦作大学学报，2008，(1).

[65]周小蓬.叶圣陶语文有效教学思想研究[J].教育研究，2010，(4).

[66]周婷婷，杨道麟.列昂节夫心理学在语文教育中的运用[J].玉林师范学院学报（哲学社会科学版)，2020，(5).

2. 国外学者的著作

[1]柏拉图.理想国[M].郭斌和，等译.北京：商务印书馆，2003.

[2]亚里士多德.诗学[M].陈中梅，译.北京：商务印书馆，1996.

[3]洛克.教育漫话[M].徐诚，等译.石家庄：河北人民出版社，1998.

[4]汉默顿.思想的盛宴[M].吴琼，等译.北京：九州出版社，2005.

[5]S·皮特·科德.应用语言学导论[M].上海外国语学院外国语言文学研究所，译.上海：上海教育出版社，1983.

[6]维特根斯坦.逻辑哲学论[M].贺绍甲，译.北京：商务印书馆，1996.

[7]麦克尔·卡里瑟斯.我们为什么有文化[M].陈丰，译.沈阳：辽宁教育出版社，1998.

[8]汤林森.文化帝国主义[M].冯建三，译.上海：上海人民出版社，1999.

[9]康蒲·斯密.康德《纯粹理性批判》解义[M].韦卓民，译.武汉：华中师范大学出版

社，2000.

[10]赛亚·伯林.自由论[M].胡传胜，译.南京：译林出版社，2003.

[11]H·帕克.美学原理[M].张今，译.北京：商务印书馆，1965.

[12]杜威.民主主义与教育[M].王承绪，译.北京：人民教育出版社，1990.

[13]泰勒.课程与教学的基本原理[M].施良方，译.北京：人民教育出版社，1994.

[14]多尔.后现代课程观[M].王红宇，译.北京：教育科学出版社，2000.

[15]派纳.理解课程[M].张华，等译.北京：教育科学出版社，2003.

[16]弗兰克·戈布尔.第三思潮：马斯洛心理学[M].吕明，等译.上海：上海译文出版社，1987.

[17]E·哈奇.人与文化的理论[M].黄应贵，等编译.哈尔滨：黑龙江教育出版社，1988.

[18]赫舍尔.人是谁[M].隗仁连，译.贵阳：贵州人民出版社，1995.

[19]杰姆逊.后现代主义与文化理论[M].唐小兵，译.北京：北京大学出版社，1997.

[20]克莱德·克鲁克洪等.文化与个人[M].高佳，等译.杭州：浙江人民出版社，1986.

[21]克利福德·格尔兹.文化的解释[M].纳日碧力戈，等译.上海：上海人民出版社，1999.

[22]康德.判断力批判[M].宗白华，译.北京：商务印书馆，1985.

[23]席勒.审美教育书简[M].冯至，等译.北京：北京大学出版社，1985.

[24]黑格尔.美学[M].朱光潜，译.北京：商务印书馆，1996.

[25]马克思.1844年经济学——哲学手稿[M].刘丕坤，译.北京：人民出版社，2000.

[26]海德格尔.存在与时间[M].陈嘉映，等译.北京：三联书店，1987.

[27]伽达默尔.哲学解释学[M].夏镇平，等译.上海：上海译文出版社，2004.

[28]卡西尔.人论[M].甘阳，译.上海：上海译文出版社，1995.

[29]雅斯贝尔斯.什么是教育[M].邹进，译.北京：三联书店，1991.

[30]哈贝马斯.交往行动理论[M].曹卫东，译.重庆：重庆出版社，1994.

[31]斯宾格勒.西方的没落[M].陈晓林，译.哈尔滨：黑龙江教育出版社，1988.

[32]鲁道夫·奥伊肯.生活的意义与价值[M].万以，译.上海：上海译文出版社，1997.

[33]O.F.博尔诺夫.教育人类学[M].李奇龙，等译.上海：华东师范大学出版社，1999.

[34]利科尔.解释学与人文科学[M].陶远华，译.石家庄：河北人民出版社，1987.

[35]卢梭.爱弥尔[M].李平沤，译.北京：商务印书馆，1983.

[36]罗兰·巴特.符号学原理[M].李幼蒸，译.北京：三联书店，1988.

[37]雅克·德洛尔.教育——财富蕴藏其中[M].联合国教科文组织总部中文科，译.北京：教育科学出版社，1996.

[38]尼·别尔嘉耶夫.自由的哲学[M].董友，译.桂林：广西师范大学出版社，2001.

[39]夸美纽斯.大教学论[M].傅任敢，译.北京：教育科学出版社，1999.

[40]佐藤学.学习快乐——走向对话[M].钟启泉，译.北京：教育科学出版社，2004.

[41]维柯.维柯论人文教育[M].张小勇，译.桂林：广西师范大学出版社，2005.

[42]苏霍姆林斯基.把整个心灵献给孩子[M].唐其慈，等译.天津：天津人民出版社，1981.
[43]卢卡契.社会存在本体论导论[M].沈耕，等译.北京：华夏出版社，1989.
[44]马克斯·范梅南.教学机智：教育智慧的运用[M].李树英，译.北京：教育科学出版社，2001.

3．国内学者的著作

[1]北京师范学院学科教育学研究中心.学科教育学初探[M].北京：北京师范学院出版社，1988.
[2]曹明海.文学解读学导论[M].北京：人民文学出版社，1997.
[3]曹明海.语文教学本体论[M].济南：山东人民出版社，2007.
[4]曹明海.语文陶冶性教学论[M].济南：山东人民出版社，2007.
[5]曹明海.语文教材文体解读论[M].济南：山东人民出版社，2016.
[6]陈新汉.马克思主义认识论与真善美[M].上海：华东师范大学出版社，1993.
[7]董菊初.语文教育研究方法学[M].北京：语文出版社，1995.
[8]董菊初.叶圣陶语文教育思想概论[M].北京：开明出版社，1998.
[9]董菊初.张志公语文教育思想概说[M].北京：人民教育出版社，2001.
[10]董菊初.名师成功论[M].北京：科学出版社，2003.
[11]董菊初.学术论文写作规范导论[M].南京：江苏教育出版社，2008.
[12]杜时忠.科学教育与人文教育[M].武汉：华中师范大学出版社，1998.
[13]冯铁山.诗意语文论[M].北京：中国社会科学出版社，2016.
[14]冯建军.生命与教育[M].北京：教育科学出版社，2004.
[15]范国睿.教育生态学[M].北京：人民教育出版社，2000.
[16]甘其勋.文章教育学[M].郑州：大象出版社，2010.
[17]胡定荣.课程改革的文化研究[M].北京：教育科学出版社，2005.
[18]韩雪屏.语文教育的心理学原理[M].上海：上海教育出版社，2001.
[19]郝德永.课程与文化：一个后现代的检视[M].北京：教育科学出版社，2002.
[20]何齐宗.教育美学论[M].重庆：重庆出版社，1995.
[21]黄克剑.人韵：一种对马克思的读解[M].北京：东方出版社，1996.
[22]金生鈜.理解与教育：走向哲学解释学的教育哲学导论[M].北京：教育科学出版社，1997.
[23]李宇明.两岸语言文字调查与语文生活[M].北京：商务印书馆，2019.
[24]李维鼎.语文言意论[M].上海：上海教育出版社，2000.
[25]李志宏，郭元祥.主体性教育的理论与实践[M].长沙：湖南教育出版社，1998.
[26]李学.高中语文课程价值取向论[M].长沙：湖南人民出版社，2016.
[27]李杏保，顾黄初.中国现代语文教育史[M].成都：四川教育出版社，2000.

[28]陆有铨.现代西方教育哲学[M].郑州：河南教育出版社，1993.
[29]陆有铨.躁动的百年：20世纪的教育历程[M].济南：山东教育出版社，1997.
[30]陆贵山.审美主客体[M].北京：中国人民大学出版社，1989.
[31]刘志山.真善美的哲学与教育[M].北京：中国社会科学出版社，2004.
[32]刘永康.语文课程与教学新论[M].北京：高等教育出版社，2011.
[33]孟抗美.文学艺术教育[M].北京：人民出版社，2002.
[34]马铃.马克思人的美学思想探究[M].武汉：湖北人民出版社，2008.
[35]倪文锦，欧阳汝颖.语文教育展望[M].上海：华东师范大学出版社，2002.
[36]倪宝元.语言学与语文教育[M].上海：上海教育出版社，1995.
[37]欧阳谦.人的主体性和人的解放[M].济南：山东文艺出版社，1986.
[38]潘知常.生命美学[M].郑州：河南人民出版社，1991.
[39]潘新和.语文：表现与存在[M].福州：福建人民出版社，2004.
[40]阮真.中学国文教学法[M].南京：正中书局，1939.
[41]冉铁星.贫困的教育美学[M].武汉：湖北教育出版社，1999.
[42]桑新民.呼唤新世纪的教育哲学[M].北京：教育科学出版社，1993.
[43]陶行知.陶行知全集[M].长沙：湖南教育出版社，1985.
[44]檀传宝.德育美学观[M].太原：山西教育出版社，1996.
[45]涂艳国.走向自由：教育与人的发展问题研究[M].武汉：华中师范大学出版社，1999.
[46]韦志成.语文学科教育学[M].武汉：华中师范大学出版社，2002.
[47]王啸.教育人学：当代教育学的人学路向[M].南京：江苏教育出版社，2003.
[48]王荣生.语文教学内容重构[M].上海：上海教育出版社，2007.
[49]王尚文.语感论[M].上海：上海教育出版社，2006.
[50]王纪人.文艺学与语文教育[M].上海：上海教育出版社，1995.
[51]余虹.文学作品解读与教学[M].北京：高等教育出版社，2011.
[52]杨道麟.语文教育学导论（修订本）[M].武汉：湖北人民出版社，2001.
[53]杨道麟.语文教育美学研究[M].北京：中国出版集团现代教育出版社，2011.
[54]曾祥芹.文章学与语文教育[M].上海：上海教育出版社，1995.
[55]曾祥芹.语文教育学研究[M].北京：高等教育出版社，2010.
[56]曾祥芹.汉文阅读学研究[M].北京：高等教育出版社，2010.
[57]曾祥芹.实用文章学研究[M].北京：高等教育出版社，2010.
[58]张隆华.中国语文教育史纲[M].长沙：湖南师范大学出版社，1991.
[59]赵志伟.现代语文教育发展[M].上海：华东师范大学出版社，2012.
[60]周小蓬，曾毅，欧治华.语文教研理论指导[M].北京：北京大学出版社，2022.

后 记

在高等师范院校中文系的学科设置中，语文教育学学科应居于统领的地位，发挥归总的作用。无论是学习语言学、文章学、文艺学，还是学习教育学、心理学、教学论，最后都要综合到语文教育学学科之中，归结到语文教育的崇高事业上去，服务于培养未来语文教育家的第一要务。这个教育理念要让高等师范院校中文系付诸实践并见诸行动，的确不是一件容易的事。然而，管理者只要从语文教育第一线走出来而深度思考，或者深入语文教育第一线而调查研究，就会实事求是地在高等师范院校中文系的学科结构改革中，克服并跳出一味地向综合性大学中文系看齐的盲目性怪圈，树立起“适应基础教育需要”的观念，从而突出“师范性”的特色。这对于高等师范院校中文系而言，既是其生存的“生命线”，又是其发展的“推助器”，更是其辉煌的“永动机”，因而只有在教学、科研、社会服务等方面都以“师范性”为抓手，才能形成自己的独特优势，并在强手如林的高校中永远立于不败之地。

置于读者面前的《语文教育学新论》，就是一部熔语文教育哲学、语文教育伦理学、语文教育美学于一炉的适应全球化语文教育改革趋势的锐意创新的论著。全书的上、中、下三篇共十四章，按照语文教育“原理→技术→应用”的三级体系进行布局，并以“语文教育学的神圣使命”为绪论和“语文教师的继续教育”为余论。上篇的“语文教育的基本原理”分别展开了“语文教育的本质”、“语文教育的目标”、“语文教育的原则”、“语文教育的过程”等四章，属于语文教育的“学理”，应是全书的灵魂，是语文教育学学科中务必要解决的问题。中篇的“语文教育的主导技术”分别展开了“语文教育的‘语文’能力”、“语文教育的‘备课’能力”、“语文教育的‘施教’能力”、“语文教育的‘评价’能力”、“语文教育的‘科研’能力”等五章，属于语文教育的“技能”，应是全书的骨肉，也是语文教育学学科中务必要解决的问题。下篇的“语文教育的具体应用”分别展开了“语文教育的战略‘调整’”、“语文教育的智育‘求真’”、“语文教育的德育‘向善’”、“语文教育的美育‘崇美’”、“语文教育的课外拓展”等五章，属于语文教育的“运用”，应是全书的血液，更是语文教育学学科中务必要解决的问题。带着这些“问题”，我痛感语文教育理论的穷究之困惑和语文教育实践的获得之苦恼，于是向着语文教育理论的原野之上驰骋，朝着语文教育实践的深邃之处追寻，不吝心血，耗费精力，反复推敲，斟酌再三，终于几易其稿，完成了这部《语文教育学新论》的写作。

本书是自己主持或参与华中师范大学优秀教师科研启动经费课题“语文教育真善美探究”的阶段性成果、中央高校基本科研业务费专项资金课题“经典文章教育的美学观照”的阶段性成果、湖北省教育科学“十二五”规划立项课题“高师院校中文系必须注重学生从事语文教育的综合能力研究”的阶段性成果、国家社会科学基金一般课题“母语非汉语藏族中小学生汉语语用失误研究”的阶段性成果、国家社会科学基金教育学重大课题“中小学语文教育改革研究”子课题“语文教育观研究”的阶段性成果等的结晶，因而有许多章节，或撰文在CSSCI期刊、大学学报和海外集刊中发表过，或于多所高校的本科生、硕士生和博士生中传授过，或应海内外的学术团体之邀汇报过，或受全国各地的兄弟院校之邀演讲过，或奉教育机构的“国培计划”之邀交流过，这次写作时又参阅和引用了许多同行专家的文献资料，基于篇幅、字数等方面的规限，恕不一一列出，在此谨向同行专家致以真诚的谢意！

值此书稿付梓之际，我要感谢语文教育学学科的李先锋博士、朱焕芝博士、徐昌才博士、方芳博士、李红博士、谢作进硕士、徐国年硕士、黄书琴硕士、李晓宏硕士、范晓倩硕士、祁晶硕士、吴小伟硕士、毛亮硕士、刘璐硕士、顾秀娜硕士、周婷婷硕士、陈佳敏硕士等的积极投入，诸位或草拟初稿或切磋再稿或琢磨三稿或修润定稿；我还要感谢河南师范大学的资深教授、著名的语文教育学专家、实用文章学专家、汉文阅读学专家曾祥芹先生，他年逾八旬，并带着病体仔细审阅书稿，且亲笔题写序言；我更要感谢全国影响较大的出版社——河南大学出版社对高等师范院校中文系必修科目的有力支持与莫大厚爱，以及该社副社长程新晓先生和南方出版中心副主任朱春华先生十分细致而异常烦琐的辛勤付出。

高等师范院校中文系的语文教育学学科体系的建立，目前尚处于方兴未艾、蓬勃发展和扶摇直上的阶段，如何更好地在语文（语言、文章、文学）中归纳出智育的“真”和德育的“善”及美育的“美”的一些概念、规律和范畴，这是摆在每一个语文教育研究者和语文教育工作者面前的一项难以推卸的重要责任。老子有云：“合抱之木，生于毫末；九层之台，起于累土；千里之行，始于足下。”它说明了“合抱之木”和“九层之台”及“千里之行”的远大事情，都是从“生于毫末”和“起于累土”及“始于足下”为开端的，证明了任何硕大的东西，无不是从细小的东西发展而来的。同时也告诫人们，无论做什么事情，都必须拥有坚强的毅力和极大的耐性，从点滴小事做起，才能成就一番事业。本书是从语文教育学学科中的“小事”而为的，且纰漏、瑕疵之处甚多，恳请同行专家和广大读者批评指正，期盼更真、更善、更美的语文教育学著作得以问世，为语文教育的施教者在语文（语言、文章、文学）中塑造受教者达到“求真”、“向善”、“崇美”的创造性的人才和“健全的人格”的基本要求，为特色鲜明的“真善美融合”的语文教育大厦的构筑而贡献绵薄的力量。

2022年8月26日子夜于武汉桂子山东麓庸闲斋